江苏经济年鉴

2020/2021

主 编◎张为付

南京大学出版社

图书在版编目(CIP)数据

江苏经济年鉴. 2020/2021 / 张为付主编. —南京：
南京大学出版社，2022.5

ISBN 978 - 7 - 305 - 25723 - 0

Ⅰ. ①江… Ⅱ. ①张… Ⅲ. ①区域经济—江苏—
2020—2021—年鉴 Ⅳ. ①F127.53 - 54

中国版本图书馆 CIP 数据核字(2022)第 081036 号

出版发行 南京大学出版社
社 址 南京市汉口路 22 号 邮 编 210093
出 版 人 金鑫荣

书 名 江苏经济年鉴(2020/2021)
主 编 张为付
责任编辑 王日俊

照 排 南京开卷文化传媒有限公司
印 刷 广东虎彩云印刷有限公司
开 本 880×1230 1/16 印张 26.25 字数 780 千
版 次 2022 年 5 月第 1 版 2022 年 5 月第 1 次印刷
ISBN 978 - 7 - 305 - 25723 - 0
定 价 480.00 元

网 址:http://www.njupco.com
官方微博:http://weibo.com/njupco
官方微信号:njupress
销售咨询热线:(025)83594756

本书为江苏省发展和改革委员会服务业重大课题、江苏高校优势学科建设工程(PAPD)、江苏高校现代服务业协同创新中心、江苏高校人文社会科学校外研究基地"江苏现代服务业研究院"和江苏省重点培育智库"现代服务业智库"研究成果。

本书出版得到江苏省服务业重大课题专项资金、江苏高校优势学科建设工程(PAPD)、江苏高校现代服务业协同创新中心、江苏高校人文社会科学校外研究基地"江苏现代服务业研究院"和江苏省重点培育智库"现代服务业智库"的资助。

书　　名：江苏经济年鉴(2021/2022)

主　　编：张为付

出版社：南京大学出版社

目　录
Contents

上篇　全省经济社会发展报告

下篇　地区经济社会发展报告

目　录

上　篇　全省经济社会发展报告

第一章 江苏省情总体介绍

一、江苏简介

江苏,简称"苏",省会南京,位于中国大陆东部沿海中心,介于东经116°18′～121°57′,北纬30°45′～35°20′之间。江苏位于我国大陆东部沿海中心、长江下游,东濒黄海,东南与浙江和上海毗邻,西接安徽,北接山东。省际陆地边界线3383公里,面积10.26万平方公里,占全国的1.06%,人均国土面积在全国各省区中最少。

江苏跨江滨海,平原辽阔,水网密布,湖泊众多。海岸线954公里,长江横穿东西425公里,京杭大运河纵贯南北718公里。有淮、沂、沭、泗、秦淮河、苏北灌溉总渠等大小河流2900多条。全国五大淡水湖,江苏得其二,太湖2250平方公里,居第三,洪泽湖2069平方公里,居第四,此外还有高宝湖、高邮湖、邵伯湖、骆马湖、微山湖等大小湖泊290多个,其中50平方公里以上的湖泊12个。平原、水域面积分别占69%和17%,比例之高居全国首位。低山丘陵面积占14%,集中分布在西南和北部。连云港云台山玉女峰是全省最高峰,海拔625米。

江苏属于温带向亚热带的过度性气候,基本以淮河为界。江苏省各地平均气温介于13～16℃,江南15～16℃,江淮流域14～15℃,淮北及沿海13～14℃,由东北向西南逐渐增高。最冷月为1月份,平均气温－1.0～3.3℃,其等温线与纬度平行,由南向北递减,7月份为最热月,沿海部分地区和里下河腹地最热月在8月份,平均气温26～28.8℃,其等温线与海岸线平行,温度由沿海向内陆增加。江苏省春季升温西部快于东部,东西相差4～7天;秋季降温南部慢于北部,南北相差3～6天。

二、行政区划

截至2020年12月,江苏省共辖13个地级市、21个县级市、19个县、55个市辖区、743个乡镇。县(市)中包含昆山市、泰兴市、沭阳县3个江苏试点省直管市(县)。

表1 江苏行政区划 单位:个

市 名	各级市单位数	县级单位数	市辖区	县级市	县	镇	乡	街道办事处	居民委员会	村民委员会
全 省	13	95	55	21	19	712	31	515	7328	14045
南京市	1	11	11	0	0	6	0	95	890	326
无锡市	1	7	5	2	0	30	0	53	643	554
徐州市	1	10	5	2	3	97	0	69	693	2036
常州市	1	6	5	1	0	33	0	29	418	605
苏州市	1	9	5	4	0	52	0	42	1170	1015
南通市	1	7	3	3	1	65	0	38	615	1295
连云港市	1	6	3	0	3	53	7	30	271	1423
淮安市	1	7	4	0	3	57	0	38	296	1421

市　名	各级市单位数	县　级单位数	市辖区	县级市	县	镇	乡	街道办事处	居民委员会	村民委员会
盐城市	1	9	3	1	5	95	0	30	626	1759
扬州市	1	6	3	2	1	62	3	18	383	1009
镇江市	1	6	3	3	0	31	0	25	282	488
泰州市	1	6	3	3	0	65	2	24	465	1226
宿迁市	1	5	2	0	3	66	19	24	576	888

资料来源:《江苏统计年鉴2021》

2020年7月3日,江苏省政府印发《关于调整南通市部分行政区划的通知》(苏政发〔2020〕60号),南通市行政区划调整为:撤销南通市崇川区、港闸区,设立新的南通市崇川区,以原崇川、港闸区的行政区域为新的崇川区行政区域,崇川区人民政府驻虹桥街道桃坞路44号;撤销县级海门市,设立南通市海门区,以原海门市的行政区域为海门区行政区域,海门区人民政府驻海门街道北京中路600号。

表2　江苏省行政区划详情

区划名称	行政代码	车牌代码	电话区号	市辖区、县、县级市
南京市	3201	苏A	025	玄武区、秦淮区、鼓楼区、建邺区、栖霞区、雨花台区、江宁区、浦口区、六合区、溧水区、高淳区
无锡市	3202	苏B	0510	滨湖区、梁溪区、新吴区、锡山区、惠山区、江阴市、宜兴市
徐州市	3203	苏C	0516	云龙区、鼓楼区、贾汪区、泉山区、铜山区、丰县、沛县、睢宁县、邳州市、新沂市
常州市	3204	苏D	0519	天宁区、钟楼区、新北区、武进区、金坛区、溧阳市
苏州市	3205	苏E/苏U	0512	姑苏区、虎丘区、吴中区、相城区、吴江区、昆山市、常熟市、张家港市、太仓市
南通市	3206	苏F	0513	崇川区、海门区、通州区、如东县、如皋市、启东市、海安市
连云港市	3207	苏G	0518	连云区、海州区、赣榆区、东海县、灌云县、灌南县
淮安市	3208	苏H	0517	清江浦区、淮安区、淮阴区、洪泽区、涟水县、盱眙县、金湖县
盐城市	3209	苏J	0515	亭湖区、盐都区、大丰区、响水县、滨海县、阜宁县、射阳县、建湖县、东台市
扬州市	3210	苏K	0514	广陵区、邗江区、江都区、宝应县、仪征市、高邮市
镇江市	3211	苏L	0511	京口区、润州区、丹徒区、丹阳市、扬中市、句容市
泰州市	3212	苏M	0523	海陵区、高港区、姜堰区、兴化市、靖江市、泰兴市
宿迁市	3213	苏N	0527	宿城区、宿豫区、沭阳县、泗阳县、泗洪县

三、自然地理

1. 江苏地形

江苏地处东经116°18′~121°57′,北纬30°45′~35°20′之间,东瀕黄海,西连安徽,北接山东,东南与浙江和上海毗邻。全省总面积10.26万平方千米,占全国总面积的1.1%其中,平原面积7.06万平方千米,水面面积1.73万平方千米。主要由苏南平原、苏中江淮平原、苏北黄淮平原组成。江苏地形地势低平,跨江滨海,平原辽阔,水网密布,湖泊众多,成为江苏一大地理特点。江苏海岸线954公里,长江横穿东西425公里,京杭大运河纵贯南北718公里。有淮、沂、沭、泗、秦淮河、苏北灌溉总渠等大小河流2900多条。全国五大淡水湖,江苏得其二,太湖2250平方公里,居第三,洪泽湖 2069 平方公里,居第四,此外还有高宝湖、高邮湖、邵伯湖、骆马湖、微山湖等大小湖泊 290 多个,其中 50 平方公里以上的湖泊 12 个。平原、水域面积分别占 69%和 17%,比例之高居全国首位。

江苏是全国地势最低的一个省区,绝大部分地区在海拔 50 米以下,低山丘陵集中在北部和西南部,占全省总面积的 14.3%,主要有老山山脉、云台山脉、宁镇山脉、茅山山脉、宜溧山脉。连云港的市郊云台山玉女峰为全省最高峰,海拔 625 米。江苏第二高山是宜兴市张渚镇岭下村黄塔顶,最高峰海拔 611.5 米,苏南山区第一高峰。位于徐州市区东北 40 公里贾汪区境内的大洞山,海拔 361 米,又名茱萸山、九十九顶莲花山,属淮阴山脉,周围大小 100 余山头,连成一气,森林、灌丛、灌节丛、衡疏四种植被 300 多种植物分布其中,景深木秀,绿涛汹涌,被徐州市列为生态自然保护区。江苏处于亚热带向暖温带的过渡区,气候温和,雨量适中,四季分明。年均气温 13～16℃,多年平均降雨量 1002.7 毫米。

2. 江苏水文

江苏省地处江淮沂沭泗五大河流下游,长江横穿江苏省南部,江水系江苏省最可靠的水资源。境内有太湖、洪泽湖、高邮湖、骆马湖、白马湖、石臼湖、微山湖等大中型湖泊,以及大运河、淮沭河、串场河、灌河、盐河、通榆运河、灌溉总渠和通扬运河等各支河,河渠纵横,水网稠密。中国五大淡水湖,有两个位于江苏,太湖 2250 平方公里,居第三;洪泽湖 2069 平方公里,居第四,此外还有大小湖泊 290 多个,其中 50 平方公里以上的湖泊 12 个。全省大部分地区水系相当发达,共有大小河流和人工河道 2900 多条,陆域水面面积达 1.73 万平方公里,水面所占比例之大,在全国各省中居首位。其中尤其以长江以南的太湖平原和长江以北的里下河平原,大大小小的河流形成蛛网状,分布极为稠密,为大面积的水网密集地带。

长江是流经江苏最大的河流,呈东西向横穿江苏,省境内长度 425 公里,将江苏省分割为南北两部分。在江苏省境内,长江的支流有江苏省西南部的秦淮河,在南京市汇入长江。

3. 江苏气候

江苏属于温带向亚热带的过度性气候。江苏省各地平均气温介于 13℃～16℃,江南 15℃～16℃,江淮流域 14℃～15℃,淮北及沿海 13℃～14℃,由东北向西南逐渐增高。最冷月为 1 月份,平均气温－1.0～3.3℃,其等温线与纬度平行,由南向北递减,7 月份为最热月,沿海部分地区和里下河腹地最热月在 8 月份,平均气温 26℃～28.8℃,其等温线与海岸线平行,温度由沿海向内陆增加。全省春季升温西部快于东部,东西相差 4～7 天;秋季降温南部慢于北部,南北相差 3～6 天。

四、资源环境

1. 土地资源

江苏是一个以平原为主的省份,长江、淮河、黄河的冲积和海流的回淤作用,逐步形成了里下河平原、长江三角洲平原、苏北滨海平原,三大平原构成了全省的平原农业地貌。全省平原占土地总面积的 70.25%,低山、丘陵仅占土地总面积的 15.38%。低山、丘陵集中分布在西南部和北部。山体不大、又较低。江河上游有 14 个省市的地表径流,从不同的方向汇流省境,全省有大小河道 2900 多条,湖荡 300 多个,水面占土地总面积的 14.1%。在农业用地 9032.68 万亩中,农用耕地为 8224.32 万亩,林园地、牧地等 808.36 万亩;在非农业用地 2524.02 万亩中,居住用地 1226.96 万亩,交通用地 517.77 万亩,难于利用的土地 414.78 万亩;在 3621.87 万亩水域中,水面 2163.94 万亩,堤滩地等 1457.92 万亩。

表3 江苏省土地资源构成

类 别		面 积		占土地总面积(%)
		km²	万亩	
农业用地	合 计	60217.87	9032.68	59.51
	耕 地	54828.80	8224.32	54.18
	林园地	4812.47	721.87	4.76
	牧地及其他	576.60	86.49	0.57
非农业用地	合 计	16826.80	2524.02	16.63
	居住用地	8179.73	1226.96	8.08
	工矿用地	1895.93	284.39	1.87
	交通用地	3451.80	517.77	3.41
	特殊用地	538.14	80.72	0.53
	难利用地	2761.20	414.18	2.73
水域	合 计	24145.73	3621.86	23.86
	水 面	14426.27	2163.94	14.26
	堤滩地及其他	9719.46	1457.92	9.60
全省合计		101190.440	15178.560	100.00

数据来源:《江苏省志·土壤志》

2. 水资源

江苏省地处江淮沂沭泗下游,长江横穿东西425千米,京杭大运河纵贯南北718千米,海岸线长954千米,境内水系分属长江、淮河两大流域。长江流域分为长江和太湖水系,其中长江水系1.91万平方公里,太湖水系1.94万平方公里;淮河流域分为淮河和沂沭泗水系,其中淮河水系3.82万平方公里,沂沭泗水系2.59万平方公里。全省河湖库众多,其中列入省骨干河道名录的重要河道727条;列入省湖泊保护名录的重要湖泊137个,太湖、洪泽湖居全国五大淡水湖第三、四位;各类水库908座,其中大中型水库48座。全省多年平均水资源总量(扣除地表水、地下水资源量重复计算量)为321.6亿立方米。其中淮河片193.0亿立方米,占全省的60.3%,长江片55.6亿立方米,占全省的17.4%,太湖片72.9亿立方米,占全省的22.3%。多年平均年地表水资源量为266.3亿立方米,淮河片150.6亿立方米,长江片49.7亿立方米;太湖片66.0亿立方米。多年平均年地下水资源量为138.7亿立方米。

3. 矿产资源

江苏省地跨华北地台和扬子地台两大地质构造单元,有色金属类、建材类、膏盐类、特种非金属类矿产是江苏矿产资源的特色和优势。江苏已发现各类矿产133种,其中查明资源储量的有69种,大型矿床少,中小型矿床占83%。水泥用灰岩、膨润土、岩盐、芒硝、凹凸棒石粘土、金红石、石膏、熔剂用蛇纹岩等8种矿产是江苏的优势矿产。目前开发利用的矿产以能源、建材、化工原料及其他非金属矿为主。宁镇、宁芜和溧水等重要成矿区深部铁、铜多金属矿,苏北地区金、金红石、磷和金刚石,丰沛、淮安和金坛的岩盐,盱眙的凹凸棒石粘土等均有找矿潜力。

表4 江苏省矿产种类一览表

查明资源储量的矿种			已发现尚未查明资源储量的矿种	
矿产类别	矿种数	名 称	矿种数	名 称
能源矿产	4	煤、石油、天然气、地热	3	油页岩、煤层气、铀
金属矿产	19	铁、锰、钛、钒、铜、铅、锌、镁、钼、金、银、铌、钽、锆、锶、锗、铟、铼、镉	25	铬、铝土矿、镍、钴、锡、钨、铋、锂、铷、铯、钇、钆、铽、镝、铈、镧、镨、钕、钐、铕、镓、铪、硒、铊、碲

矿产类别	矿种数	查明资源储量的矿种 名 称	矿种数	已发现尚未查明资源储量的矿种 名 称
非金属矿产	42	金刚石、硫铁矿、蓝晶石、红柱石、硅灰石、云母、长石、蛭石、沸石、明矾石、芒硝、石膏、方解石、萤石、宝石、石灰岩、泥灰岩、白云岩、石英岩、天然石英砂、含钾砂页岩、高岭土、陶瓷土、耐火粘土、凹凸棒粘土、膨润土、其他粘土、蛇纹岩、玄武岩、辉绿岩、闪长岩、花岗岩、珍珠岩、凝灰岩、大理岩、泥炭、岩盐、硼、磷、绢云母、片麻岩、石榴子石	36	石墨、自然硫、水晶、刚玉、滑石、石棉、黄玉、叶蜡石、透辉石、透闪石、重晶石、天然碱、菱镁矿、玛瑙、颜料矿物、白垩、脉石英、粉石英、含钾岩石、硅藻土、页岩、海泡石粘土、伊利石粘土、累托石粘土、橄榄岩、角闪岩、安山岩、麦饭石、松脂岩、浮石、粗面岩、霞石正长岩、火山渣、板岩、钾盐、砷
水气矿产	3	地下水、矿泉水、二氧化碳气	1	氦气
小计	68		65	
合计			133	

数据来源:江苏省矿产资源年报

4. 生物资源

江苏省野生动物资源较少,鸟类主要是野鸡、野鸭,沿海有丹顶鹤、白鹤、天鹅等珍稀飞禽,沿海地区还建有世界上第一个野生麋鹿保护区。植物资源非常丰富,约有850多种,尚有可利用和开发前途的野生植物资源600多种。水生动物资源极为丰富。东部沿海渔场面积达10万平方公里,其中包括著名的吕四、海州湾、长江口、大沙等四大渔场,盛产黄鱼、带鱼、鲳鱼、虾类、蟹类及贝藻类等水产品。内陆水面有2600多万亩,养殖面积836万亩。有淡水鱼类140余种,是全国河蟹、鳗鱼苗的主要产地。被称为"长江三鲜"的鲥鱼、刀鱼、河豚,"太湖三白"的白鱼、银鱼、白虾,都是水中珍品。

5. 交通资源

(1)公路

江苏公路总里程和高速公路总里程均居中国各省首位。江苏省首轮规划的"四纵四横四联"高速公路网主骨架全面建成,包括宁盐高速公路、沪宁高速公路、京沪高速公路、苏嘉杭高速公路、连徐高速公路、宁靖盐高速公路、宁宿徐高速公路、宁杭高速公路、沿江高速公路、盐徐高速公路、徐济高速公路、沿海高速公路、宁连高速公路等。至2015年,通车里程达到4600公里,基本建成"五纵九横五联"江苏高速公路网。

截至2020年,全省等级公路里程达15.8万公里,较"十二五"末增加6642公里。其中,高速公路4925公里,新增386公里,省际通道由21个增加至26个;普通国省道12544公里,新增2115公里,省际通道由52个增加至58个,一级公路占比提升至78%,居全国各省区之首;农村公路里程达到14万公里,在全国率先实现行政村双车道四级公路全覆盖,基本实现农村地区重要产业、旅游、交通节点等级公路通达。运输服务能力显著提高。相较于"十二五"末,国省干线公路承担的汽车日均流量增长29%,公路货物周转量增长70%,高速公路平均运行速度保持在91公里/小时以上,普通国省道由58公里/小时提升至62公里/小时,取得了显著的经济社会效益;率先实现高速公路ETC全国联网,ETC用户达1470万,居全国第二。

按照《江苏省高速公路网规划(2017—2035年)》,全省高速公路网采用放射线与纵横网格相结合的布局方案,总体上形成"十五射六纵十横"的布局形态。具体线路如下:① 射线(15条)。射一:南京至徐州;射二:南京至连云港;射三:南京至盐城;射四:南京至南通;射五:南京至上海;射六:南京至上海二通道;射七:南京至杭州;射八:南京至杭州二通道;射九:南京至宣城;射十:南京至黄山；射十一：南京至芜湖；射十二：南京至合肥二通道；射十三：南京至合肥；射十四：南京至洛阳；射十五：南京至滁州。② 纵线（6条）。纵一：赣榆至吴江；纵二：东海至吴江；纵三：阜宁至宜兴；纵四：新沂至宜兴；纵五：邳州至溧阳；纵六：徐州至明光。③ 横线（10条）。横一：沛县至丰县；横二：连云港至徐州；横三：连云港至宿迁；横四：滨海至泗洪；横五：大丰至徐州；横六：盐城至蚌埠；横七：启东至扬州；横八：太仓至溧水；横九：太仓至高淳；横十：上海至吴江。

（2）航空

在江苏境内，共有9个民航机场，分别是南京禄口国际机场、苏南硕放国际机场、常州奔牛国际机场、徐州观音国际机场、南通兴东国际机场、扬州泰州国际机场、连云港花果山国际机场、盐城南洋国际机场、淮安涟水国际机场。

其中，无锡、盐城、常州为军民合用机场。此外还有扬州高邮机场、南京马鞍国际机场、南京土山机场、若航南京老山机场、如皋军用机场、苏州光福机场、镇江大路通用机场、宿迁通用机场、盐城建湖通用机场。

江苏省航空之密集可谓居中国之冠。在江苏全省约10万平方公里面积内，分布着9个民航机场，差不多平均1万平方公里一个机场，这在国内乃至世界都属较大密度。2008年全省航空运输旅客吞吐量达1194万人次，货邮24万吨，增幅居华东地区第一；全省有航线190多条、航点75个，每周进出港航班2400个左右。2017年，9个机场全部对外开放，成为一类航空口岸。同时实现9家机场吞吐量全部突破百万人次，全部迈入全国中型机场行列，创全国纪录。

表5　全省民用机场情况

机场名称	飞行区等级及跑道长度宽度指标（米）	备　注
南京禄口国际机场	4F（3600×45、3600×60）	1997年07月通航，1997年11月航空口岸对外开放
苏南硕放国际机场（原无锡硕放机场）	4E（3200×50）	2004年02月通航，2009年04月航空口岸对外开放
徐州观音国际机场	4E（3400×60）	1997年11月通航，2010年09月航空口岸对外开放
常州奔牛国际机场	4E（3400×60）	1986年03月通航，2014年09月航空口岸对外开放
南通兴东国际机场	4E（3400×60）	1993年01月通航，2015年10月航空口岸对外开放
扬州泰州国际机场	4E（3200x60）	2012年02月通航，2016年03月航空口岸对外开放
淮安涟水国际机场	4D（2800×45）	2010年09月通航，2015年04月航空口岸对外开放
盐城南洋国际机场	4C（2800×50）	2000年01月通航，2009年04月航空口岸对外开放
连云港花果山国际机场	4D（2800×45）	2021年12月通航，2021年04月航空口岸扩大开放

（3）铁路

江苏铁路交通发达，京沪铁路、陇海铁路两条铁路干线经过境内，京沪铁路主要呈东西向穿越江苏的南部，陇海铁路也呈东西向经过江苏的最北部，徐州则为两大干线交汇的枢纽。截至2020年底，建成郑徐客专、青连铁路、连盐铁路、徐宿淮盐铁路、连淮扬镇铁路等项目，铁路里程4204公里。"十三五"新增高铁里程1356公里、铁路客运枢纽27个，完成投资2237亿元，分别是"十二五"的2.51倍、1.9倍和3.15倍，创历史新高。高铁里程从2015年的全国第十四位跃升至第三位，"三纵四横"高铁主骨架基本形成，设区市和县（市）高铁覆盖率是"十二五"的3.5倍，位居全国前列。铁路复线率、电气化率较2015年分别增长37%、40%，路网质量显著提升。全省城市轨道交通运营里程超过590公里，较2015年翻一番；市域（郊）铁路运营里程新增119公里，较2015年增长1.5倍。

表6　江苏省"十四五"高铁建设重点工程

续建项目	南沿江城际铁路、宁淮铁路、沪苏湖铁路、沪苏通铁路二期等项目。
开工项目	沪渝蓉沿江高铁上海经南京至合肥段、南通经苏州嘉兴至宁波铁路(含如东延伸段)、潍坊至宿迁铁路、宿迁至合肥铁路、盐城经泰州无锡常州至宜兴铁路、新沂至淮安铁路、常州至泰州铁路、宜兴至湖州铁路、南京至宣城铁路、南京至杭州铁路二通道、扬州经镇江南京至马鞍山铁路镇江至马鞍山段、南京经滁州至蚌埠铁路南京至滁州段、南京枢纽上元门过江通道等项目,力争开工镇江至宣城铁路镇江至溧阳段。
规划研究项目	徐州至枣庄铁路、沿淮铁路、沿海高铁青岛至盐城段、徐州至菏泽铁路、连云港至临沂铁路、扬州经镇江南京至马鞍山铁路扬州至镇江段等项目,研究淮安至泰州铁路、南京至宿迁铁路等项目。

资料来源:《江苏省"十四五"铁路发展暨中长期路网布局规划》

（4）航运

江苏港口资源条件得天独厚,滨江临海、河湖密布,境内长江横贯东西、运河纵穿南北,是全国为数不多的江海河湖兼具的省份之一。江苏是港口大省。全省沿江沿海地区共10个港口,其中,连云港港、南京港、镇江港、苏州港、南通港为国家主要港口,扬州港、无锡(江阴)港、泰州港、常州港、盐城港为地区性重要港口。

江苏省港口货物通过能力、万吨级以上泊位数、货物吞吐量、亿吨大港数等多项指标均位列全国第一。全省共有一类港口口岸17个,与世界上100多个国家和地区港口有直接贸易往来。"十三五"期间,江苏省港口以沿海进港航道、长江南京以下12.5米深水航道等公共基础设施建设为引领,突出沿海10万吨级、沿江5万吨级、内河千吨级及以上码头等重大项目建设,累计完成港口基础设施建设投资516亿元,新增万吨级以上泊位49个,新增综合通过能力4.3亿吨,其中集装箱通过能力90万标箱。至2020年底,全省港口万吨级及以上泊位524个,占全国20％,综合通过能力22.9亿吨,占全国17％,集装箱通过能力1537万标箱。苏州港、镇江港、泰州港、南通港吞吐量超3亿吨,连云港港、南京港、无锡(江阴)港港口吞吐量超2亿吨,苏州内河港港口吞吐量超1亿吨。

表7　全社会港口码头泊位和通过能力

指　标	2019 年			2020 年		
	合　计	沿海港口	内河港口	合　计	沿海港口	内河港口
生产用码头泊位						
泊位个数(个)	5563	165	5398	5684	181	5503
泊位长度(米)	448426	28905	419521	480368	31454	448914
泊位年通过能力						
货物(万吨)	198897	23809	175088	216378	25692	190686
旅客(万人)						
非生产用码头泊位						
泊位个数(个)	28			16		
泊位长度(米)	1172			1239		

数据来源:《江苏统计年鉴 2021》

第二章　2020年江苏省经济和社会发展分析

2020年,全省上下坚持以习近平新时代中国特色社会主义思想为指导,全面贯彻党的十九大和十九届二中、三中、四中、五中全会精神,认真落实习近平总书记对江苏工作的重要指示要求,按照党中央、国务院和省委、省政府决策部署,坚持稳中求进工作总基调,扎实推进"六稳"工作,全面落实"六保"任务,新兴动能快速发展,市场活力持续增强,就业民生保障有力,统筹疫情防控和经济社会发展取得显著成效。全省经济运行呈现加快恢复、稳定向好态势,高质量发展和"强富美高"新江苏建设取得重大成果,高水平全面建成小康社会取得决定性成就。

一、综合概述

2020年,面对错综复杂的国内外环境,全省上下认真贯彻落实党中央、国务院和省委、省政府各项决策部署,坚持稳中求进工作总基调,深入贯彻新发展理念,以供给侧结构性改革为主线,凝心聚力,攻坚克难,全省经济运行总体平稳、稳中有进,经济结构持续优化,新旧动能接续转换,质量效

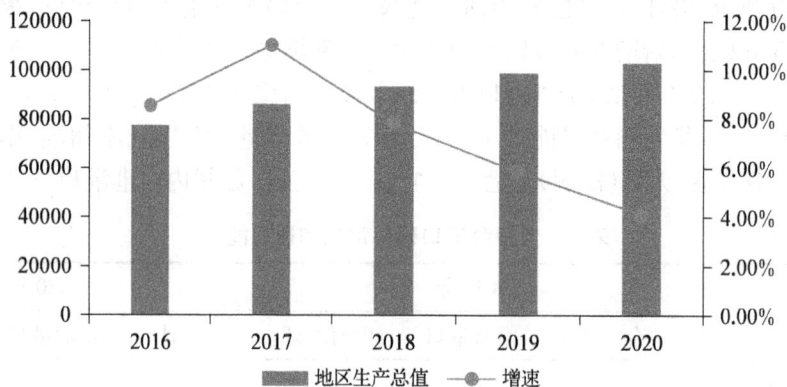

图1　2016—2020年江苏省地区生产总值及增速变动(单位:亿元、%)
数据来源:历年《江苏统计年鉴》

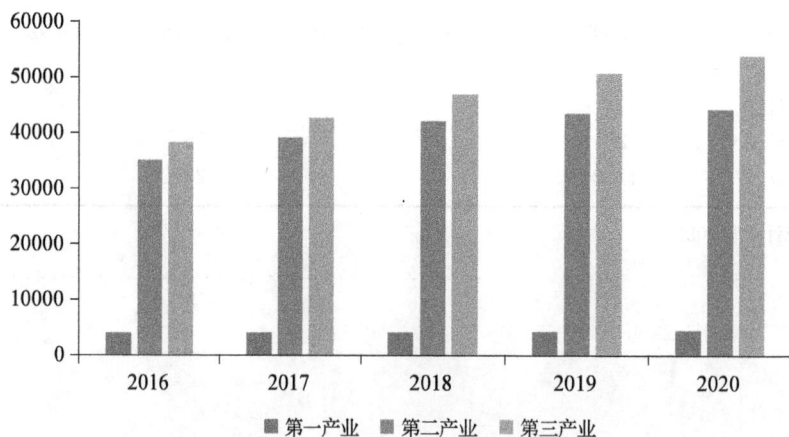

图2　2016—2020年江苏省三次产业增加值变动(单位:亿元)
数据来源:历年《江苏统计年鉴》

益稳步提升,民生福祉持续改善,高质量发展实现良好开局。初步核算并经国家统计局核定,综合实力跃上新台阶。经济总量突破 10 万亿元,经核算,全年实现地区生产总值102719.0 亿元,比上年增长 3.7%,其中,第一产业增加值 4536.7 亿元,增长 1.7%;第二产业增加值44226.4 亿元,增长 3.7%;第三产业增加值 53955.8 亿元,增长 3.8%。预计全省人均地区生产总值 12.2 万元,全员劳动生产率21.6 万元/人。

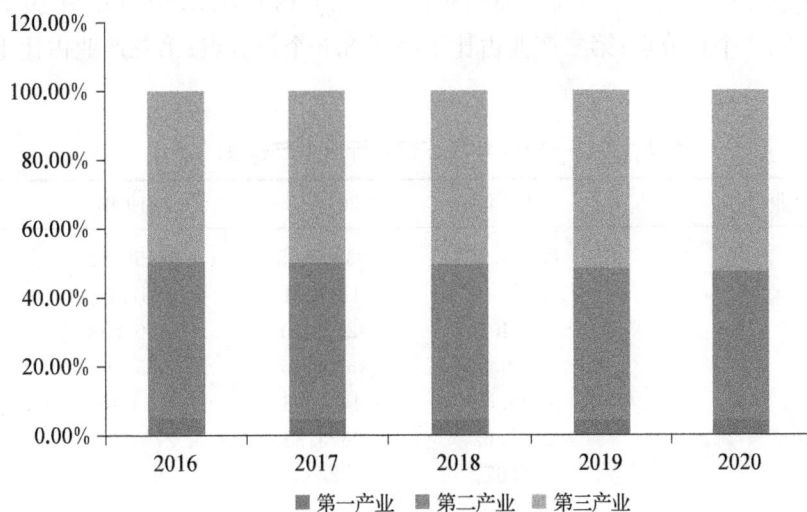

图 3 2016—2020 年江苏省三次产业增加值比重(单位:%)
数据来源:历年《江苏统计年鉴》

近年来,江苏产业结构加快调整,全年三次产业增加值比例调整为 4.4:43.1:52.5,服务业增加值占 GDP 比重比上年提高 1.2 个百分点。

表 1 江苏三次产业 GDP 总值及年实际增速(2016—2020 年)

年份	总值(亿元)				增速(%)			
	GDP	第一产业	第二产业	第三产业	GDP	第一产业	第二产业	第三产业
2016	77350.85	4039.75	35041.53	38269.57	8.6%	2.2%	5.0%	12.8%
2017	85869.76	4045.16	39124.11	42700.49	11.0%	0.1%	11.7%	11.6%
2018	93207.55	4141.71	42129.37	46936.47	8.5%	2.4%	7.7%	9.9%
2019	98656.82	4297.24	43507.53	50852.05	5.8%	3.8%	3.3%	8.3%
2020	102718.98	4536.72	44226.43	53955.83	4.1%	5.6%	1.7%	6.1%

数据来源:历年《江苏统计年鉴》

第一产业。总体上看,第一产业占 GDP 的比重呈现不断下降趋势。随着全省经济的不断发展和第三产业的持续壮大,2016 年到至今第一产业占 GDP 比重基本维持在 4%～5%之间。2020 年第一产业增加值 4536.72 亿元,比上一年增长 1.8%。

第二产业。第二产业始终在全省经济中占据重要的地位,占 GDP 的份额较大,对经济增长的贡献也大。自改革开放以来到 2010 年,第二产业在 GDP 中所占的比重呈现波浪式运动,但总体上看没有发生大幅度的变化。从波动情况看,第二产业的比重从 1978 年的 52.6%下降到 1991 年的49.6%,随后从 1992 年起开始保持在 50%以上,2005 年上升到 56.6%,到达顶点。随着工业化进程的推进,江苏从工业高速发展阶段进入到工业化后期和后工业化时代,第二产业占比逐年下降,2018 年下降到 44.5%,被第三产业超过,从雄踞多年的首位下降为第二位,2020 年为 43.1%,实现了江苏产业结构的重大转型。

第三产业。第三产业占GDP的比重总体呈现上升趋势,增长趋势的阶段性特征明显。自改革开放以来到1987年,第三产业占GDP的比重一直没有发生明显变化,占比始终保持在20%以下。在1988年以后,第三产业的比重迅速上升,1989年首次超过了第一产业达到25.8%,随后保持稳定提高的趋势,2014年第三产业增加值占GDP的比重超过40%,2015年,第三产业增加值占比超过第二产业,三次产业结构比调整为5.7∶45.7∶48.6,呈"三二一"型。2016年,第三产业(服务业)增加值占比超过50%,2020年三次产业结构比为4.5∶43∶52.5,2020年与1978年相比,第一产业占比下降了22.7个百分点;第二产业占比下降了8.6个百分点;第三产业占比上升了32.7个百分点。

表2　2017—2020年江苏省各行业生产总值(亿元)

行　业	2017年	2018年	2019年	2020年
地区生产总值	85869.76	93207.55	98656.82	102718.98
第一产业	4045.16	4141.71	4297.24	4536.72
第二产业	39124.11	42129.37	43507.53	44226.43
第三产业	42700.49	46936.47	50852.05	53955.83
农、林、牧、渔业	4314.53	4431.38	4611.88	4867.56
农业	2603.62	2673.34	2751.33	2940.2
林业	76.97	82.92	91.33	96.51
畜牧业	472.53	447.34	498.94	536.24
渔业	892.04	938.11	955.64	963.77
农、林、牧、渔服务业	269.37	289.67	314.64	330.84
工业	33782.61	36113.22	37225.68	37744.85
采矿业	353.33	377.7	382.12	405.05
制造业	31698.35	33885.2	34891.67	35404.38
电力、热力、燃气及水生产和供应业	1730.93	1850.32	1951.89	1935.42
建筑业	5385.97	6063.69	6330.7	6530.85
批发和零售业	9197.46	10139.27	10836.58	11108.67
交通运输、仓储和邮政业	2743.41	2964.41	3170.03	3239.92
住宿和餐饮业	1302.85	1413.43	1531.39	1427.38
信息传输、软件和信息技术服务业	2172.79	2409.97	2599.64	2998.3
金融业	6215.65	6846.88	7435.7	8405.79
房地产业	6907.75	7467.17	7925.85	8944.94
租赁和商务服务业	2524.68	2800.26	2972.56	2981.48
科学研究和技术服务业	1822.59	2021.53	2253.72	2320.54
水利、环境和公共设施管理业	509.61	565.21	650.55	669.68
居民服务、修理和其他服务业	957.65	1062.17	1160.21	1195.02
教育	2330.82	2585.24	2903.77	3015.27
卫生和社会工作	1489.34	1651.91	1806.98	1891
文化、体育和娱乐业	524.46	581.71	602.25	601.06
公共管理、社会保障和社会组织	3687.59	4090.1	4639.33	4776.65

数据来源:历年《江苏统计年鉴》

在行业层面,2020年江苏省第二产业中工业的增加值为44226.43亿元,占地区生产总值43.06%,与上年相比,下降1.04个百分点,其中,制造业增加值为35404.38亿元,占地区生产总值34.47%,与上年相比,降低了0.9个百分点。第三产业中的批发和零售业、金融业、房地产业增加值规模较大,分别为11108.67亿元、8405.79亿元和8944.94亿元,占地区生产总值的比重分别为10.81%、8.18%和8.71%,较2018年,批发和零售业、金融业的占比呈现上升趋势。

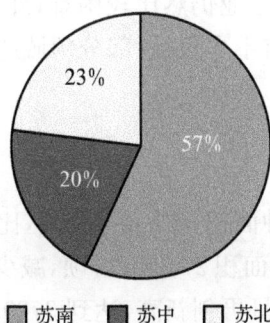

图4　2020年江苏省三大区域生产总值比重(单位:%)

数据来源:《江苏统计年鉴2021》

就图4而言,苏南、苏中和苏北地区的生产总值分别为59384.29亿元、21397.41亿元和23837.96亿元,占全省生产总值的57%、20%和23%,其中,苏南地区的南京与苏州对地区生产总值的贡献较大,而苏中和苏北地区也在逐渐发挥其后发优势,缩小与苏南地区的区域差距。

表3　2020年江苏居民消费价格指数及其构成情况(以上年为100)

指　标	全　省	城　市	农　村
居民消费价格	102.5	102.4	102.8
食品烟酒	109.1	108.7	110.3
衣着	99.7	99.8	99.6
居住	99.9	100.2	98.5
生活用品及服务	100.5	100.8	99.8
交通和通信	96.5	96.3	97.2
教育文化和娱乐	101.4	101.3	102
医疗保健	100.1	100.1	100.1
其他用品和服务	104.8	104.8	105

数据来源:《2020年江苏国民经济与社会发展统计公报》

2020年江苏消费价格温和上涨。全年居民消费价格比上年上涨2.5%,其中,城市上涨2.4%,农村上涨2.8%。分类别看,食品烟酒类上涨9.1%,衣着类下跌0.3%,居住类下跌0.1%,生活用品及服务类上涨0.5%,交通和通信类下跌3.5%,教育文化和娱乐类上涨1.4%,医疗保健类上涨0.1%,其他用品和服务类上涨4.8%。食品价格中,粮食上涨0.7%,食用油上涨4.5%,鲜菜上涨10.3%,水产品上涨5.5%,蛋类下跌9.3%,畜肉类上涨37.5%。全年工业生产者出厂价格比上年下降2.2%,降幅比上年扩大1.1个百分点;工业生产者购进价格下降3.5%,降幅扩大0.7个百分点。经济活力增强,全年非公有制经济实现增加值76936.5亿元,占GDP比重达74.9%,比上年提高0.5个百分点;私营个体经济增加值占GDP比重达52.5%,民营经济增加值占GDP比重达56.8%。年末工商部门登记的私营企业333.4万户,全年新登记私营企业51.8万户;年末个体户855.6万户,全年新登记个体户207.7万户。区域协调发展有力推进,扬子江城市群对全省经济增长的贡献率达79.2%;沿海经济带对全省经济增长的贡献率达18.7%。

就业形势持续向好。年末全省就业人口4893万人,第一产业就业人口675.23万人,第二产业就业人口1942.52万人,第三产业就业人口2275.25万人。城镇就业人口3480.88万人,城镇新增就业198.16万人。就业形势基本平稳。全年城镇新增就业132.8万人。年末城镇登记失业率保持在3.2%的较低水平。全年帮扶城乡就业困难人员就业再就业30.3万人,比上年增长7.8%。

在经济社会发展取得成绩的同时,也应看到疫情变化和外部环境还存在不稳定和不确定性,科技自主创新能力亟待提升,部分行业和企业仍然比较困难,外资外贸稳中提质压力较大,资源环境约束趋紧,污染防治任务繁重,民生还有不少短板,部分领域还存在风险隐患等。

二、农林牧渔业

农业生产持续增强。全年粮食播种面积540.6万公顷,比上年增加2.4万公顷;棉花种植面积0.8万公顷,减少0.3万公顷;油料种植面积27.9万公顷,减少0.4万公顷;蔬菜种植面积144.4万公顷,增加1.9万公顷。全年粮食总产量再创新高,达到3729.1万吨,比上年增产22.9万吨,增长0.6%,其中,夏粮1373.8万吨,增长1.3%;秋粮2355.3万吨,增长0.2%。全年粮食亩产459.9公斤,比上年增加0.8公斤,增长0.2%。

林牧渔业总体平稳。全年造林面积4.6万公顷,比上年增长43.1%。全年猪牛羊禽肉产量265.3万吨,比上年下降2.0%;禽蛋产量234.4万吨,增长9.3%;牛奶总产量63.0万吨,增长1.0%。水产品总产量489.2万吨(不含远洋捕捞),增长1.3%,其中,淡水产品355.2万吨、海水产品134.0万吨,分别增长2.3%和下降1.5%。

现代农业较快发展。全省新建高标准农田2070万亩,农作物耕种收机械化率达80%,农业科技进步贡献率达70%。年末农业机械总动力5193.9万千瓦,比上年增长1.6%。全省高效设施农业面积966.5万公顷,增长3.6%;有效灌溉面积达422.4万公顷,新增有效灌溉面积1.8万公顷;新增设施农业面积3.4万公顷。

表4 2020年江苏主要农产品产量情况

产品名称	产量(万吨)	比上年增长(%)
粮食	3729.1	0.6
棉花	1.1	−32.3
油料	93.0	−1.4
#油菜籽	51.2	1.5
花生	40.6	−4.9
蔬菜	5728.1	1.5
蚕茧	3.6	−0.1
茶叶	1.1	−21.7
水果(含瓜果类)	974.0	−1.0
猪牛羊禽肉	265.3	−2.0
水产品	489.2	1.3

数据来源:《2020年江苏国民经济与社会发展统计公报》

三、工业和建筑业

工业生产稳定恢复。全年规模以上工业增加值比上年增长6.1%,其中,轻工业增长4.2%,重工业增长6.8%。分经济类型看,国有工业增长3.5%,集体工业增长0.3%,股份制工业增长6.7%,外商港澳台投资工业增长4.3%。在规模以上工业中,国有控股工业增长3.2%,民营工业增长7.7%。

先进制造业增势良好。全省高技术产业、装备制造业增加值比上年分别增长10.3%和8.9%,高于规模以上工业4.2和2.8个百分点,对规上工业增加值增长的贡献率达37.4%和71.4%。分行业看,电子、医药、汽车、专用设备等先进制造业增加值分别增长9.4%、12.2%、4.5%和

9.8%。代表智能制造、新型材料、新型交通运输设备和高端电子信息产品的新产品产量实现较快增长。碳纤维增强复合材料、新能源汽车、城市轨道车辆、集成电路、太阳能电池等新产品的产量比上年分别增长48.9%、42.0%、24.5%、22.3%和16.5%。

表5 2020年江苏主要工业产品产量情况

产品名称	单 位	产 量	比上年增长(%)
纱	万吨	309.0	-15.6
布	亿米	52.5	-18.7
化学纤维	万吨	1534.1	3.9
卷烟	亿支	1039.5	-0.5
智能手机	万台	4948.1	5.7
彩色电视机	万台	796.4	-28.7
♯智能电视	万台	466.2	-39.3
家用电冰箱	万台	1265.2	17.7
房间空调器	万台	401.5	-20.0
粗钢	万吨	12108.2	6.1
钢材	万吨	15004.0	4.1
十种有色金属	万吨	97.3	26.6
水泥	万吨	15246.5	-0.2
硫酸	万吨	252.9	-11.4
纯碱	万吨	484.1	-5.6
乙烯	万吨	218.3	16.1
化肥(折100%)	万吨	199.4	2.2
汽车	万辆	75.3	-8.8
♯轿车	万辆	30.1	-21.4
♯新能源汽车	万辆	7.3	42.0
民用钢质船舶	万载重吨	1486.2	-14.7
太阳能电池	万千瓦	5383.4	16.5
发电设备	万千瓦	1365.9	26.1
光纤	万千米	13346.0	0.5
光缆	万芯千米	9231.9	7.1
微型电子计算机	万台	5029.5	-3.8
集成电路	亿块	836.5	22.3

数据来源:《2020年江苏国民经济与社会发展统计公报》

工业企业盈利能力提升。全年规模以上工业企业实现营业收入比上年增长4.0%,利润增长10.1%。规模以上工业企业营业收入利润率、成本费用利润率分别为6.0%、6.4%,均比上年提高0.3个百分点。规模以上工业企业产销率达98.3%。

建筑业稳定健康发展。全年实现建筑业总产值35251.6亿元,比上年增长6.5%;竣工产值25483.0亿元,增长4.2%;竣工率达72.3%。全省建筑业企业实现利税总额2304.2亿元,比上年增长1.0%。建筑业劳动生产率为36.2万元/人,比上年下降0.3%。建筑业企业房屋建筑施工面积267407.7万平方米,比上年增长4.7%;竣工面积77802.9万平方米,下降0.1%,其中,住宅竣工面积57034.4万平方米,下降1.0%。

四、固定资产投资

由于年初受疫情等因素影响,2020年,全省固定资产投资出现较大幅度下滑,但随着疫情防控形势持续向好,稳投资政策效应逐步显现,固定资产投资降幅逐月收窄。2020 年全省固定资产投资同比增长 0.3%,增速较 1—11 月提高 0.4 个百分点,比去年前三季度、上半年和一季度分别提高 2.0、7.5 和 20.5 个百分点;分产业看,第一产业投资同比增长 37.0%、第二产业下降 5.1%、第三产业增长 4.1%,其中第二产业全年降幅,比去年前三季度、上半年和一季度分别收窄 6.0、12.6 和 25.2 个百分点。

表 6　按登记注册类型分固定资产投资比上年增长情况(2020 年)

类　别	投资额(%)	#工业投资(%)
总　计	−4	−5.2
内资企业	−5.7	−8
国有企业	−1.4	12.8
集体企业	−25	21.5
股份合作企业	−3.7	6
联营企业	27.4	−17.8
国有联营	−51.5	−100
集体联营	658.7	416.5
国有与集体联营	1182.4	64.5
其他联营企业	−14.7	−21.3
有限责任公司	−2.6	−10.4
国有独资公司	5.4	46.4
其他有限责任公司	−6	−16.7
股份有限公司	27.2	28.3
私营企业	−9.6	−9.5
其他企业	0.2	−24.4
港、澳、台商投资企业	21.8	26.9
合资经营企业	42.8	63.9
合作经营企业	−24.9	−41.1
独资企业	7.8	4
股份有限公司	0.1	−5.2
其他港澳台商投资	98.6	86.3
外商投资企业	5.8	5.5
合资经营企业	18.7	17.7
合作经营企业	273.2	188.6
独资企业	−7	−6
股份有限公司	−16.8	−34
其他外商投资	168.7	163.8
个体经营	6.2	−90.4
个体户	5.9	−90.4
个人合伙	3633.3	
按设区市分		
南京	6	11
无锡	10.2	13.3
徐州	−0.2	13.4
常州	−8.5	−19.8
苏州	13.5	27.4
南通	−4.3	6.9
连云港	−3	3

类　别	投资额(%)	#工业投资(%)
淮安	−41.2	−46.2
盐城	−11.8	−22.5
扬州	−8.5	−31.4
镇江	5.5	11
泰州	−7	−5.5
宿迁	−3.6	−7.4

数据来源:《江苏统计年鉴2021》

　　重点领域投资较快增长。基础设施投资不断发力与房地产开发投资较快增长,成为拉动重点领域投资增长的关键。值得一提的是,全省基础设施投资自去年4月份超过上年同期水平、5月由负转正后,全年实现9.4%的增长,拉动全省投资上扬1.3个百分点。主要行业中,电力热力生产供应、铁路运输对基础设施增长拉动作用较强,分别拉动基础设施增长7.8个和2.5个百分点。

　　投资结构持续优化。第一产业投资比上年增长37.0%,第二产业投资下降5.1%,第三产业投资增长4.1%。第二产业投资中,制造业投资占项目投资比重为56.9%。高技术制造业增势良好,全年高技术制造业投资增长4.5%,其中,电子及通信设备制造业、医药制造业和计算机及办公设备制造业分别增长5.0%、23.2%和19.1%。第三产业投资中,科学研究和技术服务业增长9.9%,水利、环境和公共设施管理业增长1.6%,教育增长16.4%,卫生和社会工作增长26.0%。2020年全省按建设性质分固定资产投资情况如表7所示。

表7　2020年按建设性质分固定资产投资比上年增长情况(%)

行　业	投资额	#新　建	#扩　建	#改　建
总计	−4	17.9	−16	−34.2
农、林、牧、渔业	35.3	54	−55.3	−3
农业	1.9	10.5	−50.3	65.6
林业	−3.1	14.9	−100	−97.7
畜牧业	123.9	163.7	−58.3	47
渔业	20.7	45.8	−26.7	−62
农、林、牧、渔服务业	27.4	46.2	−76.2	0.2
采矿业	−63.7	−53.9	−19.2	−72.2
煤炭开采和洗选业	18	−100	＊＊＊	563
石油和天然气开采业	−30	＊＊＊	＊＊＊	−100
黑色金属矿采选业	−69.6	−61.9	＊＊＊	−82.3
有色金属矿采选业	−100	−100	＊＊＊	＊＊＊
非金属矿采选业	−81.5	−50.7	−20.7	−94.7
开采辅助活动	−100	−100	＊＊＊	−100
其他采矿业	334.6	＊＊＊	29.1	＊＊＊
制造业	−8.6	26	−11.9	−36.3
农副食品加工业	−20.4	12.3	−31.8	−52.1
食品制造业	−5.7	48.8	−25.8	−51.1
酒、饮料和精制茶制造业	−10.8	−8.2	282.2	−31
烟草制品业	37.7	＊＊＊	−74.7	247.5
纺织业	−2.5	33.8	−7.2	−30.2
纺织服装、服饰业	−53.9	−21.6	−71.9	−70.8

行 业	投资额	＃新 建	＃扩建	＃改 建
皮革、毛皮、羽毛及其制品和制鞋业	−37.7	15.2	−49.1	−64.7
木材加工和木、竹、藤、棕、草制品业	−31.7	−12.5	−40.3	−55.4
家具制造业	−10.9	−6.1	−29.8	−13.9
造纸和纸制品业	2.3	81.4	−51.8	−32.9
印刷和记录媒介复制业	−37.1	−13.7	−37.1	−46
文教、工美、体育和娱乐用品制造业	−46.4	−8.3	−45.1	−76.5
石油加工、炼焦和核燃料加工业	34.4	49.4	−4.8	−5.6
化学原料和化学制品制造业	−21.8	33.3	−17.8	−56.5
医药制造业	23.2	105.2	5.2	−23.3
化学纤维制造业	−13.6	−17.8	−8.9	−10.7
橡胶和塑料制品业	−8.4	15.6	9.1	−38.1
非金属矿物制品业	−12.4	10.3	−22.8	−40.6
黑色金属冶炼和压延加工业	49.9	149.6	157.1	14.9
有色金属冶炼和压延加工业	9.6	55.7	−11.5	−8.3
金属制品业	−10.2	33.8	−14.7	−41.5
通用设备制造业	−22.9	22.3	−31.8	−51
专用设备制造业	−16	22.6	−27.9	−38.7
汽车制造业	−5	12.5	17.3	−37.8
铁路、船舶、航空航天和其他运输设备制造业	9.8	51.5	−20.6	−8.8
电气机械和器材制造业	−19.6	0.2	−28.4	−38.9
计算机、通信和其他电子设备制造业	12.4	51	21.7	−18.9
仪器仪表制造业	−7.7	55.4	−11.2	−41.1
其他制造业	−20.6	24.1	−63.4	−51.6
废弃资源综合利用业	3.7	−9.3	158.8	−2.2
金属制品、机械和设备修理业	−54.5	−56.8	−3.4	−91.4
电力、热力、燃气及水生产和供应业	56.3	92.8	26.9	−14.9
电力、热力生产和供应业	61.2	99.7	16.1	−4.4
燃气生产和供应业	17.5	35.1	−19.9	23.8
水的生产和供应业	42.8	72.2	92.6	−39.6
建筑业	28.8	194.2	＊＊＊	−100
房屋建筑业	37.4	598	＊＊＊	−100
土木工程建筑业	35.4	120.8	＊＊＊	−100
建筑安装业				
建筑装饰和其他建筑业	−100	−100	＊＊＊	＊＊＊
批发和零售业	−61	−46.7	−80.9	−88
批发业	−70.1	−58.6	−85.4	−90.7
零售业	−49	−31.7	−72.3	−85.6
交通运输、仓储和邮政业	−12.6	−8.5	−27.6	−34.3
铁路运输业	96.3	99.4	＊＊＊	−100
道路运输业	−22.3	−21.8	−15.9	−55.8
水上运输业	14.7	31.6	−15.7	81.6
航空运输业	−51.5	6.8	−84.3	−53.7
管道运输业	79.3	1586.1	−56.2	−45.4
装卸搬运和运输代理业	−55.2	−48.4	−58.1	−67.3
仓储业	−21.3	−15.7	−38.1	−24.1
邮政业	34.6	40	−23.1	142.3
住宿和餐饮业	−12	−6.8	−38.1	−13.9

行　业	投资额	♯新　建	♯扩　建	♯改　建
住宿业	0.4	6.9	−29.5	−8.5
餐饮业	−47.4	−47.2	−54.3	−35.9
信息传输、软件和信息技术服务业	49	102.3	−22.8	−36.4
电信、广播电视和卫星传输服务	89.8	450.7	−11.4	−44.9
互联网和相关服务	116.2	174.8	−73.2	−6.5
软件和信息技术服务业	3.5	15.7	−18.5	−11.9
金融业	−57.9	−32.2	−95.1	−47.1
货币金融服务	−67.6	−64.2	−96	−50.3
资本市场服务	62.9	193.3	−100	＊＊＊
保险业	−20.2	−32.7	＊＊＊	−79.5
其他金融业	−96.9	−45	−100	−100
房地产业	61.5	71.4	−6.7	51.4
房地产业	−20.3	−10.7	−55.8	−7.1
租赁和商务服务业	−61.5	74.8	−90.8	−61.9
租赁业	−18.1	−11.8	−55.4	−5.1
商务服务业	9.9	16.3	−4.7	−24.3
科学研究和技术服务业	−3.1	1	−26.1	−21.3
研究和试验发展	−13.1	−4.8	−28.2	−64.1
专业技术服务业	45.4	52.8	40	42.3
科技推广和应用服务业	1.6	6.6	−25.7	5
水利、环境和公共设施管理业	−5	−0.2	−40.6	46.3
水利管理业	42.7	55.2	−5	64.3
生态保护和环境治理业	−0.5	4	−24.1	−0.6
公共设施管理业	−27.2	−9.8	−81.2	−13.9
居民服务、修理和其他服务业	−46	−36.2	−80.4	−73.8
居民服务业	−34.4	−24.4	−72.3	−69.4
机动车、电子产品和日用产品修理业	−42.8	−15.6	−97.5	−75.5
其他服务业	−79	−75	−100	−96.3
教育	16.4	17.6	23.7	−29
教育	26	44.9	−16.7	52.8
卫生和社会工作	26.5	47.5	−14.8	56.8
卫生	23.6	34.1	−37.7	36.1
社会工作	−21.9	−20.6	−26.3	−24.5
文化、体育和娱乐业	−58.5	＊＊＊	−53.5	−100
新闻和出版业	74.7	140.9	−66.4	28.5
广播、电视、电影和影视录音制作业	−16.7	−18.9	−12.1	−0.7
文化艺术业	−36.8	−44.6	−7.4	−56.7
体育	−26.3	−22.7	−54.1	−58
娱乐业	−49.6	−46.2	−70.2	−57.8
公共管理、社会保障和社会组织	−81.6	−78.1	−86	＊＊＊
中国共产党机关	−57.7	−57.3	−60.1	−59.2
国家机构				
人民政协、民主党派	12.9	9.6	＊＊＊	7.9
社会保障	−47.3	−21.1	−84	−100
群众团体、社会团体和其他成员组织	44.4	82.6	−91.9	22.3
基层群众自治组织	16.4	17.6	23.7	−29

数据来源:《江苏统计年鉴2020》

高技术产业投资拉动作用明显。2020年高技术产业投资表现尤为亮眼,全年投资较上年增长8.4%,增速高于全部投资8.1个百分点,拉动全部投资增长1.2个百分点。其中,去年全省高技术服务业投资增长29.9%,增速较全部服务业投资高25.8个百分点。高技术服务业投资下,信息服务业投资增长35.1%,环境监测及治理服务投资增长34.3%,成为引领高技术产业投资"抬头"的关键引擎。

重点项目有力推进。信息、能源、交通等基础设施建设取得重大进展。建成5G基站7.1万座,基本实现全省各市县主城区和重点中心镇全覆盖。电力、天然气等能源保障能力进一步增强,海上风电、分布式光伏等新能源装机规模居全国前列。南京禄口国际机场T1航站楼改扩建工程投入运营,通州湾新出海口等重大项目开工建设。沪苏通长江公铁大桥、五峰山长江大桥、南京江心洲长江大桥建成通车,徐宿淮盐、连淮扬镇、沪苏通、盐通高铁建成运营,沪苏湖高铁开工建设。

五、财 政

财政收入稳定增长。全年完成一般公共预算收入9059.0亿元,比上年增长2.9%,其中,税收收入7413.9亿元,增长1.0%;税收占一般公共预算收入比重达81.8%。支出结构持续改善。全年完成一般公共预算支出13682.5亿元,比上年增长8.8%,其中,教育支出2423.1亿元,比上年增长9.5%;公共安全支出878.6亿元,增长3.0%;卫生健康支出1009.1亿元,增长11.4%;社会保障和就业支出1783.3亿元,增长25.9%;住房保障支出662.1亿元,增长30.6%。

表8　2020年江苏省财政收入分项情况

指　标	绝对数(亿元)	比上年增长(%)
一般公共预算收入	9059.0	2.9
♯增值税	2944.8	−6.4
企业所得税	1348.6	2.4
个人所得税	393.9	12.8
上划中央四税	6292.3	−2.1
♯国内消费税	760.7	−11.5

数据来源:《2020年江苏国民经济与社会发展统计公报》

年末,全省金融机构人民币存款余额172580亿元,同比增长12.9%,增速比上年末提高3.5个百分点;全省金融机构人民币贷款余额154523亿元,增长15.9%,增速比上年末提高0.7个百分点。

表9　2016—2020年江苏财政支出情况　　　　　　　　　　　　　　单位:亿元

指　标	2016年	2017年	2018年	2019年	2020年
一般公共预算支出	9981.96	10621.03	11657.35	12573.55	13681.55
一般公共服务	920.93	1022.75	1124.06	1210.99	1233.45
公共安全	634.76	717.07	826.08	853.13	884.45
教育	1842.94	1979.57	2055.56	2213.84	2406.53
科学技术	381.02	428.01	507.31	572.04	584.39
文化体育与传媒	193.28	194.37	197.22	264.53	311.68
社会保障和就业	897.93	1043.4	1316.55	1416	1779.31
医疗卫生	712.77	789.52	845.32	906.01	1007.47
节能环保	285.11	292.1	317.99	372.77	336.9
城乡社区事务	1440.12	1500.54	1599.6	1697.55	1818.13
农林水事务	985.62	918.22	996.67	1032.37	1091.25

指　标	2016 年	2017 年	2018 年	2019 年	2020 年
交通运输	511.81	482.13	497.95	574.95	550.83
资源勘探电力信息等事务	437.26	347.58	322.91	306.08	308.11
其他各项支出	738.41	905.77	1050.13	1153.29	1369.05

数据来源：历年《江苏统计年鉴》

支出结构持续改善。部分民生支出增长较快，社会保障和就业支出增长 25.7%，教育支出增长 8.7%，一般公共服务支出增长 1.9%，城乡社区事务支出增长 7.1%，节能环保支出减少 9.6%。

六、国内贸易

就整体情况而言，消费品市场逐步回稳。全年实现社会消费品零售总额 37086.1 亿元，比上年下降 1.6%。按经营单位所在地分，城镇消费品零售额下降 1.6%；农村消费品零售额下降 1.3%。按行业分，批发和零售业零售额下降 1.0%；住宿和餐饮业零售额下降 7.9%。全省限额以上社会消费品零售总额比上年增长 0.3%。从消费品类值看，基本生活类消费增长平稳，部分消费升级类商品零售额增长较快。在限额以上企业商品零售额中，粮油食品类、服装鞋帽针纺织品类、日用品类商品零售额分别增长 13.3%、下降 2.5% 和增长 10.0%。以智能手机、平板电脑等为代表的通信器材类商品零售额增长 6.2%；书报杂志类增长 1.6%。

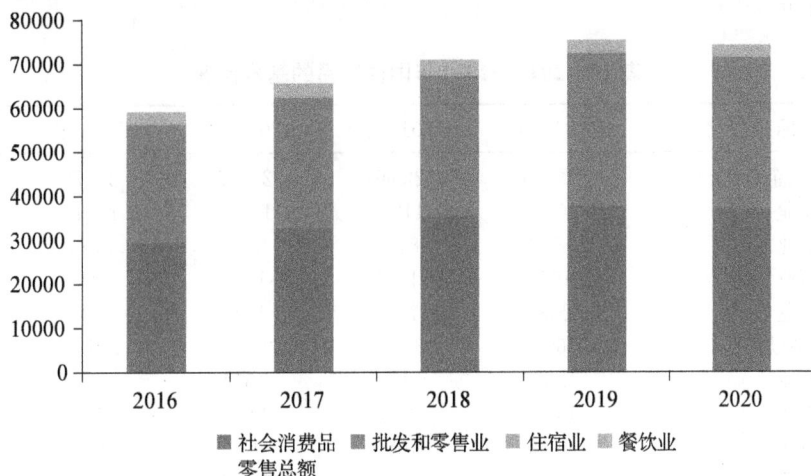

图 5　历年社会消费品情况（单位：亿元）
数据来源：历年《江苏统计年鉴》

2020 年，全省限额以上 18 类主要商品零售类别中，有 15 类零售额较前三季度好转，有 11 类实现正增长，其中，粮油食品类（13.3%）、化妆品类（12.7%）、日用品类（10%）销售较好，均实现两位数增长；文化办公用品类（7.8%）、烟酒类（3.3%）、汽车类（1.2%）回升明显，增幅较前三季度分别提升 11.7 个、8 个、5.1 个百分点。

超市和便利店为居民提供生活必需品，刚需、高频消费以及疫情背景下品质要求提高等因素使其成为线下消费的主战场。2020 年，全省限额以上便利店实现零售额同比增长 34.3%，超市增长 7.9%，大型超市增长 13.6%，购物中心增长 21.6%，仓储会员店增长 12.3%。

随着疫情得到有效控制，居民收入和需求层次不断提升，商品销售结构趋于优化。2020 年，全省限额以上化妆品类零售额同比增长 12.7%，较前三季度提升 1.5 个百分点；通信器材类增长

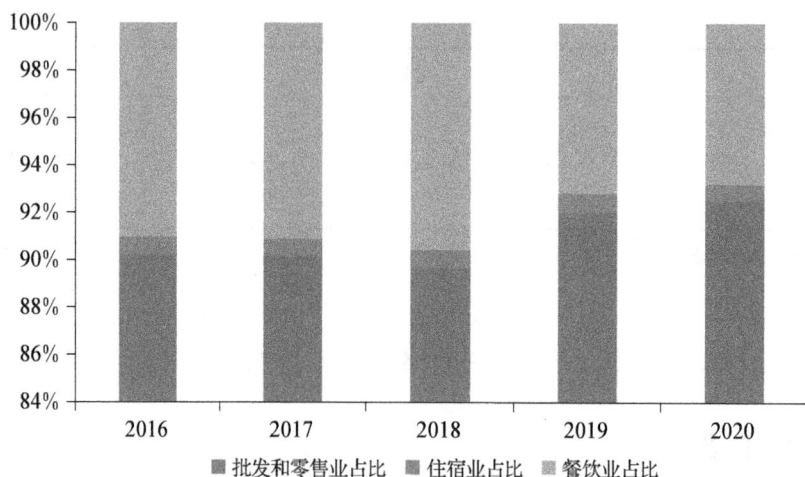

图6　历年分行业占社会消费品零售总额(单位:%)

数据来源:历年《江苏统计年鉴》

6.2%,较前三季度提升0.4个百分点;计算机及其配套产品增长25.5%,较前三季度提升19.6个百分点;新能源汽车增长336.7%,较前三季度提升36.4个百分点。

线上选购兼"无接触配送"需求提升,更多企业加速线上线下融合,网上零售、外卖等餐饮服务快速扩张。2020年,按卖家所在地分,全省实现网上零售额10602.4亿元,同比增长10.0%,比上年同期提升3.1个百分点,其中,实物商品网上零售额9232.6亿元,同比增长13.9%,比上年同期提升5.2个百分点。

表10　2016—2020年国内贸易的基本情况

指　标	2016 年	2017 年	2018 年	2019 年	2020 年
限额以上法人企业(个)	22514	22540	25225	28172	34869
批发业	10852	11209	13717	16110	21030
零售业	8571	8425	8585	8824	9967
住宿业	1061	1047	1075	1208	1362
餐饮业	2030	1859	1848	2030	2510
限额以上产业活动单位(个)	36060	37078	28002	30106	31000
批发业	12374	12675	4514	4271	4215
零售业	19238	20004	20814	22561	22777
住宿业	1099	1086	138	175	168
餐饮业	3349	3313	2536	3099	3840
限额以上企业(单位)从业人数(人)	1232848	1216968	1273866	1276209	1387918
批发业	397306	414885	459142	486470	558157
零售业	546964	522284	514100	481297	498272
住宿业	106801	102728	101285	100463	96653
餐饮业	181777	177071	199339	207979	234836
限额以上批发和零售业					
商品购进总额(亿元)	42936.98	50071.87	61125.59	67564.29	79783.24
商品销售总额(亿元)	46807.09	54534.88	67165.86	72602.88	85290.81
商品库存总额(亿元)	2892.15	5159.15	3395.15	3973.07	6057.03
社会消费品零售总额(亿元)	29612.5	32818.24	35472.62	37672.51	37086.06
商品交易市场数(个)	2817	2753	2795	2202	3321
消费品市场	2448	2399	2383	1864	3086
生产资料市场	369	354	412	338	235

数据来源:历年《江苏统计年鉴》

随着国内疫情防控形势持续稳定,企业复商复市步伐加快,社会生产和居民生活秩序逐步恢复。全省上下围绕"双循环"新发展格局,紧扣"六稳""六保"工作任务,力保产业链与供应链稳定,力促进消费回补和潜力释放,江苏消费品市场实现快速复苏并逐渐步入正轨。

七、开放型经济

全省对外贸易保持增长,贸易结构继续优化。据海关统计,2020 年,全省完成进出口总额 4.45 万亿元,同比增长 2.6%,增速比上年回升 3.5 个百分点,其中,一般贸易出口同比增长 4.8%,占出口总额比重达 55.2%,比上年提高 2 个百分点。

表 11　2016—2020 年江苏对外贸易发展情况　　　　　　　　　　单位:亿美元

指　标	2016 年	2017 年	2018 年	2019 年	2020 年
进出口总额	5096.12	5911.39	6640.43	6294.70	6427.75
进口总额	1902.68	2278.40	2599.99	2346.85	2464.91
初级产品	233.26	299.86	334.24	328.38	
工业制成品	1591.87	1849.92	2118.86	1888.62	
出口总额	3193.44	3632.98	4040.44	3947.84	3962.83
初级产品	51.38	55.26	58.58	53.48	
工业制成品	3077.73	3411.89	3786.02	3693.36	
协议注册外资项目(个)	2859	3254	3348	3410	
协议注册外资	431.39	554.26	605.22	626.03	
实际使用外资	245.43	251.35	255.92	261.24	283.84
外商投资企业基本情况					
年底登记户数(户)	55938	58577	59308	62360	63031
投资总额	8798.68	9658.19	10560.42	11735.15	13697.29
注册资本	4718.23	5226.16	5639.86	6372.81	7344.93
对外经济合作					
对外承包工程					
合同金额	72.87	108.21	65.90	68.04	54.56
完成营业额	91.11	95.29	83.27	77.84	62.44
对外劳务合作					
新签劳务人员合同工资总额	4.53	4.40	5.42	3.98	2.05
劳务人员实际收入总额	6.96	7.22	7.97	8.69	5.70
境外投资情况					
新批项目数(个)	1067	631	786	827	696
贸易型项目	286	213	233	221	126
非贸易型项目	781	418	533	606	570
中方协议金额(万美元)	1422365	927072	948424	894503	573636
贸易型项目	242426	106254	187761	185328	48643
非贸易型项目	1179940	820818	760663	709175	524993

数据来源:历年《江苏统计年鉴》

对外贸易实现增长。全省完成进出口总额 44500.5 亿元,比上年增长 2.6%,其中,出口 27444.3 亿元,增长 0.9%;进口 17056.2 亿元,增长 5.5%。

表 12　2020 年江苏省进出口贸易主要分类情况

指　标	绝对数(亿元)	比上年增长(%)
出口总额	27444.3	0.9
♯一般贸易	15153.8	4.8
加工贸易	9826.7	−4.6
♯工业制成品	27104.0	1.0
初级产品	338.0	−11.7
♯机电产品	18342.8	2.4
♯高新技术产品	10222.9	2.8
♯国有企业	2070.0	−11.2
外商投资企业	14012.8	−5.7
私营企业	11341.3	13.6
进口总额	17056.2	5.5
♯一般贸易	8620.2	8.7
加工贸易	5890.3	−1.7
♯工业制成品	14122.8	6.0
初级产品	2932.8	3.2
♯机电产品	10051.5	7.3
♯高新技术产品	7262.9	10.1
♯国有企业	1729.6	16.6
外商投资企业	10988.1	−0.1
私营企业	4334.1	17.9

数据来源:《2020 年江苏国民经济与社会发展统计公报》

从贸易方式看,一般贸易进出口总额 23774.0 亿元,增长 6.1%,占进出口总额比重达 53.4%,超过加工贸易 18.1 个百分点。从出口主体看,国有企业、外资企业、私营企业出口额分别下降 11.2%、下降 5.7% 和增长 13.6%。从出口产品看,机电、高新技术产品出口额分别增长 2.4%、2.8%。

表 13　2020 年江苏省对主要国家和地区货物进出口额及增长速度

国家和地区	出口额(亿元)	比上年增长(%)	进口额(亿元)	比上年增长(%)
美国	5298.8	−2.5	1059.8	29.4
欧盟	4538.2	−0.9	1982.8	2.6
东盟	3820.3	8.4	2406.6	6.0
中国香港	1830.9	−0.1	14.5	−24.9
日本	2034.7	0.1	2055.6	1.0
拉丁美洲	1558.0	−0.4	948.3	4.3
韩国	1838.1	2.8	2949.6	0.0
中国台湾	971.8	19.7	2527.2	24.5
印度	724.5	−14.8	145.5	7.3
非洲	722.0	−7.0	218.8	6.4
俄罗斯	376.2	5.9	146.8	32.5

数据来源:《2020 年江苏国民经济与社会发展统计公报》

从出口市场看,对美国、欧盟、日本出口比上年分别下降 2.5%、下降 0.9% 和增长 0.1%,对印度、俄罗斯、东盟出口分别下降 14.8%、增长 5.9% 和增长 8.4%。对"一带一路"沿线国家出口保持增长,出口额 7393.4 亿元,增长 1.5%,占全省出口总额的比重为 26.9%。

表 14　2016—2020 年江苏省境外投资情况

指　标	2016 年	2017 年	2018 年	2019 年	2020 年
新批项目数(个)	1067	631	786	827	696
按项目类型					
企业	1049	584	735	750	658
子公司	990	570	723	722	650
独资子公司	759	429	546	542	502
合资子公司	231	141	177	180	148
联营公司	59	14	12	28	8
机构	18	47	51	77	38
按主体类型					
国有及国有控股企业	95	83	72	58	61
集体企业	6	6	6	3	0
民营企业	814	432	587	671	546
外资企业	152	110	121	95	89
按业务类型					
♯参股并购类项目	220	137	156	134	129
风险投资类项目	2	1	1	3	0
贸易型项目	286	213	233	221	126
非贸易型项目	781	418	553	606	570
♯境外加工贸易项目	76	44	53	47	50
境外资源开发项目	7	2	1	1	2
中方协议金额(万美元)	1422365	927073	948424	894503	573636
按项目类型					
企业	1422194	904664	936117	873815	562704
子公司	1373375	885165	908721	843796	566743
独资子公司	1137147	689252	697944	653206	301071
合资子公司	236228	195913	210777	190590	265671
联营公司	48820	19499	27395	30020	−4039
机构	171	22409	12307	20688	10932
按主体类型					
国有及国有控股企业	180317	138680	86905	47627	54708
集体企业	4641	27705	4673	12858	0
民营企业	999928	631619	766479	762359	427805
外资企业	237479	129070	90366	71659	91123
按业务类型					
♯参股并购类项目	306426	493901	399939	271062	188944
风险投资类项目	897	2655	500	2310	0
贸易型项目	242426	106254	187761	185328	48643
非贸易型项目	1179940	820819	760663	709175	524993
♯境外加工贸易项目	150458	157283	152956	85751	58868
境外资源开发项目	30808	10000	−527	2000	−4995

数据来源:历年《江苏统计年鉴》

利用外资稳步增长。全年新批外商投资企业 3573 家,比上年增长 4.8%;实际使用外资 283.8 亿美元,增长 8.6%。新批及净增资 9000 万美元以上的外商投资大项目 449 个,比上年增长 18.8%。全年新批境外投资项目 696 个,中方协议投资额 57.4 亿美元。加快推进"一带一路"交汇点建设。全年新增"一带一路"沿线对外投资项目 247 个,中方协议投资额 23.6 亿美元。

八、交通、邮电和旅游

交通运输业总体平稳。全年完成货物运输量增长2.6%,旅客运输量下降29.5%;货物周转量增长3.8%,旅客周转量下降39.8%。全省机场飞机起降44.5万架次,下降20.7%;旅客吞吐量3922.8万人次,下降32.9%;货邮吞吐量67.1万吨,增长4.6%。完成港口货物吞吐量29.7亿吨,增长4.7%,其中,外贸货物吞吐量5.6亿吨,增长4.0%;集装箱吞吐量1895.0万TEU,增长0.9%。年末全省公路里程16.1万公里,比上年增加571公里,其中高速公路里程4924公里。铁路营业里程3998公里,其中,高速铁路2021公里,比上年增加508公里。铁路正线延展长度7225公里,比上年增加973公里。年末民用汽车保有量2044.4万辆,增长6.5%,净增125.2万辆。年末私人汽车保有量1748.0万辆,增长6.2%,净增102.0万辆。

表15 2020年各种运输方式完成运输量情况

运输方式	货物周转量		货运量		旅客周转量		客运量	
	绝对数(亿吨公里)	增长(%)	绝对数(万吨)	增长(%)	绝对数(亿人公里)	增长(%)	绝对数(万人)	增长(%)
总计	11538.9	3.8	288513.3	2.6	1056.9	−39.8	85164.4	−29.5
铁路	320.7	−0.5	6865.9	11.3	518.6	−38.8	15038.3	−34.3
公路	3524.5	9.0	174624.0	6.1	414.0	−40.7	67664.0	−28.4
水路	7038.6	2.9	93467.0	−2.2	1.3	−63.9	1562.0	−25.0
民航	2.8	4.7	23.5	6.2	123.0	−41.0	900.2	−40.2
管道	652.2	−8.8	13533.0	−8.3	—	—	—	—

注:民航运输量数据仅指东航江苏分公司完成数。

邮政电信业快速发展。全年邮政业完成业务总量1699.5亿元,增长19.1%;实现业务收入919.5亿元,增长13.0%,其中,快递业完成业务量69.8亿件,增长21.5%。电信业完成业务总量9181.7亿元,增长21.7%;实现业务收入1029.8亿元,增长5.0%。全省年末固定电话用户1265.3万户,移动电话用户9897万户,电话普及率达138.3部/百人;年末长途光缆线路总长度4.0万公里,增加1321公里;年末互联网宽带接入用户3756.8万户,增长4.8%,新增171.1万户;移动互联网传输流量109万亿GB,增长27.9%。

表16 历年邮电业务基本情况

指 标	2016年	2017年	2018年	2019年	2020年
邮电业务总量(亿元)	1860.33	2948.63	5861.83	8973.55	10881.16
邮政行业业务总量	663.69	880.93	1050.23	1426.9	1699.5
电信业务总量	1196.64	2067.7	4811.6	7546.65	9181.66
邮电业务收入(亿元)	1345.35	1475.92	1622.11	1791.76	1949.31
邮政行业业务收入	463.33	560.72	647.01	813.8	919.5
电信业务收入	882.02	915.2	975.1	977.96	1029.81
函件(亿件)	3.33	2.86	2.26	2.1	1.52
包件(万件)	165.3	150.49	139.53	122.96	133.08
快递(亿件)	28.38	35.96	43.89	57.41	69.77
报刊期发数(万份)	1062.97	1094.68	969.35	830.16	805.61
移动短信业务量(亿条)	619.69	771.6	1034.86	1148.9	1132.88
年末固定电话用户(万户)	1708.33	1512.08	1364	1329.11	1265.34

续表

指　标	2016 年	2017 年	2018 年	2019 年	2020 年
年末移动电话用户(万户)	8198.75	8807.69	9794	10165.91	9897.05
固定宽带接入用户(万户)	2685.24	3106.15	3351.87	3585.74	3756.83
邮政局所(个)	2381	2376	2371	2374	2375
邮路及农村投递路线总长度(万公里)	37.17	40.2	48.43	49.09	51.56
♯汽车邮路	11.59	13.9	22.64	25.71	24.38
长途光缆线路长度(公里)	39083	43111	40366	39107	40429
每局所服务面积(平方公里)	45.02	45.12	45.21	45.16	45.14
人均邮电业务量(元/人)	2325.82	3672.34	7281.14	11119.64	12835.7
每百人平均函件量(件/百人)	416.32	356.2	280.72	260.22	179
每百人平均订阅报刊量(份/百人)	13	14	12	10	10
每百人平均包件(件/百人)	2	1.87	1.73	1.52	1.57
每百人移动短信量(条/百人)	77692	96095	128543	142708	133637
电话普及率(部/百人)	124.21	128.53	139	142.78	131.67
固定电话普及率	21.42	18.83	16.94	16.51	14.93
移动电话普及率	102.79	109.69	121.7	126.27	116.75

数据来源:历年《江苏统计年鉴》

旅游业发展受到影响。全年接待境内外游客 4.7 亿人次,比上年下降 46.3%;实现旅游业总收入 8250.6 亿元,下降 42.4%。接待入境过夜游客 77.0 万人次,下降 80.7%,其中,外国人 51.6 万人次,下降 80.6%;港澳台同胞 25.4 万人次,下降 80.9%。旅游外汇收入 16.6 亿美元,下降 65.1%。接待国内游客 4.7 亿人次,下降 46.2%,实现国内旅游收入 8136.3 亿元,下降 41.5%。

表 17　江苏旅游业发展基本情况

项　目	2016 年	2017 年	2018 年	2019 年	2020 年
旅行社数(个)	2469	2593	2779	2954	3066
星级饭店数(个)	696	649	551	482	399
国内旅游接待人数(万人次)	67779.99	74287.31	81422.84	87611.7	47174.12
国内旅游收入(亿元)	9952.47	11307.51	12851.3	13902.21	8136.31
接待海外旅游者人数(人次)	3297735	3701038	4008509	3994629	770316
旅游外汇收入(万美元)	380362	419472	464836	474356	165672

数据来源:历年《江苏统计年鉴》

九、金融

金融信贷规模扩大。年末全省金融机构人民币存款余额 172580.3 亿元,比上年末增长 12.9%,比年初增加 19742.9 亿元,其中,住户存款增加 8613.9 亿元,非金融企业存款增加 8963.5 亿元。年末金融机构人民币贷款余额 154523.3 亿元,比上年末增长 15.9%,比年初增加 21062.0 亿元,其中,中长期贷款增加 15818.5 亿元,短期贷款增加 4495.1 亿元。

表 18　2020 年江苏省年末金融机构人民币存贷款情况

指　标	绝对数(亿元)	比年初增加(亿元)	比上年末增长(%)
各项存款余额	172580.3	19742.9	12.9
♯住户存款	66373.1	8613.9	14.9

指　标	绝对数(亿元)	比年初增加(亿元)	比上年末增长(%)
非金融企业存款	63983.2	8963.5	16.3
各项贷款余额	154523.3	21062.0	15.9
♯短期贷款	46192.7	4495.1	9.0
中长期贷款	98814.8	15818.5	20.2
♯消费贷款	45499.7	5976.0	15.5
♯住房贷款	37803.6	4747.7	14.4

数据来源:《2020年江苏国民经济与社会发展统计公报》

证券市场较快发展。年末全省境内上市公司482家,省内企业通过首发、配股、增发、公司债在资本市场募集资金6997.7亿元。江苏企业境内上市公司总股本4219.5亿股,比上年增长9.4%;总市值62810.5亿元,增长46.1%。年末全省共有证券公司6家,证券营业部921家;期货公司9家,期货营业部186家;证券投资咨询机构3家。全年证券交易额88.7万亿元,比上年增长41.9%。全年期货经营机构代理交易额20.0万亿元,比上年增长50.1%。

保险行业保持稳定。全年保费收入4015.1亿元,比上年增长7.1%。分类型看,财产险收入993.3亿元,增长5.6%;人寿险收入2348.4亿元,增长6.0%;健康险收入586.0亿元,增长15.2%;意外伤害险收入87.3亿元,增长2.5%。全年赔付支出1081.4亿元,比上年增长8.3%,其中,财产险赔付563.3亿元,增长5.4%;人寿险赔付290.2亿元,下降1.4%;健康险赔付203.1亿元,增长40.3%;意外伤害险赔付24.8亿元,下降0.9%。

十、科学技术和教育

科技创新能力不断增强。全省专利申请量、授权量分别达75.2万件、49.9万件,其中,发明专利申请量18.9万件,比上年增长9.5%;发明专利授权量4.6万件,增长15.9%。全省PCT专利申请量达9606件,增长44.8%。全省企业共申请专利61.2万件。万人发明专利拥有量达36.1件,同比增加6件;科技进步贡献率65.1%,比上年提高0.9个百分点。全年共签订各类技术合同5.7万项,技术合同成交额达2335.8亿元,比上年增长39.4%。全年省级以上众创空间达922家。

高新技术产业发展加快。组织实施前沿引领技术基础研究专项、前瞻性产业技术创新专项和重大科技成果转化专项共209项,省级拨款10.5亿元。当年认定高新技术企业13042家,大中型工业企业和规模以上高新技术企业研发机构建有率保持在90%左右,国家级企业研发机构达163家,位居全国前列。全省已建国家级高新技术特色产业基地172个。

表19　江苏省历年科研发展情况

指　标	2016年	2017年	2018年	2019年	2020年
研究机构数(个)	25402	24112	24728	26087	20457
科研机构	135	133	130	128	123
高等院校	1055	1133	1219	1369	1484
企业	24074	22687	23220	24432	18747
事业单位	138	159	159	158	103
研究与试验发展人员(万人)	76.1	75.42	79.41	89.77	91.45
研究与试验发展经费内部支出(亿元)	2026.87	2260.06	2504.43	2779.52	3005.93
研究与试验发展经费支出占GDP比重(%)	2.62	2.63	2.69	2.82	2.93

数据来源:历年《江苏统计年鉴》

2020 年,全省共投入 R&D 经费 3005.93 亿元,比上年增加 226.41 亿元,增长 8.1%;R&D 经费投入强度(与全省地区生产总值之比)为 2.93%,比上年提高 0.11 个百分点。按 R&D 人员全时工作量计算的人均经费为 44.93 万元,比上年增加 1.17 万元。按活动类型分,全省用于基础研究的经费投入为 84.02 亿元,比上年增长 10.3%;应用研究经费 190.17 亿元,增长 1.1%;试验发展经费 2731.75 亿元,增长 8.6%。基础研究、应用研究和试验发展经费所占比重分别为 2.8%、6.3% 和 90.9%。按活动主体分,企业 R&D 经费支出 2629.29 亿元,增长 8.7%;政府属科研机构经费支出 66.6 亿元,增长 11.5%;高等院校经费支出 153.96 亿元,减少 1.0%;企业、政府属研究机构、高等学校经费支出所占比重分别为 87.5%、2.2% 和 5.1%。按资金来源分,政府资金投入 280.87 亿元,比上年增长 2.1%;企业资金投入 2668.67 亿元,增长 9.0%;境外及其他资金投入 56.38 亿元,增长 2.0%。

按区域分,苏南地区 R&D 经费支出为 2020.31 亿元,占全省 R&D 经费的 67.2%;苏中地区 R&D 经费支出为 524.06 亿元,占全省 R&D 经费的 17.4%;苏北地区 R&D 经费支出为 457.20 亿元,占全省 R&D 经费的 15.2%。R&D 经费支出超过百亿元的地市有 9 个,依次为苏州(761.59 亿元)、南京(515.66 亿元)、无锡(389.42 亿元)、南通(256.43 亿元)、常州(256.06 亿元)、泰州(138.50 亿元)、徐州(130.73 亿元)、扬州(129.13 亿元)、盐城(123.65 亿元)。R&D 经费投入强度超过全省平均水平的地市有 4 个,依次为苏州(3.78%)、南京(3.48%)、常州(3.28%)、无锡(3.15%)。

表 20　2020 年全省及各地市 R&D 经费情况

地　　区	R&D 经费(亿元)	R&D 经费占地区生产总值比重(%)
全省	3005.93	2.93
南京	515.66	3.48
无锡	389.42	3.15
徐州	130.73	1.79
常州	256.06	3.28
苏州	761.59	3.78
南通	256.43	2.56
连云港	73.36	2.24
淮安	69.88	1.74
盐城	123.65	2.08
扬州	129.13	2.14
镇江	97.57	2.31
泰州	138.50	2.61
宿迁	59.57	1.83

数据来源:《2020 年江苏省科技经费投入统计公报》

教育事业全面发展。全省共有普通高校 167 所。普通高等教育本专科招生 67.4 万人,在校生 201.5 万人,毕业生 51.3 万人。研究生教育招生 9.0 万人,在校生 24.4 万人,毕业生 5.7 万人。普通高中教育招生 42.3 万人,在校生 115.5 万人,毕业生 31.1 万人。全省中等职业教育在校生 62.5 万人(不含技工学校)。特殊教育招生 0.3 万人,在校生 2.0 万人。全省共有幼儿园 7903 所,比上年增加 3.9%;在园幼儿 254.1 万人,增长 0.1%。

表 21 2020 年江苏省各类教育招生和在校生情况

指　标	招生数		在校生数		毕业生数	
	绝对数（万人）	比上年增长（%）	绝对数（万人）	比上年增长（%）	绝对数（万人）	比上年增长（%）
普通高等教育	67.4	15.1	201.5	7.5	51.3	5.0
♯研究生	9.0	21.8	24.4	13.6	5.7	13.8
普通高中教育	42.3	9.2	115.5	10.0	31.1	—0.8
普通初中教育	87.5	1.5	254.3	4.9	74.8	7.8
小学教育	97.1	—3	580.8	1.4	88.7	1.2

数据来源:《2020 年江苏国民经济与社会发展统计公报》

全年新增专业技术人才 58.59 万人,组织专业技术人员参加继续教育 136.16 万人次。实施国家级高级研修项目 4 期、省级高级研修项目 30 期,培养高层次专业技术人才 2973 名。评审通过具有高级专业技术资格人员 4.94 万人。新增高技能人才 25.77 万人。组织开展职业技能鉴定、职业技能等级认定 95.96 万人次,其中,84.12 万人次取得不同等级的职业资格证书、职业技能等级证书,平均通过率 87.7%,高级工以上取证人数占 24.8%。新招收博士后 2379 人,资助博士后科研项目 450 项,引进海外留学回国人员 11860 名,办理省海外人才居住证 186 份。

表 22 2020 年江苏省人才队伍建设情况

新增专业技术人才	58.59 万人
新增高技能人才	25.77 万人
新招收博士后	2379 人
新引进海外留学回国人员	11860 名
新增正高级、高级乡村振兴技艺师	456 名

数据来源:江苏省人社厅

开展全省乡土人才高级职称评审,新增正高级、高级乡村振兴技艺师 456 名。举办省级乡土人才高级研修班 3 期,参加研修乡土人才 240 名。新设省级博士后创新实践基地 100 个,新建省级留学回国人员创新创业园 5 家、省级留学回国人员创新创业示范基地 6 家。新增国家级高技能人才培训基地 5 个、技能大师工作室 5 个和省级专项公共实训基地 10 个、技能大师工作室 20 个,评选企业首席技师 98 名。组织江苏选手参加首届全国职业技能大赛,获得 12 金 10 银 5 铜。新建省级乡土人才传承示范基地 10 家,省级乡土人才大师示范工作室 30 家。

十一、文化、卫生和体育

公共文化服务水平不断提升。城乡公共文化服务体系不断完善。全省共有文化馆、群众艺术馆 115 个,公共图书馆 117 个,博物馆 345 个,美术馆 42 个。共有广播电台 8 座,中短波广播发射台和转播台 21 座,电视台 8 座,广播综合人口覆盖率和电视综合人口覆盖率均达 100%。全省有线电视用户达 1522.4 万户。全年出版报纸 18.8 亿份,出版杂志 1.1 亿册,出版图书 6.9 亿册。

表 23 2020 年江苏省卫生事业基本情况

项　目	机构数（个）	床位数（张）	卫生工作人员（人）	♯卫生技术人员	♯医师
总　计	35746	535006	823261	665488	267789
医院	1996	421681	489434	406220	140084
综合医院	989	237669	298570	256087	88913
中医医院	156	52481	67361	58165	21860
中西医结合医院	41	7129	9764	8017	3093
专科医院	518	78889	90273	71675	23341
护理院	292	45513	23466	12276	2877
基层医疗卫生机构	32702	101630	285750	224353	113718
社区卫生服务中心（站）	2657	23951	58000	50044	22238
卫生院	1005	77205	104867	90409	42095
村卫生室	15020		41104	17951	15961
门诊部	2552	232	39328	30123	14160
诊所、卫生所、医务室	11468	242	42451	35826	19264
专业公共卫生机构	658	9448	37825	28903	11992
疾病预防控制中心	118		10179	7849	4928
专科疾病防治院（所、站）	39	1909	1540	1145	498
健康教育所（站、中心）	6		89	38	23
妇幼保健院（所、站）	116	7526	16305	13493	5696
急救中心（站）	54	13	1891	932	476
采供血机构	31		2383	1744	121
卫生监督所（中心）	109		3640	3241	
计划生育技术服务机构	185		1798	461	250
其他卫生机构	390	2247	10252	6012	1995
疗养院	12	2247	1004	702	282
医学科学研究机构	9		394	186	122
医学在职培训机构	24		873	141	57
临床检验中心（所、站）	79		3422	1812	201
统计信息中心	15		113	6	3
其他	251		4446	3165	1330

数据来源：《江苏统计年鉴 2021》

卫生事业稳步推进。年末全省共有各类卫生机构 35746 个，其中，医院 1996 个，疾病预防控制中心 118 个，妇幼卫生保健机构 116 个。各类卫生机构拥有病床 53.5 万张，其中医院拥有病床 42.2 万张。共有卫生技术人员 66.5 万人，其中，执业医师、执业助理医师 26.8 万人，注册护士 29.4 万人，疾病预防控制中心卫生技术人员 0.8 万人，妇幼卫生保健机构卫生技术人员 1.3 万人。

体育事业协调发展。群众体育和竞技体育、体育事业和体育产业协调发展，江苏健儿在年度最高水平比赛中，获得金牌 25 枚，获银牌 26 枚，获铜牌 41 枚，金牌数列全国第四位，奖牌数列全国第三位。

十二、环境保护、节能降耗和安全生产

污染防治力度加大。认真落实"共抓大保护、不搞大开发"战略要求，长江经济带生态环境质量发生转折性变化。全省 PM2.5 平均浓度 38 微克/立方米，空气质量优良率达 81%，完成国家考核目标。水环境国考断面优Ⅲ类比例86.5%、同比提高8.6个百分点,主要入江支流和入海河流断面全面消除劣Ⅴ类,长江、淮河等重点流域水质明显改善,太湖治理连续13年实现"两个确保"。土壤保护和污染治理修复工作有力推进。化学需氧量、二氧化硫、氨氮、氮氧化物四项主要污染物减排和碳排放强度下降完成国家下达任务。全省林木覆盖率达24%,累计建成国家生态园林城市9个,国家生态工业示范园区23个,国家生态文明建设示范市县22个。

节能减排成效显著。关停低端落后化工企业995家。钢铁、水泥等行业完成去产能任务。规模以上工业综合能源消费量比上年下降0.4%。

表24 2015—2019年江苏省环境保护情况

项 目	2015 年	2016 年	2017 年	2018 年	2019 年
污染排放与处理利用情况					
废水					
工业废水排放量(亿吨)	20.64	17.94	15.19	14.36	13.75
城镇生活污水排放量(亿吨)	41.45	43.68	42.28	44.03	46.03
集中式治理设施污水排放量(亿吨)	0.04	0.04	0.05	0.04	0.05
化学需氧量排放量(万吨)	105.46	74.65	74.42	68.45	66.56
♯工业源	20.13	13.48	11.16	9.29	8.78
农业源	35.07	4.61	1.87	1.25	0.93
城镇生活源	49.96	56.37	61.26	57.77	56.78
集中式治理设施	0.29	0.19	0.13	0.13	0.08
氨氮排放量(万吨)	13.77	10.28	10.12	9.61	9.1
♯工业源	1.35	1.12	0.81	0.68	0.58
农业源	3.62	0.11	0.07	0.05	0.04
城镇生活源	8.76	9.03	9.23	8.88	8.46
集中式治理设施	0.03	0.02	0.01	0.01	0.02
废气					
二氧化硫排放量(万吨)	83.51	57.01	41.07	30.66	22.55
♯工业源	79.47	52.51	36.47	26.41	19.15
城镇生活源	4.03	4.48	4.57	4.19	3.35
集中式治理设施	0.01	0.02	0.03	0.05	0.05
氮氧化物排放量(万吨)	106.76	93.03	90.72	78.85	75.54
♯工业源	75.36	62.19	50.23	40.93	32.5
城镇生活源	0.86	0.7	0.68	0.67	0.64
机动车	30.5	30.11	39.68	37.06	42.2
集中式治理设施	0.05	0.04	0.12	0.18	0.2
烟(粉)尘排放量(万吨)	65.45	47.17	39.08	33.28	24.7
♯工业源	61.22	42.97	33.85	28.97	23.21
城镇生活源	1.94	2.09	1.78	1.45	1.05
机动车	2.27	2.1	3.42	2.83	0.41
集中式治理设施	0.02	0.01	0.03	0.03	0.03
工业固体废物					
一般工业固体废物产生量(万吨)	10701.01	11648.53	12002	11810	11516.3
一般工业固体废物综合利用量(万吨)	10206.98	10661.65	11298	11110	10947.77
♯综合利用往年贮存量	11.32	37.52	39	56	44.37
一般工业固体废物综合利用率(%)	95.28	91.23	93.83	93.63	94.7
一般工业固体废物处置量(万吨)	407.37	742.27	591	620	494.76
♯处置往年贮存量	0.12	1.28	17	21	6.19
一般工业固体废物贮存量(万吨)	98.09	283.03	167	157	124.32

数据来源:历年《江苏统计年鉴》

2020年,全省上下积极应对新冠肺炎疫情带来的冲击,能源领域生产结构持续优化,为统筹推进疫情防控和经济社会发展提供了有力保障,随着生产生活秩序加快恢复,全年能源消费呈现逐步回升态势。

电力生产和调度保持稳定。全省发电量5073.7亿千瓦时,同比增长0.2%,全年省外净调入1300.0亿千瓦时,较上年增加97.9亿千瓦时,为全省用电提供了坚实保障。新增电源能力清洁化水平高。全省发电装机容量14146.4万千瓦,年度新增991.7万千瓦,新增装机容量中,风电、核电、太阳能发电分布式占比合计82.4%。全省规模以上工业新能源发电量比上年增长10.4%,占规上工业发电量的比重达14.7%,较上年提高1.9个百分点。新能源发电中,田湾核电站发电量比上年增长8.1%,连云港市新能源发电占比达到75.3%,较上年提高2.4个百分点,远高于全省水平;盐城市风力发电量占全省的六成以上,全市风力发电量较上年增长22.5%,新能源发电量占比达到39.0%,较上年提高6.5个百分点。

十三、人口、人民生活和社会保障

依据全省第七次人口普查数据,截止到2020年11月1日零时,全省常住人口为84748016人,与2010年第六次全国人口普查的78660941人相比,十年共增加6087075人,增长7.74%,年平均增长率为0.75%。全省共有家庭户29910849户,集体户2011807户,家庭户人口为77644026人,集体户人口为7103990人。平均每个家庭户的人口为2.60人,比2010年江苏省第六次全国人口普查的2.94人减少0.34人。

表25　2016—2020年江苏省人口数、户数(常住)

年　份	总户数(万户)	总人口(万人)	按性别分				平均每户人数(人/户)	年平均人口(万人)	人口密度(人/平方公里)
			男		女				
			人口数	比重(%)	人口数	比重(%)			
2016	2883.79	8381.47	4255	50.77	4126.47	49.23	2.91	8348.29	782
2017	2945.7	8423.5	4277.02	50.77	4146.48	49.23	2.86	8402.49	786
2018	3013.29	8446.19	4288.05	50.77	4158.14	49.23	2.8	8434.85	788
2019	3094.93	8469.09	4299.51	50.77	4169.57	49.23	2.74	8457.64	790
2020	2991.08	8474.80	4304.41	50.78	4172.85	49.22	2.60	8473.18	791

数据来源:历年《江苏统计年鉴》

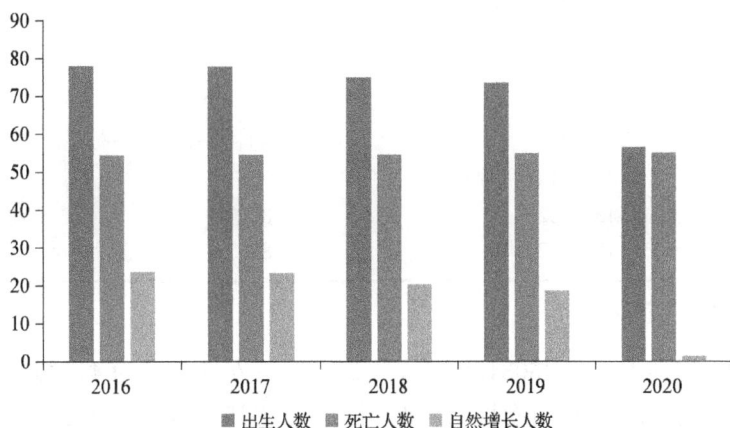

图7　江苏省2016—2020年人口数(单位:万人)

数据来源:历年《江苏统计年鉴》

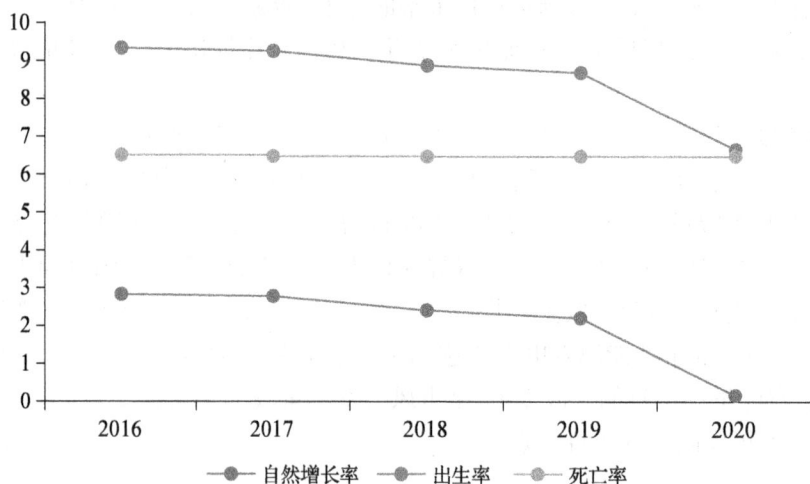

图 8　江苏省 2016—2020 年人口出生死亡率以及自然增长率(单位:‰)
数据来源:历年《江苏统计年鉴》

　　13 个设区市中,人口超过 1000 万人的是苏州市,在 900 万人至 1000 万人之间的是南京市和徐州市,在 500 万人至 800 万人之间的是南通市、无锡市、盐城市和常州市,在 400 万人至 500 万人之间的是宿迁市、连云港市、扬州市、淮安市和泰州市,人口少于 400 万人的是镇江市。其中人口居前五位的市合计人口占全省人口比重为 54.67%。与 2010 年江苏省第六次全国人口普查相比,13 个设区市中,有 10 个设区市人口增加。人口增长较多的 5 个设区市依次为:苏州、南京、无锡、常州、徐州,分别增加 2288372 人、1310941 人、1087736 人、685690 人、506565 人。

表 26　全省各地区两次人口普查总数情况　　　　　　　　　　　　　单位:人、%

地区	人口数	比重	
		2020 年	2010 年
全　省	84748016	100.00	100.00
南　京	9314685	10.99	10.17
无　锡	7462135	8.81	8.10
徐　州	9083790	10.72	10.90
常　州	5278121	6.23	5.84
苏　州	12748262	15.04	13.30
南　通	7726635	9.12	9.26
连云港	4599360	5.43	5.59
淮　安	4556230	5.38	6.10
盐　城	6709629	7.92	9.23
扬　州	4559797	5.38	5.67
镇　江	3210418	3.79	3.96
泰　州	4512762	5.32	5.87
宿　迁	4986192	5.88	6.00

数据来源:江苏省第六次人口普查公报

　　全省常住人口中,男性人口为 43031586 人,占 50.78%;女性人口为 41716430 人,占 49.22%。总人口性别比(以女性为 100,男性对女性的比例)由 2010 年江苏省第六次全国人口普查的 101.52 上升为 103.15。13 个设区市(含县市区,下同)中,总人口性别比在 100 以下的市有 2 个,在 100 至 103 之间的市有 5 个,在 103 至 107 之间的设区市有 5 个,在 107 以上的设区市有 1 个。

表 27　2020 年全省各地区人口性别构成　　　　　　　　　　单位:%

地区	占总人口比重		性别比
	男	女	
全　省	**50.78**	**49.22**	**103.15**
南　京	51.05	48.95	104.27
无　锡	51.58	48.42	106.52
徐　州	50.41	49.59	101.65
常　州	51.38	48.62	105.67
苏　州	52.22	47.78	109.29
南　通	49.25	50.75	97.05
连云港	50.77	49.23	103.14
淮　安	50.01	49.99	100.05
盐　城	50.37	49.63	101.50
扬　州	49.80	50.20	99.20
镇　江	50.82	49.18	103.35
泰　州	50.11	49.89	100.46
宿　迁	50.47	49.53	101.92

数据来源:江苏省第六次人口普查公报

全省常住人口中,0~14 岁人口为 12891948 人,占 15.21%;15~59 岁人口为 53350723 人,占 62.95%;60 岁及以上人口为 18505345 人,占 21.84%,其中 65 岁及以上人口为 13726531 人,占 16.20%。与 2010 年江苏省第六次全国人口普查相比,0~14 岁人口的比重上升 2.20 个百分点,15~59 岁人口的比重下降 8.05 个百分点,60 岁及以上人口的比重上升 5.85 个百分点,65 岁及以上人口的比重上升 5.32 个百分点。13 个设区市(含县市区,下同)中,15~59 岁人口比重在 65% 以上的市有 4 个,在 60%~65% 之间的市 2 个,在 60% 以下的市有 7 个。10 个设区市 65 岁及以上老年人口比重超过 14%,其中 2 个设区市 65 岁及以上老年人口比重超过 21%。

表 28　2020 年全省各地区人口年龄构成　　　　　　　　　　单位:%

地区	比重			
	0~14 岁	15~59 岁	60 岁及以上	其中:65 岁及以上
全　省	15.21	62.95	21.84	16.20
南　京	12.75	68.27	18.98	13.70
无　锡	12.96	67.29	19.75	14.65
徐　州	22.36	58.13	19.51	14.72
常　州	13.26	66.73	20.01	14.88
苏　州	13.55	69.49	16.96	12.44
南　通	10.90	59.09	30.01	22.67
连云港	21.40	58.20	20.40	14.63
淮　安	17.70	59.50	22.79	16.42
盐　城	15.03	57.64	27.32	19.88
扬　州	11.57	62.42	26.01	19.99
镇　江	11.89	64.55	23.56	17.51
泰　州	12.36	59.39	28.25	22.01
宿　迁	23.48	57.94	18.58	13.56

数据来源:江苏省第六次人口普查公报

全省常住人口中,拥有大学(指大专及以上)文化程度的人口为 15816765 人;拥有高中(含中专)文化程度的人口为 13721862 人;拥有初中文化程度的人口为 28227984 人;拥有小学文化程度的人口为 19273380 人(以上各种受教育程度的人包括各类学校的毕业生、肄业生和在校生)。与 2010 年江苏省第六次全国人口普查相比,每 10 万人中拥有大学文化程度的由 10820 人增加到 18663 人;拥有高中文化程度的由 16150 人增加到 16191 人;拥有初中文化程度的由 38676 人减少到 33308 人;拥有小学文化程度的由 24196 人减少到 22742 人。15 岁及以上人口的平均受教育年限由 9.32 年上升至 10.21 年,文盲率由 3.79% 下降为 2.61%。

表 29   2020 年全省各地区各类受教育程度人数   单位:人/10 万人

地　区	大学(大专及以上)	高中(含中专)	初　中	小　学
全　省	18663	16191	33308	22742
南　京	35229	17201	23055	15947
无　锡	21867	16888	35680	18703
徐　州	12969	13887	35557	26736
常　州	20690	16306	36656	18871
苏　州	22514	16813	32753	19614
南　通	14904	15134	36861	25483
连云港	14661	18593	31501	24205
淮　安	12825	15458	35079	26215
盐　城	10691	16016	36503	26451
扬　州	17465	15444	32599	24847
镇　江	19134	17308	35169	20975
泰　州	15119	15330	33674	26890
宿　迁	10884	16826	32055	27996

数据来源:江苏省第六次人口普查公报

13 个设区市(含县市区,下同)中,平均受教育年限在 11 年以上的市有 1 个,在 10 年至 11 年的市有 5 个,其余均在 9 年至 10 年之间。平均受教育年限较高的 3 个设区市依次为南京、无锡、苏州。

全省常住人口中,文盲人口(15 岁及以上不识字的人)为 2211291 人,与 2010 年江苏省第六次全国人口普查相比,文盲人口减少 771668 人,文盲率由 3.79% 下降为 2.61%,下降 1.18 个百分点。

全省常住人口中,居住在城镇的人口为 62242383 人,占 73.44%;居住在乡村的人口为 22505633 人,占 26.56%。与 2010 年江苏省第六次全国人口普查相比,城镇人口增加 14870895 人,乡村人口减少 8783820 人,城镇人口比重上升 13.22 个百分点。全省常住人口中,人户分离人口为 29979948 人,其中,市辖区内人户分离人口为 6316191 人,流动人口为 23663757 人。流动人口中,省外流入人口为 10308610 人,省内流动人口为 13355147 人。

与 2010 年江苏省第六次全国人口普查相比,人户分离人口增加 11753129 人,增长 64.48%;市辖区内人户分离人口增加 3755657 人,增长 146.67%;流动人口增加 7997472 人,增长 51.05%。未来,人口发展也面临一些潜在压力,由于人口再生产惯性作用的影响,江苏人口结构性问题越发突出,主要表现在:老龄人口数量大比例高、劳动年龄人口和出生人口呈现减少趋势。从规律看,人口年龄结构的老化在短时期内尚不能得到明显缓解。

居民收入稳定增长。2020 年全省居民人均可支配收入 43390 元,比上年增长 4.8%,连续 12 年居全国前列,其中,工资性收入 24657 元,增长 3.4%;经营净收入 5703 元,增长 1.2%;财产净收入 4737 元,增长 8.3%;转移净收入 8294 元,增长 9.8%。按常住地分,城镇居民人均可支配收入

53102 元,增长 4.0%;农村居民人均可支配收入 24198 元,增长 6.7%。城乡居民人均收入比为
2.19∶1,比上年缩小 0.06。全省居民人均消费支出 26225 元,比上年下降 1.8%。按常住地分,城
镇居民人均消费支出 30882 元,下降 1.4%;农村居民人均消费支出 17022 元,下降 3.9%。深入推
进脱贫致富奔小康工程,全省 254.9 万建档立卡低收入人口、821 个省定经济薄弱村全部达标,12
个省级重点帮扶县(区)全部摘帽。

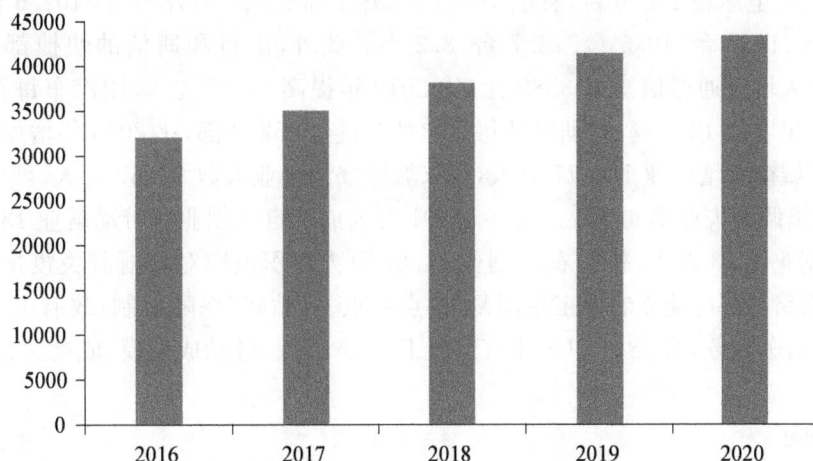

图 9　江苏省居民人均可支配收入(单位:元)
数据来源:历年《江苏统计年鉴》

　　新中国成立以来,江苏城乡居民收入经历了从恢复起步到曲折徘徊再到快速发展的阶段。
2020 年,江苏居民人均可支配收入达 43390 元,比全国平均水平高 11201 元;与 2012 年相比,累计
增长 93.4%,年均增长 8.6%。其中,城镇居民人均可支配收入 53102 元,年均增长 7.9%;农村居
民人均可支配收入 24198 元,年均增长 9.0%。

　　党的十八大以来,农村居民可支配收入增速持续快于城镇居民,城乡居民收入相对差距逐
年缩小,是全国城乡居民收入差距较小的省份之一。同时,城乡发展更趋协调,全省常住人口城
镇化率由 2012 年的 63% 提高到 73.4%。此外,由于实施脱贫致富奔小康工程,254.9 万省定人
均年收入 6000 元以下的低收入人口、821 个省定经济薄弱村全部达标,12 个省级重点帮扶县
(区)全部"摘帽"。

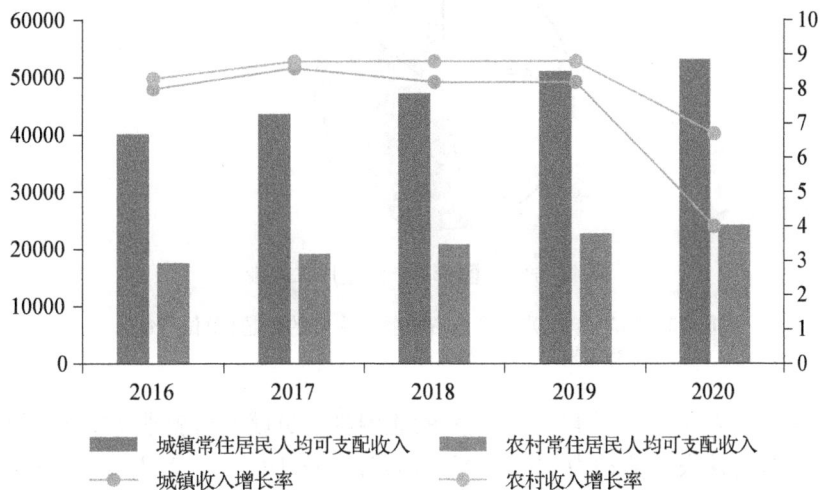

城镇常住居民人均可支配收入　　农村常住居民人均可支配收入
城镇收入增长率　　农村收入增长率

图 10　江苏城镇和农村常住居民人均可支配收入及增长率(单位:元、%)
数据来源:历年《江苏统计年鉴》

2020年江苏居民人均生活消费支出26225元,比2012年增长58.9%,年均增长6.0%。食品消费质量明显提高,安全、健康、绿色成为新追求。粮食、油脂摄入量减少,肉禽、水产、蛋奶、瓜果类时令蔬菜等食品消费量增加。居民衣着消费支出平稳增长,穿衣从追求数量到追求舒适和品质转变。住房更加宽敞,居住条件改善。2020年全省居民人均住房建筑面积53.1平方米,比2013年增加8.9平方米。家庭耐用消费品从无到有,不断升级换代。2020年全省居民家庭平均每百户拥有空调器201.4台,电冰箱110.0台,彩电167.1台,热水器107.6台,洗衣机102.6台,比2013年分别增加53.4台、14.7台、10.5台、13.7台、8.2台。此外,出行和通信的快捷都已成为常态。2020年全省居民人均交通通信支出3589元,比2012年提高67.3%。家用汽车每百户拥有量达41.0辆,比2013年增加18.9辆;移动电话每百户拥有量达252.3部,比2013年增加32.6部。

2020年全年城镇新增就业132.77万人,年末城镇登记失业人数36.67万人,城镇登记失业率3.20%。年末城镇调查失业率4.5%。支持36.01万人成功自主创业并带动就业138.59万人,其中,引领大学生创业4.93万人,扶持农民创业11.87万人。积极应对新冠肺炎疫情影响,会同公安、交通、卫健、铁路等部门建立农民工返岗复工"点对点、一站式"保障机制,政府出资或补贴提供专机、专列、专车运送服务,为3884户企业直达送工8.36万人,推动成规模、成批次、点对点安全有序返岗。

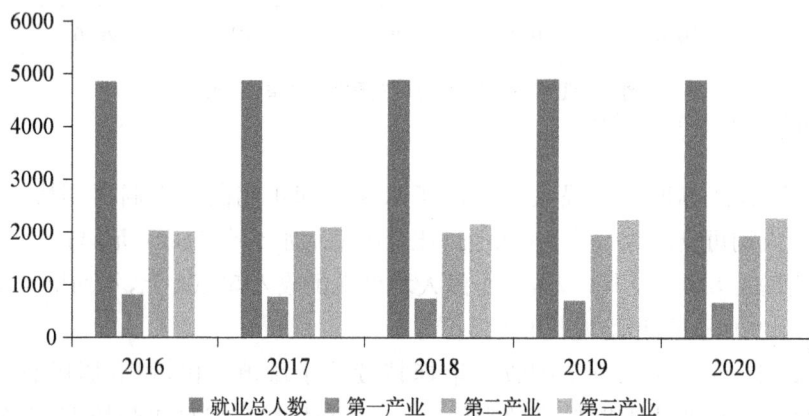

图11 江苏省就业人数(单位:万人)

数据来源:历年《江苏统计年鉴》

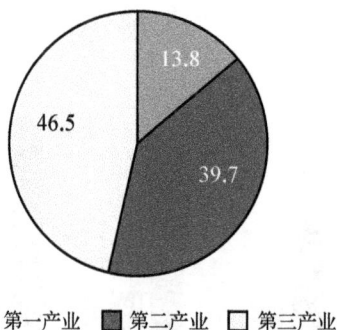

图12 2020年江苏三产业占总就业人数的比重(单位:%)

数据来源:《江苏统计年鉴2021》

帮助城镇失业人员再就业89.54万人,城乡就业困难人员就业再就业30.29万人,城镇零就业家庭动态为零。新增转移农村劳动力18.01万人,累计转移1993.37万人,转移率77.65%。帮扶低收入农户劳动力就业创业4.72万人。

组织青年(含高校毕业生)参加就业见习6.11万人,招录"三支一扶"高校毕业生400名,其中,支教 99 名、支农 84 名、支医 40 名、扶贫 163 名、水利 23 名、就业和社会保障服务 16 名。离校未就业高校毕业生实名登记率和服务率均为 100%,离校未就业高校毕业生年末就业率 96.99%。开展补贴性职业技能培训 659.04 万人次。组织 95.61 万人次参加城乡劳动者就业技能培训、23.32 万人参加创业培训,为 42.4 万人次新生代农民工提供具有针对性的岗前、提升、转岗和创业培训。

表 30　江苏社会保障的基本情况

		2016 年	2017 年	2018 年	2019 年	2020 年
失业保险	年末参保人数(万人)	1538.22	1582.95	1671.27	1794.2	1890.87
	全年发放失业保险金人数(万人)	70.54	65.36	61.46	62.7	65.88
	全年发放失业保险金(亿元)	47.17	48.96	48.66	58.98	61.32
城镇职工基本医疗保险	年末参保职工人数(万人)	1849.36	1921.36	2029.51	2189.6	2296.64
	年末参保退休人员(万人)	641.16	679.77	723.13	764.5	805.62
工伤保险	年末参保人数(万人)	1633.93	1690.19	1777.5	2016.31	2130.85
	年末享受工伤待遇的人数(万人)	15.08	14.33	14.79	15.14	15.18
	年末参加生育保险人数(万人)	1510.32	1582.01	1694.45	1868.8	1987.11

数据来源:历年《江苏统计年鉴》

社会保障体系日益完善。城乡基本养老保险制度更加健全,医保市级统筹制度基本建立。年末全省城乡基本养老、城乡基本医疗、失业、工伤、生育保险参保人数分别为 5940.7 万人、7967.7 万人、1890.87 万人、2130 万人和 1987.1 万人,比上年末分别增加 185.5 万人、118.9 万人、96.7 万人、114.5 万人和 118.4 万人,退休人员基本养老金人均增长 5.0%。为 344.4 万名困难人员参保个人缴费部分实行全额资助,资助金额达 11.5 亿元,特困群众基本生活得到有力保障。

顶格落实国家阶段性减免企业社保费政策。全年基本养老、失业、工伤保险基金总收入 3456.93 亿元,比上年减少 697.43 亿元,下降 16.8%。基金总支出 3912.64 亿元,比上年增加 166.97 亿元,增长 4.5%。

年末全省企业职工基本养老保险参保人数 3272.31 万人,比上年末增加 127.42 万人,其中,在职职工 2414.09 万人,离退休人员 858.22 万人,分别比上年末增加 84.65 万人和 42.78 万人。参保农民工 521.86 万人,比上年末增加 11.89 万人。企业退休人员基本养老金平均增幅 5.4% 左右,年末纳入社区管理企业退休人员 823.25 万人,第六轮免费健康体检率 97.96%。

企业职工基本养老保险基金收入 2038.48 亿元,比上年下降 28.9%,其中征缴收入 1790.28 亿元,比上年下降 31.7%。基金支出 2695.14 亿元,比上年增长 9.4%,其中基本养老金支出(含丧葬抚恤补助)2645.69 亿元,比上年增长 9.4%。净上解中央调剂金 152.43 亿元,基金累计结余 4011.3 亿元。

年末全省机关事业单位基本养老保险参保人数 288.44 万人,比上年末增加 14.97 万人。机关事业单位基本养老保险基金收入 965.8 亿元,比上年增长 30.2%,其中征缴收入 481.04 亿元,比上年增长 14%。基金支出 863.35 亿元,比上年增长 9.9%。年末全省城乡居民基本养老保险参保人数 1305 万人,比上年末增加 66.31 万人。城乡居民基本养老保险基金收入 452.65 亿元,比上年增长 26.7%,其中个人缴费 115.35 亿元,比上年增长 62.8%。基金支出 354.15 亿元,比上年增长 15.9%。基金累计结余 788.25 亿元。

失业保险。年末全省失业保险参保人数 1890.87 万人,比上年末增加 96.67 万人,其中,参保农民工 516.75 万人,比上年末增加 14.49 万人。失业保险基金收入 88.94 亿元,比上年下降 22.4%,其中征缴收入 78.67 亿元,比上年下降 22%。基金支出 188.95 亿元,比上年增长 63.2%。基金累计结余 249.58 亿元。落实失业保险扩大保障范围政策。发放失业保险金 61.32 亿元、失业补助金5.9亿元,分别惠及65.88万人、33.21万人。

工伤保险。年末全省工伤保险参保人数2130.85万人,比上年末增加114.54万人,其中,参保农民工612.41万人,比上年末增加19.46万人。工伤保险基金收入35.99亿元,比上年下降50.1%,其中征缴收入32.38亿元,比上年下降51.8%。基金支出76.23亿元,比上年增长2.4%。基金累计结余121.18亿元。

第三章 2021 年江苏省经济和社会发展分析

2021 年,全省上下坚持以习近平新时代中国特色社会主义思想为指导,认真落实党中央、国务院决策部署和省委、省政府要求,坚持稳中求进工作总基调,扎实做好"六稳""六保"工作,有效应对复杂多变的外部环境和各项风险挑战,综合实力再攀新台阶,结构转型实现新突破,发展动能彰显新优势,构建新发展格局取得新进展,高质量发展展现新成效,实现"十四五"良好开局,"强富美高"新江苏现代化建设迈出坚实步伐。

一、综合

2021 年,面对错综复杂的国内外环境和省内外疫情散发等多重考验,全省科学统筹常态化疫情防控和经济社会发展,经济持续恢复发展,高质量发展取得新成效,实现"十四五"良好开局。初步核算,全年实现地区生产总值116364.2亿元,迈上11万亿元新台阶,比上年增长8.6%,其中,第一产业增加值4722.4亿元,增长3.1%;第二产业增加值51775.4亿元,增长10.1%;第三产业增加值59866.4亿元,增长7.7%。全省人均地区生产总值137039元,比上年增长8.3%。

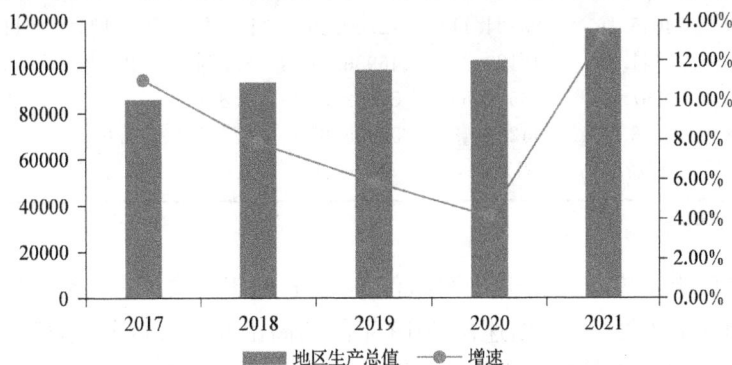

图 1 2017—2021 年江苏省地区生产总值及增速变动(单位:亿元、%)
数据来源:历年《江苏统计年鉴》

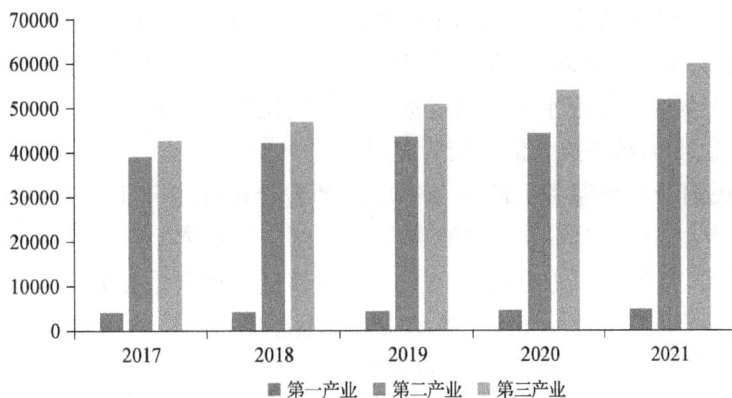

图 2 2017—2021 年江苏省三次产业增加值变动(单位:亿元)
数据来源:历年《江苏统计年鉴》

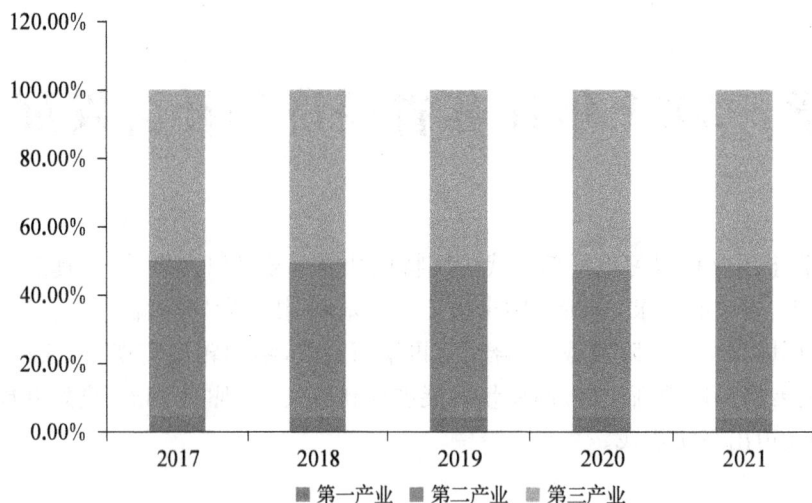

图3　2017—2021年江苏省三次产业增加值比重(单位:%)
数据来源:历年《江苏统计年鉴》

近年来,江苏产业结构加快调整。全年三次产业结构比例为4.1∶44.5∶51.4。

表1　江苏三次产业GDP总值及年实际增速(2017—2021年)

年份	总值(亿元)				增速(%)			
	GDP	第一产业	第二产业	第三产业	GDP	第一产业	第二产业	第三产业
2017	85869.76	4045.16	39124.11	42700.49	11.0%	0.1%	11.7%	11.6%
2018	93207.55	4141.71	42129.37	46936.47	8.5%	2.4%	7.7%	9.9%
2019	98656.82	4297.24	43507.53	50852.05	5.8%	3.8%	3.3%	8.3%
2020	102718.98	4536.72	44226.43	53955.83	4.1%	5.6%	1.7%	6.1%
2021	116364.2	4722.4	51775.4	59866.4	8.6%	3.1%	10.1%	7.7%

数据来源:历年《江苏统计年鉴》

2021年第一季度、上半年、前三季度、全年,江苏GDP两年平均增速始终保持在6%以上,经济增长态势稳健。全年GDP两年平均增速比2019年同期高出0.2个百分点,已基本恢复至常态化增长水平。全年规上工业增加值增长12.8%,两年平均增长9.4%,比2019年同期高3.2个百分点,前十大重点行业增加值全部实现同比增长,对规上工业增长的贡献率达76.4%,有力支撑了工业生产的稳定恢复。1规上服务业营业收入同比增长24.8%,两年平均增长14.8%,比2019年同期高出6.8个百分点。列统的10个行业门类中有8个行业实现两位数增长,5个行业增速超20%。全年社会消费品零售总额增长15.1%,两年平均增长6.4%,比2019年同期高0.2个百分点,消费品市场基本恢复至疫情前水平。固定资产投资同比增长5.8%,两年平均增长3%,其中制造业投资增长16.1%,实体经济投入信心较为充足。

2021年江苏居民消费价格温和上涨。全年居民消费价格比上年上涨1.6%,其中,城市上涨1.6%,农村上涨1.5%。分类别看,食品烟酒类上涨0.9%,衣着类上涨1.5%,居住类上涨1.3%,生活用品及服务类上涨1.1%,交通通信类上涨4.3%,教育文化娱乐类上涨1.8%,医疗保健类上涨1.0%,其他用品及服务类下降1.1%。食品中,粮食上涨0.8%,食用油上涨6.3%,鲜菜上涨6.8%,水产品上涨14.0%,蛋类上涨12.5%,畜肉类下降15.0%。全年工业生产者出厂价格比上年上涨6.3%,工业生产者购进价格上涨13.8%。

表2　2021 年江苏居民消费价格指数及其构成情况(以上年为 100)

指　标	全　省	城　市	农　村
居民消费价格	101.6	101.6	101.5
食品烟酒	100.9	101.0	100.5
衣着	101.5	101.4	101.8
居住	101.3	101.3	101.7
生活用品及服务	101.3	101.1	101.1
交通通信	104.3	104.4	103.9
教育文化娱乐	101.8	101.9	101.3
医疗保健	101.1	101.1	100.8
其他用品及服务	98.9	99.0	98.4

数据来源:《2021 年江苏国民经济与社会发展统计公报》

经济活力增强,全年非公有制经济实现增加值 87622.2 亿元,占 GDP 比重达 75.3%,比上年提高 0.4 个百分点;私营个体经济增加值占 GDP 比重达 53.2%,民营经济增加值占 GDP 比重达 57.3%。年末工商部门登记的私营企业 357.4 万户,全年新登记私营企业 64.0 万户;年末个体经营户 951.0 万户,全年新登记个体经营户 184.8 万户。区域经济发展支撑有力,扬子江城市群对全省经济增长的贡献率达 76.9%,沿海经济带对全省经济增长的贡献率达 18.1%。

就业形势保持总体稳定。全年城镇新增就业 140.2 万人,比上年增加 7.4 万人,同比增长 5.6%。城镇调查失业率控制在预期目标以内。着力保障重点群体就业,高校毕业生年末就业率 95.6%,新开发公益性岗位安置就业困难人员 5.4 万名。推进"创响江苏"系列活动,支持成功自主创业 39.7 万人,创业倍增效应持续释放。

在看到经济社会发展取得显著成绩的同时,还应清醒地认识到,当前疫情防控形势依然严峻,市场需求仍然乏力,部分行业特别是中小微企业发展仍较困难,稳定产业链供应链面临较大压力,不少重点领域"卡脖子"问题仍然较为突出,自主可控的现代产业体系基础还不够坚实,教育、医疗、养老、育幼等民生领域仍有不少短板,个别领域还存在一些隐患。

二、农林牧渔业

粮食等重要农产品生产"稳"。2021 年江苏省全年粮食总产 749.2 亿斤,连续 8 年稳定在 700 亿斤以上,连续 5 年创历史新高。主动应对"猪周期",年末生猪存栏 1482.6 万头,超额完成年度目标任务。水产品产量 495.5 万吨,同比增 1.1%。

农产品质量安全稳中向好,绿色食品企业 2270 家、产品 5054 个,绿色、有机及地理标志农产品总量规模全国第一,实施规模主体入网监管行动,全面试行食用农产品合格制度,农产品生产规模主体日常监管全覆盖。加快南京农创园、农高区等平台载体建设,启动实施种业"揭榜挂帅"项目,打响种业翻身仗,新建高标准农田 390 万亩,投资标准由每亩 1750 元提升至 3000 元,实施农机化"两大行动",加快农机装备与技术推广应用,农业综合产能不断提升。全省农林牧渔业总产值 8279.2 亿元,按不变价格计算,比上年增长 4%。

种植业结构持续优化。全年粮食播种面积 542.8 万公顷,比上年增加 2.2 万公顷;棉花种植面积 0.6 万公顷,减少 0.3 万公顷;油料种植面积 29.6 万公顷,增加 1.8 万公顷;蔬菜种植面积 145.3 万公顷,增加 0.9 万公顷。

林牧渔业生产总体平稳。全年造林面积 1.1 万公顷。全年猪牛羊禽肉产量 304.1 万吨,比上年增长 14.6%;禽蛋产量 230.3 万吨,下降 0.7%;牛奶总产量 64.9 万吨,增长 3.1%。水产品总产量495.5万吨(不含远洋捕捞),比上年增长1.3%,其中,淡水产品366.7万吨、海水产品128.8万吨,分别增长3.2%和下降3.9%。

现代农业发展较快。全省新建高标准农田390万亩,农作物耕种收综合机械化率超过83%,比全国平均水平高近11个百分点。全省有效灌溉面积达423.2万公顷,新增有效灌溉面积0.8万公顷。

表3　2021年江苏主要农产品产量情况

产品名称	产量(万吨)	比上年增长(%)
粮食	3746.1	0.5
棉花	0.8	−25.7
油料	97.8	5.2
♯油菜籽	56.4	10.1
花生	40.3	−0.9
蔬菜	5856.6	2.2
茶叶	1.1	−2.7
水果(含瓜果类)	969.1	−0.5
猪牛羊禽肉	304.1	14.6
水产品(不含远洋捕捞)	495.5	1.3

数据来源:《2021年江苏国民经济与社会发展统计公报》

三、工业和建筑业

工业生产稳定恢复。全年规模以上工业增加值比上年增长12.8%,其中,轻工业增长12.4%,重工业增长12.9%。分经济类型看,国有控股企业增加值增长7.9%,集体企业增长8.2%,股份制企业增长14.4%,外商及港澳台商投资企业增长10.7%,私营企业增长15.5%。分门类看,采矿业增长2.1%,制造业增长12.8%,电力、热力、燃气及水生产和供应业增长12.8%。

先进制造业增势良好。全省高技术产业、装备制造业增加值比上年分别增长17.1%和17.0%,高于规模以上工业4.3个和4.2个百分点;对规上工业增加值增长的贡献率达30.5%和67.3%。分行业看,电子、医药、汽车、专用设备等先进制造业增加值分别增长17.3%、11.0%、14.7%和15.9%。代表智能制造、新型材料、新型交通运输设备和高端电子信息产品的新产品产量实现较快增长。新能源汽车、城市轨道车辆、3D打印设备、集成电路、服务器等新产品产量比上年分别增长198%、5.9%、64.3%、39.1%和67.3%。

表4　2021年江苏主要工业产品产量情况

产品名称	单　位	产　量	比上年增长(%)
纱	万吨	347.2	8.8
布	亿米	53.3	−1.0
化学纤维	万吨	1625.3	7.7
卷烟	亿支	1049.6	1.0
智能手机	万台	3406.2	−30.1
彩色电视机	万台	753.6	−5.4
♯智能电视	万台	450.0	−3.5

产品名称	单　位	产　量	比上年增长(%)
家用电冰箱	万台	1372.1	8.5
房间空调器	万台	596.1	46.4
粗钢	万吨	11925.0	-1.5
钢材	万吨	15701.9	1.3
十种有色金属	万吨	87.9	-9.7
水泥	万吨	15374.2	0.7
硫酸	万吨	331.3	31.0
纯碱	万吨	474.0	-2.1
乙烯	万吨	243.7	10.6
化肥(折100%)	万吨	178.3	-10.6
汽车	万辆	77.6	2.5
♯轿车	万辆	34.1	12.3
♯新能源汽车	万辆	22.5	198.0
民用钢质船舶	万载重吨	1587.3	6.8
太阳能电池	万千瓦	7791.8	32.0
发电设备	万千瓦	1473.3	5.9
光纤	万千米	14074.1	6.8
光缆	万芯千米	8828.1	-4.4
微型电子计算机	万台	5472.2	10.4
集成电路	亿块	1186.1	39.1

数据来源:《2021年江苏国民经济与社会发展统计公报》

工业企业盈利能力提升。全年规模以上工业企业实现利润总额9358.1亿元,比上年增长25.7%。分经济类型看,国有控股企业利润1370.3亿元,增长37.7%;集体企业6.7亿元,增长54.9%;股份制企业5507.1亿元,增长30.4%;外商及港澳台商投资企业3681.5亿元,增长19.9%;私营企业3361.2亿元,增长30.6%。分门类看,采矿业利润18.9亿元,比上年增长3.2%;制造业9072.0亿元,增长30.5%;电力、热力、燃气及水生产和供应业267.3亿元,下降43.6%。规模以上工业企业营业收入利润率、成本费用利润率分别为6.2%、6.7%,比上年提高0.2—0.3个百分点。全年规模以上工业企业产销率达98.2%。

建筑业稳定健康发展。全年签订建筑合同额61443.0亿元,比上年增长5.8%;实现建筑业总产值38244.5亿元,比上年增长8.5%;竣工产值27063.7亿元,增长6.2%,竣工率达70.8%。建筑业劳动生产率为36.9万元/人,比上年增长2.1%。

四、固定资产投资

投资增速稳步提升。全年固定资产投资比上年增长5.8%,两年平均增长30%。其中,国有及国有经济控股投资增长3.1%,外商及港澳台商投资增长7.2%。民间投资增长6.3%,占全部投资比重达69.2%。分类型看,项目投资增长7.6%,房地产开发投资增长2.3%。全年商品房销售面积16551.8万平方米,比上年增长7.3%,其中住宅销售面积14361.5万平方米,增长3.7%。

投资结构持续优化。全年高技术产业投资比上年增长21.6%,增速高于全部投资15.8个百分点,拉动全部投资增长3.5个百分点。主要行业中,医疗仪器设备及仪器仪表制造、电子及通信设备制造、医药制造、信息服务等行业投资增长较快,分别增长25.6%、21.5%、14.6%和15.7%。制造业投资增长16.1%,高于全部投资增速10.3个百分点,拉动全部投资增长6个百分点。服务业投资中,信息传输软件和信息技术服务业投资增长 27.8%、科学研究和技术服务业投资增长 24.9%、卫生和社会工作投资增长 18%。

五、财政

财政收入突破万亿元。全年完成一般公共预算收入 10015.2 亿元,比上年增长 10.6%,其中,税收收入 8171.3 亿元,增长 10.2%;税收占一般公共预算收入比重达 81.6%,继续保持较高水平。支出结构持续改善。全年一般公共预算支出 14586.0 亿元,比上年增长 6.6%。一般公共预算支出中,教育支出 2562.1 亿元,增长 6.5%;公共安全支出 908.4 亿元,增长 2.7%;卫生健康支出 1182.7 亿元,增长 17.4%;社会保障和就业支出 1895.6 亿元,增长 6.5%;住房保障支出 777.8 亿元,增长 17.6%。

表5　2021年江苏省财政收入分项情况

指　标	绝对数(亿元)	比上年增长(%)
一般公共预算收入	10015.2	10.6
♯增值税	3319.6	12.7
企业所得税	1566.0	16.1
个人所得税	456.4	15.8
上划中央四税	7100.3	12.8
♯国内消费税	886.3	16.5

数据来源:《2021年江苏国民经济与社会发展统计公报》

六、国内贸易

就整体情况而言,消费品市场稳健复苏。全年社会消费品零售总额 42702.6 亿元,比上年增长 15.1%。按经营地统计,城镇消费品零售额 37850.2 亿元,增长 13.6%;乡村消费品零售额 4852.4 亿元,增长 28.9%。全年限额以上单位商品零售额中,基本生活类销售稳步提升,日用品类、服装鞋帽针纺织品类、粮油食品类分别增长 22.6%、16.7%、16.0%;升级类消费需求持续释放,体育娱乐用品类、智能家用电器和音像器材、智能手机、金银珠宝类分别增长 39.8%、35.2%、25.9%、22.4%;出行类销售延续平稳势头,石油及制品类、汽车类分别增长 26.6%、9.9%,其中新能源汽车增长 105.4%。全年实物商品网上零售额 9527 亿元,比上年增长 5.2%,占社会消费品零售总额比重为 22.3%。

七、开放型经济

对外贸易保持快增。全年实现进出口总额 52130.6 亿元,比上年增长 17.1%,其中,出口 32532.3 亿元,增长 18.6%;进口 19598.3 亿元,增长 14.8%。

表6　2021年江苏省进出口贸易主要分类情况

指　标	绝对数(亿元)	比上年增长(%)
出口总额	32532.3	18.6
♯一般贸易	18869.5	24.6
加工贸易	10005.5	1.8

续表

指　标	绝对数(亿元)	比上年增长(%)
♯工业制成品	32123.1	18.6
初级产品	409.2	21.1
♯机电产品	21595.4	17.8
♯高新技术产品	11285.9	10.4
♯国有企业	2532.9	22.4
外商投资企业	15602.3	11.4
私营企业	14085.0	27.7
进口总额	19598.3	14.8
♯一般贸易	10458.8	21.0
加工贸易	6452.9	9.6
♯工业制成品	15626.5	10.7
初级产品	3971.8	34.5
♯机电产品	11074.6	10.3
♯高新技术产品	7959.5	9.7
♯国有企业	2141.3	23.4
外商投资企业	11791.2	7.3
私营企业	5299.9	30.9

数据来源:《2021年江苏国民经济与社会发展统计公报》

从贸易方式看,一般贸易进出口总额 29328.3 亿元,增长 23.3%,占进出口总额比重达 56.3%,超过加工贸易 24.7 个百分点。从出口主体看,国有企业、外资企业、私营企业出口额分别 增长 22.4%、11.4%和 27.7%。

表7　2021年江苏省对主要国家和地区货物进出口额及增长速度

国家和地区	出口额(亿元)	比上年增长(%)	进口额(亿元)	比上年增长(%)
美国	6058.1	14.1	1082.1	2.1
欧盟	5531.8	21.9	2147.8	8.4
东盟	4419.2	15.7	2989.1	24.1
中国香港	2271.9	24.2	14.9	2.4
日本	2160.4	6.3	2203.6	7.5
拉丁美洲	2078.5	33.4	1111.8	16.8
韩国	2085.4	13.5	3345.3	13.4
中国台湾	1186.4	22.2	2805.8	11.1
印度	1000.1	38.0	213.1	46.4
非洲	996.5	38.0	331.4	50.3
俄罗斯	519.2	38.2	180.8	23.1

数据来源:《2021年江苏国民经济与社会发展统计公报》

从出口市场看,对美国、欧盟、日本出口分别增长 14.4%、21.9%和 6.3%,对印度、俄罗斯、东盟出口分别增长 38%、38.2%和 15.7%。从出口产品看,机电、高新技术产品出口额分别增长 17.8%、10.4%。对"一带一路"沿线国家出口保持较快增长,出口额 8924.9 亿元,增长 20.8%;占全省出口总额的比重为 27.4%,对全省出口增长的贡献率为 30.1%。

利用外资稳步增长。全年新设立外商投资企业 4237 家,比上年增长 18.6%;实际使用外资 288.5 亿美元,增长 22.7%。全年新批境外投资项目 726 个,中方协议投资额 66.8 亿美元;新签对外承包工程合同额 55.9 亿美元,新签对外承包工程完成营业额 59.5 亿美元。推进"一带一路"交汇点建设,全年新增"一带一路"沿线对外投资项目191个,中方协议投资额15.9亿美元。

八、交通、邮电和旅游

交通运输业总体平稳。全省铁公水空管等五种运输方式完成货物运输量比上年增长6.5%,货物周转量增长7.8%;旅客运输量下降22.5%,旅客周转量增长5.1%。全省机场飞机起降43.7万架次,比上年下降1.8%;旅客吞吐量3941.4万人次,增长0.5%;货邮吞吐量65.3万吨,下降2.8%。全省港口完成货物吞吐量32.1亿吨,比上年增长8.2%,其中,外贸货物吞吐量5.9亿吨,增长6.6%;集装箱吞吐量2180.1万标准集装箱,增长15%。年末全省公路里程15.9万公里,比上年末增加414公里,其中,高速公路里程5028公里。铁路营业里程4221.9公里,其中,高速铁路里程2212公里,比上年增加191公里;铁路正线延展长度7591.7公里,比上年增加366.3公里。年末民用汽车保有量2187万辆,比上年末增长7%,净增142.6万辆。年末私人汽车保有量1862.7万辆,比上年末增长6.6%,净增114.8万辆,其中,私人轿车保有量1253.5万辆,增长5.5%,净增90.5万辆。

表8　2021年各种运输方式完成运输量情况

运输方式	货物周转量		货运量		旅客周转量		客运量	
	绝对数(亿吨公里)	增长(%)	绝对数(万吨)	增长(%)	绝对数(亿人公里)	增长(%)	绝对数(万人)	增长(%)
总计	12441.7	7.8	30.7	6.5	1142.1	5.1	66156.3	−22.5
铁路	345.2	7.6	8187.7	19.3	678.1	30.8	19074.9	26.8
公路	3687.8	4.6	186707.7	6.9	301.6	−27.2	43789.0	−35.3
水路	7743.3	10.0	98231.9	5.1	0.8	−36.2	2139.8	37.0
民航	2.8	−4.2	23.5	−4.1	161.5	5.8	1152.5	3.6
管道	662.6	1.6	14025.0	3.6	—	—	—	—

注:民航数据包括东方航空江苏分公司、深圳航空无锡分公司、邮政航空和吉祥航空江苏分公司等4家公司的统计数据。

邮政电信业快速发展。全年邮电业完成业务总量2270.1亿元,比上年增长25.9%;实现业务收入2136.6亿元,增长9.6%。分行业看,邮政行业完成业务总量972.7亿元,增长20%,实现业务收入1001.1亿元,增长8.9%,其中,快递业完成业务量86.1亿件,增长23.4%。电信业完成业务总量1297.5亿元,比上年增长30.8%,实现业务收入1135.5亿元,增长10.3%。年末固定电话用户1250.5万户,比上年末减少59.9万户;年末移动电话用户10179.5万户,净增282.4万户;电话普及率达134.3部/百人。年末长途光缆线路总长度3.96万公里,比上年末减少856.4公里;年末互联网宽带接入用户4071.6万户,比上年末增长8.4%,净增314.8万户;移动互联网传输流量146.1万亿GB,增长33.9%。

旅游业快速恢复。全年接待境内外游客7.1亿人次,比上年增长49.6%;实现旅游业总收入11672.7亿元,增长41.5%。接待入境过夜旅游者61.9万人次,下降19.7%,其中,外国人39.8万人次,下降23%;港澳台同胞22.1万人次,下降12.9%。旅游外汇收入11.4亿美元,下降31%。国内旅游快速增长。接待国内游客7.1亿人次,比上年增长49.7%;实现国内旅游收入11593.9亿元,增长42.5%。

九、金融

金融信贷规模扩大。年末全省金融机构人民币存款余额189433.1亿元,比上年末增长

9.8%,比年初增加16852.9亿元,其中,住户存款增加7988.8亿元,非金融企业存款增加4725.6亿元。年末金融机构人民币贷款余额177970.1亿元,比上年末增长15.2%,比年初增加23446.8亿元,其中,中长期贷款增加17623.8亿元,短期贷款增加3725.3亿元。

表9　2021年江苏省年末金融机构人民币存贷款情况

指　标	绝对数(亿元)	比年初增加(亿元)	比上年末增长(%)
各项存款余额	189433.1	16852.9	9.8
♯住户存款	74361.9	7988.8	12.0
非金融企业存款	68703.9	4725.6	7.4
各项贷款余额	177970.1	23446.8	15.2
♯短期贷款	49894.4	3725.3	8.0
中长期贷款	116462.2	17623.8	17.9
♯消费贷款	51552.7	6052.7	13.3
♯住房贷款	42182.2	4378.6	11.6

数据来源:《2021年江苏国民经济与社会发展统计公报》

证券市场较快发展。年末全省境内上市公司571家,辅导企业数380家,省内企业通过发行、配股、增发、公司债在资本市场筹集资金7578.2亿元。江苏企业境内上市公司总股本4474.4亿股,比上年增长6.0%;总市值75537.5亿元,增长20.3%。年末全省共有证券公司6家,证券营业部1035家;期货经纪公司9家,期货经纪公司营业部193家;证券投资咨询机构3家。全年证券交易额100.2万亿元,比上年增长13.0%。全年期货经营机构代理交易额32.7万亿元,比上年增长63.4%。

保险业稳定增长。全年保费收入4051.1亿元,比上年增长5.2%。分类型看,财产险收入1002.2亿元,增长2.3%;人寿险收入2345.0亿元,增长5.5%;健康险收入609.6亿元,增长8.8%;意外伤害险收入94.4亿元,增长10.3%。全年赔付支出1254.8亿元,比上年增长18.4%,其中,财产险赔付625.8亿元,增长12.5%;人寿险赔付257.3亿元,下降8.7%;健康险赔付345.4亿元,增长74.4%;意外伤害险赔付26.3亿元,下降9.3%。

十、科学技术和教育

科技创新能力不断增强。全省专利授权量64.1万件,比上年增长28.4%,其中发明专利授权量6.9万件,增长49.7%;PCT专利申请量7168件,下降25.4%。年末全省有效发明专利量34.9万件,比上年末增长19.7%;万人发明专利拥有量41.2件,增长13.9%。科技进步贡献率66.1%,比上年提高1个百分点。全年共签订各类技术合同8.3万项,技术合同成交额达3013.6亿元,比上年增长29%。省级以上众创空间达1075家。

高新技术产业发展加快。集成实施225项产业前瞻与关键核心技术研发、重大科技成果转化项目,突破了一批产业技术瓶颈制约。当年认定国家高新技术企业超过1.2万家,国家级企业研发机构达163家,位居全国前列。全省已建国家级高新技术特色产业基地172个。

科研投入力度加大。全社会研究与试验发展(R&D)活动经费支出占地区生产总值比重达2.95%,研究与试验发展(R&D)人员92.4万人。全省拥有中国科学院和中国工程院院士118人。各类科学研究与技术开发机构中,政府部门属独立研究与开发机构达446个。建设国家和省级重点实验室186个,省级以上科技公共服务平台260个,工程技术研究中心4464个,院士工作站144个,经国家认定的技术创新中心2家。

表10 2021年江苏省各阶段教育学生情况

指 标	招生数		在校生数		毕业生数	
	绝对数（万人）	比上年增长（%）	绝对数（万人）	比上年增长（%）	绝对数（万人）	比上年增长（%）
普通高等教育	74.6	−2.2	238.2	5.5	58.6	2.9
♯研究生	9.5	5.7	27.2	11.4	6.3	9.8
普通高中教育	44.9	6.1	125.2	8.4	34.6	11.1
普通初中教育	90.4	3.3	263.9	3.8	79.1	5.8
小学教育	97.2	0.1	585.7	0.8	91.4	3.1

数据来源:《2021年江苏国民经济与社会发展统计公报》

教育事业全面发展。全省共有普通高等学校168所(含独立学院)。普通高等教育本专科招生数65.2万人,在校生数211.1万人,毕业生数52.4万人;研究生招生数9.5万人,在校生数27.2万人,毕业生数6.3万人。全省中等职业教育在校生数64.1万人(不含技工学校)。特殊教育学校招生数0.3万人,在校生数2.0万人。全省共有幼儿园8116所,比上年增加213所;在园幼儿252.5万人,比上年减少1.6万人。

十一、文化、卫生和体育

公共文化服务水平不断提升。城乡公共文化服务体系不断完善。全省共有文化馆、群众艺术馆116个,公共图书馆122个,博物馆366个,美术馆48个,综合档案馆112个,向社会开放档案341.3万卷。共有广播电台4座,电视台4座,广播电视台10座,中短波广播发射台和转播台21座,广播综合人口覆盖率和电视综合人口覆盖率均达100%。全省有线电视用户达1384.3万户。全年生产电视剧12部433集;审查电影36部,其中,故事性电影31部,纪录片电影3部,动画片电影2部;出版报纸18.7亿份,出版期刊1.2亿册,出版图书7.3亿册。

卫生事业稳步推进。年末全省共有各类卫生机构36446个。其中,医院2029个,疾病预防控制中心115个,妇幼卫生保健机构118个。各类卫生机构拥有病床54.8万张,其中医院拥有病床42.9万张。共有卫生技术人员68.8万人,其中,执业医师、执业助理医师27.2万人,注册护士30.8万人,疾病预防控制中心卫生技术人员0.9万人,妇幼卫生保健机构卫生技术人员1.8万人。启动8个类别省级区域医疗中心建设,设立5个省级中医临床医学创新中心,新增4家县级三级医院,县级医院推荐标准、基本标准达标率均居全国第一。新增农村区域性医疗卫生中心80个、社区医院77家。"

体育事业蓬勃发展。群众体育和竞技体育、体育事业和体育产业协调发展,江苏健儿在东京奥运会和第十四届全运会上取得优异成绩。在东京奥运会上2人次获2枚金牌、6人次获5枚银牌、2人次获2枚铜牌,创1项世界纪录,创1项奥运会纪录。在第十四届全运会上获得42枚金牌、35枚银牌、39枚铜牌,破2项全国纪录。在其他世界最高水平比赛(除奥运会外)中,7人次获3枚金牌、5人次获3枚银牌、3人次获3枚铜牌。

十二、环境保护、节能降耗和安全生产

污染防治攻坚战成效明显。生态环境质量创新世纪以来最好水平。全省PM2.5年均浓度33微克/立方米,同比下降13.2%,空气质量优良天数比率达82.4%,同比上升1.8个百分点,首次以省为单位达到国家空气质量二级标准,实现历史性突破。水环境国考断面优Ⅲ比例87.1%,同比提高3.8个百分点,劣Ⅴ类水全面消除,均超额完成国家考核任务。太湖治理连续14年实现饮用水安全和不发生大面积湖泛"两个确保"。近岸海域海水优良比例同比大幅上升,全省近岸海域海水优良比例87.4%,同比上升41.1个百分点;劣四类海水比例17%,同比下降7.9个百分点。土壤污染详查工作全面完成。长江生态环境保护修复扎实推进,牢牢把握"共抓大保护、不搞大开发"的战略导向,巩固提升沿江岸线整治成果,长江干流江苏段水质保持Ⅱ类,自然岸线比例提高到73.2%。

城乡环境进一步优化。全省林木覆盖率达24%,国家生态文明建设示范区增至27个,省级特色田园乡村增至446个,累计建成国家生态园林城市9个,数量居全国第一。大力推动化工钢铁煤电行业转型升级优化布局,关闭退出低端落后和环境敏感区化工生产企业354家。

表11　江苏省"十四五"生态环境保护规划指标体系

类　别	序　号	指标名称		2020年现状值	规划目标		属性
					2025年目标值	5年累计	
一、环境质量	1	地级及以上城市环境空气质量优良天数比率(%)		81	82左右		约束性
	2	地级及以上城市PM2.5浓度(微克/立方米)		38	33		约束性
	3	地表水省考以上断面达到或优于Ⅲ类比例(%)		80.9	89		约束性
		其中国考断面达到或优于Ⅲ类比例(%)		83.3	87左右		
	4	近岸海域水质优良(一、二类)面积比例(%)		58.1	完成国家下达指标		约束性
	5	地下水质量Ⅴ类比例(%)		42.1	完成国家下达指标		预期性
				57.1	完成国家下达指标		
二、绿色低碳发展	6	单位地区生产总值能源消耗降低(%)		20以上		[14,5]	约束性
	7	非化石能源占一次能源消费比重(%)		11	完成国家下达指标		约束性
	8	单位地区生产总值二氧化碳排放下降(%)		24		[完成国家下达指标]	约束性
三、环境治理	9	重点工程减排量	挥发性有机物减排量(万吨)	—		[完成国家下达指标]	约束性
			氮氧化物减排量(万吨)	—			
			化学需氧量减排量(万吨)	—			
			氨氮减排量(万吨)	—			
			总氮减排量(万吨)	—		[参照国家下达指标制定]	
			总磷减排量(万吨)	—			
	10	城市污水集中收集率(%)			苏南88%,苏中75%,苏北70%		预期性
	11	农村生活污水治理率(%)		31.1	完成国家下达指标		约束性
	12	受污染耕地安全利用率(%)		93.44	完成国家下达指标		约束性

续表

类　别	序　号	指标名称		2020年现状值	规划目标		属性
					2025年目标值	5年累计	
	13	重点建设用地安全利用率(%)		—	完成国家下达指标		约束性
	14	放射源辐射事故年发生率(起/万枚)		—	<1		预期性
四、生态保护	15	生态空间保护区占陆域国土面积比例	国家级生态保护红线占陆域国土面积比例(%)	8.21	≥8.21		约束性
			生态空间管控区域占陆域国土面积比例(%)	14.28	≥14.28		
	16	林木覆盖率(%)		24	24.1		约束性
	17	生态质量指数		—	保持稳定		预期性
	18	自然湿地保护率(%)		58.9	60		预期性
	19	大陆自然岸线保有率(%)		35	≥35		预期性
	20	重点生物物种数保护率(%)		89	90		预期性
五、满意度	21	公众对环境质量改善满意度(%)		89	≥90		预期性

注:资料来源《江苏省"十四五"生态环境保护规划》,"十四五"地表水国考断面210个,省考断面655个,大气国控站点95个,地下水环境质量考核点位104个。

十三、人口、人民生活和社会保障

人口总量保持增长。年末全省常住人口8505.4万人,比上年末增加28.1万人,增长0.3%,低于2010—2020年年平均0.75%的增长水平,总人口继续保持低速增长。在常住人口中,男性人口4316.2万人,女性人口4189.2万人;0～14岁人口1249.4万人,15～64岁人口5806.4万人,65岁及以上人口1449.6万人。全年人口出生率5.7‰,比上年下降1.0个千分点;人口死亡率6.8‰,比上年上升0.3个千分点;人口自然增长率−1.1‰,比上年下降1.3个千分点。新型城镇化建设步伐加快,年末常住人口城镇化率达73.94%,比上年末提高0.5个百分点。

居民收入稳定增长。据城乡一体化住户调查,全省居民人均可支配收入47498元,比上年增长9.5%,位次超过天津,居全国第四位,其中,工资性收入26721元,增长8.4%;经营净收入6215元,增长9.0%;财产净收入5316元,增长12.2%;转移净收入9247元,增长11.5%。按常住地分,城镇居民人均可支配收入57743元,增长8.7%;农村居民人均可支配收入26791元,增长10.7%。城乡居民收入差距进一步缩小,城乡居民收入比由上年的2.19:1缩小为2.16:1,是全国城乡收入差距最小的省份之一。全省居民人均消费支出31451元,比上年增长19.9%。按常住地分,城镇居民人均消费支出36558元,增长18.4%;农村居民人均消费支出21130元,增长24.1%。苏南、苏中、苏北2021年居民人均可支配收入与地区经济发展水平正相关,总体呈现出阶梯式分布特征。苏南,苏州、南京、无锡分别以68191元、66140元和63014元位居全省人均可支配收入排行榜前三,常州、镇江次之,分别为56897元和50360元。苏中三市南通、泰州、扬州同处于4万元水平线。苏北五市中,除宿迁为29122元外,盐城、淮安、徐州、连云港四市居民人均可支配收入均在3万元以上。

　　"社会保障体系更加健全。退休人员基本养老金人均提高 4.5%,失业保险进一步扩围提标,基本医保市级统筹全面实现,困难群众基本生活得到更好保障。参加城乡基本养老、失业、工伤保险参保人数分别达 5964.0 万人、1967.0 万人、2340.7 万人,领取失业保险金人数 29.2 万人,比上年末下降 12.1%;参加城乡居民基本医疗保险人数 4817.8 万人,参加职工基本医疗保险人数 3246.0 万人,城乡基本医疗保险参保率达 98.5%,比上年同期提高 0.5 个百分点。"

第四章　2020 年江苏省产业发展分析

一、第一产业发展分析

1. 总体情况

第一产业是国民经济的基础产业,主要包括农、林、牧、渔业及相关服务业。2020 年,江苏省第一产业总产值 4536.72 亿元,较上年增长 239.48 亿元,年增速达到 5.57%。"十三五"期间,第一产业在江苏省国民经济中所占比重有所下降,由 2016 年的 5.22% 下降到 2020 年的 4.42%。图 1 显示了"十三五"期间江苏省第一产业产值变动情况。

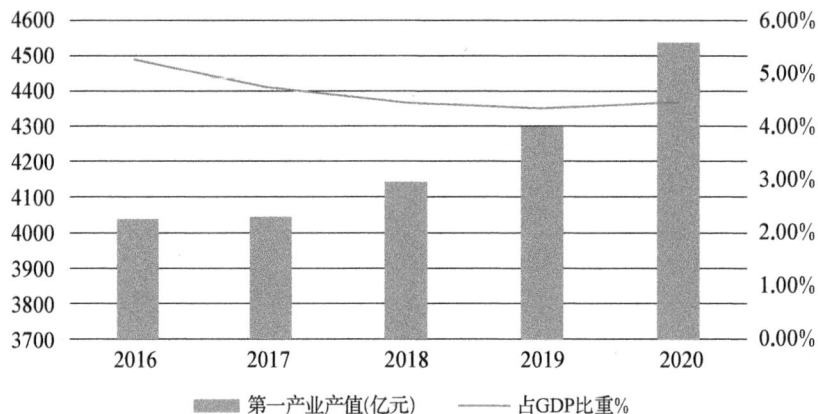

图 1　2016—2020 年第一产业产值情况

数据来源:历年《江苏统计年鉴》

2016—2020 年,第一产业产值每年以较小幅度增加,第一产业年增速、对 GDP 的贡献和拉动变化则呈现波动上涨态势。2020 年第一产业对江苏省 GDP 的贡献率较上年有所增加,比 2019 年增加 1.1 个百分点,第一产业拉动率为 0.1%,与 2019 年一致,第一产业年增速为 5.57%,比 2019 年有较大提升。

表 1　第一产业对 GDP 的贡献及拉动作用　　　　　　　　单位:%

年　份	产值(亿元)	贡献率%	拉动率%	年增速%
2016	4039.75	1.10	0.10	2.21
2017	4045.16	0.30	0.00	0.13
2018	4141.71	1.30	0.10	2.39
2019	4297.24	1.00	0.10	3.76
2020	4536.72	2.10	0.10	5.57

数据来源:历年《江苏统计年鉴》

注:产业贡献率指各产业增加值增量与 GDP 增量之比;产业拉动指 GDP 增长速度与各产业贡献率之乘积。

2020 年,面对突如其来的新冠肺炎疫情,全省上下全面贯彻中央和省委、省政府的决策部署,深入推进统筹农村地区疫情防控和经济社会发展工作,着力落实稳产保供任务,稳定粮食生产、恢复生猪产能,打赢、打好"长江禁捕退捕攻坚战",加快农业农村重大项目实施和复工复产,持续深化农村改革,夯实"三农"基本盘。全省农业农村经济运行总体平稳,稳中有进。全年农林牧渔业总产值7952.5亿元,同比增长2%,较上年回升1.3个百分点。

从第一产业的构成来看,220年江苏省第一产业产值中,农业仍为主要产业,占51.58%,其后依次为渔业占22.31%,畜牧业占16.55%,农林牧渔副业占7.39%,林业占比最少为2.17%。参见图2。

2. 农林牧渔分项情况

2020年,全省重要农产品稳产保供任务全面完成。全省农作物播种总面积达7478.39千公顷,较2019年增加35.76千公顷。全年粮食作物总产量为3729.06万吨,比2019年增加22.86万吨,增长0.6%,其中,夏粮1373.8万吨,增长1.3%;秋粮2355.3万吨,增长0.2%。全年粮食亩产459.9公斤,比上年增加0.8公斤,增长0.2%;总产量连续多年持续增加。全年棉花、油料等经济作物总产量达到101.27万吨,较2019年的103.39万吨有所下降。

2020年,全省粮食播种面积达8109万亩、亩产459.9公斤、总产3729万吨。在保持播种面积基本稳定的同时,实现粮食总产较2015年增3.7%、单产增6.9%。其中,水稻播种面积3304.3万亩、总产1965.5万吨,分别列全国第6位和第5位;小麦播种面积3508.3万亩、总产1333.9万吨,分别列全国第4位和第5位;特色粮食作物产量640万吨以上。

2020年,全省油料作物面积418万亩、产量93万吨,比2015年分别减41.4%、35.0%;蔬菜播种面积2166万亩、产量5728万吨,比2015年分别增0.9%、2.4%。食用菌规模化、工厂化、周年化生产格局逐步形成,全国60%以上的食用菌工厂化生产企业集聚在江苏,年总产量达122.9万吨。应时鲜果种植面积扩大24万亩,名优茶年产量3606.2吨,药用植物种植面积27万亩。花卉苗木种植面积227.9万亩,居全国前列。鲜食玉米、大豆、蚕豆等鲜食作物面积约600万亩,单产、总产均居全国首位。桑园面积稳定在55万亩左右,年饲养蚕种约90万张,年产优质蚕茧约4万吨,居全国第四。

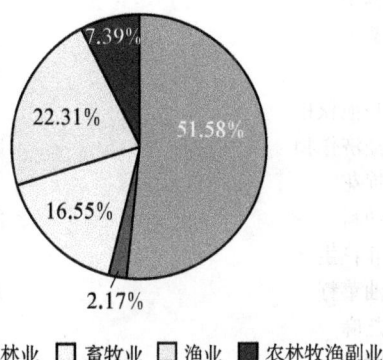

图2 江苏省2020年农业产业结构

数据来源:《江苏统计年鉴2021》

图例：农业 林业 畜牧业 渔业 农林牧渔副业

表2 2020年江苏省农作物播种面积和产量

指 标	播种面积(千公顷)	单位面积产量(千克/公顷)	总产量(吨)
农作物总播种面积	7478.39		
粮食作物	5405.64	6898	37290588
夏粮	2444.18	5621	13737927
小麦	2338.89	5703	13338690
元麦	1.45	4005	5807
大麦	40.24	5550	223332
蚕豌豆	63.6	2675	170098
秋粮	2961.46	7953	23552660
稻谷	2202.84	8924	19657043
♯中稻和一季晚稻	2202.84	8924	19657043
♯籼稻	332.27	8539	2837407
玉米	509.76	6048	3083028
高粱	0.26	6265	1629

续表

指 标	播种面积(千公顷)	单位面积产量(千克/公顷)	总产量(吨)
谷子	0.18	1444	260
薯类	39.07	6597	257723
大豆	196.39	2644	519345
其他秋粮	12.97	2593	33633
经济作物	308.79		
棉花	8.35	1269	10600
油料	278.67	3338	930096
♯花生	99.7	4075	406260
油菜籽	172.91	2962	512074
芝麻	5.86	1938	11354
麻类	0.21	2562	538
♯黄红麻	0.01	3800	38
苎麻	0.2	2500	500
糖类	3.42	20883	71421
♯甘蔗	0.81	64342	52117
烟叶			
药材	18.03		
其他经济作物	0.11	236	26
♯薄荷	0.11	236	26
其他农作物	1763.96		
♯蔬菜	1443.8	39673	57280505
瓜果类	156.54	46976	7353552
绿肥	18.98		

数据来源:《江苏统计年鉴2021》

畜牧业产能逐步恢复,生猪保供政策见成效。随着一系列稳产保供政策相继出台,各项措施的落地生根,新建、扩建养殖场陆续投产,生猪生产形势转好。全年生猪出栏1825.7万头,同比下降5%,降幅较上年和前三季度分别收窄23.3个和28.7个百分点;生猪存栏1374.9万头,同比增长138.1%,增幅较前三季度扩大45.5个百分点;猪肉产量140.7万吨,同比下降3.8%,降幅较上年和前三季度分别收窄25.1个和25个百分点。

家禽生产向好,产能产量有所增长。全年家禽出栏7.1亿只,禽肉产量115.8万吨,禽蛋产量234.4万吨,同比分别增长0.8%、0.5%、9.3%。

表3　2016—2020年江苏省畜牧业发展情况

指 标	2016年	2017年	2018年	2019年	2020年
牲畜年末头数(万头)					
大牲畜	35.59	32.91	31.72	29	27.83
牛	32.92	30.5	29.23	27.74	27.12
♯奶牛	12.66	13.92	13.39	12.55	12.9
马	0.17	0.16	0.18	0.09	0.09
驴	1.93	1.72	1.69	0.73	0.36
骡	0.57	0.53	0.62	0.43	0.26
猪	1654.99	1640.3	1551.97	577.43	1374.85
羊	353.68	398.5	390.21	356.23	352.86
山羊	345.41	389.25	380.7	338.29	330.79

续表

指　标	2016 年	2017 年	2018 年	2019 年	2020 年
绵羊	8.28	9.25	9.51	17.94	22.07
畜禽产品产量					
猪牛羊出栏头数(万头)					
当年肉猪出栏头数	2787.37	2805.5	2680.9	1921.79	1825.7
当年出售和自宰的肉用牛	16.97	16.36	15.49	16.05	13.94
当年出售和自宰的肉用羊(万只)	646.71	707.7	690.48	639.38	584.4
肉类产量(万吨)	356.23	342.32	328.48	274.53	268.21
猪肉	211.81	214.3	205.5	146.21	140.66
牛肉	3.11	2.93	2.82	2.93	2.64
羊肉	7.23	7.99	7.79	6.49	6.25
禽肉	125.57	110.2	105.75	115.24	115.78
其他畜禽产品产量(吨)					
牛奶产量	482914	490443	500290	623597	629545
绵羊毛产量	287	289	344	300	309
山羊毛产量	9	8	9	7	1
蜂蜜	3647	3479	4663	3684	6129
禽蛋(万吨)	213.67	186.05	180.6	214.44	234.43

数据来源:《江苏统计年鉴 2021》

3.农业现代化发展情况

党的十九届五中全会提出"优先发展农业农村,全面推进乡村振兴,加快农业农村现代化"。习近平总书记在中央农村工作会议上强调,民族要复兴,乡村必振兴,坚持把解决好"三农"问题作为全党工作重中之重,促进农业高质高效、乡村宜居宜业、农民富裕富足。江苏省委十三届九次全会明确,加快推进农业农村现代化,把更多资源力量优先投向农业农村。近年来,江苏认真落实中央决策部署,以实施乡村振兴战略作为总抓手,扎实推进补短板强弱项,农业农村经济保持良好态势,为开启农业农村现代化新征程打下了扎实基础。进入新发展阶段,我们要对照"争当表率、争做示范、走在前列"的要求,把准江苏"三农"发展所处的历史方位,在农业农村现代化建设上走在前列。

2020 年全省新建高标准农田 360 万亩,农作物耕种收机械化率达 80%,农业科技进步贡献率达 70%。农业机械总动力连续多年持续增加,2020 年末农业机械总动力 5214.83 万千瓦。其中机械耕地面积 763.06 万公顷,机械播种面积 605.9 万公顷,比上年分别增加 29.9%、30.7%。农村用电量为 2010.96 亿千瓦时,比上年增长 3.2%。全省高效设施农业面积 96.7 万公顷,增长 3.6%;有效灌溉面积达 422.4 万公顷,新增有效灌溉面积 1.8 万公顷;新增设施农业面积 3.4 万公顷。2020 年省政府持续高度重视农田水利情况,年末有效灌溉面积为 422.5 万公顷,节水灌溉面积 288.5 万公顷,年末除涝面积 448.3 万公顷,水土流失治理面积 95.1 万公顷。

表 4　2016—2020 年江苏省农业现代化情况

指　标	2016 年	2017 年	2018 年	2019 年	2020 年
农业机械总动力(万千瓦)	4906.55	4991.41	5042.27	5111.95	5214.83
机耕面积(千公顷)	5939.63	5828.96	6194.34	5874.01	7630.59
机播面积(千公顷)	4663.12	4640	4576.13	4635.46	6059.12
♯机播小麦面积	2158.2	2132.46	2083.58	2128.39	2193.01
机械植保面积(千公顷)	5699.61	5588.41	5445.15	5315.81	6619.7
机械收获面积(千公顷)	5199.94	5107.99	5087.14	5026.81	6239.14
农村电气化情况					
农村用电量(亿千瓦小时)	1869.27	1887.99	1933.14	1949.11	2010.96

续表

指 标	2016 年	2017 年	2018 年	2019 年	2020 年
农用物资使用情况					
化肥施用量(折纯量)(万吨)	312.52	303.85	292.45	286.21	280.75
每亩耕地施用化肥(千克)	45.46	44.23	42.42	41.52	40.72
农用塑料薄膜使用量(万吨)	11.39	11.51	11.61	11.42	11.18
农用柴油使用量(万吨)	108.71	108.96	109.36	108.91	108.56
农药使用量(万吨)	7.62	7.32	6.96	6.74	6.57
农田水利情况					
有效灌溉面积(千公顷)	4054.07	4131.88	4179.83	4205.44	4224.73
节水灌溉面积(千公顷)	2422.57	2637.47	2767.23	2847.75	2885.25
除涝面积(千公顷)	3125.61	4014.38	4315	4451.07	4483.01
水土流失治理面积(千公顷)	907.89	918.81	930.2	940.39	950.69
堤防长度(公里)	55797	56232	56090	56372	56399
堤防保护面积(千公顷)	2885.6	2945.35	2975.97	3017.36	3002.06

数据来源:《江苏统计年鉴 2021》

4. 乡村振兴发展情况

2020 年,省委农村工作领导小组成员单位坚持以习近平新时代中国特色社会主义思想为指导,深入学习贯彻习近平总书记关于"三农"工作重要论述和视察江苏重要讲话指示精神,坚决扛起"三农"工作责任,齐心协力,迎难而上,全面落实党中央、国务院和省委、省政府关于乡村振兴的系列决策部署,打赢疫情防控、复工复产、防汛抗洪三场硬仗,狠抓"三农"各项硬任务落实,着力补短板、强弱项,奋力争创一批荣誉品牌,新时代文明实践中心建设全国试点县(市、区)、全国乡村治理体系建设试点县、全国民主法治示范村(社区)、全国农村创新创业典型县、全国农村创新创业园区等一批"国字头"试验示范平台载体种类和数量均居全国前列,乡村振兴工作取得显著成效,农民群众获得感幸福感安全感不断增强。

健全完善工作机制,农业农村优先发展保障有效落实。省发展改革委、省卫健委、省扶贫办等部门建立内部联席会议,省市场监管局、省农科院、省供销总社、省气象局、省农垦集团成立乡村振兴工作领导小组,建立"一把手"直接管、机关聚力推、融入职能工作分头抓的工作推进机制。省农业农村厅建立由 13 位厅领导挂钩联系的督导制度,包干到市、定点跟踪。省委组织部注重引导各级加大"三农"干部配备优化力度,省市县三级累计选派"第一书记"11185 名。省人社厅等出台省级乡土人才建设发展专项管理办法,2020 年招募 400 名高校毕业生到苏中、苏北乡镇(街道)从事支教、支农、支医和扶贫工作,引导激励服务期满合格人员继续留在农村基层工作。省自然资源厅推动出台优先保障农村一二三产业融合发展用地政策,明确市县单列不低于 5%新增建设用地计划支持农村产业融合发展。省财政厅对"三农"领域给予倾斜,2020 年省级财政预算安排农林水支出 217.47 亿元,增长 13.2%,占一般公共预算支出 14.3%。省地方金融管理局在全国率先以省为单位开展农村小贷公司设立工作,累计服务"三农"及小微客户 17.41 万户,全省农商行系统涉农贷款余额 9150.4 亿元。

全力抓好稳产保供,推进农民稳定就业。省农业农村厅出台进一步落实粮食安全责任制确保粮食稳产增效和"猪九条"等政策文件,全省粮食生产实现不低于上年目标,生猪存栏提前完成国家任务。省科技厅大力推进稻麦优质丰产绿色增效等领域的技术集成创新,示范面积累计超 1500 万亩次。省粮食和物资储备局对市场保供任务重的 121 家重点粮油企业给予补助,有力促进粮食骨干企业复工复产。省水利厅面对今年超长梅雨期和严峻汛情,年度投资 9.26 亿元,推进大中型灌区节水配套改造和标准化建设,为全省粮食安全生产奠定基础。一手抓农民就业致富。省人社厅出台做好稳就业工作的 16 个政策文件,落实社保费"减免缓"政策,加强农民工返乡创业园等创业示范基地建设,扶持农民自主创业9.54万人,带动就业35.51万人。省工信厅围绕"网络惠农、网络助农、网络扶农",深入开展农民用网推广活动。团省委实施"新农菁英"培育发展计划,培育返乡创业青年等农村青年人才,带动就业35.8万余人。省妇联开设高素质女农民培训班,帮扶孵化一批农村妇女"骨干种子"。省农业农村厅实施"苏韵乡情""三个100"品牌推介行动,全省乡村休闲旅游农业综合收入预计超过800亿元,同比增长15%以上。

扎实补好短板弱项,农村基础设施和基本公共服务水平明显提升。省财政厅安排专项扶贫资金13.6亿元,比上年增加5000万元,为确保高质量打赢脱贫攻坚战提供强有力的财政支撑。省扶贫办推进建档立卡动态管理,排查出2.55万户、7.83万个易返贫、易致贫人口,99.7%的监测对象落实具体帮扶措施,省定经济薄弱村集体经营性收入达到18万元以上,探索建立低收入农户增收长效机制。省住建厅等部门有序推进苏北农房改善工作,完成10万户农房改善建设任务。省农业农村厅、省生态环境厅、省卫健委、省住建厅等多部门统筹推进农村人居环境整治工作,联合打好收官战。省交通厅、省水利厅、省工信厅、省教育厅、省文旅厅、省卫健委、省民政厅、省医保局等部门推进农业农村基础设施建设和基本公共服务水平持续提高。新改建农村公路3868公里,在全国率先实现行政村双车道四级公路全覆盖,乡镇和建制村100%通硬化路,具备通客车条件的乡镇和行政村100%通客车。农村区域供水入户率达到98%以上,在全国率先实现城乡居民安全饮水一体化。农村地区4G网络实现全覆盖。89.9%的义务教育学校达到省定办学标准,义务教育巩固率100%,高中阶段毛入学率99%以上。重点扶持县乡村三级综合性文化服务中心示范建设。江苏省现有乡镇卫生院1028个、村卫生室15169个,基本做到了每个建制乡镇1所公办卫生院、每个行政村1个村卫生室。城乡居民养老保险基础养老金省定最低标准提高至每人每月160元。

统筹推进城乡协调发展,全方位推动乡村振兴。省农业农村厅重点打造8个千亿元级优势特色产业,10亿元以上县域优势特色产业超过160个,全国"一村一品"示范村镇达144个。实施农业农村千项重大项目建设年行动,全省累计在建项目1000项,年度完成投资额超过900亿元,425个项目建成投产、发挥效益。11个部门联合实施"万企联万村、共走振兴路"行动,近万家企业与1.3万个村(社区)签订合作协议,正式启动实施项目5482个,涉及6182个村(社区),进一步加快城乡互动融合。省生态环境厅推动农村生活污水治理行政村覆盖率由上年的56%提高到74.6%。省林业局指导各地因地制宜打造一批绿色产业发展型、自然生态型等各具特色的美丽乡村,目前全省完成绿美村庄建设500个。省委宣传部(省文明办)推动出台《加强乡村治理提升乡村文明水平的意见》,总结推广徐州市马庄村"两个文明一起抓",深入推进乡风文明提升工程,普及科学知识,推进农村移风易俗,推动形成文明乡风、良好家风、淳朴民风。省委政法委全面推进乡村网格化治理,设置"全要素"网格6.8万个,配备专职网格员3.2万人、兼职网格员13万人。深入开展以农村为重点的扫黑除恶专项斗争,农村居民安全感达98.2%。

根据江苏省委农村工作领导小组印发《关于2020年度乡村振兴实绩考核情况通报》,6个市成功跻身江苏2020年度乡村振兴战略实绩考核设区市综合排名第一等次,分别是南京、无锡、苏州、盐城、泰州、宿迁;全省26个区县进入县级综合排名第一等次,南京江宁、六合、溧水位列其中;全省20个区县进入县级年度重点任务完成第一等次,南京高淳区上榜。

近年来,南京市坚持农业农村优先发展,乡村振兴推进力度持续加大。2020年全年市本级财政投入乡村振兴约102亿元、增幅9.7%,为推动农业农村高质量发展提供有力支撑。先后承办全国"双新双创"博览会、全国农业农村科技发展高峰论坛、全省"万企联万村、共走振兴路"现场推进会等重大活动,南京农业农村工作影响力进一步提升。

重要农产品保供能力稳步提升。南京市粮食生产面积202.4万亩,粮食产量19.56亿斤,蔬菜总产量预计279万吨,绿色优质农产品比重达80%。12个新改扩建万头规模猪场全部投产,南京市生猪存栏近50万头、累计出栏超过78万头,超额完成省定目标任务。

都市型现代农业加快提质增效。高起点规划建设南京国家农创园、国家农高区,累计创成国家级农业园区4个,农业科技进步贡献率达71%。南京市休闲农业年接待游客3000万人次,实现综合收入超过100亿元。贯彻长江"十年禁渔"部署,"两湖三河"流域1041艘持证渔船、2059名渔民完成退捕转产。

农村人居环境明显改善。累计建成市级以上美丽乡村1337个、市级"水美乡村"133个、市级民宿村15个,省级特色田园乡村总数全省领先。行政村污水处理设施覆盖率达100%、自然村污水处理设施覆盖率达80%;生活垃圾分类实现自然村全覆盖;农村旱厕基本全部拆除、户厕无害化改造应改尽改,新建农村公厕652座,实现每个行政村有2座公厕的目标。

农民收入持续增加。克服疫情不利影响,2020年,南京市农村居民人均可支配收入达29621元,同比增长7.2%,高于城镇居民收入增速2.3个百分点。低收入人口和经济薄弱村全部脱贫"摘帽"后,聚焦收入低于150万元的24个经济薄弱村和家庭年人均可支配收入不足1万元的797户低收入农户,持续开展长效帮扶,积极巩固脱贫成果。

二、第二产业发展分析

1. 总体发展情况

第二产业是国民经济的主导产业,在国民经济的发展中发挥着关键作用。2020年江苏省第二产业全年实现总产值44226.43亿元,比上年增加718.9亿元;第二产业产值占全省GDP比重持续下滑,2020年为43.06%,相比上年下降1.06%。第二产业年增速为1.65%,自2017年以来连续三年下降。随着第二产业年增速的下降,第二产业对江苏省经济的拉动及贡献作用也受到影响,自2017年以来,第二产业对江苏省GDP的拉动作用逐年下滑,从2017年的3.1%下降到2020年的1.7%;第二产业对江苏省经济的贡献率则呈现波动式上升,2018年后有所上升,2020年第二产业对江苏省GDP的贡献率为45.7%,相比上年提高2.1%。详细数据见表5。

表5　第二产业对GDP贡献及拉动作用　　　　　　　　　　　　　　　　　　单位:%

年　份	占GDP比重	贡献率	拉动率	年增速
2016	45.30	39.8	3.1	5.00
2017	45.56	43.1	3.1	11.65
2018	45.20	40.7	2.7	7.68
2019	44.10	43.6	2.6	3.27
2020	43.06	45.7	1.7	1.65

数据来源:历年《江苏统计年鉴》

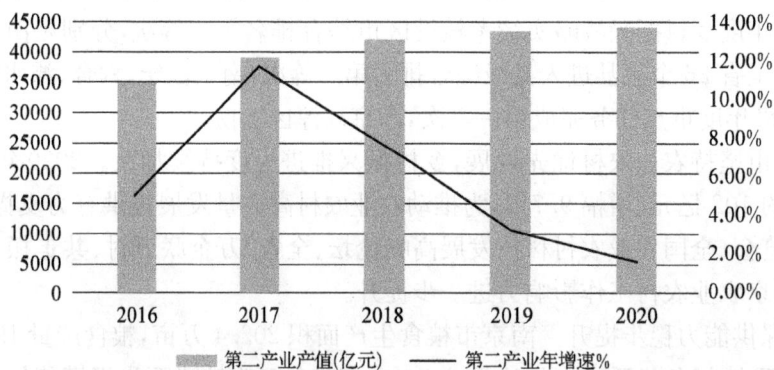

图3　江苏省2016—2020年第二产业发展情况
数据来源:《江苏统计年鉴2021》

2. 工业生产情况

2020 年,省委、省政府行动迅速精准应对疫情冲击,江苏在率先控制疫情的同时率先实现经济的快速复苏。各地疫情防控措施有力、企业快速复工复产、减负纾困效果显著,加之国内新基建等经济政策形成合力推进"双循环"新发展格局建立,工业经济随之迎来新机遇,年内工业生产"先抑后扬"稳定回升,全年工业增速接近同期水平;企业效益持续改善,工业利润年内止降转增且增速持续回升,呈现恢复性增长。

2020 年全省工业企业利润总额为 7622.8 亿元,较上年增加 11.2%,其中,国有企业利润总额 37.06 亿元,相比上年下降 3.01%;私营企业利润总额 2581.65 亿元,增长 20.84%;港澳台和外资企业分别为 1186.09 亿元、1889.3 亿元,分别增长 17.79% 和 14.19%。轻工业实现利润总额 2166.7 亿元,增加 13.93%;重工业实现利润总额 5456.1 亿元,增加 10.15%。

表6　2020 年江苏省规模以上工业企业个数及产销总值　　　单位:亿元

项　目	企业单位数(个)	资产总计	营业收入	营业成本	利润总额
总　计	50168	133267.37	125344.17	105135.42	7622.8
按登记注册类型分					
内资企业	41584	89747.06	82317.66	69151.54	4547.4
国有企业	114	1595.57	843.55	724.76	37.06
集体企业	89	153.9	167.13	153.76	4.25
股份合作企业	57	97.67	60.92	49.35	4.54
联营企业	15	92.03	27.2	24.93	0.19
有限责任公司	3294	26763.1	22759.84	18798	1263.58
♯国有独资	271	7230.73	6147.05	5268.11	238.63
股份有限公司	858	12697.98	7623.01	5928.59	653.75
私营企业	37139	48313.93	50815.73	43457.28	2581.65
其他企业	18	32.88	20.29	14.88	2.38
港、澳、台商投资企业	2883	16458.69	14551.59	12029.86	1186.09
外商投资企业	5701	27061.62	28474.92	23954.02	1889.3
按轻重工业分					
轻工业	17611	30175.03	29776.04	23211.45	2166.7
重工业	32557	103092.35	95568.13	81923.97	5456.1
按企业规模分					
大型企业	954	50231.12	48923.55	41108.15	3106.16
中型企业	4325	33613.9	28284.7	23220.51	2043.88
小微型企业	44889	49422.35	48135.92	40806.76	2472.76
按行业分					
采矿业	40	565.01	327.73	279.74	30.43
煤炭开采和洗选业	3	347.57	156.4	137.54	22.15
石油和天然气开采业					
黑色金属矿采选业	7	35.33	88.65	83.71	−0.37
有色金属矿采选业	3	6.58	4.71	2.51	0.94
非金属矿采选业	25	81.13	48.75	34.05	6
开采专业及辅助性活动	0	0	0	0	0
其他采矿业					
制造业	49280	120279.12	118570.06	99205.5	7126.06
农副食品加工业	1245	1637.97	2874.77	2611.43	106.43
食品制造业	483	983.61	859.07	641.98	74.81
酒、饮料和精制茶制造业	127	1030.34	641.74	340.39	186.53

项 目	企业单位数(个)	资产总计	营业收入	营业成本	利润总额
烟草制品业	6	755.48	861.28	317.76	105.25
纺织业	4144	3934.61	4296.32	3802.1	153.46
纺织服装、服饰业	1552	1601.98	1751.84	1507.43	68.2
皮革、毛皮、羽毛及其制品和制鞋业	337	211.91	224.36	193.89	6.56
木材加工和木、竹、藤、棕、草制品业	922	607.72	728.05	636.67	29.51
家具制造业	351	380.24	350.77	287.11	15.39
造纸和纸制品业	552	1852.73	1344.61	1105.89	106.44
印刷和记录媒介复制业	726	760.17	703.26	569.6	50.44
文教、工美、体育和娱乐用品制造业	1342	996.28	1252.9	1065.96	53.58
石油、煤炭及其他燃料加工业	130	846.17	1554.35	1268.69	35
化学原料和化学制品制造业	2400	9314.07	8659.69	7079.23	673.1
医药制造业	756	4206.1	3622.01	1654.57	547.09
化学纤维制造业	749	2360.39	2117.85	1917.89	69.23
橡胶和塑料制品业	2809	3589.95	3338.88	2689.24	246.29
非金属矿物制品业	3219	4947.99	4502.04	3754.25	318.74
黑色金属冶炼和压延加工业	886	6949.88	9833.82	9045.05	402.04
有色金属冶炼和压延加工业	1130	2091.86	4187.4	3925.72	87.68
金属制品业	4092	5408.18	6347.11	5511.37	323.59
通用设备制造业	5177	9692.83	8463.21	6791.52	676.95
专用设备制造业	4145	7927.54	6040.54	4623.98	516.25
汽车制造业	2310	7575.3	7015.95	5828.89	371.94
铁路、船舶、航空航天和其他运输设备制造业	909	3901.69	2728.29	2301.84	157.6
电气机械和器材制造业	4377	15285.39	13467.05	11467.65	712.13
计算机、通信和其他电子设备制造业	3062	18033.59	18450.07	16415.02	803.69
仪器仪表制造业	1021	3021.52	1879.65	1435.44	206.47
其他制造业	110	121.63	139.42	114.64	9.37
废弃资源综合利用业	190	224.59	311.88	283.29	11.24
金属制品、机械和设备修理业	21	27.43	21.88	17.03	1.06
电力、热力、燃气及水的生产和供应业	848	12423.24	6446.38	5650.18	466.31
电力、热力生产和供应业	484	9292.23	5442.61	4874.84	325.75
燃气生产和供应	152	846.84	709.34	574.81	92.56
水的生产和供应业	212	2284.17	294.43	200.53	48
按地区分					
南京市	3242	15052.96	12907.93	10587.76	727.07
无锡市	7006	19457.41	18829.91	15929.45	1302.51
徐州市	2024	5424.4	4758.66	3805.52	290.46
常州市	5066	11691.98	11496.99	9738.84	721.66
苏州市	11900	36999.14	37007.39	31418.59	2232.36
南通市	5365	10233.78	8801.55	7362.94	576.19
连云港市	985	3840.03	2854.45	2118.49	261.75
淮安市	1486	2610.81	2481.66	1994.09	152.17
盐城市	3139	5754.85	5256.3	4608.22	170.8
扬州市	3039	5234.05	5160	4376.41	272.24
镇江市	2011	5314.69	3923.88	3275.42	249.13
泰州市	2861	6063.64	5881.06	4566.73	375.71
宿迁市	2065	3122.01	2966.9	2397.65	293.21

数据来源:《江苏统计年鉴 2021》

从地区来看,2020 年江苏省规模以上工业企业利润总额前三位的城市为苏州、无锡、南京,利润总额依次为 2232.36 亿元、1302.51 亿元、727.07 亿元,分别占全省工业企业利润总额的 29.29%、1.09%、9.54%;规模以上工业企业利润总额最少的三个城市为镇江、盐城、淮安,利润总额为 249.13 亿元、170.8 亿元、152.17 亿元,比重分别为 3.27%、2.24%、2.00%。

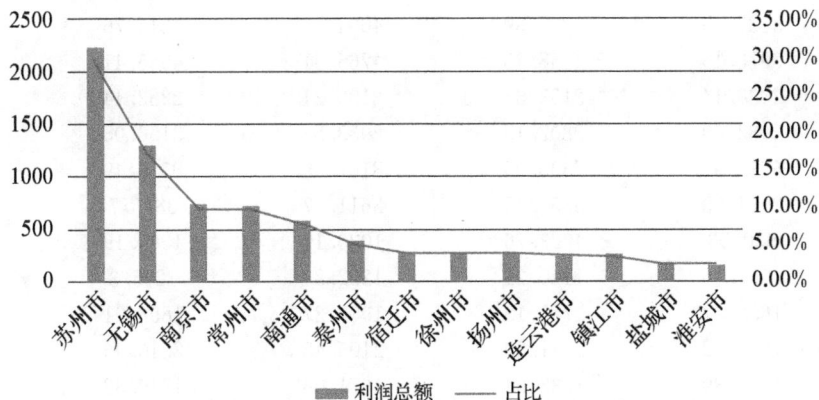

图 4 2020 年江苏省各城市规模以上工业企业利润情况

数据来源:《江苏统计年鉴 2021》

从江苏省各城市工业增加值来看,2020 年工业增加值前五位分别是苏州、无锡、南京、南通、常州,工业增加值分别是 8514.39 亿元、5126.15 亿元、4331.59 亿元、3956.9 亿元、3231.84 亿元,分别占全省工业增加值的 21.87%、13.17%、11.12%、10.16%、8.30%。2020 年工业增加值后三位分别是淮安、宿迁、连云港,工业增加值分别为 1286.78 亿元、1124.25 亿元、1107.6 亿元,三个城市工业增加值共占全省工业增加值比重的 9.04%,远远低于前三位城市。2020 年江苏省各城市工业增加值及占比情况见图 5。

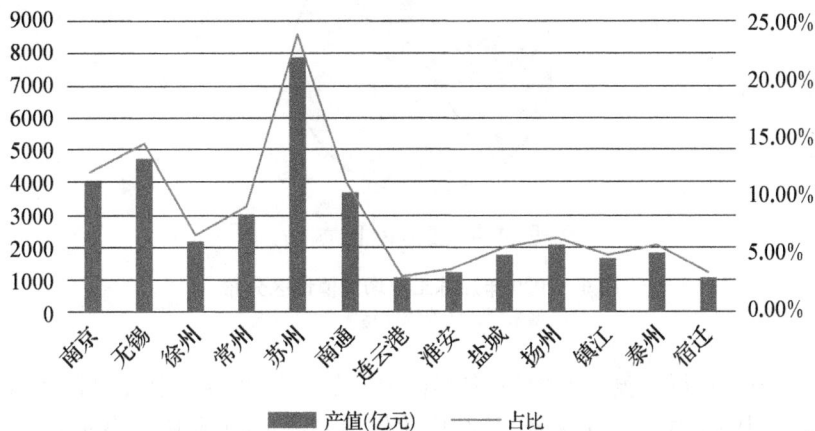

图 5 2020 年江苏省各城市工业增加值情况

数据来源:《江苏统计年鉴 2021》

从表 7 可以看出,2016—2020 年江苏省各城市工业增加值总体呈现逐年上升趋势,其中,苏州、无锡、南通、南京工业增加值较上年均增加超过 100 亿元,分别增加 197.9 亿元,140.74 亿元、121.2 亿元、115.83 亿元;连云港、镇江、淮安较工业增加值上升较缓慢,分别增加 22.41 亿元、20.69 亿元、20.48 亿元。

江苏省三个区域中,苏南地区 2020 年工业增加值 22973.98 亿元,占全省工业增加值的 59.0%,远超其他地区;苏中、苏北 2020 年分别实现工业增加值 8174.15 亿元、7789.3 亿元,分别占全省比重为 21.0%、20.0%。参照图 6。

表 7　2016—2020 年江苏省各城市工业增加值　　　　　　　　　　　　　　单位:亿元

区　域	2016 年	2017 年	2018 年	2019 年	2020 年
按城市分					
南　京	3627.76	3837.39	4004.14	4215.76	4331.59
无　锡	3976.15	4358.43	4766.31	4985.41	5126.15
徐　州	2038.14	2153.33	2190.21	2282.44	2346.16
常　州	2482.69	2802.18	2933.88	3156.05	3231.84
苏　州	6818.92	7535.95	8167.59	8316.49	8514.39
南　通	2974.93	3353.45	3611.07	3835.7	3956.9
连云港	930.03	1023.76	1020.11	1085.19	1107.6
淮　安	1054.16	1140.21	1222.84	1266.3	1286.78
盐　城	1652.07	1775.13	1908.27	1896.91	1924.52
扬　州	1850.32	2011.23	2105.45	2210.96	2244.17
镇　江	1507.39	1633.94	1671.06	1749.32	1770.01
泰　州	1527.42	1731.58	1876.98	1946.11	1973.08
宿　迁	951.44	1022.91	1028.04	1084.32	1124.25
按区域分					
苏　南	18412.91	20167.89	21542.98	22423.03	22973.98
苏　中	6352.67	7096.26	7593.5	7992.77	8174.15
苏　北	6625.84	7115.35	7369.47	7615.16	7789.3

数据来源:《江苏统计年鉴 2021》

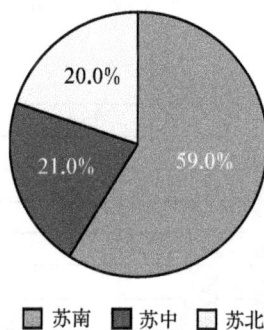

图 6　2020 年江苏工业增加值地区分布
数据来源:《江苏统计年鉴 2021》

2020 年面对疫情冲击以及复杂严峻的国内外环境,江苏贯彻落实中央和省委、省政府部署,从复工复产到主动融入国内、国际两个循环,持续优化供给侧改革,工业增长率先走出低谷,效益稳步回升,稳住了高质量发展"加速度"。

生产逐季回升,出口实现同比增长。增速逐季回升,四季度增长迅速。2020 年,全省规模以上工业实现增加值同比增长 6.1%,较 2019 年小幅回落 0.1 个百分点。年内国内疫情得到有效控制后,全省工业企业加速复产,受前期订单回补、促消费政策得力、新基建投资拉动、海外市场订单转移等因素影响,规上工业生产"先抑后扬",增速逐季回升。一季度、二季度、三季度、四季度增加值增速分别为—7.8%、8%、8.4%、12.2%。

近八成行业实现增长,产品产量增长面持续扩大。2020 年,全省 40 个行业大类中,31 个行业实现增加值同比增长,行业增长面 77.5%,年内呈逐季提升之势,较前三季度提高 15 个百分点;增速与去年相比,18 个行业有所加快(或由降转增)。按累计增加值排名的前十大行业增加值增速全部实现增长,增速与2019年相比,电子、化工、通用设备、专用设备和金属制品等5个行业呈现不同程度的加快,汽车行业实现由降转增。列统的508种工业产品中,12月份,有320种产品产量实现同比增长,比上月增加15种产品,增长面为63%,持续扩大且明显高于上年同期水平。

工业出口实现增长,电子、电气机械等主要行业表现突出。2020年,工业产品出口交货值同比增长0.7%,较前三季度提高4.1个百分点,年内逐步好转,其中,11月份、12月份出口实现两位数的较快增长,分别增长12.8%、11.8%,达到2019年以来高位水平。从行业来看,累计出口交货值排名第一的电子行业(累计出口占全省比重的51.4%)2020年实现出口交货值同比增长5.9%,高于全省平均水平5.2个百分点,12月份出口增速高达18.6%;排名第二的电气机械行业(占全省比重的10.5%)2020年实现出口同比增长3.6%,高于全省平均水平2.9个百分点。

装备制造业贡献显著提高,持续发挥重要支撑作用。2020年,全省装备制造业实现增加值同比增长8.9%,较上半年、前三季度分别提高5.8个、3个百分点,高于全省规上工业平均增速2.8个百分点,对规模以上工业增加值增长的贡献率达71.4%,较2019年提高24.9个百分点,拉动规上工业增加值增长4.4个百分点。12月份,装备制造业实现增加值同比增长16%,连续5个月月度增速在10%以上且不断加快,拉动规上工业增加值增长8.1个百分点。装备制造业8个细分行业大类中,除交通运输设备制造业增加值增速较1—9月回落1.2个百分点外,其他7个行业大类增加值增速均较前三季度有所回升。其中,电气机械行业同比增长14.3%,增速较1—9月回升3.2个百分点;金属制品、通用设备、专用设备、电子、仪器仪表制造业等行业分别同比增长8.1%、7.4%、9.8%、9.4%、6.3%,较1—9月分别回升3.7个、3.8个、1.5个、2.8个、2.8个百分点;汽车制造业止降回升,增长4.5%较1—9月回升4.6个百分点。

高技术制造业保持较快增长,新兴产品产量增长强劲。2020年,全省高技术行业增加值同比增长10.3%,增速高于全省规上工业平均增速4.2个百分点,呈现出较快增长,拉动全省规上工业增加值增长2.3个百分点。高技术行业增加值占规模以上工业比重达23.5%,占比逐季提升,与2019年相比,提高1.7个百分点,其中,12月份,高技术制造业实现增加值同比增长20.8%,连续4个月保持两位数增长且逐月加快。新兴产品产量增长动力强劲,2020年,城市轨道车辆、新能源汽车、太阳能电池、碳纤维增强复合材料、集成电路等新兴产品产量增速均在10%以上,分别为24.5%、35.8%、16.5%、48.9%、22.1%,其中,12月份,新能源汽车、太阳能电池、碳纤维增强复合材料、集成电路产量增速均在25%以上。

原材料行业生产持续回升,重点产品产量平稳增长。2020年,全省原材料行业实现增加值同比增长4.2%,较上半年、前三季度分别回升3.7个、2.1百分点。其中,橡胶和塑料制品业、钢铁、有色等主要原材料行业增加值增速均在8%以上,高于全省平均水平,化工、建材等行业处于1%~3%平稳增长区间。分产品来看,粗钢、钢材、十种有色金属、乙烯、合成纤维聚合物等重点产品生产形势稳定,产量分别增长6.1%、4.1%、26.6%、16.6%、3.6%。

消费品制造业逐步恢复,医药行业快速增长。2020年,全省消费品制造业增加值同比增长2.5%,较上半年、前三季度分别提高4个、1.7个百分点,其中,12月份,消费品制造业增加值同比增长9.3%,为年内最高增速,较上月提高1.1个百分点。2020年,在13个消费品大类行业中,8个行业实现增长,其中,医药行业增速明显领先于其他消费品行业,2020年同比增长12.2%,较上半年、前三季度分别提高1个、3.2个百分点;食品制造、化学纤维制造等行业增速相对较快,同比分别增长5.8%、5.1%;皮革毛皮制鞋、纺织服装行业降幅相对明显,分别下降28.6%、8.0%。

占比提升,出口形势好转,新发展格局有所显现。短期促消费、中长期推进新基建投入等经济政策,有效刺激国内市场活跃,加快新发展格局的形成。2020年,全省规模以上工业内销产值同比增长 6.1%,较 2019 年提高 0.8 个百分点;年内保持较快增长,二季度、三季度、四季度增速分别为 10.3%、10.3%、14.8%。与此同时,受国外疫情持续蔓延影响,部分国外企业难以维持正常生产,致使海外市场份额相应增加、外企总部调配订单转移到国内生产,外需市场回暖,工业企业出口形势好转。2020 年,全省规模以上工业出口交货值实现同比增长 0.7%,累计出口首现增长。而内销产值的较快增长,使得其占销售产值比重趋升,2020 年占比达 81.7%。

产能利用率逐季提升,企业效益状况持续改善。产能利用率年内回升,装备制造业达较高水平。四季度,全省工业产能利用率为 79.2%,较二季度、三季度分别回升 2.7 个、0.3 个百分点,较上年同期回升 1.4 个百分点,已恢复到近年较高水平。39 个大类行业中,27 个行业产能利用率较三季度提高,26 个行业产能利用率超过上年同期水平,其中,装备制造业产能利用率为 80.9%,较前三季度提升 1.4 个百分点;电气机械、交通运输设备制造、通用设备制造、专用设备制造等行业产能利用率回升到 81% 以上的较高水平。2020 年,全省工业产能利用率为 76.6%,较上半年、前三季度分别提升 2.9 个、1.1 个百分点。

营业收入增长加快,工业利润恢复性增长。1—11 月,全省规模以上工业企业实现营业收入同比增长 3%,自 1—9 月增速转正以来,呈现加快之势;实现利润同比增长 9.6%,自 1—8 月增速由负转正(结束连续 17 个月的利润下降态势)以来,同样呈加快之势,与 2019 年下降 5.4% 相比,呈现出恢复性增长。从行业来看,1—11 月,40 个工业大类行业中,21 个行业实现利润增长,利润增长面 52.5%,较 2019 年提高 7.5 个百分点。按营业收入排名的前十大行业,除化工、汽车、有色金属行业外利润均实现增长;利润增速与 2019 年相比,电气、通用设备、金属制品、专用设备行业增速加快,电子、钢铁、电力行业由降转增,化工、汽车行业降幅收窄,仅有色金属行业降幅扩大。

减负纾困措施有效,企业盈利状况明显改善。1—11 月,全省规模以上工业企业税金及附加、销售费用、管理费用分别增长 0.2%、−0.4%、−4.6%,增幅低于营业收入 2.8 个、3.4 个、7.6 个百分点;税负率(应交增值税占营业收入的比例)1.68%,同比下降 0.14 个百分点;以政府补助为主的其他收益、营业外收入分别增长 34.5%、19%,拉动规模以上工业利润增长 1.4 个百分点。在政策减负的影响下,企业盈利状况明显改善,1—11 月,全省规模以上工业营业收入利润率达 6%,同比提高 0.4 个百分点。

总体看,2020 年工业经济持续稳定恢复,生产逐季加快,企业效益状况持续改善。

三、第三产业发展分析

1. 发展基本情况

第三产业作为国民经济的重要部门,大力发展第三产业有利于增强农业生产的后劲,促进工农业生产的社会化和专业化水平的提高,有利于优化生产结构,促进市场充分发育,缓解就业压力,从而促进整个经济持续、快速健康发展。

2020 年,全省上下奋力夺取疫情防控和经济发展"双胜利",大力实施促消费回补、减税降费等政策措施,提振经济取得明显成效。全省服务业稳定回升,新兴服务业强劲赋能,新动能产业不断壮大,服务业发展积极因素明显增多,为"十四五"实现高质量发展蕴育新机。

"十三五"期间,江苏省第三产业产值占 GDP 比重持续上升,从 2016 年的 49.48% 上升到 2020 年的 52.53%,服务业发展迅速,在国民经济中发挥着举足轻重的作用;随着第三产业产值的持续上升,第三产业年增速逐渐放缓,2018 年年增速下降到 10% 以下;"十三五"期间,江苏省第三产业对经济的拉动作用持续下降,由 2016 年的 4.60% 下降到 2020 年的 1.90%,位于近年来的最低点;对国民经济的贡献率有所下降,但依然保持在 50% 以上,见表 8。

表8 2016—2020 第三产业对 GDP 贡献及拉动作用 单位:%

年 份	占 GDP 比重	贡献率	拉动率	年增速
2016	49.48	59.10	4.60	12.78
2017	49.73	56.60	4.10	11.58
2018	50.36	58.00	3.90	9.92
2019	51.54	55.40	3.30	8.34
2020	52.53	52.20	1.90	6.10

数据来源:《江苏统计年鉴 2021》

从图 7 可看出"十三五"期间,江苏省第三产业发展迅速,产值由 2016 年的 38269.57 亿元上升到 2020 年的 53955.83 亿元,平均增速达到 9.75%,实现了较快增长。

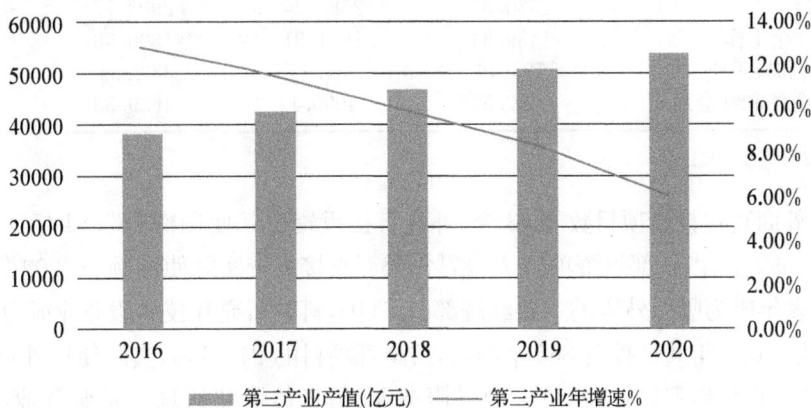

图 7 2016—2020 年江苏省第三产业发展情况
数据来源:《江苏统计年鉴 2021》

2020 年江苏省规模以上服务业企业共计 18963 个,较上年增加 2161 家;实现营业收入 17611.7 亿元,较上年增加 1292.3 亿元;平均使用工人 292.17 万人,增加 25.96 万人。

从登记注册类型来看,内资企业 18171 家,较上年增加 2041 家,内资企业实现全年营业收入 16471.8 亿元,增加 1292.3 亿元,内资企业平均使用工人 279.72 万人;港澳台投资企业 370 家,相比 2019 年增加 69 家,实现营业收入 556.2 亿元,较 2019 年增加 140.94 亿元;外商投资企业 422 家,较上年增加 51 家,外商投资企业实现全年营业收入 583.7 亿元,较去年有所下降,降低 4.36 亿元。

2. 分行业发展情况

2020 年江苏省第三产业增加值值为 53955.83 亿元,同比增长 3.8%,服务业占增加值地区生产总值比重达 52.5%。2017—2020 年服务业保持较快增长,其中,批发和零售业 2020 年的增加值最多,11108.67 亿元,同比增长 2.51%;软件和信息技术服务业、金融业、房地产业实现较快增长,2020 年分别实现 2998.3 亿元、8405.79 亿元、8944.94 亿元,同比增长分别为 15.34%、13.05%、12.86%。批发和零售业、交通运输、科学研究和技术服务业、水利环境和公共设施管理业、居民服务以及公共管理行业增长较慢,同比增长在 2.0%～3.0% 之间。受疫情影响,全省文体娱乐业和住宿餐饮业增加值出现负增长,2020 年住宿和餐饮业增加值为 1427.38 亿元,比上年减少 104.01 亿元,同比下降 6.79%,下降幅度较大;文化、体育和娱乐业 2020 年增加值为 601.06 亿元,同比下降 0.20%。租赁和商务服务业总体较稳定,2020 年增加值为 2981.48 亿元,同比增长 0.30%。

表9　2017—2020年江苏省第三产业生产总值　　　　　　　　　　　　　单位:亿元

行　业	2017 年	2018 年	2019 年	2020 年
第三产业	42700.49	46936.47	50852.05	53955.83
批发和零售业	9197.46	10139.27	10836.58	11108.67
交通运输、仓储和邮政业	2743.41	2964.41	3170.03	3239.92
住宿和餐饮业	1302.85	1413.43	1531.39	1427.38
信息传输、软件和信息技术服务业	2172.79	2409.97	2599.64	2998.3
金融业	6215.65	6846.88	7435.7	8405.79
房地产业	6907.75	7467.17	7925.85	8944.94
租赁和商务服务业	2524.68	2800.26	2972.56	2981.48
科学研究和技术服务业	1822.59	2021.53	2253.72	2320.54
水利、环境和公共设施管理业	509.61	565.21	650.55	669.68
居民服务、修理和其他服务业	957.65	1062.17	1160.21	1195.02
教育	2330.82	2585.24	2903.77	3015.27
卫生和社会工作	1489.34	1651.91	1806.98	1891
文化、体育和娱乐业	524.46	581.71	602.25	601.06
公共管理、社会保障和社会组织	3687.59	4090.1	4639.33	4776.65

数据来源:《江苏统计年鉴 2021》

　　2020 年全年外商直接投资项目数 3573 个,外商直接投资实际使用额 283.84 亿美元。第三产业外商投资项目数 2693 个,占全部投资项目 75.37%;外商直接投资实际使用额 164.09 亿美元,占比达到 57.81%,连续多年成为吸引外资的主要经济部门,其中,科学研究和技术服务业成为吸引外商投资项目数最多的行业,2020 年共计投资 865 个项目,占全部项目的 24.21%,实际使用外资额达到 39.05亿美元,其后依次为批发和零售业、租赁和商务服务业、信息传输和信息技术服务业,分别投资 687个、455 个和 315 个项目,外商投资实际使用额分别为 21.9 亿美元、23.74 亿美元、10.54 亿美元。金融业、水利环境和公共设施管理业、居民服务修理和企业服务业外商投资最少,分别投资 28 个、17 个、22 个项目,占比均低于 1%。表 10 反映了 2020 年江苏省第三产业各行业外商直接投资情况。

表 10　2020 年江苏省第三产业各行业外商直接投资情况

行　业	项目数 (个)	项目占比 (%)	实际使用额 (万美元)	实际使用 占比(%)
2020 年外商投资总额	3573		2838387	
第三产业	2693	75.37%	1640929	57.81%
批发和零售业	687	19.23%	219044	7.72%
交通运输、仓储和邮政业	50	1.40%	55138	1.94%
住宿和餐饮业	45	1.26%	4754	0.17%
信息传输、软件和信息技术服务业	315	8.82%	105376	3.71%
金融业	28	0.78%	60218	2.12%
房地产业	165	4.62%	547113	19.28%
租赁和商务服务业	455	12.73%	237437	8.37%
科学研究和技术服务业	865	24.21%	390517	13.76%
水利、环境和公共设施管理业	17	0.48%	11389	0.40%
居民服务、修理和其他服务业	22	0.62%	4991	0.18%
教育				
卫生和社会工作				
文化、体育和娱乐业	44	1.23%	4952	0.17%
公共管理、社会保障和社会组织				

数据来源:《江苏统计年鉴 2021》

　　从行业来看,截止到 2020 年年底,全省租赁和商务服务业共有 4690 家企业,2020 年新增 922 家,全行业实现营业收入 3562.1 亿元；交通运输、仓储和邮政业共计 4309 家企业，较 2019 年减少 4 家，全行业营业收入不降反增，2020 年实现营业额 5047.8 亿元，较上年增加 71.98 亿元；信息传输、软件和信息技术服务业营业收入额是全省最增长最多的行业，2020 年全行业实现营业收入 4145 亿元，较上年增加 619.52 亿元；教育和文体娱乐业营业额出现负增长，较上年分别减少 1.61 亿元、38.9 亿元。

表 11　2020 年规模以上服务业企业主要经济指标

项目	单位数（个）		营业收入（亿元）		平均用工人数（万人）	
	2019 年	2020 年	2019 年	2020 年	2019 年	2020 年
总计	16802	18963	16182.81	17611.7	266.21	292.17
按登记注册类型分						
内资企业	16130	18171	15179.5	16471.8	254.65	279.72
国有企业	384	574	526.83	719.6	13.15	14.45
集体企业	183	181	77.9	98.7	3.06	3.28
股份合作企业	12	15	2.8	5.2	0.15	0.13
联营企业	9	19	2.41	39.1	0.05	0.31
有限责任公司	4427	3602	7011.89	6532.6	94.03	81.6
♯国有独资公司	630	684	1655.72	1765.1	17.79	18.11
股份有限公司	528	413	1607.71	1524.3	15.46	14.57
私营企业	10285	13102	5787.7	7408.9	123.86	160.6
其他企业	302	265	162.26	143.5	4.88	4.78
港、澳、台商投资企业	301	370	415.26	556.2	4.53	5.12
外商投资企业	371	422	588.06	583.7	7.03	7.33
按行业门类分						
交通运输、仓储和邮政业	4313	4309	4975.82	5047.8	56.89	55.96
信息传输、软件和信息技术服务业	1772	2047	3525.48	4145	40.52	43.65
房地产业	1276	1520	616.9	750	33.6	37.35
租赁和商务服务业	3768	4690	3331.97	3562.1	68.98	82.48
科学研究和技术服务业	2600	3045	2192.66	2443.1	28.64	31.07
水利、环境和公共设施管理业	584	571	487.36	575.9	10.08	10.32
居民服务、修理和其他服务业	541	640	145.4	178.5	6	8.01
教育	378	379	153.01	151.4	5.38	6.03
卫生和社会工作	460	526	348.91	391.4	9.27	10.45
文化、体育和娱乐业	1110	1236	405.3	366.4	6.86	6.84
按地区分						
南京市	3477	3921	5833.54	6219.1	76.37	81.65
无锡市	1458	1914	1181.27	1398.7	24.08	30.5
徐州市	1188	1349	741.96	761.5	16.06	17.32
常州市	1260	1472	920.85	991	20.81	21.15
苏州市	2923	3509	3156.12	3616.8	56.06	63.05
南通市	1461	1642	851.85	999	14.85	16.93
连云港市	417	489	726.48	645.5	8.23	7.33
淮安市	952	888	564.49	511.2	7.44	8.26
盐城市	1264	1147	597.77	641.3	10.25	11.43
扬州市	889	905	490.01	523.6	11.71	11.26
镇江市	472	468	401.45	386.4	5.28	5.77
泰州市	746	911	431.96	510.8	9.07	9.96
宿迁市	295	348	285.05	406.8	5.99	7.55

数据来源：《江苏统计年鉴 2021》

2020 年,江苏新增对外投资项目 696 个,中方协议投资额 57.4 亿美元,其中,1000 万美元以上项目 115 个,协议投资额占比达 88.7%;中方实际投资额 61.6 亿美元,同比增长 50.8%,比全国高 51.2 个百分点,位列全国第五,较上年前进 2 位,占全国总量的 5.6%。

2020 年,江苏省第三产业新增对外投资项目 383 个,占项目总数 55.03%;协议投资额 23.04 亿美元,占协议投资额总额的 40.16%,其中,批发和零售业新增境外投资项目 184 个,占新增项目总数的 26.44%,科学研究和技术服务业新增投资项目 79 个,占新批项目的 11.35%;信息传输、软件和信息技术服务业以相对较少的投资项目占据较高的投资额,新批项目 34 个,占总项目 5.03%,协议投资额 6.2 亿美元,占总投资额 10.75%。

表 12　2020 年江苏省境外投资主要行业

	新批项目（个）	新批项目占比（%）	中方协议投资（万美元）	中方协议投资占比（%）
境外投资总额	696		573636	
第三产业	383	55.03%	230379	40.16%
批发和零售业	184	26.44%	81209	14.16%
交通运输、仓储和邮政业	7	1.01%	385	0.07%
住宿和餐饮业	3	0.43%	430	0.07%
信息传输、软件和信息技术服务业	35	5.03%	61656	10.75%
金融业	2	0.29%	−4895	−0.85%
房地产业				
租赁和商务服务业	54	7.76%	54027	9.42%
科学研究和技术服务业	79	11.35%	40035	6.98%
水利、环境和公共设施管理业	2	0.29%	181	0.03%
居民服务、修理和其他服务业	14	2.01%	−4193	−0.73%
教育	1	0.14%	44	0.01%
卫生和社会工作	1	0.14%	1500	0.26%
文化、体育和娱乐业	1	0.14%		

数据来源:《江苏统计年鉴 2021》

3. 分区域发展情况

"十三五"初期,苏州、南京、无锡三市的服务业增加值位列全省前三,分别为 7788.84 亿元、6395.05 亿元、4780.82 亿元;淮安、连云港、宿迁位列全省最后,第三产业增加值分别为 1458.67 亿元、1099.53 亿元、1071.53 亿元。在"十三五"期间,苏州服务业发展迅速,于 2020 年率先突破万亿,达到 1.06 万亿元,同比增长 6.55%;南京、无锡紧随其后,2020 年服务业增加值分别为 9306.8 亿元、6491.19 亿元,同比增长分别为 6.77%、6.38%,"十三五"期间,三市服务业增加值分别为 2799.63 亿元、2911.75 亿元、1710.37 亿元,相比 2016 年产值增长 35.94%、45.53%、35.78%;连云港、淮安、宿迁第三产业增长较为缓慢,2020 年服务业增加值分别为 1518.62 亿元、1984.69 亿元、1533.63 亿元。南京、南通、扬州在"十三五"期间第三产业发展速度较快,增长超过 45%。

表 13　"十三五"期间江苏省各地区第三产业增加值　　　　　　　　　　　　　　　　单位:亿元

地　　区	2016 年	2017 年	2018 年	2019 年	2020 年
按城市分					
南　京	6395.05	7179.03	7966.52	8716.48	9306.8
无　锡	4780.82	5326.08	5767.6	6101.93	6491.19
徐　州	2752.26	3079.52	3359.29	3535.35	3669.48
常　州	2833.74	3205.06	3457.45	3719.69	4024.87

续表

地　区	2016 年	2017 年	2018 年	2019 年	2020 年
苏　州	7788.84	8557.66	9130.9	9937.92	10588.47
南　通	3247.94	3671.73	4036.7	4352.45	4811.76
连云港	1099.53	1222.03	1317.62	1413.5	1518.62
淮　安	1458.67	1587.51	1730.42	1867.82	1984.69
盐　城	2038.17	2300.46	2484.71	2710.77	2912.79
扬　州	2018.9	2335.51	2577.68	2779.07	2954.88
镇　江	1632.32	1764.36	1843.17	1982.11	2081.96
泰　州	1704.1	1963.47	2085.65	2314.88	2464.57
宿　迁	1071.53	1209.82	1308.66	1442.79	1553.63
按区域分					
苏　南	23430.77	26032.19	28165.64	30458.13	32493.29
苏　中	6970.94	7970.71	8700.03	9446.4	10231.20
苏　北	8420.17	9399.33	10200.7	10970.22	11639.21

数据来源:《江苏统计年鉴 2021》

从区域来看,苏南地区 2020 年第三产业增加值为 32493.29 亿元,较上年增加 2035.16 亿元,同比增长 6.68%,占全省服务业增加值的 59.77%。"十三五"期间苏南地区第三产业增加值提高 38.68%,其中,苏州、南京增长幅度超过 2500 亿元,分别为 2799.63 亿元和 2911.75 亿元;苏中地区服务业增加值在"十三五"期间提升 46.77%,2020 年较 2016 年增长 3260.26 亿元,达到 10231.20 亿元,较上年增加 8.31%,增长较快,占全省服务业增加值的 18.82%。而这主要得益于南通服务业的快速发展,2020 年南通第三产业增加值较上年增长 459.31 亿元,增长 48.15%,位列全省第一,极大带动苏中地区服务业的发展,而泰州、扬州服务业在"十三五"期间也实现了快速增长,分别增长 44.63% 和 46.36%;苏北地区 2020 年服务业增加值为 11639.21 亿元,同比增长 6.10%,占全省服务业增加值 21.41%,"十三五"期间服务业增加值提升 38.23%。2020 年苏北地区中徐州服务业增加值最高,为 3669.48 亿元,盐城以 2912.79 亿元紧随其后,同比增长分别为 3.79%、7.45%,淮安、连云港、宿迁均低于 2000 亿元。

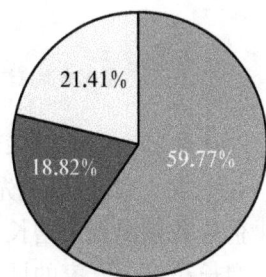

图 8　2020 年江苏省各区域第三产业占比

数据来源:《江苏统计年鉴 2021》

2020 年江苏省三次产业就业人数分别为 675.23 万人、1942.52 万人、2275.25 万人,分别占全省就业总人数的 13.80%、39.70%、46.50%。"十三五"期间江苏省服务业在国民经济中的地位进一步提升,服务业产值占 GDP 比重连续增长并超过 50%,服务业的快速发展极大地带动了地区就业,服务业就业人数持续上升,成为江苏省各产业中创造就业岗位最多的部门。

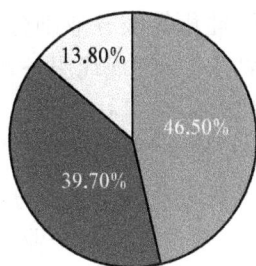

图 9　2020 年江苏省第三产业就业分区域占比

数据来源:《江苏统计年鉴 2021》

"十三五"期间全省第一产业就业人数持续下降,就业人数减少139.61万人,2020年下降到700万人以下;2020年第二产业就业人数1942.52万人,就业人数有所下降,但依然是国民经济中的重要部门,"十三五"期间第二产业流出84.87万劳动力;2020年末全省服务业就业人数2275.25万人,较上年增长1.76%,自2017年开始服务业就业人数超越第二产业,并且这一差距进一步增大,"十三五"期间服务业的快速发展带动了地区267.26万人就业,增长13.3%。

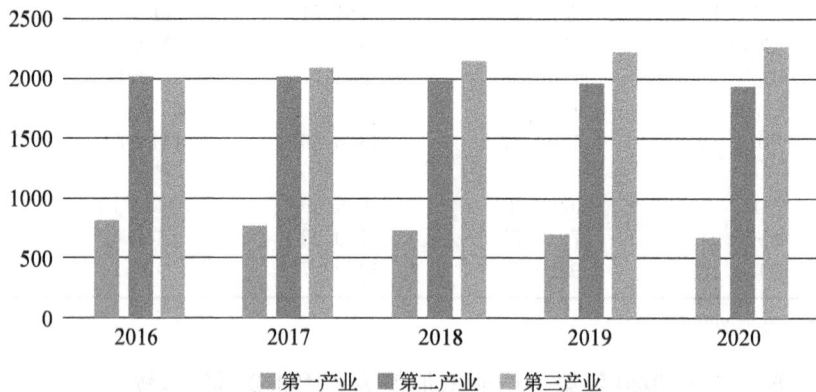

图10 2016—2020年江苏省第三产业就业人数情况
数据来源:《江苏统计年鉴2021》

从地区企业数量来看,苏州、南京、无锡2020年服务业新增企业数超过400家,分别为586家、444家、456家,遥遥领先于其他城市,这其中又以苏州和南京增长最快;镇江、盐城和淮安三市服务业企业数量出现负增长,其中盐城市2020年年底有1147家企业,较上年减少117家,是唯一一个负增长超过100家的城市。从地区全年营业收入来看,南京市2020年服务业营业收入6219.1亿元,居全省最高,较上年增长385.56亿元;苏州市2020年服务业营业收入3616.8亿元,较上年增加460.68亿元,增长值位于全省第一;镇江市2020年服务业实现营业收入386.4亿元,位于全省最低,较去年减少15.05亿元。

4. 现代服务业331工程实施情况

为策应《国务院关于加快发展生产性服务业促进产业结构调整升级的指导意见》,江苏省政府于2015年6月底出台了《关于加快发展生产性服务业促进产业结构调整升级的实施意见》,推动生产性服务业发展。2016年6月29日,江苏省发展改革委根据省政府《省政府关于加快发展生产性服务业促进产业结构调整升级的实施意见》(苏政发〔2015〕41号),出台《江苏省生产性服务业双百工程实施方案》(《百区提升示范工程实施方案》和《百企升级引领工程实施方案》),提出从提高产业集聚度、优化产业链条、促进企业融合发展等方面采取切实有效的措施,在科技服务、信息技术服务、金融服务、现代物流、商务服务、服务外包等重点服务产业领域和电子商务、节能环保服务、检验检测、售后服务、人力资源服务、品牌和标准化等服务业细分领域和行业,培育领军企业100家左右。在江苏省政府办公厅发布的《江苏省"十三五"现代服务业发展规划》中,生产性服务业将突出抓好金融服务、现代物流、科技服务、商务服务、信息技术服务、服务贸易等六大重点服务产业,培育壮大电子商务、节能环保服务等两个服务业细分领域和行业。

江苏省发改委公布第五批省级生产性服务业领军企业分布见表14。本次共评选出34家企业仅苏南地区就有17个领军企业入选,其中,南京有六家企业入选,其次是苏州四家企业入选,镇江三家企业入选,无锡和常州各两家企业入选;苏中地区共5家企业进入本次名单,南通和扬州各五家企业入选,泰州入选一家企业;苏北地区共12家企业入选,其中,淮安、宿迁和盐城各三家企业入选,徐州、连云港分别有两家和一家企业入选。本次评选江苏省各城市均有企业被评选为生产性服务业领军企业,但分布十分不均匀,入选企业最多的城市南京有6家企业,而最少的城市仅1家;区域分布上也不均匀,苏中地区和其他两个地区差距较大。

表 14　江苏省第五批省级生产性服务业领军企业

生产性服务业领军企业	所属城市	所属地区
江苏苏盐井神股份有限公司		
江苏康乃馨织造有限公司	淮安	
江苏泰盈信息服务有限公司		
江苏康缘医药商业有限公司	连云港	
江苏传智播客教育科技股份有限公司		
江苏阿尔法药业有限公司	宿迁	苏北
江苏硕帮服务外包集团有限公司		
江苏省精创电气股份有限公司	徐州	
江苏徐工信息技术股份有限公司		
江苏金风科技有限公司		
江苏丰东热技术有限公司	盐城	
中汽中心盐城汽车试验场有限公司		
海门慧聚药业有限公司	南通	
江苏京源环保股份有限公司		
江苏艾兰得营养品有限公司	泰州	苏中
江苏省水利勘测设计研究院有限公司	扬州	
江苏易图地理信息科技股份有限公司		
江苏永葆环保科技股份有限公司	常州	
江苏万帮德和新能源科技股份有限公司		
江苏新华财经传媒股份有限公司		
艾欧史密斯(中国)环境电器有限公司		
中电鸿信信息科技有限公司	南京	
江苏凤凰新华书店集团有限公司		
江苏中圣高科技产业有限公司		
新立讯科技股份有限公司		
中广核达胜加速器技术有限公司		苏南
苏州仕净环保科技股份有限公司	苏州	
苏州瀚川智能科技股份有限公司		
博众精工科技股份有限公司		
无锡药明康德生物技术有限公司	无锡	
央视国际网络无锡有限公司		
江苏金斯瑞生物科技有限公司		
江苏恒信建设工程造价咨询有限公司	镇江	
丹阳琦瑞机械有限公司		

　　两业深度融合是增强制造业核心竞争力、培育现代产业体系、实现高质量发展的重要途径。为尽快推进两业深度融合,探索发展创新路径和有效机制,江苏省鼓励先行先试,跨业联动,由省发展改革委牵头启动先进制造业和现代服务业深度融合试点工作,首批确定了 123 家龙头骨干企业、21家产业集群和 15 家集聚区域作为两业深度融合试点单位。

　　根据试点工作方案要求,重点围绕和依托新型电力(新能源)装备、工程机械、物联网等 13 个先进制造业集群以及部分服务业制造化领域,以生产性服务业发展为主攻方向,以百企示范为引领,支持试点单位积极发展高端科技服务、个性化定制服务、工业设计、工业互联网、大数据服务、融资租赁服务、整体解决方案服务、产品全生命周期管理等新业态新模式。争取在 3 年内,推动先进制造业和现代服务业产业融合程度明显加深、产业结构持续优化、发展层次不断提升;促进生产性服务业规模扩张和质态提升并重,生产性服务业增加值占全省服务业增加值比重提高到58%左右,对先进制造业的引领和支撑作用显著增强;有利于先进制造业和现代服务业融合发展的新技术、新产业、新业态、新模式不断涌现,培育形成一批集"智能制造+增值服务"功能为一体的两业深度融合标杆企业,打造一批先进制造业和现代服务业深度融合的优势产业链条、新兴产业集群、融合示范载体和产业生态圈。

　　江苏作为全国制造业基地,先进制造业发展迅速,同时与先进制造业联系紧密的生产性服务业发展快速,两业深度融合产业基础十分扎实。经过一年的探索与实践,近期出炉的两业融合试点阶段性绩效评价成果显示,江苏两业深度融合渐入佳境,多家试点单位融合成绩优秀。从区域分布来看,苏州占比27.5%,居全省第一,常州占比15.7%,位居次席,南通占比11.8%,排名第三。从行业领域分布来看,高端装备占比15.7%居首位,高端纺织11.8%次之,工程机械、前沿新材料、生物医药和新型医疗器械领域均有5家试点单位进入优秀行列,分别占比9.8%。

表15　2020年江苏省"两业"融合试点名单

序　号	项目名称	试点单位名称
1	省两业深度融合试点阶段性绩效评价	江苏亨通光电股份有限公司
2	省两业深度融合试点阶段性绩效评价	徐工集团工程机械有限公司
3	省两业深度融合试点阶段性绩效评价	中国天楹股份有限公司
4	省两业深度融合试点阶段性绩效评价	波司登羽绒服装有限公司
5	省两业深度融合试点阶段性绩效评价	江苏恒立液压股份有限公司
6	省两业深度融合试点阶段性绩效评价	江苏鱼跃医疗设备股份有限公司
7	省两业深度融合试点阶段性绩效评价	阿特斯阳光电力集团有限公司
8	省两业深度融合试点阶段性绩效评价	南京科远智慧科技集团股份有限公司
9	省两业深度融合试点阶段性绩效评价	江苏康缘集团有限责任公司
10	省两业深度融合试点阶段性绩效评价	红豆集团有限公司
11	省两业深度融合试点阶段性绩效评价	天奇自动化工程股份有限公司
12	省两业深度融合试点阶段性绩效评价	常州星宇车灯股份有限公司
13	省两业深度融合试点阶段性绩效评价	正大天晴药业集团股份有限公司
14	省两业深度融合试点阶段性绩效评价	中车戚墅堰机车有限公司
15	省两业深度融合试点阶段性绩效评价	亿嘉和科技股份有限公司
16	省两业深度融合试点阶段性绩效评价	江苏中天科技股份有限公司
17	省两业深度融合试点阶段性绩效评价	博众精工科技股份有限公司
18	省两业深度融合试点阶段性绩效评价	苏宁易购集团股份有限公司
19	省两业深度融合试点阶段性绩效评价	双良节能系统股份有限公司
20	省两业深度融合试点阶段性绩效评价	江苏沙钢集团有限公司
21	省两业深度融合试点阶段性绩效评价	博世汽车部件(苏州)有限公司
22	省两业深度融合试点阶段性绩效评价	南通中集罐式储运设备制造有限公司
23	省两业深度融合试点阶段性绩效评价	江苏鹏飞集团股份有限公司
24	省两业深度融合试点阶段性绩效评价	康力电梯股份有限公司
25	省两业深度融合试点阶段性绩效评价	徐州卧牛山新型防水材料有限公司
26	省两业深度融合试点阶段性绩效评价	江苏永钢集团有限公司
27	省两业深度融合试点阶段性绩效评价	惠龙易通国际物流股份有限公司
28	省两业深度融合试点阶段性绩效评价	梦百合家居科技股份有限公司
29	省两业深度融合试点阶段性绩效评价	美特科技(苏州)有限公司
30	省两业深度融合试点阶段性绩效评价	南通中远海运川崎船舶工程有限公司
31	省两业深度融合试点阶段性绩效评价	江苏方洋集团有限公司
32	省两业深度融合试点阶段性绩效评价	常州市宏发纵横新材料科技股份有限公司

序　号	项目名称	试点单位名称
33	省两业深度融合试点阶段性绩效评价	江苏阿尔法药业有限公司
34	省两业深度融合试点阶段性绩效评价	江苏恒力化纤股份有限公司
35	省两业深度融合试点阶段性绩效评价	常州旭荣针织印染有限公司
36	省两业深度融合试点阶段性绩效评价	盛虹集团有限公司
37	省两业深度融合试点阶段性绩效评价	江苏艾兰得营养品有限公司
38	省两业深度融合试点阶段性绩效评价	江苏凯伦建材股份有限公司
39	省两业深度融合试点阶段性绩效评价	江苏华鹏变压器有限公司
40	省两业深度融合试点阶段性绩效评价	南京聚隆科技股份有限公司
41	省两业深度融合试点阶段性绩效评价	江苏金石机械集团有限公司
42	省两业深度融合试点阶段性绩效评价	徐州经济技术开发区
43	省两业深度融合试点阶段性绩效评价	扬州高新技术产业开发区
44	省两业深度融合试点阶段性绩效评价	江阴高新区管理委员会
45	省两业深度融合试点阶段性绩效评价	苏州市相城区人工智能和大数据产业联盟
46	省两业深度融合试点阶段性绩效评价	江苏中关村科技产业园管理委员会
47	省两业深度融合试点阶段性绩效评价	张家港市人民政府
48	省两业深度融合试点阶段性绩效评价	南京生物医药谷
49	省两业深度融合试点阶段性绩效评价	江苏常州天宁经济开发区管理委员会
50	省两业深度融合试点阶段性绩效评价	连云港高新技术产业开发区管理委员会
51	省两业深度融合试点阶段性绩效评价	盐城高新技术产业开发区管理委员会

资料来源:江苏省发展与改革委员会

第五章 2021 年江苏省产业发展分析

一、第一产业发展分析

粮食等重要农产品生产"稳"。2020 年全省全年粮食总产 749.2 亿斤,连续 8 年稳定在 700 亿斤以上,连续 5 年创历史新高。主动应对"猪周期",年末生猪存栏 1482.6 万头,超额完成年度目标任务。水产品产量 495.5 万吨,同比增 1.1%。农产品质量安全稳中向好,绿色食品企业 2270 家、产品 5054 个,绿色、有机及地理标志农产品总量规模全国第一,实施规模主体入网监管行动,全面试行食用农产品合格制度,农产品生产规模主体日常监管全覆盖。加快南京农创园、农高区等平台载体建设,启动实施种业"揭榜挂帅"项目,打响种业翻身仗,新建高标准农田 390 万亩,投资标准由每亩 1750 元提升至 3000 元,实施农机化"两大行动",加快农机装备与技术推广应用,农业综合产能不断提升。全省农林牧渔业总产值 8279.2 亿元,按不变价格计算,比上年增长 4%。

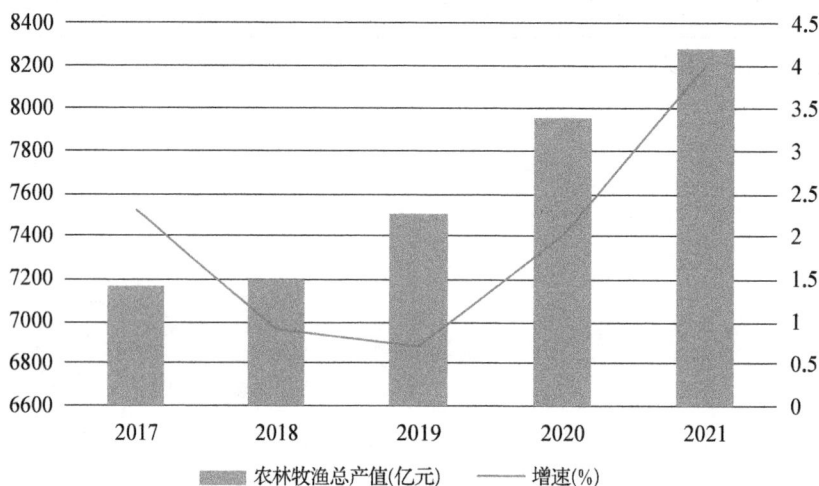

图 1 2017—2021 年全省农林牧渔总产值增长情况
数据来源:历年《江苏统计年鉴》《2022 年江苏国民经济与统计公报》

农民持续较快增收"稳"。2021 年全省农村居民人均可支配收入 26791 元,同比增长 10.7%,增幅连续多年高于城镇居民,城乡居民收入比缩小到 2.16∶1。深入推进脱贫致富奔小康与乡村振兴有效衔接,组织实施富民强村帮促行动。扎实推进农民收入十年倍增计划,大力发展富民产业,支持农民创新创业,健全完善集体收益分配机制,拓展工资性收入、经营性收入和财产性收入。出台发展壮大新型农村集体经济政策举措,选树推介"共同富裕、百村实践"典型,积极探索发展融合经济、绿色经济、服务经济和"飞地经济"等四类新型经济形态。

乡村产业发展实现新提升。2021 年培育 10 亿元以上县域优势特色产业超过 180 个,全国产业强镇 56 个、"一村一品"示范村镇 186 个。着力打造优质粮油、规模畜禽、特色水产、绿色果蔬产业等省级重点产业链。实施"互联网+"农产品出村进城工程,开展"苏韵乡情"等系列推介活动,成功举办扬州世园会等,全省乡村休闲旅游农业年综合收入超过 900 亿元,农产品网络年销售额超过

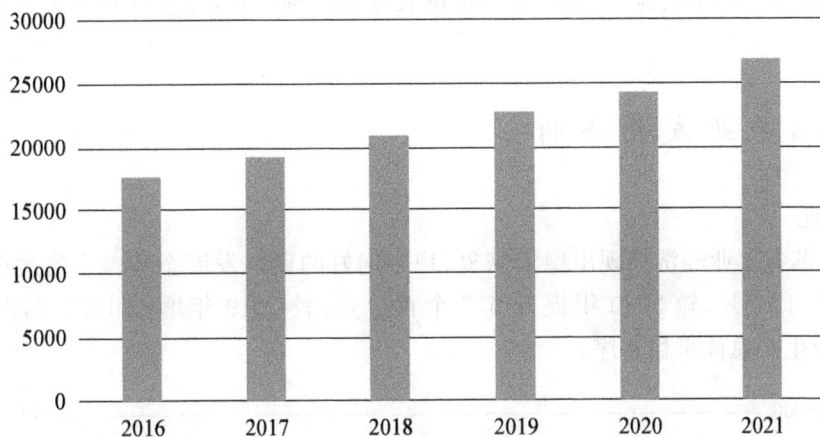

图2 2016—2021年全省农村常住居民人均可支配收入（单位：元）
数据来源：历年《江苏统计年鉴》《2022年江苏国民经济与统计公报》

1000亿元。农产品进出口总额245.4亿美元，创历史新高，同比增长24.9%。创建国家现代农业产业园12家、农业现代化示范区4个，国家级龙头企业达到99家。

乡村建设水平实现新提升。2021年全省加快推进乡村建设，启动实施新一轮农村人居环境整治提升五年行动，常态化开展"四清一治一改一管"（清理农村积存垃圾、河塘沟渠、农业废弃物和无保护价值的残垣断壁，加强乡村公共空间治理，加快改变农民生活习惯，实施长效管护）村庄清洁行动。持续推进长江"十年禁渔"，切实抓好退捕渔民安置保障工作，加快构建联合禁渔执法机制和人防、技防、群防、预防工作体系，确保"禁得住、禁彻底"。全面完成江苏省长江流域退捕任务。在国家六部委组织的长江禁捕退捕综合考核中，江苏成为3个获优秀等次的省份之一。

乡村建设水平实现新提升。2021年全省初步探索形成了党建引领、自治法治德治智治融合、村级集体经济充分发展的"1＋4＋1"乡村治理"江苏模式"，推广应用"积分制"、道德红黑榜等方法，加强乡村公共空间治理，6个乡镇和60个村入选第二批全国乡村治理示范村镇。办好农民丰收节系列活动，进一步丰富乡村文化生活，深入推进移风易俗，树立乡村文明新风尚。

农村改革创新实现新提升。2021年全省在6个县开展国家农村宅基地改革试点，出台首批支持政策"宅9条"。深化农村集体产权制度改革，全省村（居）基本完成农村集体产权制度改革任务，在去年底召开的中央农村工作会议上，江苏就做好农村集体产权制度改革"后半篇"文章，作了典型交流发言。指导启东、泰兴、泰州市高港区开展土地承包到期后再延长30年试点。加快农业农村现代化试点探索，制定省级农业农村现代化评价指标体系，指导13个先行地区开展工作。

城乡融合发展实现新提升。2021年发布"十四五"农业农村现代化规划，出台乡村人才振兴等政策措施，建立健全乡村振兴联系点、实绩考核、表彰等制度，全面推进乡村振兴。实施扩大农业农村有效投资年活动，全年开工农业农村重大项目1248个，撬动超1172亿元社会资本投入农业农村，实现"双破千"。调整完善土地出让收入使用范围优先支持乡村振兴实施方案，发行乡村振兴专项债券，资源要素加快"上山下乡"。

总体来看，2021年农业农村发展取得显著成效，为开新局、应变局、稳大局发挥了重要作用。2022年是党的二十大召开之年，是实施"十四五"规划承上启下之年，也是乡村振兴全面展开关键之年。做好农业农村工作，强化农业重要基础地位，稳住"三农"基本盘，更好发挥压舱石作用，对于应对各种风险挑战、促进经济社会平稳健康发展，具有特殊重要意义。春节前，江苏还将召开省委农村工作会议，对做好2022年全省农业农村工作进行全面部署，省农业农村厅将认真贯彻落实省委、省政府要求，坚决守好粮食和重要农产品稳产保供底线，围绕建设农业强、农村美、农民富的新时代鱼米之乡,统筹实施乡村振兴战略,全面推进农业农村现代化,以实际行动迎接党的二十大胜利召开。

二、第二产业发展分析

1. 整体情况

2021年,江苏省工业经济呈现出稳定恢复、稳中向好的良好发展态势。全省规模以上工业增加值比上年增长12.8%,较2020年提升6.7个百分点,较2019年增长19.7%,两年平均增长9.4%,年内工业生产总体平稳有序。

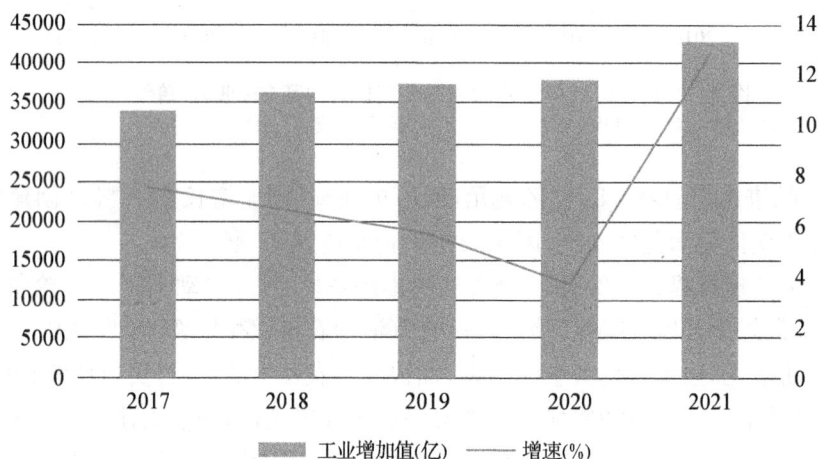

图3 2017—2021年全省工业增加值增长情况
数据来源:历年《江苏统计年鉴》《2022年江苏国民经济与统计公报》

进入四季度,全省工业生产逐月有所加快,10月、11月、12月增加值增速分别为3.1%、5.8%和6.5%,有效发挥经济发展"压舱石"的作用。40个行业大类中,有36个行业增加值同比增长,行业增长面90%,较上年扩大12.5个百分点;有28个行业生产较上年有所加快;与2019年相比,35个行业生产已达到或超过疫情前水平。按累计增加值排名的前十大行业全部实现同比增长,其中电子、电气机械、通用设备、专用设备、金属制品等5个行业增速超过15%;有8个行业增速较上年有不同程度提升,其中电力、通用设备、汽车等3个行业提升幅度超过10个百分点。

2021年,全省产业链供应链的增长韧性和发展活力充分释放,规模以上工业销售产值增长21.1%,产销率达98.2%,产销衔接状况良好。其中,内销产值增长21.9%,占销售产值的比重82.3%,内需是拉动工业经济增长的主导力量;出口交货值增长17.6%,增速较2020年提高16.9个百分点,较2019年增长18.4%,两年平均增长8.8%,两年平均增速高于2019年6.5个百分点。

先进制造引领发展。随着新一代数字技术应用的蓬勃发展,数字产业化步伐加快。2021年,全省规模以上数字产品制造业实现增加值增长19.7%,增速快于规模以上工业6.9个百分点,对全省规模以上工业增加值增长贡献率达27.8%,拉动规模以上工业增加值增长3.6个百分点。在数字技术、数字产品的支撑带动下,江苏先进制造业增势良好,高技术和装备制造业支撑引领作用持续增强。2021年,规模以上高技术和装备制造业增加值同比分别增长17.1%、17.0%,增速较规模以上工业分别高出4.3个、4.2个百分点,对规模以上工业增加值增长贡献率达30.5%、67.3%,占规模以上工业增加值比重提升至22.5%、51.1%。

区域板块协同发展。2021年,苏南、苏中、苏北三大区域规模以上工业增加值分别实现同比增长12.6%、13.3%、13.8%,苏北增速由上年低于全省平均水平0.4个百分点转为快于全省1.0个百分点,呈现出苏北快于苏中、苏中快于苏南的发展态势,区域发展协调性趋优向好。

效益状况继续改善。随着工业生产的稳定恢复,叠加保供稳价、惠企纾困等政策措施的有力推进,工业企业经营状况延续了 2020 年下半年以来的改善向好态势,利润实现两位数增长。1—11月,全省规上工业实现利润总额 8463.9 亿元,同比增长 28.2%,两年平均增长 18.6%。列统的 40个工业大类行业中,31 个行业利润实现增长,行业增长面达 77.5%,较 2020 年提高 22.5 个百分点。

2. 规模以上中小工业企业运行情况

2021 年,面对错综复杂的国内外经济形势,全省规模以上中小工业经济呈现稳定恢复、稳中向好的良好发展态势,企业亏损面同比下降,民营中小工业支撑作用强劲,区域板块协同发展。

产销保持较快增长。截止到 12 月末,全省规模以上中小工业企业数 50377 个,比上年底增加5002 个,占全省规模以上工业总数的 98.2%,比上年同期提高 0.2 个百分点。2021 年,全省规模以上中小工业实现总产值同比增长 23.5%,快于全省规模以上工业增速 2.3 个百分点,近 2 年平均增长 15.3%,较 2019 年提高 10 个百分点;实现营业收入 93121.1 亿元,同比增长 22.5%。

企业运行质效向好。2021 年,全省规模以上中小工业实现利润总额 5356.4 亿元,同比增长22.1%。至 12 月底,全省规模以上中小工业亏损企业 8463 个,较上年同期减少 38 个,企业亏损面为 16.8%,较上年同期收窄 1.8 个百分点;企业"两项资金"占用总额(应收账款净额与产成品之和)为 25735.2 亿元,同比增长 16.2%,较上年同期下降 2.4 个百分点。

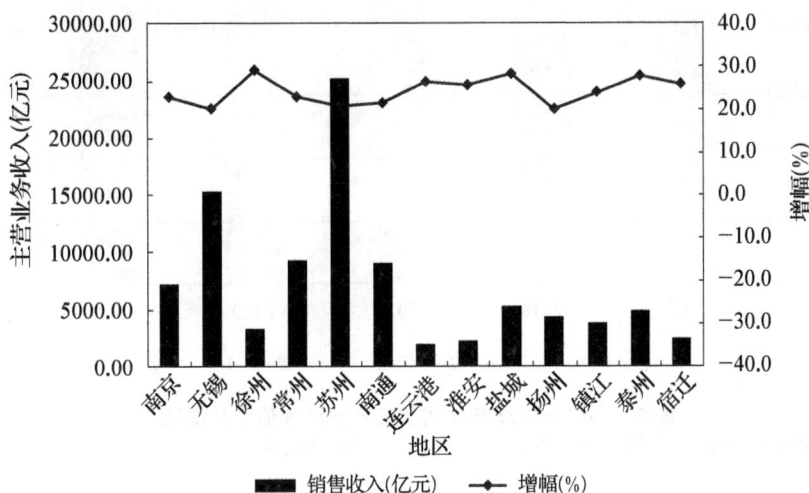

图 4　2021 年各设区市规模以上中小工业营业收入情况
数据来源:江苏省工业与信息化厅

2021 年,在制造业的 31 个大类行业中,30 个行业营业收入保持正增长,其中 25 个行业实现两位数增长,金属制品、机械和设备修理业(-3.7%)继续呈负增长。从八大行业看,营业收入增速分别为:冶金(33.3%)、电子(30.5%)、机械(23.6%)、石化(22.8%)、建材(17.4%)、轻工(16.9%)、纺织(11.3%)、医药(3.9%),其中冶金、电子、机械和石化行业增速高于全省平均。利润总额增速分别为:电子(80.2%)、冶金(56.8%)、石化(51.9%)、纺织(28.5%)、机械(22.9%)、建材(8.7%)、轻工(5.6%),其中,电子、冶金、石化、纺织和机械行业的利润总额增速高于全省平均,医药行业利润总额较 1—11 月收窄 7.1 个百分点。

民营中小工业支撑作用强劲。2021 年,全省规模以上民营中小工业企业数量为 41102 户,比上年底增加 4678 户,占规模以上中小工业企业总数的 81.6%;实现营业收入和利润总额分别为60231.6 亿元和 3022.8 亿元,分别占规模以上中小工业的 64.7% 和 56.4%,同比分别增长 24.6%

和25.7%,增速较上年同期分别提高18.5个和12个百分点,较规模以上中小工业分别快2.1个和3.6个百分点;营业收入增速比国有企业和外资企业分别快6.5个和5.1个百分点。

区域板块协同发展。2021年,苏南、苏中和苏北地区规模以上中小工业实现营业收入同比分别增长21.3%、22.8%和27.4%,较上年同期分别提高17.1个、18.6个和17.7个百分点;实现利润总额同比分别增长16.6%、40.1%和26.8%,较去年同期分别提高7.6个、16.8个和0.2个百分点。

三、第三产业发展分析

2021年,全省各地各部门深入贯彻新发展理念,统筹推进疫情防控和经济社会发展,扎实推进"六稳""六保"工作,服务业经济持续恢复,新兴动能活力释放,市场信心不断提振,实现"十四五"良好开局。全省第三产业增加值同比增长7.7%,两年平均增长5.6%,其中,批发和零售业增长11.1%,住宿和餐饮业增长11.9%,交通运输、仓储和邮政业增长5.6%,金融业增长6.3%,房地产业增长5.8%。

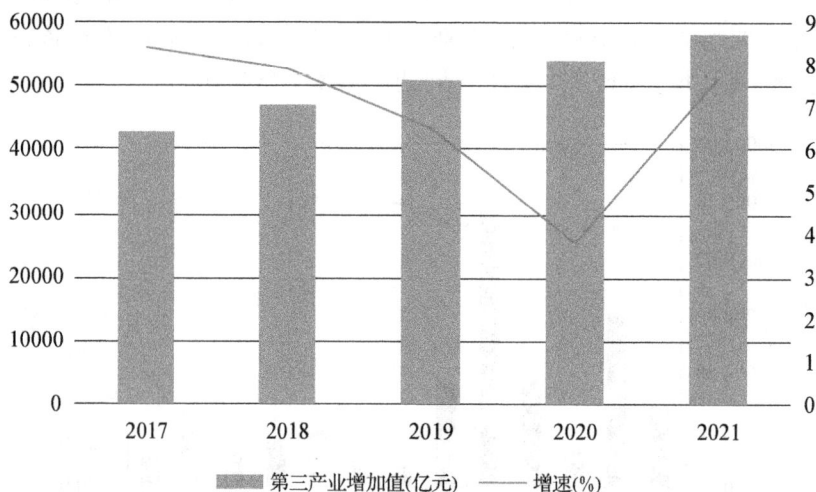

图5　2017—2021年全省第三产业增加值增长情况
数据来源:历年《江苏统计年鉴》《2022年江苏国民经济与统计公报》

一是服务业持续恢复,发展态势稳中向好。分行业看,批发和零售业增长11.1%,住宿和餐饮业增长11.9%;交通运输、仓储和邮政业增长5.6%;房地产业实现增加值8943.3亿元,增长5.8%,两年平均增长5.4%,增加值占比14.9%,占比较上年下降1.6个百分点;金融业实现增加值9164.0亿元,增长6.3%,两年平均增长7%;营利性服务业实现增加值11406.2亿元,增长10.2%,两年平均增长7.7%,复苏势头稳健;非营利性服务业实现增加值11738.2亿元,增长4.5%,两年平均增长3.7%。

二是新兴产业表现活跃,发展动能持续释放。2021年1—11月,全省规上高技术服务业同比增长20.5%,两年平均增长17.9%,对全省规上服务业增长贡献率达31.6%,引领全省服务业高质量发展。数字赋能稳步推进,全省5G、人工智能、区块链等新一代科学技术保持较好发展势头。1—11月,全省规上信息传输、软件和信息技术服务业营业收入同比增长17.6%,两年平均增长17%,其中互联网平台、互联网数据服务分别同比增长31%、153.1%,两年平均分别增长82.1%、75.4%。科技创新引领不断增强,产业融合不断深化。1—11月,全省规上科学研究和技术服务业营业收入同比增长26%,两年平均增长20.2%;在实体经济转型升级和技术革新带动下,工程技术研究和试验发展、技术推广服务分别同比增长 41.1%、50.1%。

三是市场信心不断提振,发展潜力加速集聚。2021 年,全省高技术服务业投资同比增长24.3%,其中电子商务服务、检验检测服务投资分别增长 192.1%、39.3%;1—11 月,全省规上服务业研发费用同比增长 28.4%,两年平均增长 28.6%,为推进现代服务业高质量发展蕴育新机。四季度服务业企业家信心指数 125.5,同比上升 1.6 点,其中,信息传输、软件和信息技术服务业,科学研究和技术服务业企业家信心指数分别为 141、134.2,分别同比上升 4.9、0.9 点,企业预期持续向好。

第六章　2020年江苏省行业经济发展分析

一、金融业

2020年,江苏省金融系统认真贯彻落实党中央、国务院各项工作部署,深入推进金融供给侧结构性改革。全省金融业总体运行平稳,社会融资规模合理增长,信贷结构持续优化,融资成本显著下降,证券市场加快发展,保险保障功能进一步提升,有力支持了疫情防控、复工复产和经济社会稳定发展。

2020年,江苏省金融业实现增加值比2019年增长7.7%,增速与2017年相比有所下降。从产业结构来看,金融业增加值占地区生产总值的比重达到8.1%,比2017年提高0.2个百分点。金融业对地区经济总量贡献率在不断提高。金融业增加值占第三产业增加值的比重上升至15.81%,比2017年提高0.09个百分点。

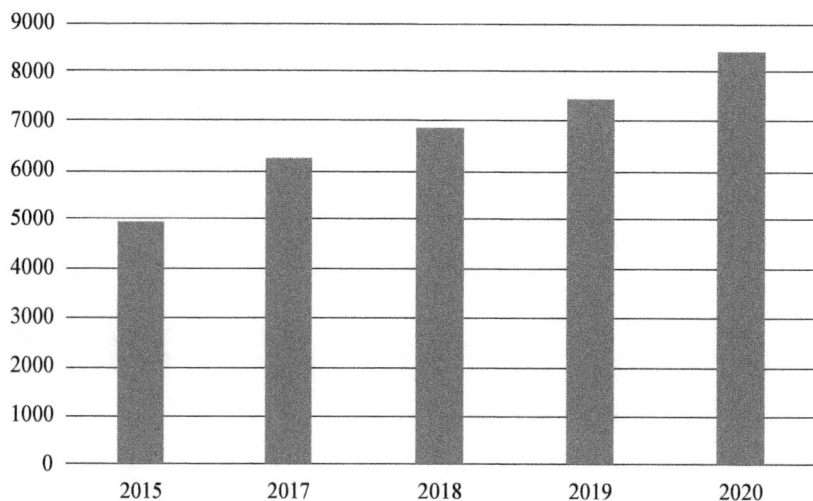

图1　江苏金融业增加值增长情况(单位:亿元)

数据来源:《江苏统计年鉴2021》

1. 银行业资产增量提质,信贷支持实体经济力度持续增强

银行业资产规模平稳较快增长,机构体系不断优化。2020年末,全省银行业总资产21.9万亿元,同比增长13.6%,较上年同期提高5个百分点,其中,法人银行业金融机构总资产增速较上年提高4.4个百分点。

表1　2020年江苏省银行业金融机构情况

机构类别	营业网点			法人机构(个)
	机构个数(个)	从业人数(人)	资产总额(亿元)	
大型商业银行	4858	107989	75488	0
国家开发银行和政策性银行	78	2477	11687	0

续表

机构类别	营业网点			法人机构(个)
	机构个数(个)	从业人数(人)	资产总额(亿元)	
股份制商业银行	1091	35762	36784	0
城市商业银行	935	34853	44730	4
城市信用社	0	0	0	0
小型农村金融机构	3298	45811	32565	60
财务公司	0	474	1796	14
信托公司	0	676	453	4
邮政储蓄	2499	25989	9310	0
外资银行	35	2309	1784	3
新型农村机构	196	4996	993	74
其他	0	2217	3164	9
合计	12990	263553	218754	168

注:营业网点不包括国家开发银行和政策性银行、大型商业银行、股份制商业银行等金融机构总部数据;大型商业银行包括中国工商银行、中国农业银行、中国银行、中国建设银行和交通银行;小型农村金融机构包括农村商业银行、农村合作银行和农村信用社;新型农村金融机构包括村镇银行、贷款公司、农村资金互助社和小额贷款公司;"其他"包含金融租赁公司、汽车金融公司、货币经纪公司、消费金融公司等。

数据来源:江苏银保监局

表 2　2016—2020 年江苏省金融机构、人员基本情况

项　　目	2016 年	2017 年	2018 年	2019 年	2020 年
机构数(家)	**13227**	**13318**	**13366**	**13396**	**13398**
♯国有商业银行	4774	4726	4700	4668	4646
政策性银行	93	93	93	93	93
股份制商业银行	1325	1369	1397	1405	1428
农村商业银行	3287	3330	3355	3378	3361
农村信用社	1	1	1	1	1
财务公司	14	16	16	16	16
信托投资公司	4	4	4	4	4
租赁公司	5	5	5	5	5
职工人数(人)	**241768**	**243125**	**244169**	**247918**	**253089**
♯国有商业银行	102764	100510	98918	98525	98611
政策性银行	2393	2446	2458	2456	2526
股份制商业银行	41533	42177	43046	43587	45648
农村商业银行	48774	49727	50152	50973	51282
农村信用社	542	604	615	581	639
财务公司	381	437	466	483	485
信托投资公司	461	538	599	674	698
租赁公司	388	470	553	620	685

数据来源:历年《江苏统计年鉴》

　　各项存款增速有所加快。2020 年末,全省金融机构本外币存款余额 17.8 万亿元,同比增长 13.3%,较上年同期提高 4.3 个百分点;当年存款新增 2.1 万亿元,同比多增 7956.5 亿元。分部门看,住户存款、非金融企业存款、机关团体存款、财政性存款和非银行业金融机构存款余额分别增长 14.8%、16.5%、2.1%、−11.1%和 22.9%。分币种看,人民币各项存款余额同比增长 12.9%,外汇存款余额同比增长 34.1%。

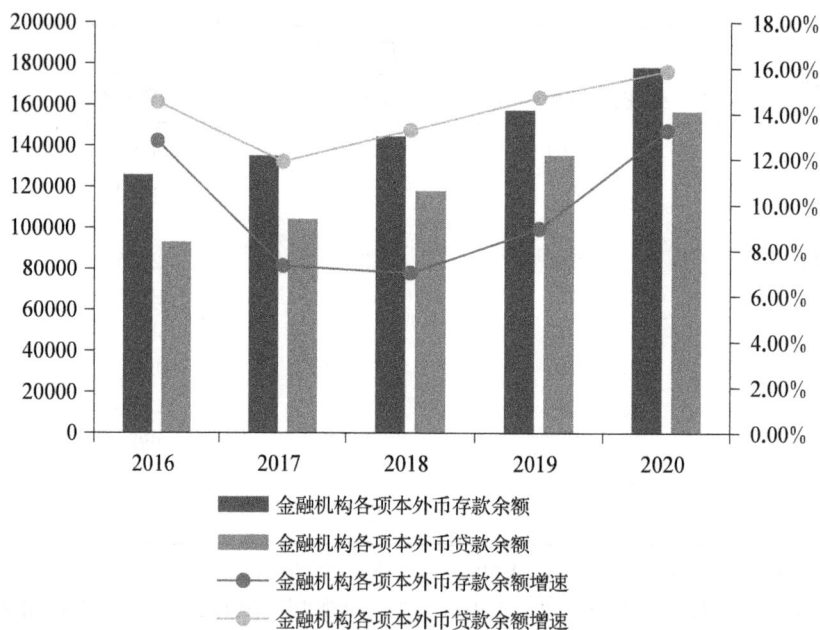

图2 2016—2020年江苏省金融机构各项本外币存贷款余额及增速
数据来源:历年《江苏统计年鉴》

各项贷款平稳增长,对疫情防控和稳定经济社会发展支持力度较大。2020年末,全省本外币各项贷款余额15.7万亿元,同比增长15.9%,较上年同期提高1.2个百分点;比年初新增2.1万亿元,同比多增4242.7亿元。贷款余额居全国第2位,新增额居全国第3位。

从币种看,全省人民币贷款保持较快增长,余额同比增长15.9%,较上年同期提高0.7个百分点。受出口信贷需求回升等因素影响,外汇贷款余额同比增长21.4%,较上年同期提高36.1个百分点。

从期限看,短期类贷款余额5.5万亿,同比增长9%,较上年少增2091.2亿元。银行业金融机构积极满足企业中长期融资需求,对重点领域的中长期贷款的资金支持力度不断加大,中长期贷款余额为9.9万亿元,同比增长20.1%,较上年同期提高7.3个百分点。

从投向看,制造业信贷投放更加注重提质增效,本外币制造业贷款余额同比增长10.3%,较上年同期提高7.5个百分点,连续45个月保持同比正增长,其中制造业中长期贷款同比增长42.5%。制定出台《金融支持稳企业保就业工作实施方案》,以六大方面23条措施实施"8+10"专项行动,创新并在全省推广基于再贷款的"小微e贷"和基于再贴现的"小微e贴"模式,联合省地方金融监管局利用江苏省综合金融服务平台开通"小微企业融资线上绿色通道",普惠小微贷款增速较快。小微企业贷款余额(不含票据融资)同比增长12.8%,较上年同期提高6.6个百分点,其中,普惠小微贷款余额同比增长40.7%,高于各项贷款增速24.8个百分点。民营企业贷款余额同比增长11.8%,较上年同期提高6.8个百分。涉农贷款余额同比增长12%,较上年同期提高1.5个百分点。房地产贷款余额同比增长13.5%,较上年同期下降0.6个百分点。

扎实推进"稳企业保就业"工作,用好两项直达实体经济货币政策工具。2020年,普惠小微贷款延期金额2801.5亿元,延期率64.1%,其中,地方法人机构延期金额1621.4亿元,延期率75.7%。截至2020年末,全省地方法人金融机构普惠小微贷款新增额中信用贷款占比51.2%,较6月末提高33.7个百分点。

深入推进利率市场化改革,贷款利率下降明显。在全国率先实现存量浮动利率贷款定价基准"应转尽转";发挥"大数据+网格化+铁脚板"方式优势,推动地方法人机构将LPR嵌入内部资金转移定价系统;着力规范金融机构信贷融资收费,降低实体经济融资成本。2020年,全省银行业金融机构新发放的一般贷款、企业贷款、普惠小微贷款加权平均利率分别为5.29%、4.74%、5.42%,同比分别下降43个、48个、77个基点,降幅均超过同期LPR降幅,市场主体感受明显。

银行业运行总体稳健,金融风险防控更加扎实。2020年末,全省银行业金融机构不良贷款余额1440.3亿元,不良率0.9%,同比下降0.1个百分点;全省法人银行业金融机构不良贷款余额587.6亿元,不良率1.4%,同比下降0.3个百分点。资本充足率14.7%,同比上升0.7个百分点;贷款拨备覆盖率280.5%,同比上升44个百分点,风险抵御能力增强。

2020年,金融委办公室地方协调机制(江苏省)着力防范化解重大金融风险,防风险攻坚战员满收官。强化金融风险监测预警,密切监测新冠肺炎疫情对实体经济和金融机构的影响,定期监测分析辖内金融运行和企业经营的风险状况。注重科技运用,强化应急管理,完善金融机构突发事件应急预案,组织法人银行实施实景演练。

表3　2020年江苏省金融机构人民币贷款各利率区间占比(单位:%)

	月　份	1月	2月	3月	4月	5月	6月
	合计	100.0	100.0	100.0	100.0	100.0	100.0
	LPR减点	9.5	12.9	11.4	9.9	11.6	13.7
	LPR	2.0	2.2	3.4	2.8	4.2	6.1
LPR加点	小计	88.5	84.9	85.2	87.2	84.2	80.2
	(LPR,LPR+0.5%)	24.9	25.9	23.6	19.6	14.1	19.3
	(LPR+0.5%,LPR+1.5%)	36.3	33.5	33.9	38.6	42.4	38.1
	(LPR+1.5%,LPR+3%)	18.5	15.8	17.9	17.8	16.4	14.2
	(LPR+3%,LPR+5%)	5.6	5.5	6.3	7.0	7.0	5.2
	LPR+5%及以上	3.1	4.3	3.4	4.3	4.5	3.5

	月　份	7月	8月	9月	10月	11月	12月
	合计	100.0	100.0	100.0	100.0	100.0	100.0
	LPR减点	12.3	14.9	15.4	13.4	14.1	15.5
	LPR	6.6	7.1	8.9	7.9	8.2	8.5
LPR加点	小计	81.0	78.1	75.7	78.7	77.7	76.0
	(LPR,LPR+0.5%)	14.7	15.9	16.8	16.8	17.0	17.6
	(LPR+0.5%,LPR+1.5%)	39.5	36.0	35.9	36.5	36.4	37.1
	(LPR+1.5%,LPR+3%)	15.4	14.0	13.6	14.4	14.0	13.3
	(LPR+3%,LPR+5%)	6.4	6.3	5.1	5.5	5.1	4.4
	LPR+5%及以上	5.1	5.8	4.3	5.6	5.2	3.6

数据来源:中国人民银行南京分行

2. 证券业平稳发展,多层次资本市场体系建设更加完善

证券机构体系加快培育,经营水平不断提升。2020年末,全省共有法人证券公司6家,期货公司9家,证券期货分支机构1243家。2020年,全省证券公司通过发行公司债券等方式,保障了重点地区和行业融资需求,共承销疫情防控债438.8亿元,为117家企业股权融资、380只资产支持证券提供服务,承销各类债券1898只,总金额7756.1亿元。

资本市场融资功能持续增强,上市公司总量、公司债券、新三板领先。2020年末,全省境内上市公司数量482家,新增科创板上市公司30家,创业板注册制改革后新增上市公司7家,新三板挂牌公司987家,其中,精选层企业6家,均居全国前列。上市公司总市值6.3万亿元,同比增长47%。存续463家发行人的1484只公司债券,金额1.18万亿元。2020年,全省企业通过沪、深交易所融资7620亿元,同比增长87.4%,通过新三板股权融资41亿元。

表4 2016—2020年江苏省证券业基本情况

项 目	2016年	2017年	2018年	2019年	2020年
上市公司数(家)	317	382	401	428	482
♯A股	316	381	397	424	478
♯B股	4	4	4	4	4
辅导企业数(家)	197	238	206	223	383
证券公司数(家)	6	6	6	6	6
证券营业部数(家)	805	887	928	947	921
期货经纪公司(家)	10	9	9	9	9
期货经纪公司营业部(个)	140	159	174	177	186
证券投资咨询机构数(家)	3	3	3	3	3
证券从业人员数(人)	11201	12089	11701	11833	14959
期货从业人员数(人)	2225	2176	2153	2084	2076
证券投资者开户数(万户)	1325	1537	1659	1583	1896
期货投资者开户数(户)	178432	197688	327406	395600	469000
资本市场直接融资额(亿元)	2255	2115.76	2249.83	3385.19	6997.72
发行	250.43	302.21	188.67	248.72	524.48
配股					66.40
增发	1452.69	1200.41	1262.06	271.63	766.63
公司债	551.50	613.14	1423.85	2864.84	5640.20
上市公司总资产(亿元)	57063.33	67281.71	76026.18	92159.84	105968.09
上市公司净资产(亿元)	12855.78	16006.77	18267.47	20783.06	24470.15
上市公司总股本(亿股)	2838.48	3258.14	3639.28	3857.86	4219.53
上市公司总市值(亿元)	37171.14	40675.96	31986.12	42987.69	62810.54
上市公司净利润(亿元)	1097.29	1456.44	1458.23	1514.50	2036.75
上市公司每股收益(元)	0.37	0.47	0.43	0.42	0.46
证券经营机构证券交易量(亿元)	196825.91	172892.25	134294.45	186571.33	277610.79
期货经营机构代理交易量(亿元)	148889.90	126659.74	152905.13	134652.52	200183.49

数据来源:历年《江苏统计年鉴》

表5 2016—2020年江苏省保险业基本情况

指 标	2016年	2017年	2018年	2019年	2020年
保费收入(亿元)	**2690.25**	**3449.51**	**3317.28**	**3750.21**	**4015.10**
财产险	733.43	814.00	858.81	940.88	993.34
♯企业财产保险	41.10	41.85	44.66	48.67	50.54
家庭财产保险	4.99	4.83	5.62	6.40	6.74
机动车辆保险	587.92	639.44	653.34	685.04	714.31
人身意外伤害险	61.32	69.65	78.11	85.32	87.34
健康险	388.53	354.60	395.04	508.77	586.00
寿险	1506.96	2211.26	1985.32	2215.32	2348.31
各项赔款和给付(亿元)	**915.13**	**983.62**	**996.72**	**998.60**	**1081.41**
财产险	437.66	455.61	512.53	534.45	563.33
♯企业财产保险	22.84	23.69	23.21	19.46	20.35
家庭财产保险	2.39	1.76	2.13	1.92	1.94
机动车辆保险	356.70	375.88	410.85	416.43	424.76
人身意外伤害险	17.64	21.25	23.89	25.02	24.78
健康险	55.89	73.54	104.40	144.77	203.10
寿险	403.95	433.21	355.90	294.36	290.20

指 标	2016 年	2017 年	2018 年	2019 年	2020 年
保险公司数(家)	99	102	106	111	113
♯财产保险公司	41	41	43	45	45
人寿保险公司	58	61	63	66	68
♯中资保险公司	67	67	70	75	76
外资保险公司	32	35	36	36	37
保险公司分支机构(家)	6253	6073	5739	5722	5735
从业人员数(万人)	53.83	62.28	61.91	63.47	60.27

数据来源:历年《江苏统计年鉴》

3. 保险业运行平稳,风险保障能力稳步提升

保险行业稳步发展,分支机构数量小幅增加。2020 年末,全省共有法人保险公司 5 家。其中,财产险公司 2 家,寿险公司 3 家,与上年同期一致。共有保险公司分支机构 5960 家,较上年增加 238 家,同比增长 4.2%,其中,财产险公司分支机构 2498 家,较上年增加 148 家,同比增长 6.3%;寿险公司分支机构 3462 家,较上年增加 90 家,同比增长 2.7%。

保费收入小幅增长,赔付增速高于保费增速。2020 年全省保险业实现原保费收入 4015.1 亿元,较上年增加 264.9 亿元,同比增长 7.1%,较上年下降 6 个百分点。全年各类赔款给付首次突破 1000 亿元大关,达 1081.4 亿元,同比增长 8.3%。

保险业社会服务范围扩大,保障功能进一步增强。为促进生猪稳产保供,创新推出非洲猪瘟疫病扑杀补偿保险,推动提高能繁母猪、育肥猪保额标准。设立江苏省普惠金融发展风险补偿基金,重点支持信用贷款方式和"首贷"企业。探索养老第三支柱建设,推动个税递延型商业养老保险试点。创新推广"适老""惠老"型意外伤害险,全省 60 年以上老年人承保覆盖率达 70%。成立省市县三级农业保险工作小组,构建覆盖财政补贴基本险、商业险和附加险等险种的农业保险产品体系,对稻谷、小麦、玉米等三大主粮作物农业保险覆盖率达到 80%。

表6 2020 年江苏省保险业基本情况

项 目	数 量
总部设在辖内的保险公司数(家)	5
其中:财产险经营主体(家)	2
寿险经营主体(家)	3
保险公司分支机构(家)	5960
其中:财产险公司分支机构(家)	2498
寿险公司分支机构(家)	3462
保费收入(中外资,亿元)	4015.1
其中:财产险保费收入(中外资,亿元)	993.3
人身险保费收入(中外资,亿元)	3021.8
各类赔款给付(中外资,亿元)	1081.4

数据来源:江苏银保监局

4. 融资总量合理增长,融资渠道日趋多元

社会融资规模合理增长。2020 年,全省社会融资规模增量 3.4 万亿元,较上年多 9507.3 亿元。从融资结构看,贷款增量为 2.1 万亿元,较上年和 2015—2019 年同期平均增量分别多增 4242.7 亿元、8857.6 亿元,占社会融资规模增量的 63.8%,仍然是社会的融资的主要渠道。表外融资增量为 1605.6 亿元,较上年多增 1098.2 亿元,其中,委托贷款多增 480.6 亿元,信托贷款多增

11.2亿元,银行承兑汇票多增606.4亿元。直接独资增量为6730.6亿元,较上年多增4442.8亿元,其中,债券融资多增2721.6亿元,境内股票融资多增580.8亿元。政府债券增量为2376.1亿元,较上年多增501.9亿元。

直接债务融资工具增量扩面。2020年,非金融企业在银行间市场发行各类债务融资工具8589亿元,较上年多发2256.5亿元。发挥票据融资功能,全国首批供应链票据在苏落地,并已实现13个设区市全覆盖,签发企业数约占全国五分之一。

票据市场需求稳定增加,供应链票据融资和票据标准化取得新突破。2020年,全省金融机构累计签发银行承兑汇票、办理票据贴现金额同比分别增长8.6%、19%,银行承兑汇票、贴现余额同比分别增长14.1%、8.8%。全省20家企业累计签发25笔供应链票据、金额6994.1万元。省内金融机构作为存托人发行的标准化票据8单、金额8亿元。受央行公开市场操作净投放等因素影响,货币市场利率处于历史低位,带动票据贴现及转贴现利率均呈下降趋势。其中,12月份全省票据贴现、转贴现加权平均利率分别为3.1%、2.5%,比上年同期分别下降18.1个、36.8个基点。

银行间市场交易保持活跃。2020年,全省共有94家市场成员参与同业拆借交易,累计拆借资金11万亿元,净拆入资金8万亿元,同比分别增加2.4、3.9万亿元。308家市场成员参与质押式回购交易,累计成交67.8万亿元,较上年增加9.6万亿元。42家市场成员参与买断式回购交易,累计成交3022.9亿元,同比增长9%。383家市场成员参加现券交易,累计交易额27.9万亿元,较上年增加1.6万亿。

5. 涉外管理与服务先行先试,金融改革创新继续深化

外汇管理改革不断深入。贸易外汇收支便利化试点增量扩面,2020年末,11家试点银行为132家企业办理试点业务。新政推广以来,资本项目便利化红利持续释放,4—12月,全省共办理资本项目外汇收入支付便利化业务23369笔,涉及金额31.47亿美元。跨国公司跨境资金集中运营业务总量进一步扩大,全年新增备案企业30家,累计备案企业85家,成员企业借入外债增长82%、境外放款增长133%。资本市场双向开放稳步推进,支持红筹回归第一单"华润微"顺利登陆科创版,支持2家上市公司境外大股东认购可转债。

跨境人民币业务稳步推进。2020年,全省跨境人民币收付总额8286.1亿元,规模居全国前列,同比增长25.7%。发挥跨境人民币结算便利化试点先发优势,为近300家企业办理跨境业务1200亿元,直接减少企业费用和创造经济效益超2亿元。探索为守法稳健的企业提供融资增信支持的新方式,审慎制发"稳健守法跨境人民币结算企业名单",名单内企业已有2194家,新增授信310亿元。推动贸易新业态跨境人民币结算,全省跨境电商项下人民币结算从零迅速发展至200亿元规模,累计服务小微出口商户5.5万家。

区域金融改革获得新突破。国家级金改试验区再添一城,昆山成功获批国内首家具有两岸特色的金融改革试验区。深入落实长三角一体化国家战略和创新驱动发展国家战略,推动南京联合东部四市申报长三角区域建设科创金融改革试验区。泰州金融支持产业转型升级改革创新试验区建设稳步推进,率先发布全国首个区域产业金融发展指数。

金融支持自贸试验区建设呈现新亮点。江苏自由贸易试验区推出9项外汇创新试点业务、开展5项跨境人民币创新试点。积极推动贸易新业杰跨境人民币结算,引进国内规模最大的跨境第三方支付机构PingPong落户江苏自贸区,打造省内跨境电商项下跨境人民币结算的基础设施。

6. 金融基础建设再上台阶,金融生态持续优化

征信服务模式取得突破。合力推进长三角征信一体化纵深发展,长三角征信区块链成功上线,目前已在上海、南京等八地区完成11个节点部署,上链企业808万户。推动省内宿迁等地区因地制宜建设地方征信平台、打造"三农"征信服务模式,征信促融的基础性作用大大增强。2020 年末,江苏省企业综合信息管理系统已为 268 万户企业建立信用档案,入库贷款余额 9.2 万亿元持续强化农村信用体系建设,深入开展"三信"评定及成果应用,全省累计采集 770 万农户信用信息 7867 万条,15506 户农村合作经济组织信用信息 11 万条;评定青年信用示范户 9 万户,其中 5.5 万信用示范户获得信贷支持 331 亿元。

支付管理水平持续提升。支付系统高效、安全运行,2020 年,全省支付系统共处理人民币业务 5.8 亿笔、494 万亿元,分别同比增长 2.3%、14.7%。全省基础公共服务领域和便民服务场景基本实现移动支付全覆盖。顺利完成南京、苏州、常州同城业务承接和特色业务迁移工作。持续深化"政银易企通系统"二期建设,跨部门涉企信息实现 T+0.5 个工作日共享。

金融消费权益有效保障。联合省高院推进金融纠纷多元化解机制建设,组织分支行与地方法院共建金融纠纷调解工作室,成功举办长三角地区首届金融消费纠纷处置会诊会。

二、建筑及房地产业

1. 建筑业生产平稳,总产值增速高于全国

2020 年,江苏建筑业完成总产值 35251.6 亿元,同比增长 6.5%,占全国比重为 13.4%,总量稳居全国首位。签订合同额 58050.4 亿元,同比增长 7.5%,其中,本年新签合同 34603.9 亿元,同比增长 16.2%。从事生产经营活动的平均人数 974 万人,同比增长 6.8%。房屋施工面积 267407.7 万平方米,同比增长 4.7%,生产主要指标同步增长,协调性较好。江苏省建筑业总产值增速较前三季度提高 3.5 个百分点,增速快于全国平均水平 0.3 个百分点。

全年实现竣工产值 25483.0 亿元,增长 4.2%;竣工率达 72.3%。全省建筑业企业实现利税总额 2304.2 亿元,比上年增长 1.0%。建筑业劳动生产率为 36.2 万元/人,比上年下降 0.3%。建筑业企业房屋建筑施工面积 267407.7 万平方米,比上年增长 4.7%;竣工面积 77802.9 万平方米,下降 0.1%,其中住宅竣工面积 57034.4 万平方米,下降 1.0%。

表 7　建筑业总产值历年情况

年　份	建筑业总产值(亿元)	同比增长(%)
2013	21990.84	19.36%
2014	24592.93	11.83%
2015	24785.81	0.78%
2016	25791.76	4.06%
2017	27956.71	8.39%
2018	30954.69	10.72%
2019	33099.18	6.93%
2020	35251.64	6.50%

数据来源:历年《江苏统计年鉴》

2. 特级企业生产较好,行业集中度稳步提升

建筑业总承包特级资质企业是当之无愧的建筑业龙头标杆。江苏省共拥有 81 家总承包特级资质企业,特级企业数量在全国排名第一。2020 年,江苏省特级企业共完成 13526.2 亿元,较上年同期增加 970.2 亿元,同比增长 7.7%,拉动全省建筑业总产值增长 2.9 个百分点,增长贡献率高达 45.2%。2020 年全省特级企业建筑业总产值占比 38.4%,较 2019 年提升 0.5 个百分点,产业集中度持续攀升,行业龙头作用不断提高。

表8 按行业类别划分建筑业总产值情况 单位:亿元

行业类别	2020 年	2019 年	增幅	占总产值比重
房屋建筑业	25296.90	23960.94	5.58%	71.76%
土木工程建筑业	5412.16	4924.87	9.89%	15.35%
建筑安装业	2478.17	2215.80	11.84%	7.03%
建筑装饰和其他建筑业	2064.42	1997.57	3.35%	5.86%
建筑装饰业	1661.16	1604.49	3.53%	4.71%

数据来源:历年《江苏统计年鉴》

3. 扶持政策不断加码,推动建筑业生产快速恢复

为推进江苏省建筑业企业快速走出疫情影响,2020 年省委、省政府精准施策,推动建筑业持续发展。产业政策方面,省政府办公厅转发了《关于进一步推进省内建筑企业参与大型基础设施建设试点工作的通知》,通州建总、南京同力、苏州一建等企业连续中标轨道交通总承包项目。金融扶持方面,省住建厅与中国建设银行江苏省分行签约,在 2020 年内为建筑业企业安排专项额度授信 200 亿元,解决建筑业企业发展融资难问题。同时,中国建设银行江苏省分行承诺在"十四五"期间为江苏建筑业提供信贷资金不低于 1000 亿元,助力江苏省建筑业企业发展。

4. 苏中三市优势进一步凸显

从区域情况看,苏中增速高于苏南和苏北。2020 年,苏中完成建筑业总产值 17938.8 亿元,同比增长 7.1%,高于全省 0.6 个百分点,占全省的比重达到 50.9%,比上年同期提高 0.3 个百分点;苏南地区完成建筑业总产值 11131.0 亿元,同比增长 6.8%,增速高于全省 0.3 个百分点;苏北完成建筑业总产值 6181.8 亿元,同比增长 4.2%。分市看,全省 13 个设区市建筑业总产值均实现正增长,其中,南通增速最快,同比增长 7.5%;南京、无锡、苏州建筑业总产值增速并驾齐驱,均增长 7%。

表9 设区市建筑业总产值情况

地　区	建筑业产值(亿元)	占比(%)
南京市	4533.15	12.86%
无锡市	1111.06	3.15%
徐州市	1559.53	4.42%
常州市	2021.96	5.74%
苏州市	2867.24	8.13%
南通市	9741.93	27.64%
连云港市	547.19	1.55%
淮安市	1457.02	4.13%
盐城市	1903.98	5.40%
扬州市	4516.04	12.81%
镇江市	597.62	1.70%
泰州市	3680.84	10.44%
宿迁市	714.07	2.03%

数据来源:历年《江苏统计年鉴》

2020 年,全省建筑施工企业个数达到 11535 家。年末从业人员 973.96 万人,房屋建筑施工面积 267407.73 万平方米,房屋建筑竣工面积 77802.87 万平方米。全省 13 个设区市中,建筑施工企业个数排名前三的是南京、苏州、南通,建筑业总产值排名前三的是南通、南京、扬州,分别为 9741.93 亿元、4533.15 亿元、4516.04 亿元。

表10 2020年江苏省按地区建筑业企业主要指标

地 区	建筑施工业 个数(个)	年末从业员数 (万人)	建筑业总产值 (亿元)	房屋建筑施工 面积(万平方米)	房屋建筑竣工 面积(万平方米)
全 省	**11535**	**855.00**	**35251.64**	**267407.73**	**77802.87**
南京市	1883	74.60	4533.15	27695.33	5817.69
无锡市	657	25.84	1111.06	5314.45	1669.41
徐州市	728	42.34	1559.53	9993.25	3340.21
常州市	822	56.19	2021.96	13048.00	4276.48
苏州市	1398	44.72	2867.24	13689.47	3583.31
南通市	1168	209.77	9741.93	99765.35	24623.60
连云港市	373	18.86	547.19	3602.26	1416.54
淮安市	664	59.21	1457.02	11270.67	3499.32
盐城市	1050	55.23	1903.98	11848.03	4654.77
扬州市	877	104.07	4516.04	30821.00	10523.20
镇江市	448	11.70	597.62	1988.83	550.34
泰州市	969	123.49	3680.84	32426.96	12024.69
宿迁市	498	28.99	714.07	5944.14	1823.31
苏南	5208	213.04	11131.03	61736.08	15897.23
苏中	3014	437.33	17938.81	163013.31	47171.49
苏北	3313	204.63	6181.80	42658.35	14734.15

数据来源:历年《江苏统计年鉴》

三、旅游业

旅游业是综合性产业,是拉动经济发展的重要动力。近年来,江苏认真贯彻落实中央决策部署,把文化和旅游纳入省委、省政府工作大局中,摆上重要位置,克服疫情影响,优化支持政策,全力推动旅游业高质量发展。深化旅游业供给侧结构性改革,深入推进大众旅游、智慧旅游和"旅游+""+旅游",提供更多优质旅游产品和服务,加强区域旅游品牌和服务整合,完善综合效益高、带动能力强的现代旅游业体系,努力实现旅游业高质量发展。

2020年,江苏旅游业发展取得新进展。文旅融合发展走深、走实。以融合理念推进文旅创建,推动"城市+乡村+景区"、"旅游+"向"+旅游"转变。全省新增5家国家全域旅游示范区,总数增至8家;新增第二批全国乡村旅游重点村26个,总数增至39个;新增1家国家级旅游度假区,总数增至7家;新增2家国家5A级旅游景区,总数增至25家,成为全国第一个设区市国家5A级旅游景区全覆盖的省份。全省5家单位入选国家文化和旅游公共服务机构功能融合试点。

文旅产业发展亮点纷呈。南京、苏州入选首批15家国家文化和旅游消费示范城市,扬州市、南京市秦淮区入选全国旅游标准化示范单位,南京秦淮特色文化产业园、苏州元和塘文化产业园入选全国18家文化产业示范园区创建单位。全省涌现出苏州"姑苏八点半"、南京"夜金陵"、常州"龙城夜未央"等夜经济品牌。

表11 江苏5A级风景区名录

序 号	景区名称	所在地市	等 级	评定时间
1	江苏省南京市钟山风景名胜区—中山陵园风景区	南京市	AAAAA	2007.5.8
2	江苏省南京市夫子庙—秦淮风光带景区	南京市	AAAAA	2010.4.15
3	中央电视台无锡影视基地三国水浒景区	无锡市	AAAAA	2007.05.08

序 号	景区名称	所在地市	等 级	评定时间
4	江苏省无锡市灵山景区	无锡市	AAAAA	2009.03.25
5	江苏省无锡市鼋头渚风景区	无锡市	AAAAA	2012.10.18
6	江苏省无锡市惠山古镇景区	无锡市	AAAAA	2019.12.25
7	江苏省徐州云龙湖风景区	徐州市	AAAAA	2016.8.3
8	江苏省常州市环球恐龙城休闲旅游区	常州市	AAAAA	2010.4.15
9	江苏省常州市天目湖景区	常州市	AAAAA	2013.9.27
10	江苏省常州市中国春秋淹城旅游区	常州市	AAAAA	2017.2.24
11	江苏省苏州园林景区	苏州市	AAAAA	2007.5.8 2010.4.18
12	江苏省苏州市周庄古镇景区	苏州市	AAAAA	2007.5.8
13	江苏省苏州市同里古镇景区	苏州市	AAAAA	2010.4.15
14	江苏省苏州市金鸡湖景区	苏州市	AAAAA	2012.7.2
15	江苏省苏州市吴中太湖旅游区	苏州市	AAAAA	2013.1.14
16	江苏省苏州市沙家浜·虞山尚湖旅游区	苏州市	AAAAA	2013.4.11
17	江苏省南通市濠河景区	南通市	AAAAA	2002.1.20
18	江苏省连云港市花果山景区	连云港市	AAAAA	2016.8.3
19	江苏省淮安市周恩来故里旅游景区	淮安市	AAAAA	2015.10.8
20	江苏省盐城市大丰中华麋鹿园景区	盐城市	AAAAA	2015
21	江苏省扬州市瘦西湖风景区	扬州市	AAAAA	2010.4.15
22	江苏省镇江市金山·焦山·北固山旅游景区	镇江市	AAAAA	2012.8.17
23	江苏省镇江市句容茅山景区	镇江市	AAAAA	2014.11.28
24	江苏省姜堰溱湖旅游景区	泰州市	AAAAA	2012.3.31
25	江苏省宿迁市洪泽湖湿地景区	宿迁市	AAAAA	2020.12.29

在文旅产业发展取得成绩的同时,由于疫情变化和外部环境存在不稳定和不确定性,旅游业发展受到部分影响。全年接待境内外游客 4.7 亿人次,比上年下降 46.3%;实现旅游业总收入 8250.6 亿元,下降 42.4%。接待入境过夜游客 77.0 万人次,下降 80.7%,其中,外国人 51.6 万人次,下降 80.6%;港澳台同胞 25.4 万人次,下降 80.9%。旅游外汇收入 16.6 亿美元,下降 65.1%。接待国内游客 4.7 亿人次,下降 46.2%,实现国内旅游收入 8136.3 亿元,下降 41.5%。

2020 年,全省接待境内外游客 47251.15 万人次。在入境旅游方面,全年接待境外游客 77.03 万人,其中有 36.4%外国游客留宿苏州。国外游客中,韩国、日本、美国游客数量居前三名。2020 年,全省接待国内旅游者 47174.12 万人次,南京、苏州、无锡成为首选目的地。全省共有星级饭店 399 家,旅行社 3066 家,数量全国领先。2016—2020 年江苏省旅游业基本情况参见表 12。

表 12 2016—2020 年江苏旅游业发展情况

指 标	2016 年	2017 年	2018 年	2019 年	2020 年
旅行社数(家)	2469	2593	2779	2954	3066
星级饭店数(个)	696	649	551	482	399
入境旅游人数(万人次)	3297735	3701038	4008509	3994629	770316
外国人	2179954	2417538	2646909	2664614	516149
香港同胞	153754	182295	210056	218569	38754
澳门同胞	8219	10749	13433	15282	8304
台湾同胞	955808	1090456	1138111	1096164	207109
国内旅游人数(万人次)	67779.99	74287.31	81422.84	87611.70	47174.12
旅游外汇收入(万美元)	380362	419472	464836	474356	165672
国内旅游收入(亿元)	9952.47	11307.51	12851.30	13902.21	8136.31

数据来源:历年《江苏统计年鉴》

从江苏省各市情况来看,南京和苏州旅游业规模最大、比重最高。2020 年,南京、苏州接待国内旅游人数分别为 8670.37 万人次、8502.75 万人,占全省的 18.38% 和 18.02%;国内旅游收入分别为 1796.08 亿元、1775.95 亿元,占全省的 22.07% 和 21.83%。2020 年,南京、苏州接待海外旅游人数分别为 164603 人次、280592 人次,占全省的 21.37% 和 36.43%;旅游外汇收入分别为38510 万美元、64398 万美元,占全省的 23.24% 和 38.87%。表 13 汇总了江苏省各市 2016—2020年旅游业收入情况。

表 13　2016—2020 年江苏省各市旅游业收入

项　　目	2016 年	2017 年	2018 年	2019 年	2020 年
旅游外汇收入(万美元)	380362	419472	464836	474356	165672
南京	67617	79227	88281	94204	38510
无锡	38954	42482	49514	51863	19813
徐州	3938	4963	5431	5712	2054
常州	13147	15468	17725	17971	5934
苏州	216708	230448	252200	251346	64398
南通	12482	12581	13743	14259	21776
连云港	2281	2716	2951	3242	1028
淮安	1705	2125	2357	2387	1203
盐城	6419	8212	8822	8595	2987
扬州	6280	7506	8341	8548	2787
镇江	6479	8539	9424	10098	3270
泰州	3631	4161	4658	4802	1604
宿迁	721	1044	1389	1330	309
国内旅游收入(亿元)	9952.47	11307.51	12851.30	13902.21	8136.31
南京	1803.45	2020.43	2279.42	2412.24	1796.08
无锡	1518.91	1702.64	1906.02	2015.70	1044.23
徐州	565.90	658.92	766.03	844.44	322.18
常州	820.04	936.79	1070.25	1178.09	825.14
苏州	1932.50	2161.32	2416.48	2559.29	1775.95
南通	521.98	601.43	693.33	765.42	267.00
连云港	391.58	454.12	526.20	582.05	266.73
淮安	305.64	353.66	409.23	465.66	266.04
盐城	265.56	311.75	365.89	413.23	172.84
扬州	681.91	785.29	904.76	996.33	608.41
镇江	706.19	812.87	923.77	1012.35	492.20
泰州	278.22	321.39	371.23	409.31	153.01
宿迁	160.60	186.90	218.71	248.11	146.50

数据来源:历年《江苏统计年鉴》

2020 年,江苏省更加注重区域旅游合作,推进苏南、苏中、苏北优势互补、协调发展。支持苏南创新发展,积极探索旅游新业态、新产品和运营管理新机制。加大对苏中、苏北地区的规划、资金和政策支持,鼓励旅游业跨越式发展。从区域情况来看,苏南、苏中、苏北地区 2020 年分别实现旅游外汇收入 131925.21、26166.89、7580.33 万美元,分别占全省的 79.63%、15.79% 和4.58%;实现国内旅游收入 5933.6、1028.41、1174.3 亿元,分别占全省的 72.93%、12.64% 和14.43%。图 3、图 4 描绘了 2016—2020 年江苏省各区域旅游外汇收入、国内旅游收入比重的变动情况。

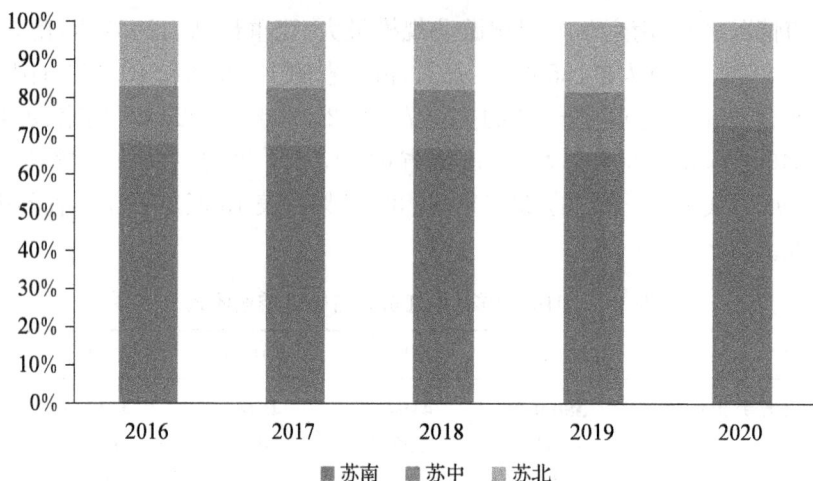

图 3　2016—2020 江苏省各区域国内旅游收入比重

数据来源:历年《江苏统计年鉴》

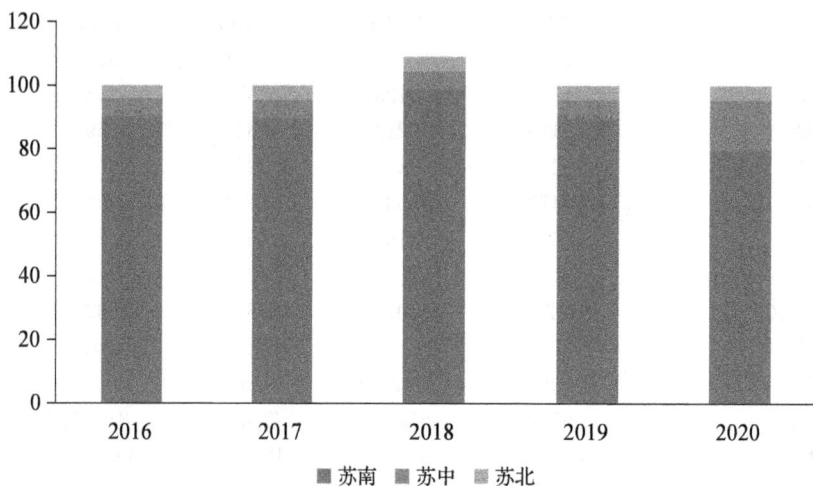

图 4　2016—2020 江苏省各区域旅游外汇收入比重

数据来源:历年《江苏统计年鉴》

推动建立区域旅游合作联盟,支持"苏锡常""宁镇扬"和"徐连盐"等市旅游部门联合打造旅游新线路。积极推进长三角区域旅游合作,先后两次承办了长三角旅游合作联席会议,形成了长三角旅游发展合作协议和"苏州共识",拓展了江苏的客源地,促进了与沪浙皖二省一市的交流合作。

四、信息传输、软件和信息技术服务业

信息传输、软件和信息技术服务业是关系到国民经济和社会发展全局的基础性、战略性、先导性产业,具有技术更新快、产品附加值高、应用领域广、渗透能力强、资源消耗低、人力资源利用充分等突出特点,对经济社会发展具有重要的支撑和引领作用。按国民经济行业分类(GB/T 4754—2011),信息传输、软件和信息技术服务业属于 I 门类,涵盖 63(电信、广播电视和卫星传输服务)、64(互联网和相关服务)和 65(软件和信息技术服务业)等三个行业大类。

1. 产业规模持续扩大,继续领跑全国

2020 年江苏省软件与信息服务业主营业务收入累计达 10814.6 亿元,与 2019 年相比,增速达

10.6%,是 2011 年的 3.5 倍,是 2015 年的 1.5 倍,业务总量不断实现新突破。2020 年江苏省软件与信息服务业主营业务收入占全国比重达 13.25%,经济效应良好。产业处于稳定发展状态,企业数与就业人数也持续增加。江苏省软件与信息服务业的发展已经步入良性循环,逐步渗透到社会生活和生产各个领域中,并发挥出产业关联的经济效应,成为促进江苏国民经济发展的重要产业之一。

表 14　2012—2020 全国及江苏软件与信息服务业主营业务收入与增速情况

全 国	单 位	2012 年	2013 年	2014 年	2015 年	2016 年	2017 年	2018 年	2020 年
主营业务外收入	亿元	24793	30587	37026	42847	48232	54289	63061	81616
增速	%	31.53	23.36	21.05	15.72	12.56	14.5	16.2	13.3
江苏		2012	2013	2014	2015	2016	2017	2018	2020
主营业务外收入	亿元	4305.6	5177.3	6439	7062	8165.6	9441	10451	10814.6
增速	%	38.60	20.24	24.36	9.67	15.62	12.6	10.7	10.6
江苏占全国比重	%	17.37	16.93	17.39	16.48	16.93	17.09	16.57	13.25

数据来源:中国工业与信息化部、江苏省工业和信息化厅《2020 年软件和信息技术服务业统计公报》

表 14 是 2012—2020 年全国和江苏省软件和信息服务业主营业务收入、增速和占比的情况。2012—2020 全国软件和信息服务业主营业务收入一直呈现稳步上升趋势,由 2012 年的 24793 亿元上升至 2020 年的 81616 亿元。但由于主营业务收入的不断扩大,全国软件和信息服务业主营业务收入增速水平在 2012—2016 年期间处于下降趋势,由 2012 年 31.53% 的增速下降为 2016 年 12.56% 的增速,在 2016 年之后处于上升趋势,上升为 2020 年 13.3% 的增速。从图 5 可以看到,2011—2020 年江苏软件和信息服务业主营业务收入也一直呈现上升趋势,与全国保持一致。增速水平整体上看呈现下降趋势,但期间有所反弹,2013—2014 年和 2015—2016 年都有轻微回升。江苏软件和信息服务业主营业务收入占全国规模在 2011—2020 年间整体波动较小,处于基本稳定的状态,最高时占全国比重达 17.39%,最低时也保持在 13.25%。这反映出江苏省软件与信息服务业的发展已经步入良性循环,对社会生活和生产的各个领域的渗透和关联带动作用十分稳定。

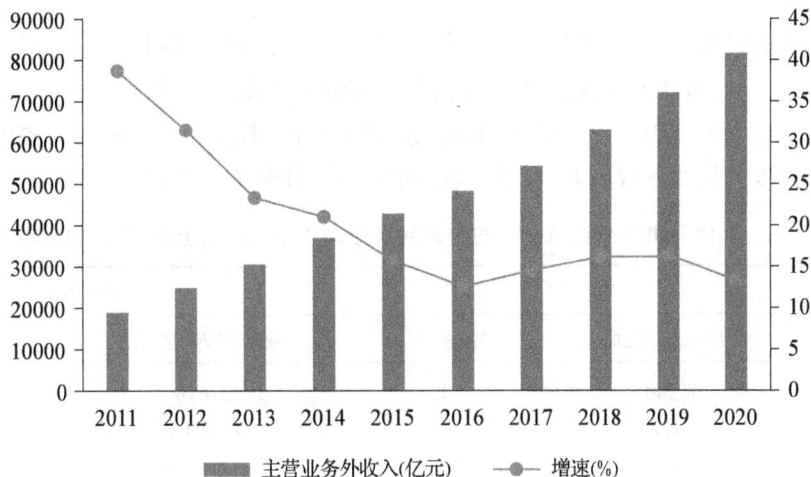

图 5　2011—2020 年全国信息与软件服务业发展情况
数据来源:中国工业与信息化部

江苏软件与信息产业规模已经连续多年位于全国前列,总体业务收入甚至多次位居全国第一,持续保持稳定发展的良好态势。从全国数据分地区来看,东、西部地区软件业增长较快。2020 年,

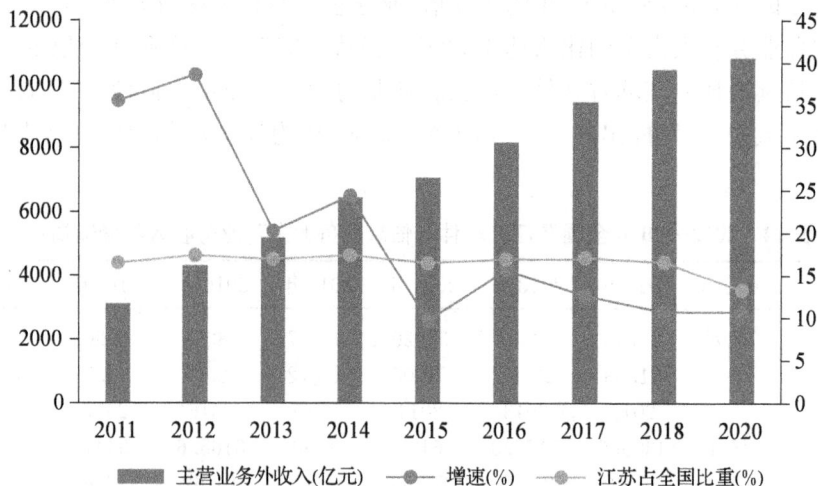

图 6 2011—2020 年江苏省信息与软件服务业发展情况
数据来源:中国工业与信息化部

东部地区完成软件业务收入 65561 亿元,同比增长 14.2%,占全国软件业的比重为 80.0%。中部和西部地区完成软件业务收入分别为 3726 亿元和 9999 亿元,同比增长 3.9% 和 14.6%;占全国软件业的比重为 5.0% 和 12.0%。东北地区完成软件业务收入 2330 亿元,同比增长 1.9%,占全国软件业的比重为 3.0%。

主要软件大省保持稳中向好态势,部分中西部省市快速增长。软件业务收入居前 5 名的北京、广东、江苏、浙江、上海共完成收入 53516 亿元,占全国软件业比重的 65.6%,占比较上年提高 2.0个百分点。软件业务收入增速高于全国平均水平的省市有 15 个,其中,增速高于 20% 的省份集中在中西部地区,包括青海、海南、贵州、宁夏、广西等省份。

重点城市软件业集聚发展态势更加明显。2020 年,全国 4 个直辖市和 15 个副省级中心城市实现软件业务收入 59636 亿元,同比增长 16.4%,占全国软件业的比重为 85.9%,占比较上年提高2.8 个百分点。其中,副省级城市实现软件业务收入 43682 亿元,同比增长 13.0%,占全国软件业的比重为 53.5%。

中心城市保持集聚发展态势,质量效益领先全国。主要软件大省保持平稳发展,部分省市增速突出。北京、广东、江苏、浙江处于我国软件与信息服务行业的第一阵营,2020 年完成软件业务收入分别增长 17.3%、13.8%、10.6%、和 15.4%。从增速上看,浙江和北京有较大幅度增长,江苏和广东增速则开始放缓。从业务收入看,江苏仅次于广东,累计完成业务收入 10814.6 亿元。

表 15 2019—2020 年江苏软件与信息服务业与广东、北京、上海、浙江的比较

地区	2019 年		2020 年	
	业务收入(亿元)	增速(%)	业务收入(亿元)	增速(%)
全国	54289	14.5	81616	13.3
广东	9517	14.2	13510.0	13.8
北京	7590	12.2	15677.4	17.3
上海	4307	11.0	6479.5	12.6
江苏	9441	12.6	10814.6	10.6
浙江			7035.1	15.4

数据来源:中国工业与信息化部

累计增速(%)

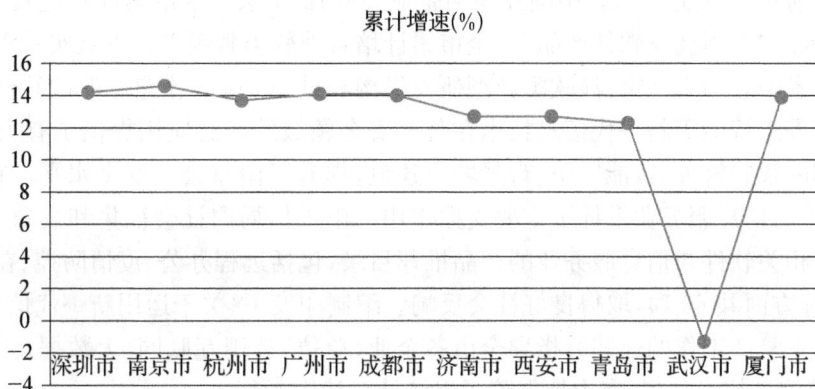

图7 2020年前十位中心城市软件业务收入增长情况

数据来源：中国工业与信息化部

2. 产业结构有所优化，集聚形态日渐成熟

软件产业一直是信息产业的重要组成部分，其以高附加值、高科技水平的特点，渗透到国民经济和社会生产生活的各个方面。它与传统产业结合并进一步促进传统产业的提升，引导产品更新换代，推动产业结构的调整。随着云计算、移动互联网、物联网等新技术、新概念、新模式的不断涌现，新兴软件快速发展，新的产业增长点不断孕育形成。软件技术服务增长势头也相当突出，特别是与网络相关的信息服务发展迅速。

2020年全国软件产品收入实现较快增长。根据快报数据，1—11月份，江苏省软件和信息技术服务业累计完成业务收入9696亿元，同比增长10.9%。其中，软件产品、信息技术服务和嵌入式系统软件三大类中，信息技术服务收入增长最快，占比最高，充分说明江苏省软件产业平台化、服务化转型在加速。2018年，全省营收百亿以上的软件企业预计10家，亿元以上软件企业预计1070家，国家规划布局内重点软件企业34家，目前已有18家软件企业在主板上市。

南瑞、中兴软创、金智、润和等8家企业入围软件企业百强，苏宁、同程、艾德无线、华云数据等7家企业入围互联网企业百强，其中，艾德无线、华云数据、无锡不锈钢电子交易中心3家无锡企业首次入围，也是无锡市首次有企业入围百强。2018年，江苏省软件服务收入比重已占到软件业务收入的44.9%，软件产业服务化趋势日益突出，特别是与网络相关的信息服务发展迅速。其中，信息技术咨询服务收入3745亿元，信息系统集成服务收入2569亿元。软件服务业对两化融合推动作用继续加大，与工业相关的软件业务收入占比达到36.5%，其中嵌入式系统软件完成收入2569亿元。

表16 2020年全国及江苏软件与信息服务分类业务相关指标情况

指标名称	单位	全国		江苏	
		2020年	增速（%）	2020年	增速（%）
软件业务收入	亿元	81586	13.2	10818	10.6
其中：软件产品收入	亿元	21045	0.9	2942	−1.7
信息技术服务收入	亿元	52588	20.7	6220	16.0
嵌入式系统软件收入	亿元	6659	5.2	1493	15.6

数据来源：中国工业与信息化部、江苏省工业和信息化厅，经作者整理计算

以南京为例，目前，全市已发展形成了以中国（南京）软件谷、南京软件园、江苏软件园等国家级软件产业园为重点的产业集聚区，集聚了涉软从业人员82万人，重点涉软企业5300家，其中，"中

国软件业务收入前百家企业"8家,"中国互联网企业100强"4家。全市累计登记软件著作权超过2.5万件,96件入围"中国优秀软件产品"。全市累计培育涉软类省级以上重点实验室、工程技术研究中心和企业技术中心约130家,涉软类新型研发机构超过100家。南京雄厚的软件产业基础,为大数据、互联网、人工智能等新一代信息技术在公共安全领域的广泛应用提供了有力支撑,推动了以信息化为基础的智慧警务、智能安防、智慧城市建设,提升了南京公共安全水平。在今年的疫情防控工作中,软件与信息服务业发挥了重要支撑作用。市工信局向社会征集和发布了两批助疫情防控和复工复产相关软件与信息服务业的产品推荐目录,包括远程办公、疫情防控、在线教育、电商生活、生产经营等方面共65项,取得良好社会反响。编制印发了《关于运用新一代信息技术支撑服务疫情防控和复工复产工作的通知》,指导全市各企业(单位)运用互联网、大数据、云计算、人工智能、5G、区块链等信息技术开展,有力地保障了经济社会稳定运行。

软件产品收入实现较快增长。2020年,软件产品实现收入22758亿元,同比增长10.1%,占全行业比重为27.9%。其中,工业软件产品实现收入1974亿元,增长11.2%,为支撑工业领域的自主可控发展发挥重要作用。信息技术服务加快云化发展。2020年,信息技术服务实现收入49868亿元,同比增长15.2%,增速高出全行业平均水平1.9个百分点,占全行业收入比重为61.1%。其中,电子商务平台技术服务收入9095亿元,同比增长10.5%;云服务、大数据服务共实现收入4116亿元,同比增长11.1%。信息安全产品和服务收入增速略有回落。2020年,信息安全产品和服务实现收入1498亿元,同比增长10.0%,增速较上年回落2.4个百分点。嵌入式系统软件收入增长加快。2020年,嵌入式系统软件实现收入7492亿元,同比增长12.0%,增速较上年提高4.2个百分点,占全行业收入比重为9.2%。嵌入式系统软件已成为产品和装备数字化改造、各领域智能化增值的关键性带动技术。

比较全国2020年1—11月的数据,江苏省软件与信息服务业增幅水平基本与全国保持一致,其中,软件产品、信息技术服务和嵌入式系统软件三大类中,信息技术服务收入增长最快,占比最高,充分说明江苏省软件产业平台化、服务化转型在加速。

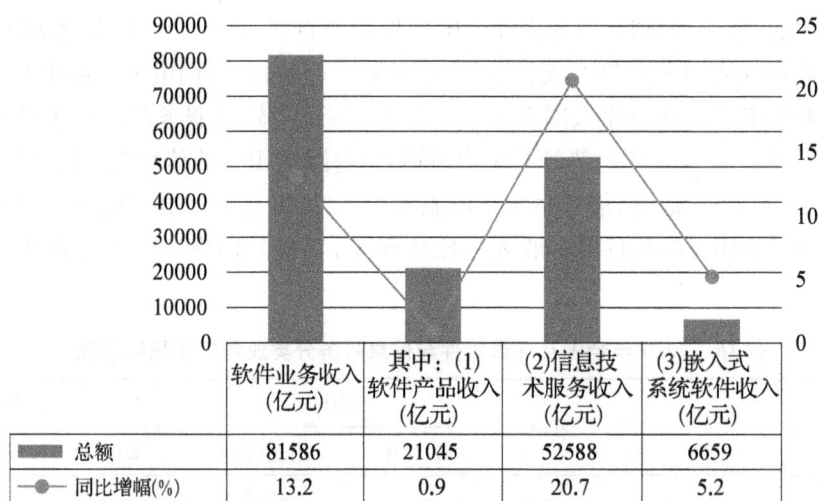

	软件业务收入 (亿元)	其中:(1) 软件产品收入 (亿元)	(2)信息技 术服务收入 (亿元)	(3)嵌入式 系统软件收入 (亿元)
总额	81586	21045	52588	6659
同比增幅(%)	13.2	0.9	20.7	5.2

图8 2020年全国信息与软件业发展情况

数据来源:中国工业与信息化部

表17是2020年1—11月全国各省份、直辖区和自治区软件和信息服务业主要经济指标完成情况,从表中可以看到江苏软件业务收入占全国比重高达13.26%,仅次于广东17.67%,位列全国第三位。从业务收入类别层面看,江苏省软件产品收入占全国12.07%,位居全国第二;信息技术服务收入占全国12.38%,仅次于广东和北京,位列全国第三。

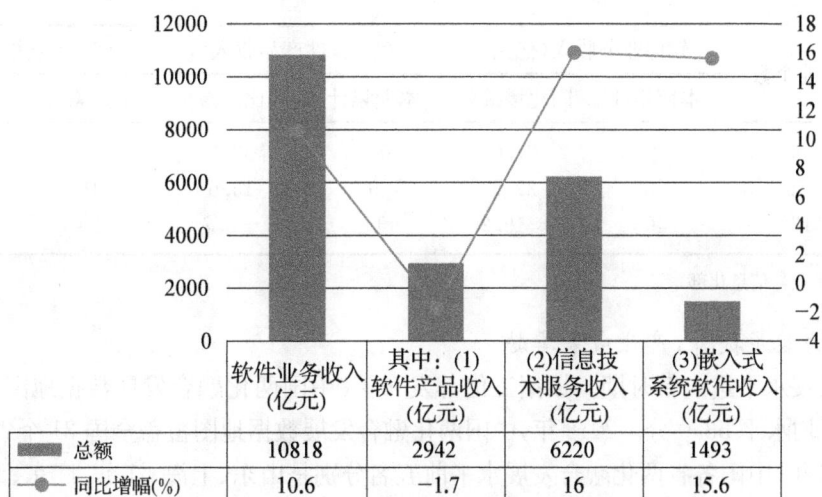

图9　2020年江苏省信息与软件业发展情况
数据来源：中国工业与信息化部

表17　2020年1—11月全国各省市软件与信息服务业主要经济指标完成情况

单位名称	企业个数	软件业务收入（亿元）		（1）软件产品收入		（2）信息技术服务收入	
		本期累计	同比增减%	本期累计	同比增减%	本期累计	同比增减%
合计	40527	73141	12.5	19749	10.1	44572	14.9
北京	3580	13158	16.8	3754	17.0	8581	17.5
天津	780	2075	17.1	467	14.0	1550	18.1
河北	350	287	1.6	23	−8.8	236	−1.2
山西	133	40	14	13	3.6	23	20.1
内蒙古	50	8	−64.5	4	−55.0	4	−71.0
辽宁	1665	1618	7.5	772	7.4	715	7.8
吉林	431	398	−28.3	100	−19.0	199	−34.5
黑龙江	118	29	−0.9	5	−13.4	19	0.1
上海	1750	6119	11.2	1760	10.0	4228	14.9
江苏	6183	9696	10.9	2383	10.7	5520	14.5
浙江	2200	6324	15.8	1580	13.0	4141	17.6
安徽	823	470	9.1	173	14.2	233	6.8
福建	3799	3245	11.0	1040	0.5	1778	18.4
江西	168	119	−1.0	72	−6.8	41	8.9
山东	4373	5238	11.4	1861	9.0	2543	15.2
河南	286	93	4.7	28	8.1	55	3.2
湖北	2508	1857	−4.8	864	−2.8	904	−6.4
湖南	789	664	11.9	282	11.1	320	13.2
广东	5141	12930	12.7	2152	9.7	7840	14.0
广西	223	432	79.3	18	22.6	411	87.0
海南	166	174	7.0	30	−11.1	142	12.6
重庆	1506	1785	16.3	465	14.7	1060	18.5
四川	1844	3582	12.9	1142	9.0	2224	15.7
贵州	324	232	26.6	26	6.6	198	30.2
云南	212	74	−5.3	15	−13.0	56	−6.4
陕西	710	2374	13.5	682	13.5	1469	14.0
甘肃	152	51	13.2	16	14.3	33	12.3

单位名称	企业个数	软件业务收入(亿元)		(1) 软件产品收入		(2) 信息技术服务收入	
		本期累计	同比增减%	本期累计	同比增减%	本期累计	同比增减%
青海	53	4	97.0	0.3	33.3	3	106.8
宁夏	80	26	22.6	9	15.6	16	27.4
新疆	130	40	—19.2	11	—3.7	29	—24.1

数据来源:中国工业与信息化部

3. 创新能力稳步提升,产业成果卓越

两化融合发展水平进入新时期。根据工信部发布了《中国两化融合发展数据地图(2018)》,我国两化融合发展平均水平53.0分。2018年,中国两化融合发展数据地图覆盖全国31个省份、近300个主要城市。2018年,中国各省两化融合发展水平前五名分别是山东、上海、江苏、广东、北京。江苏省两化融合发展水平明显高于全国平均水平,位居全国第三位。从2018年各省市两化融合发展水平的增速来看,两化融合发展的区域不平衡性趋于缓和,发展水平处于第一梯队的浙江、江苏、广东在保持领先的情况下同比增速有所放缓。江苏将两化深度融合作为构建现代产业体系的战略举措,加快构建新载体、应用新技术、探索新模式,区域两化融合发展水平总指数已连续两年位居全国第一。

企业集成互联能力大幅提升,智能制造基础逐步夯实。重点装备自主创新能力日渐增强,以新型传感器、智能控制系统、工业机器人、自动化成套生产线为代表的智能制造产业集群化格局逐渐显现,全省高端装备制造产业销售收入已超万亿元。信息技术全面渗透到江苏省工业企业的研发设计、生产制造、经营管理、市场营销、财务管理、重大决策等各个环节,40%以上的企业实现了关键业务环节的信息化全覆盖,研发、生产、服务等产业链各环节两化融合均衡发展,均处于全国领先水平,带动产业链整体水平大幅提升。全省工业企业实现管控集成、产供销集成、产业链协同的比例分别为36.1%、30.1%、11.2%,均高于全国平均水平,对提升产品质量、提高生产效率、加速创新等方面的促进作用显著,极大提高了企业的综合竞争力和效益,超百亿工业企业普遍应用信息化向价值链高端攀升。

企业互联网化转型具有成效。全省电子商务交易额超过1.8万亿元,B2B电子商务交易额超过1.3万亿元,继续保持全国前列。应用电子商务的企业比例为61.4%,工业企业网上采购率和网上销售率分别为21.0%和22.9%,处于全国领先水平。重点行业电子商务平台初具规模,涌现出苏宁易购、中国制造网等一批电子商务龙头企业。工程机械、设备制造等行业服务型制造转型加速,远程诊断、产品全生命周期服务、融资租赁等业务日益成为企业利润的重要来源。纺织、轻工等行业龙头企业逐步形成大规模个性化定制、网络化协同制造、开放创新空间等新型生产方式。全省工业云、工业大数据、互联网金融服务等新业态新模式层出不穷。

根据工信部公布的2020年1—11月副省级城市软件与信息服务业主要经济指标完成情况表,南京软件业收入位居第二,仅次于深圳,其中,软件产品收入位居第一,信息技术服务收入位居第四。这反映出南京不愧为"中国软件名城",具有软件与信息服务业发展高水平。中国(南京)软件谷是南京重点打造的软件与信息服务特色产业园,同时也是全国首批、江苏唯一的国家新型工业化(软件和信息服务业)示范基地,先后获得国家火炬计划现代通讯软件产业基地、国家数字出版基地、国家级博士后工作站等多项国家级荣誉。

无锡软件园以打造中国数字经济领军园为目标,以公共技术、投资融资、人力资源、综合服务等公共服务平台为支撑,提供360度企业全生命周期服务,致力于推进物联网、云计算、信息技术服务、文化创意、新媒体、电子商务、互联网广告、智能硬件等新兴产业集聚发展。现汇聚创新企业近

千家,各类人才超 2 万名,其中的 85% 拥有本科及以上学历。产业规模连续多年高速增长,综合实力持续攀升,位列全国火炬计划软件产业基地前列、中国服务外包 TOP10 园区第四名,持续位列无锡市"Park"园区排名榜首。先后获得国家火炬计划软件产业基地、国家传感网高技术产业基地、国家广告产业园区、国家动漫游戏产业振兴基地、国家动画产业基地、国家数字出版基地、国家文化产业示范基地、国家级科技企业孵化器等 8 项国家级品牌及数十项省级以上荣誉。

江苏省集成电路产业销售规模连续多年位居全国首位。江苏省是我国半导体产业尤其是集成电路产业中起步较早、基础较好、发展较快的地区之一,在我国半导体产业中占有重要地位。早在 20 世纪 60 年代,南京、无锡、苏州、徐州等地就相继建立起了一批非常具有代表性的半导体生产企业。80 年代,无锡成为我国集成电路"南北两个基地和一个点"中的南方基地三大城市之一。进入 21 世纪,受家电等传统行业以及汽车电子、人工智能等新兴市场拉动的影响,加上政府扶持政策的激励,江苏省集成电路产业在技术、规模等方面不断突破和发展,并且销售规模连续多年位居全国首位。据江苏省半导体行业协会统计数据显示,(2020 年上半年江苏省半导体产业发展运行分析报告)2020 年上半年,江苏省集成电路设计、制造、封测三业销售收入合计为 871.29 亿元,同比增长 34.95%,其中,集成电路设计业销售收入同比增长 30.22%;集成电路晶圆业销售收入同比增长 39.12%;集成电路封测业销售收入同比增长 34.53%。而中国半导体行业协会统计数据显示,2020 年上半年我国集成电路产业销售额为 3539 亿元,同比增长 16.1%。从产业链看,江苏省已形成涵盖 EDA、设计、制造、封装、设备、材料等较为完整的集成电路产业链,汇集了众多知名集成电路企业。从地域分布上看,江苏省集成电路产业主要集中在苏南地区,苏南地区集成电路产业销售额约占江苏省销售总额的 80% 以上,形成了以无锡、苏州和南京等市为中心的集成电路产业带。目前,苏中和苏北也正在逐步发展,如南通、扬州等城市发展势头良好。

江苏物联网产业发展较早,具有良好的基础条件与技术优势。当前,江苏省经信委以做优做强物联网企业,发展壮大物联网产业作为重中之重,不断加大政策支持和推进力度,全省物联网产业发展呈现良好态势。2017 年物联网产业实现业务收入 5300 亿元,形成以无锡为核心、苏州为支撑的"一体两翼"产业布局。"十二五"以来,江苏省相关单位主导或参与起草制定物联网国际标准 20 多项,国家标准和行业标准 70 多项;省内物联网及相关领域国家及研发机构超过 30 家,50 余所国内外知名高校、科研机构在江苏省设立了高水平的研发中心,在核心芯片、通信协议、协同处理、智能控制等领域突破了一大批关键技术并实现产业化。已先后有阿斯利康、中电海康、阿里巴巴、浪潮、华为等多家重点企业与无锡签署了战略合作协议或达成合作意向,阿斯利康物联网医疗、阿里集团"双创中心"等一批重大项目已落户无锡,中电海康、华为等其他合作项目正有序推进,瑞士、德国、澳大利亚等国也都派出相关机构来江苏了解物联网产业发展并寻求合作机会。其中,中国科学院、江苏省人民政府、无锡市人民政府签署共建中国物联网研究发展中心(筹)三方协议。2009 年 12 月 30 日,江苏省批复成立江苏物联网研究发展中心作为中国物联网研究发展中心。物联网中心成立以来,积极发挥中国科学院资源导入及学科优势,结合江苏、无锡地方新兴战略产业特点,秉承"科学唯实,开拓创新,笃信致远"发展理念,致力于建成国家级"感知中国"创新基地、中国物联网产业培育中心、集成创新中心和行业应用示范中心。物联网中心已成为我国最大规模的物联网专业研发机构和中国科学院最大规模的院地合作平台。

4. 重点企业平稳发展,行业龙头效应凸显

根据工信部公布的 2019 年(第 18 届)中国软件业务收入前百家企业名单,江苏省有 9 家企业上榜,分别是南京南瑞集团公司(第 9 位)、熊猫电子集团有限公司(第 29 位)、江苏省通信服务有限公司(第 30 位)、国电南京自动化股份有限公司(第 52 位)、南京联创科技集团股份有限公司(第 60 位)、江苏金智集团有限公司(第 64 位)、江苏润和科技投资集团有限公司(第 72 位)、浩鲸云计算科技有限公司(第 89 位)、无锡华云数据技术服务有限公司(第 95 位)。其中,南瑞集团是国家科技部

设立的"国家电力自动化工程技术研究中心"和国家发改委设立的"电力系统自动化—系统控制和经济运行国家工程研究中心"的依托单位,是"国家火炬计划重点高新技术企业"和国家认定企业技术中心,注册商标"NARI"是中国驰名商标。

为深刻把握江苏省"互联网＋"发展趋势,充分发挥互联网在企业生产组织、资源配置、产品形态和商业模式中的优化集成作用,促进新一代信息技术向研发设计、生产管控、供应链管理、市场服务等环节渗透融合,推动生产方式向柔性、智能、精细转变,着力提升工业经济核心竞争力。江苏省经信委各地审核推荐,组织形式审查、专家评审、示范候选现场考察和公示,发布了《关于开展 2017年江苏省两化深度融合创新(互联网与工业融合创新)试点示范工作的通知》,确定了南京南瑞集团等 50 家为示范企业、南京康尼精密机械有限公司等 230 家为试点企业。

为推动江苏省软件产业加快技术创新,提升行业发展水平和市场竞争力,加快完善以企业为主体、市场为导向、产学研相结合的技术创新体系,根据《江苏省认定企业技术中心管理办法(2010年)》,经信委科技(质量)处会同软件(信息服务业)处,在省内进行软件企业技术中心的认定。经企业申报、各地推荐、专家核查、综合审核、现场考察等程序,根据企业的年营业收入、软件产品登记数、科技活动经费、软件研发专职人员数、软件开发设备、软件业务收入占比进行分析,并将软件企业技术中心细分为智能交通、智能电网、信息安全、网络信息服务、IC 设计、工业软件等 11 个门类,最后认定 216 家软件企业技术中心为 2017 年省认定软件企业技术中心。2020 年全省新认定省级软件企业技术中心 26 家;软件企业研发投入强度预计达到 6%。累计 246 家企业通过国家信息技术服务标准(ITSS)符合性评估。

表 18　江苏 2020 年省级软件企业技术中心(部分)

序　号	企业技术中心名称	序　号	企业技术中心名称
1	速度时空信息科技股份有限公司	14	无锡睿勤科技有限公司技术中心
2	南京悠阔电气科技有限公司	15	江苏网进科技股份有限公司技术中心
3	新立讯科技股份有限公司	16	科大讯飞(苏州)科技有限公司技术中心
4	南京网觉软件有限公司	17	江苏恒创软件有限公司技术中心
5	南京赛宁信息技术有限公司	18	天聚地合(苏州)数据股份有限公司技术中心
6	南京安元科技有限公司	19	江苏春兰清洁能源研究院有限公司技术中心
7	南京凯瑞得信息科技有限公司技术中心	20	苏州工业园区测绘地理信息有限公司技术中心
8	江苏易安联网络技术有限公司技术中心	21	苏州清睿教育科技股份有限公司技术中心
9	南京三百云信息科技有限公司技术中心	22	苏州开心盒子软件有限公司技术中心
10	南京擎盾信息科技有限公司技术中心	23	神彩科技股份有限公司技术中心
11	江苏中车数字科技有限公司技术中心	24	慧盾信息安全科技(苏州)股份有限公司
12	江苏中科西北星信息科技有限公司技术中心	25	苏州广立信息技术有限公司技术中心
13	江苏金风软件技术有限公司技术中心	26	扬州航盛科技有限公司技术中心

数据来源:江苏工业与信息化局

五、公共服务业

公共服务业是指为满足全体公民的公共消费需求而提供公共产品和公共服务的的产业,其涵盖范围比较广泛,义务教育、公共就业服务、社会保障、基本医疗卫生、公共文化体育、福利救助、社会公共安全等均为基本公共服务的组成部分。江苏省已初步构建起覆盖全省的基本公共服务体系,各级各类基本公共服务设施不断改善,基本公共服务项目和标准得到全面落实,保障能力和群众满意度进一步提升。至 2020 年末,全省公共服务业发展成就显著。

1. 公共文化服务水平提升

城乡公共文化服务体系不断完善。全省共有文化馆、群众艺术馆 115 个，公共图书馆 117 个，博物馆 345 个，美术馆 42 个。共有广播电台 8 座，中短波广播发射台和转播台 21 座，电视台 8 座，广播综合人口覆盖率和电视综合人口覆盖率均达 100%。全省有线电视用户达 1522.4 万户。全年出版报纸 18.8 亿份，出版杂志 1.1 亿册，出版图书 6.9 亿册。

2. 卫生事业稳步推进

年末全省共有各类卫生机构 35746 个，比上年增加 950 个，其中，医院 1996 个，疾病预防控制中心 118 个，妇幼卫生保健机构 116 个。与上年比较，医院增加 55 个，疾病预防控制中心数量保持不变，妇幼卫生保健机构增加 5 个。各类卫生机构拥有病床 53.5 万张，其中医院拥有病床 42.2 万张。共有卫生技术人员 66.5 万人，其中，执业医师、执业助理医师 26.8 万人，注册护士 29.4 万人，疾病预防控制中心卫生技术人员 0.8 万人，妇幼卫生保健机构卫生技术人员 1.3 万人。

表 19　2020 年卫生事业基本情况

项　目	机构数（个）	床位数（张）	卫生工作人员（人）	♯卫生技术人员	♯医师
总　计	35746	535006	823261	665488	267789
医院	1996	421681	489434	406220	140084
综合医院	989	237669	298570	256087	88913
中医医院	156	52481	67361	58165	21860
中西医结合医院	41	7129	9764	8017	3093
专科医院	518	78889	90273	71675	23341
护理院	292	45513	23466	12276	2877
基层医疗卫生机构	32702	101630	285750	224353	113718
社区卫生服务中心（站）	2657	23951	58000	50044	22238
卫生院	1005	77205	104867	90409	42095
村卫生室	15020		41104	17951	15961
门诊部	2552	232	39328	30123	14160
诊所、卫生所、医务室	11468	242	42451	35826	19264
专业公共卫生机构	658	9448	37825	28903	11992
疾病预防控制中心	118		10179	7849	4928
专科疾病防治院（所、站）	39	1909	1540	1145	498
健康教育所（站、中心）	6		89	38	23
妇幼保健院（所、站）	116	7526	16305	13493	5696
急救中心（站）	54	13	1891	932	476
采供血机构	31		2383	1744	121
卫生监督所（中心）	109		3640	3241	
计划生育技术服务机构	185		1798	461	250
其他卫生机构	390	2247	10252	6012	1995
疗养院	12	2247	1004	702	282
医学科学研究机构	9		394	186	122
医学在职培训机构	24		873	141	57
临床检验中心（所、站）	79		3422	1812	201
统计信息中心	15		113	6	3
其他	251		4446	3165	1330

数据来源：历年《江苏统计年鉴》

3. 体育事业协调发展

群众体育和竞技体育、体育事业和体育产业协调发展。江苏健儿在年度最高水平比赛中,获得金牌 25 枚、银牌 26 枚、铜牌 41 枚,金牌数列全国第四位,奖牌数列全国第三位。

4. 教育事业全面发展

全省共有普通高校 167 所。普通高等教育本专科招生 67.4 万人,在校生 201.5 万人,毕业生 51.3 万人。研究生教育招生 9.0 万人,在校生 24.4 万人,毕业生 5.7 万人。全省中等职业教育在校生 62.5 万人(不含技工学校)。特殊教育招生 0.3 万人,在校生 2.0 万人。全省共有幼儿园 7903 所,比上年增加 3.9%;在园幼儿 254.1 万人,增长 0.1%。

表20 2016—2020 年教育事业基本情况

指　标	2016 年	2017 年	2018 年	2019 年	2020 年
学校数(所)					
普通高等学校	141	142	167	167	167
普通中等学校	2908	2925	2970	3000	3031
中等专业学校	165	161	155	148	147
普通中学	2692	2712	2765	2804	2843
♯高中	571	564	578	580	585
职业高中	51	52	50	48	41
小学	4036	4075	4103	4151	4144
特殊教育	101	101	102	104	106
专任教师(万人)					
普通高等学校	10.98	11.29	11.64	12.06	12.60
普通中等学校	31.09	31.64	32.77	33.95	35.76
中等专业学校	2.98	3.03	3.18	2.96	3.07
普通中学	27.17	27.66	28.64	30.03	31.80
♯高中	9.51	9.47	9.56	9.93	10.55
职业高中	0.95	0.96	0.95	0.97	0.89
小学	28.92	30.02	31.61	33.21	34.59
特殊教育	0.33	0.34	0.35	0.37	0.37
招生数(万人)					
普通高等教育	50.58	59.83	62.74	65.89	76.31
研究生	5.31	6.45	6.91	7.35	8.95
本专科生	45.27	53.39	55.83	58.54	67.36
普通中等学校	122.26	126.49	133.87	144.63	150.73
中等专业学校	17.55	13.59	16.01	16.92	18.16
普通中学	101.98	107.23	115.44	124.98	129.84
♯高中	31.82	31.46	35.21	38.76	42.34
职业高中	2.73	5.67	2.42	2.73	2.74
小学	93.46	95.32	102.23	100.12	97.09
特殊教育	0.40	0.43	0.48	0.29	0.34
在校学生(万人)					
普通高等教育	190.74	194.46	200.08	208.86	225.84
研究生	16.15	17.67	19.46	21.45	24.37
本专科生	174.58	176.79	180.63	187.41	201.47
普通中等学校	350.50	359.02	381.32	404.44	427.80
中等专业学校	51.13	40.52	49.76	49.01	50.83
普通中学	290.10	303.03	323.84	347.49	369.80
♯高中	95.15	94.34	98.08	105.03	115.54

指 标	2016 年	2017 年	2018 年	2019 年	2020 年
职业高中	9.27	15.47	7.72	7.94	7.16
小学	522.20	540.21	560.44	572.64	580.82
特殊教育	2.47	2.75	3.12	1.85	1.97
毕业生数(万人)					
普通高等教育	52.52	53.53	53.87	53.86	56.99
研究生	4.37	4.58	4.74	5.01	5.70
本专科生	48.16	48.95	49.13	48.85	51.29
普通中等学校	116.25	111.61	112.83	119.00	124.75
中等专业学校	17.06	13.28	16.43	16.11	16.31
普通中学	95.47	93.01	93.60	100.73	105.90
♯高中	33.87	31.76	31.24	31.39	31.13
职业高中	3.72	5.32	2.80	2.16	2.54
小学	72.18	77.37	81.62	87.64	88.67
特殊教育	0.33	0.36	0.38	0.23	0.30

数据来源:历年《江苏统计年鉴》

5. 科技创新能力不断增强

全省专利申请量、授权量分别达 75.2 万件、49.9 万件,其中,发明专利申请量 18.9 万件,比上年增长 9.5%;发明专利授权量 4.6 万件,增长 15.9%。全省 PCT 专利申请量达 9606 件,增长 44.8%。全省企业共申请专利 61.2 万件。万人发明专利拥有量达 36.1 件,同比增加 6 件;科技进步贡献率 65.1%,比上年提高 0.9 个百分点。全年共签订各类技术合同 5.7 万项,技术合同成交额达 2335.8 亿元,比上年增长 39.4%。全年省级以上众创空间达 922 家。

6. 高新技术产业发展加快

组织实施前沿引领技术基础研究专项、前瞻性产业技术创新专项和重大科技成果转化专项共 209 项,省级拨款 10.5 亿元。当年认定高新技术企业 13042 家,大中型工业企业和规模以上高新技术企业研发机构建有率保持在 90% 左右,国家级企业研发机构达 163 家,位居全国前列。全省已建国家级高新技术特色产业基地 172 个。

7. 科研投入力度加大

全社会研究与试验发展(R&D)活动经费占地区生产总值比重达 2.85%,R&D 人员 91.45 万人。全省拥有中国科学院和中国工程院院士 105 人。各类科学研究与技术开发机构中,政府部门属独立研究与开发机构达 435 个。建设国家和省级重点实验室 190 个,科技服务平台 276 个,工程技术研究中心 3978 个,企业院士工作站 126 个,获批建设综合类国家技术创新中心 1 家。

表 21　2016—2020 年科技活动基本情况

指 标	2016 年	2017 年	2018 年	2019 年	2020 年
研究机构数(个)	25402	24112	24728	26087	20457
科研机构	135	133	130	128	123
高等院校	1055	1133	1219	1369	1484
企业	24074	22687	23220	24432	18747
事业单位	138	159	159	158	103
研究与试验发展人员(万人)	76.10	75.42	79.41	89.77	91.45
研究与试验发展经费内部支出(亿元)	2026.87	2260.06	2504.43	2779.52	3005.93
研究与试验发展经费支出占地区生产总值比重(%)	2.62	2.63	2.69	2.82	2.93

数据来源:历年《江苏统计年鉴》

8. 污染防治力度加大,节能减排成效显著

认真落实"共抓大保护、不搞大开发"战略要求,长江经济带生态环境质量发生转折性变化。全省PM2.5平均浓度38微克/立方米,空气质量优良率达81%,完成国家考核目标。水环境国考断面优Ⅲ类比例86.5%,同比提高8.6个百分点,主要入江支流和入海河流断面全面消除劣Ⅴ类,长江、淮河等重点流域水质明显改善,太湖治理连续13年实现"两个确保"。土壤保护和污染治理修复工作有力推进。化学需氧量、二氧化硫、氨氮、氮氧化物四项主要污染物减排和碳排放强度下降完成国家下达任务。全省林木覆盖率达24%,累计建成国家生态园林城市9个,国家生态工业示范园区23个,国家生态文明建设示范市县22个。省内关停低端落后化工企业995家。钢铁、水泥等行业完成去产能任务。规模以上工业综合能源消费量比上年下降0.4%。

9. 居民收入稳定增长

全年全省居民人均可支配收入43390元,比上年增长4.8%,其中,工资性收入24657元,增长3.4%;经营净收入5703元,增长1.2%;财产净收入4737元,增长8.3%;转移净收入8294元,增长9.8%。按常住地分,城镇居民人均可支配收入53102元,增长4.0%;农村居民人均可支配收入24198元,增长6.7%。城乡居民人均收入比为2.19∶1,比上年缩小0.06。全省居民人均消费支出26225元,比上年下降1.8%。按常住地分,城镇居民人均消费支出30882元,下降1.4%;农村居民人均消费支出17022元,下降3.9%。深入推进脱贫致富奔小康工程,全省254.9万建档立卡低收入人口、821个省定经济薄弱村全部达标,12个省级重点帮扶县(区)全部摘帽。

10. 社会保障体系日益完善

城乡基本养老保险制度更加健全,医保市级统筹制度基本建立。年末全省城乡基本养老、城乡基本医疗、失业、工伤、生育保险参保人数分别为5940.7万人、7967.7万人、1887.0万人、2130.8万人和1987.1万人,比上年末分别增加185.5万人、118.9万人、92.8万人、114.5万人和118.4万人,退休人员基本养老金人均增长5.0%。为344.4万名困难人员参保个人缴费部分实行全额资助,资助金额达11.5亿元,特困群众基本生活得到有力保障。

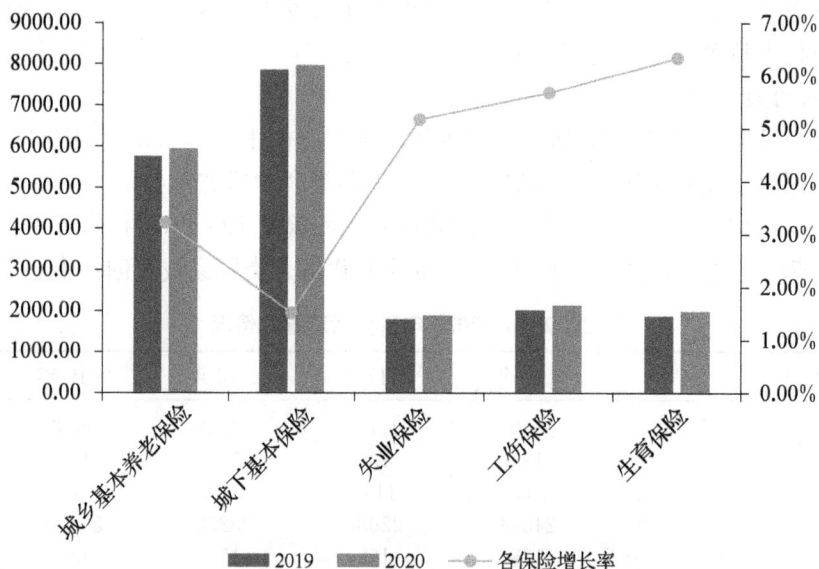

图10 2019—2020年江苏省各保险类情况及增速

数据来源:历年《江苏统计年鉴》

六、现代物流业

现代物流业联结生产、流通和消费,高度集成和深度融合运输、仓储、配送、信息、金融等服务功能,是延伸产业链、打造供应链、提升价值链、发展现代产业体系的重要支撑,在统筹推进现代流通体系建设、促进形成强大国内市场、提升国民经济循环效能中发挥着基础性、战略性、先导性作用。作为东部最发达省份之一,江苏省独特的区位优势和雄厚的经济基础为江苏省发展现代物流业创造了有利条件。截至 2020 年,江苏省以供给侧结构性改革为主线,全面推进物流降本增效,物流业高质量发展成效显著,物流业对国民经济的支撑保障作用显著增强。统筹推进物流业稳增长、调结构、惠民生和降本增效,物流业发展基础日益巩固。

1. 物流规模效率全国领先

2020 年全省社会物流总额达 32.88 万亿元,占全国比重 11% 左右,"十三五"期间年均增速 7.4%;实现物流业增加值 6145.12 亿元,占全省 GDP 比重达 6%。2020 年全省公铁水空完成货运量 27.5 亿吨,"十三五"期间年均增速 6.7%;港口完成货物吞吐量 29.7 亿吨,居全国第一位。物流效率持续提升。2020 年全省社会物流总费用与 GDP 的比率降至 13.8%,较"十二五"末下降了 1 个百分点,低于全国 0.9 个百分点。

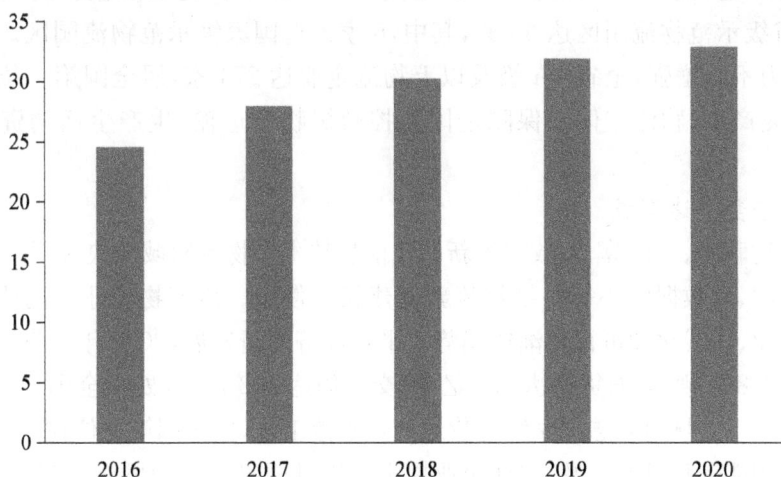

图 11　2016—2020 年江苏省物流总额(单位:万亿元)
数据来源:历年《江苏省物流业统计公报》,经作者整理、计算

2. 物流供需结构加快调整

内需驱动的民生物流提速发展。"十三五"期间单位与居民物品物流总额年均增速 51.7%,比社会物流总额增速高 44.3 个百分点。2020 年全省快递业务量达 69.8 亿件,"十三五"期间年均增速 25%。运输结构调整成效显现。2020 年全省水路货运周转量占比达到 62%,居全国前列。江苏新亚欧大陆桥集装箱多式联运示范工程等 4 个项目成功创建国家级多式联运示范工程项目。南京、苏州、常州、无锡、海安等相继开通海铁联运班列,无接触配送、统仓共配等新业态新模式加速崛起,仓储结构持续加快优化,高标准仓储设施比例明显上升。

表 22　2016—2020 年江苏省货运量和货物周转量

指　标	2016 年	2017 年	2018 年	2019 年	2020 年
货运量(万吨)	215651	234092	247388	281060	288513
♯铁路	5335	5720	5971	6170	6866

指　标	2016 年	2017 年	2018 年	2019 年	2020 年
公路	117166	128915	139251	164577	174624
水运	79314	85668	87735	95541	93467
民用航空	7.61	8.19	7.67	7.40	23.45
输油管道	13828	13781	14423	14765	13533
货物周转量(亿吨公里)	**8290.69**	**9726.51**	**9684.01**	**11114.57**	**11538.86**
♯铁路	282.46	291.42	296.66	322.40	320.74
公路	2140.33	2377.90	2544.35	3234.82	3524.51
水运	5224.60	6382.21	6121.94	6841.28	7038.58
民用航空	1.09	1.17	1.06	1.08	2.80
输油管道	642.20	673.80	719.99	714.90	652.23

数据来源:历年《江苏统计年鉴》

3. 平台主体建设成效显著

枢纽建设取得新突破,成功创建南京港口型(生产服务型)国家物流枢纽、苏州(太仓)港口型国家物流枢纽、苏州国家骨干冷链物流基地,6 个城市入选国家物流枢纽承载城市。连云港海港、徐州淮海国际陆港、淮安空港互为支撑的现代物流"金三角"建设加快。持续推进示范物流园区创建工作,省级示范物流园区达 60 家,其中,6 家入选国家级示范物流园区。大型骨干物流企业服务供给能力不断增强,全省 4A 级及以上物流企业达 274 家,居全国第一位。在统筹推进疫情防控和复工复产中,物流主体在保障全国防控救援物资运输、生产生活物资流通等方面发挥了巨大作用。

4. 智慧绿色态势加速形成

移动互联网、物联网、云计算、大数据等新一代信息技术在物流领域加快应用。智慧物流园区、智慧港口、数字仓库、大数据中心等一批物流新基建投入使用。传统物流业务向线上线下融合转变,物流全程数字化、在线化和可视化渐成趋势。平台经济创新发展,2020 年全省网络货运平台达 83 家,整合车辆 59.8 万辆,运输货物达 1.7 亿吨,交易额达 202 亿元,处于全国领先地位。绿色物流取得新进展,全省 5 个城市入选国家绿色货运配送示范工程,居全国第一位;托盘循环共用、挂车交换共享、仓库太阳能屋顶日益普及,快递企业探索使用可回收包装和可循环材料,电子面单普及率达 99% 以上。

5. 国际服务能力不断增强

国际航运、航空能力逐步提升,全省开辟集装箱近远洋航线 72 条,国际及地区通航城市达52 个。"十三五"以来,"江苏号"中欧班列开通 25 条线路,累计开行 5254 列。"连新亚""苏满欧""宁新亚"成为具有较大影响力的国际班列品牌线路。国际物流服务功能不断完善,拥有 10个国家级跨境电商综合试验区、20 个综合保税区,数量均居全国前列。南京中国邮政国际货邮综合核心口岸、中哈(连云港)物流合作基地等标志性工程取得积极进展,东西双向开放大通道正递进形成。

6. 行业营商环境持续改善

物流政策环境持续优化,全面推进国家赋予的降本增效综合改革试点任务,推动以智慧物流发展促进物流降本增效。围绕物流高质量发展、降本增效、冷链物流、物流园区创新等出台了一系列政策文件。国家和省各项降本增效改革措施加速落地,物流企业获得感显著提升,减税降费取得实效。"十三五"期间,全省累计优惠公路水路通行费达 147 亿元,形成了可复制、可推广的"江苏经验"和"江苏模式"。

表 23　2018—2020 年江苏省港口吞吐量情况

港口名称	2018 年		2019 年		2020 年	
	旅客吞吐量（万人）	货物吞吐量（万吨）	旅客吞吐量（万人）	货物吞吐量（万吨）	旅客吞吐量（万人）	货物吞吐量（万吨）
总　计	19.29	258469.15	20.74	283113.15	0.74	296552.59
沿海港口	19.29	33368.71	20.74	31574.55	0.74	33968.29
♯连云港	19.29	23560.31	20.74	23455.59	0.74	24182.24
内河港口		225100.44		251538.60		262584.29
♯长江干流水系		177519.46				
长江支流水系		14498.83				
京杭运河水系		20183.27				
淮河水系		12898.88				

数据来源：《江苏省统计年鉴 2021》

“十四五”时期，在新的起点上实现江苏现代物流业更高质量、更有效率、更加公平、更可持续、更为安全的发展，全面推进“三个转变”。从数量降本向系统增效转变。巩固和深化物流降本增效综合改革试点的江苏成果，进一步破除“中梗阻”、打通微循环，完善物流运行体系，创新组织方式，提升综合服务效率，系统性降低经济循环成本。从要素驱动向创新驱动转变。把创新作为推动江苏现代物流业高质量发展的第一动力，加大物流技术、管理、组织、服务和体制机制等创新力度，打造创新赋能的物流经济。从基础支撑向价值创造转变。在发挥好物流业基础性作用的同时，突出强化现代物流价值创造能力，提升现代物流在产业转型升级中的引领性作用，推进江苏物流业向集成产业供应链、塑造竞争新优势、实现价值创造的方向发展。

重点围绕“一个方向、两大体系、三个高地”推进实施，提升江苏现代物流高质量发展水平。聚焦一个主攻方向。聚焦物流业“降本、增效、提质”，坚持目标导向、问题导向和结果导向相统一，以结构性调整、技术性创新、制度性改革为路径，加快质量变革、效率变革、动力变革，系统性推进物流改革创新，激发现代物流发展内生动力。加快补齐物流枢纽设施网络建设短板，进一步优化物流空间布局，推动解决设施衔接不畅、信息不共享等问题，提升多式联运衔接效率，高质量推进运输结构调整。加快推进物流业态模式创新和服务领域拓展，加大智慧物流技术应用，创新物流服务组织方式，发展平台化服务组织模式。强化物流高质量服务供给，延伸物流服务价值链条，探索物流业价值创造的基本路径。着力深化物流“放管服”改革，进一步简化行政审批、推进降税清费、优化监管服务、强化部门协同，提升现代化治理能力。

完善两大支撑体系。一是聚力打造“通道＋枢纽＋网络”物流运行体系。持续放大江苏综合交通物流畅通循环效应，进一步完善物流基础设施网络，加强与国内物流通道网络的一体衔接、与国际物流基础设施的互联互通，着力推进物流枢纽、物流园区联通成网，全面提升物流枢纽服务效能，在更大范围促进经济循环流转和产业关联畅通，有力支撑江苏建设“具有世界聚合力的双向开放枢纽”。二是着力构建安全可靠的现代供应链体系。发挥“链主”企业与供应链服务商的引导辐射作用，以物流为牵引，加快推动供应链各主体各环节设施设备衔接、数据交互顺畅、资源协同共享，促进资源要素跨产业、跨区域流动和合理配置，提升产业链供应链自主可控水平。

加快“三个高地”建设。一是智慧物流创新高地。构建“数字驱动、协同共享”的智慧物流创新发展新生态，加强新型物流基础设施建设，加快智能物流装备应用，推进相关领域信息技术应用创新，大幅度提升物流数字化、安全性水平。加大物流科技创新与人才集聚，加强关键核心技术攻关与成果转化，推进具有全国影响力的物流产业科技创新中心建设，加速形成引领行业发展的技术标准体系、大数据中心、智慧物流云平台和应用新场景，抢占智慧物流发展战略制高点。二是产业物流融合高地。大力提升产业物流服务实体经济能力,加速高端化、品牌化、高附加值化,形成产业物流融合发展的示范效应。提升制造业供应链协同发展水平,大力发展以柔性化生产、资源高度共享为特征的精细化、高品质现代供应链服务,形成引领行业发展、具有典型示范效应的融合模式和标杆主体,增强物流业核心竞争力,促进产业升级、消费规模及品质双升级。三是民生物流品质高地。适应内需扩张、消费升级,提升民生物流运行水平和服务品质。强化城乡双向物流服务能力,推进形成全域覆盖、普惠共享、城乡一体,立足江苏、辐射全国的物流基础设施和服务网络。适应新零售、新消费等模式崛起,激发民生物流业态模式创新活力,以高质量供给激发消费需求,进一步提升邮政快递、冷链物流、跨境电商、绿色物流等民生物流品质化、便利化水平,满足人民日益增长的美好生活需要。

七、制造业

江苏是闻名全国的制造业大省,制造业总体规模大,活力强,基础好。全省制造业经济延续了总体平稳、逐步趋好的态势,主要指标保持在合理区间,结构调整深入推进,新动能继续积累,工业经济的稳定性、向好性继续增强,经济总量不断扩大。

1. 制造业生产累计增速持续正增长

2020年1—10月,全省工业产值增长3.3%,较1—9月提高1.0个百分点,其中,10月份,全省41个行业大类中有31个行业产值实现同比正增长,正增长面77.5%。运输设备制造业和医药制造业较9月有所回落,分别下降18.67个和7.11个百分点。汽车制造业、通用设备制造业、专用设备制造业、电气机械和器材制造业、计算机通信和其他电子设备制造业持续两位数增长,分别为20.16%、20.65%、15.6%、17.73%、13.6%。化学原料和化学制品业增速为-0.51%,降幅较9月份小幅收窄。

10月份,全省制造业采购经理人指数(PMI)为52.6%,连续第五个月扩张区间运行,制造业持续回暖。新兴产业、先进制造集群指数均为52.8%,分别回落1.0、0.3个百分点。出口订单指数为49.9%,环比回落1.1个百分点;进口指数为51.3%,上升0.4个百分点;购进价格指数为56.3%,上升1.6个百分点;出厂价格指数为50.8%,上升1.6个百分点。从行业看,纺织业升幅最大,环比上升4个百分点。汽车制造业和计算机、通信和其他电子设备制造业分别为55.5%和54.6%,处于较快扩张区间。

表24 2013—2020年江苏省制造业基本情况

指 标	2013年	2014年	2015年	2016年	2017年	2018年	2020年
制造业增加值(亿元)	24227.2	25484.3	26434.8	27813.3	28825.3	—	—
制造业增加值占地区生产总值比重(%)	41.0	39.15	37.70	36.56	37.25	—	—
制造业固定资产投资额(亿元)	17318.2	—	21234.6	22869.7	24418.1		
♯发电量(亿千瓦时)	4288.9	4347.1	4374.63	4667.73	4812.5	4933.54	5049.54
钢材(万吨)	12398.0	13255.2	13090.1	13469.7	12295.4	12146.72	15004.02
水泥(万吨)	17991.9	19439.1	17936.0	17989.8	17330.2	14692.03	15246.45
农用化肥(万吨)	247.0	230.7	204.76	207.63	159.76	165.93	199.41
布(亿米)	81.1	91.3	87.27	91.46	76.99	69.40	52.54
汽车(辆)	1117137	1257000	1267629	1448900	1255244	1253838	753300

数据来源:历年《江苏统计年鉴》

制造业投资增势回升,支撑作用明显。2020年1—10月,全省固定资产投资同比下降0.9%,

降幅比1—9月收窄0.8个百分点,年内降幅逐月收窄。其中,房地产开发投资增长9.2%,增速比1—9月加快0.4个百分点;基础设施投资增长16.4%,加快1.3个百分点;高技术产业投资增长11.0%,回落0.3个百分点。江苏省制造业2017年共实现固定资产投资24418.11亿元,其中,工器具购置投资13594.60亿元,占55.67%;建筑工程投资8889.68亿元,占36.41%;安装工程投资、其他投资分别为918.32亿元、1015.52亿元,分别占3.76%和4.16%。全年工业机器人产量增长99.6%,服务器增长54.2%,智能手机增长26.4%,太阳能电池增长25.9%。2020年江苏细分行业固定资产投资见表25。

表25　2020年江苏省细分行业固定资产投资增长情况

行　业	投资额	♯新　建	♯扩　建	♯改　建
制造业	−8.6	26.0	−11.9	−36.3
农副食品加工业	−20.4	12.3	−31.8	−52.1
食品制造业	−5.7	48.8	−25.8	−51.1
酒、饮料和精制茶制造业	−10.8	−8.2	282.2	−31.0
烟草制品业	37.7	＊＊＊	−74.7	247.5
纺织业	−2.5	33.8	−7.2	−30.2
纺织服装、服饰业	−53.9	−21.6	−71.9	−70.8
皮革、毛皮、羽毛及其制品和制鞋业	−37.7	15.2	−49.1	−64.7
木材加工和木、竹、藤、棕、草制品业	−31.7	−12.5	−40.3	−55.4
家具制造业	−10.9	−6.1	−29.8	−13.9
造纸和纸制品业	2.3	81.4	−51.8	−32.9
印刷和记录媒介复制业	−37.1	−13.7	−37.1	−46.0
文教、工美、体育和娱乐用品制造业	−46.4	−8.3	−45.1	−76.5
石油加工、炼焦和核燃料加工业	34.4	49.4	−4.8	−5.6
化学原料和化学制品制造业	−21.8	33.3	−17.8	−56.5
医药制造业	23.2	105.2	5.2	−23.3
化学纤维制造业	−13.6	−17.8	−8.9	−10.7
橡胶和塑料制品业	−8.4	15.6	9.1	−38.1
非金属矿物制品业	−12.4	10.3	−22.8	−40.6
黑色金属冶炼和压延加工业	49.9	149.6	157.1	14.9
有色金属冶炼和压延加工业	9.6	55.7	−11.5	−8.3
金属制品业	−10.2	33.8	−14.7	−41.5
通用设备制造业	−22.9	22.3	−31.8	−51.0
专用设备制造业	−16.0	22.6	−27.9	−38.7
汽车制造业	−5.0	12.5	17.3	−37.8
铁路、船舶、航空航天和其他运输设备制造业	9.8	51.5	−20.6	−8.8
电气机械和器材制造业	−19.6	0.2	−28.4	−38.9
计算机、通信和其他电子设备制造业	12.4	51.0	21.7	−18.9
仪器仪表制造业	−7.7	55.4	−11.2	−41.1
其他制造业	−20.6	24.1	−63.4	−51.6
废弃资源综合利用业	3.7	−9.3	158.8	−2.2
金属制品、机械和设备修理业	−54.5	−56.8	−3.4	−91.4
电力、热力、燃气及水的生产和供应业	56.3	92.8	26.9	−14.9
电力、热力生产和供应业	61.2	99.7	16.1	−4.4
燃气生产和供应业	17.5	35.1	−19.9	23.8
水的生产和供应业	42.8	72.2	92.6	−39.6
建筑业	28.8	194.2	＊＊＊	−100.0

行　业	投资额	♯新　建	♯扩　建	♯改　建
房屋建筑业	37.4	598.0	＊＊＊	−100.0
土木工程建筑业	35.4	120.8	＊＊＊	−100.0
建筑安装业				
建筑装饰和其他建筑业	−100.0	−100.0	＊＊＊	＊＊＊
批发和零售业	−61.0	−46.7	−80.9	−88.0
批发业	−70.1	−58.6	−85.4	−90.7
零售业	−49.0	−31.7	−72.3	−85.6
交通运输、仓储和邮政业	−12.6	−8.5	−27.6	−34.3
铁路运输业	96.3	99.4	＊＊＊	−100.0
道路运输业	−22.3	−21.8	−15.9	−55.8
水上运输业	14.7	31.6	−15.7	81.6
航空运输业	−51.5	6.8	−84.3	−53.7
管道运输业	79.3	1586.1	−56.2	−45.4
多式联运和运输代理业	−55.2	−48.4	−58.1	−67.3
装卸搬运和仓储业	−21.3	−15.7	−38.1	−24.1
邮政业	34.6	40.0	−23.1	142.3
住宿和餐饮业	−12.0	−6.8	−38.1	−13.9
住宿业	0.4	6.9	−29.5	−8.5
餐饮业	−47.4	−47.2	−54.3	−35.9
信息传输、软件和信息技术服务业	49.0	102.3	−22.8	−36.4
电信、广播电视和卫星传输服务	89.8	450.7	−11.4	−44.9
互联网和相关服务	116.2	174.8	−73.2	−6.5
软件和信息技术服务业	3.5	15.7	−18.5	−11.9
金融业	−57.9	−32.2	−95.1	−47.1
货币金融服务	−67.6	−64.2	−96.0	−50.3
资本市场服务	62.9	193.3	−100.0	＊＊＊
保险业	−20.2	−32.7	＊＊＊	−79.5
其他金融业	−96.9	−45.0	−100.0	−100.0
房地产业	61.5	71.4	−6.7	51.4
租赁和商务服务业	−20.3	−10.7	−55.8	−7.1
租赁业	−61.5	74.8	−90.8	−61.9
商务服务业	−18.1	−11.8	−55.4	−5.1
科学研究和技术服务业	9.9	16.3	−4.7	−24.3
研究和试验发展	−3.1	1.0	−26.1	−21.3
专业技术服务业	−13.1	−4.8	−28.2	−64.1
科技推广和应用服务业	45.4	52.8	40.0	42.3
水利、环境和公共设施管理业	1.6	6.6	−25.7	5.0
水利管理业	−5.0	−0.2	−40.6	46.3
生态保护和环境治理业	42.7	55.2	−5.0	64.3
公共设施管理业	−0.5	4.0	−24.1	−0.6
土地管理业	−27.2	−9.8	−81.2	−13.9
居民服务、修理和其他服务业	−46.0	−36.2	−80.4	−73.8
居民服务业	−34.4	−24.4	−72.3	−69.4
机动车、电子产品和日用产品修理业	−42.8	−15.6	−97.5	−75.5
其他服务业	−79.0	−75.0	−100.0	−96.3
教育	16.4	17.6	23.7	−29.0

行 业	投资额	♯新 建	♯扩 建	♯改 建
卫生和社会工作	26.0	44.9	−16.7	52.8
卫生	26.5	47.5	−14.8	56.8
社会工作	23.6	34.1	−37.7	36.1
文化、体育和娱乐业	−21.9	−20.6	−26.3	−24.5
新闻和出版业	−58.5	＊＊＊	−53.5	−100.0
广播、电视、电影和影视录音制作业	74.7	140.9	−66.4	28.5
文化艺术业	−16.7	−18.9	−12.1	−0.7
体育	−36.8	−44.6	−7.4	−56.7
娱乐业	−26.3	−22.7	−54.1	−58.0
公共管理、社会保障和社会组织	−49.6	−46.2	−70.2	−57.8
中国共产党机关	−81.6	−78.1	−86.0	＊＊＊
国家机构	−57.7	−57.3	−60.1	−59.2
人民政协、民主党派				
社会保障	12.9	9.6	＊＊＊	7.9
群众团体、社会团体和其他成员组织	−47.3	−21.1	−84.0	−100.0
基层群众自治组织	44.4	82.6	−91.9	22.3

2020年江苏省制造业共有外商直接投资项目1169个,金额111.81亿美元;境外投资新批项目198个,中方协议额35.02亿美元。与2016年相比,外商直接投资项目和金额都有所上升,而境外投资项目和协议额有所下降。2020年江苏省制造业外商直接投资和境外投资情况见表26。

表26 2020年江苏省制造业外商直接投资和境外投资情况

行 业	外商直接投资项目(个)	实际外商直接投资(万美元)	境外投资新批项目数(个)	境外投资中方协议额(万美元)
制造业	737	1118072	270	331293
农副食品加工业	—	—	2	475
食品制造业	—	—	5	3124
饮料制造业	—	—	—	—
烟草制品业	0	0	1	686
纺织业	11	18097	14	33618
纺织服装、鞋、帽制造业	—	—	9	1853
皮革、毛皮、羽毛(绒)及其制品业	—	—	—	—
木材加工及木、竹、藤、棕、草制品业	—	—	4	7310
家具制造业	—	—	8	11553
造纸及纸制品业	5	16716	1	700
印刷业和记录媒介的复制	—	—	—	—
文教体育用品制造业	—	—	2	3265
石油加工、炼焦及核燃料加工业	—	—	1	100
化学原料及化学制品制造业	17	66183	9	7965
医药制造业	29	71337	15	6853
化学纤维制造业	5	15524	—	—
橡胶和塑料制品业	15	22507	15	30495
非金属矿物制品业	27	68583	5	1115
黑色金属冶炼及压延加工业	—	—	—	—
有色金属冶炼及压延加工业	—	—	4	29166

行　业	外商直接投资项目(个)	实际外商直接投资(万美元)	境外投资新批项目数(个)	境外投资中方协议额(万美元)
金属制品业	35	49426	22	27468
通用设备制造业	106	57414	27	38010
专用设备制造业	159	110653	33	24117
交通运输设备制造业	57	113413	19	19663
电气机械及器材制造业	62	154205	22	17942
通信设备、计算机及其他电子设备制造业	99	183391	30	70750
仪器仪表及文化、办公用机械制造业	27	15737	—	—
工艺品及其他制造业	—	—	—	—
废弃资源和废旧材料回收加工业	—	—	4	1296

数据来源:《江苏统计年鉴2021》

2. 中小企业增速稳步回升、质效持续向好

2020年,全省中小企业认真贯彻落实中央和省委、省政府的决策部署,面对新冠肺炎疫情冲击,大力推进复工复产,积极落实稳增长系列政策措施,经济加速复苏回升。全省规模以上中小工业经济一季度、上半年、前三季度和全年实现总产值分别为下降10.3%、增长1.2%、增长3.5%、增长7.0%,呈现增速稳步回升、质效持续向好的发展态势。

总量增速稳步提高。截止到12月底,全省规模以上中小工业企业数为45375个,比上年底增加953个。1—12月,全省规模以上中小工业实现总产值同比增长7.0%;实现营业收入73525.5亿元,同比增长5.0%。

发展质效持续向好。1—12月,全省规模以上中小工业实现利润总额4342.1亿元,同比增长13.2%,高于上年同期13.8个百分点。至12月底,全省规模以上中小工业亏损企业8425个,比11月份减少995个,企业亏损面为18.6%,比上月下降2.2个百分点;企业"两项资金"占用总额(应收账款净额与产成品之和)为21585.7亿元,同比增长18.6%,比1—11月下降1.9个百分点。

八大行业营业收入同比呈"6增2降"。1—12月,从八大行业营业收入增幅看,电子(18.0%)、医药(13.8%)和冶金行业(13.1%)呈两位数增长,机械(8.4%)、建材(2.9%)和轻工行业(0.2%)保持平稳增长;纺织(—10.2%)和石化(—0.9%)同比下降,降幅比1—11月分别收窄0.8个和1.2个百分点。八大行业利润同比呈"7增1降",其中,医药(33.2%)、冶金(19.2%)、机械(16.2%)和石化行业(13.7%)呈两位数增长,轻工(9.9%)、建材(6.3%)和电子行业(3.0%)保持平稳增长;纺织行业(—11.5%)降幅比1—11月扩大3.3个百分点。

民营中小工业强劲增长。1—12月,全省规模以上民营中小工业企业总数为36424个,比上年底增加1260个,占规模以上中小工业企业总数的79.9%;实现营业收入和利润总额分别为46320.2亿元和2386.7亿元,分别占规模以上中小工业的63.0%和55.0%,同比分别增长6.1%和13.7%,较1—11月分别提高2.2个和3.4个百分点。

苏北地区企业增速领跑全省。1—12月,苏南、苏中和苏北地区规模以上中小工业实现营业收入同比分别增长4.2%、4.2%和9.7%,较1—11月分别提高1.0个、1.1个和1.3百分点。苏南、苏中和苏北地区规模以上中小工业实现利润总额同比分别增长9.0%、23.3%和26.6%,苏中和苏北地区规模以上中小工业利润总额增幅较1—11月分别提高2.5个和8.7个百分点,苏南地区规模以上中小工业利润总额增幅较1—11月低2.5个百分点。

3. 民营经济稳中求进

2020年,全省民营经济积极应对新冠肺炎疫情冲击,坚持稳中求进、稳中提质,规模不断扩大。

新注册私营企业超过 50 万户,增加值增速快于全省规模以上工业,进出口增速均快于全省。

增加值增速快于全省规模以上工业。截至 12 月末,全省规模以上民营工业企业达 36618 户,比上年底增加 1632 户。1—12 月,全省规模以上民营工业企业实现增加值同比增长 7.7%,增速比全省规模以上工业快 1.6 个百分点,其中,私营工业增加值同比增长 8.1%。规模以上民营工业实现营业收入和利润总额分别为 63553.6 亿元和 3500.1 亿元,同比分别增长 5.2% 和 8.5%,其中,利润总额增速高于上年底 10.6 个百分点。

新注册私营企业超过 50 万户。1—12 月,全省市场监管部门新登记注册私营企业和个体工商户合计 251.4 万户,同比增长 40.8%,其中,新注册私营企业 51.1 万户,同比增长 4.1%,新注册个体工商户 200.3 万户,同比增长 54.7%。截至 12 月末,全省私营企业和个体工商户期末实有户数为 1180.6 万户,比上年底增加 182.8 万户,其中,私营企业期末实有户数为 332.3 万户,比上年底增加 20.3 万户;个体工商户期末实有户数为 848.3 万户,比上年底增加 162.5 万户。

新增私营企业户均注册资本达 530 多万元。1—12 月,全省私营个体经济新增注册资本 28946.3 亿元,同比增长 10.9%,其中,私营企业新增注册资本 27220.3 亿元,同比增长 10.5%,户均注册资本达 532.5 万元;个体工商户新增注册资金 1726.0 亿元,同比增长 17.8%。截至 12 月底,全省私营企业和个体工商户实有注册资本总额达 209500.0 亿元,比上年底增长 13.8%,其中,私营企业注册资本 200787.0 亿元,比上年底增长 13.6%;个体工商户注册资金 8713.0 亿元,比上年底增长 16.6%。

民营经济上缴税金超过 9800 亿元。1—12 月年,全省民营经济上缴税金 9830.8 亿元,占全省税务部门直接征税总额的 69.9%,较上年底比重提高 0.3 个百分点,同比增长 0.4%,增幅比全省上缴税金高 0.5 个百分点,低于上年底 5.4 个百分点。从主要税种看,上缴增值税 4568.2 亿元,同比下降 6.0%,降幅比 1—11 月扩大 1 个百分点;上缴企业所得税 1982.9 亿元,同比增长 2.9%,比 1—11 月提高 0.2 个百分点。

民营经济进出口增速均快于全省。1—12 月,全省民营企业进出口总额为 2265.4 亿美元,占全省进出口总额的 35.2%,同比增长 14.4%,增速比上年底快 6.0 个百分点,比全省快 12.3 个百分点。其中,出口 1638.2 亿美元,占全省出口总额的 41.3%,同比增长 13.2%,增速高于全省 12.8 个百分点;进口 627.2 亿美元,占全省进口总额的 25.4%,同比增长 17.7%,增速快于全省 12.7 个百分数。

八、高新技术产业

按照《江苏省高新技术产业统计分类目录》(2018 年修订)所确定的统计口径,江苏省高新技术产业包括以下 9 个行业:航空航天制造业、电子计算机及办公设备制造业、电子及通讯设备制造业、医药制造业、仪器仪表制造业、智能装备制造业、新材料制造业、新能源制造业以及软件业。软件业统计参见第四节,本节主要分析其余 8 个制造业行业的发展状况。

2020 年,高新技术产业发展加快,全年高新技术产业产值比上年增长 7.7%,占规上工业总产值比重达 46.5%,比上年提高 2.1 个百分点,其中,生物医药、电子及通讯设备、智能装备实现两位数增长,分别增长 14.0%、12.2%、10.1%。江苏省组织实施前沿引领技术基础研究专项、前瞻性产业技术创新专项和重大科技成果转化专项共 209 项,省级拨款 10.5 亿元。当年认定高新技术企业 13042 家,大中型工业企业和规模以上高新技术企业研发机构建有率保持在 90% 左右,国家级企业研发机构达 163 家,位居全国前列。全省已建国家级高新技术特色产业基地 172 个。

高新技术产业产值平稳回升,运行质态好于全省工业水平。全省高新技术产业产值高于全省工业平均水平 2.2 个百分点,其中,内资企业产值同比增长 8.8%,增幅高于外资企业 2.5 个百分点,占比达 60.1%,比 2019 年末提高 3.1 个百分点;苏南、苏中、苏北地区产值均继续保持增长,增幅达 7.4%、8.0%、8.8%,分别比上年提高 0.9、1.9、5.9 个百分点。

图 12 显示了江苏省 2014—2020 年规模以上工业总产值增长情况及高新技术产业产值的占比情况。我们可以看出,近五年来,江苏工业在稳步增长的同时,结构和产业层次都在不断提升。高新技术产业产值占规模以上工业总产值的比重由 2014 年的 40.05% 提高到 2020 年的 46.5%。

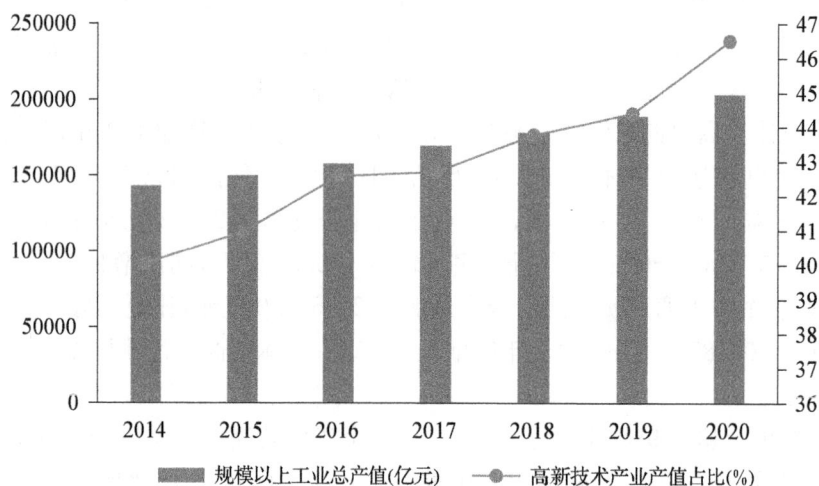

图 12　2014—2020 年江苏省工业总产值及高新技术产业产值占比情况
数据来源:历年《江苏省国民经济与社会发展统计公报》

九、邮电业

1. 业务发展情况

2020 年江苏省邮政行业业务总量完成 1699.5 亿元,同比增长 19.1%,邮政行业业务收入(不包括邮政储蓄银行直接营业收入)完成 919.5 亿元,同比增长 13.0%。江苏省邮政行业业务总量和收入分别位居全国第三位和第四位。

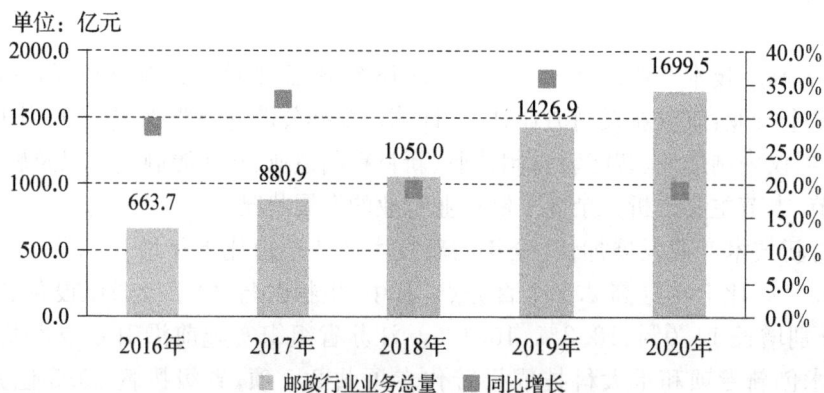

图 13　江苏省邮电业业务总量发展情况
数据来源:2020 年江苏省邮政行业发展统计公报

（1）邮政寄递服务业务

2020年全省邮政寄递服务业务量完成26.2亿件,同比增长10.5％;邮政寄递服务业务收入完成45.8亿元,同比增长0.8％。

全年函件业务量完成1.5亿件,同比下降27.6％;包裹业务量完成133.1万件,同比增长8.0％;订销报纸业务完成13.6亿份,同比下降1％;订销杂志业务完成4962.5万份,同比下降3.4％;汇兑业务完成102.7万笔,同比下降45.0％。

（2）快递业务

快递业务快速增长。全年快递服务企业业务量完成69.8亿件,同比增长21.5％;快递业务收入完成708.9亿元,同比增长14.5％。

快递业务收入在行业中占比继续提升。2020年全省快递业务收入占行业总收入的比重为77.1％,比去年同期提高了1个百分点。

同城快递业务保持增长。全年同城快递业务量完成11.2亿件,同比增长16.0％;实现业务收入65.6亿元,同比增长1.8％。异地快递业务快速增长。全年异地快递业务量完成58.1亿件,同比增长23.3％;实现业务收入436.1亿元,同比增长9.1％。

国际及港澳台快递业务收入增长明显。国际及港澳台快递业务量完成4207.8万件,同比下降27.3％;实现业务收入82.1亿元,同比增长31.2％。

单位：亿件

图14　江苏省快递业务发展情况

数据来源:2020年江苏省邮政行业发展统计公报

异地快递业务量占比提升。同城、异地、国际及港澳台快递业务量分别占全部快递业务量的16.1％、83.3％和0.6％。与去年同期相比,同城快递业务量的比重下降了0.8个百分点,异地快递业务量的比重上升1.2个百分点,国际及港澳台业务量的比重下降了0.4个百分点。

苏南、苏中、苏北地区快递业务量持续稳定的增长势头,苏中、苏北地区快递业务量增长提速,市场份额上升。全年苏南地区完成快递业务量43.3亿件,同比增长12.6％。苏中地区完成快递业务量11.3亿件,同比增长47.7％。苏北地区完成快递业务量15.2亿件,同比增长34.0％。苏南、苏中、苏北地区快递业务量比重分别为62.0％、16.2％和21.8％,与去年相比,苏中、苏北快递业务量占全省的比重分别提升了2.9个和2个百分点。

快递业务量从大到小排名依次是苏州市、南京市、无锡市、南通市、宿迁市、徐州市、常州市、连云港市、扬州市、淮安市、盐城市、镇江市和泰州市。

单位：亿件

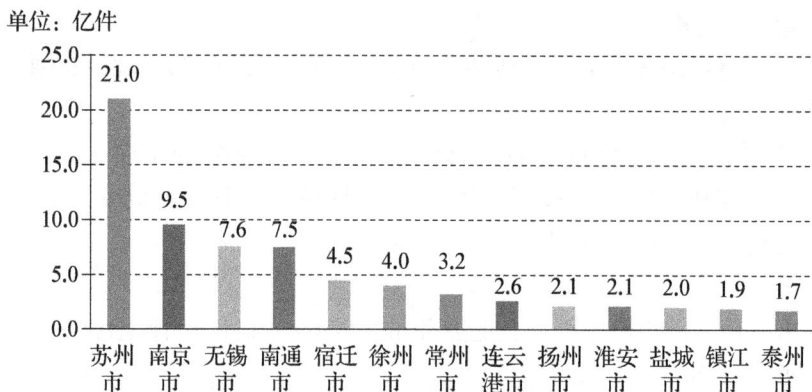

图15 2020年江苏省各市快递业务量分布
数据来源：2020年江苏省邮政行业发展统计公报

快递业务收入从大到小排名依次是苏州市、南京市、无锡市、南通市、常州市、徐州市、宿迁市、扬州市、镇江市、连云港市、淮安市、泰州市和盐城市。

国有、民营、外资企业业务量占全省快递与包裹市场的比重分别为15.3%、84.5%、0.2%，国有、民营、外资企业业务收入占全省快递与包裹市场比重分别为12.0%、81.2%、6.8%。2020年快递与包裹服务品牌集中度指数CR8为80.0。

2. 通信能力和服务水平

（1）机构设备

全行业拥有各类营业网点24627处，其中设在农村的5386处。快递服务网点14389处，其中设在农村3574处。全省拥有邮政信筒信箱4934个。全省拥有邮政报刊亭总数1111处。全行业拥有汽车26278辆，比上年末增长9.4%，其中快递服务汽车21258辆，比上年末增长8.2%。

（2）通信网路

全省邮政邮路总条数2068条，比上年末增加了318条。邮路总长度（单程）48.5万公里，比上年末增加了0.6万公里。全省邮政农村投递路线5650条，比上年末增加了12条；农村投递路线长度（单程）27.2万公里，比上年末减少了0.9万公里。全省邮政城市投递路线5178条，比上年末减少了204条；城市投递路线长度（单程）14.9万公里，比上年末减少了0.3万公里。全省快递服务网路条数20302条；快递服务网路长度（单程）385.2万公里。

（3）服务能力

全行业平均每一营业网点服务面积为4.4平方公里；平均每一营业网点服务人口为0.3万人。邮政城区每日平均投递2次，农村每周平均投递8次。全省年人均函件量为1.9件，每百人订有报刊量为10份，年人均快递使用量为82.3件。年人均用邮支出1085.0，年人均快递支出836.5元。

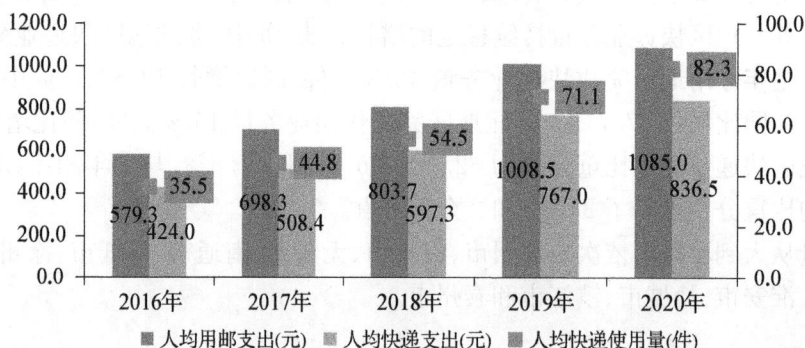

图16 2016—2020年人均用邮支出、快递使用量和快递支出情况
数据来源：2020年江苏省邮政行业发展统计公报

十、"三新"经济

近年来,以新产业、新业态、新模式为主要内容的"三新"经济已成为推动江苏省经济发展的强大引擎。2020 年,在经济下行压力不断加大并叠加疫情影响的严峻形势下,江苏省实现"三新"经济增加值 25177 亿元,相当于 GDP 的比重为 24.5%,比上年名义增长 5.6%,快于同期 GDP 名义增速 1.5 个百分点。

1. 新产业新产品强劲增长

新产业方面,2020 年全省战略性新兴产业产值同比增长 11%,快于规上工业 5.5 个百分点;占规上工业比重达 37.8%,同比提高 5 个百分点。其中,增长最快的新能源汽车、数字创意、新能源和高端装备制造业,增速分别高达 21.0%、19.8%、15.6% 和 15.5%。新一代信息技术产业和新材料产业产值均超万亿元,占比分别达到 29.1% 和 21.8%。高技术制造业增加值增长 10.3%,增速快于规上工业 4.2 个百分点,占规上工业比重达 23.5%,同比提高 1.7 个百分点。

高技术服务业营业收入增长 14.1%,增速高于全省规上服务业 7.2 个百分点,占规模以上服务业比重为 37.9%,同比提高 2.4 个百分点。新产品方面,2020 年全省代表智能制造、新型材料、新型交通运输设备和高端电子信息产品的新产品产量快速增长,其中,碳纤维增强复合材料、新能源汽车、城市轨道车辆、集成电路、太阳能电池等新产品产量比上年分别增长 48.9%、42.0%、24.5%、22.3% 和 16.5%。

2. 新业态新模式日趋多元

农业领域,现代农业发展迅猛。2020 年,全省现代设施农业占地面积达到 100.5 万公顷,其中,设施林业和设施畜牧业占地面积分别比上年增长 24.6% 和 44.2%;属于战略性新兴产业的中药材种植业快速增长,种植面积达 1.8 万公顷,实现产值 32.0 亿元,比上年增长 138.1%;各类新型农业生产组织继续稳定发展,全省种植和养殖规模户合计 14.2 万个,比上年增长 2.9%。商贸领域,电子商务和网络经济保持快速增长。2020 年,全省电子商务交易平台交易金额 24820.6 亿元,同比增长 7.3%。全省有电子商务活动的"四上"企业 12537 家,实现营业收入 4.1 万亿元,同比增长 26.6%。全省网上零售额首次突破万亿,达到 10602 亿元,同比增长 10%。其中,实物商品网上零售额同比增长 13.9%,增速比上年同期提高 5.2 个百分点;占社会消费品零售总额比重为 24.9%,同比提高 2.7 个百分点。

3. 创新实力显著增强

科研投入力度加大。2020 年,全社会研究与试验发展(R&D)活动经费占地区生产总值比重为 2.85%。全省拥有中国科学院和中国工程院院士 105 人。各类科学研究与技术开发机构中,政府部门属独立研究与开发机构达 435 个。建设国家和省级重点实验室 190 个,科技服务平台 276 个,工程技术研究中心 3978 个,企业院士工作站 126 个,获批建设综合类国家技术创新中心 1 家。创新成果持续高产。2020 年,全省专利申请量、授权量分别达 75.2 万件、49.9 万件,其中,发明专利申请量 18.9 万件,比上年增长 9.5%;发明专利授权量 4.6 万件,增长 15.9%。全省 PCT 专利申请量达 9606 件,增长 44.8%。全省万人发明专利拥有量达 36.1 件,同比增加 6 件;全年共签订各类技术合同 5.7 万项,技术合同成交额达 2335.8 亿元,比 2019 年增长 39.4%。科技成果转化成效凸显。2020 年,全省科技进步贡献率 65.1%,比 2019 年提高 0.9 个百分点。共组织实施前沿引领技术基础研究专项、前瞻性产业技术创新专项和重大科技成果转化专项共 209 项,省级拨款 10.5 亿元。当年认定高新技术企业 13042 家,大中型工业企业和规模以上高新技术企业研发机构建有率保持在 90% 左右,国家级企业研发机构达 163 家,位居全国前列。全省已建国家级高新技术特色产业基地 172 个。

第七章　2021年江苏省行业经济发展分析

一、金融业

截至2021年12月31日,江苏全省银行业金融机构合计总资产242168.47亿元,比年初增长10.7%,总资产在数量以及增速方面都保持较快增长。如表1所示,在总资产增长方面,各类银行都有收获,大型银行、城市商业银行增幅都在两位数以上,其中,城市商业银行增长率达到13.31%,大型银行增长率紧随其后,达到12.25%,全省法人银行业金融机构的资产增长率也突破两位数,来到11.46%。

在税后净利润方面,全省银行业累计完成2574.55亿元,比上年同期增长7.6%,增速略低于往年,处于放缓阶段,但在行业大趋势情况下,仍属于正常。从各类型银行净利润看,省内除政策性银行有减少的情况外,股份制银行、城商行、农商行的净利润都在两位数,省内法人银行机构的净利润增幅达到了20%。

全省2021年银行业中间业务收入累计673.18亿元,省内农商行中间业务收入比上年同期增长5.17%。全省银行业不良贷款余额为1339.28亿元,比例为0.74%,这两项数据均较2020年有所下降。政策性银行、大型银行、股份制商业银行、城商行的不良贷款率都在1%以内,农村中小金融机构不良贷款比例也继续降低,降至1.39%。

表1　2021年全省银行业金融机构发展情况　　　　　　　　　　单位:亿元

	总资产		总负债		所有者权益		税后净利润		中间业务收入	
	余额	增长	余额	增长	余额	增长	本年累计	增长	本年累计	增长
银行业机构合计	242168.47	10.70%	232199.86	10.47%	9968.60	16.49%	2574.55	7.60%	673.18	−2.64%
其中:政策性银行	12550.02	7.39%	12462.05	8.08%	87.96	−43.53%	85.96	−44.10%	3.38	−0.63%
大型银行	95188.17	12.25%	93936.74	11.62%	1251.44	95.76%	1134.18	5.61%	399.65	−3.56%
股份制商业银行	39166.11	6.48%	38540.26	6.37%	625.85	13.81%	511.63	17.93%	85.30	0.52%
城市商业银行	50685.15	13.31%	47152.10	13.62%	3533.05	9.39%	449.65	16.56%	129.22	−5.40%
农村中小金融机构	36783.97	8.38%	33649.16	8.07%	3134.81	11.80%	273.57	15.87%	46.01	5.17%
法人银行业机构	85645.47	11.46%	78900.94	11.52%	6744.53	10.75%	648.00	20.00%	173.78	−5.09%

注:1.银行业金融机构包括辖内政策性银行、大型银行(含邮政储蓄银行)、股份制商业银行、城市商业银行、民营银行、农村中小金融机构(含农村商业银行、农村信用社、村镇银行)、外资银行、非银行金融机构(含信托公司、财务公司、金融租赁公司、消费金融公司)。不含辖内地方法人银行业金融机构的省外异地分支机构数据。

数据来源:江苏省地方金融监督管理局

2021年围绕保障消费提档升级,全省银行机构顺应消费升级趋势,结合消费场景,充分运用金融科技,在信用卡、电子支付等领域创新产品服务,促进实物消费不断提档升级,推进文化旅游体育等服务消费提质扩容,大力支持发展以网络购物、线上线下融合等新业态新模式为特征的新型消费。截至2021年末,全省银行业消费贷款余额5.2万亿元,较年初增加6052亿元,满足消费者住房、购车、装修、教育、医疗、旅游等综合消费金融服务需求。

为保障外贸稳中提质,全省银行保险机构创新产品服务,加大对外经贸企业信贷投放,助力外贸企业风险管理,稳健推进跨境融资业务。截至 2021 年,全省银行业外经贸贷款余额 7471 亿元,全年累计发放外经贸企业贷款 9435 亿元,较上年增长 48.54%。

为保障产业链供应链安全畅通,江苏银保监局围绕全省"产业强链"三年行动计划,建立产业链核心企业和上下游企业融资监测体系,会同省工信厅协调解决 9 家产业链龙头骨干企业融资诉求,助力核心企业健康发展。截至 2021 年末,辖内主要银行机构共对 1.8 万户产业链核心企业融资余额 1.02 万亿元;对 7.7 万户产业链上下游企业融资余额 8203 亿元。

二、建筑及房地产业

2021 年,江苏建筑业总产值超过 3.8 万亿元,达到 38244.49 亿元,以绝对优势继续领跑全国。建筑业企业新签合同额达到 34608.65 亿元,比 2020 年增长 0.01%,占全国签订合同额总量的 56.33%。全省建筑业从人员数达到 880.09 万人。

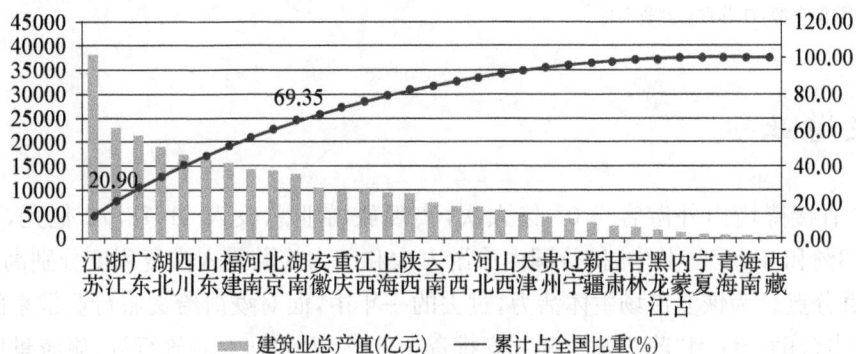

图 1 2021 年全国建筑业总产值排名
数据来源:《2021 年建筑业发展统计分析》

2021 年,全省共批准建设用地 13.74 万亩,同比下降 15.29%。按用地类型分,批准交通运输用地 5.81 万亩,同比增长 1.04%,占总批准量的 42.29%;工矿仓储用地 2.31 万亩,同比下降 55.06%,占总批准量的 16.81%;住宅用地 1.35 万亩,同比下降 23.30%,占总批准量的 9.83%。

土地方面,受"两集中"供地模式以及土拍规则调整等多重因素影响,2021 年江苏省共成交 1703 幅涉宅用地,同比 2020 年缩减 10.79%。2021 年 1—12 月,江苏省共推出涉宅用地 1853 宗,推出规划建面 17761.77 万平,共成交涉宅用地 1703 宗,成交规划建面达 16144.44 万平,全省成交楼面均价为 6290.27 元/㎡,其中,12 月涉宅用地推出 112 宗,推出规划建面 923.94 万平,成交 346 宗,成交规划建面达 2820.47 万平方米,全省楼面均价为 4101.66 元/㎡。从城市角度看,南京、苏州、南通、徐州为省内供应、成交主力,其次为无锡、常州、镇江、淮安。南京市以 12715.44 元/㎡ 的楼面价领跑,无锡市以 12018.87 元/㎡ 的楼面价排名第二。2021 年江苏省涉宅土地出让金额为 10155.29 亿元,同比上涨 6.95%,其中,南京市、苏州市涉宅土地出让金额位处全省第一梯队,出让总额分别为 2015.52 亿元和 1835.66 亿元。

全省供应经营性用地 19.67 万亩,同比增长 21.05%,占供应总量的 34.16%;工矿仓储用地 18.16 万亩,同比下降 21.56%,占供应总量的 31.54%;公益性用地 19.75 万亩,同比下降 29.96%,占供应总量的 34.30%。

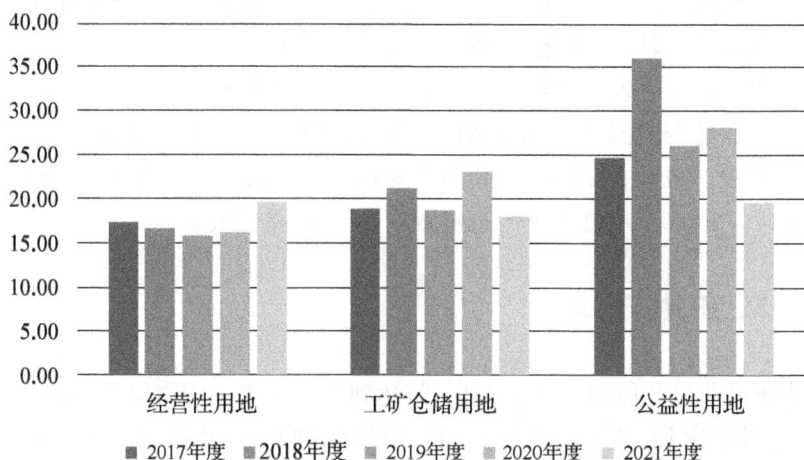

图2 2021年江苏省土地供应结构(单位:万亩)

数据来源:江苏省自然资源厅

三、旅游业

2021年全省接待境内外游客7.07亿人次,实现旅游业总收入11672.72亿元,分别恢复到2019年的80.3%和81.5%,其中,接待国内旅游人次和国内旅游收入恢复程度分别高出全国23.3个和28.5个百分点。为恢复市场主体活力,过去的一年中,面对疫情给文旅行业带来的持续冲击,省文旅厅研究出台助企纾困"苏八条",调剂安排资金8100万元加大对旅行社、旅游景区、演出场所经营单位纾困帮扶力度,并对南京、扬州的文旅企业予以优先支持。在全国率先出台促进文化和旅游产业融合发展指导意见,组织261个重点文旅项目集中签约、总授信额622.2亿元,推出首家文旅特色支行和"乡旅E贷"专项信贷产品。

全省游客满意度综合得分排名前五的分别为苏州(86.27分)、无锡(86.16分)、南京(86.09分)、常州(85.61分)和扬州(85.23分),均达到"满意度高"水平。其余8个设区市游客满意度处于"满意"水平。苏南五市满意度平均水平为85.30分。各地节日期间的文旅活动精彩纷呈,夜间文旅活动频频上新,促进夜间文旅消费潜力释放,沉浸式演出、非遗展演等旅游新产品为广大游客带来更加新奇、独特的出游体验。苏中三市满意度平均水平为83.46分。苏北五市满意度平均水平为82.86分,其中,连云港和盐城两市的游客满意度水平较去年同期上涨明显,分别上涨0.87分和0.99分。连云港在节日期间推出"国人游港城""游大圣故里品西游文化"旅游消费券发放等惠民措施,激发游客到港旅游意愿与热情。盐城在文旅品牌形象推广、景区吸引力提升、文旅融合方面表现抢眼,荷兰花海景区文旅融合标杆性产品《只有爱·戏剧幻城》恢复上演,赢得游客较高的评价。

表2 2021年江苏省旅游接待情况

指　标	计量单位	2021年12月	增长速度(%)	2021全年	增长速度(%)
接待入境过夜旅游者人数	人次	62181	−36.6	618933	−19.7
外国人	人次	43233	−35.2	397531	−23.0
香港同胞	人次	2347	−58.5	32256	−16.8
澳门同胞	人次	310	−78.6	8410	1.3
台湾同胞	人次	16291	−32.6	180736	−12.7
韩国	人次	9474	−21.0	90836	−17.2

指标	计量单位	2021年12月	增长速度(%)	2021全年	增长速度(%)
日本	人次	7219	−54.3	69148	−25.2
美国	人次	2968	−42.0	32651	−21.6
德国	人次	1531	−39.6	15084	−19.8
加拿大	人次	1424	−38.9	14699	−16.4
新加坡	人次	1235	−34.1	11643	−16.3
英国	人次	1138	−20.1	11570	−23.7
马来西亚	人次	965	−52.9	10031	−29.0
印度	人次	1172	−51.9	9407	−34.1
澳大利亚	人次	930	−14.6	8729	−27.9
法国	人次	723	−54.3	7081	−25.5
意大利	人次	570	−44.8	6953	−33.7

数据来源:江苏省文化和旅游厅

四、数字经济产业

"数字经济"既为产业结构优化提供动能,也为新兴产业提供了契机。一方面,"数字经济"对传统基础设施进行数字化改造,可以更好地优化产业结构,补齐公共基础设施建设短板;另一方面,"数字经济"本身就是智能化、自动化、数字化的有效载体,且能进一步孵化出更多创新与应用,促进产业数字化、融合化、高端化发展。

2020年,江苏省数字经济规模达到4.4万亿元,居全国前列。据初步预算,2021年江苏数字经济核心产业增加值占地区生产总值比重预计为10.3%左右,同样位居全国前列。2015—2020年,江苏省信息基础设施总投资已经超过2000亿元。在大量信息基础设施投资的推动,江苏省的5G建设迅速铺开。截至2020年底,江苏省已累计开通5G基站7.1万个,排名全国第二,其中移动5G基站有3.7万个。全省手机用户使用5G的数量达到1778万。5G网络已经覆盖各县(市、区)城区、重点中心镇及产业园区,地铁、高速公路以及机场、车站等交通枢纽也实现了全覆盖。

2020年南京市数字经济指数得分80.6分,达到数字经济新一线城市水平;数字经济规模为7337亿元,位列全国第九。2020年苏州市数字经济指数得分78.8分,达到数字经济新一线城市水平;数字经济规模为9827亿元,位列全国第五。

2021年8月26日,江苏省人民政府办公厅印发的《江苏省"十四五"数字经济发展规划》提出到2025年,数字经济强省建设取得显著成效,数字经济核心产业增加值占地区生产总值比重超过10%,数字经济成为江苏高质量发展的重要支撑。

表3　江苏省"十四五"数字经济发展主要指标

序号	具体指标	单位	2020年	2025年	指标性质
1	数字经济核心产业增加值占GDP比重	%	/	＞10	预期性
2	电子信息制造业业务收入	亿元	28680	40000	预期性
3	软件与信息技术服务业业务收入	亿元	10800	16000	预期性
4	物联网产业业务收入	亿元	6036	18000	预期性
5	新建省级智能制造示范工厂	个	/	50	预期性
6	网络零件额年均增长率	%	10.2	＞12	预期性
7	新建省级数字农业基地	个	/	100	预期性

续表

序 号	具体指标	单 位	2020 年	2025 年	指标性质
8	应办事项推办率	％	/	80	预期性
9	一网通办率	％	50	90	约束性
10	公共数据开放率	％	/	100	约束性
11	公共数据使用率	％	/	60	约束性
12	DCMM 贯标企业数	个	15	200	预期性
13	数据资源流通交易机构	个	1	2—3	预期性
14	5G 基站数	万座	7.1	25.5	预期性
15	大数据中心标准机架数	万个	35	70	预期性

资料来源:《江苏省数字经济"十四五"发展规划》

五、邮政物流业

2021 年江苏完成邮政业业务总量 972.7 亿元、业务收入 1001.1 亿元,同比分别增长 20％、8.9％;完成快递业务量 86.1 亿件、快递业务收入 788.4 亿元,同比分别增长 23.4％、11.2％。2021 年,江苏"快递进村"硕果累累,"快递进厂"初见成效,"快递出海"持续推进。全省 4 个品牌快递服务通达率 100％、7 个品牌快递服务通达率 96.95％。全年实施快递服务现代农业重点项目 42 个、业务量超 1000 万件项目 8 个,累计产生业务量 4.71 亿件、带动农业产值 271 亿元。"快递进厂",全年实施快递与制造业融合发展项目 168 个、产生业务量 5.7 亿件、支撑制造业产值 836 亿元。徐州国际邮件互换局进入试运行阶段,连云港和无锡国际邮件互换局、苏州叠加交换站功能加快协调推进。

2021 年,全省公铁水空四种运输方式累计完成综合客运量 6.6 亿人次,同比下降 22.5％;完成综合旅客周转量 1142.1 亿人公里,同比增长 5.1％。全省公铁水空四种运输方式累计完成综合货运量 29.3 亿吨,同比增长 6.6％;完成综合货物周转量 11779.1 亿吨公里,同比增长 8.2％。全省累计完成港口货物吞吐量 32.1 亿吨,同比增长 8.2％,其中外贸吞吐量 5.9 亿吨,同比增长 6.6％。

《江苏省"十四五"现代物流业发展规划》提出,到 2025 年,江苏省基本形成枢纽引领、内联外通、集约高效、智慧共享、绿色安全的现代物流体系,建设成为全国物流高质量发展示范区、物流数字化建设先行区、物流降本增效综合改革试验区。

第八章　2020年江苏省开放型经济发展分析

一、对外贸易

在中国经济"新常态"阶段,世界经济处于国际金融危机之后的深度调整期,复苏进程艰难曲折;外贸增速换档由高速转为中高速,转型升级需求迫切。面对复杂的严峻形势,江苏继续深入实施经济国际化战略,持续进行以 WTO 规则为基础的全面改革,以创新精神大力发展对外贸易。由此,促进了江苏对外贸易规模继续扩大,结构与效益双双提升,进入不以数量争高低,而以质量论英雄的外贸发展新常态。截至 2020 年,江苏外贸出口额从 2000 年起已连续 21 年位居全国第二位。并且,对外贸易结构逐步优化、活力不断增强。全省形成了以机电、高新产品为主要商品,一般贸易为主要方式,外资企业和私营企业双主力军,开发区为主要载体,欧盟、"一带一路"国家、美国、日本、韩国和东盟为主要市场的基本格局。作为全国对外贸易发展的重要推动力量,江苏为中国跃升至世界贸易大国地位做出了重要贡献。

2020 年,江苏全省完成进出口总额 44500.5 亿元,比上年增加了 1120.8 亿元,上升幅度为 2.6%,其中,出口 27444.3 亿元,比上年增加了 235.7 亿元,上升幅度为 0.9%;进口 17056.2 亿元,比上年增加了 885.1 亿元,上升幅度为 5.5%。

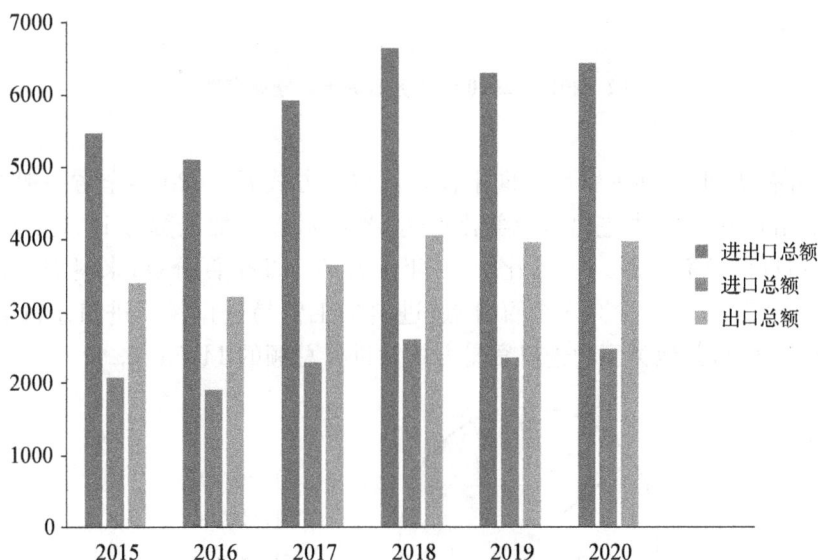

图1　2015—2020 年江苏省进出口额变动(单位:亿美元)
数据来源:历年《江苏统计年鉴》

近年来,江苏省进出口增速经历了较大的波动。2009—2010 年增速由负转变为正,并达到近五年的高点,接近 40%,但此后连续下滑,2011 年下降到了 15%左右,增速放缓近三分之一,虽然 2014 年进出口总额实现正的 2.3%的增速,但在 2015 年、2016 年增速出现了负增长,直到 2017 年增速为正,2018 年进出口增速又出现下滑的趋势,但仍是正向增长。2019 年呈现负向增长,2020 年进出口是正向增长,增速为 2.6%。具体见图2。

2020年就全国来看,江苏省的进出口总额(44500.5亿元),仅次于广东省(70844.82亿元),其中进出口总额上升2.6%;出口方面,上升0.9%;进口方面,上升5.5%。近年来,江苏出口商品结构发生了巨大的变化,顺利实现了由原料性初加工品为主向技术含量高、加工程度深、加工工艺优的工业制成品转变,由资源和劳动密集型向资本和技术密集型转变,出口商品结构不断优化,竞争力明显增强。2020年,江苏省出口机电产品18342.8亿元,增长2.4%,增幅较前11个月扩大1.1个百分点,占全省出口总值的(下同)66.8%,其中,出口集成电路1992.3亿元,增长15.9%;出口笔记本电脑1585.8亿元,增长15.2%;出口手机916.7亿元,增长13.5%。同期,江苏省出口劳动密集型产品4724.1亿元,增长1.1%,占17.2%,其中,纺织制品出口985.2亿元,增长50%;塑料制品出口885.6亿元,增长20.4%;家具及其零件出口331.3亿元,增长9.3%。此外,全省医药材及药品出口241.4亿元,增长20.7%;医疗仪器及器械出口205.3亿元,增长35.4%。

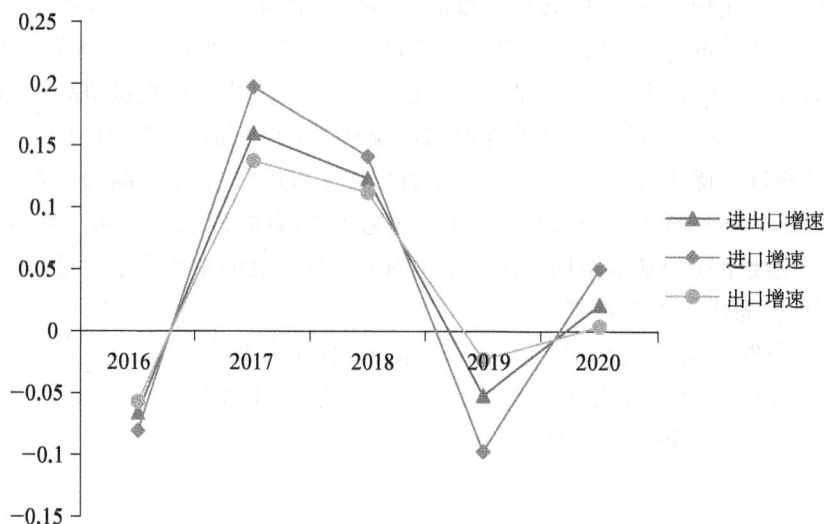

图2 2016—2020年江苏省进出口增速变动
数据来源:历年《江苏统计年鉴》

一般贸易走势有所回暖,加工贸易趋向平稳。从贸易方式看,2020年全省一般贸易进出口总额23774.0亿元,增长6.1%;占进出口总额比重达53.4%,超过加工贸易18.1个百分点。其中,一般贸易进口额占进口总额的50.49%,比2019年上升约1.5个百分点;来料加工装配贸易占进口总额的3.55%,比2019年减少0.5个百分点;进料加工贸易进口额占进口总额的31.00%,比2019年减少2个百分点;其他类型的进口贸易方式占进口总额的14.55%。

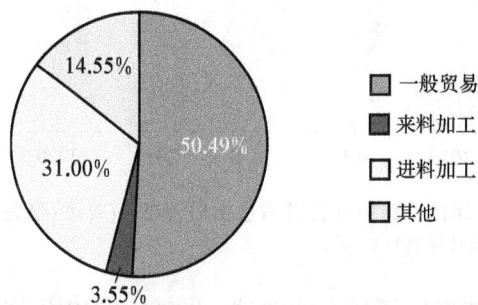

图3 2020年江苏省按贸易方式分进口贸易结构
数据来源:《江苏统计年鉴2021》

2020年江苏省一般贸易出口额为21871270万美元,占出口总额的55.19%,比2019年增加约2.03个百分点;来料加工装配贸易、进料加工贸易出口额分别为1064459万美元、13117505万美元,来料加工装配贸易较 2019 年减少了 97200 万美元,进料加工贸易出口额较 2019 年减少了 670998 万美元,分别占 2020 年出口总额的 2.69％和 33.10％(见图 4)。

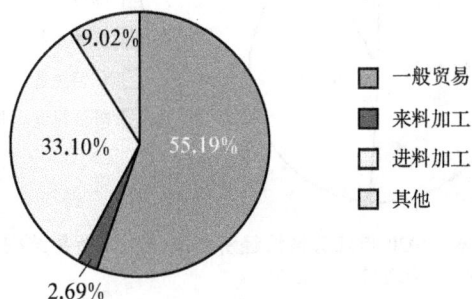

图 4 2020 年江苏省按贸易方式分出口贸易结构
数据来源:《江苏统计年鉴 2021》

进入"十三五"以来,江苏进一步加快转变外贸增长方式,努力扩大具有自主知识产权、自主品牌商品出口,积极鼓励新能源、新材料、生物医药、数控机床等产品出口,严控"两高一资"产品出口。机电产品出口快速增长,高新技术产品出口迅速崛起。2018 年,机电产品、高新技术产品出口占全省总额比重分别达到 66.1％和 37.9％,其中,技术含量高、附加值较大的机械及设备、仪器仪表、计算机与通信技术产品、电子技术产品出口占全省总额比重分别为 23.5％、3.8％、22.9％和 9.3％。与此同时,纺织纱线织物及制品、服装及衣着附件出口比重逐渐回落。另一方面,机电产品,尤其是高新技术产品进口快速增长,加快了江苏企业技术的改造步伐,促进了江苏产业结构升级换代。2018 年,全省机电产品进口 1546.9 亿美元,年均增长 21.5％,占进口总额比重达到 59.5％;高新技术产品进口 1104.6 亿美元,占进口总额的 42.5％,高于 2000 年 13.5 个百分点,其中,电子技术产品进口占进口总额超过四分之一,为 27.5％。目前,列进口前五位的商品为集成电路、农产品、铁矿砂及其精矿、初级形状塑料、液晶显示板等。

随着江苏对外贸易的不断发展,进出口贸易结构逐步形成外资与私营企业双主力军格局。2018 年,全省外商投资企业进出口迈入 4000 亿美元大关,达到 4082.4 亿美元,其中,出口达到 2243.6 亿美元,占出口总额的 55.53％;进口达到 1838.8 亿美元,占进口总额的 70.72％。2020 年,全省外商投资企业进口额为 1587.42 亿美元,占进口总额的 64.40％;出口达到 2023.55 亿美元,占出口总额的 51.06％。全省外商投资企业形成以外商独资企业为主体,以加工贸易为主要贸易方式,以机电产品、高新技术产品为支柱产品的外贸格局,为江苏开放型经济发展立下了赫赫之功。

江苏私营企业在改革开放浪潮中的角色越来越凸显,同样为江苏外贸发展立下汗马功劳。尤其是党的十八大以来,私营企业享受到更多"改革大餐",出口规模不断扩大,在与外资企业的竞争中后劲充足,成为全省外贸出口又一主力军,带动全省出口结构进一步优化。数据显示,私营企业出口占全省出口总额比重由 2012 年的 27.1％,提升至 2019 年的 54.64％,2020 年下降为 40.21％;私营企业进口比重则由 2019 年的 21.23％逐渐上升至 2020 年的 23.77％。

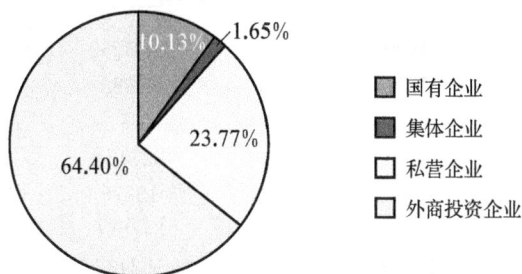

图 5 2020 年江苏省按经济类型分进口贸易结构
数据来源:《江苏统计年鉴 2021》

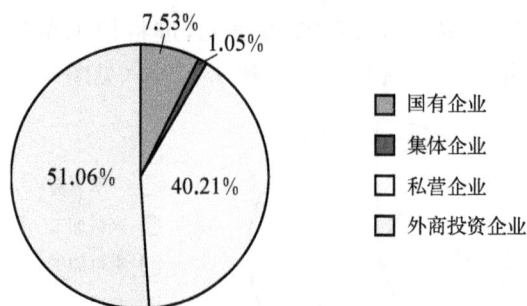

图6 2020年江苏省按经济类型分出口贸易结构
数据来源:《江苏统计年鉴2021》

随着改革开放的深入,江苏市场多元化战略不断推进,贸易领域和渠道进一步拓宽。江苏省业已形成发达国家和发展中国家合理分布的进出口市场格局。与主要贸易伙伴保持稳定快速发展,新兴市场实现旺盛增长。尤其是党的十八大以来,贸易领域和渠道进一步拓宽,稳固了以欧盟、美国、日本、中国香港、韩国、东盟为主,以周边国家(地区)以及非洲、拉丁美洲、南亚等为重要方向的贸易市场格局。

从出口市场看,2020年,对美国、欧盟、日本出口比上年分别下降2.5%、下降0.9%和增长0.1%,对印度、俄罗斯、东盟出口分别下降14.8%、增长5.9%和增长8.4%。对"一带一路"沿线国家出口保持增长,出口额7393.4亿元,增长1.5%;占全省出口总额的比重为26.9%。2020年,位居江苏出口额前十位的贸易伙伴依次为:美国、日本、韩国、中国香港、越南、荷兰、中国台湾、德国、英国、印度,合计出口额占全省出口总额的61.01%。江苏外贸进口名列前十位的贸易伙伴依次为:韩国、中国台湾、日本、美国、德国、澳大利亚、巴西、马来西亚、泰国、越南,合计进口额占全省进口总额的71.69%。

表1 2020年江苏省进出口商品主要国家和地区

国家(地区)	金额(万美元)		
	进出口	进口	出口
亚 洲	34957203	1665479	18409265
♯巴林	14523	159	14364
孟加拉国	302956	8208	294748
缅甸	152404	9835	142569
柬埔寨	196357	27456	168901
塞浦路斯	12408	96	12312
中国香港	2670544	21447	2649097
印度	1257276	210145	1047131
印度尼西亚	1037495	473409	564085
伊朗	133923	62449	71474
以色列	200522	51828	148724
日本	5914006	2975252	2938754
科威特	85731	42888	42844
中国澳门	7760	69	7691
马来西亚	1522030	827474	694556
巴基斯坦	166398	10270	156128
菲律宾	821436	347834	473602
卡塔尔	199341	162432	36909
沙特阿拉伯	528660	223943	304717

国家(地区)	金额(万美元)		
	进出口	进口	出口
新加坡	1426865	524940	901925
韩国	6916026	459696	2656330
斯里兰卡	52299	6548	45751
叙利亚	6882	28	6854
泰国	1423631	594423	829208
土耳其	337837	24701	313136
阿拉伯联合酋长国	456564	45391	411173
越南	2383967	661928	1722039
中国台湾	5055569	3652019	1403551
非 洲	1359154	317269	1041885
♯喀麦隆	19281	6209	13072
埃及	134985	1528	133457
加蓬	17504	13372	4132
摩洛哥	51174	4251	46922
尼日利亚	129904	11551	118353
南非	306894	122138	184756
欧 洲	12014999	3539695	8475304
♯比利时	461293	117410	343883
丹麦	164524	45314	119210
英国	1237542	146401	1091141
德国	2660556	1276337	1384219
法国	809914	222630	587284
爱尔兰	68989	24342	44646
意大利	644637	214546	430091
荷兰	1827816	190090	1637726
希腊	91596	3339	88258
葡萄牙	83624	14580	69044
西班牙	471484	90529	380955
奥地利	138378	86977	51401
芬兰	154200	84554	69646
匈牙利	177755	41833	135922
挪威	69407	22052	47355
波兰	451947	49715	402232
罗马尼亚	129963	19096	110867
瑞典	408018	253719	154299
瑞士	233837	139899	93938
俄罗斯联邦	753464	210962	542502
乌克兰	213835	129770	84066
捷克	320995	77477	243518
拉丁美洲	3512464	1363800	2248664
♯阿根廷	192331	81357	110974
巴西	1460150	877385	582765
智利	272511	66254	206257
哥伦比亚	110241	1542	108699
危地马拉	28800	5822	22978
墨西哥	872655	168541	704115

续表

国家(地区)	金额(万美元)		
	进出口	进口	出口
巴拿马	173506	32	173474
秘鲁	154950	29935	125015
乌拉圭	46037	27476	18561
委内瑞拉	41175	30921	10255
北美洲	10054992	1747020	8307972
♯加拿大	871464	212626	658838
美国	9182868	1534394	7648474
大洋洲	2270961	1125720	1145241
♯澳大利亚	1933765	1011681	922085
新西兰	161383	67213	94170
巴布亚新几内亚	33631	26386	7245
附:东南亚国家联盟	8996721	3479915	5516806
欧洲联盟	10658429	3014620	7643809

数据来源:《江苏统计年鉴2021》

改革开放以来,特别是中国加入WTO以来,江苏对外开放的广度和深度不断拓展,对外贸易迅速崛起。2020年,苏南、苏中、苏北进出口总额分别为36876.94亿元、4411.29亿元、3212.24亿元,为提升江苏贸易大省的地位做出了重要贡献。随着江苏省产业经济快速发展及国际化战略深入实施,出口额增长较快。2020年,苏南、苏中、苏北出口额分别为22196.60亿元、3038.00亿元、2209.65亿元。出口结构趋于优化,随着科技兴贸战略和品牌战略深入实施,先后完成了从资源密集型制成品向劳动—技术密集型制成品为主的转变,基本形成了以高新技术产品为先导,机电产品、轻纺产品为主的出口商品体系。2020年,苏南、苏中、苏北进口额分别达14680.34亿元、1373.29亿元、1002.59亿元。

二、利用外资

改革开放以来,江苏充分利用地处沿海沿江区位优势、良好的营商环境、充沛的人才人力资源,不断创新招商方式,主动促进资源对接,积极打造投资高地,吸引了大量国际资本落地生根,在利用外资方面取得了令人瞩目的成就。外资经济成为江苏经济的特色和优势,每年贡献四分之一的固定资产投资和税收、超过六成的对外贸易额、超过七成的高新技术产品进出口和三成以上就业岗位。

江苏省实际利用外资额从2003年到2014年保持了十二年的全国第一,2015年被广东超过居于次席,2016年重新登顶全国第一,2017年列北京之后居全国第二位。2018年江苏省外商直接投资达到255.92亿美元,投资总量领先全国,其外商直接投资增速为1.81%。2020年江苏省实际使用外资达到283.84亿美元,较上年增长8.64%。

但是,从整体来看,江苏省吸引外商直接投资的能力在逐步减弱,其原因可以归纳为以下几点:第一,江苏面临着重大的资源危机。江苏是资源小省,资源对外依赖度较高。随着这几年引进外资"重数量,轻质量",导致企业的重复引进,使得江苏经济发展受土地、能源、水资源瓶颈制约相当突出。尤其在工业发达的苏南地区,这一情况相当突出。伴随着劳动力价格的不断上涨,廉价劳动力这一人力资源的优势正在逐步缩小,劳动密集型企业的竞争力受到影响。土地供应不足问题也日益凸显,并逐渐成为招商引资过程中的一个重要影响因素。随着苏北地区的大力招商引资和苏南地区的产业转移,大量高耗能、高污染企业转移到苏北地区,给当地的生态环境带来了巨大危害。第二,核心技术含量不高。从江苏省引进外商投资的情况来看,所引进的技术大多数属于二流技术,真正属于世界领先技术的很少,这与江苏省引进国外先进技术和管理经验的目标相差甚远。即使有些外商提供了高新技术,但没有真正提供最新的、关键的技术。企业缺乏核心竞争力,创新能力不足,抵御风险能力弱。此外,在与外商高新技术企业合作时缺乏完善配套的产业链和具有核心自主知识产权的配套产品。配套企业规模小,产品质量和技术水平不高,不能充分吸引大型的高新技术企业。第三,欧美企业的投资意愿和能力有所下降。金融危机导致投资获利空间收窄、投资风险剧增,加上国内劳动力成本上升、土地等资源供应趋紧、融资困难、人民币汇率上升等多重压力,使欧美企业投资行为趋于谨慎,投资意愿和能力明显下降。与此同时,危机造成的资金链断裂,也大大降低了发达经济体企业的投资能力。第四,投资和贸易保护主义抬头影响外资企业在江苏发展。受金融危机的影响,发达经济体由于市场需求不足,经济发展和就业受到制约。各国之间争夺市场的竞争势必加剧,这就使得各种贸易保护主义措施明显增加,全球国际贸易和投资环境进一步恶化。江苏外贸依存度较高,国际投资和贸易保护主义的加强在很大程度上影响外商来华投资的信心和决心,进而影响外资企业扩大生产和经营的规模,甚至有可能导致外商撤资。第五,发展中国家和新兴经济体利用外资竞争更趋激烈。金融危机后,发展中国家和新兴经济体呈现巨大活力,流向亚洲、拉丁美洲和加勒比地区的外商直接投资保持在历史高位,非洲的外商直接投资流入量也较 2011 年有所增加。不少新兴经济体如印度、巴西、俄罗斯等国通过调整吸引外资政策以及不断改善投资环境,对国际资本的吸引力显著增强。目前,新兴经济体外商直接投资流量占 GDP 比重均高于世界平均水平并呈稳步上升态势。这将意味着,今后江苏利用外资的竞争会更趋激烈。

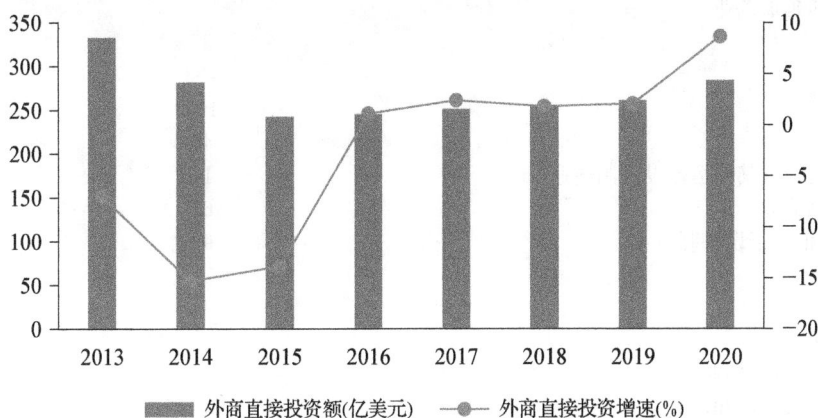

图 7　2013—2020 年江苏省外商直接投资规模及增速

数据来源:历年《江苏统计年鉴》

改革开放早中期,外商在江苏投资大部分流向第二产业,尤其是制造业。随着我国加入 WTO 后对外开放领域的进一步拓宽,外商投资产业结构也得到明显改善。外商投资从一般性加工工业逐步向装备制造业、服务业、基础设施和高新技术产业等资金技术密集型项目扩展。目前,服务业引资占比大为提升。2020 年主要行业吸收外资比重为:制造业(36.6%),房地产业(19.3%),科学研究和技术服务业(13.8%),租赁和商务服务业(8.4%),批发和零售业(7.7%),信息传递、软件和信息技术服务业(3.7%),建筑业(2.5%)。此外,金融、软件业、科研技术服务等行业引资规模与占比也在不断提升。2020 年主要行业吸收外资总额为:制造业(1040186 万美元),房地产业(547113 万美元),科学研究和技术服务业(390517 万美元),租赁和商务服务业(237437万美元),批发和零售业(219044 万美元),信息传递、软件和信息技术服务业(105376 万美元),建筑业(71426 万美元)。

表2　2020年江苏省按行业分外商直接投资情况　　　　　　　　　　　　单位:万美元

行　业	项目(个)	实际使用
总　计	3573	2838387
农、林、牧、渔业		
采矿业	1	310
制造业	737	1040186
农副食品加工业		
食品制造业		
酒、饮料和精制茶制造业		
纺织业	11	18097
纺织服装、服饰业		
皮革、毛皮、羽毛及其制品和制鞋业		
木材加工和木、竹、藤、棕、草制品业		
家具制造业		
造纸和纸制品业	5	16716
印刷和记录媒介复制业		
文教、工美、体育和娱乐用品制造业		
石油、煤炭及其他燃料加工业		
化学原料和化学制品制造业	17	66183
医药制造业	29	71337
化学纤维制造业	5	15524
橡胶和塑料制品业	15	22507
非金属矿物制品业	27	68583
黑色金属冶炼和压延加工业		
有色金属冶炼和压延加工业		
金属制品业	35	49426
通用设备制造业	106	57414
专用设备制造业	159	110653
汽车制造业	40	80200
铁路、船舶、航空航天和其他运输设备制造业	17	33213
电气机械和器材制造业	62	154205
计算机、通信和其他电子设备制造业	99	183391
仪器仪表制造业	27	15737
其他制造业		
废弃资源综合利用业		
金属制品、机械和设备修理业		
电力、热力、燃气及水生产和供应业	40	71866
建筑业	60	71426
批发和零售业	687	219044
交通运输、仓储和邮政业	50	55138
住宿和餐饮业	45	4754
信息传输、软件和信息技术服务业	315	105376
金融业	28	60218
房地产业	165	547113
租赁和商务服务业	455	237437
科学研究和技术服务业	865	390517
水利、环境和公共设施管理业	17	11389
居民服务、修理和其他服务业	22	4991
教育		
卫生和社会工作		
文化、体育和娱乐业	44	4952
公共管理、社会保障和社会组织		

数据来源:《江苏统计年鉴2021》

截至 2020 年末,江苏省登记的外商投资企业共 63031 个,较 2019 年增加 671 家企业,实际投资总额达 13697.2937 亿美元。制造业是外商投资企业最集中的行业,企业数达 23687 个,占外商投资企业总数的 37.58%,实际投资额达 6584.3725 亿美元,占外商投资企业投资总额的 48.07%。服务业细分行业来看,批发和零售业以及科学研究、技术服务业这两个行业的外商投资企业也较多,企业数分别为 13384 个和 7605 个,企业数分别占外商投资企业总数的 21.23% 和 12.07%。实际投资额较多的行业是房地产业以及科学研究、技术服务业,这两个行业的实际投资额分别为 1648.3888 亿美元和 1976.8054 亿美元,分别占实际外商投资总额的 12.03% 和 14.43%。表 3 反映了 2020 年末江苏省登记外商投资企业行业的分布情况。

表 3 2020 年末江苏省登记外商投资企业行业分布

行 业	企业数(个)	投资总额（万美元）	注册资本（万美元）	#外方
总 计	63031	136972937	73449310	59153171
农、林、牧、渔业	658	1190136	876858	817723
采矿业	50	164341	75335	65510
制造业	23687	65843725	30850619	24991430
电力、燃气及水的生产和供应业	627	3302854	1435616	1017254
建筑业	922	2681857	1672750	1323084
批发和零售业	13384	6325794	4061754	3784569
交通运输、仓储和邮政业	1039	2483741	1227097	972725
住宿和餐饮业	4016	449134	266805	236375
信息传输、软件和信息技术服务业	1988	4557946	3747160	3367917
金融业	1281	1869344	1537411	1102030
房地产业	2024	16483888	9746091	6780460
租赁和商务服务业	4510	9346427	6535144	5453016
科学研究、技术服务业	7605	19768054	10218451	8365443
水利、环境和公共设施管理业	151	778878	410215	292165
居民服务和其他服务业	440	416067	211510	189491
教育	90	19707	10752	7376
卫生和社会工作	58	424366	172112	141983
文化、体育和娱乐业	468	829933	372565	225110
其他	33	36746	21065	19511

数据来源:《江苏统计年鉴 2021》

江苏目前正积极发展为先进制造配套的金融保险、商贸物流、电子商务、研发设计、会计审计、信息科技等服务业,鼓励发展基于网络的平台经济、文化创意、工业设计等新兴业态,引导制造业企业延伸服务链条、增加服务环节,推动制造业由生产型向生产服务型转变。鼓励和拓展健康美容、养生养老、医疗服务、教育培训、文化娱乐、休闲旅游等民生服务业利用外资,推动生活性服务业向精细化、个性化和高品质转变,促进居民消费结构升级。

目前,世界 500 强企业中有近 400 家落户江苏,其投资规模大、领域宽、覆盖面广,对扩大江苏外商投资整体规模及水平和质量提升,都具有较强推动作用。与此同时,外商投资方式也由改革开放初期合资经营为主逐步转为独资经营做大。从 2016—2020 年近五年的数据来看,独资经营企业仍旧是江苏省外商直接投资的主体,其 2020 年投资额 2097404 万美元,与 2019 年相比增加了 270016 万美元,约占外商直接投资总额的 73.89%。此外,合资经营企业、合作经营企业、外商投资股份制企业在 2020 年的投资额分别为 724770 万美元、3857 万美元和 9487 万美元,金额与 2019 年相比,合作经营企业、外商投资股份制企业有所下降,而合资经营企业、独资经营企业较上年分别上升了0.16%、14.78%。合资企业上升的幅度较小,独资经营企业上升的幅度较大。图8描述了这4类外商直接投资企业2016—2020年投资金额占比的变动情况。由图可见,独资经营企业的直接投资额所占比重从2016年的74.38%到2020年的73.89%,表现为先下降后上升的趋势,其他各类型企业直接投资额占比则呈现出整体的下降趋势。

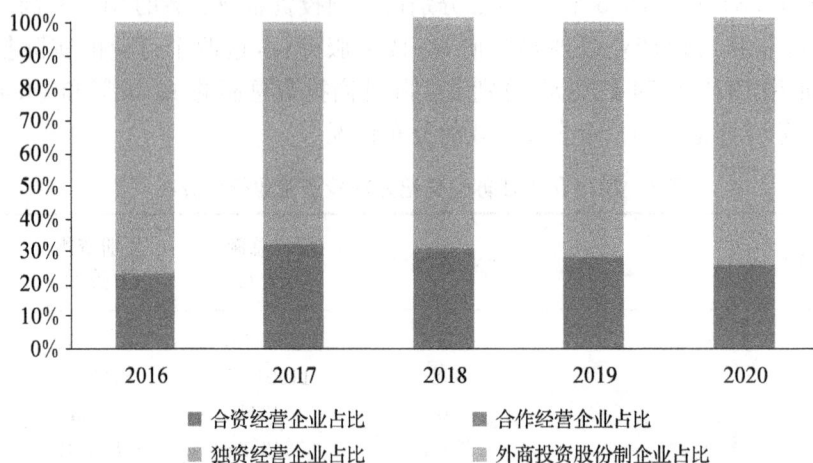

图8　2016—2020年江苏省各类型企业外商直接投资额比重(单位:%)
数据来源:历年《江苏统计年鉴》

外资来源地按各大洲的分布看,2020年亚洲投资额占全部实际外商直接投资总额的79.70%;南美洲占0.48%;欧洲占5.77%;北美洲占1.70%;大洋洲占1.12%;非洲占1.05%。同时,投资额最多的十大国家和地区依次为香港地区(65.20%)、台湾地区(1.02%)、日本(3.77%)、新加坡(5.26%)、韩国(3.92%)、英国(1.31%)、德国(0.94%)、荷兰(0.80%)、瑞士(0.52%)、美国(1.51%),合计占全省外商直接投资总额的84.26%。

表4　2020年江苏省按国家(地区)外商直接投资

国家(地区)	项目数(个)	项目数比重(%)	实际投资(万美元)	实际投资比重(%)
合　计	3573	100	2838387	100
亚　洲	2681	75.03	2262243	79.70
♯中国香港	1412	39.51	1850589	65.20
中国澳门	21	0.59	5643	0.20
中国台湾	652	18.25	29003	1.02
印度尼西亚	2	0.06	946	0.03
日本	95	2.66	107070	3.77
马来西亚	29	0.81	4147	0.15
菲律宾	4	0.11	310	0.01
新加坡	188	5.26	149257	5.26
韩国	194	5.43	111324	3.92
泰国	7	0.20	617	0.02
非　洲	63	1.76	29915	1.05
欧　洲	332	9.29	163814	5.77
♯比利时	3	0.08	806	0.03
丹麦	8	0.22	1281	0.05
英国	52	1.46	37201	1.31
德国	95	2.66	26770	0.94

国家(地区)	项目数 (个)	项目数比重(%)	实际投资 (万美元)	实际投资比重 (%)
法国	20	0.56	11583	0.41
爱尔兰	1	0.03	7820	0.28
意大利	28	0.78	4408	0.16
卢森堡	2	0.06	7430	0.26
荷兰	18	0.50	22683	0.80
希腊	0	0	0	0
葡萄牙	0	0	91	0
西班牙	10	0.28	7878	0.28
芬兰	8	0.22	553	0.02
瑞士	13	0.36	14773	0.52
北美洲	323	9.04	48322	1.70
♯加拿大	90	2.52	4409	0.16
美国	232	6.49	42928	1.51
大洋洲	93	2.60	31738	1.12
♯澳大利亚	59	1.65	2510	0.09
南美洲	103	2.88	13574	0.48

数据来源:《江苏统计年鉴 2021》

三、对外经济合作

2020 年,江苏全年新设立外商投资企业 4237 家,比上年增长 18.6%;实际使用外资 288.5 亿美元,增长 22.7%。全年新批境外投资项目 726 个,中方协议投资额 66.8 亿美元;新签对外承包工程合同额 55.9 亿美元,新签对外承包工程完成营业额 59.5 亿美元。推进"一带一路"交汇点建设,全年新增"一带一路"沿线对外投资项目 191 个,中方协议投资额 15.9 亿美元。图 9 反映了 2016—2020 年新批项目数的变动情况。从图中可以看出,企业新批项目数 2016—2017 年出现直线下降,2018—2019 年呈上升态势,2020 年略有下降。而机构新批项目数 2016—2019 年稳步上升,2020 年出现回落。

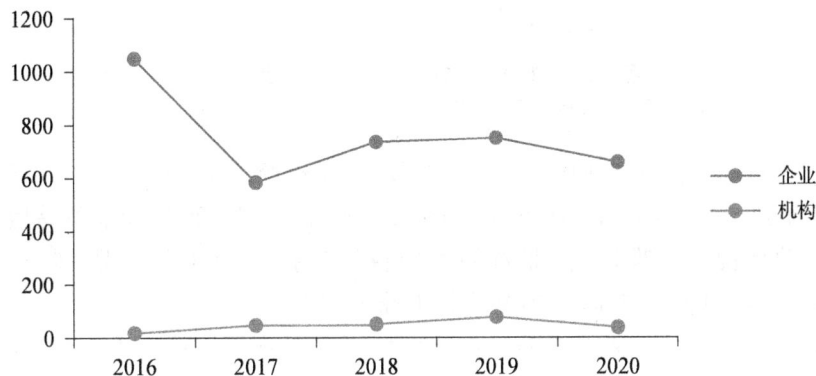

图 9 2016—2020 年江苏省境外投资新批项目数
数据来源:历年《江苏统计年鉴》

2020 年,江苏省境外投资金额 57.36 亿美元,比 2019 年减少 32.09 亿美元,其中,企业境外投资额 56.27 亿美元,比 2019 年减少 31.11 亿美元;机构境外投资额 10932 万美元,比 2019 年减少 9755.66 万美元。企业项目中,独资子公司境外投资额 30.11 亿美元,合资子公司境外投资额 26.57 亿美元,联营公司境外投资额−0.4 亿美元。2020 年,参股并购类项目实现境外投资 18.89 亿美元,风险投资类项目实现境外投资 0,分别比 2019 年减少 8.2 亿美元、0.2 亿美元。图 10 反映了 2016—2020 年境外投资金额的变动情况,投资额从 2016 年的 142.24 亿美元,到 2017 年降至 92.71 亿美元,2018 年又上升到 94.84 亿美元,2019 年略有下降至 89.45 亿美元,2020 年达到 57.36 亿美元。

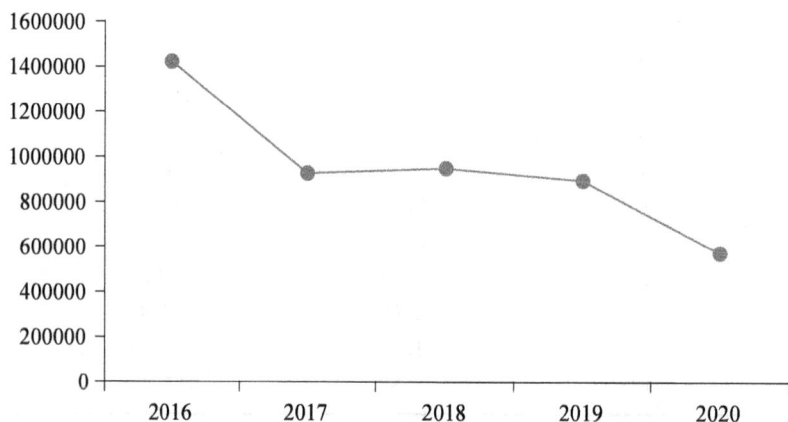

图 10   2016—2020 年江苏省境外投资额(单位:万美元)
数据来源:历年《江苏统计年鉴》

在参与江苏省境外投资的各类企业中,民营企业占据重要地位,其 2020 年境外投资额占境外投资总额的 74.58%,比 2019 年上升 10.65 个百分点。外资企业、国有及国有控股企业、集体企业境外投资额占江苏省境外投资总额的比重分别为 15.89%、9.54% 和 0%(参见图 11)。

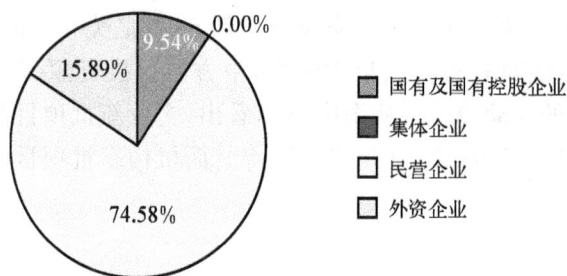

图 11   2020 年江苏省境外投资额企业类型
数据来源:《江苏统计年鉴 2021》

在 2020 年江苏省境外投资总额中,贸易型项目境外投资额为 4.86 亿美元,占 8.48%;非贸易项目境外投资额为 52.50 亿美元,占 91.52%。图 12 反映了 2016—2020 年非贸易型项目境外投资额及其比重的变动情况。不难发现,非贸易型项目境外投资额比重产品 2016—2017 年增长 5.58%,2017—2019 年下降 9.26%,2020 年大幅上涨 12.24%。

2020 年,亚洲成为江苏省境外投资的主要目的地,其新批项目个数达 424 个,占新批项目总数的 60.92%;中方协议投资达 36.13 亿美元,占全部中方协议投资的 62.98%。亚洲国家(地区)中,中国香港、印度尼西亚、新加坡等都是重要的境外投资目的地,其中,对中国香港新批项目数达 148 个,占新批项目总数的 21.26%;中方协议投资 12.23 亿美元,占全部中方协议投资的 21.33%。而对新加坡、美国、西班牙的中方协议投资分别达到 31987.29 万美元、61761.16 万美元、5096.54 万

图 12　2016—2020 年江苏省境外投资非贸易型项目比重
数据来源：历年《江苏统计年鉴》

美元，占中方协议投资比重分别为 5.58％、10.77％、0.89％。表 5 反映了 2020 年江苏省按国家（地区）分的境外投资情况。

表 5　2020 年江苏省境外投资主要国家(地区)

国家(地区)	新批项目数（个）	新批项目数比重（%）	中方协议投资（万美元）	中方协议投资比重（%）
全　部	696	100	573636	100
亚洲	424	60.92	361264.61	62.98
巴林	0	0	0	0
孟加拉国	1	0.14	12	0
缅甸	10	1.44	11707.42	4.39
柬埔寨	13	1.87	2946.01	2.04
塞浦路斯	0	0	0	0
朝鲜	0	0	0	0
中国香港	148	21.26	122344.1	21.33
印度	16	2.30	7567.41	1.32
印度尼西亚	19	2.73	52782.43	9.2
伊朗	0	0	0	0
以色列	3	0.43	11481.4	2.00
日本	31	4.45	24369.01	4.25
老挝	0	0	0	0
中国澳门	0	0	0	0
马来西亚	16	2.30	7619.87	1.33
蒙古	0	0	0	0
尼泊尔	0	0	0	0
巴基斯坦	3	0.43	630	0.11
菲律宾	2	0.29	377.6	0.07
卡塔尔	0	0	0	0
沙特阿拉伯	4	0.57	240	0.04
新加坡	50	7.18	31987.29	5.58
韩国	14	2.01	834.29	0.15
斯里兰卡	0	0	0	0
泰国	26	3.74	38952.15	6.79

国家(地区)	新批项目数 (个)	新批项目数 比重(%)	中方协议投资 (万美元)	中方协议投资 比重(%)
土耳其	3	0.43	−4490	−0.78
阿拉伯联合酋长国	10	1.44	1496.56	0.26
越南	43	6.18	23400.07	4.08
中国台湾	4	0.57	911.26	0.16
东帝汶	0	0	0	0
哈萨克斯坦	0	0	0	0
吉尔吉斯斯坦	2	0.29	786.4	0.14
土库曼斯坦	0	0	0	0
乌兹别克斯坦	4	0.57	1365	0.24
其他	0	0	0	0
非洲	23	3.30	4395.43	0.77
阿尔及利亚	1	0.14	0	0
安哥拉	0	0	0	0
喀麦隆	0	0	0	0
乍得	0	0	0	0
刚果	0	0	0	0
埃及	0	0	0	0
赤道几内亚	0	0	0	0
埃塞俄比亚	4	0.57	−232.85	−0.04
加蓬	0	0	0	0
几内亚	0	0	0	0
肯尼亚	2	0.29	250	0.04
毛里塔尼亚	0	0	0	0
毛里求斯	0	0	0	0
莫桑比克	0	0	0	0
纳米比亚	0	0	0	0
尼日利亚	2	0.29	318	0.06
塞内加尔	0	0	0	0
塞舌尔	0	0	0	0
南非	1	0.14	990	0.17
苏丹	0	0	0	0
坦桑尼亚	1	0.14	0	0
乌干达	2	0.29	70	0.01
赞比亚	1	0.14	0	0
津巴布韦	0	0	0	0
欧洲	88	12.64	102612.37	17.89
比利时	1	0.14	5124	0.89
丹麦	5	0.72	808.59	0.14
英国	6	0.86	16443.38	2.87
德国	37	5.32	33919.71	5.91
法国	1	0.14	1000	0.17
意大利	2	0.29	84.16	0.01
卢森堡	1	0.14	8440.54	1.47
荷兰	8	1.15	8151.96	1.42
西班牙	5	0.72	5096.54	0.89
阿尔巴尼亚	0	0	0	0

国家(地区)	新批项目数 (个)	新批项目数 比重(%)	中方协议投资 (万美元)	中方协议投资 比重(%)
奥地利	0	0	0	0
保加利亚	0	0	0	0
芬兰	2	0.29	1249.44	0.22
匈牙利	2	0.29	1191.06	0.21
挪威	0	0	0	0
波兰	6	0.86	19182.9	3.34
罗马尼亚	1	0.14	119	0.02
瑞典	0	0	0	0
瑞士	1	0.14	924.94	0.16
俄罗斯联邦	5	0.72	315.01	0.05
乌克兰	0	0	0	0
克罗地亚	0	0	0	0
捷克	1	0.14	87.92	0.02
塞尔维亚	0	0	0	0
拉丁美洲	40	5.75	32163.89	5.61
阿根廷	0	0	0	0
巴西	2	0.29	567.27	0.10
开曼群岛	20	2.87	22193.97	3.87
智利	1	0.14	480	0.08
古巴	0	0	0	0
厄瓜多尔	0	0	0	0
墨西哥	10	1.44	5577.59	0.97
秘鲁	0	0	0	0
英属维尔京群岛	7	1.01	3345.05	0.58
北美洲	104	14.94	67120.58	11.70
加拿大	15	2.16	3388.43	0.59
美国	86	12.36	61761.16	10.77
其他	3	0.43	1971	0.34
大洋洲	17	2.44	6079.47	1.06
澳大利亚	15	2.16	5927.38	1.03
斐济	0	0	0	0
瓦努阿图	1	0.14	20	0.00
新西兰	1	0.14	132.09	0.02
萨摩亚	0	0	0	0

数据来源:《江苏统计年鉴2021》

2020年,江苏省境外投资涵盖了三大产业。第一产业新批项目5个,占新批项目总数的0.72%;中方协议投资0.08亿美元,占中方协议投资总额的0.14%。第二产业新批项目308个,占新批项目总数的44.25%;中方协议投资34.25亿美元,占中方协议投资总额的59.70%。其中,采矿业、制造业、电力、燃气及水的生产和供应业以及建筑业新批项目占新批项目总数的比重分别为0.29%、38.79%和1.01%,中方协议投资占中方协议投资总额的比重分别为−0.87%、57.75%和0.58%。第三产业新批项目383个,占新批项目总数的55.03%;中方协议投资23.04亿美元,占中方协议投资总额的40.16%。其中,租赁和商务服务业、批发和零售业、水利、环境和公共设施管理业是江苏省2020年境外投资的重点行业,中方协议投资占中方协议投资总额的比重分别为

9.42%、14.16%、0.03%。表6反映了2020年江苏省境外投资主要行业的分布情况。

表6 2020年江苏省境外投资主要行业情况

行 业	新批项目数（个）	新批项目数比重（%）	中方协议投资（万美元）	中方协议投资比重（%）
全 部	696	100	573636	100
第一产业	5	0.72	808.1	0.14
农、林、牧、渔业	5	0.72	808.10	0.14
农业	4	0.57	803.10	0.14
林业	1	0.14	5.00	0.00
畜牧业	0	0	0	0
渔业	0	0	0	0
农、林、牧、渔专业及辅助性活动	0	0	0	0
第二产业	308	44.25	342449.15	59.70
采矿业	2	0.29	−4980.30	−0.87
煤炭开采和洗选业	0	0	0	0
石油与天然气开采业	0	0	0	0
黑色金属矿采选业	0	0	0	0
有色金属矿采选业	2	0.29	−4980.30	−0.87
非金属矿采选业	0	0	0	0
开采专业及辅助性活动	0	0	0	0
其他采矿业	0	0	0	0
制造业	270	38.79	331293.26	57.75
农副食品加工业	2	0.29	475.12	0.08
食品制造业	5	0.72	3123.50	0.54
酒、饮料和精制茶制造业	0	0	0	0
烟草制造业	1	0.14	686.40	0.12
纺织业	14	2.01	33618.43	5.86
纺织服装、服饰业	9	1.29	1853.46	0.32
皮革、毛皮、羽毛及其制品和制鞋业	0	0	0	0
木材加工及木、竹、藤、棕、草制品业	4	0.57	7310.09	1.27
家具制造业	8	1.15	11552.50	2.01
造纸及纸制品业	1	0.14	700.00	0.12
印刷业和记录媒介的复制业	0	0	0	0
文教、工美、体育和娱乐用品制造业	2	0.29	3265.42	0.57
石油、煤炭及其他燃料加工业	1	0.14	100.00	0.02
化学原料及化学制品制造业	9	1.29	7965.30	1.39
医药制造业	15	2.16	6853.03	1.19
化学纤维制造业	0	0	0	0
橡胶和塑料制品业	15	2.16	30495.00	5.32
非金属矿物制品业	5	0.72	1114.75	0.19
黑色金属冶炼及压延加工业	0	0	0	0
有色金属冶炼及压延加工业	4	0.57	29166.42	5.08
金属制品业	22	3.16	27468.24	4.79
通用设备制造业	27	3.88	38009.80	6.63
专用设备制造业	33	4.74	24116.65	4.20
汽车制造业	0	0	0	0
铁路、船舶、航空航天和其他运输设备制造业	19	2.73	19662.54	3.43

行　业	新批项目数 （个）	新批项目数 比重（%）	中方协议投资 （万美元）	中方协议投资 比重（%）
电气机械和器材制造业	22	3.16	17942.28	3.13
计算机、通信和其他电子设备制造业	30	4.31	70750.30	12.33
仪器仪表制造业	0	0	0	0
其他制造业	0	0	0	0
废弃资源综合利用业	4	0.57	1296.37	0.23
金属制品、机械和设备修理业	0	0	0	0
电力、燃气及水的生产和供应业	7	1.01	3300.15	0.58
电力、热力的生产和供应业	6	0.86	2300.15	0.40
燃气生产和供应业	0	0	0	0
水的生产和供应业	1	0.14	1000.00	0.17
建筑业	29	4.17	12836.04	2.24
房屋建筑业	17	2.44	3034.91	0.53
土木工程建筑业	8	1.15	8780.63	1.53
建筑安装业	2	0.29	250.50	0.04
建筑装饰、装修和其他建筑业	2	0.29	770.00	0.13
第三产业	383	55.03	230379.10	40.16
批发和零售业	184	26.44	81208.72	14.16
批发业	152	21.84	56292.11	9.81
零售业	32	4.60	24916.60	4.34
交通运输、仓储和邮政业	7	1.01	385.00	0.07
铁路运输业	0	0	0	0
道路运输业	1	0.14	50.00	0.01
水上运输业	0	0	0	0
航空运输业	0	0	0	0
管道运输业	0	0	0	0
多式联运和运输代理业	0	0	0	0
装卸搬运和仓储业	0	0	0	0
邮政业	0	0	0	0
住宿和餐饮业	3	0.43	430.44	0.08
住宿业	0	0	0	0
餐饮业	3	0.43	430.44	0.08
信息传输、软件和信息技术服务业	35	5.03	61656.48	10.75
电信、广播电视和卫星传输服务	4	0.57	29489.04	5.14
互联网和相关服务	0	0	0	0
软件和信息服务业	0	0	0	0
金融业	2	0.29	−4895.00	−0.85
货币金融服务业	0	0	0	0
资本市场服务业	0	0	0	0
保险业	0	0	0	0
其他金融业	2	0.29	−4895.00	−0.85
房地产业	0	0	0	0
租赁和商务服务业	54	7.76	54026.61	9.42
租赁业	1	0.14	−982.93	−0.17
商务服务业	53	7.61	55009.54	9.59
科学研究和技术服务业	79	11.35	40034.56	6.98
研究与试验发展	56	8.05	34436.98	6.00

行　业	新批项目数 (个)	新批项目数 比重(%)	中方协议投资 (万美元)	中方协议投资 比重(%)
专业技术服务业	14	2.01	1753.15	0.31
科技推广和应用服务业	9	1.29	3844.44	0.67
水利、环境和公共设施管理业	2	0.29	181.39	0.03
水利管理业	1	0.14	100.00	0.02
生态保护和环境治理业	0	0	0	0
公共设施管理业	0	0	0	0
土地管理业	0	0	0	0
居民服务、修理和其他服务业	14	2.01	−4193.17	−0.73
居民服务业	0	0	0	0
机动车、电子产品和日用产品修理业	0	0	0	0
其他服务业	14	2.01	−4193.17	−0.73
教育	1	0.14	44.00	0.01
卫生和社会工作	1	0.14	1500.08	0.26
卫生	1	0.14	1500.08	0.26
社会工作	0	0	0	0
文化、体育和娱乐业	1	0.14	0	0
新闻出版业	0	0	0	0
广播、电视、电影和音像业	0	0	0	0
文化艺术业	0	0	0	0
体育	0	00	0	0
娱乐业	1	0.14	0	0

数据来源:《江苏统计年鉴 2021》

　　江苏省内各地区对 2020 年江苏省境外投资中的贡献各不相同。如图 13 显示,苏南、苏中、苏北全年境外投资额分别为 39.46 亿美元、8.64 亿美元和 9.26 亿美元,占全省境外投资总额的比重分别为 68.79%、15.06% 和 16.15%。从表 7 可以看出,苏州、无锡、南通、徐州是江苏省境外投资最多的市,2020 年中方协议投资金额分别为 16.04 亿美元、12.37 亿美元、4.64 亿美元、4.64 亿美元,占全省境外投资总额的比重分别为 27.96%、21.57%、8.09%、8.09%。相对而言,苏中、苏北各市境外投资较少,例如宿迁、淮安市的中方协议投资金额分别为 0.34 亿美元、0.11 亿美元,占全省境外投资总额的比重仅分别为 0.60%、0.19%,是全省各市中方协议投资金额占比最少的两个市。

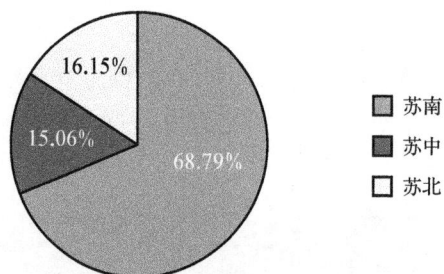

图 13　2020 年江苏省分地区境外投资情况
数据来源:《江苏统计年鉴 2021》

表 7　2020 年江苏各市境外投资情况

地 区	新批项目数 （个）	新批项目数 比重（%）	中方协议投资 （万美元）	中方协议投资 比重（%）
全　省	696	100.00	573636.35	100.00
南京市	88	12.64	42833.76	7.47
无锡市	89	12.79	123719.92	21.57
徐州市	32	4.60	46393.80	8.09
常州市	69	9.91	35793.68	6.24
苏州市	233	33.48	160361.04	27.96
南通市	77	11.06	46402.84	8.09
连云港市	17	2.44	9573.37	1.67
淮安市	8	1.15	1069.99	0.19
盐城市	9	1.29	32173.44	5.61
扬州市	16	2.30	9568.48	1.67
镇江市	23	3.30	31888.36	5.56
泰州市	24	3.45	30430.40	5.30
宿迁市	11	1.58	3427.28	0.60

数据来源：《江苏统计年鉴 2021》

江苏对外承包工程与劳务合作始于 20 世纪 80 年代初期，是在党的十一届三中全会以后随着改革开放的不断深入逐步发展、壮大起来的一项新兴事业。创业初始，江苏仅在中东地区的少数国家开展建筑工程、公路桥梁、土木工程和成套设备出口等业务。目前，江苏已同 106 个国家和地区开展国际经济技术合作，基本形成了以"亚洲市场继续巩固、非洲市场发展迅速、欧洲市场取得突破"的市场格局。经过近四十年的迅速拓展，逐步形成了业务遍及 100 多个国家和地区、涉及多行业、多渠道经营的新格局，业务规模不断扩大，已连续多年名列全国前茅。2020 年，江苏签订对外承包工程合同额、实际完成营业额 54.56 亿美元、62.44 亿美元，比 2019 年分别减少 19.81% 和 19.76%；江苏签定对外劳务合作合同工资总额、实际收入额、年末在外人数分别为 2.05 亿美元、5.70 亿美元、3.03 万人，比 2019 年分别减少 48.46%、34.42%、53.25%。

表 8　2016—2020 年对外承包工程和对外劳务合作情况

项　目	2016 年	2017 年	2018 年	2019 年	2020 年
对外承包工程合同金额（亿美元）	72.87	108.21	65.90	68.04	54.56
对外承包工程实际完成营业额（亿美元）	91.11	95.29	83.27	77.84	62.44
对外承包工程年末在外人数（万人）	3.24	3.19	3.78	3.41	1.92
对外劳务合作新签劳务人员合同工资总额（亿美元）	4.53	4.40	5.42	3.98	2.05
对外劳务合作人员实际收入总额（亿美元）	6.96	7.22	7.97	8.69	5.70
对外劳务合作年末在外人数（万人）	5.54	5.95	6.98	6.49	3.03

数据来源：历年《江苏统计年鉴》

四、服务贸易

1. 总量规模不断上升，内部结构持续优化

江苏服务贸易规模已连续多年保持全国前五（位列上海、北京、广东、浙江之后）。2019 年，全省服务贸易进出口规模达 545 亿美元，占对外贸易比重达 8.7%。2020 年，在全球新冠疫情的不利

影响之下,服务贸易进出口433.1亿美元,占全省贸易总额的比重为6.3%,占全国比重为6.5%。

表9　江苏省服务贸易发展规模

单位:亿美元

	全省		苏州		南京	
	2019年	2020年	2019年	2020年	2019年	2020年
服务贸易进出口额	545	433	219.0	231.1	169.4	150
服务外包执行额	512.6	556.2	—	—	173.3	181.9
服务外包离岸执行额	242.6	274.8	50.25	52.4	64.9	68.6

数据来源:江苏省商务厅

目前,全省逐步形成以服务外包、文化贸易、国际会展、技术贸易、中医药服务等为代表的行业体系。结构持续优化,知识密集型服务贸易成为主要增长动力。随着创新驱动战略的深入推进和数字技术的蓬勃发展,保险、金融、电信、计算机和信息服务等知识密集型服务业加速发展。2020年知识密集型服务贸易占比20.2%,高于全国2.8个百分点。

表10　中国省级服务贸易发展指数

分组	城　市
第一梯队(50—90分)	上海、北京、广东 江苏、浙江、天津
第二梯队(25—50分)	海南、山东、四川 辽宁、福建、重庆 陕西、湖北、山西
第三梯队(0—25分)	云南、新疆、贵州 甘肃、吉林、黑龙江、湖南、内蒙、广西、河北、河南、青海、江西、安徽、宁夏

资料来源:中国服务贸易竞争力发展报告2019

2. 服务外包优势明显,载体平台梯度发展

离岸服务外包是江苏省服务贸易的重要组成部分和特色优势所在。尤其是信息技术外包(ITO)和知识流程外包(KPO)是江苏省服务贸易发展新兴业态和高附加值业态的基础优势。2020年,全省全年服务外包业务合同额723.5亿美元,同比增长16.1%;业务执行额556.2亿美元,同比增长8.5%。其中,离岸执行额274.8亿美元,约占全国1/4,约占长三角地区1/2,连续12年居全国首位;同比增长13.3%,对全国服务外包离岸执行额增长贡献超三分之一,带动全国服务外包离岸执行额增长逾3个百分点。

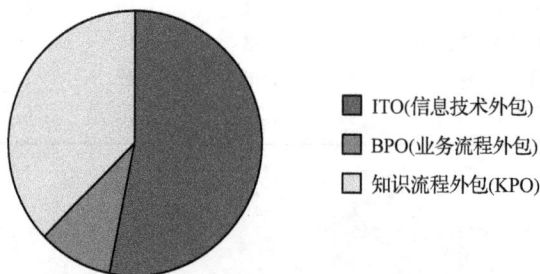

图14　2020年江苏离岸服务外包业务结构
数据来源:江苏省服务外包协会

江苏省拥有南京、无锡、苏州、南通、镇江5个国家级服务外包示范城市,占全国数量的六分之一,以及徐州、常州、泰州、昆山、太仓、江阴等6个省级服务外包示范城市,形成了服务外包示范城

市集群。南京和苏州同时入选商务部全面深化服务贸易创新发展试点城市,南京在 2020 年商务部公布的 31 个示范城市综合评价中位列第二。拥有中国(南京)软件谷、无锡文化出口基地、江苏省中医院、南京中医药大学等国家级特色服务出口基地,对全省服务贸易发展的结构优化、政策集成、产业带动、示范引领作用日益明显。打造世界智能制造大会、中国(南京)国际软件产品和信息服务交易博览会、世界物联网博览会等多个重点平台品牌,有力地带动了服务贸易的发展。

3. 创新示范成效显著,试点城市发展迅速

2016 年开始,南京、苏州两市入选全国服务贸易创新发展试点,在管理体制、促进机制、政策体系等方面开展先行先试并取得了积极成效。两市积极培育服务贸易新业态、新模式,在检验检测、特殊物品通关便利化、知识产权保护运用等方面积累了一批新的试点经验。2020 年国家商务部印发推广的 20 个最佳实践案例中,江苏贡献 5 个。自 2016 年开展服务贸易创新试点以来,苏州服务贸易实现持续较快发展,进出口总额由 2016 年的 141.16 亿美元上升到 2020 年的 231.12 亿美元,年均增速达到 14.2%,跨境电商 B2B 出口额、市场采购贸易、外贸综合服务等新业态的服务贸易出口加快增长,认定 205 家重点服务贸易企业、12 个公共服务平台和 33 个试点园区。南京服务贸易创新试点也从江北新区向全市拓展,服务贸易进出口从 2016 年的 122.7 亿美元增长到 2020 年的 150 亿美元,年均增长 5.46 亿美元,新兴服务贸易领域占比超过 50%,中国(南京)软件谷被评定为全国首批、江苏省唯一的国家数字服务出口基地。

4. 文化和技术贸易高速增长,新兴业态快速崛起

江苏省服务贸易新兴优势逐步形成,中医药服务、文化服务、跨境电商等蓬勃发展,新一代信息技术、生物医药研发等新兴业务高速增长,新业态、新模式不断涌现。全省共有 32 家企业和 10 个项目入选国家文化出口重点企业和重点项目目录,重点企业数量上升至全国各省市第二位。2019年,全省技术进出口合同总金额为 61.4 亿美元(同比增长 0.9%),占全国比重达到 9.1%,仅次于北京、上海、广东位列全国第四。其中,技术进口合同额为 42.31 亿美元(较上年增长 13.8%),占全国比重为 12.02%。共有 10 个市区入选跨境电商综合试验区(占全国的 9.5%),分别为苏州、南京、无锡、徐州、南通、连云港、常州、宿迁、盐城和淮安,数量上仅次于广东,全省纳入海关监管的跨境电商 B2C 进出口 66.5 亿元,同比增长 2.5 倍。

下　篇　地区经济社会发展报告

第一章　2020年江苏省县域经济发展分析

一、整体概况介绍

县域经济作为国民经济的基本单位,是经济社会生活中宏观和微观的结合部,无论在人口数量、地域规模,还是在经济发展中,都有着十分重要的地位。2012年9月,经国务院、江苏省政府批复同意,苏州市县级吴江市撤销,设立苏州市吴江区,以原吴江市行政区域为吴江区的行政区域。2012年12月,经国务院、江苏省政府批复同意,泰州市撤销县级姜堰市,设立泰州市姜堰区,以原姜堰市行政区域为姜堰区行政区域。2013年2月,经国务院、江苏省政府批复同意,南京市溧水县、高淳县被撤销,设立南京市溧水区、高淳区,分别以原溧水县、原高淳县的行政区域为南京市溧水区、高淳区的行政区划。2014年5月,经国务院、江苏省政府批复同意,连云港的赣榆县整建制撤县设区,为连云港赣榆区。2015年6月,经国务院、江苏省政府批复同意,常州的金坛县,撤县设区,为常州金坛区。2015年8月,经国务院、江苏省政府批复同意,撤销县级大丰市,设立盐城市大丰区,以原大丰市的行政区域为大丰区的行政区域。2016年6月,经国务院批准撤销洪泽县,设立洪泽区。2018年5月,经国务院批准撤销海安县,设立海安市,以原海安县的行政区划为海安市的行政区划。因此,2020年江苏县域经济研究对象共有40个县(市),具体包括常州地区的溧阳市,淮安地区的金湖县、涟水县、盱眙县,连云港地区的东海县、灌南县、灌云县,南通地区的海门市、启东市、如东县、如皋市,苏州地区的常熟市、昆山市、太仓市、张家港市,泰州地区的靖江市、泰兴市、兴化市,无锡地区的江阴市、宜兴市,宿迁地区的沭阳县、泗洪县、泗阳县,徐州地区的丰县、沛县、邳州市、睢宁县、新沂市,盐城地区的滨海县、东台市、阜宁县、建湖县、射阳县、响水县,扬州地区的宝应县、高邮市、仪征市,镇江地区的丹阳市、句容市、扬中市。

2020年,江苏县域经济总体保持良好发展势头。全国县域经济专门研究机构、社会智库赛迪发布《2020年赛迪百强县》榜单。赛迪顾问县域经济研究中心从经济实力、增长潜力、富裕程度、绿色发展四大维度构建了包含24个三级指标的县域经济高质量发展评价体系,对县域经济综合竞争力进行全面解析。从评价结果来看,江苏上榜25个县市,而整个江苏也就40个县(县级市),一半县市跻身百强。浙江上榜18个县市、山东上榜13个县市,位居二、三位。昆山、江阴、张家港、常熟四个县级市,已连续多年霸榜头部,实力强劲。总体来讲,江苏县域经济发展特点集中表现在以下方面:一是区比县级市数量多、GDP也多,县级市比县数量多、GDP也多;二是江苏入围全国经济百强县数量全国最多、质量也最好;三是江苏经济发展水平最低的县放在全国也是中等偏上县,放在中西部省份均是"强县"。

2020年,江苏省县域经济土地面积为64077平方公里,占全省的59.77%;年末常住人口数量达到3780.41万人,占全省户籍人口总数的44.59%。县域经济全年实现区域生产总值42303.84亿元,占江苏省GDP总量的40.44%,其中,实现工业增加值16814.45亿元,服务业增加值19685.23亿元,分别占全省的43.18%和36.21%。县域经济在江苏省总体发展中依旧占据重要的地位,县域经济的崛起对江苏省整体经济发展具有积极的推动作用。

二、县域综合经济发展现状

自 20 世纪 80 年代以来,伴随着乡镇企业的兴起,江苏的县域经济一度进入了一个蓬勃发展的时代,占据全省经济的半壁江山。以昆山、江阴为代表的一大批沿海县市成为江苏经济最为活跃的地区。从最早"村村点火、户户冒烟"的原始模式,到园区化承载、集群式推进,县域经济成为支撑国民经济中不可忽视的力量。江苏县域经济强,也不仅仅体现在百强县霸榜数量多:占据"全国百强"四分之一的"版图",总量领跑各省。另一种表现形式是在全国县域"千亿俱乐部"34 个会员中,江苏囊括 14 席。

改革开放之初,苏南以"吃螃蟹"的勇气和决心,坚持走市场化之路,大力发展乡镇经济和乡镇企业,不仅冲击了高度集中统一的计划经济和资源配置的行政方式,而且为社会主义市场经济体制的建立开拓了道路,推动了区域经济长达数十年的高速发展。在全面深化改革的新形势下,苏南乡镇经济只有秉承改革思路,坚持破立并举,充分发挥市场配置资源的决定性作用,着力推动产业重兴、特色重显、渠道重拓、环境重建,才能重构发展新优势,推动经济新转型。

近五年来,江苏省县域经济规模不断扩大,但增速与大环境相似,有明显的下降趋势。2016年,全省县域经济地区生产总值 33599.8 亿元,经过五年增长,2020 年达到 42303.84 亿元。县域经济总量在全省的占比有所下滑,从 2016 年的 44.14%,之后一路下滑到 2018 年的 43.51%,2020年进一步到 41.18%。

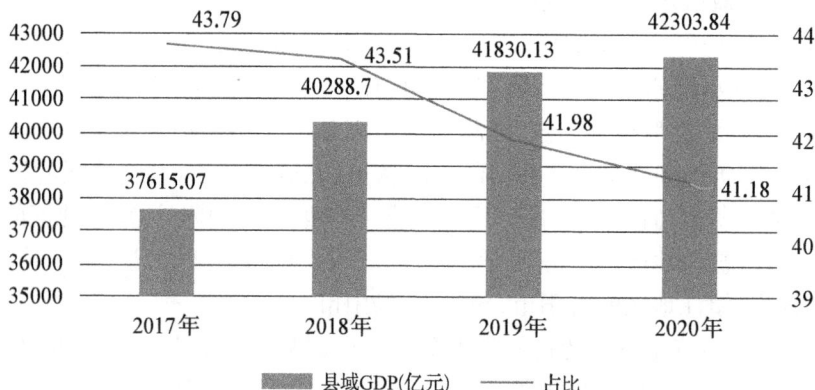

图 1 江苏省县域经济地区生产总值及占全省的比重

数据来源:历年《江苏统计年鉴》

注:本表县域经济数据由 2020 年的 40 个县(市)相关指标加总计算所得。

县域地区生产总值占全省地区生产总值的比重继续呈现下降趋势,这反映出随着宏观经济日益严峻,竞争力薄弱的县域经济逐渐陷入困局,产业同质化、结构单一、技术力量不足等短板逐渐暴露。背后的核心重要因素在于县域产业发展同质化和产能过剩。从目前的情况来看,江苏相当部分县域产业体系雷同,而且很多产业链条短、科技含量低、附加值不高、能源消耗较大。特别是一些县域经济主要依靠钢铁、电解铝、水泥等传统工业或光伏、风电等新能源产业支撑,目前供给能力大幅超出需求,运行风险逐步显性化。

从苏南、苏中和苏北三大区域来看,内部县域经济发展依然存在一定的差距。从经济总量上来说,苏南县(市)地区生产总值在全省县域经济中依旧占有绝对优势,但其占比逐步下降,2020 年下降到 47.41%。苏中县(市)与苏南县(市)保持了基本一致的增长趋势,近年来在增速降低的情况下保持了总体经济的规模扩张。苏北县(市)在 2010 年后与其他区域县(市)的总体增长情况出现分离,虽然增速也出现了小幅下降,但与其他区域的增速差距逐步扩大。苏北县(市)经济总量保持了较高的增长速度,但是在 2014 年和 2015 年出现不同程度的下降,2016 年出现了小幅度的上升。总体而言在全省县(市)经济中的地位逐步提升,2016 年苏北县域经济总量占全部县域经济的 27.32%,较 2015 年增加了 0.32 个百分点;2017、2018 年苏北县域经济总量占全部县域经济的 27.46%、27.00%;2019 年苏北县域经济总量占全部县域经济的 25.90%,出现了小幅度下降;2020 年苏北县域经济总量占全部县域经济 28.11%,增长速度较快。

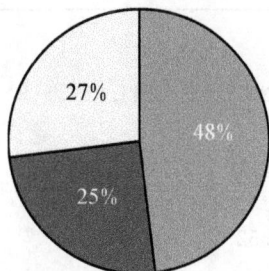

图 2　2020 年江苏省三大区域县域经济地区
生产总值占比(单位:%)

数据来源:历年《江苏统计年鉴》

注:本表县域经济数据由 2020 年的 40 个县(市)相
关指标加总计算所得。

从县域经济数量来看,2020 年苏南地区共有 10 个县(市),年末户籍人口数达 836.82 万人,占全部县(市)的 20.68%,土地面积共计 11275.05 平方公里,占全部县(市)的 17.60%;苏中地区共有 11 个县市,年末户籍人口达 997.23 万人,占全部县(市)的 24.65%,土地面积共计 15771.21 平方米,占全部县(市)的 24.61%;苏北地区共有 20 个县市,年末户籍人口为 2211.92 万人,占全部县(市)的 54.67%,土地面积共计 37030.64 平方米,占全部县(市)的 57.79%。

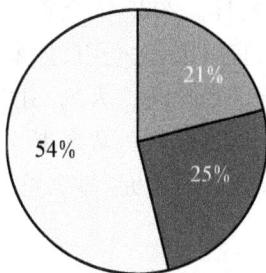

图 3　2020 年江苏省三大区域县域户籍人
口占比(单位:%)

数据来源:历年《江苏统计年鉴》

注:本表县域经济数据由 2020 年的 40 个县(市)
相关指标加总计算所得。

2020 年,苏南地区 10 个县(市)全年实现地区生产总值 20057.62 亿元,占全省县域经济总量的 47.41%;苏中和苏北地区分别实现地区生产总值 10354.52 亿元、11891.7 亿元,占全省县域经济总量的 24.48% 和 28.11%。

三大区域中县域经济中的户籍人口和土地面积存在显著差异,苏南地区以全省县域经济中 20.68% 的人口和 17.60% 的土地创造了近 3 倍于苏中的全省县域经济平均水平的经济密度,在全省县域经济发展中发挥了极为重要的作用。苏中地区全年地区生产总值仅为苏南地区县(市)的

51.62%,苏北地区全年地区生产总值是苏南地区县(市)的59.29%,三大区域之间的总体经济发展还存在一定差距。

表1 2020年江苏省三大区域县(市)主要综合指标

	绝对值			比重(%)		
	苏南	苏中	苏北	苏南	苏中	苏北
县(市)数量	10	10	20	25	25	50
年末户籍人口(万人)	836.82	997.23	2211.92	20.68	24.65	54.67
土地面积(平方公里)	11275.05	15771.21	37030.64	17.60	24.61	57.79
GDP(亿元)	20057.62	10354.52	11891.7	47.71	24.48	28.11
经济密度(万元/平方公里)	17789.3	6565.5	3211.3			

数据来源:《江苏统计年鉴2021》

注:本表县域经济数据由40个县(市)相关指标加总计算所得;经济密度比重是指区域县(市)经济密度与全部县(市)经济密度的比例。

由于苏南地区经济发展基数较大,苏南、苏中、苏北三大区域县域经济在未来相当时间中仍将保持一定的差距。基于"长三角规划实施""江苏沿海开发""跨江联动""长江经济带""一带一路"等政策的叠加效应,苏北地区县域经济出现了快速发展的势头,展现出"三快于"的局面,即苏北地区县域经济增长速度快于苏北地区增长速度,更快于江苏省县域经济增长速度,更快于江苏省经济增长速度。

从具体县(市)表现来看,以昆山市、常熟市、江阴市等为代表的苏南明星县(市)依旧保持了较好的发展态势,为县域经济发展树立了榜样。2020年全省县(市)地区生产总值排名中,前十位依次为昆山市、江阴市、张家港市、常熟市、宜兴市、太仓市、如皋市、启东市、海安市、如东县,其中6个县(市)来自苏南区域,该排名与2019年基本相同。人均GDP排名前十位依次为江阴市、昆山市、张家港市、太仓市、扬中市、仪征市、靖江市、宜兴市、常熟市、海安市,其中有7个县(市)来自苏南区域。排名前十位的县(市)人居GDP均超过10万元,排名首位的江阴市人均GDP达231239元,是末位县(市)人均GDP的4.45倍。

表2 2020年全省各县(市)主要经济指标

	GDP		GDP 增长率		人均GDP	
	绝对值(亿元)	排名	绝对值(%)		绝对值(元)	排名
江阴市	4113.75	2	2.8		231239	1
宜兴市	1832.21	5	3.5		142501	8
丰县	486.53	35	3.9		51949	40
沛县	805.01	21	3.5		77409	25
睢宁县	619.34	25	1.1		56927	37
新沂市	692.22	23	0.8		71411	28
邳州市	1001.26	16	4.3		68479	30
溧阳市	1086.36	13	7.5		137457	11
常熟市	2365.43	4	4.2		141308	9

	GDP		GDP 增长率	人均 GDP	
	绝对值 （亿元）	排名	绝对值 （%）	绝对值 （元）	排名
张家港市	2686.60	3	5.5	188045	3
昆山市	4276.76	1	5.7	204737	2
太仓市	1386.09	6	4.6	167382	4
海安市	1221.63	9	9.7	139273	10
如东县	1155.11	10	9.7	129381	12
启东市	1223.10	8	5.7	126021	13
如皋市	1305.22	7	7.4	104858	20
东海县	553.81	30	5.2	53042	38
灌云县	381.64	39	6.3	52230	39
灌南县	396.94	38	4.0	64711	32
涟水县	554.05	29	4.1	66369	31
盱眙县	435.32	36	4.0	71037	29
金湖县	337.03	40	3.7	115461	16
响水县	405.74	37	5.2	88861	23
滨海县	503.86	33	2.3	61252	34
阜宁县	574.22	28	3.5	72498	27
射阳县	592.36	27	5.1	77221	26
建湖县	593.88	26	4.9	96503	22
东台市	893.35	18	6.2	100495	21
宝应县	763.04	22	4.1	111101	18
仪征市	815.05	20	2.9	152660	6
高邮市	838.18	19	2.4	117871	14
丹阳市	1145.36	11	2.1	115974	15
扬中市	489.59	34	0.4	155179	5
句容市	675.47	24	2.1	105765	19
兴化市	900.92	17	3.3	79380	24
靖江市	1004.80	15	2.6	151109	7
泰兴市	1127.47	12	4.0	112843	17
沭阳县	1011.20	14	6.4	60609	36
泗阳县	528.53	31	5.4	63578	33
泗洪县	525.41	32	6.0	61001	35

数据来源：《江苏统计年鉴 2021》

从增长速度来看，由于明星县（市）经济基数较大，在地区生产总值和人均 GDP 增长率上相对较低，苏中、苏北县（市）总体增速迅猛。地区生产总值增长率排名前十的县（市）依次为海安市、如东县、溧阳市、如皋市、沭阳市、灌云县、东台市、泗洪县、启东市、昆山市。

2020 年，昆山市成为全国唯一一个地方财政收入超 400 亿的县（市），远远拉开与第二名的距离，可谓一枝独秀。按七普常住人口来计算，昆山市人均地方财政收入达到 20454 元，人均数位居全省第二。江阴、张家港和常熟三市去年的地方财政收入均在 200 亿元以上，处于全国财政超强县的阵营，在江苏排名分居第二到第四位。太仓和宜兴两市均是百亿级的，居于全省第五和第六的位次，这其中，太仓的人均地方财政收入位居全省第一，比昆山还要高出百余元。苏北的沭阳县虽然地方财政收入已过 50 亿元的门槛，但由于其常住人口体量庞大，人均数就显得非常低，位居全省末位，只有 3000 余元。

表3　2020年县域一般财政预算收入情况

位次	县(市)名称	绝对数(亿元)	位次	县(市)名称	绝对数(亿元)
1	昆山市	428.00	21	兴化市	41.48
2	江阴市	259.66	22	睢宁县	38.50
3	张家港市	250.30	23	高邮市	37.91
4	常熟市	213.66	24	新沂市	37.50
5	太仓市	171.12	25	扬中市	35.01
6	宜兴市	127.59	26	建湖县	31.66
7	泰兴市	85.43	27	射阳县	30.90
8	溧阳市	73.80	28	丰县	30.01
9	启东市	72.01	29	阜宁县	28.31
10	如皋市	72.01	30	泗洪县	27.31
11	海安市	64.54	31	泗阳县	26.69
12	丹阳市	64.02	32	宝应县	24.87
13	靖江市	60.80	33	东海县	24.68
14	如东县	60.02	34	滨海县	24.36
15	句容市	54.85	35	涟水县	23.98
16	东台市	54.60	36	灌南县	23.93
17	沭阳县	51.00	37	金湖县	23.54
18	仪征市	48.00	38	响水县	23.10
19	沛县	46.13	39	灌云县	22.61
20	邳州市	43.90	40	盱眙县	19.29

数据来源:《江苏统计年鉴2021》

表4　2020年县域人均一般财政预算收入情况

位次	县(市)名称	绝对数(亿元)	位次	县(市)名称	绝对数(亿元)
1	太仓市	20664	21	建湖县	5145
2	昆山市	20489	22	响水县	5060
3	张家港市	17520	23	沛县	4436
4	江阴市	14596	24	射阳县	4028
5	常熟市	12764	25	灌南县	3902
6	扬中市	1 1097	26	新沂市	3868
7	宜兴市	9923	27	兴化市	3655
8	溧阳市	9338	28	宝应县	3621
9	靖江市	9144	29	阜宁县	3575
10	仪征市	8991	30	睢宁县	3539
11	句容市	8588	31	泗阳县	321 1
12	泰兴市	8550	32	丰县	3204
13	金湖县	8064	33	泗洪县	3170
14	启东市	7420	34	盱眙县	3147
15	海安市	7358	35	灌云县	3101
16	如东县	6722	36	沭阳县	3057
17	丹阳市	6482	37	邳州市	3003
18	东台市	6142	38	滨海县	2962
19	如皋市	5785	39	涟水县	2873
20	高邮市	5332	40	东海县	2364

数据来源:《江苏统计年鉴2021》

三、县域产业经济发展现状

1. 产业结构进一步调整

2020 年,江苏省县域经济三次产业结构大致呈现第二产业主导地位依旧不变,产业结构愈发向第三产业倾斜,县域经济整体"服务化"进程稳步推进。该阶段特征符合"钱纳里产业结构"理论中关于"后工业化"阶段的描述:第二产业比重转为相对稳定并且开始有所下降,第三产业比重开始不断提高。相对于全省产业结构来看,县域产业结构依然存在第一、第二产业比重略高,第三产业比重偏低的问题。从苏南、苏中、苏北三大区域来看,其县域产业结构存在显著差别。苏南县域产业结构存在显著的"弱农业"特征,第二和第三产业比重都处于较高的水平,其中,第二产业及第三产业比重显著高于全省及县域平均水平,说明苏南地区县域工业发展规模虽然较大,但服务业已经成为经济发达县域地区产业结构调整的主导方向。张家港市依托较为发达的工业经济基础,打造现代物流、专业市场、金融保险等生产性服务业,促进产业转型升级,构筑高端的现代产业体系,并引导传统工业企业向服务业领域进军,推进传统产业优化升级,实现"二三产融合发展",形成了以现代物流、专业市场为重点产业,创意产业、科技服务、现代商务等新兴服务业协调发展较为完整的县域服务业产业链。

表 5　2020 年全省及地区县(市)三次产业地区生产总值　　　　　　　　单位:亿元

	第一产业	第二产业	第三产业
全省县(市)	2884.02	19734.66	19685.23
苏南县(市)	392.83	10012.81	9652
苏中县(市)	753.18	5064.48	4536.86
苏北县(市)	1738.01	4657.37	5496.37

数据来源:《江苏统计年鉴 2021》

注:本表县域经济数据由 2020 年的 40 个县(市)相关指标加总计算所得。

从具体县(市)来看,明星县(市)的第一产业比重非常低,昆山市和江阴市第一产业比重已经低于 1%,张家港市、常熟市第一产业比重分别为 1.1%、1.7%,县域经济发展对农业发展的依赖极低。值得注意的是,这些县(市)基本都具有较大的工业发展规模,其中,江阴市第二产业比重已经达到 50.9%,第三产业比重达到 48.2%,还未成为主导产业,产业结构整体由工业主导。灌云县经济的发展则依赖于农业经济的发展,第一产业比重达到 20.9%,而邳州市、新沂市、金湖县、涟水

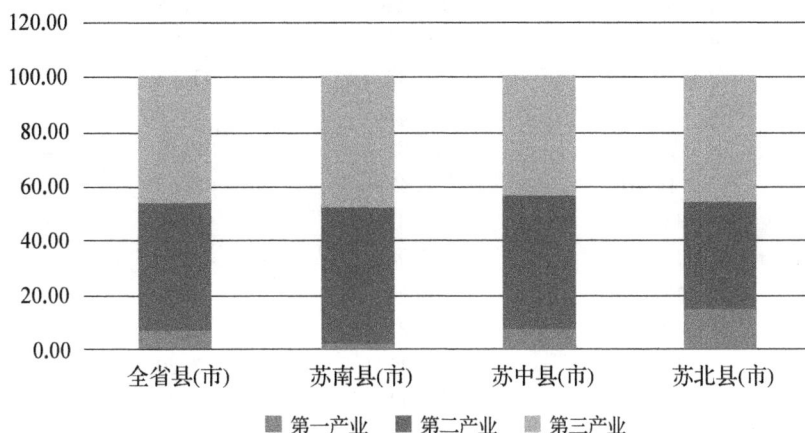

图 4　2020 年江苏县域产业结构

数据来源:《江苏统计年鉴 2021》

县、盱眙县、滨海县、射阳县、东台市、丰县、泗洪县、沐阳县虽然农业比重都超过10%,但其第三产业比重也均超过40%。这种现象说明,江苏省经济强县(市)目前基本脱离传统农业,处于工业主导状态,服务业比重有待进一步提高;传统弱县(市)在依赖农业发展的同时,克服工业基础不足的劣势,大力发展第三产业取得了一定的成果。

(2)县域农业发展稳步推进

2016—2020年,江苏省县域农业规模稳步扩大。2020年江苏省县域农业全年实现总产值2605.68亿元,同比上年增长4.55%。全省县(市)第一产业增加值增速在2010年达到顶峰,苏南、苏中、苏北县(市)该指标分别达到10.16%、14.39%和13.01%,之后呈现波动下降的趋势。2020年,苏南地区农业生产产值为369.49亿元,占全省县(市)总量的14.18%;苏中地区完成农业生产总值573.65亿元,占全省县(市)总量的22.02%;苏北地区全年实现农业生产总值1662.53亿元,占全省县(市)总量的63.80%。"十三五"期间,江苏支持苏北大力发展优势特色产业,建设一批以"一村一品""一镇一业"为特征的规模化、集约化、标准化生产基地,以产粮大县为重点,加强设施农业、农产品精深加工、仓储物流建设,加大高标准农田建设力度,到2020年苏北地区高标准农田比重达60%,高效设施农业比重达20%。

从具体县(市)农业发展状况来看,邳州市、兴化县、东台市、沛县、睢宁县、沐阳县、射阳县、丰县、如东县和高邮市2020年第一产业增加值排名全省县(市)前十位,全部来自苏中、苏北地区,其增加值总和占全省县(市)总量的39.35%,全省县(市)第一产业增加值差距较小,产业集中度不高。从第一产业增加值增长率来看,最高的前十位县(市)依次是东台市、响水县、盱眙县、句容市、涟水县、泗洪县、射阳县、海安市、宝应市和如东县,其中,东台市第一产业增长率超过13%,达到13.50%。全省县(市)中38个县(市)第一产业增加值出呈现增长状态,另有2个县(市)第一产业增加值出现下滑。

表6　2020年全省各县(市)第一产业经济指标

市　县	农林牧渔业总产值	农业	林业	畜牧业
江阴市	62.49	35.40	5.40	3.80
宜兴市	84.33	48.33	2.80	2.90
丰　县	162.80	120.56	0.97	31.75
沛　县	205.96	122.90	1.53	51.98
睢宁县	184.77	107.37	3.92	54.95
新沂市	167.35	73.43	4.51	39.83
邳州市	275.36	172.28	3.72	63.76
溧阳市	90.48	49.70	1.03	3.43
常熟市	71.25	41.37	1.77	1.90
张家港市	55.05	34.82	5.77	2.39
昆山市	53.35	16.88	3.96	0.44
太仓市	48.60	27.47	3.59	2.81
海安市	134.34	55.31	0.39	48.99
如东县	179.49	57.98	0.77	33.40
启东市	167.68	48.91	0.60	13.61
如皋市	127.73	71.27	0.30	36.69
东海县	157.01	85.45	3.20	31.44
灌云县	150.59	71.11	2.33	35.51
灌南县	112.69	70.14	2.07	19.47
涟水县	122.90	80.45	3.00	27.73

市 县	农林牧渔业总产值	农业	林业	畜牧业
盱眙县	124.70	68.00	1.50	19.00
金湖县	82.64	43.00	1.75	7.60
响水县	96.29	39.18	2.17	15.23
滨海县	127.34	56.29	1.90	33.59
阜宁县	119.64	59.61	1.72	29.43
射阳县	187.82	76.67	3.87	32.74
建湖县	95.44	42.34	1.37	16.08
东台市	237.31	106.98	6.12	61.66
宝应县	148.27	55.78	3.20	15.64
仪征市	45.67	27.56	1.97	8.74
高邮市	160.74	59.11	1.74	20.36
丹阳市	86.23	48.10	2.14	11.24
扬中市	29.86	15.77	1.70	3.84
句容市	85.19	51.66	5.35	8.92
兴化市	232.11	95.15	1.41	16.05
靖江市	44.38	28.95	0.47	7.60
泰兴市	109.10	73.65	0.88	24.30
沭阳县	189.53	146.76	4.26	27.61
泗阳县	124.26	58.85	6.63	19.26
泗洪县	149.08	61.16	1.50	28.97

数据来源:《江苏统计年鉴 2021》

3. 县域工业规模持续扩张

工业是江苏县域经济的重要支柱。自 2001 年中国加入 WTO 之后,江苏以制造业为代表的实体经济得到了突飞猛进的发展,也涌现出了一批具备全球竞争力的知名企业,如沙钢集团、江苏阳光、红豆集团、森达等。特别是一大批中小企业的成长,向国内和世界提供了丰富的价廉物美的产品,向世界输出了"江苏制造"的新概念,给江苏县域经济带来了充沛的活力。

2020 年江苏省 40 个县(市)实现第二产业增加值 19734.66 亿元,比 2019 年的 20013.36 亿元,同比减少 1.39%,其中工业增加值完成 16814.45 亿元。县域经济第二产业增加值完成额占全省

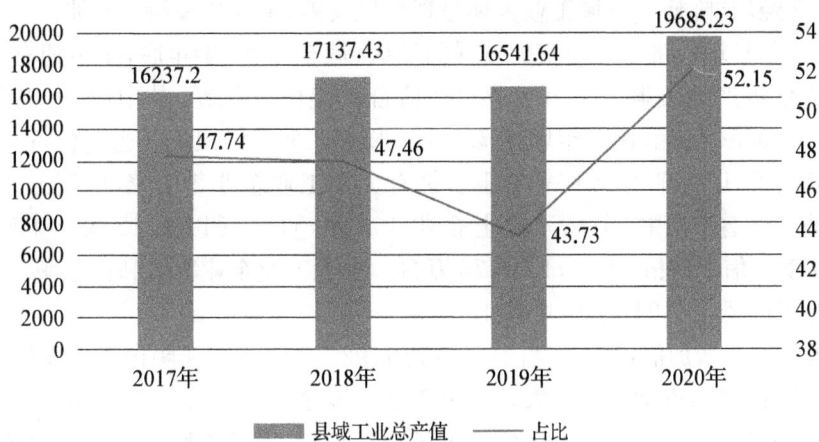

图 5 江苏省县域工业生产总值及占全省的比重

数据来源:历年《江苏统计年鉴》

注:本表县域经济数据由 2020 年的 40 个县(市)相关指标加总计算所得。

总量的43.15%,工业增加值占比43.18%。全省县域工业发展速度显著高于全省平均水平,县域工业发展成为全省工业经济发展的巨大推动力,为江苏省经济全面发展打下了坚实的基础。

从具体区域来看,苏南县(市)2020年完成第二产业增加值10012.81亿元,占全省县(市)总量的50.74%,其中,工业增加值完成9026.23亿元,占全省县(市)总量的53.68%;苏中县(市)全年第二产业增加值为5064.48亿元,占全省县(市)总量的比重为25.66%,其中,完成工业增加值4064.88亿元,占全省县(市)总量的比重为24.17%;苏北县(市)完成第二产业增加值4657.37亿元,占全省县(市)总量的23.60%,其中,工业增加值完成3723.34亿元,占全省县(市)总量的22.14%。

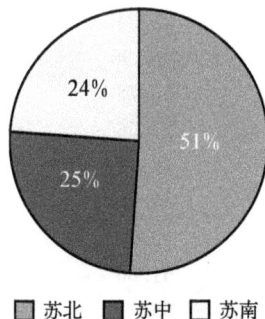

图6　2020年江苏省三大区域第二产业占比(单位:%)
数据来源:历年《江苏统计年鉴》
注:本表县域经济数据由2020年的40个县(市)相关指标加总计算所得。

从个体县(市)来看,昆山市、江阴市、张家港市、常熟市、宜兴市、太仓市、丹阳市、海门市、如皋市、如东县位居全省县(市)工业增加值前10位,其中,昆山市、江阴市、张家港市、常熟市工业增加值超千亿,昆山市工业增加值达到1981.06亿元。如东县、溧阳市、海安市、如皋市、昆山市、张家港市、沭阳市、灌云县、泗洪县、建湖县进入县(市)工业增加值前十位。

全省县(市)工业生产总值和工业增加值总体表现类似,昆山市、江阴市、张家港市、常熟市、宜兴市、丹阳市、海安市、如皋市、如东县、泰兴市进入县(市)工业总产值前十位,其中,昆山市工业生产总值超过1500亿元,达到了1981.06亿元。昆山市工业总产值是末位县(市)的20.3倍。全省县(市)工业总产值增长率表现各异,如东县、溧阳市、海安市、如皋市、昆山市、张家港市、沭阳市、灌云市、泗洪县、建湖县工业增加值增速位列前十。工业强县(市)仍然以其良好的工业基础支撑全省工业发展,并保持稳步扩张,部分县(市)以其强劲的增长势头奋起直追,个别县(市)由于内部结构调整工业发展正在经历"阵痛",县域工业整体呈现良性发展,工业规模持续扩张。

昆山市作为江苏县域经济中工业实力较强的地区,截至2020年年底,全市拥有1个千亿级产业集群和12个百亿级产业集群。全市工业总产值首次突破万亿元,其中,规上工业总产值突破9000亿大关,达9000.84亿元,比上年增长7.0%。形成1个千亿级IT(通信设备、计算机及其他电子设备)产业集群和12个百亿级产业集群。拥有大型工业企业101家,中型工业企业327家。产值超亿元企业934家,其中,十亿元以上企业109家,百亿元以上12家。生产计算机整机4099.75万台、移动通信手持机(手机)4226.78万台。规上工业企业实现利税总额577.73亿元,增长8.0%,实现利润总额480.91亿元,增长13.0%。

2020年江阴市工业增加值仅次于昆山市,达到1892.52亿元。江阴市工业发展的特点之一就是大企业的作用非常明显,贡献继续增大。全市工业百强企业全年完成产品销售收入3895.73亿元,实现利润292.64亿元,分别占全市规模以上工业企业的66.6%和81.3%。海澜集团、中信特钢等2家企业集团税务销售超1000亿元,三房巷集团、远景能源等2家企业集团税务销售超500亿元,新长江实业、澄星集团、华西集团、阳光集团等4家企业集团税务销售超300亿元。

表7　2020年县域工业增加值总量及排名

位次	县(市)名称	绝对数(亿元)	位次	县(市)名称	绝对数(亿元)
1	昆山市	1981.06	21	兴化市	241.55
2	江阴市	1892.52	22	扬中市	236.48
3	张家港市	1261.16	23	句容市	233.09
4	常熟市	1046.37	24	沛县	229.86
5	宜兴市	782.59	25	新沂市	211.69
6	太仓市	615.01	26	建湖县	189.45
7	丹阳市	552.92	27	射阳县	181.73
8	海安市	543.69	28	睢宁县	175.39
9	如皋市	517.47	29	东海县	173.51
10	如东县	483.36	30	泗阳县	171.09
11	泰兴市	469.72	31	涟水县	170.74
12	启东市	463.31	32	响水县	165.16
13	溧阳市	425.03	33	阜宁县	157.41
14	靖江市	382.37	34	滨海县	149.80
15	仪征市	365.11	35	泗洪县	146.06
16	沭阳县	356.35	36	丰县	142.14
17	邳州市	340.95	37	盱眙县	139.42
18	高邮市	320.54	38	灌南县	133.24
19	宝应县	277.76	39	金湖县	114.13
20	东台市	277.55	40	灌云县	97.67

数据来源:《江苏省统计年鉴2021》

4.县域第三产业发展势头良好

全省40个县(市)2020年全年完成第三产业增加值19685.63亿元,比上年增加5.3%,占全省服务业增加值总量的36.21%。服务业整体增速显著高于全省县(市)经济增速,成为对县域经济贡献率较高的产业。

从具体区域来看,苏南县(市)实现第三产业增加值9652亿元,占全省县(市)第三产业增加值比重为49.03%;苏中和苏北县(市)全年完成第三产业增加值4536.86亿元、5496.37亿元,占全省县(市)第三产业增加值总量的比重为23.05%和27.92%。苏南县(市)第三产业规模依旧占据绝对优势,其增速与全省平均增速基本持平;苏中、苏北区域县(市)第三产业规模较小,但增速迅猛。结合产业结构来看,苏中、苏北部分县(市)第三产业在整体产业中比重甚至超过部分苏南县(市),第三产业成为苏中、苏北县(市)经济发展新的增长点。

从个体县(市)第三产业发展情况来看,昆山市、江阴市、张家港市、常熟市、宜兴市、太仓市、如皋市、启东市、海安市、丹阳市依次居于县(市)第三产业增加值前十位,其第三产业增加值之和占所有县(市)总量的52.12%,全省县(市)第三产业集中度较高。其中,昆山市、江阴市、张家港市、常熟市第三产业增加值过千亿,仅这四个县(市)第三产业增加值总量就超过全省县(市)总量的33.30%,昆山市的第三产业增加值为末位县(市)的13.60倍。

2020年,昆山全市第三产业增加值达到2096.62亿元,按可比价计算,比上年增长7.9%,增速分别比地区生产总值和工业增加值高出2.2个和4.3个百分点,第三产业增加值占地区生产总值的比重达到49%,比上年底提高1个百分点。

2020年如东县、海安市、如皋市、溧阳市、启东市、沭阳市、宝应县、灌云县、泗阳县、太仓市位居前十,十个县(市)第三产业增加值增速均超过8%,显示了强劲的发展势头。其中,苏中地区的泰兴市服务业加速增长,主要得益于其重点发展物流、金融、信息技术服务、电子商务、商务服务、商贸流通、住宿餐饮、家庭服务、房地产、旅游等10个服务业产业;重点扶持天星洲港口物流园、城北市场集聚区、苏中沿江化工物流园、城东高新区科技广场、总部经济集聚区、黄桥现代综合物流园、黄桥乐器文化产业园、济川健康产业园、电子商务产业园、智慧产业园等10个服务业集聚区。

表8 2020年全省各县(市)第三产业经济指标

县(市)	绝对值 (亿元)	排名	增长率 (%)	排名
江阴市	1981.60	2	3	38
宜兴市	844.94	5	6.2	27
丰　县	215.43	35	5.9	28
沛　县	356.90	20	5.0	31
睢宁县	269.85	28	1.5	39
新沂市	337.22	23	0.6	40
邳州市	445.56	16	6.2	26
溧阳市	491.94	14	10.7	4
常熟市	1179.03	4	6.4	25
张家港市	1297.50	3	7.2	18
昆山市	2096.62	1	7.9	12
太仓市	692.60	6	8.0	11
海安市	507.31	9	11.2	2
如东县	503.24	11	12.9	1
启东市	549.39	8	10.6	5
如皋市	604.21	7	10.8	3
东海县	249.03	30	7.5	15
灌云县	170.00	38	8.5	8
灌南县	154.17	40	4.7	32
涟水县	253.56	29	4.3	35
盱眙县	204.20	36	7.0	20
金湖县	156.35	39	7.6	14
响水县	171.96	37	7.4	17
滨海县	238.67	32	6.8	22
阜宁县	272.33	27	6.9	21
射阳县	280.87	26	7.5	16
建湖县	292.94	25	7.2	19
东台市	452.51	15	8.0	10
宝应县	321.40	24	9.6	7
仪征市	361.83	19	4.7	33
高邮市	337.28	22	3.2	37
丹阳市	507.31	10	4.7	34
扬中市	221.03	24	5.3	30
句容市	339.43	21	3.8	36
兴化市	419.33	18	5.6	29
靖江市	439.88	17	6.5	24
泰兴市	492.99	13	6.6	23
沭阳县	493.04	12	10.1	6
泗阳县	237.17	33	8.2	9
泗洪县	244.61	31	7.7	13

数据来源:《江苏统计年鉴2021》

四、县域开放型经济发展现状

2020年,全省40个县(市)共完成进出口总额15455.16亿元,占全省进出口总额的比重为34.73%,其中完成出口总额9922.49亿元,占全省比重为36.16%。全省县域经济全年实际使用外资额为91.54亿美元,占全省实际外商直接投资额总量的32.25%。

表9 江苏省县域经济对外贸易发展情况

年份	进出口总额		出口总额		实际外商直接投资额	
	绝对值 (亿美元)	占全省比重 (%)	绝对值 (亿美元)	占全省比重 (%)	绝对值 (亿美元)	占全省比重 (%)
2016	1888.22	37.05	1215.58	38.06	85.67	34.91
2017	2177.41	36.83	1402.73	38.61	78.06	31.06
2018	2412.94	36.34	1519.1	37.60	87.93	34.36
2019	2271.87	36.09	1475.54	37.38	87.81	33.61
2020	15455.16	34.73	9922.49	36.16	91.54	32.25

数据来源:历年《江苏统计年鉴》

注:本表县域经济数据由40个县(市)相关指标加总计算所得。

从近五年的江苏省县域经济对外贸易发展情况来看,进出口总额和出口总额在2016—2018年间呈现小幅上升态势,但2018年开始出现下滑,2019年继续2018年的下滑状态。县域经济进出口总额由2018年的2412.94亿美元下滑至2019年的2271.87亿美元,2019年下降5.85%;实际外商直接投资总额从2016年的85.67亿美元降至2017年的78.06亿美元,降幅为8.88%;外商直接投资总额在2018年开始出现了小幅度的回升,其占全省总量的比重在2017年出现小幅度下降后,从2018年开始呈现出的比重较稳定。

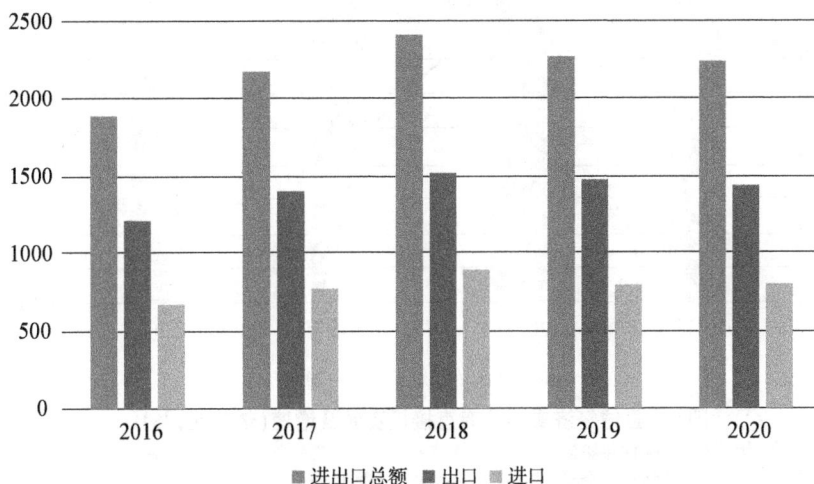

图7 江苏省县域经济对外贸易总体状况

数据来源:历年《江苏统计年鉴》

注:本表县域经济数据由2020年的40个县(市)相关指标加总计算所得。

从县域经济内部区域来看,苏南县(市)进出口总额2020年达到12594.28亿元,在全省县域经济进出口总额中占据绝对比重,达到81.5%。苏北县(市)进出口总额达到1060.62亿元,在全省县域经济进出口总额中占据6.9%。苏中县(市)进出口总额达到1800.26亿元,在全省县域经济进出口总额中占据11.6%。

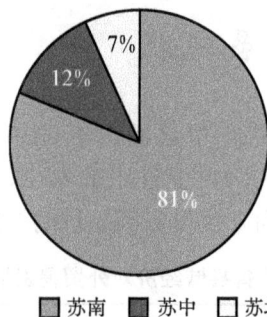

图8 2020年江苏省三大区域进出口总额占比(单位:%)

数据来源:《江苏统计年鉴2021》

注:本表县域经济数据由2020年的40个县(市)相关指标加总计算所得。

从出口部分来看,2020年苏南县(市)全年出口7684.73亿元,苏中县(市)全年出口1177.05亿元,苏北县(市)全年出口935.04亿元。

从图9中全省及县域经济实际外商直接投资额及其增速变化情况可以看出,2017年全省县域实际外商直接投资出现小幅度下降,下降8.88%;2018年全省县域经济实际外商直接投资出现较大幅度的增加,且增速达到最高点12.64%;2019年数据基本保持不变;2020年出现了小幅度的增长,增速为4.25,总量达到了91.54亿美元。县域地区吸引FDI逐年下降的原因,既有大环境的影响,也与县域地区的产业结构与全球FDI产业调整相关。苏南地区的县域,以昆山、张家港等市为代表,过去一直通过发展外向型经济,利用加工贸易融入全球价值链而获得成功,但近年来受到劳动力成本、环境以及全球经济形势的影响:一方面,这些地区的传统比较优势不断散失,而新的竞争优势又尚未确定;另一方面,发达国家不断调整自身的全球战略,纷纷从中国迁移工厂到成本更低的地区,同时,也调整产业上的FDI政策,越来越多的倾向于对服务业的投资。

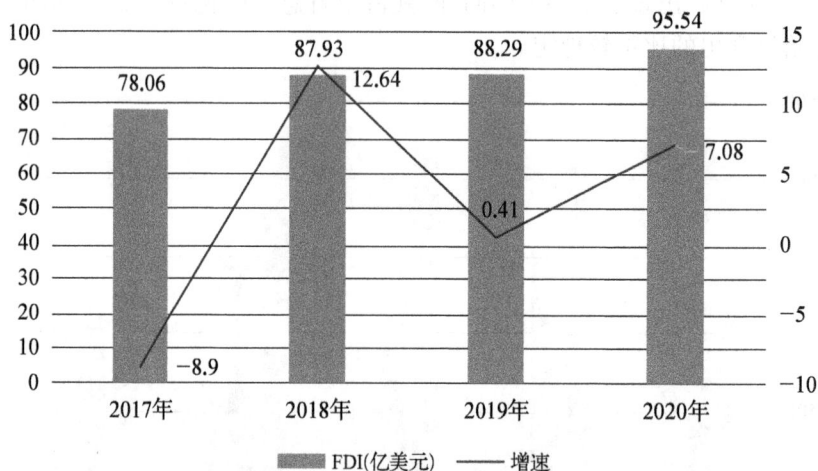

图9 县域经济实际外商直接投资额及增速(亿美元,%)

数据来源:历年《江苏统计年鉴》

注:本表县域经济数据由40个县(市)相关指标加总计算所得。

从江苏省三大区域县(市)具体情况来看,苏北县(市)从绝对值上显著低于苏南县(市)。2016年苏北县(市)实际外商直接投资额达14.87亿美元,仅比2015年增加了0.05亿美元,低于苏中县(市)21.80亿美元。2016年苏南县(市)一反以往的增长趋势,实际外资直接投资额从2015年的51.01亿美元下降到了49.01亿美元,减少了2亿美元,降幅为3.9%。苏中县(市)近年来实际外商直接投资持续低迷,但2016年较2015年实现了增长,达到21.80亿美元,增幅达到了12.3%。2020年苏南县(市)实际外商直接投资额达46.65亿美元,相比2019年的40.19亿美元增幅达到16.07%;苏中县

(市)实际外商直接投资额达 25.97 亿美元,相比 2019 年的 23.16 亿美元增幅达到 12.13%;苏北县
(市)实际外商直接投资额达 21.93 亿美元,相比 2019 年的 22.35 亿美元下降幅度为 1.43%。

表 10　2020 年江苏省各县(市)对外贸易发展情况

市　县	进出口总额			实际使用外资
	(亿元)	出口	进口	(亿美元)
江阴市	1326.81	859.35	467.46	9.20
宜兴市	317.93	235.11	82.83	4.51
丰　县	69.92	64.36	5.56	1.07
沛　县	96.09	74.82	21.27	2.00
睢宁县	66.28	62.60	3.68	1.47
新沂市	109.30	87.67	21.64	2.08
邳州市	129.53	121.04	8.49	2.93
溧阳市	85.77	70.76	15.01	3.34
常熟市	1326.99	871.17	455.82	6.31
张家港市	2322.02	985.63	1336.39	4.41
昆山市	6002.85	3967.14	2035.72	10.48
太仓市	922.54	438.42	484.12	4.63
海安市	175.53	135.57	39.96	3.59
如东县	395.31	157.80	237.51	3.18
启东市	215.34	153.79	61.55	3.43
如皋市	248.94	212.12	36.82	2.54
东海县	37.47	32.52	4.95	1.00
灌云县	13.70	13.16	0.54	0.19
灌南县	12.28	9.50	2.78	0.74
涟水县	18.44	15.95	2.49	1.34
盱眙县	12.53	10.45	2.08	1.25
金湖县	33.41	30.20	3.21	1.25
响水县	61.39	53.11	8.28	0.39
滨海县	37.25	34.49	2.76	0.61
阜宁县	35.87	31.73	4.14	0.23
射阳县	51.73	37.25	14.48	0.91
建湖县	29.66	24.83	4.83	0.22
东台市	86.22	81.39	4.83	1.11
宝应县	10.59	8.43	2.16	0.50
仪征市	95.04	51.23	43.81	2.50
高邮市	37.12	33.24	3.87	1.50
丹阳市	215.20	194.70	20.50	1.85
扬中市	31.99	29.34	2.65	0.74
句容市	42.17	33.11	9.06	1.18
兴化市	51.18	46.85	4.32	1.68
靖江市	229.23	175.53	53.70	2.78
泰兴市	299.73	172.35	127.38	3.76
沭阳县	85.27	82.08	3.19	1.10
泗阳县	47.23	44.29	2.94	1.12
泗洪县	27.05	23.61	3.44	0.91

数据来源:《江苏统计年鉴 2021》

注:本表县域经济数据由 40 个县(市)相关指标加总计算所得。

五、县域人民生活发展现状

在大力发展县域经济的大背景下,通过深入实施民生幸福工程,扎实推进"六大体系"建设,持续办好各项民生实事,2020年江苏县域(市)一般公共预算支出达4614.09亿元,占全省公共预算财政支出的33.72%,县域人民群众生活得到明显改善,居民收入、消费支出和储蓄持续增加,居住条件不断提升。

全省县(市)城镇常住居民人均可支配收入由2016年的40152元上升到2020年的53102元,增长32.25%,其中,城镇居民人均生活消费支出达到30882元,五年增速16.83%,小于收入增速。农村居民人均可支配收入在五年间由17606元增加到24198元,增长37.44%,略高于城镇居民人均可支配收入的增速。农村人均生活消费支出达到17022元,总体来看,从绝对值增幅上来说,农村地区从县域经济发展中受益更多,农村居民生活水平提高程度更为明显;但从绝对值上来看,城镇居民人均可支配收入在2016年已经突破40000元大关,并在2019年突破50000元大关,在2020年达到53101.7元,而农村居民人均纯收入也已在2018年突破20000元且在2020年达到24198元,城乡差距依旧显著。

表11　全省县(市)人民生活主要指标

	2016年	2017年	2018年	2019年	2020年
城镇居民人均可支配收入(元)	40151.6	43621.8	47200	51056.1	53101.7
城镇居民人均生活消费支出(元)	26433	27726.3	29462	31329	30882
城镇居民恩格尔系数(%)	28.0	27.5	26.1	—	—
农村居民人均可支配收入(元)	17606	19158	20845	22675	24198
农村居民人均生活消费支出(元)	14458	15611.5	16567	17716	17022
农村居民恩格尔系数(%)	29.5	28.9	26.2	32.38	31.8

数据来源:历年《江苏统计年鉴》

注:本表县域经济数据由40个县(市)相关指标加总计算所得。

全省县(市)人民生活状况差异较大,城镇居民人均可支配收入、农村居民人均纯收入排列与县(市)整体经济发展状况接近,但恩格尔系数和住房面积还可能受到其他因素的影响,在一定程度上表现出与经济发展状况的偏离。常熟市、昆山市、江阴市、太仓市、沛县、海安市、滨海县、张家港市、如皋市、东台市位列城镇常住居民恩格尔系数前十位,与农村居民恩格尔系数前十位有所不同。农村居民恩格尔系数前十名分别为泰兴市、太仓市、张家港市、常熟市、丹阳市、滨海县、高邮市、仪征市、响水县、阜宁县。从住房面积来看,城镇住房和农村住房状况存在明显差异,城镇居民人均住房建筑面积与县域经济发展水平并不完全相符,靖江市、泰兴市、睢宁市、扬中市、江阴市、常熟市、东台市、如东县、海安市、如皋市排名前十,其中有7个城市为苏中、苏北县(市),说明城镇居住条件在一定程度上可能受到经济发达县(市)房价的影响;农村居民人均住房面积排名与所在县(市)经济发展状况高度相关,其中,靖江市、常熟市、张家港市、太仓市、扬中市、宜兴市、东台市、泰兴市、昆山市、灌南县排名前十,靖江市农村居民人均住房面积达到81.3平方米,高出末位县(市)33平方米。

表12　2020年江苏县域经济人民生活主要指标

市　县	城镇常住居民人均可支配收入(元)	城镇常住居民恩格尔系数(%)	城镇常住居民人均住房建筑面积(平方米)	农村常住居民人均可支配收入(元)	农村常住居民恩格尔系数(%)	农村常住居民人均住房建筑面积(平方米)
江阴市	72185	27.8	66.0	38416	30.0	61.0
宜兴市	61090	29.2	52.3	32430	30.6	70.3

市　县	城镇常住居民人均可支配收入(元)	城镇常住居民恩格尔系数(%)	城镇常住居民人均住房建筑面积(平方米)	农村常住居民人均可支配收入(元)	农村常住居民恩格尔系数(%)	农村常住居民人均住房建筑面积(平方米)
丰　县	30612	29.3	48.0	19510	30.6	60.0
沛　县	36272	28.5	44.3	21899	30.3	50.2
睢宁县	31018	30.0	74.6	19240	30.0	57.8
新沂市	33255	29.6	59.0	20197	30.7	51.0
邳州市	37745	29.8	50.6	21227	30.0	50.8
溧阳市	55478	29.1	42.8	30083	32.4	62.0
常熟市	71445	27.4	57.7	38031	28.9	74.3
张家港市	71805	28.8	51.0	37935	28.0	73.6
昆山市	71519	27.6	39.1	38320	29.9	69.1
太仓市	70592	27.9	54.0	37521	28.0	73.0
如东县	49565	29.4	58.5	23773	29.8	65.2
启东市	50238	29.3	53.3	27617	29.8	68.7
如皋市	49118	28.8	61.4	23599	29.9	61.5
海安市	50044	28.6	58.7	25176	30.1	66.4
东海县	36319	35.2	51.0	20002	35.9	58.0
灌云县	30393	35.3	50.2	17959	34.9	53.7
灌南县	32386	32.1	54.0	17192	34.7	69.0
涟水县	33413	32.5	59.8	18422	32.2	53.3
盱眙县	40531	30.2	49.0	19933	30.4	51.0
金湖县	40971	31.0	42.0	21692	32.9	64.0
响水县	33554	29.9	47.0	19843	29.6	58.4
滨海县	35134	28.7	40.5	20610	29.1	49.8
阜宁县	33772	30.6	42.3	21312	29.7	53.7
射阳县	35406	29.9	56.0	22859	32.0	57.0
建湖县	39023	31.5	50.9	23481	34.5	48.3
东台市	43070	28.9	56.2	27023	29.9	69.6
宝应县	35799	29.9	48.0	23302	29.9	55.0
仪征市	48005	29.3	49.9	23942	29.4	63.4
高邮市	41650	29.1	48.1	23315	29.2	64.7
丹阳市	54315	29.8	48.8	29492	29.0	57.9
扬中市	60050	29.7	59.8	32474	29.9	71.9
句容市	52802	31.5	50.7	25666	31.7	57.0
兴化市	44464	29.1	50.0	23212	31.5	64.0
靖江市	52754	29.0	64.9	26922	31.8	81.3
泰兴市	48857	30.0	69.5	24783	27.7	69.2
沭阳县	31631	33.6	46.0	19743	32.6	52.1
泗阳县	31342	32.3	52.9	19462	34.6	50.1
泗洪县	30640	32.9	45.4	19060	33.7	50.2

数据来源:《江苏统计年鉴2021》

第二章 苏南地区重点县(市)经济发展分析

一、2020—2021年昆山市经济发展情况

2020年,面对突如其来的新冠疫情和复杂多变的国内外经济形势,全市上下在市委市政府的正确领导下,坚持疫情防控和经济社会发展"两手抓、两手硬、两战赢",扎实做好"六稳"工作,全面落实"六保"任务,沉着应对大战、大考带来的新挑战,积极适应复杂严峻的新形势,主动顺应高质量发展的新要求,在把握机遇中笃定前行,在攻坚克难中砥砺奋进,疫情防控和经济社会发展取得双胜利,"十三五"圆满收官,如期全面建成高水平小康社会,"强富美高"新昆山建设取得重大阶段性成果。

1. 综合

全年实现地区生产总值4276.76亿元,按可比价计算,比上年增长4.0%。其中,第一产业增加值30.95亿元,下降0.3%;第二产业增加值2149.19亿元,增长4.5%;第三产业增加值2096.62亿元,增长3.4%,第三产业增加值占地区生产总值比重49.0%,比上年提高1.0个百分点。年末拥有市场主体91.26万户,成为全省首个市场主体突破90万户的县级市,其中,法人14.14万户,个体工商户75.93万户。

完成一般公共预算收入428.0亿元,增长5.1%,其中,税收收入373.03亿元,增长1.1%,税收收入占一般公共预算收入比重为87.2%。

全年高新技术产业产值4288.06亿元,增长8.2%,占规上工业总产值比重达47.6%;战略性新兴产业产值占规上工业总产值比重达55.2%,比上年提高3.3个百分点。限额以上批发和零售业通过公共网络实现零售额增长16.8%。软件和信息技术服务业、互联网和相关服务业营业收入为146.21亿元和35.30亿元,分别增长56.1%和29.2%。

2. 人口与就业

年末全市户籍总人口106.71万人,增长8.8%,其中男性51.60万人。出生人口1.34万人,出生率13.1‰,死亡人口0.53万人,死亡率5.2‰,自然增长率7.9‰。

表1 昆山全市人口年龄构成　　　　单位:人、%

年龄	人口数	比重
总计	2092496	100.00
0～14岁	320034	15.29
15～59岁	1515051	72.40
60岁及以上	257411	12.30
其中:65岁及以上	183910	8.79

数据来源:昆山市第七次人口普查公报

全市常住人口中,0～14岁人口为320034人,占15.29%;15～59岁人口为1515051人,占72.40%;60岁及以上人口为257411人,占12.30%,其中,65岁及以上人口为183910人,占8.79%。与2010年第六次全国人口普查相比,0～14岁人口的比重上升7.19个百分点,15～59岁

人口的比重下降 10.99 个百分点,60 岁及以上人口的比重上升 3.78 个百分点,65 岁及以上人口的比重上升 3.25 个百分点。

全市常住人口中,拥有大学(指大专及以上)文化程度的人口为 462837 人;拥有高中(含中专)文化程度的人口为 437253 人;拥有初中文化程度的人口为 635623 人;拥有小学文化程度的人口为 376025 人(以上各种受教育程度的人包括各类学校的毕业生、肄业生和在校生)。与 2010 年第六次全国人口普查相比,每 10 万人中拥有大学文化程度的由 14340 人增加到 22119 人;拥有高中文化程度的由 25320 人减少到 20896 人;拥有初中文化程度的由 38368 人减少到 30376 人;拥有小学文化程度的由 16592 人增加到 17970 人。

年末城镇就业人口 119.91 万人,城镇新增就业 3.42 万人。城镇登记失业率 1.77%,城镇失业人员再就业 0.93 万人。

3. 载体建设

国务院批复同意扩大昆山试验区范围至全市,获批国家进口贸易促进创新示范区。第八次部省际联席会议首次在昆成功召开,明确在两岸产业合作、综保区高质量发展、投资贸易便利化、社会建设等方面再获 13 项支持举措。获批全国首家具有两岸特色的金融改革试验区。苏银凯基消费金融公司获批筹建。综保区一般纳税人资格试点 29 家试点企业累计开票 146 亿元,缴纳增值税 20 亿元。《昆山试验区条例》获省人大常委会审议通过,2021 年正式施行。

编制实施长三角一体化昆山行动方案,推进 225 项对接融入上海重点事项,发布锦淀周一体化发展规划成果,虹昆相、嘉昆太等合作机制不断深化。曙光路对接青浦复兴路建成通车。开通昆山—上海互联网数据专用通道。主动参与长三角医保一体化,异地就医直接结算率提高至 85%。开放发展再深入。国务院批复同意昆山试验区范围扩大至全市。部省际联席会议首次在昆举行,再获 13 项新政。国家级金融改革试验区获批设立。苏银凯基消费金融公司获准筹建。设立总规模 50 亿元的台商发展基金。高规格举办昆台融合发展 30 周年座谈会。以"一带一路"为重点,完成境外中方协议投资额 1.3 亿美元。中国-中东欧国家合作新春晚会、首届昆山侨商大会成功举行。重点改革再拓展。实施 28 条优化营商环境新政,推出"昆如意"营商服务品牌。推行重点项目全链代办服务模式,开创"7 天发四证"审批新纪录。昆山开发区在全国经开区营商环境指数的排名上升 1 位,位居第二。媒体融合改革获评全国先进。实行市属国企总会计师委派制度。获批开展自然资源管理综合改革省级试点。张浦镇入选国土空间全域综合整治国家试点。随着载体平台的不断完善、营商环境的持续改善,资本、人才在昆山实现"双聚合"效应。

4. 农林牧渔业

全年完成农林牧渔业总产值 53.35 亿元,农林牧渔业增加值 33.92 亿元。粮食总产量 90255 吨,比上年增长 1.9%,其中,夏粮 18480 吨,下降 14.5%;秋粮 71775 吨,增长 7.2%。水稻播种面积 11.24 万亩,亩产 623.3 公斤,小麦 5.58 万亩,亩产 325.6 公斤。油菜籽播种面积 0.36 万亩,亩产 155.7 公斤。肥猪出栏数 0.71 万头,比上年增加 0.43 万头。水产品总产量 2.18 万吨,下降 11.7%。

新增高标准农田 1.2 万亩、现代农业园区 1.98 万亩,成功举办 2020"苏韵乡情"乡村休闲旅游农业专场推介活动和海峡两岸昆山农展会。年末全市休闲农旅基地 107 个,全年接待游客 387 万人次,营业收入 10.1 亿元,农业电子商务网上销售额 4.8 亿元。

5. 工业与建筑业

全市工业总产值首次突破万亿元,其中,规上工业总产值突破 9000 亿大关,达 9000.84 亿元,比上年增长 7.0%。形成 1 个千亿级 IT(通信设备、计算机及其他电子设备)产业集群和 12 个百亿级产业集群。拥有大型工业企业 101 家,中型工业企业 327 家。产值超亿元企业 934 家,其中十亿元以上企业 109 家,百亿元以上 12 家。生产计算机整机 4099.75 万台、移动通信手持机(手机)

4226.78 万台。规上工业企业实现利税总额 577.73 亿元,增长 8.0%,实现利润总额 480.91 亿元,增长 13.0%。同时,产业结构持续优化,全市新兴产业、高新技术产业产值占比分别达 51% 和 47%;疫情催生的新业态新模式成为新亮点,信息传输、软件和信息技术服务营收增长 51.9%;全社会投入占比达 3.7%,其中企业研发投入增长 10%。

表 2 2020 年昆山市产业集群产值分布情况　　　　　　　　单位:亿元、%

	产值	增幅
1 个千亿级产业集群	**5100.58**	
计算机、通信和其他电子设备制造业	5100.58	9.0
12 个百亿级产业集群	**3367.38**	
通用设备制造业	773.08	4.2
专用设备制造业	596.51	11.1
汽车制造业	424.97	−2.0
橡胶和塑料制品业	312.82	2.1
电气机械和器材制造业	262.43	10.0
造纸和纸制品业	204.43	5.5
金属制品业	180.04	−2.1
化学原料和化学制品制造业	145.80	−5.9
仪器仪表制造业	124.71	20.0
非金属矿物制品业	122.56	3.4
有色金属冶炼和压延加工业	112.89	−2.1
铁路、船舶、航空航天和其他运输设备制造业	107.12	4.0

数据来源:昆山市统计局

全年有资质的建筑业企业房屋新开工面积 611.60 万平方米,比上年下降 33.0%,新签合同额 334.32 亿元,下降 4.9%。实现建筑业总产值 319.13 亿元,增长 4.5%,其中,建筑工程产值 280.52 亿元,增长 4.5%,安装工程产值 35.43 亿元,增长 0.8%。建筑业企业期末人数 7.19 万人,下降 7.3%,其中工程技术人员 0.95 万人。

6. 固定资产投资

全年完成固定资产投资总额 743.05 亿元,比上年增长 3.3%。其中,工业投资 220.07 亿元,增长 14.4%;房地产开发投资 352.08 亿元,下降 9.7%。完成新兴产业投资 196.31 亿元,增长 21.7%;高新技术产业投资 112.41 亿元,增长 9.1%。完成民间投资 424.02 亿元,下降 7.2%,占全部投资的比重 57.1%。完成基础设施投资 111.45 亿元,增长 43.6%。其中,重点实事工程交通项目投资(含轨道交通 S1 线)91.16 亿元,增长 78%。

7. 国内外贸易

全年实现社会消费品零售总额 1398.08 亿元,比上年增长 0.5%。其中,批发零售业实现零售额 1314.73 亿元,增长 4.5%,住宿餐饮业实现零售额 83.35 亿元,下降 37.6%。从消费品类看,生活类消费平稳增长,限额以上粮油、食品类、服装、鞋帽、针纺织品类和日用品类零售额分别增长 13.5%、5.1% 和 3.8%。部分消费升级类商品增长较快,限额以上化妆品类、家用电器和音像器材类、文化办公用品类以及通讯器材类分别增长 35.8%、100.6%、63.1% 和 4.1%,汽车类下降 8.0%。

全年完成进出口总额 868.40 亿美元,增长 5.0%,其中,出口总额 573.82 亿美元,增长 3.0%。一般贸易进出口总额 190.24 亿美元,增长 3.6%,占货物进出口总额比重为 21.9%。民营企业实现进出口总额 170.31 亿美元,占进出口总额比重 19.6%,比上年提高 2.9 个百分点。新增注册外资 38.74 亿美元,实际使用外资 10.48 亿美元,增长 40.3%,创近五年新高。

8. 服务业

运输邮电业。年末全市拥有机动车 76.20 万辆,比上年增长 7.1%,其中,汽车拥有量 75.07 万辆,增长 7.6%,日均净增 145 辆。全年完成公路水路客运量 2652.9 万人次,全年货运量 3037.5 万吨。全年累计完成邮政业务总量 131.62 亿元,增长 16.1%。快递业务量 6.19 亿件,增长 13.0%。邮政业务收入 78.11 亿元,增长 16.8%。快递业务收入 75.16 亿元,增长 14.9%。完成快递业务投递量达 3.58 亿件,增长 35.4%。邮政业业务收入、快递业务收入和投递量持续位居全省各县市首位。全年实现电信业务总收入 39.19 亿元,下降 2.7%。5G 基站数 2895 个,增长 197.8%。移动电话用户 333.47 万户,增长 0.8%,其中,4G 用户数 280.86 万户,下降 5.2%;5G 用户数 44.32 万户,增长 2635.8%。固定宽带互联网用户 109.5 万户,下降 5.2%。

金融业。年末全市拥有银行机构 40 家,证券公司和营业部 25 家,保险机构 47 家。金融机构本外币存款余额 5763.52 亿元,比年初增长 12.8%,本外币贷款余额 4836.30 亿元,比年初增长 20.9%。人民币跨境双向借款业务试点稳步运行,193 家企业累计办理台资企业集团跨境人民币双向借款业务,合计金额 221 亿元。累计证券交易额 6491.90 亿元,比上年增长 62.9%。保费收入 89.92 亿元,增长 4.0%。全市累计上市挂牌企业 124 家,其中,境内上市 22 家,境外上市(柜)14 家,新三板挂牌 88 家,募集资金 216.59 亿元。

房地产业。全年新建商品房销售面积 397.53 万平方米,比上年增长 2.7%。商品房销售金额 611.07 亿元,增长 5.8%。房屋施工面积 2676.07 万平方米,增长 0.5%。新开工面积 439.96 万平方米,增长 9.6%,其中,住宅 315.31 万平方米,增长 19.6%。房屋竣工面积 466.32 万平方米,增长 32.1%。

科技事业。年末全市有效高企数达 2014 家。新增省工程技术研究中心 17 家,省院士工作站 2 家,苏州市重点实验室 2 家,苏州市级工程技术研究中心 56 家。累计有效发明专利 12050 件。全年新增昆山市级以上双创人才 240 人,总量达 928 人;新增双创团队 5 个,总量达 46 个。全市国家级领军人才 139 人,其中,含国家级重大人才引进工程 128 人,国家级重大人才培育工程 11 人,为全国县(市)之最。累计认定昆山头雁人才团队 4 个、头雁人才 2 人。累计引进外国高端人才 652 人,外国专业人才 1164 人。

文体旅游。全市建成 10 家 24 小时自助图书馆、投放 30 个智能书柜。戏曲博物馆正式开工,陆放版画艺术馆、两岸交流纪念馆建成开馆。累计举办文化惠民活动超 3000 场,成功举办 2020 戏曲百戏(昆山)盛典,实现全国 348 个剧种和木偶剧、皮影戏在昆山"大团圆"。年末全市人均公共体育设施面积达 5.03 平方米。举办体育赛事活动超 5000 场,成功承办 2020 年中超联赛及足协杯苏州赛区昆山赛场比赛、海峡两岸(昆山)马拉松活动。完成"15 分钟体育生活圈"建设。全市各类体育场地发展到 4170 个。成功创建省级全域旅游示范区。新建 30 家"乡村大舞台"示范点。受新冠疫情影响,全年累计接待境内外游客 1127.24 万人次,下降 51.0%;实现旅游总收入 166.27 亿元,下降 48.9%。

9. 教育事业

年末全市有各级各类学校 286 所,其中,幼儿园 149 所、小学 67 所、初中 36 所(含九年一贯制学校 10 所)、普通高中 12 所(含完全中学 1 所、十二年一贯制学校 1 所)、中等职业学校 4 所、社区教育中心校 10 所、特殊教育学校 1 所、地方高等院校 7 所。在园幼儿 70602 人,专任教师 4255 人;小学在校生 164851 人,专任教师 8299 人;初中在校生 50386 人,专任教师 3481 人;普通高中在校生 18910 人,专任教师 1598 人;中职学校在校生 9685 人,专任教师 695 人。学前三年教育毛入园率达 100%。义务教育入学率、巩固率继续保持 100%,新市民子女义务教育公办学校吸纳率 67.4%;三类残疾儿童少年和贫困家庭学生义务教育入学率均 100%。高中阶段毛入学率 100%,普高与职高招生比 5.5∶4.5。中等专业学校毕业生就业率 98.7%。

10. 卫生事业

年末全市拥有各类卫生健康机构 676 所,其中,三级医院 2 家,二级医院 16 家。拥有卫生技术人员 13446 人,其中执业(助理)医师 5440 人。拥有病床位 8188 张。孕产妇死亡率为 0,婴儿死亡率 2.8‰。

11. 人民生活

全年全体居民人均可支配收入 62238 元,比上年增加 2503 元,增长 4.2%。按常住地分,城镇居民人均可支配收入 71519 元,增长 3.4%,农村居民人均可支配收入 38320 元,增长 7.1%。城乡居民收入比由上年的 1.93:1 缩小至 1.87:1。居民人均消费支出 33768 元,下降 1.5%,其中,城镇居民人均消费支出 38130 元,下降 1.3%,农村居民人均消费支出 22526 元,下降 3.4%。

城乡低保标准由 995 元/月提高到 1045 元/月。每千名老人拥有床位数 48.8 张。年末累计完成 4 家区域性养老服务中心建设。发放困境儿童基本生活保障金 891.6 万元、困难残疾人生活补贴 2214.29 万元、重度残疾人护理补贴 919.2 万元。设立苏州首笔 1.3 亿元慈善信托。

全年新增公积金缴存单位 9694 户,增长 162.9%。新增缴存职工 21.96 万人,净增 6.07 万人。住房公积金缴存人数 75.23 万人,增长 8.8%。全年归集住房公积金 92.42 亿元,增长 7.1%。向 6540 户职工家庭发放公积金贷款 30.89 亿元,公积金贷款余额 190.03 亿元。

12. 2021 年昆山经济运行情况分析

地区生产总值增速为近年来的最高值。2021 年,昆山全市完成地区生产总值 4748.06 亿元,按可比价计算,比上年增长 7.8%,两年平均增长 5.9%。分产业看,第一产业实现增加值 31.18 亿元,增长 0.6%。有效应对恶劣天气和新冠疫情影响,主要农产品稳产保供,实现农林牧渔业总产值 53.19 亿元。第二产业实现增加值 2462.74 亿元,增长 9.7%。第三产业实现增加值 2254.14 亿元,增长 5.9%。服务业经济稳定增长,全年规上服务业营业收入增长 13.8%,其中,商务服务业、科学研究和技术服务业等行业发展较快,营业收入分别增长 15.5%、42.1%。服务业用电量 43.72 亿千瓦时,增长 25.1%,分别高于全社会用电和工业用电 12.5 个和 15.1 个百分点。

规上工业总产值跨入万亿元新台阶。继上年全部工业总产值历史性突破万亿元大关后,2021 年规上工业总产值跨入万亿元新台阶,达 10284.45 亿元,比上年增长 12.8%。11、12 月单月产值均突破千亿元。产值增长面保持高水平。33 个规上工业行业中,29 个行业产值实现正增长,增长面达 87.9%;企业增长面达 73.4%。装备制造业保持快增速。实现产值 2781.73 亿元,增长 19.8%,占规上工业产值比重达 27.0%,占比较上年提升 1.5 个百分点,拉动规上工业总产值增速 5.1 个百分点。规模化发展保持好态势。截至 12 月末,规上工业企业中产值规模超亿元、十亿元和百亿元企业分别达 1099、131 和 13 家,比上年末分别增加 165、22 和 1 家。中小型企业不断壮大,979 家中小型企业产值超亿元,比上年末增加 154 家;中小型企业产值各月累计增速均保持在 20% 以上。

一般公共预算收入超 460 亿元。完成一般公共预算收入 466.88 亿元,比上年增长 9.1%。其中,税收收入突破 400 亿元,达 411.48 亿元,增长 10.3%;税比达 88.1%,比上年提升 0.9 个百分点。增值税、企业所得税、个人所得税三大主体税种合计增长 12.1%,拉动一般公共预算收入增长 6.9 个百分点。

社会消费品零售总额连跨三个百亿级台阶。社会消费品零售总额由上年的 1398.08 亿元攀升至 1625.68 亿元,比上年增长 16.3%。消费需求加速释放。限额以上单位体育娱乐用品、智能家用电器、新能源汽车等消费升级类商品零售额分别增长 84.5%、85.5% 和 126.4%。居民人均消费支出突破 4 万元,比上年增长 19.6%。

固定资产投资总量保持苏州各市(区)第一。完成固定资产投资 747.50 亿元,比上年增长 0.6%,增速较 1—9 月提升 0.3 个百分点。投资结构不断优化,完成工业投资 230.62 亿元,增长

4.8%,占固定资产投资比重达 30.9%,占比较上年提升 1.3 个百分点。

进出口总额突破 1000 亿美元。完成进出口总额 1066.12 亿美元,比上年增长 22.8%,其中,出口总额 709.06 亿美元,增长 23.6%,增速分别高于苏州全市 1.1 和 0.3 个百分点。9 月以来连续 4 个月单月进出口总额超百亿美元,其中,11、12 月单月进出口总额均超 110 亿美元,11 月达 115.49 亿美元,创单月历史最高水平。全年各月进出口总额、出口总额累计增速均保持在 20% 以上。

实际使用外资达 12.25 亿美元。继上年实际使用外资规模回升至 10 亿美元后,2021 年比上年增长 16.9%。全年批准利用外资项目数达 336 个,比上年净增 21 个,其中,总投资超 2900 万美元项目 25 个,比上年净增 5 个;总投资超亿美元项目 9 个,净增 1 个。新增省级外资总部和功能性机构 6 家。

年末存、贷款余额同步迈上新的千亿级台阶。截至 12 月末,本外币存、贷款余额分别达 6473.74、5661.08 亿元(上年末为 5763.52、4836.30 亿元),增长 12.3%、17.1%,其中,非金融企业存款增长 18.9%,对存款余额增长的贡献率达 70.8%,是拉动存款余额增长的主要动力;经营贷款保持高速增长,增幅达 44.5%。

表 3　2021 年昆山市主要经济指标

指标	单位	全年	比上年(±%)
1. 地区生产总值	亿元	4748.06	7.8
♯第一产业	亿元	31.18	0.6
第二产业	亿元	2462.74	9.7
第三产业	亿元	2254.14	5.9
2. 一般公共预算收入	亿元	466.88	9.1
♯税收占比	%	88.1	＋0.9 个百分点
3. 规上工业增加值	亿元	2086.36	12.4
4. 社会消费品零售总额	亿元	1625.68	16.3
5. 进出口总额	亿美元	1066.12	22.8
♯出口总额	亿美元	709.06	23.6
6. 金融机构本外币存款余额	亿元	6473.74	12.3
♯住户存款	亿元	2034.36	12.5
金融机构本外币贷款余额	亿元	5661.08	17.1
7. 实际使用外资	亿美元	12.25	16.9
8. 全社会用电量	亿千瓦时	280.03	12.6
♯工业用电量	亿千瓦时	203.64	10.0
9. 居民人均可支配收入	元	67871	9.1
♯城镇居民可支配收入	元	77699	8.6
农村居民可支配收入	元	42420	10.7

数据来源:昆山市统计局

二、2020—2021 年江阴市经济发展情况

2020 年,面对严峻复杂的国内外形势,全市上下紧扣"强富美高"总目标,坚持稳中求进工作总基调,统筹疫情防控和经济社会发展工作,聚焦当好全省高质量发展领跑者,扎实做好"六稳"工作、全面落实"六保"任务,经济运行稳定恢复,高水平全面建成小康社会胜利在望,为"十四五"现代化建设打下了坚实基础。

1. 综合

全市实现地区生产总值4113.75亿元,增长3.0%。人均地区生产总值24.88万元。全年实现第一产业增加值38.04亿元,增长2.5%;第二产业增加值2094.11亿元,增长4.2%;第三产业增加值1981.60亿元,增长1.6%。三次产业比例调整为0.9:50.9:48.2。全年提供就业岗位6.50万个,本地劳动力实现就业5.97万人,城镇新增就业2.92万人,城镇困难人员再就业6445人,城镇登记失业率1.75%。扶持自主创业5817人,带动就业2.72万人,发放各类创业补贴3969万元,发放创业担保贷款3.14亿元。

2. 农业

全年粮食总产量12.30万吨,下降5.2%,其中,谷物总产量11.70万吨,下降5.6%。蔬菜总产量38.85万吨,增长2.4%。水果产量84116吨,下降6.5%。

全年粮食种植面积17.16千公顷,比上年减少1.82千公顷。蔬菜种植面积12.23千公顷,比上年增加0.28千公顷。水果种植面积2.74千公顷,比上年减少0.19千公顷。

全年出栏生猪5.25万头,增长134.4%,猪肉产量3938吨,增长134.4%。奶牛存栏972头,增长9.5%,牛奶产量3427吨,下降63.4%。水产品产量24093吨,下降4.1%。

3. 工业

全市规模以上工业实现营业收入5853.70亿元,增长1.3%;产品销售率97.8%,比上年减少0.8个百分点;利润总额359.96亿元,增长3.2%;规模以上工业企业亏损面18.3%,比上年增加4.6个百分点,亏损额25.97亿元,比上年增加8.68亿元。

表4 2020年全市主要工业产品产量及其增长速度

产品名称	计量单位	2020年	增长(%)
初级形态塑料	吨	1148465	−10.7
精对苯二甲酸(PTA)	吨	1815784	3.6
生铁	吨	8395553	3.1
粗钢	吨	11204246	7.9
钢材	吨	12469732	−8.3
铜材	吨	100118	−17.9
发电量	万千瓦小时	2907299	−0.6
热力	百万千焦	74127327	0.9
民用钢质船舶	载重吨	1850900	−41.0
发电机组	千瓦	10802099	48.4
光纤	千米	5086088	−21.5
光缆	芯千米	2255657	−16.6
集成电路	万块	1425886	27.0
印制电路板	平方米	5612596	2.7
纱	吨	370102	−18.5
布	万米	32692	−31.9
服装	万件	34241	−11.1
化学纤维	吨	3396247	20.2
塑料制品	吨	812253	−9.5

数据来源:《2020年江阴市国民经济和社会发展统计公报》

全市工业百强企业全年完成产品销售收入3895.73亿元,实现利润292.64亿元,分别占全市规模以上工业企业数的66.6%和81.3%。海澜集团、中信特钢等2家企业集团税务销售超1000亿元,三房巷集团、远景能源等2家企业集团税务销售超500亿元,新长江实业、澄星集团、华西集团、阳光集团等4家企业集团税务销售超300亿元。

全市总承包和专业承包企业完成建筑业总产值 111.01 亿元,增长 7.4%。四个季度累计增速分别为 −17.0%、0.2%、3.9%、7.4%,呈逐季走高态势,其中,建筑工程产值 97.66 亿元,增长 6.3%;安装工程产值 10.81 亿元,增长 32.2%;其他产值 2.55 亿元,下降 24.3%。获国家优质工程奖 2 个,省"扬子杯"优质工程奖 2 个,省标准化星级工地 17 个,无锡市市政基础设施工程"太湖杯"优质工程奖 2 个,无锡市优秀物业管理项目 6 个,省优秀住宅项目 2 个。

4. 固定资产投资

全年固定资产投资 881.37 亿元,增长 9.8%。分产业投向看,第一产业投资 3.14 亿元,下降 67.3%;第二产业投资 423.88 亿元,增长 12.5%;第三产业投资 454.35 亿元,增长 9.1%。分投资主体看,国有投资 83.15 亿元,下降 5.0%;民间投资 676.78 亿元,增长 6.7%;外商及港澳台投资 84.32 亿元,增长 16.6%。

全年完成房地产开发投资 303.04 亿元,增长 11.6%。房屋建筑施工面积 1409.25 万平方米,下降 3.1%;房屋新开工面积 376.14 万平方米,增长 27.0%;房屋建筑竣工面积 398.15 万平方米,增长 60.0%。商品房销售面积 365.45 万平方米,增长 18.3%,其中,住宅销售面积 330.63 万平方米,增长 17.4%。

5. 国内外贸易

全年实现社会消费品零售总额 675.07 亿元,下降 3.0%。其中,限额以上零售额 212.34 亿元,下降 1.7%。限额以上批发和零售业零售额 199.53 亿元,下降 0.8%;限额以上住宿和餐饮业零售额 12.81 亿元,下降 13.9%。在限额以上批发和零售业零售额中,汽车类下降 12.9%,粮油食品类增长 47.3%,服装鞋帽针纺织类增长 35.1%,中西药品类增长 28.4%。

表5　2020年全市限额以上主要行业零售额　　　　　　　　　　　　　　单位:亿元

商品类别	2020 年	增长(%)
限上批发零售业零售总额	199.53	−0.8
♯汽车类	94.35	−12.9
石油及制品类	30.44	3.8
粮油食品类	19.74	47.3
服装鞋帽针纺织类	17.06	35.1
中西药品类	15.62	28.4
金银珠宝类	4.66	−57.3
化妆品类	4.27	119.8
烟酒类	3.52	8.6
日用品类	2.98	33.3
家电和音像器材类	2.19	−14.0
饮料类	1.52	25.9
文化办公用品类	1.17	38.9
通讯器材类	1.16	−28.9
家具类	0.34	−21.1
五金、电科类	0.33	−9.7

数据来源:《2020 年江阴市国民经济和社会发展统计公报》

全市实现进出口总额 191.40 亿美元,下降 18.1%,其中,出口 123.89 亿美元,下降 15.5%;进口 67.51 亿美元,下降 22.5%。30 家企业 32 个出口品牌获批"2020—2022 年度江苏省重点培育和发展的国际知名品牌"。

6. 服务业

交通运输业。年末公路总里程 2450.11 公里,其中高速公路 72.7 公里。年末全社会拥有车辆 59.92 万辆,其中,汽车 55.49 万辆,增长 5.9%。私人汽车拥有量 47.82 万辆,增长 5.7%。全年完成客运量 6584 万人次,下降 17.9%;完成货运量 5223 万吨,增长 6.1%。完成港口货物吞吐量 25624 万吨,增长 10.8%。

邮电业。全年邮政业务总收入 7.00 亿元,增长 7.0%。年末移动电话用户 227.50 万户,下降 7.0%,其中,4G 移动电话用户 190.21 万户,下降 7.0%;5G 移动电话用户 44.17 万户,增长 7.1 倍。

旅游业全年共接待国内游客 857.75 万人次,旅游总收入 142.73 亿元。拥有国家 A 级景区 7 个,星级饭店 9 家,旅行社 44 家;拥有省级乡村旅游区 13 个,省级旅游度假区 1 个,全国乡村旅游重点村 1 个,无锡市美丽乡村休闲旅游示范村 4 个。

7. 财政和金融

全年实现一般公共预算收入 259.66 亿元,增长 1.2%,其中,税收收入 215.91 亿元,下降 1.0%。一般公共预算支出 237.86 亿元,增长 2.9%。

表6　2020 年江阴财政分项情况　　　　　　　　　　　　　　单位:亿元

指标	2020 年	增长（%）
一般公共预算收入	259.66	1.2
♯税收收入	215.91	−1.0
♯增值税(50%)	102.38	−6.5
♯改征增值税	22.06	−5.4
企业所得税(40%)	41.88	9.7
个人所得税(40%)	10.53	−1.9
城建税	13.67	−2.7
房产税	8.68	3.7
印花税	4.11	5.8
城镇土地使用税	5.50	−8.0
土地增值税	9.71	17.5
契税	15.50	7.2
上划中央收入	182.86	−1.3

数据来源:《2020 年江阴市国民经济和社会发展统计公报》

年末金融机构各项本外币存款余额 4394.43 亿元,比年初增长 5.1%;各项本外币贷款余额 3439.05 亿元,比年初增长 5.8%。存款中,住户存款余额 1588.24 亿元,比年初增长 13.8%。住户贷款中,人民币短期贷款 114.06 亿元,比年初增加 27.22 亿元;中长期贷款 507.49 亿元,比年初增加 88.78 亿元。

全市证券交易开户总数 36.45 万户,增长 13.8%;证券机构交易金额 11689.56 亿元,增长 55.5%。年末全市拥有上市公司 53 家,包括境外上市 20 家,境内上市 33 家,其中,主板 20 家,中小板 8 家,创业板 6 家。实现保费收入 83.26 亿元,增长 3.7%,其中,财产险收入 24.24 亿元,增长 2.9%;人寿险收入 59.02 亿元,增长 4%。

8. 科学技术和教育

全年净增高新技术企业 150 家,高新技术企业总数达 650 家;高新技术企业培育库入库 212 家;国家科技型中小企业入库 991 家;通过无锡市遴选入库雏鹰、瞪羚企业分别为 8 家、14 家。高新技术产业产值 2132.45 亿元,占规模以上工业产值比重达 40.9%。发明专利授权量 586 件,比上年增长 14.2%。万人有效发明专利拥有量达 26.8 件。

全年获批省企业重点实验室 1 家,省院士企业研究院 1 家。新增江阴市工程技术研究中心 172 家,无锡市工程技术研究中心 52 家,省级工程技术研究中心 11 家。省级工程技术研究中心累计达 173 家。

全市获省科技成果转化项目 2 项,省重点研发计划项目 7 项,省"双创计划"科技副总 19 名,引进外国专家人才专项 3 项,省"外国专家工作室"4 项;无锡市"太湖人才计划"创新人才 5 名,创业人才 11 名。获评省科学技术奖 2 项。

全市共有普通高校 1 所。普通高等教育本专科招生 2806 人,在校生 6020 人,毕业生 905 人。全市中等职业教育在校生达 12469 人(含技校)。小学和初中普及率均达 100%,初中毕业生升学率达 97.8%。九年义务教育巩固率 99.2%,普及高中阶段教育。特殊教育招生 59 人,在校生 300 人。全市共有幼儿园 94 所,比上年增加 8 所;在园幼儿 44480 人,比上年增加 202 人。

9. 文化、卫生和体育

全年共组织文化下乡活动 3600 场,开展"书香江阴"读书节、市民文化节系列活动 165 项。"三味书咖"阅读联盟增至 11 家,共建成 24 小时图书馆 6 家,微书房 3 家。参加无锡"群芳奖"获 8 金 5 银 4 铜。1 件作品获江苏省"五星工程奖",2 部作品获"五个一工程"优秀作品奖。共有 6 家企业 7 个项目获得文化产业专项资金扶持 215.41 万元。

全市拥有各类医疗卫生机构 645 个,其中,医院 37 家,卫生院 15 家,社区卫生服务中心 11 家,开放床位 9789 张。年末共有卫生技术人员 12120 人。全市医疗服务总诊疗 1009.26 万人次,收治住院 26.45 万人次。

全年新建健身步道 23 公里。体育公园 4 个。累计承办中国足球甲级联赛、中国足协杯赛等省级以上体育竞赛 8 项次,江阴籍运动员在省级以上赛事中获 24 枚金牌。组织元旦公益徒步等各类群众体育活动 245 场。江阴获评省综合类体育产业基地,4 家单位获评省级体育产业示范单位。体彩销售超 7 亿元。

10. 人口、人民生活和社会保障

年末全市户籍人口 126.66 万人,全年出生人口 8811 人,出生率 6.97‰;死亡人口 9565 人,死亡率 7.57‰,人口自然增长率 -0.59‰。全市人均预期寿命 82.4 岁。

全市居民人均可支配收入 61859 元,增长 4.8%,其中,城镇居民人均可支配收入 72185 元,增长 4.1%;农村居民人均可支配收入 38416 元,增长 6.4%。城镇居民家庭恩格尔系数 27.8%,农村居民家庭恩格尔系数 30.0%。城镇居民人均消费性支出 34329 元,下降 0.9%;农村居民人均消费性支出 22275 元,下降 4.9%[5]。

全年企业职工基本养老保险扩面新增 5.49 万人,净增 2.22 万人;养老、工伤、失业缴费人数分别达 64.02 万人、56.83 万人、56.16 万人,医疗、生育保险参保人数分别达 91.92 万人和 56.84 万人。居民养老保险和居民医疗保险参保人数分别达 2.71 万人和 48.04 万人。

年末全市拥有养老床位 14991 张。城乡居民最低生活保障对象 3458 人,发放最低生活保障 2942.07 万元。全年实施直接救助 19.02 万人次,直接医疗救助支出 7392.63 万元;实施临时救助 269 户次,发放救助金 193.88 万元。国家抚恤、补助各类优抚对象人数 5148 人。

11. 2021 年江阴经济运行情况

2021 年江阴预计完成地区生产总值 4100 亿元,完成一般公共预算收入 259.7 亿元,实现全国县域经济基本竞争力"十八连冠"。

预计规模以上工业产值增长 6.6%,新兴产业产值占规上工业产值比重提高 0.5 个百分点,荣获中国工业百强县(市)"四连冠"。新增上市企业 3 家,已上市挂牌企业完成股权融资 102.8 亿元。工业企业资源利用绩效评价有序推进,盘活存量土地 7123 亩。

　　大力推进服务业提质增效,新增总部企业8家,预计服务业增加值占地区生产总值比重达47.7%。加快重点服务业项目建设,绿地香港绿珠文华商业、星河科创园等项目开工建设,红豆集团万花城综合体项目完成主体工程。江阴港完成货物吞吐量2.5亿吨,增长8.7%。全年实现社会消费品零售总额704.84亿元,同比增长4.4%,其中限上贸易企业全年实现零售额246.23亿元,同比增长10.9%。组织"暨阳"品牌五大节庆活动,发放3000万元电子消费券,拉动消费超8000万元。成功举办第十五届中国徐霞客国际旅游节,实现全年旅游总收入303亿元。

　　加快发展现代农业,2021年农林牧渔及农林牧渔服务业总产值达到64.06亿元,同比增长2.5%,增加值44.39亿元,可比增长1.7%。分行业看,农业(种植业)产值39.40亿元,增长11.3%(现价计算,下同);林业产值5.29亿元,下降1.9%;牧业产值1.63亿元,下降57.1%;渔业产值8.20亿元,下降2.9%;农林牧渔服务业产值9.54亿元,增长1.0%。实现"三资"投农5.5亿元,农业园区化率达52%,生猪出栏数超额完成上级下达的目标任务。"璜土智慧葡萄园"获批国家产业强镇示范项目,顾山红豆村入选全国乡村特色产业亿元村。

三、2020—2021年溧阳市经济发展情况

　　2020年,面对统筹疫情防控和经济社会发展的艰巨任务,全市深入贯彻新发展理念,坚持稳中求进工作总基调,及时跟踪形势变化,把握宏观调控力度,各项事业取得新进步、新成效。

　　1. 综合经济

　　2020年,全市地区生产总值(GDP)1086.36亿元,按可比价计算增长4.6%,分三次产业看,第一产业增加值54.44亿元,增长1.9%;第二产业增加值539.98亿元,增长4.6%;第三产业增加值491.94亿元,增长4.8%。三次产业增加值比例为5.0∶49.7∶45.3。

　　2020年,全市"四大经济"全产业累计完成增加值563.23亿元(合计数已剔除融合部分,下同),同比增长9.0%(同口径,下同),占全市地区生产总值比重51.8%,较上年提高0.7个百分点。全产业实现营业收入2010.95亿元,同比增长4.3%,税收49.09亿元(列统口径),同比增长17.8%。

　　2. 农业

　　2020年,全市实现农林牧渔业总产值90.48亿元,增长4.8%。其中,农业49.70亿元,增长4.5%;林业1.03亿元,增长9.3%;牧业3.43亿元,下降2.0%;渔业31.7亿元,增长5.5%;农林牧渔服务业4.62亿元,增长7.8%。全市实现农林牧渔业增加值57.47亿元,增长4.5%。其中,农业35.61亿元,增长4.3%;林业0.39亿元,增长8.0%;牧业1.43亿元,增长0.2%;渔业17.02亿元,增长4.9%;农林牧渔服务业3.03亿元,增长7.1%。全年粮食播种面积82.3万亩,粮食总产量40.9万吨。

　　2020年,全市农机总动力56.56万千瓦,农机专业合作社192家,主要农作物全程机械化水平达96.2%,位居全省前列,被农业部认定"全国主要农作物生产全程机械化示范县"。

　　3. 工业

　　2020年,全市工业总产值1732.57亿元,同比增长8.8%;营业收入1891.59亿元,同比增长9.8%;利税186.70亿元,同比增长15.2%;利润142.12亿元,同比增长22.2%。其中,规模以上工业总产值1578.98亿元,同比增长10.4%;营业收入1739.21亿元,同比增长11.2%;利税172.33亿元,同比增长16.8%;利润131.54亿元,同比增长24.9%。

　　全市获评国家级"绿色工业园区"1家,国家级"绿色工厂"1家,省级"绿色工厂"2家。2家企业荣获省互联网标杆工厂项目;新认定"国家制造业单项冠军产品"2个。全年净增规上工业企业69家,销售超亿元企业168家,3家企业获评国家专精特新"小巨人"企业。

　　4. 固定资产投资、建筑业与房地产业

　　2020年,全市固定资产投资增长5.1%。其中,工业投资增长－8.1%,服务业投资增长

25.3%。5000万元以上项目投资额占比93.6%,高技术投资占比19.8%,较去年同期提升1.2个百分点。全年引进10亿元以上项目32个。总投资15.7亿美元的赛得利莱赛尔项目当年签约、当年开工。申特重整取得突破,总投资176亿元的德龙高端不锈钢项目成功入驻。总投资60亿元的大唐电力燃机热电项目、50亿元的上汽房车生活家平台项目成功签约。

2020年,全市建筑业企业476家,其中,特级2家、一级44家、二级196家、三级176家、劳务及一体化58家。建筑业累计完成施工总产值1004.7亿元,增长6.3%,占常州地区的43%;完成入库税收21.77亿元,增长3%,占全市税收23.7%。建筑业施工产值超10亿元的企业有15家,超50亿元的企业有5家,超100亿元的企业有3家。建筑行业有注册建造师3885人,其中,一级建造师999人、二级建造师2886人。

2020年,全市房地产开发完成投资增长0.1%。商品房销售面积102.38万平方米,增长5.1%。其中,住宅销售面积99.58万平方米,增长11.6%。房屋待售面积为39.44万平方米,增长17.6%。

5. 国内贸易与开放型经济

2020年,全市实现社会消费品零售总额317.49亿元,下降1.2%。从消费形态看,批发零售业实现社会消费品零售总额299.27亿元,同比增长1.1%;住宿和餐饮业实现社会消费品零售总额18.22亿元,同比下降28.1%。从经营地看,城镇地区实现社会消费品零售总额259.20亿元,下降1.8%;农村地区实现社会消费品零售总额58.29亿元,增长1.3%。

2020年,全市完成进出口总额85.77亿元,增长5.1%。其中,出口70.76亿元,增长0.8%;进口15.01亿元,增长31.7%。实际利用外资3.34亿美元,增长11.2%。

6. 财政与金融

2020年,一般公共预算收入完成73.8亿元,增长5.0%,税收占比为85.9%。在全省41个县(市)中,收入总量、增幅、税比分列第八、第九和第六位。财政总收入(含政府性基金收入和上划中央四税)完成360.2亿元,增长1.7%。

截至12月末,全辖金融机构本外币各项存款余额为1527.89亿元,比年初增加206.88亿元,增长15.7%,其中,住户存款余额772.04亿元,同比增长20.7%;全辖金融机构本外币各项贷款余额为1130.7亿元,比年初增加132.97亿元,增长13.3%。年末共有银行20家,小贷公司12家,证券公司5家,保险公司5家。全年保费收入17.23亿元,下降6.3%;赔付额4.66亿元,下降3.1%。

7. 科技、教育与卫生

2020年,全市有高新技术企业165家,占规上工业企业总数的38%,高新技术产业产值占规上工业产值32%。全年培育高新技术企业入库56家,科技型中小企业入库98家,省民营科技型企业29家,认定常州市高新技术产品230只。全市累计建成省级以上"三站三中心"150家,常州市级以上众创空间、孵化器、加速器32家,新获评国家级火炬特色产业基地1家、省产学研协同创新基地1家。

2020年,全市共有各类学校152所,学生数97718人(含幼儿),专任教师7328人(含编外)。中学33所,其中,完中1所、高中6所(含民办1所)、初中26所。初中在校学生19018人,高中在校学生10373人。小学44所(另特教学校1所,学生157人),在校学生41483人。中专2所,在校学生4339人。幼儿园72所,其中民办23所,在园幼儿22505人。高考一本达线率达64%,超全省计划录取率35个百分点。

2020年,全市现有各级各类医疗机构300个,其中市级以上公立医院2家,民营医院14家,乡镇卫生院17家,其他社会办医疗机构105家,村卫生室(含社区卫生服务站)156家。全系统卫健从业人员6642人,其中,卫技人员5247人,每千常住人口执业(助理)医师数2.88人,每万常住人口全科医生数 5.75 人;每千人常住人口医疗卫生机构床位数 5.46 张。

8. 文化、体育与旅游

2020 年,完成送书下乡 3 万余册、送戏下乡 96 场、送电影下乡 3744 场。图书馆累计接待读者 69.5 余万人次,外借图书 22.6 万册次,办理读者证 3897 张,开展阅读推广活动 20 余项 120 余场次。文化馆对外免费开放服务设施 13 处,全年共开设全民艺术普及项目 78 个,线上线下服务群众 22 万人次。博物馆服务群众 15.2 万人次。

2020 年,新建健身路径(场地)100 个,新建篮球场地 20 块,人均体育场地面积达 5.2 平方米,位列常州第一。举办 2020 年全国柔道锦标赛暨全国柔道冠军赛,来自全国各地的 36 支代表队近 1000 人参赛。

2020 年,全市接待游客 1366.36 万人次,实现旅游总收入 178.81 亿元,恢复到去年同期的近 70%,恢复情况高于全省平均水平,在常州地区名列前茅。创成全国全域旅游示范区。获评"2020 中国十佳体育旅游精品目的地"。

9. 环境保护

2020 年,全市 PM2.5 浓度为 35.2 微克/立方米,较去年同期下降 12.3%,优良天数 299 天,同比增加 19 天,优良率 82%。全市 6 个地表水国省考断面优Ⅲ类比例为 100%;天目湖饮用水源地水质达标率 100%。成功创成全国第四批"两山"理论实践创新基地。完成新增造林 3000 亩,恢复湿地 500 亩。完成 27 个关闭矿山环境综合整治,完成 49 台生物质锅炉和 83 台天然气锅炉整治。

2020 年,全市规模以上工业企业综合能源消费量 443.42 万吨标准煤,在规上工业产值增长 10.4% 的情况下,能耗下降 4.0%。规模以上工业产值能耗为 0.2808 吨标准煤/万元,下降 13.1%。

10. 人口与就业

截至 12 月末,全市户籍人口 78.85 万人,比上年减少 0.15 万人,其中,男性 39.51 万人,女性 39.34 万人。总户数 26.86 万户。出生人口 5832 人,死亡人口 6586 人,人口自然增长率 —0.96‰。

2020 年,城镇新增就业人数 16012 人,城镇失业人员再就业 4322 人,就业困难人员再就业 964 人,支持成功自主创业 2031 人,引领大学生创业人数 361 人,扶持农村劳动力自主创业 788 人。城镇登记失业率 1.8%。

2020 年,城镇职工基本养老、医疗和失业"三大保险"综合覆盖率均超 98%。城镇企业职工基本养老保险参保 18.24 万人,新增参保人数 0.43 万人,城乡居民养老参保 6.03 万人;城镇职工基本医疗保险参保 25.38 万人,居民基本医疗保险参保 48.68 万人;失业保险参保人数 12.09 万人;工伤保险参保 19.29 万人,生育保险参保人数 14.57 万人。全市共有农村五保对象 1782 人,其中集中供养 439 人、分散供养 1343 人。全市有建档立卡低收入农户 4724 户、7939 人。

2020 年,全体居民人均可支配收入为 45140 元,增长 5.0%。其中,城镇居民人均可支配收入为 55478 元,增长 3.7%;农村居民人均可支配收入 30083 元,增长 6.3%。全体居民收入增速高于 GDP 增速 0.4 个百分点。农村居民收入增长快于城镇居民收入增长,城乡居民收入比为 1.84,较去年同期缩小 0.05,城乡收入差距继续缩小。

11. 2021 年溧阳经济运行情况

2021 年,溧阳地区生产总值达到 1261.30 亿元,同比增长 10.1%,增速位居全市第一,名义 GDP 增量约 175 亿元。主要经济指标持续回升向好,助推该县级市保持高质量发展的良好势头,经济总量快速提升,生产需求逐步扩大,质量效益平稳提升,发展韧劲得到彰显,且多项经济指标表现较好,在全市处于领先水平,推动常州经济社会稳定发展,经济实力迈上新台阶。

工业生产总体平稳,固定资产投资呈现较快增长,同比增长 8.0%,增幅位居常州市第一。消费市场持续回升向好,完成社会消费品零售总额为 388.98 亿元,同比增长 22.5%,增幅位居常州第二,这意味着市场活力和动力继续彰显。此外,对外贸易运行在合理区间。财政收入呈现平稳增长,一般公共预算收入完成 87.33 亿元,同比增长 18.3%,其中,税收收入 76.03 亿元,同比增长 19.9%,增幅均位列常州第一。最后,居民收入稳定增长,全市居民人均可支配收入为 49521 元,同比增长 9.7%,增幅常州市第一,城乡居民人均收入比缩小至 1.82∶1,总体基本运行在合理区间。

第三章 苏中地区重点县(市)经济发展分析

一、2020—2021年启东市经济发展情况

2020年,全市上下认真贯彻落实习近平总书记视察江苏重要讲话指示精神,在市委、市政府的正确领导下,按照南通市委"三个全方位"的新要求,坚持稳中求进工作总基调,自觉践行新发展理念,牢牢把握高质量发展要求,科学统筹疫情常态化防控和经济社会发展,全市经济社会运行平稳,高水平全面建成小康社会圆满收官。

1. 综合情况

经初步核算,全年实现地区生产总值1223.10亿元,按可比价计算,比上年增长4.2%。其中,第一产业增加值83.96亿元,增长2.7%;第二产业增加值589.75亿元,增长4%;第三产业增加值549.39亿元,增长4.7%。全年三次产业结构6.9:48.2:44.9。人均地区生产总值达到128073元,按2020年平均汇率计算,人均地区生产总值为18562美元。列全国县域经济竞争力百强县市第18位。

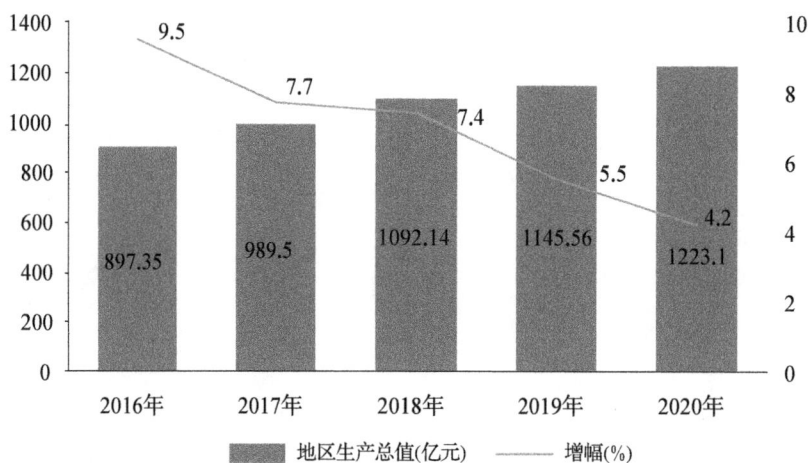

图1 启东市2016—2020年GDP情况

数据来源:启东市统计局

全年新增城镇就业9208人、新增转移农村劳动力1100人、促进城镇失业人员再就业4011人,城镇登记失业率1.76%。扶持城乡劳动者自主创业2093人,引导大学生自主创业321人。全市工商登记各类企业22994家,其中,国有及集体控股企业203家,私营企业21277家。当年新登记各类企业3527家,新增个体工商户9981家。全市居民消费价格指数103.1,物价总水平比上年上涨3.1%,其中,服务项目价格上涨0.2%,消费品价格上涨4.7%。八大类消费品及服务项目价格呈"六涨二跌"态势。

2. 人口、人民生活和社会保障

年末全市户籍总人口109.60万人,其中,城区(汇龙镇和启东经济开发区)人口27.56万人。全年出生人口5872人,出生率5.36‰,出生婴儿男女性别比为104:100。全年居民人均可支配收

入 40099 元,比上年增长 6%。按常住地分,城镇居民人均可支配收入 50238 元,增长 4.7%;农村居民人均可支配收入 27617 元,增长 7.4%。全年居民人均生活消费支出 26634 元,比上年下降 0.5%。按常住地分,城镇居民人均生活消费支出 33982 元,下降 0.9%;农村居民人均生活消费支出 17585 元,下降 1.2%。城镇居民人均住房面积 53.3 平方米,比上年末增长 7%,农村居民人均住房面积 68.7 平方米,比上年末增长 8.9%。

3. 农业

全年实现农林牧渔业总产值 167.68 亿元,比上年增长 5.3%,其中,农业产值 48.91 亿元,增长 3.7%;林业产值 0.6 亿元,增长 2.3%;牧业产值 13.61 亿元,增长 8.2%;渔业产值 84.2 亿元,增长 6.4%;农林牧渔服务业产值 20.36 亿元,增长 3%。全年粮食种植面积 121.02 万亩,比上年增长 0.2%;粮食总产 32.8 万吨,比上年增产 0.5%,其中,夏粮产量 9.75 万吨,增产 3.2%,秋粮产量 23.05 万吨,减产 0.6%。粮食平均亩产 271.03 公斤,增产 0.3%。全年新建高标准农田 4.8 万亩,新增国家地理标志证明商标 6 个。成功举办 2020 年农民丰收节。获评省粮食生产全程机械化整体推进示范县、省农产品质量安全县。

4. 工业和建筑业

全年完成规模以上工业产值 845.93 亿元,比上年增长 5%;规模以上工业增加值增长 6.1%。全年实现规模以上工业应税销售 817.50 亿元,增长 15.2%。主导产业稳步提升,"两主两新两优"六大产业累计完成工业产值 721.92 亿元,比上年增长 5.8%。战略新兴产业产值 360.7 亿元,占规模以上工业产值的比重为 42.6%;高新技术产业产值 462.15 亿元,占规模以上工业产值的比重为 54.6%。全年应税销售净增 2000 万元以上的工业企业 179 家,列中国工业百强县市第 23 位。

年末全市拥有资质以上建筑业企业 490 家。其中,特级资质建筑企业 2 家,一级资质建筑企业 9 家,二级资质建筑企业 51 家。全年实现建筑业总产值 1305.04 亿元,比上年增长 8.4%。全年荣获"鲁班奖"2 个、"国优奖"5 个、"詹天佑奖"5 个。全年房屋建筑施工面积 9256.54 万平方米,比上年下降 1.9%,其中,新开工面积 2860.89 万平方米,下降 13.1%;房屋竣工面积 1929.97 万平方米,下降 2.2%。成功举办首届"陶桂林杯"建筑职工技能比武大赛。

5. 固定资产投资

全年固定资产投资额比上年增长 10.3%。其中,工业投资增长 5.4%;服务业投资增长 16.7%。服务业投资占全社会固定资产投资的比重达 45.7%,比上年提升 2.5 个百分点。民间投资额比上年增长 5.9%,基础设施投资额比上年增长 103.7%。全年新开工亿元以上产业项目 92 个,其中 10 亿元以上项目 23 个;新竣工亿元以上产业项目 78 个,其中,工业项目 72 个,服务业项目 6 个。新引进注册亿元以上产业项目 80 个,其中 10 亿元以上 30 个。全年房地产开发投资 121.58 亿元,比上年增长 29.8%。商品房施工面积 1328.43 万平方米,增长 38%。安置房新开工面积 152 万平方米,竣工面积 74 万平方米。

6. 国内贸易和旅游

全年社会消费品零售总额 413.58 亿元,比上年增长 0.7%。分行业看,批发业零售总额 50.30 亿元,增长 1.2%;零售业零售总额 325.75 亿元,增长 0.8%;住宿业零售总额 2.05 亿元,下降 0.2%;餐饮业零售总额 35.48 亿元,下降 0.1%。分城乡看,城镇消费品零售总额 351.12 亿元,增长 0.7%;乡村消费品零售总额 62.46 亿元,增长 0.7%。全年限额以上单位消费品零售额 73.04 亿元,比上年下降 1%。从消费品分类看,烟酒类增长 27.3%,汽车类增长 23.8%,饮料类增长 18.3%,金银珠宝类增长 7.8%,日用品类下降 8.7%,石油及制品类下降 13.8%,粮油食品类下降 20.6%,家用电器和音像器材类下降 49.9%。

年末全市共有省级旅游度假区 1 家,国家 3A 级景区 5 家,省星级乡村旅游区 12 家,星级宾馆

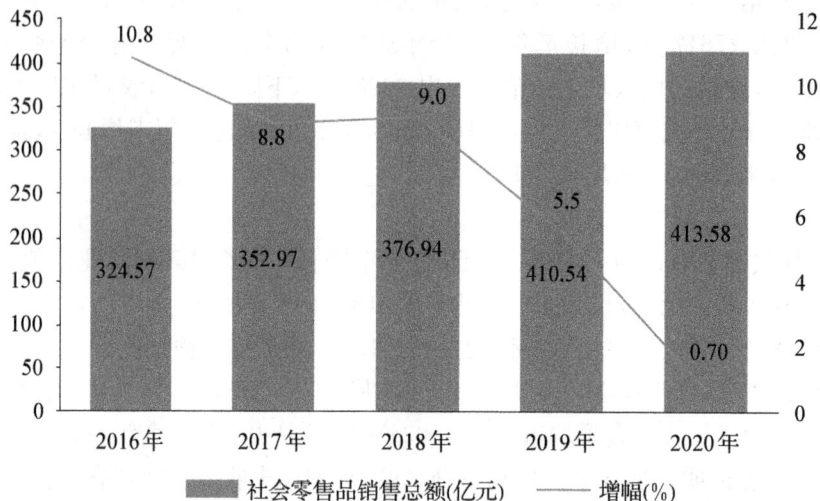

图2 2016—2020年启东市社会零售品销售总额
数据来源：启东市统计局

4家，旅行社10家，分社2家，营业网点39家。基本形成以"三水交汇圆陀角、千年古镇吕四港、崇明岛飞地启隆镇"为支撑的沿江沿海旅游发展带。moumou农场、恒大海上威尼斯（碧海银沙）景区成功创成国家3A级旅游景区。成功获评中国长寿之乡旅游文化服务示范城市。

7. 开放型经济

全年实现进出口总额215.34亿元，比上年下降13.7％。其中，出口总额153.79亿元，下降19.5％；进口总额61.55亿元，增长5.2％。年末与启东市建立进出口贸易关系的国家和地区138个。全市有进出口业绩的企业431家，比上年增长1.7％。

全年累计新批外商投资企业19家，增资扩股企业1家，实际利用外资3.43亿美元。全市累计总投资超3000万美元的重大外资项目15个。全年新批境外投资企业2家，中方协议投资额212万美元，新签对外承包劳务合同额10267万美元，比上年下降56％；完成对外承包劳务营业额6171万美元，比上年下降11.8％。

8. 交通运输和邮电

年末全市公路总里程2984公里，其中高速公路62公里。全年完成公路货运量513万吨，比上年增长7.2％；公路客运量418万人次，下降26.7％。优化新增5条公交线路，基本覆盖境内各片区。沪通铁路通车，宁启铁路开通至上海、杭州动车，实现了启东与苏浙沪地区的快速对接。全年实现铁路客运量68万人次，比上年增长24.2％。年末全市汽车保有量23.5万辆、私家车拥有量21.4万辆，分别比上年末增长8.7％和9.4％。全年实现邮政业务收入2.5亿元，比上年增长8.2％，其中快递业务收入增长48.8％。全年通信业务收入7.96亿元，比上年下降17.2％。年末全市拥有固定电话用户14.4万户、移动电话用户94万户、年末移动互联网用户72.4万户，宽带网用户（含广电）41.2万户。全社会用电量43.01亿千瓦时，比上年增长7.8％，其中，第一产业用电0.6亿千瓦时，增长8.1％；第二产业用电26.52亿千瓦时，增长6.4％；第三产业用电6.22亿千瓦时，增长10.7％。城乡居民生活用电9.67亿千瓦时，增长9.7％。

9. 财政和金融

全年完成一般公共预算收入72.01亿元，比上年增长1.9％。其中，税收收入59.1亿元，比上年增长4.6％。税收占一般公共预算收入比重达82.1％，比上年提升2.1个百分点。一般公共预算收入总量在全省县（市）排名第9。主要税种中，增值税21.1亿元，比上年下降9.2％；企业所得税11.7亿元，比上年增长47.4％；个人所得税2.4亿元，比上年下降9.6％；契税7.5亿元，比上年增长 30.2%。全年一般公共预算支出 119 亿元,比上年增长 16.9%,其中,民生支出 94.3 亿元,增长 20.3%,占一般公共预算支出的比重达 79.2%,比上年提升 4.1 个百分点。

年末全市金融机构本外币存款余额 1745.63 亿元,比上年末增长 14.5%。其中,住户存款余额 1109.74 亿元,增长 12.6%。年末金融机构本外币贷款余额 1273.51 亿元,增长 21.8%。从贷款期限看,短期贷款余额 461.2 亿元,增长 19.3%;中长期贷款余额 756.2 亿元,增长 24%。从贷款类别看,消费贷款 344.92 亿元,增长 22.5%;经营贷款 457.88 亿元,增长 9.7%;制造业贷款 126.79 亿元,增长 16.2%。年末全市累计上市公司 4 家,"新三板"挂牌公司 6 家,江苏股交中心挂牌企业 29 家,资本市场累计募集资金 129.13 亿元。全市 4 家境内外上市公司总股本 31.26 亿股,市值 418.73 亿元。获评省金融生态优秀县(市)。

10. 科技和教育

全年专利申请量 3530 件,比上年增长 12.7%;专利授权量 3062 件,增长 76.9%。有效发明专利拥有量 2982 件,增长 18.8%;万人发明专利拥有量首次超 30 件,增长 18.5%;商标注册量 2133 件,增长 0.7%;地理标志证明商标注册成功 6 件,实现零的突破,当年注册数量在全省县级市中排名第一。

全年新认定高新技术企业 102 家,高新技术产业产值占规模以上工业产值的比重达 54.6%,比上年提升 3.4 个百分点。全年实施产学研合作项目 108 个,完成技术合同成交额 23.02 亿元。新增省级以上企业研发平台 10 家,入选省"双创人才"15 名。新认定省级产业技术创新联盟 1 个、省级星创天地 1 家。8 家企业通过国家两化融合管理体系贯标评定,2 家企业通过江苏省级企业技术中心(工程研究中心)认定,5 家企业通过南通市级企业技术中心认定,新增星级上云企业 11 家。全市拥有各类学校 156 所,在校学生 9.16 万人,专任教师 7614 人。小学学龄儿童净入学率、初中阶段毛入学率、九年义务教育巩固率均达 100%。中考总均分和高考均分增长率均列南通第一;普通高校对口单招、本科上线率为 59.8%,保持全省、南通市第一方阵。在全省率先完成幼儿园园舍全区域、全覆盖改造建设,21 所小学、幼儿园建成启用。华东师大附属启东国际学校签约落户。

11. 文化、卫生和体育

年末全市拥有文化馆 1 个,公共图书馆 1 个,24 小时城市书房 4 个,图书总藏量 190 万多册。保利大剧院、文化馆新馆正式启用,少儿图书馆、版画艺术中心基本竣工。全年完成线下送戏 90 场次、送展览、培训各 21 场次。启吾大讲堂举办人文讲座 13 场次、主题书画摄影展 19 场次、各种阅读推广活动 124 场次,举办纳凉晚会 35 场次。成功举办"江风海韵·启东版画院建院 35 周年作品展""启东市第 11 届美术作品展"、"启吾东疆"启东市书法精品展等展览。20 余件文艺精品在国家、省和南通市级评奖、展出展演中获奖。出版文学图书 2 部,在国内重点刊物发表中短篇小说 14 部、散文 110 余篇、诗歌 70 余首。少儿评弹《十指连心》获第九届全国少儿曲艺优秀节目奖。

年末全市拥有医疗卫生机构 435 家,执业医师(助理)2430 人,注册护士 2560 人。每千人口执业(助理)医师 2.56 人,每千人口注册护士 2.69 人,每千人拥有床位数 4.25 张。疫情防控取得阶段性成效,建成苏中、苏北地区首家新冠肺炎核酸 PCR 检测实验室。市红十字会获评全国红十字会抗疫先进集体。基本公共卫生服务项目补助资金提高到每人 95 元,人均预期寿命提高到 82.98 岁(男 80.08 岁,女 85.59 岁)。全市标准化儿童预防接种门诊建成率 100%,65 周岁以上老年人免费健康体检率达 80.3%。

全市拥有各类体育协会 38 个、体育健身俱乐部 13 个。全年举办"共乐东疆"群众性体育活动 32 项,成功举办全国沙滩排球精英赛等赛事活动。主城区、主功能区建成"10 分钟健身圈",263 个行政村和 37 个社区的体育活动室及多功能运动场全部建成。全市 75 所中小学校体育场地全部实现对外开放。

12. 2021年启东经济运行情况

经初步核算,2021年启东全年实现地区生产总值1345.94亿元,按可比价计算,比上年增长8.4%。分产业看,第一产业增加值88.66亿元,增长4.5%;第二产业增加值656.96亿元,增长9.1%;第三产业增加值600.32亿元,增长8.2%。全年三次产业结构调整为6.6∶48.8∶44.6。全市人均地区生产总值139548元,增长8.5%。列全国县域基本经济竞争力百强县市第17位,比2020年提升1位。

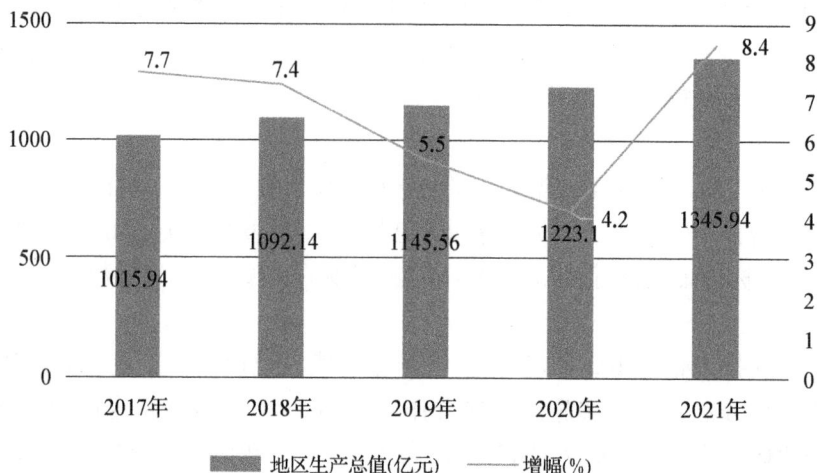

图3 2017—2021年启东市地区生产总值情况

数据来源:启东市统计局

市场就业稳中向好。全年新增城镇就业10081人、新增转移农村劳动力1250人、促进城镇失业人员再就业5675人,城镇登记失业率1.76%。扶持城乡劳动者自主创业2618人,引导大学生自主创业332人。全市工商登记各类在业企业26324家,其中,国有及集体控股企业257户,私营企业24618户,其他内资企业925户。当年新登记各类企业4630户,新增个体工商户6702户。

物价水平温和上涨。全市居民消费价格指数101.3,物价总水平比上年上涨1.3%。其中,服务分项目价格上涨0.4%,消费品价格上涨1.9%。八大类消费品及服务项目价格呈"六涨二跌"态势。

二、2020—2021年靖江市经济发展情况

2020年,靖江全市以习近平新时代中国特色社会主义思想为指导,围绕"跻身全省高质量发展第一方阵、争当长三角一体化发展先行市"目标,深入践行新发展理念,扎实推进"六稳"工作,全面落实"六保"任务,夺取了疫情防控和经济社会发展双胜利。全面小康指数位居全国县级市第21位,顺利创成全国文明城市。

1. 综合情况

经济运行稳步回升。初步核算2020年全市实现地区生产总值1004.8亿元,同比增长3.0%。按常住人口计算全年人均GDP为146772元。分产业看,第一产业实现增加值27.15亿元,增长3.0%;第二产业实现增加值537.77亿元,增长2.4%;第三产业实现增加值439.88亿元,增长3.7%,三次产业占比为2.7∶53.5∶43.8,第三产业增加值占GDP比重比上年提高1.6个百分点。

财政收支好于预期。全年实现财政总收入236.97亿元,同比增长44.8%。实现一般公共预算收入68.67亿元,增长3.1%,其中,税收收入55.28亿元,增长1.8%,税收占比为80.5%。靖江本级实现财政总收入221.01亿元,增长50.9%,实现一般公共预算收入60.80亿元,增长5.4%。

全年完成财政总支出 223.96 亿元,增长 67.3%,其中,公共财政预算支出 106.39 亿元,增长 23.2%。

人口规模基本平稳。年末全市户籍总人口 65.00 万人,其中,女性 32.93 万人,男女性别比为 97.43∶100。本年登记出生人口 4159 人,出生率 6.40‰,死亡人口 5307 人,死亡率 8.16‰,人口自然增长率为-1.76‰。

市场主体更加活跃。实施优化营商环境十条意见、中介机构"六个一律"规定,实现"交地发五证、拿地即开工"。全年新增民营企业和个体工商户 21074 户,注册资本金 327.74 亿元,其中新注册私营企业 3852 户,个体工商户 16405 户。民营经济实现税收收入 88.78 亿元,同比增长 21.7%;民间投资占固定资产投资比重达 76.2%。

园区开发纵深推进。靖江经济技术开发区致力于产业兴区、项目突破、改革创新不动摇,精密制造、智能重装、恒艾大健康等一批特色园区达产达效;凯飞航空结构件、捷登环保装备等 46 个 5 亿元(3000 万美元)以上重大项目成功落户。全区年工业开票销售达 780 亿元,全年新开工亿元以上项目 59 个,其中"三比一提升"重大项目 18 个,实际利用外资 2.25 亿美元。开发区"管委会+公司"改革持续深化,港口集团信用等级升至 AA+。扎实推进创新性功能载体平台建设,国家智能铸造产业创新(靖江)中心项目落户新桥园区,保税物流中心(B 型)通过验收。

2. 农林牧渔业

农业生产稳步推进。全年实现农业总产值 44.38 亿元,同比增长 5.3%。粮食种植保持稳定,全年粮食播种面积 54.96 万亩,粮食总产量 26.91 万吨,同比基本持平,其中,夏粮 10.1 万吨,秋粮 16.8 万吨;粮食综合亩产 489.6 公斤。油料作物播种面积 2.96 万亩,产量 0.55 万吨。蔬菜及食用菌种植面积 10.22 万亩,产量 24.54 万吨。年末生猪存栏 7.15 万头,全年生猪出栏 5.26 万头,家禽出栏 130.25 万只,禽蛋产量 4505 吨,水产品产量 9933 吨。

现代农业融合发展。年内创成省农产品质量安全县、国家粮食生产全程机械化示范县,获评省农村电商示范县。全年新增高标准农田面积 2.9 万亩,实施村企联建项目 121 个,年末拥有高效设施农业面积 9.84 万亩,新增综合种养项目 1.02 万亩,建立小麦千亩示范片区 12 个、水稻千亩示范片区 5 个;优质食味稻米种植面积占比 95.4%,绿色优质农产品比重达 74%。2020 年累计建成 361 个美丽宜居乡村,建成率 78%。长江靖江段全面实现禁捕,4736 名渔业人口全部退渔上岸,渔民实现就业率、渔民基本养老保险参保率均达到 100%。

3. 工业和建筑业

工业经济扩量提质。组织"抗疫情、促生产、惠民生、保稳定"系列活动,工业支撑作用增强,被省政府表彰为制造业创新转型成效明显地区。规模以上企业达 583 家,开票销售超亿元企业达 137 家。拥有一批全国乃至全球的行业冠军、隐形冠军,企业主导或参与制定国际、国家行业标准近 201 项。全年实现工业开票 1334.94 亿元,同比增长 1.7%;全年工业用电量 32.05 亿千瓦时,增长 2.2%;规上工业总产值 991.44 亿元、增加值 212.38 亿元,分别增长 5.3%、4.1%。

主导产业稳定增长。船舶产业稳健发展,年造船完工量接近 1000 万载重吨,占全球的十分之一、全国的四分之一。全年实现规上工业产值 195.57 亿元,增长 0.7%;汽配产业实现规上工业产值 150.39 亿元,增长 11.7%;金属材料、通(专)用设备、工程机械、(大健康)生物医药全年规上工业产值分别增长 15.3%、11.4%、12.4%、31.2%。

企业营收保持平稳。全年规模以上工业企业实现营业收入 963.28 亿元,同比增长 1.2%;实现利润 78.71 亿元,同比下降 3.3%,产销比为 97.16%。分行业看,新兴产业实现利润 6.88 亿元,增长 17.4%;传统产业实现利润 11.00 亿元,下降 8.2%;沿江产业实现利润 59.59 亿元,下降 4.8%,其中,船舶产业实现利润 49.27 亿元,下降 7.4%。

建筑市场稳步发展。全市共有建筑企业 252 家,其中,特级资质企业 2 家,一级资质企业 28

家。全年实现建筑业总产值722亿元,承接工程施工面积3642万平方米,承接规模工程1532个。创国优工程项目2个、省优工程项目1个、泰州市"梅兰杯"奖项目10个。

4. 固定资产投资和房地产

投资项目量质并举。受年初新冠肺炎影响,全年固定资产投资实现342.92亿元,下降8.6%。其中,第二产业投资下降24.5%,第三产业投资增长12.8%。新签约亿元以上内资项目和1000万美元以上外资项目173个,总投资627亿元;新开工道道全粮油加工、鼎盛智谷等亿元以上项目59个;新竣工金迅达智能包装、吉凯恩飞机风挡生产等亿元以上项目60个。

房地产市场平稳发展。房地产开发投资81.47亿元,增长27.2%。商品房施工面积389.21万平方米,增长18.4%。商品房销售面积109.46万平方米,增长13.1%,其中,住宅销售面积76.03万平方米,下降17.8%。商品房销售额129.95亿元,增长22.2%。

5. 消费和旅游

消费市场逐步回暖。全市实现社会消费品零售总额197.54亿元,同比下降2.5%。疫情期间,各大商超在全国首创开展"公交流动超市"进社区,有力地拉动了限上企业增长,全市233家限上企业共实现消费品零售额52.19亿元,增长7.0%,其中通过公共网络实现的零售额同比增长78.8%。部分消费升级类商品零售额增长较快,日用品类增长53.2%,化妆品类增长64.2%,体育、娱乐用品类增长36.2%,中西药品类增长21.2%,文化办公用品类增长32.9%,汽车类下降0.6%。

旅游产业稳步发展。开展乐游靖江宣传活动,推出"云"游靖江旅游系列微视频,全网直播累计观看超过175万人次。随着举办"滨江花月夜"主题夜市、"苏韵乡情"专场推介、第二届中国汤包美食文化节、马洲旅游季等系列活动,七彩利珠、大美徐周入选省级乡村旅游线路,靖江旅游知名度不断提高。

6. 开放型经济

对外贸易小幅回落。全年完成进出口总额33.0亿美元,同比下降4.3%。其中进口7.7亿美元,同比下降14.1%;出口25.3亿美元,同比下降0.8%,其中,高技术产品出口额3636.7万美元,同比下降9.6%。

外经合作更加深入。实际使用外资27826万美元,同比增长140.4%,其中战略性新兴产业占比20.3%;新签协议利用外资项目11个,注册协议外资52809万美元,同比增长584.14%。全年新批境外投资项目2个,协议总投资860万美元。实现外经营业额10444万美元,同比持平,新签外经合同额11110万美元,同比增长49.3%。

7. 港口、交通和邮电

港口经济稳中向好。全市沿江港口码头能级不断提升,完成罗家桥内港池主体结构建设,实现港口固定资产投资2.62亿元,现有泊位183个,其中万吨级泊位66个。全年完成货物吞吐量19735.6万吨,同比增长8.9%,其中,外贸1439.2万吨,同比下降4.1%。主要货类吞吐量分别为煤炭及制品6310.7万吨,矿建材料4553.3万吨,金属矿石4811.0万吨,粮食1558.7万吨。

交通网络便捷通畅。江阴第二过江通道、京沪高速靖江北互通、232省道靖江段工程开工建设,G40沪陕高速(广陵-平潮段)完成前期筹备工作。全市公路总里程达1385公里。年末全社会机动车保有量20.22万辆,其中,民用汽车16.39万辆。全年完成公路货物运输量1789万吨,周转量447250万吨公里,同比下降0.7%;居民在疫情期间出行减少,公路客运量1199.17万人次(含公共自行车),下降66.1%,客运周转量11941.7万人公里(含公共自行车),下降66.0%;水上货物运输量1456.8万吨,下降12.0%,货物周转量571319.62万吨公里,增长30.4%。

邮电通讯稳定发展。全市邮政电信业务收入8.73亿元,同比增长3.6%,其中,邮政业务收入1.55亿元;电信、移动和联通业务收入7.18亿元。年末移动电话用户数77.89万户,其中,4G用户 58.74 万户,5G 用户 11.55 万户。互联网宽带接入用户数 28.21 万户,其中光纤宽带用户数 27.81 万户。

8. 金融和保险

金融信贷成效显著。年末全市金融机构本外币存款余额 1379.46 亿元,比年初增加 167.68 亿元,增长 13.8%,其中,住户存款 698.31 亿元,比年初增加 83.61 亿元。本外币贷款余额 1176.35 亿元,比年初增加 186.87 亿元,增长 18.9%。建成全省首家"首贷中心",成功为 830 家无贷户发放贷款 7.6 亿元。

资本市场加速发展。年内新增江苏股交中心挂牌企业 18 家。年末境内外各类上市公司 5 家,上市和新三板挂牌公司累计募集资金 154.83 亿元。年末驻靖证券营业部 6 家,证券机构开户总数累计达 91050 户,较年初净增 5634 户。全年证券交易额 1668.12 亿元,同比增长 33.5%。

保险水平日益提升。驻靖保险机构共 37 家,其中,财产险 16 家,人身险 21 家。全年实现保费收入为 25.69 亿元,同比增长 4.8%,其中,人身险保费收入 19.03 亿元,同比增长 8.2%;财产险保费收入 6.65 亿元,同比下降 3.6%。保险密度 3753 元/人,保险深度 2.56%。

9. 科学技术和教育

科技创新质态更优。获批科技部"科技助力经济 2020"重点专项 1 项,省科技成果转化专项资金项目 1 项,省产学研合作项目 7 项,省科技副总类项目 14 项,省重点研发计划 1 项和省政策引导类计划(引进外国人才专项)1 项;获批省级产业技术创新战略联盟 1 家、获批省外国专家工作室 1 家、市级及以上工程技术研究中心 21 家,入围省"企业研发机构高质量提升计划"培育名单 5 家。

科技产出成果丰硕。高新技术产业产值占规模以上工业产值比重达 46.01%(本级);认定国家高新技术企业 71 家,省高新技术企业培育库入库企业 72 家,省农业科技型企业 1 家,评价入库科技型中小企业 218 家;"靖江暖通装备众创社区"成为全市首个省众创社区试点。全年专利申请量 5894 件,其中发明专利 1382 件;授权专利数 3241 件,其中发明专利 143 件;万人发明专利拥有量达 29.71 件。

教育事业优质均衡。年末全市拥有各类学校 105 所,其中幼儿园 55 所,义务教育学校 43 所,高中 4 所,特殊教育学校 1 所,中等专业学校 1 所,全日制本科院校 1 所。年末在校生 83030 人,专任教师 6600 人。2020 年中小学招生 13172 人,毕业 12640 人。幼儿园、小学学龄儿童入学率分别为 107.9% 和 115.5%。建成投用季市中心小学、第二实验幼儿园、第三实验幼儿园等 3 所学校,省、市优质幼儿园比例达 93.75%,省靖中专校成功入选"江苏省职业教育领航学校"建设单位。

10. 文化、体育和卫生

文化事业硕果累累。年末拥有文化馆 1 个,博物馆 1 个,艺术表演团体 1 家,公共图书馆 1 个,藏书 95 万册,省级文物保护单位 5 处,市县级文物保护单位 19 处。人均拥有公共文化设施面积 0.433 平方米,"三馆一站"覆盖率 102.8%。做强做优"戏舞乡村""马洲大舞台"等文化品牌,成功举办"小康梦圆、美好生活"为主题的第 38 届文艺节,全年惠民演出 400 多场,开展主题文艺、戏曲、艺术普及、人才培育等文化进乡村活动 160 余次。广播电视作品获省一等奖 5 个、三等奖 1 个,泰州一等奖 5 个,《把不确定性变成确定性》获第 32 届中国经济新闻奖三等奖。

体育事业全面发展。年末全市体育场地面积 234.4 万平方米,人均体育场地面积 3.42 平方米。其中,拥有非学校类市属公共体育场 2 个,体育馆 1 个,游泳馆 1 个。靖江籍运动员在省级赛场上全年共获金牌 16 枚;在校学生体育达标率 91.26%。成功承办江苏省青少年游泳冠军赛,组织开展了第二届"牧城之夜"荧光跑、马桥"农乐谷"定向赛、市广场舞大赛等大型群众体育活动。

卫生事业不断提升。因地制宜落实差异化精准防控措施,构建高质高效医疗救治体系。推进公共卫生中心建设,规范改造发热门诊 6 个,集中医学观察点 4 个,建成核酸检测实验室 5 个。年末拥有医疗卫生机构 33 个,其中,乡镇卫生院 13 个,卫生防疫机构 2 个,妇幼卫生机构 1 个。医疗卫生机构拥有床位数 4925 张,医疗卫生技术人员 4104 人,其中,执业(助理)医师 1679 人,注册护士 1709 人。卫生人才储备丰富,年内遴选省、市基层卫生骨干人才 103 名。强化区域医疗专科联盟建设,建立专科专病联盟 16 个。加强老龄健康服务,累计体检 9.19 万人。

11. 人民生活和社会保障

居民收入平稳增加。城乡居民人均可支配收入 43027 元,同比增长 5.1%。其中,工资性收入 26981 元,增长 3.2%;经营净收入 5277 元,增长 3.7%;财产净收入 4492 元,增长 10.7%;转移净收入 6277 元,增长 11.1%。按常住地分,城镇居民人均可支配收入 52754 元,农村居民人均可支配收入 26922 元,分别增长 4.0% 和 6.3%,城乡居民收入比为 1.96,收入差距进一步缩小。

消费能力持续稳定。城乡居民人均消费支出 28086 元,下降 1.3%,其中,食品烟酒类消费支出 8358 元,增长 0.7%;衣着消费支出 1603 元,下降 8.4%;居住支出 5785 元,增长 2.1%;生活用品及服务支出 1330 元,下降 5.0%;交通通信支出 5354 元,增长 3.1%;教育文化娱乐支出 3309 元,下降 4.2%;医疗保健支出 1727 元,下降 6.8%;其他用品和服务支出 620 元,下降 25.7%。按常住地分,城镇居民人均生活消费支出 32854 元,增长 0.3%;农村居民人均生活消费支出 20191 元,下降 6.4%。

就业创业提质增效。开展"稳就业、保用工"系列活动,举办复工专场招聘 15 场,全市新增就业人员 10149 人。举行第五届"创富靖江"创业创新大赛,开办 20 场创新创业论坛,新增富民创业担保贷款 1.7 亿元,发放财政贴息 1357 万元。年末城镇登记失业率 1.78%,安置失业人员 13667 人,失业保险参保率 98.5%。全年接收安置军转干部 21 人、安置符合政府安排工作条件的退役士兵 6 人,自主就业退役军人实现就业 93 人。全市拥有各级各类专业技术人员 8.54 万人,年内新增 0.53 万人,每万人劳动力中高技能人才数 0.15 万人。

社保水平持续提升。全年社会养老保险参保 23.62 万人,其中,城镇职工基本养老保险 19.39 万人,参保率 98.6%;城乡居民养老保险 4.23 万人,参保率 99.98%。企业退休(职)人均工资涨至 2013 元,城乡居民养老保险基础养老金调增至 185 元,共惠及 19.2 万人。全市基本医疗保险参保 61.24 万人,其中,城镇职工医保参保 33.84 万人,城乡居民医保参保 27.54 万人,基本医保覆盖率达 98.42%。

福利事业持续完善。全市拥有各类养老机构 39 家,床位 2979 张,护理型床位占养老机构床位总数的 58.0%。建成标准化社区养老服务中心 15 个,接受上门服务的居家老人数占比 21.3%。精准救助困难群众,最低生活保障 1658 人,农村五保 1522 人。年末全市实现残疾人就业 6223 人,其中 95 家残疾人集中就业企业安置 3033 人。年内持证残疾人家庭医生签约 9448 人次,儿童残疾筛查 35441 人次。

脱贫攻坚顺利完成。年内在 6 个镇建成农创基地,入驻项目 15 个;建立健全经济薄弱村农产品滞销预警机制,优化利益联结机制,成立农村经济合作社,帮扶建档立卡低收入农户 3789 户。严格落实各项政策措施,实施"126"精准医疗扶贫,落实教育资助保障政策,逐户逐人制定"一户一策"方案,劳动年龄段内有劳动能力和就业意愿的低收入户就业比例达 100%。靖江对口帮扶咸阳市永寿县联络组荣获"全国脱贫攻坚先进集体"称号。

12. 2021 年靖江经济运行情况

经济总量持续攀升。初步核算,全年实现地区生产总值 1142.38 亿元,增长 10.6%,两年平均增长 6.7%。其中,第一产业增加值 25.98 亿元,增长 1.9%;第二产业增加值 621.78 亿元,增长 10.3%;第三产业增加值 494.62 亿元,增长 11.5%。全年三次产业结构比例为 2.3∶54.4∶43.3。人均 GDP 为 172032 元,比上年增长 13.8%。全年新增私营企业和个体工商户 14007 户,注册资本金 225.17 亿元,其中,新注册私营企业 6355 户,个体工商户 7652 户。

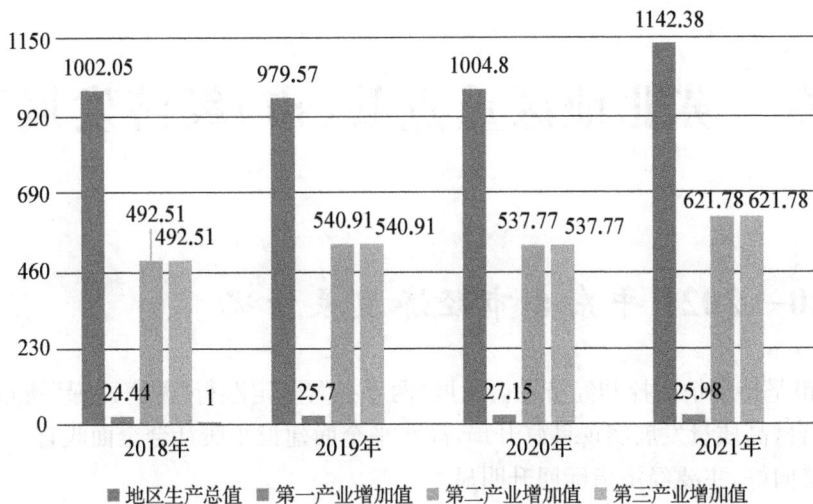

图4　2018—2021年靖江市地区生产总值情况（单位：亿元）
数据来源：靖江市统计局

就业服务成效明显。全年新增就业人员2.3万人，安置失业人员1.18万人，年末城镇登记失业率1.8%。签约31家引才工作站、5家劳务协作基地，统筹靖江人才网、人才云聘平台、带岗直播间三大"线上"载体，定制3条"靖候英才·携手江来"线下招聘专线，全年开展活动165场。年内各级各类专业技术人员新增0.24万人，达8.77万人。新增2家等级认定备案企业，全年培养高技能人才1297人。安置军转干部8人，接收符合政府安排工作条件退役士兵8人。

居民消费恢复增长。全年城乡居民人均消费支出33948元，增长20.9%，两年平均增长9.2%。其中，城镇居民人均生活消费支出39063元，增长18.9%；农村居民人均生活消费支出25360元，增长25.6%。分类看，食品烟酒类支出增长18.4%；衣着消费支出增长25.2%；居住支出增长17.0%；生活用品及服务支出增长27.2%；交通通信支出增长21.1%；教育文化娱乐支出增长29.0%；医疗保健支出增长19.1%；其他用品和服务支出增长25.9%。

工业经济规模壮大。全市实现工业开票1647.27亿元，增长26.8%；规上工业总产值1376.26亿元，增长34.9%；规上工业增加值309.85亿元，增长14.8%；制造业增加值占地区生产总值的比重为37.8%，较上年提升0.6个百分点。累计建成智能车间69个，智能生产线139条。新增省级企业技术中心3个、泰州市级企业技术中心5个，拥有省级以上企业技术中心39个。全年工业用电量34.52亿千瓦时，增长7.7%。

产业发展趋势向好。传统产业稳健发展，船舶产业年造船完工量、新接订单、手持订单分别达全省的52.5%、50.5%、44.9%，全年实现规上产值228.14亿元，增长15.3%；汽配产业实现规上产值198.43亿元，增长30.4%。新兴产业快速成长，高端装备、新材料、电子信息、节能环保产业规上产值增幅分别为64.3%、32.4%、52.3%、53.4%。战略性新兴产业产值占规上工业产值的比重为26.0%，比上年提升9.6个百分点。

企业效益总体平稳。全年规模以上工业企业实现营业收入1233.43亿元，增长23.7%；实现利润80.06亿元，增长0.4%；销售利润率为6.5%；年末企业资产负债率为48.6%。规模以上工业企业每百元营业收入中营业成本为85.80元。

建筑市场稳步发展。全市共有建筑企业290家，其中，特级资质企业2家，一级资质企业29家。全年实现建筑业总产值771亿元，承接工程施工面积4381万平方米，承接规模工程1341个。创省优"扬子杯"工程2个，省级标化工地20个，泰州市优质工程11项。

第四章　苏北地区重点县(市)经济发展分析

一、2020—2021年东台市经济发展情况

2020年,全市坚持疫情防控和经济社会发展"两手抓",坚定践行"两海两绿"新路径,聚力建设"强富美高"新东台,高质量发展实现良好开局,高水平全面建设小康社会全面收官。自疫情稳定以来,经济持续回暖向好,主要经济指标回升明显。

1.综合情况

经济运行总体平稳。全年实现地区生产总值893.4亿元,按可比价计算,比上年同期增长5.8%。其中,第一产业实现增加值124.3亿元,同比增长2.9%;第二产业实现增加值316.6亿元,同比增长5.7%;第三产业实现增加值452.5亿元,同比增长6.5%。实现社会消费品零售总额245.6亿元,同比增长1.3%。

经济结构不断优化。三次产业增加值比例调整为14:35.4:50.6,服务业增加值占GDP比重比上年提高0.4个百分点。固定资产投资增速低开高走,逐季回升,年底阶段由负转正。新型城镇化建设加快推进,年末城镇化率达59.05%,比上年提高1.02个百分点。

物价温和上涨。2020年居民消费价格(CPI)同比上涨2.3%,较2019年回落1个百分点,重回"2.0时代"。计算居民消费价格指数的八大类商品和服务消费价格"四涨四跌",其中,食品烟酒类上涨0.7%,居住类上涨7%,生活用品及服务类上涨6.2%,医疗保健类上涨8%,衣着类下降2.1%,交通通信类下降4.0%。教育文化娱乐类下降5.0%,其他用品和服务类下降4.2%。

2.农林牧渔业

农业生产稳步发展。全年实现农林牧渔业增加值131.97亿元,同比增长2.9%。实现农林牧渔业总产值237.31亿元,增长2.9%,其中,农业产值106.98亿元,增长2.6%;林业产值6.12亿元,增长2.0%;牧业产值61.66亿元,增长3.8%;渔业产值47.92亿元,增长2.5%;农林牧渔服务业产值14.64亿元,增长3.8%。全年粮食总产量102.26万吨,比上年增加0.22万吨,粮食综合单产461.87公斤/亩;全年蔬菜总产量391.57万吨;水产品产量18.66万吨,增长0.12%;出栏生猪77万头,位居全省第一,存栏53.46万头,比年初30.11万头增加23.4万头,增长77.55%;家禽存栏3260.75万只,同比增长1.2%,出栏3128.37万只,同比增长5%;禽蛋29.64万吨,同比增长14.9%。农业现代化水平位居全省前列。

3.工业和建筑业

工业运行总体稳定。全年实现全口径工业开票销售1170.9亿元,增长15.2%,保持中高速发展态势。其中,规上工业完成开票销售738.6亿元,增长13.6%,应税销售632.2亿元,增长11.7%,占开票销售比重87.5%。实现规上工业总产值646.0亿元,规上工业增加值121.4亿元,同比增长8.5%。全年全社会用电量49.1亿千瓦时,同比增长9.5%,其中,工业用电量33.8亿千瓦时,增长10.8%。全年实现规上工业主营业务收入704.2亿,利润总额44.2亿。

先进制造业做大做强。电子信息、高端装备、新材料、大健康四大产业开票销售突破700亿元。电子信息产业连续四年保持30%以上的增速,45家企业从事5G产品研发制造。高端装备形成印刷包装机械、造纸机械、环保装备等智能整机系列。连续5年进入全国工业百强县榜单,连续3年

被省政府表彰为制造业创新转型成效明显地区。

新兴产业快速壮大。2020年，高技术产业完成产值80.6亿元，同比增长36.7%，高于规上工业增速22.2个百分点，高技术产业产值占规上工业总产值比重12.5%。其中，电子通信设备制造业、医药制造业以及计算机办公设备制造业分别完成产值64.0亿元、12.0亿元、0.4亿元，增速分别为45.2%、91.7%、187.4%，电子通信设备制造业和医药制造业分别拉动规上工业总产值累计增幅3.5个、1.0个百分点。2020年，全市战略性新兴产业完成产值258.7亿元，同比增长37.3%，高于规上工业增速22.8个百分点，战新产业产值占规上工业总产值比重达40.0%，比去年同期提升6.5个百分点。

建筑业稳定健康发展。全年实现建筑业总产值134.5亿元，同比增长4.0%；竣工产值124.7亿元，同比下降6.9%，竣工率43.3%。建筑业企业实现利税总额4.7亿元，同比下降10.1%。建筑业劳动生产率为23.8万元/人。房屋建筑施工面积1219万平方米，同比增长9.4%；竣工面积527.5万平方米，同比下降16.3%，其中，住宅竣工面积396.6万平方米，同比增长6.5%。

4. 固定资产投资

投资增长保持稳定。全年完成固定资产投资483.1亿元，增长4.2%，高于盐城市平均增速11.6个百分点。分产业看，第一产业投资增长120.8%；第二产业投资下降1.7%；第三产业投资增长30.8%。全年民间投资344.3亿元，同比增长7.3%，占全部投资的比重达71.3%，与上年基本持平。高技术产业投资增长17.2%，占全部投资比重达19.5%，与上年基本持平。开展"全员全域全年"招商，38个专业招商局全面出动，"东台招商"APP常态化运行，在上海、深圳、南京、北京等地举办专题招商活动，签约项目148个，计划总投资408亿元。全年新开工亿元以上产业项目70个，其中5亿元以上项目6个。重大项目推进有力。苏陕海升现代农业项目列入省重大项目投资计划。17个盐城重大项目完成年度投资计划，82个东台市重大项目有序推进。投资保持稳定增长。坚持以稳定投资增速、优化投资结构、提升投资质量、提高投资效益为中心，充分发挥投资对增长的关键作用，全年共审批备案项目544个，总投资455.1亿元。

投资结构持续优化。高耗能投资占比进一步下降，高耗能行业投资占全部投资的比重为3.4%，比上年下降0.2个百分点。制造业投资占项目投资比重为48.6%。仪器仪表制造业、专用设备制造业投资分别增长31.6%、13.1%。第三产业投资中，交通运输、仓储和邮政业投资增长64%，科技推广和应用服务业投资增长141.2%，房地产开发投资增长71.0%。

房地产市场蓬勃发展。全年房地产投资62.5亿元，同比增长70.8%。商品房销售面积135.6万平方米，同比增长39.8%；销售额101.2亿元，同比增长67.1%，其中，住宅销售面积120.9万平方米，同比增长61.4%；销售额91.7亿元，同比增长77.5%。

5. 国内外贸易

消费品市场恢复增长。全年实现社会消费品零售总额245.63亿元，增长1.3%。批发业、零售业实现销售额454.7亿元、139.1亿元，同比增长10.5%、2.8%，限上批发业、零售业实现销售额123.1亿元、40.41亿元，同比增长29.6%、6.3%，全年累计销售额实现正增长的企业有85家，增长面达到50%。后疫情时期，直播电商、社交电商、跨境电商等新业态新模式得到了蓬勃发展。2020年，全市限上批发业、零售业企业实现互联网销售额1.1亿元，同比增长42.5%，实现互联网零售额0.52亿元，同比增长71.8%。

对外贸易规模持续扩大。全年进出口总额完成12.5亿美元，同比增长21.7%。其中，进口完成0.7亿美元，同比增长21.5%；出口完成11.8亿美元，同比增长21.7%。全年完成实际利用外资11100万美元，同比增长10.99%，新批外商投资企业数15个。

6. 交通、邮电和旅游

交通运输基本平稳。全年旅客运输量523.4万人，下降34.11%；货物运输量4801.7万吨，增长 9.28%。旅客周转量 55755 万人公里,下降 37%;货物周转量 776861 万吨公里,增长 7.59%。年末全市公路里程 4491.48 公里,与上年持平,其中,高速公路里程 35.5 公里,一级公路里程 283.86 公里,与上年里程数相同。

汽车保有量稳步增长。年末民用汽车保有量 14.8 万辆,增长 10.8%,净增 1.1 万辆。年末私人汽车保有量 12.7 万辆,增长 10.9%,净增 1.06 万辆。其中,私人轿车保有量 12.43 万辆,增长 10.95%,净增 1.08 万辆。

邮政电信业平稳增长。全年邮政业务收入 1.6 亿元,与上年持平;电信业务收入 6.56 亿元,增长 9.2%。年末固定电话数 8.48 万户,比上年末减少 0.8 万户。年末互联网宽带接入用户 34.17 万户,新增 1.47 万户。

全域旅游创建成效明显。全年接待境内外游客 543.6 万人次,实现旅游业总收入 70.5 亿元,接待入境过夜游客 0.02 万人次,接待国内游客 543.6 万人次。2020 年再次入选中国县域旅游综合竞争力百强县市和高质量发展典型案例。黄海森林公园获评省级生态旅游示范区,西溪景区入选省级夜间文旅消费集聚区建设单位,五烈甘港村、弶港巴斗村分别创成全国、省乡村旅游重点村。

7. 财政、金融、保险

财政收入保持稳定。全年实现一般公共预算收入 54.6 亿元,增长 5%,其中,税收收入 42.6 亿元,税收比重 78.02%。主体税种快速增长,实现增值税、企业所得税、个人所得税 20.48 亿元、4.62 亿元、2.73 亿元,分别增长 9.2%、13.8%、78.4%。

支出结构持续优化。全年实现一般公共预算支出 118.38 亿元,比上年增长 8.9%。重点民生领域支出大幅增长,社会保障和就业支出 27.81 亿元,增长 30%;交通运输支出 2.13 亿元,下降 38.8%;住房保障支出 8.43 亿元,下降 13.7%。

金融信贷规模扩大。年末全市金融机构人民币存款余额 1067.6 亿元,比年初增加 139.28 亿元,增长 15%。其中,住户存款余额 768.44 亿元,比年初增加 90.74 亿元,增长 13.39%。年末金融机构人民币贷款余额 726.36 亿元,比年初增加 136.14 亿元,增长 23.07%。其中,中长期贷款余额 342.95 亿元,比年初增加 82.61 亿元,增长 31.73%。

保险行业平稳发展。全年保费收入 202824 万元,增长 6.99%。分类型看,财产险收入 57525 万元,增长 20.3%;寿险收入 145299 万元,增长 2.49%。全年赔付额 60069 万元,增长 2.18%。其中,财产险赔付 39756 万元,增长 2.83%;寿险赔付 20313 万元,增长 0.93%。

8. 科学技术、教育

科技创新能力持续增强。全市专利申请受理量 4500 件,其中发明专利申请受理量 1514 件;专利申请授权量 2596 件,其中,发明专利申请授权量 198 件,全年万人发明专利拥有量 10.27 件。新增国家高新技术企业 52 家,年末拥有工程技术研究中心 299 个,增长 42.4%,拥有企业院士工作站 2 个,拥有国家级高新技术特色产业基地 2 个,拥有众创空间 12 家。

教育体育事业协调发展。学校总数 161 所,其中,普通中学 37 所,职业高中 1 所,小学 28 所,幼儿园 93 所。在校学生总数 70417 人,其中,普通中学 29424 人,高中 12629 人,职业高中 2955 人,技工学校 119 人,小学 37710 人,幼儿园在园幼儿 16832 人。毕业学生总数 16275 人。专任教师总数 7908 人,其中,普通中学 3530 人,职业高中 344 人,小学 2638 人。学龄儿童入学率 100%,初中毕业生升学率 100%。全民健身活动蓬勃开展,市体育健儿在各类比赛中,获金牌 22 人、银牌 14 人、铜牌 27 人。全年承办 4 项体育赛事,国家级赛事 1 项,省级赛事 3 项,全年建成各类健身步道 11 公里,拥有社会体育指导员 4043 人。

9. 文化、卫生

公共文化服务水平提升。年末全市共有文化馆 1 个,公共图书馆 1 个,博物馆 1 个。公共图书馆总藏量 35.6 万。综合档案馆 1 个,向社会开放档案 1.7 万卷。广播电台 1 座,中短波广播发射台1座,电视台1座,广播综合人口覆盖率和电视综合人口覆盖率均为100%。有线电视用户35.5万户。

文艺精品创作亮点纷呈。少儿二胡齐奏《湿地映画》、江淮说唱《相伴一生》获省五星工程奖,戏剧《一家一主》、曲艺《相伴一生》获网络最佳人气作品奖。《一家一主》获盐城市小戏小品展演一等奖,《相伴一生》参加"全国乡村优秀曲艺节目交流展演"并获央视新闻直播间点名称赞。话剧《婚书》获省戏剧文学剧本评选二等奖。创排大型现代锡剧《离歌》,在南京进行了初验收演出和专家研讨。创排《逼近的疫情,十四亿的挂牵》等34部文艺作品,为打赢疫情防控阻击战提供了强有力的舆论支持。

卫生事业稳步推进。年末全市共有各类卫生机构472个。其中,医院、卫生院47个,卫生防疫防治机构2个,妇幼卫生保健机构1个。各类卫生机构拥有病床5785张,其中,医院拥有病床5685张。共有卫生技术人员5841人,其中,执业医师、执业助理医师2605人,注册护士2467人,卫生防疫防治机构卫生技术人员110人,妇幼卫生保健机构卫生技术人员108人。

10. 人口、人民生活和社会保障

人口总量相对稳定。年末全市户籍人口107.22万人,比上年减少1.64万人,其中,城镇人口67.87万人,乡村人口39.35万人。全年出生人口6051人,人口出生率为5.64‰;死亡人口14430人,人口死亡率为13.46‰,人口自然增长率为-7.82‰。在户籍人口中,18岁以下人口119238人,18～34岁人口181442人,35～59岁人口432007人,60岁及以上人口339548人。年末全市常住人口88.85万人。

居民收入稳定增长。2020年全年全市居民人均可支配收入36303元,较上年增长5%。其中,工资性收入15819元,增长3.5%;经营净收入7492元,增长1.1%;财产净收入1736元,增长8%;转移净收入11256元,增长9.6%。按常住地分,城镇居民人均可支配收入43070元,增长4.1%;农村居民人均可支配收入27023元,增长6.1%。

社会保障体系更加完善。稳步实施全民参保计划,参保覆盖面持续扩大。年末城乡基本养老保险参保人数为32.51万人;城乡基本医疗保险参保人数为98.67万人;失业保险、工伤保险、生育保险参保人数分别为99176人、122822人、93542人,分别比上年增加9679人、7987、4666人。城乡居民基本养老保险基础养老金最低标准每人每月提高到180元、城乡居民医保人均财政补助最低标准每人每年提高到680元。

11. 2021年东台经济运行情况

2021年,全市实现地区生产总值986.1亿元,按可比价格计算增长8.9%,分别高于全省、盐城市0.3、1.2个百分点,位列盐城市第2,两年平均增长7.3%。分三次产业看,第一产业增加值142.9亿元,增长6.2%,两年平均增长4.5%;第二产业增加值353.6亿元,增长9.5%,两年平均增长7.6%;第三产业增加值489.6亿元,增长9.3%,两年平均增长7.9%。

农业经济保持稳定。2021年,全市实现农林牧渔业总产值264.6亿元,比上年增长11.5%,其中,农业产值132.5亿元,增长23.8%;牧业产值63.3亿元,增长2.7%;渔业产值48.4亿元,增长1.1%;农林牧渔业服务业产值15.5亿元,增长5.7%。粮食生产连续八年稳定在100万吨以上,全年粮食总产102.32万吨,比上年增产0.06万吨。全年生猪存栏56.5万头,增长5.7%,出栏83.9万头,增长8.9%。

工业生产恢复良好。2021年,全市实现规上工业增加值164.4亿元,同比增长18.3%,高于盐城平均水平6.4个百分点,位列盐城市第3,两年平均增长13.3%。实现规上工业总产值798.5亿元,同比增长20.3%,较上年同期提高5.8个百分点,两年平均增长17.4%,32个大类行业中,24个实现产值正增长,行业增长面达75%,五大主要行业均呈现正增长态势,其中,计算机、通信和其他电子设备制造业、金属制品业、通用设备制造业3个行业产值增幅超过了20%,分别为37.6%、

37.5%、21.9%。

服务业持续稳定复苏。2021年,东台全市服务业增加值增长9.3%,两年平均增长7.9%,七大行业增加值均实现正增长,其中,批发和零售业、住宿餐饮业、其他服务业三个行业增加值增速均达10%以上,分别为10.0%、15.2%、11.1%。全市141家规上服务业企业实现营业收入51.7亿元,同比增长8.3%,两年平均增长9.9%。9个行业大类,7个行业的营业收入正增长,行业增长面达77.8%。

消费市场稳定向好。2021年,全市完成社会消费品零售总额300.9亿元,同比增长22.5%,高于盐城平均水平1.4个百分点,位列盐城市第4,两年平均增长11.4%。分行业看,限上批发、零售业商品销售额分别为198.3亿元、51.3亿元,同比增长56.7%、25.2%;限上住宿、餐饮业营业额分别为1.4亿元、5.7亿元,同比增长34.1%、26.9%。基本生活消费类商品增速稳定,限额以上粮油食品类、饮料类、烟酒类分别增长21.8%、89.8%、16.6%。

投资下行压力较大。2021年,全市完成固定资产投资418亿元,同比下降7.1%。其中,制造业投资235.5亿元,同比增长8.3%;服务业投资152.92亿元,同比下降17.2%;房地产开发投资47.6亿元,同比下降23.8%;高技术产业投资111.6亿元,同比增长2.5%。

外贸触底反弹,外资平稳。2021年,全市对外贸易呈现"V"字形走势,2月份累计进出口总额增速最高74.7%,之后逐月下行,8月份降到最低点,下降2%。四季度止跌回升,月度增速均在10%以上。全年累计完成进出口总额14.2亿美元,同比增长13.3%,其中,出口总额13亿美元,同比增长9.7%;进口总额1.2亿美元,同比增长72.5%。利用外资增速继续保持稳定,全年实际利用外资1.2亿美元,同比增长10.5%。

财政金融稳定增长。2021年,一般公共预算收入增速呈持续增长态势,全年完成一般公共预算收入60.3亿元,同比增长10.4%,两年平均增长7.7%。全年税收收入47亿元,同比增长10.3%,占一般公共预算收入比重78%。金融市场增速稳定,全市金融机构各项存款余额1189.8亿元,同比增长11.4%,金融机构各项贷款余额828.2亿元,同比增长14.0%。

二、2020—2021年邳州市经济发展情况

2020年,面对严峻的宏观经济形势和突如其来的新冠疫情的冲击,全市上下在市委、市政府坚强领导下,认真贯彻落实省委、徐州市委重大决策和工作部署,大力弘扬"四见"精神,坚持新发展理念引领,着力推动新发展格局,全市经济稳定恢复、持续回暖,主要指标逐季向好、加快提升,转型升级稳步推进,生态环境不断改善,人民生活水平稳步提高,高水平全面建成小康社会取得决定性成就。

1. 综合情况

经济运行稳定恢复。经初步核算,全年实现地区生产总值1001.26亿元,较上年增长3.9%,其中,第一、第二和第三产业增加值分别为159.33亿元、396.38亿元和445.56亿元,分别增长3.1%、4.1%和4.0%。三次产业结构为15.9:39.6:44.5。人均地区生产总值68855元,较上年增长3.2%。

物价水平保持平稳。全年居民消费价格总指数(CPI)较上年上涨2.7%,涨幅较上年回落0.8个百分点。分类别看,食品烟酒类上涨10.1%,衣着类下跌3.8%,居住类下跌1.8%,生活用品及服务类下跌1.4%,交通和通讯类下跌2.6%,教育文化和娱乐类上涨2.8%,医疗保健类上涨0.6%,其他用品和服务类上涨3.4%。食品中,粮食上涨0.3%,薯类上涨7.5%,豆类上涨12.7%,食用油上涨5.5%,菜上涨13.1%,畜肉类上涨30.4%,蛋类下跌13.0%,干鲜瓜果类下跌2.6%,水产品上涨5.6%。

2. 农林牧渔业

农业生产总体稳定。全年实现农林牧渔业总产值275.36亿元,较上年增长6.3%。农林牧渔业增加值169.59亿元,较上年增长3.2%,其中农林牧渔服务业增加值增长4.6%。全年粮食播种面积190.35万亩,比上年增加2.13万亩;粮食亩产445.86公斤,比上年减少3.27公斤;粮食总产84.87万吨,比上年增加0.34万吨。其中,夏粮产量30.78万吨,比上年增加1.1万吨;秋粮产量54.10万吨,比上年减少0.75万吨。全年油料产量1.02万吨。

林牧渔业保持平稳。全年成片造林面积4.34万亩,育苗0.7万亩。畜牧业生产平稳恢复。全年肉类总产量14.26万吨,增长13.4%。禽蛋产量8.61万吨,增长87.2%。年末生猪存栏51.06万头,增长128.6%;年内出栏75.32万头,增长14.7%。年末羊存栏5.53万只,下降15.3%;年内出栏13.38万只,增长5.9%。年末家禽存栏1354.54万只,增长5.6%;年内出栏5833.74万只,增长75.4%。水产品产量2.43万吨,下降1.9%。

农业机械化步伐加快。年末拥有大中型拖拉机3877台,小型拖拉机11897台;联合收割机4009台,农田排灌动力机械29517台。当年实际机耕地面积335.55万亩,增长13.7%;机械收获面积达254.85万亩,增长21.0%;机械植保面积276.89万亩,增长76.5%。农村用电量17.20亿千瓦时,增长1.5%;农业化肥施用量10.17万吨,增长3.8%。

3. 工业和建筑业

工业生产稳定增长。全年规上工业增加值较上年增长6.9%。从主导产业看,六大主导产业"四升两降",其中高端装备制造业产值增长7.9%,绿色食品业产值增长17.6%,节能环保产业增长18.0%。从企业效益看,规上工业企业实现营业收入较上年增长1.6%,利润总额增长42.4%;营业收入利润率为6.9%,资产负债率为51.7%。全市规上工业企业中,高新技术企业保持增长较快,成为拉动全市工业经济恢复的重要动力。高新技术企业产值较上年增长17.8%,高新技术产值占工业总产值比重达到36.3%,较上年提高15.9个百分点。

建筑业稳步发展。全年资质以上建筑业企业实现产值160.85亿元,较上年增长4.9%;完成竣工产值64.45亿元,建筑业劳动生产率23.76万元/人。房屋建筑施工面积1455.65万平方米,较上年下降5.2%;房屋竣工面积214.32平方米,较上年增长19.4%。

4. 固定资产投资

固定资产投资平稳回升。全年固定资产投资较上年增长5.3%。从投资结构看,一产投资增长20.3%,二产投资增长30.1%,三产投资下降36.5%。从投资主体看,国有经济控股企业投资下降58.0%,外商及港澳台投资增长0.2%,民间投资增长15.8%。分投资领域看,制造业投资增长30.4%,基础设施投资下降22.3%,房地产投资下降17.1%。工业投资贡献率进一步提升。工业投资占全部投资的比重76.0%,其中,工业技改投资、高技术投资占工业投资比重分别较上年提升4.4个、8.1个百分点。

房地产保持平稳发展。全年房屋施工面积807.49万平方米,较上年下降3.7%,其中,房屋新开工面积132.31万平方米,下降34.6%。商品房竣工面积172.69万平方米,其中住宅123.78万平方米。商品房销售面积229.37万平方米,较上年增长21.3%,其中,住宅销售面积221.11万平方米,增长24.5%。商品房销售额140.37亿元,较上年增长12.0%,其中,住宅销售额133.75亿元,增长14.0%。

5. 交通运输和邮政电信

交通运输业总体平稳。全年货运量1920万吨,增长9.1%。其中,公路货运量1004万吨,增长7.7%;水运货运量916万吨,增长10.6%。公路客运量1199万人,下降22.5%;港口吞吐量607万吨,下降32.6%。全市公路总里程3341.03公里,其中高速公路38.80公里。徐连高铁建成通车,全市铁路里程达到85公里。全市共有航道11条,通航里程170.30公里,其中省以上干线73

公里。港口 30 个,码头泊位 65 个,其中集装箱码头 1 个。民用汽车 19.45 万辆,其中私人汽车 18.64 万辆。城市公共汽车 353 辆,城市出租汽车 536 辆,城市公共汽车客运总量 3296 万人。

邮电通信稳步发展。年末邮政线路总长度 390 公里,农村投递线路长度 3463 公里。全年邮递国内、国际函件及机要文件 13.76 万件,包件 0.81 万件,汇票 1.21 万张,报刊发行 1292 万份,快递业务总量 871.52 万件。年末全市固定电话用户总数 8.39 万户,下降 6.9%;移动电话年末用户 133.71 万户,增长 1.6%;年末互联网宽带接入用户 46.29 万户,增长 11.8%。

6. 国内外贸易

消费市场企稳回升。全年实现社会消费品零售总额 332.68 亿元,较上年下降 4.5%。其中限额以上消费品零售总额 66.76 亿元,下降 12.8%。按经营单位所在地划分,城镇限额以上零售额 56.83 亿元,下降 13.3%;乡村限额以上零售额 9.93 亿元,下降 10.1%。按消费形态分,限额以上批发业零售额 6.34 亿元,增长 2.7%;限额以上零售业零售额 59.44 亿元,下降 17.8%;限额以上住宿业营业额 0.23 亿元,下降 30.9%;限额以上餐饮业 0.75 亿元,下降 48.1%。

对外经济发展向好。全年实现进出口总额 130.20 亿元,较上年增长 1.9%。其中,出口总额 121.71 亿元,增长 5.4%;进口总额 8.49 亿元,下降 30.9%。实际利用外资 2.93 亿美元,较上年增长 10.0%。全年新批外商投资项目 29 个,较上年增长 32.0%;年末实有三资企业 67 家,较上年增长 2.0%。

7. 财政和金融业

财政收入平稳增长。全年实现一般预算收入 43.90 亿元,较上年增长 2.4%。其中,税收收入 35.39 亿元,增长 2.0%;非税收入 8.51 亿元,增长 4.2%。主体税种中,企业所得税增长 16.4%,房产税增长 28.8%,城镇土地使用税增长 8.2%,契税增长 94.9%。全年一般公共预算支出 126.28 亿元,较上年增长 7.6%,其中,医疗和卫生支出增长 5.4%,社会保障和就业支出增长 10.7%,住房保障支出增长 94.7%。

金融信贷持续扩大。年末金融机构人民币存款余额 778.42 亿元,较上年增长 11.9%,其中,住户存款余额 529.51 亿元,增长 11.5%。金融机构人民币贷款余额 670.04 亿元,较上年增长 22.7%,其中,居民短期贷款余额 94.70 亿元,增长 19.5%;居民中长期贷款余额 244.72 亿元,增长 24.2%。居民消费贷款 247.41 亿元,较上年增长 21.8%,其中,短期消费贷款下降 13.7%,中长期消费贷款增长 25.0%。

保险业务稳定增长。全年实现保费收入 19.08 亿元,较上年增长 3.6%,其中,财产险收入 8.41 亿元,增长 16.2%;人寿险收入 10.67 亿元,下降 4.6%。全年各类保险赔款给付支出 5.92 亿元,较上年增长 4.3%,其中,财产险支出 4.23 亿元,下降 0.14%;人寿险支出 1.69 亿元,增加 17.6%。

8. 科学技术和教育

科技创新不断增强。全年新增国家高新技术企业 67 家,企业技术合同交易额达到 8.6 亿元,年末万人发明专利拥有量达 19 件。推动自主创新水平提升,建成国家人才示范培育基地、省产学研协同创新基地、东南大学技术转移中心邳州分中心。拓展与高校科研院所合作,引进诺奖得主 2 人,两院院士 12 人,国家重大人才工程入选者 46 人,省"双创人才"61 人,省"双创团队"6 个。

教育事业协调发展。年末全市拥有小学校 209 所,在校学生 16.86 万人;初级中学 47 所,在校学生 9.75 万人;高中 12 所,在校学生 3.02 万人;职业中学 2 所,在校学生 0.74 万人;普通高等专业教育学校 1 所,在校学生 0.13 万人;特殊教育学校 1 所,在校学生 0.06 万人;在园幼儿 5.18 万人。

9. 文化、卫生和体育

文化惠民日益普及。全年开展文化惠民演出活动 350 余场,送戏下乡 100 余场。深入推进免费开放。全年图书馆接待读者 41 万余人次,博物馆接待参观团体 70 个、游客 6.7 万余人次,文化馆接待群众 3 万余人次,文化艺术培训 5800 余课时、受益 10000 余人次。丰富群众文化生活。"梦圆小康"基层巡演、"小薇读书会"图书阅读导读、"千场文化活动进农村"等活动深受群众喜爱。文艺创作精品纷呈。柳琴小戏《老于还乡》《未见面的新娘》、舞蹈《给我一个支点》3 个作品荣获第十四届江苏省"五星工程奖",以疫情防控、复工复产、文明城市创建为主题的大型现代柳琴戏《银杏湖畔》进行首演。

卫生事业取得新突破。医疗机构建设成效明显,创建三级甲等医院一家,顺利通过妇幼保健机构"所转院"省级验收。综合医改向纵深推进。围绕"保基本、强基层、建机制"的总体要求,创新"3+1"医共体运行模式,切实让群众"少花钱、看好病"。卫生基础不断夯实。卫生人才队伍不断壮大,全年为基层卫生院培养专业人才 77 名,新增疾控人员 17 名。不断拓展医学教育渠道,开展院校合作办学,实现卫生人才的"自培养"。卫生人员培训持续加强。充分发挥省级实训基地优势,累计培训 1282 人次,全面提高基层卫生人员的医学理论水平和临床实践技能。

体育事业全面发展。广泛开展全民健身活动,举办元旦健身长跑活动、邳州市武术精英赛等全民健身活动 20 余场。加强体育人才培育,参加徐州市二级社会指导员线上学习和线下技能培训,举办邳州三级社会体育指导员培训 520 余人。竞赛竞技全面发展,荣获徐州市广场舞精英赛一等奖、江苏省广场舞大赛二等奖。荣获江苏省县组田径比赛团体第 19 名、金牌 3 枚,并连续十二年保持甲级队行列。荣获徐州市第二十二届运动会武术(套路)比赛 3 金 2 银 2 铜、击剑比赛 4 金 3 银 5 铜、乒乓球比赛团体第一、14 岁男子单打冠军、14 岁女子单打冠军。

10. 人民生活和社会保障

人口总量保持平稳。年末全市户籍人口 192.02 万人,其中,男性 100.11 万人,女性 91.91 万人,男女性别比为 109∶100,年末常住人口 146.26 万人。新型城镇化建设扎实推进,城镇化率 58.17%,较上年提高 0.25 个百分点。

居民收入持续增长。全年城乡居民人均可支配收入 29744 元,较上年增长 5.3%。其中,城镇居民人均可支配收入 37744 元,增长 3.6%;农村居民人均可支配收入 21277 元,增长 6.9%。城乡居民人均消费性支出 15286 元,较上年下降 1.4%。其中,城镇居民人均消费性支出 18549 元,下降 0.9%;农村居民人均消费性支出 11833 元,下降 3.0%。

城乡就业持续稳定。全年城镇新增就业 4615 人,城镇失业人员再就业 7294 人,新增转移农村劳动力 7763 人。城乡劳动者职业技能培训 2.17 万人,支持成功自主创业 0.56 万人,创业带动就业 1.79 万人,城镇登记失业率为 1.75%。围绕"六稳""六保"工作任务,加大援企稳岗力度,为 521 家企业发放稳岗补贴资金,为 2243 家企业直接减免养老、失业、工伤保险三项社保费,为 135 家(次)企业延长三项社保缴费期。

社会保障不断完善。年末企业职工、城乡居民养老保险、职工基本医疗保险和城乡居民基本医疗保险参保人数分别达到 16.16 万人、66.32 万人、11.93 万人和 150.96 万人,社会保险参保覆盖率达 98% 以上。城乡居民低保标准为 650 元/月,全市共纳入最低生活保障 1.52 万户、3.38 万人。全市 4.37 万名老人发放尊老金,保障困境儿童 0.30 万名,享受"两项补贴"待遇残疾人 3.41 万人次,保障特困供养 0.65 万人。年末拥有社会福利收养性单位 22 个,床位数 4862 张,社区服务设施 497 个。

11. 2021 年邳州经济运行情况

2021 年邳州市地区生产总值突破 1000 亿元(预计),同比增长 3.7%;完成一般公共预算收入 43.9 亿元,同比增长 2.5%;完成固定资产投资 497.4 亿元,同比增长 6%;工业应税销售收入、工业税收分别达到 496.2 亿元、23.65 亿元,同比分别增长 12.3%、17.9%;金融机构存贷款余额分别达到 778.42 亿元和 670.04 亿元,同比分别增长 11.9%、22.7%;商品房销售面积 208.73 万平方米,位居徐州第一。一跃成为全国百强县第36位、全国工业百强县第30位。

工业经济跑出加速度。大力实施"1226"工业振兴行动,深入推进"链主"企业和"雁阵"集群两大培育计划,推动工业经济提质增效。3个省级重大产业项目序时推进,27个徐州市重大产业项目全部开工;"2040"重大产业项目开工56个,开工率93.3%;厦门光莆、源康电子等一批标志性龙头项目成功落户,龙兴泰、德鲁尼等产业链节点项目加快建设,上达电子、绿人半导体等高精尖项目竣工量产,鲁汶仪器磁存储刻蚀机、瑞欧达大扭距旋挖钻机下线交付,"765"计划、"招商引资1号工程"、工业用电量增幅等位居徐州第一。十大园区错位发展,开发区稳居省级开发区徐州第一,高新区位列省级高新区苏北第二,"三特四重一港"园区特色彰显、竞相发展;南北园区共建持续向纵深推进。

市场主体稳住基本盘。始终把保市场主体作为"六稳""六保"工作的"牛鼻子",新增市场主体3.4万户,新增"四上"企业189家,其中,规上工业企业65家,进入辅导期的上市后备企业2家。全面落实稳企惠企各项政策,为企业延期缴纳税款和减免租金4749万元,阶段性减免三项社会保险费2.5亿元,发放稳岗返还资金2183万元,提供应急周转资金14.5亿元,办理贷款延期还本14.1亿元。精准对接企业用工需求,组织专场招聘40余次,达成就业意向1.48万人,既保障了企业用工,又稳定了就业。

创新驱动激发新动能。深入实施"才富邳州"计划,出台大学生、高技能人才、返乡创业人才招引优惠政策,入选国家重大人才工程1人、省"双创团队"1个、省"双创人才"10人。新增国家高新技术企业67家,万人发明专利拥有量达19件;博康信息入选国家级专精特新"小巨人"企业,影速光电获"创客中国"省双创大赛第一名。大力实施"标准化+"战略,扎实推进企业信用贯标,新增国家标准2项,建成省级标准化试点2项,新增省2A级、3A级质量信用企业各2家;黎明食品荣获"省长质量奖提名奖",2家企业通过首批"江苏精品"认证,"邳州炒货"等区域公用品牌的认知度、美誉度不断提高。

三、2020—2021年涟水县经济发展情况

2020年,全县上下紧扣高质量发展主题,统筹推进改革发展稳定各项工作,抓细、抓实常态化疫情防控,主要经济指标增速持续向好,综合实力再上新台阶,结构调整实现新进展,发展质量有了新提升,改善民生取得新成效,谱写了经济社会高质量发展新篇章。

1. 综合情况

经济总量稳定提升。全年实现地区生产总值554.05亿元,按可比价格计算增长3.3%。其中,第一产业实现增加值71.95亿元,增长2%;第二产业实现增加值228.54亿元,增长4.9%;第三产业实现增加值253.56亿元,增长2.1%。

2020年,全县人均实现地区生产总值66369元(按常住人口计算),名义增长4.8%。经济结构进一步改善。2020年,第一、第二、第三产业增加值在地区生产总值中的构成比例由上年的12.3∶42∶45.7转变为13∶41.2∶45.8。第三产业比重提高0.1个百分点,三次产业结构更趋优化。

市场主体进一步扩大。当年新办私营企业2254户,同比降低17.6%;新增个体工商户150855户,同比增加1295.1%。

就业形势基本稳定。全年新增就业0.62万人。年末城镇登记失业率为1.81%,保持较低水平。经济社会发展的主要困难和问题是:经济总量不大,城市能级偏低;主导产业不够突出,质量效益不高;教育、卫生等社会服务方面还存在短板。

2. 农林牧渔业

全年实现农林牧渔业总产值122.90亿元,比2019年增加7.46亿元,增长6.5%;实现农林牧

渔业增加值为 75.54 亿元,按可比价计算增长 2.3%。

粮、油、蔬菜面积全面增产。全年播种粮食面积 212.16 万亩,较上年增加 2.26 万亩,增长 1.1%,其中,小麦面积 96.30 万亩,比上年增加 0.35 万亩,增长 0.4%;水稻面积 87.86 万亩,比上年增加 2.16 万亩,增长 2.5%。全年粮食总产量 95.94 万吨,较上年增加 0.3 万吨,增长 0.3%,再创历史新高,其中,小麦产量 36.59 万吨,比上年增长 0.7%;水稻产量 51.25 万吨,比上年增长 1.2%。全年油料作物播种面积 11.81 万亩,油料总产量 2.78 万吨,比上年增长 3.9%。全年蔬菜种植面积 35.42 万亩,同比去年增加 2.6%;蔬菜总产量 96.12 万吨,比上年增长 4.5%。

林牧渔业总体稳定。全年四旁植树 110 万株,比上年增加 10 万株。全年生猪出栏 46.16 万头,比 2019 年增加 19.65 万头,增长 74.1%。禽蛋产量 1.92 万吨,比 2019 年略有下降。水产品总产量 1.81 万吨,比 2019 年增长 4.6%。

农业现代化水平稳步提高。新增高标准农田 10.5 万亩,新增设施农业面积 1.8 万亩,创成国家芦笋设施栽培标准化示范区、省特色农产品优势区,荣获省级"粮食生产全程机械化整体推进示范县"称号。

3. 工业和建筑业

工业经济持续发展。实现工业增加值 170.74 亿元,按可比价计算增长 5.7%;全部工业实现开票销售收入 268.72 亿元,增长 1.4%;全年工业用电量为 10.44 亿千瓦时,增长 1.3%。全年新增规模工业企业 38 个,年末规模工业企业总量达 175 个,其中,开票销售超亿元工业企业 54 家、税收超千万元工业企业 8 家。规模以上工业实现总产值 269.56 亿元,比 2019 年增加 20.5 亿元,增长 8.2%,其中,规模以上工业企业实现开票销售收入 204.14 亿元,增长 1.3%;工业实入库税金 17.52 亿元,增长 6.3%。

工业企业运行质量提高。全年规模以上工业企业实现营业收入 270.4 亿元,比上年增长 18.7%;实现利润 30.2 亿元,增长 6.2%。规模以上工业企业营业收入利润率为 11.2%,比上年提高 1 个百分点。规模以上工业企业产销率达 98.97%,比上年下降 1 个百分点。

建筑行业保持稳定。全年完成建筑业总产值 206.72 亿元,比上年增长 0.1%。房屋建筑施工面积 448.41 万平方米,其中住宅建筑施工面积 369.69 万平方米。房屋建筑竣工面积 30.03 万平方米,比上年增长 248.3%,其中住宅建筑竣工面积 25.55 万平方米,增长 235.9%。

4. 固定资产投资

投资结构优化。全年实施 500 万元以上项目 278 个,其中 5000 万以上投资项目 137 个。全年累计完成固定资产投资 179.47 元,比 2019 年下降 35.8%,其中,完成工业投资 96.97 亿元,比 2019 年下降 43.2%,完成房地产投资 26.93 亿元,增长 64.3%。投资结构优化,第一产业投资 29.04 亿元,第二产业投资 101.97 亿元,第三产业投资 48.46 亿元,三次产业投资结构比为 16.18:56.82:27.00;制造业投资占第二产业投资比重为 95.1%,比 2019 年上升 2.3 个百分点;高耗能投资占项目投资比重为 11.2%,比 2019 年下降 6.8 个百分点。民间投资占投资总额比重达到 75%;高技术产业投资比重为 13.4%。

全年房地产销售面积 102.30 万平方米,比 2019 年增长 8%。房地产销售额 54.59 亿元,下降 23.769%。商品房屋平均销售价 5336 元,比 2019 年增长 5.3%。

5. 交通和邮电业

全年实现交通运输、仓储和邮政业增加值 32.21 亿元,可比价增长 10.0%。全县公路总长度达到 2421.26 公里,其中,等级公路 2421.26 公里,比 2019 年增加 102.89 公里。全县航道通航的条数共计 10 条,其中干线 1 条,航道通航的里程共计 173.76 公里,其中干线 51.36 公里。

6. 内外贸易和服务业

消费品市场活跃。2020 年全年社会消费品零售总额 204.8 亿元,同比增长 0.5%,其中,162

家限额以上批零住餐企业共实现商品销售额155.54亿元,同比增长2.5%。限上企业分行业来看:限上批发业实现商品销售额113.68亿元,同比增长2.4%;限上零售额实现商品销售额37.41亿元,同比增长6.1%;限上住宿业实现营业额0.5亿元,同比下降1.5%;限上餐饮业实现营业额3.95亿元,同比下降20.4%。

对外贸易规模有所缩小。全年协议注册外资2.36亿元,其中,注册外资实际到账1.34亿美元,比上年下降4.2%。全年完成进出口总额2.66亿美元,比上年下降18.8%,其中,进口0.36亿美元,比上年下降7.5%;出口2.30亿美元,比上年下降20.3%。

服务业提速发展。全年新增规模以上服务业企业23户,规模以上服务业企业共122户。规模以上服务业企业全年实现营业收入49.31亿元,增长3.5%。其中,规模以上五大服务业营业收入31.19亿元,同比增加2.9%。全年实现服务业增加值253.75亿元,服务业增加值占GDP比重45.8%,较上年提高0.1个百分点。

7. 财政、金融业

财政收入稳定增长。全年财政总收入47.16亿元,与去年基本持平。其中,公共财政预算收入23.98亿元,增长4.5%;税收收入19.81亿元,占公共财政预算收入比重为82.6%。

支出结构持续改善。全年财政支出96.55亿元,其中一般预算支出73.06亿元。在一般预算支出中,一般公共服务支出8.32亿元,比上年下降1.6%;教育支出13.43亿元、科学技术支出0.42亿元、城乡社区事务支出2.33亿元、卫生健康支出8.47亿元、住房保障支出2.07亿元、农林水事务支出12.40亿元、社会保障与就业支出12.09亿元,分别比上年增长9.5%、84.3%、39.7%、15.6%、2.7%和0.1%。

金融机构存贷规模继续扩大。2020年末,金融机构人民币存、贷款余额分别达到487.72亿元和375.65亿元,分别比年初增加44.08亿元和76.41亿元,比上年增长9.9%和25.5%;住户存款余额281.06亿元,比年初增长36.50亿元,增长14.9%。贷款总额中,短期贷款139.40亿元,比年初增加18.65亿元,增长15.4%;中长期贷款227.20亿元,比年初增长107.44亿元,增长89.7%。

8. 教育、卫生、文化、体育

教育事业稳定发展。2020年,教育基础设施投入2.6亿元、教学装备投入5800万元。

年末全县拥有普通中等专业学校2所,普通中学46所,小学56所;在校学生分别为1.49万人、5.81万人和7.00万人。全县拥有普通中等专业学校专任教师504人,普通中学专任教师5153人,普通小学专任教师4719人。高中升学率为64.5%,比去年上升1.1个百分点。

全县幼儿园共计120所,其中,公办幼儿园40所,普惠性民办幼儿园80所,普惠性幼儿园覆盖率达97.8%;在园幼儿数34549人,幼儿专任教师1768人;学龄儿童入学率达99.17%。

卫生事业健康发展。新创成省级临床重点专科2个,新创成市级中医临床重点专科2个;建成"乡贤名医工作室"13个。

卫生创建扎实推进。完成农村改厕12400座;陈师街道创成国家卫生镇,五港镇、黄营镇、成集镇创成省级卫生镇,南集镇创成省级健康镇。全县卫生机构数473个,比2019年末增加2个,其中,医院9个,卫生院31个,疾病预防控制中心(防疫站)1个,妇幼保健院(所、站)1个。全县卫生机构合计拥有床位数4535张,其中,9家医院共有床位3163张,31家卫生院共有床位1372张。全县共有卫生技术员5047人,其中,执业(助理)医师2126人,注册护士2411人。

文广工作持续发展。图书馆、文化馆、博物馆、非遗馆、曲艺馆、毛广淞纛体字艺术馆等公共文化场馆向市民开放,实现文化馆、图书馆县域全覆盖。新建县镇村三级应急广播平台391个,架设应急广播3500只。"中国曲艺之乡"创建通过验收。

体育工作稳步发展。新建体育公园5个,人均拥有公共体育设施面积达2.02平方米。拥有二类运动员147人,其中,武术运动员48人,花式篮球运动员68人,自行车运动员31人。成功承办江苏省第八届全民健身运动会(掼蛋)和"环江苏"公路自行车多日赛。全年举办各类比赛93次,参加市级以上比赛5人次,获得省级奖牌7枚,其中,金牌3枚,铜牌4枚。为市级以上输送运动员4名。

9. 科技和生态环境

深入实施科技创新。全年获批国家高新技术企业20家、省高新技术企业28家。高新技术产业产值占规模以上工业总产值比重达到13.7%,规上工业企业研发投入强度2.99%,比上年增长1.4个百分点;规上工业企业研发投入8.04亿元,比2019年增加4.35亿元。

生态环境进一步改善。全年完成12个重点治气项目和27个重点治水工程,农村污水处理设施覆盖率达60%,全县地表水达到或好于Ⅲ类水体比例为50%,与去年水平持平。空气质量优良天数比率达77.9%比上年提升个10.8百分点;PM2.5年均浓度37.9微克/立方米,比上年减少2.1微克/每立方米。林木覆盖率达到24.1%,比上年提升0.1个百分点。

10. 社会保障和人民生活

社会保障体系更趋完善。年末养老、失业保险覆盖率分别是97.8%、98.5%,比上年分别提升0.1个、0.2个百分点。医疗保险覆盖率2020年与2019年持平,稳定在98.1%。全年累计落实城乡低保对象10774户、20899人,发放低保资金9047.77万元、城乡困难群众物价补贴893.51万元;特困供养救助4732人,发放供养救助资金4073.85万元、特困供养人员物价补贴152.04万元;发放80周岁以上老年人尊老金1736.23万元。

养老服务健康发展。2020年末,拥有社区居家养老服务中心(站)378个,全县共有养老床位9035张,千名老人拥有养老床位41.5张。

人民生活稳定提高。城乡居民人均可支配收入25820元,比上年增加1210.3元,增长4.9%。其中,城镇常住居民人均可支配收入33413元,比2019年增加1086.2元,增长3.4%;农村常住居民人均可支配收入18422元,比2019年增加1087.1元,增长6.3%。居民人均消费性支出达到14194元,比2019年减少237.3元,下降1.6%,其中,城镇居民人均消费性支出18282元,比2019年减少241元,下降1.3%;农村居民人均消费性支出10211元,比2019年减少363.5元,下降3.4%。每百户拥有家用汽车49.5辆。

11. 2021年涟水经济运行情况

预计2021年涟水全年实现地区生产总值555亿元、社会消费品零售总额183亿元,分别增长3%、1.2%,完成一般公共预算收入23.98亿元、增长4.5%,城乡居民人均可支配收入3.36万元、1.84万元,分别增长4%、6%。产业结构持续优化,二、三产业比重提高至87.6%,规上工业开票销售、工业入库税金、工业用电量分别增长3.3%、6.3%、1.3%。新增规上工业企业23家,开票销售超亿元工业企业10家、税收超千万元工业企业3家,获批国家高新技术企业20家、省高新技术企业28家。实现服务业增加值248亿元、增长1%。新增高标准农田10.5万亩、设施化农业1.8万亩,粮食生产再获丰收,产量达19.2亿斤,创成国家芦笋设施栽培标准化示范区、省特色农产品优势区、省级粮食生产全程机械化整体推进示范县。

第五章　2020—2021年南京市经济发展分析

一、2020年南京市经济与社会运行发展情况

2020年,面对严峻复杂的国内外环境特别是新冠肺炎疫情的严重冲击,全市上下坚持以习近平新时代中国特色社会主义思想为指导,全面贯彻党的十九大和十九届二中、三中、四中、五中全会精神,认真学习贯彻习近平总书记视察江苏重要讲话指示精神,坚决落实省委、省政府和市委、市政府决策部署,坚持稳中求进工作总基调,深入践行新发展理念,科学统筹疫情防控和经济社会发展,扎实做好"六稳"工作,全面落实"六保"任务,高水平全面建成小康社会取得决定性成就,高质量建设"强富美高"新南京取得重大阶段性成果,"十三五"规划主要目标任务顺利完成,为开启全面建设社会主义现代化国家新征程奠定坚实基础。

1. 综合发展情况

初步核算,南京全年实现地区生产总值14817.95亿元,比上年增长4.6%。分产业看,第一产业增加值296.80亿元,比上年增长0.9%;第二产业增加值5214.35亿元,增长5.6%;第三产业增加值9306.80亿元,增长4.1%。

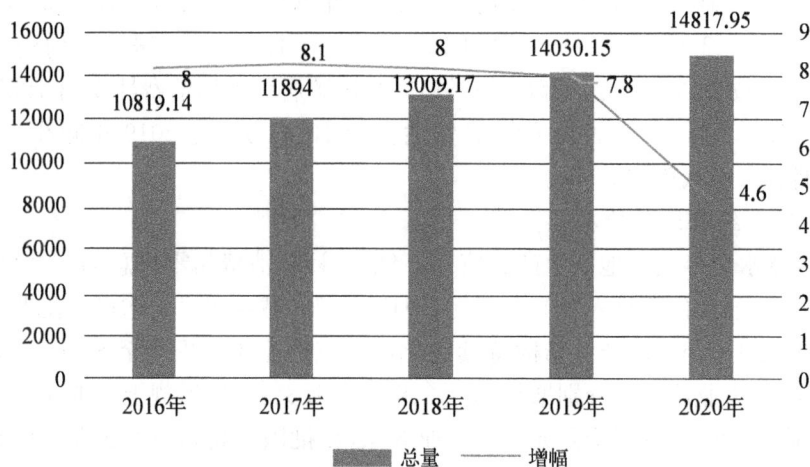

图1　2016—2020年地区生产总值及其增速
数据来源:《南京统计年鉴2021》

三次产业结构调整为2.0∶35.2∶62.8,第三产业增加值占地区生产总值的比重比上年提高0.8个百分点。

全年实现一般公共预算收入1637.70亿元,比上年增长3.7%,其中,税收收入1395.56亿元、增长1.6%,税比85.2%。全年一般公共预算支出1754.62亿元,比上年增长5.8%,其中,社会保障和就业支出增长8.8%,住房保障支出增长84.6%,教育支出增长6.0%,科学技术支出增长3.3%,卫生健康支出增长3.0%。按省统计口径的民生支出1381.4亿元,占一般公共预算支出比重为78.7%,比上年提高1.8个百分点。

全年城镇新增就业34.32万人,比上年多增1.8万人。年末城镇登记失业率为1.71%。深入

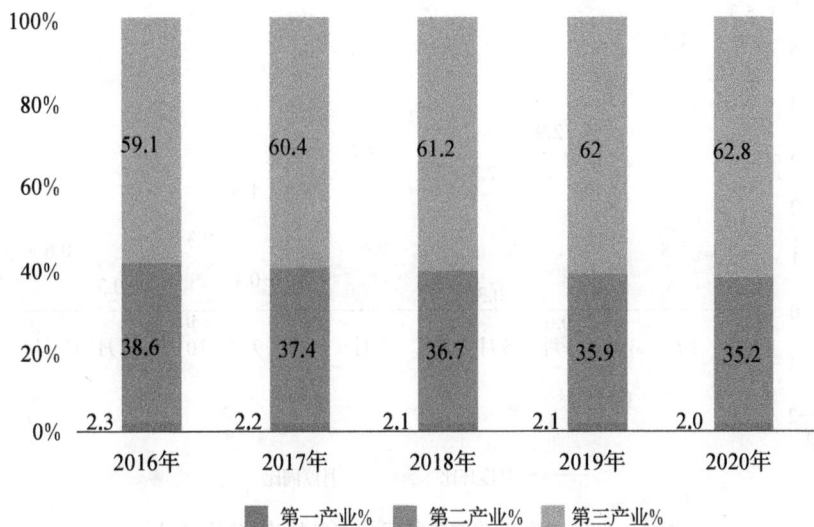

图 2　2016—2020 年三产业占比情况
数据来源：《南京统计年鉴 2021》

实施"宁聚计划"，全年新增就业参保大学生 40.15 万人，比上年增长 2.6%。加大创业政策扶持力度，培育自主创业者 4.59 万人，大学生创业 6787 人，扶持农民自主创业 6028 人，创业带动就业 19.79 万人。

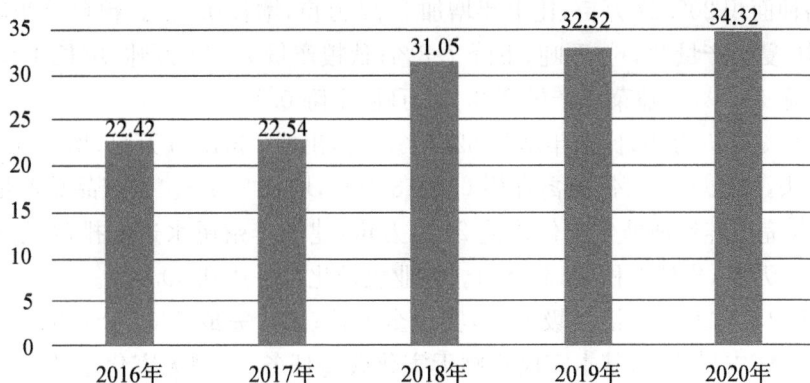

图 3　2016—2020 年城镇新增就业人数（单位：万人）
数据来源：《南京统计年鉴 2021》

全年城市居民消费价格比上年上涨 2.4%。分类别看，食品烟酒类上涨 9.4%，衣着下降 2.4%，居住上涨 0.2%，生活用品及服务上涨 0.3%，交通和通信下降 4.1%，教育文化和娱乐上涨 1.3%，医疗保健下降 0.3%，其他用品和服务上涨 8.0%。

全年经工商登记新设立各类市场主体 24.65 万户，比上年增长 9.3%。新设立企业 9.53 万户、累计 67.81 万户。年末各类市场主体累计 151.2 万户，其中，国有、集体及其控股企业 5.86 万户，增长 22.9%；外商投资企业 0.93 万户，增长 4.9%；私营企业 61.02 万户，下降 4.7%；个体工商户 82.94 万户，增长 15.5%。

全年工业生产者出厂价格比上年下降 0.9%，降幅比上年收窄 1.2 个百分点，其中，轻工业增长 1.9%，重工业下降 1.6%；生产资料下降 2.7%，生活资料增长 3.3%。工业生产者购进价格比上年下降 4.5%，降幅比上年扩大 2.9 个百分点。

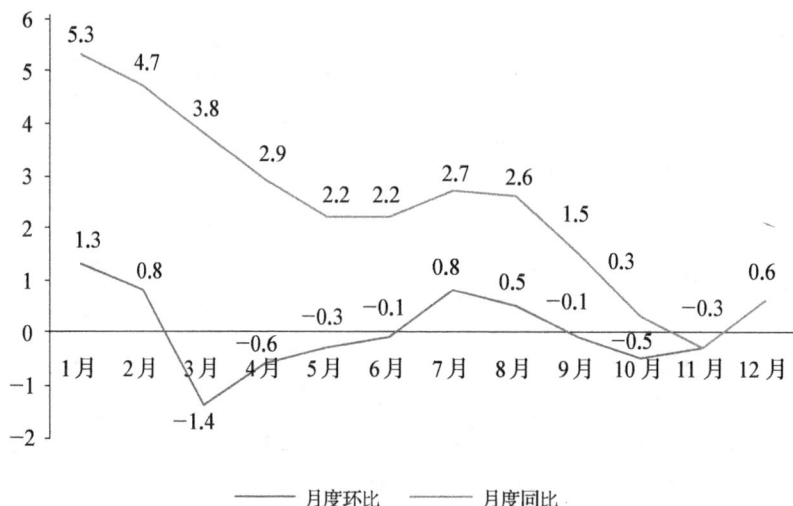

图4 2020年居民消费价格月度涨跌幅度(单位:%)
数据来源:《南京统计年鉴2021》

2. 农业和农村

全年农林牧渔业总产值489.84亿元,比上年增长3.7%,其中,农业产值257.64亿元,增长7.0%;林业产值21.05亿元,增长4.4%;牧业产值28.01亿元,增长15.0%;渔业产值146.90亿元,下降4.5%;农林牧渔专业及辅助性活动产值36.24亿元,增长8.7%。

全年粮食播种面积202.37万亩,比上年增加1.77万亩,增长0.9%。粮食总产量97.83万吨,增长1.3%,其中,夏粮产量20.69万吨,下降7.8%;秋粮产量77.14万吨,增长4.0%。油料总产量3.20万吨,下降10.8%。蔬菜总产量279.74万吨,下降0.1%。

全年生猪出栏37.55万头,比上年增长62.4%;家禽出栏1364.46万只,增长32.1%。期末生猪存栏21.40万头,增长382.0%;家禽存栏629.18万只,增长2.8%。水产品总产量16.03万吨,下降1.4%。全年完成养殖池塘生态化改造2.69万亩,建设养殖尾水达标排放试点40个。新增设施农业面积1.7万亩,累计面积80.9万亩。农业机械化水平达到90.5%。

全市7387个自然村开展生活垃圾分类,实现全覆盖;累计完成5364个村的污水处理设施建设;累计建设1815座农村公厕,基本完成户厕无害化改造任务,户厕无害化率达99.9%。打造30多个集优美生态、新型业态、休闲旅游等功能于一体、三产融合发展示范村。

3. 工业

(1)基本情况

全年规模以上工业增加值增长6.5%。在规模以上工业中,国有控股企业增加值下降1.8%;股份制企业增长8.1%,外商及港澳台商投资企业增长2.3%;私营企业增长28.2%。大中型企业增长1.7%,小微型企业增长23.5%。工业企业盈利能力提升,全年规模以上工业企业实现营业收入比上年增长2.8%,利润增长9.5%。规模以上工业企业营业收入利润率为5.6%,同比提升0.3个百分点。

(2)民营企业发展情况与特点

2020年全市民营经济实现增加值6813.54亿元,按可比价格计算,民营经济同比增长4.7%,快于全市GDP0.1个百分点,占全市GDP的比重为46.0%。民营经济拉动全市经济增长2.2个百分点,对全市经济的贡献率达47%。民营经济产业结构较"轻",三次产业分别实现增加值296.80亿元、2204.21亿元、4401.78亿元。第三产业占比高达64.6%,服务业占据民营经济的主导地位。

2020年南京民营企业发展有如下特点:

规上民营企业集中在传统行业。至2020年年末,全市年报纳统的"四上"单位中,民营企

1.31万家,占比达81.4%。"四上"民营企业主要集中在批发零售业、制造业和建筑业,这三个行业的企业数占全部规模民营企业的64%。新增规模企业绝大多数是民营企业。2020年全年全市新增"四上"规模企业3433家,3132家是民营企业,其中37.8%是批发零售业民营企业。

民营规上工业快速增长。2020年,全市规上民营工业增加值同比增长22.4%,占全市规上工业比重为28.4%,拉动全市规上工业增长5.4个百分点。其中,私营规上工业企业占主体地位,实现增加值占全市民营规上工业比重达66.3%。

民间投资不断向好。2020年全市民间投资总量为2690.14亿元,民间投资占全社会固定资产投资的49.6%。受疫情和全球经济形势波动影响,民间资本投资一度偏谨慎,由年初的负增长1.8%一路攀升,最终实现全年增长12.4%的较快增速。

信息传输、软件和信息技术服务业贡献突出。2020年信息传输、软件和信息技术服务业民营企业实现的增加值增长18.9%,高于全市该行业增速6.1个百分点,对民营经济增长的贡献率达51.5%,是今年民营经济增长的主动力。其中,规模以上信息传输、软件和信息技术服务业民营企业实现的营业收入增速达19.7%。

民营企业主导房地产市场。2020年,民营房地产开发业企业实现的商品房销售面积同比增长14.7%,高于全市水平14.4个百分点,占全市商品房销售面积的比重达66.2%,占比较上年提高了8.3个百分点。全市民营房地产业增加值同比增长8.7%,高出全市房地产业增速7.2个百分点,成为今年民营经济发展的另一亮点。

金融支持力度持续加大。2020年末,中小微企业贷款发放余额1.63万亿元,同比增长18.9%,高于全市境内贷款余额增速6.3个百分点,占全市境内贷款余额比重达71.5%。

(3)高新技术产业发展情况与特点

2020年,南京规上高技术制造业增加值比上年增长28.8%,占全市规上工业比重为25.5%,比上年提高4.7个百分点。高新技术产业产值占全市规模以上工业总产值的比重越来越大,并从2020年一季度开始已超过50%并持续提升。从全年数据看,该比重已达到53.4%,同比提高2.7个百分点,对全市工业总产值的支撑和带动作用日益明显。产值超过百亿元的企业有12家,比上年增加7家;产值在10亿元至100亿元之间的有92家,比上年增加9家。

2020年南京高新技术产业发展有如下特点:

对全市产业结构优化的促进力越来越强。三大主力行业产值超千亿。电子及设备制造业、智能装备制造业、新材料制造业是八个高新技术产业行业中工业总产值超过千亿元的三个行业。其中,电子及通讯制造业产值最高,达到2173.28亿元,其次是智能装备制造业1711.99亿元,最后是新材料制造业1624.26亿元。这三个行业的产值占高新技术产业总产值的比重分别为33.9%、26.7%、25.4%,合计比重超过全市高新技术产业产值的八成,行业优势明显,反映出高新技术产业发展聚焦主导产业,对全市产业结构不断优化升级起到很好的促进作用。四个行业产值明显增长。在高新技术产业的八大行业中,七个行业工业总产值同比实现增长,其中工业总产值呈两位数增长的行业有四个。电子及通讯设备制造业增长迅猛,产值同比增长37.4%,2020年取代了新材料制造业,产值跃居八大行业之首。智能装备制造业产值同比实现12.7%的增长,与上年相比,产值总量也超过了新材料制造业,在八大行业中排名第二。另外,两个行业虽然产值总量较小,但增长明显,新能源制造业产值同比增长14.1%,电子计算机及办公设备制造业产值同比增长11.2%。

表1 2020年高新技术产业产值分行业情况

行业分类	结构比重(%)	同比增长(%)
高新技术产业合计	100.0	9.2
航空航天制造业	0.3	7.9

续表

行业分类	结构比重(%)	同比增长(%)
电子计算机及办公设备制造业	0.3	11.2
电子及通讯设备制造业	33.9	37.4
医药制造业	6.6	0.3
仪器仪表制造业	5.0	5.0
智能装备制造业	26.7	12.7
新材料制造业	25.4	−14.6
新能源制造业	1.8	14.1

数据来源:南京市统计局

对全市企业开展研发的引领力越来越强。2020年,1398家高新技术产业企业研发费用合计支出194.09亿元,同比增长17.2%,占全部规模以上工业企业研发费用的比重达到74.8%。高新技术产业企业的研发强度,即研发费用占营业收入的比重为3.06%,高于规模以上工业研发强度0.94个百分点。可见,高新技术产业发展体现了"高"和"新"的特点,是规模以上工业企业研发的主力军。

产业区域集中度高且产值增长明显。三大区域产值占全市比重超八成。全市高新技术产业区域集聚度高,江宁区、江北新区和栖霞区聚集了全市61.0%的高新技术产业企业,这三个区域高新技术产业产值分别达到1951.74亿元、1854.63亿元、1646.91亿元,产值合计占全市高新技术产业总产值的85.2%。大部分区域产值增长明显。全市九个区域高新技术产业产值同比实现了增长,其中,高新技术产业产值同比增长最多的区域是江宁区,增长34.8%;高新技术产业产值同比增长在30%以上的还有浦口区,达到33.2%。工业企业聚集的区域除了江北新区都实现产值增长,且大部分区域增幅都在10%以上。

小微企业在产业中发挥了积极作用。分单位规模看,高新技术产业中44家大型制造业企业实现产值3000.44亿元,1174家小微型制造业企业产值1937.92亿元,180家中型制造业企业产值为1466.53亿元。大、中型企业产值同比较为稳定,增幅较小,而小微企业产值同比增长28.7%。可见,大型制造业企业是主力,小微制造业企业对推动全市高新技术产业的发展同样也发挥着积极作用。

4.建筑业

(1)基本情况

2020年,南京市全年实现建筑业总产值5067.66亿元,同比增长5.51%,占全省总产值的13.08%。有9个区的建筑业产值超过200亿元,其中建邺区、江宁区、鼓楼区和栖霞区均超过500亿元,建邺区、江宁区突破了800亿元;建筑业企业工程结算收入为4861.38亿元,收入产值比为95.93%;全年建筑业签订合同额10581.93亿元,同比增长7.23%。

图5　2016—2020年建筑业总产值以及增幅

数据来源:《南京统计年鉴2021》

（2）境外业务

建筑业企业 2020 年境外营业额为 21.42 亿美元,继续蝉联全省的首位,占全省年度完成境外营业额的 34.33%,占比较去年同期上升了 1.39 个百分点。

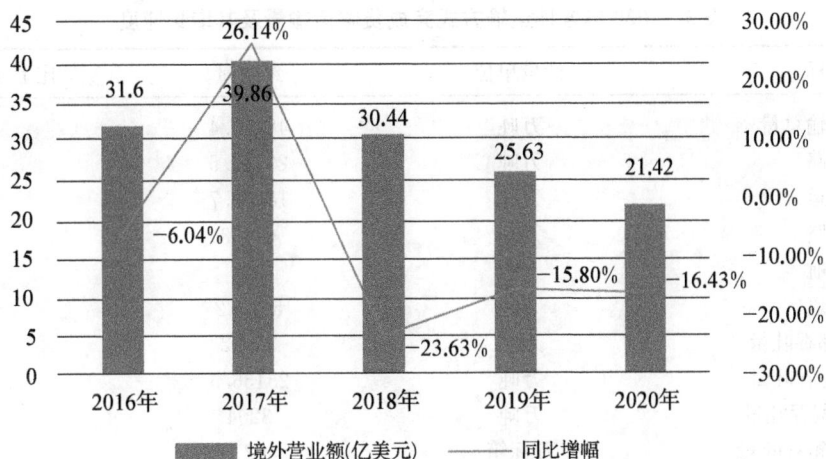

图 6　2016—2020 年建筑业境外营业额及增幅

数据来源:《南京统计年鉴 2021》

（3）企业情况

2020 年,南京全市建筑业总产值超过 100 亿元以上的企业有 7 家;全市建筑业总产值 50 亿元以上的企业有 15 家。全市建筑业总产值超亿元的企业有 512 家,占全市建筑业企业总数的 10.43%,其创造的建筑业总产值占全市建筑业总产值的 88.44%。

表 2　建筑业企业基本情况

产值分组	2020 年	2019 年	增减数量	总产值占比
1～5 亿元	378	402	−24	15.52%
5～10 亿元	52	54	−2	6.88%
10～50 亿元	67	66	1	27.56%
50～100 亿元	8	7	1	10.26%
100 亿元以上	7	6	1	28.21%
合计	512	535	−23	88.44%

数据来源:《南京统计年鉴 2021》

（4）工程质量

2020 年,南京全市有 4 家企业共 5 个项目获得国家级质量奖项;共 72 个项目获得江苏省优质工程奖"扬子杯"、301 个项目获得南京市优质工程奖"金陵杯";18 家企业荣获"2020 年江苏建筑业百强企业"。

5. 服务业

（1）基本情况

全年规模以上服务业实现营业收入 5862.95 亿元,比上年增长 2.1%,其中,高技术服务业、科技服务业营业收入分别增长 11.8%、16.5%。分行业看,信息传输软件和信息技术服务业增长 14.1%、交通运输仓储和邮政业下降 3.1%、科学研究和技术服务业增长 9.4%、租赁和商务服务业营业收入下降 12.2%。与数字经济相关的互联网和相关服务、软件和信息技术服务业营业收入分别增长 28.3%、13.3%。

（2）交通物流服务业

全年货物运输总量 48100.4 万吨,比上年增长 1.2%。货物周转量 3728.2 亿吨公里,增长 2.8%。

表3　2020年各种运输方式完成货物运输量及其增长速度

指标	计量单位	绝对量	比上年增长(%)
货物运输总量	万吨	48100.4	1.2
公路	万吨	23610.5	6.7
水运	万吨	18739.7	-2.5
铁路	万吨	670.3	11.3
民航	万吨	6.7	-10
管道	万吨	5073.2	-8.6
机场货邮吞吐量	万吨	38.92	3.9
港口货物吞吐量	万吨	25156.5	1.8
其中:外贸吞吐量	万吨	3204	-3.2
港口集装箱吞吐量	万标箱	302.2	-8.6
货物运输周转量	万吨公里	37282018.9	2.8
公路	万吨公里	3263517.2	9.8
水运	万吨公里	33559759.9	2.3
铁路	万吨公里		
民航	万吨公里	9260	-14.5
管道	万吨公里	449481.8	-5.1

注:2020年开始,铁路货运量统计口径调整为货物发送量,表中货物运输周转量合计中不包括铁路货运周转量。

数据来源:《南京统计年鉴2021》

年末全市机动车保有量(不包含拖拉机)291.35万辆,比上年末增加10.13万辆,增长3.6%。民用汽车279.95万辆,比上年末增加10.01万辆,增长3.7%,其中本年新注册25.00万辆。私人汽车216.03万辆,增加4.84万辆,增长2.3%;私人汽车中轿车150.23万辆,增加1.07万辆,增长0.7%,其中本年新注册12.01万辆。

全市已开通地铁运营线路10条、377.6公里,开通有轨电车运营线路2条、16.71公里,开通7条过江通道,另有4条过江通道、10条轨道交通同步推进建设。地铁实现客运量7.98亿人次。

全年完成邮电业务总量(按2020年价格计算)1278.92亿元,比上年增长17.8%。其中,邮政业务总量219.89亿元,增长8.1%;电信业务总量1059.03亿元,增长20.1%。全年完成邮电业务收入(按现价计算)288.50亿元,比上年增长7.3%。其中,邮政业务收入136.29亿元,增长11.3%;电信业务收入152.21亿元,增长3.9%。全年完成国际国内快递业务量9.51亿件,比上年增长7.7%。年末拥有5G移动电话用户294.90万户,4G移动电话用户995.01万户;固定电话用户171.9万户,下降14.7%。

（3）金融与保险

年末金融机构本外币各项存款余额40056.45亿元,比上年增加4520.38亿元,增长12.7%,其中,住户存款9701.20亿元,比年初增加1401.56亿元;非金融企业存款15082.62亿元。年末金融机构本外币各项贷款余额38189.99亿元,比年初增加4472.67亿元,增长13.7%,其中,住户贷款13454.41亿元,比年初增加1874.64亿元;非金融企业及机关团体贷款24552.46亿元,比年初增加2603.95亿元。全年新增上市公司12家,总数达到126家。共有新三板挂牌企业163家。现有银行业金融机构63家,保险业金融机构110家,法人证券公司2家、法人期货公司5家。

表4　金融机构本外币存贷款情况及增速

指标	实绩（亿元）	增长（%）
金融机构本外币存款余额	40056.45	12.7
其中：住户本外币存款余额	9701.20	16.9
金融机构人民币存款余额	39056.06	12.6
其中：住户人民币存款余额	9499.25	17.2
金融机构本外币贷款余额	38189.99	13.7
其中：住户本外币贷款	13454.41	17.5
金融机构人民币贷款余额	37594.23	13.9
其中：住户人民币贷款	13453.95	17.5

全年实现保费收入890.26亿元，比上年增长16.7%。分类型看，寿险收入554.99亿元，增长20.9%；财产险收入200.83亿元，增长6.7%；健康险收入116.52亿元，增长21.0%；意外险收入17.92亿元，下降7.7%。

（4）批发与零售服务业

全年社会消费品零售总额7203.03亿元，比上年增长0.9%，其中，限额以上社会消费品零售总额4034.70亿元，增长8.6%。

限额以上贸易单位商品零售额中，粮油食品类、饮料类、日用品类、中西药品等日常消费类商品零售分别增长17.4%、30.5%、29.0%和9.6%；化妆品类、书报杂志类、通讯器材类、汽车类、建筑及装潢材料等消费升级类商品零售分别增长25.8%、18.0%、12.9%、12.1%、23.0%。

表5　按商品分类限额以上批发零售企业消费品零售总额及增速

指标	绝对值（亿元）	同比增长（%）
粮油、食品类	595.94	17.4
饮料类	43.63	30.5
烟酒类	119.91	23.6
服装、鞋帽、针纺织品类	300.36	−10.5
化妆品类	63.69	25.8
金银珠宝类	121.44	−0.7
日用品类	229.39	29.0
五金、电料类	26.85	13.1
体育、娱乐用品类	20.16	6.6
书报杂志类	102.32	18.0
电子出版物及音像制品类	0.51	−14.7
家用电器和音像器材类	461.06	3.0
中西药品类	93.25	9.6
文化办公用品类	187.03	10.4
家具类	27.49	−30.2
通讯器材类	241.05	12.9
石油及制品类	296.21	−1.7
建筑及装潢材料类	106.60	23.0
机电产品及设备类	13.03	5.6
汽车类	715.44	12.1

数据来源：《南京统计年鉴2021》

限额以上批发零售、住宿餐饮业通过公共网络实现零售额比上年增长24.8%，占限上社零总额18.4%，同比提升3.5个百分点。无店铺零售额增长19.2%，其中网上商店零售额增长25.9%。

（5）文化与旅游业

年末全市累计建成镇(街道)文化站101家,城乡社区综合性文化服务中心建成率100%。累计建成"农家书屋"431家。已备案的各类博物馆、纪念馆60家,市级以上文物保护单位516处591点,其中,全国重点文物保护单位55处112点,省级文物保护单位114处126点,市级文物保护单位347处353点。国家级非物质文化遗产代表性项目11项,省级非物质文化遗产代表性项目64项。年末有线数字电视用户196.96万户,互动电视用户89.25万户,高清互动用户69.42万户。

表6　2020年文化和旅游机构综合情况

指　标	总　计		文化部门		其他部门	
	机构数（个）	从业人员数（人）	机构数（个）	从业人员数（人）	机构数（个）	从业人员数（人）
总　计	3084	43619	266	7748	2818	35871
艺术业	109	3194	33	1912	76	1282
图书馆业	15	851	15	851		
群众文化业	115	765	115	765		
艺术教育业	4	692	4	692		
文化科研	1	29	1	29		
文化市场经营机构(不包括非公有制院团和场馆)	2015	11261			2015	11261
旅行社	624	8929			624	8929
星级饭店	57	12898			57	12898
文化和旅游行政部门	13	753	13	753		
文物业	94	3323	64	2426	30	897
其他文化和旅游机构	37	924	21	320	16	604

数据来源:《南京统计年鉴2021》

全年实现旅游业总收入1822.64亿元,比上年下降34.6%。其中,旅游外汇收入3.85亿美元,下降59.1%;国内旅游收入1796.08亿元,下降33.9%。接待海内外旅游者总人次9704万人次,下降33.9%。年末共有国家全域旅游示范区2个(江宁区、秦淮区);国家等级旅游景区51家,其中4A级(含)以上高等级景区26家;国家、省级旅游度假区5家;拥有星级宾馆饭店61家,其中五星级酒店20家;拥有各类旅行社774家,其中具有组织出境游资质旅行社65家。

表7　2020年旅游业发展情况

指　标	2020年	2019年	2020年为上年%
全市接待国内外旅游者(万人次)	9704	14682	66.1
国内旅游者	9687.54	14597	66.4
入境旅游者	16.46	85.31	19.3
国际旅游创汇收入(亿美元)	3.85	9.42	40.9
全市旅游总收入(亿元)	1822.64	2784.95	65.4
全市拥有星级宾馆饭店(家)	60	68	88.2
全市拥有旅行社(家)	774	740	104.6
♯从事国际旅游业务	65	65	100
全市拥有旅游A级景区(个)	51	51	100
♯5A级旅游景区	2	2	100
4A级旅游景区	24	24	100

数据来源:《南京统计年鉴2021》

（6）固定资产投资和房地产

全年固定资产投资比上年增长 6.6%。其中,国有经济投资下降 2.6%、非国有经济投资增长 13.0%。分领域看,工业投资增长 11.0%,其中,高技术制造业、工业技改投资分别增长 20.0%、5.5%,占工业投资比重分别为 51.5%、54.8%。高技术制造业投资中电子计算机及办公设备制造业、医药制造业、仪器仪表制造业、智能装备制造业投资分别增长 24.1%、51.4%、79.2%、30.5%。基础设施投资增长 1.2%,卫生社会工作投资增长 76.6%。

表 8　固定资产投资情况

指　标	2020 年	2020 年为上年%
全市投资总额	5418.23	106.6
按产业分		
第一产业	16.66	721.0
第二产业	889.41	110.8
♯工业	889.84	111.0
第三产业	4512.15	105.5
♯房地产开发投资	2631.40	105.2
按经济类型分		
国有经济	2352.52	97.4
非国有经济	3014.63	113.0
♯外资	562.83	113.4
私营、个体经济	1156.54	104.2

数据来源:《南京统计年鉴 2021》

全年房地产开发投资 2631.40 亿元,比上年增长 5.2%,其中,住宅投资 1862.72 亿元,增长 7.3%。全年商品房销售面积 1324.67 万平方米,比上年增长 0.3%,其中,住宅销售面积 1213.81 万平方米,增长 6.7%。年末商品房待售面积 237.27 万平方米,比上年末减少 168.06 万平方米,其中,商品住宅待售面积 145.57 万平方米,减少 86.91 万平方米。全年新开工保障房 622 万平方米、竣工 208 万平方米,新改建租赁住房 3 万套。

6. 对外贸易

全年进出口总额 5340.21 亿元,比上年增长 10.6%。其中,出口 3398.92 亿元,增长 13.0%;进口 1941.30 亿元,增长 6.6%。从市场结构看,对欧、美、日、韩和东盟等传统市场进出口增长 11.6%,占全市比重为 74.7%,其中对美进出口增长 21.6%。对拉美、非洲和中东等新兴市场进出口增长 7.4%。对"一带一路"市场进出口增长 14.5%,占全市的比重为 26.2%,较上年提升 0.7 个百分点。

表 9　2020 年南京对主要国家、地区进出口额及其增长速度

国别和地区	出口额(亿元)	比上年增长(%)	进口额(亿元)	比上年增长(%)
合计	3398.9	13.0	1941.3	6.6
一、亚洲	1425.8	13.2	1099.6	1.6
♯日本	151.2	17.8	238.4	−2.0
韩国	236.6	−1.0	379.3	−6.5
♯东南亚国家联盟	463.3	26.8	210.8	23.0
二、非洲	168.7	2.3	54.1	−3.4
三、欧洲	788.5	5.1	462.3	16.2
♯欧洲联盟	591.6	3.4	394.3	14.7
四、拉丁美洲	189.0	5.2	76.7	39.8

国别和地区	出口额(亿元)	比上年增长(%)	进口额(亿元)	比上年增长(%)
五、北美洲	728.4	25.4	119.5	11.2
♯美国	648.7	23.4	79.8	9.0
六、大洋洲	98.6	37.6	124.6	7.7

数据来源:《南京统计年鉴2021》

从商品构成看,机电产品出口增长18.9%,高新技术产品出口增长12.1%。从贸易方式看,一般贸易进出口增长13.5%,加工贸易进出口增长5.1%。从企业主体看,国有企业进出口增长3.1%,外商投资企业进出口增长3.8%,民营企业进出口增长26.6%。

表10　2020年进出口总额及其增长速度

指标	金额(亿元)	比上年增长(%)
进出口总额	5340.2	10.6
出口额	3398.9	13.0
其中:一般贸易	2584.5	15.8
加工贸易	719.0	10.2
其中:机电产品	1772.8	18.9
高新技术产品	795.6	12.1
其中:国有企业	659.7	−4.6
外商投资企业	1021.4	6.2
民营企业	1714.2	28.6
进口额	1941.3	6.6
其中:一般贸易	1450.7	9.6
加工贸易	352.7	−4.0
其中:机电产品	1063.2	5.0
高新技术产品	560.7	7.9
其中:国有企业	868.2	9.9
外商投资企业	797.6	1.0
民营企业	271.2	15.4

数据来源:《南京统计年鉴2021》

全年吸收外商直接投资新设立企业592家,比上年增长6.3%。新增合同外资152.6亿美元,增长79.1%。实际使用外资45.2亿美元,增长10.1%。其中,第二产业使用外资6.45亿美元,制造业使用外资4.07亿美元;第三产业使用外资38.67亿美元,比上年增长63.1%。

表11　2020年吸收外商直接投资情况

指　标	2020年	2019年	2020年为上年%
新签外商投资企业(个)	592	557	106.3
新签合同外资(万美元)	1526154	852128	179.1
实际使用外资(万美元)	451504	410058	110.1
第一产业	253	11	2300.0
第二产业	64508	172857	37.3
第三产业	386743	237190	163.1

数据来源:《南京统计年鉴2021》

全年新增境外投资项目88个,中方协议投资额4.28亿美元。受境外疫情影响,全市新签对外承包工程合同额 21.6 亿美元,比上年下降 31.6%;完成营业额 22.7 亿美元,下降 34.2%。在"一带一路"沿线 25 个国家,完成营业额 14.1 亿美元,占全市总量比重为 61.8%,较同期提升 9 个百分点。全市服务外包执行额 181.9 亿美元,增长 5.0%。

7. 人民生活

全年全体居民人均可支配收入 60606 元,比上年增长 5.2%。其中,工资性收入 37798 元,增长 4.9%;经营净收入 6463 元,增长 2.1%;财产净收入 6280 元,增长 5.3%;转移净收入 10065 元,增长 8.3%。按照常住地分,城镇居民人均可支配收入 67553 元,增长 4.9%;农村居民人均可支配收入 29621 元,增长 7.2%。

表 12　2020 年城镇居民家庭全年人均可支配收入

	2020 年	2019 年	2020 年为上年%	各项收入占可支配收入比重(%)	
				2020 年	2019 年
可支配收入	67553	64372	104.9	100	100
(一)工资性收入	41764	39928	104.6	61.8	62.1
(二)经营净收入	6904	6790	101.7	10.2	10.5
(三)财产净收入	7359	7002	105.1	10.9	10.9
(四)转移净收入	11526	10652	108.2	17.1	16.5

数据来源:《南京统计年鉴 2021》

全年全体居民人均消费支出 32844 元,比上年下降 0.5%。按常住地分,城镇居民人均消费支出 35854 元,下降 0.2%;农村居民人均消费支出 19421 元,下降 2.8%。全体居民恩格尔系数为 26.1%,其中,城镇为 25.7%,农村为 29.9%。城镇居民人均住房面积 40.5 平方米,农村居民人均住房面积 64.4 平方米,分别比上年增加 0.2、1.2 平方米。

表 13　2020 年城镇居民家庭全年人均消费支出

	2020 年	2019 年	2020 年为上年%	各项消费占可支配支出比重(%)	
				2020 年	2019 年
消费支出合计	35854	35933	99.8	100.0	100.0
一、食品烟酒	9203	9072	101.4	25.7	25.3
♯食品	6149	5871	104.7	17.2	16.3
烟酒	984	938	104.9	2.7	2.6
二、衣着	2362	2455	96.2	6.6	6.8
三、居住	8369	7933	105.5	23.3	22.1
四、生活用品及服务	2223	2047	108.6	6.2	5.7
五、交通通信	4751	4529	104.9	13.3	12.6
六、教育文化娱乐	5725	6759	84.7	16.0	18.8
七、医疗保健	2175	2090	104.1	6.1	5.8
八、其他用品和服务	1046	1048	99.8	2.9	2.9

数据来源:《南京统计年鉴 2021》

年末全市参加城镇职工基本养老保险人数 337.6 万人,比上年末增加 11.88 万人。参加城乡居民基本养老保险人数 110.42 万人。参加基本医疗保险人数 797.35 万人,其中,参加职工基本医疗保险人数 483.73 万人,增加 28.15 万人;参加城乡居民基本医疗保险人数 313.62 万人。参加失业保险人数 329.24 万人,增加 20.6 万人。参加工伤保险人数 340.36 万人,增加 38.62 万人,其中参加工伤保险的农民工 96 万人。参加生育保险人数 323.21 万人,增加 24.4 万人。年末全市城乡共有 5.19 万人享受最低生活保障(城市 2.33 万人、农村 2.86 万人)。享受国家抚恤、补助等各类优抚人员 2.15 万人。企业退休人员养老金标准提高到每月 3188 元,比上年末增长 5.7%;城乡低保标准统一增至每月 945 元。

表 14　2020 年医疗机构病床使用情况

指　标	平均开放床位数 (张)	病床周转次数 (次)	病床使用率 (%)	出院者平均 住院日(日)
医院	54898	29.1	79.23	9.5
♯综合医院	28576	33.5	80.01	8.6
中医院	7822	28.3	73.71	9.4
中西结合医院	1362	28.6	73.81	9.4
专科医院	12910	27.6	85.28	9.8
护理院	4228	6.0	67.46	39.3
社区卫生服务中心(站)	3438	11.3	37.82	12.1
卫生院	525	21.0	44.59	7.7
专科疾病防治院(所、站)	242	3.7	49.61	45.6

数据来源:《南京统计年鉴 2021》

整个"十三五"时期,南京社会保险覆盖持续扩大。积极推进全民参保计划,建立多部门信息共享工作机制,实现对参保登记人员的全员管理、动态管理、精确管理。"十三五"末,全市城乡基本养老、基本医疗、失业保险参保率均保持在 98% 以上。城乡基本养老、基本医疗参保率位列全省第一,其中,全市城镇职工基本养老保险参保人数 337.6 万人,年平均增长 2.7%;城乡居民社会养老保险参保人数 55.36 万人,较 2016 年减少 3.14 万人;城镇职工基本医疗保险参保人数 483.73 万人,年平均增长 4.9%;城乡居民医疗保险参保人数 313.62 万人,年平均增长 28.6%;失业保险参保人数 329.24 万人,年平均增长 6.1%;工伤保险参保人数 340.36 万人,年平均增长 6.4%;生育保险参加人数 323.21 万人,年平均增长 6.4%。

年末全市拥有各类养老机构 306 家。养老总床位数 7.2 万张;农村敬老院 43 家(含公办民营 23 家),床位 8972 张。社区居家养老服务中心(含睦邻点)1829 个,开设家庭养老床位 5701 张。每千名老人拥有养老床位数 45.2 张。"十三五"时期,南京先后出台"养老十条"等刚性推进养老事业发展系列政策,全国范围内率先提出"两无偿一优先"发展养老设施。累计建成各类养老机构 331 家,养老床位 6.11 万张(含社区居家养老床位 1.78 万张),其中,护理型床位数占养老机构床位总数比例达 68.64%,较 2016 年提升 28.54 个百分点。千名老年人拥有床位数达 45 张,较"十二五"末提高 12 张。社区养老服务设施配建达标率 100%。

8. 科技和教育

全年新增高新技术企业 1827 家,累计达 6507 家,比上年增长 39%;入库科技型中小企业 10042 家,比上年增长 50.2%。新增市级新型研发机构 113 家,累计达 323 家。新增省级以上工程技术研究中心 44 家,累计达 444 家。拥有省级以上重点实验室 92 家,其中国家级 29 家。市级科创基金新增 17 支合作子基金;累计成立子基金 46 支,已出资 10.8 亿元。深化高新园区体制机制改革,南京高新区跃升至全国第 12 位。建成并投入使用城市"硅巷"102 万平方米。在宁两院院士 84 名,其中,中国科学院院士 47 人,中国工程院院士 37 人。

表 15　南京国家重点实验室名单(2020 年)

序号	重点实验室名称	依托单位	所在区	分类
1	固体微结构物理国家重点实验室	南京大学	鼓楼区	科教类
2	医药生物技术国家重点实验室	南京大学	栖霞区	科教类

序号	重点实验室名称	依托单位	所在区	分类
3	计算机软件新技术国家重点实验室	南京大学	栖霞区	科教类
4	现代配位化学国家重点实验室	南京大学	栖霞区	科教类
5	内生金属矿床成矿机制研究国家重点实验室	南京大学	栖霞区	科教类
6	污染控制与资源化研究国家重点实验室	南京大学	鼓楼区	科教类
7	毫米波国家重点实验室	东南大学	玄武区	科教类
8	移动通信国家重点实验室	东南大学	玄武区	科教类
9	作物遗传与种质创新国家重点实验室	南京农业大学	玄武区	科教类
10	现代古生物学和地层学国家重点实验室	科学院南京地质古生物研究所	玄武区	科教类
11	土壤与农业可持续发展国家重点实验室	中国科学院南京土壤研究所	玄武区	科教类
12	生物电子学国家重点实验室	东南大学	玄武区	科教类
13	水文水资源与水利工程科学国家重点实验室	河海大学	鼓楼区	科教类
14	材料化学工程国家重点实验室	南京工业大学	江北新区	科教类
15	湖泊与环境国家重点实验室	中国科学院南京地理与湖泊所	玄武区	科教类
16	生殖医学国家重点实验室	南京医科大学	江宁区	科教类
17	天然药物活性组分与药效国家重点实验室	中国药科大学	鼓楼区	科教类
18	机械结构力学及控制国家重点实验室	南京航空航天大学	秦淮区	科教类
19	生命分析化学国家重点实验室	南京大学	栖霞区	科教类
20	爆炸冲击防灾减灾国家重点实验室	中国人民解放军陆军工程大学	秦淮区	科教类
21	特种纤维复合材料国家重点实验室	中材科技股份有限公司	江宁区	企业类
22	高性能土木工程材料国家重点实验室	江苏省建筑科学研究院有限公司	鼓楼区	企业类
23	肉品加工与质量控制国家重点实验室	江苏雨润肉类产业集团有限公司	建邺区	企业类
24	空中交通管理技术国家重点实验室	中国电子科技集团公司第二十八研究所	秦淮区	企业类
25	宽禁带半导体电力电子器件国家重点实验室	中国电子科技集团公司第五十五研究所	秦淮区	企业类
26	在役长大桥梁安全与健康国家重点实验室	苏交科集团股份有限公司	建邺区	企业类
27	智能电网保护和运行控制国家重点实验室	南瑞集团有限公司	江宁区	企业类
28	转化医学与创新药物国家重点实验室	江苏先声药业有限公司	玄武区	企业类
29	清洁高效燃煤发电与污染控制国家重点实验室	国电科学技术研究院有限公司	栖霞区	企业类
30	江苏省食品质量安全重点实验室	江苏省农业科学院	玄武区	科教类
31	江苏省有机电子与信息显示重点实验室	南京邮电大学	栖霞区	科教类

全年获省科学技术奖 161 项,其中,一等奖 30 项,二等奖 50 项,三等奖 81 项。全年专利申请量 120938 件,比上年增长 17.4%,其中,发明专利申请量 49977 件,增长 17.5%;专利授权量 76323 件,比上年增长 38.8%,其中,发明专利授权量 14897 件,增长 20.2%。拥有有效发明专利 70428 件,比上年增长 20.5%。PCT 专利申请量 3128 件,比上年增长 78.3%。全年技术合同成交项数

2.63万项,技术合同成交额686.82亿元,比上年增长16.2%。

表16 2020年专利申请量与授权量

指　标	2020年(件)	2019年(件)
申请量合计	120938	103024
发明	49977	42545
实用新型	64308	54335
外观设计	6653	6144
授权量合计	76323	55004
发明	14897	12392
实用新型	55636	37374
外观设计	5790	5238

数据来源:《南京统计年鉴2021》

全市在宁普通高等学校53所(不含部队院校),普通本专科招生23.94万人,在校生75.71万人,毕业生21.11万人。研究生教育招生5.81万人,在学研究生16.10万人,毕业生3.71万人。中等职业学校22所,招生2.15万人,在校生6.03万人,毕业生2.11万人。普通中学259所,招生9.84万人,在校生27.55万人,毕业生8.13万人。小学384所,招生8.97万人,在校生47.10万人,毕业生6.58万人。特殊教育学校15所,招生0.04万人,在校生0.18万人,毕业生0.03万人。幼儿园1010所,在园幼儿27.85万人。新改扩建达省优标准幼儿园59所。

表17 南京各类教育事业基本情况(2020年)

指标名称	学校数(所)	在校学生数(人)	毕业生数(人)	招生数(人)	专任老师数(人)
全　市	1769	2318351	656772	750652	142029
高等教育	59	1195027	386264	430089	55578
中等职业学校	42	96559	39527	35167	6101
普通中学	259	275496	81278	98408	26926
小学	384	470994	65781	89660	32285
特殊教育	15	1779	316	384	548
幼儿园	1010	278496	83606	96944	20270

数据来源:《南京统计年鉴2021》

"十三五"期间,南京大力实施学前教育"增量、提优、普惠"三项工程,持续加强省优标准幼儿园建设。现有幼儿园1010所,2020年在园儿童27.85万人,学前三年毛入学率2020年为97.42%,其他年份均在99%以上。优质幼儿园比例达到91.75%。不断优化义务教育学校布局,保证适龄儿童全面就近入学,九年制义务教育巩固率达100%。现有普通小学384所,2020年在校小学生47.10万人,小学毕业生升学率100%。建有初中202所,在校初中生18.38万人,初中毕业生升学率100%。积极推进高中阶段教育特色发展,建设综合改革、学科创新、普职融通、国际交流等方面特色鲜明的高品质高中,全市建有普通高中57所,在校高中生9.17万人。推进职业教育现代化,启动职业教育领航计划。中等职业学校42所,在校学生3.52万人。高中阶段毛入学率100%。推动高等教育内涵发展,坚持部省、省市共建,服务全市经济社会发展。建有普通高校53所,数量居全国前列。

9. 资源、环境和应急管理

全年规模以上工业综合能源消费量3794.49万吨标准煤,比上年下降2.5%。单位GDP能耗下降3%以上。规模以上工业煤炭消费量2996.81万吨,增长2.3%,煤炭消费量较2016年削减

374.56 万吨,其中,电力行业煤炭消费量较 2016 年削减 116.98 万吨;非电行业煤炭消费量较 2016 年削减 257.58 万吨,超额完成省下达的削减 252 万吨的力争目标。全社会用电量 632.94 亿千瓦时,增长 1.8%,其中,工业用电量 338.88 亿千瓦时,增长 3.6%。

表 18   工业污染与治理情况

指标	2015 年	2017 年	2018 年	2019 年	2020 年
废水排放量(亿吨)	2.32	1.49	1.55	1.45	1.28
废水中化学需氧量排放量(万吨)	2.09	0.53	0.43	0.34	0.36
废气排放量(亿标立方米)	8782.13	8465.65	8884.47	9379.66	9340.10
二氧化硫排放量(万吨)	10.15	1.54	1.24	1.05	0.97
烟尘排放量(万吨)	8.41	4.48	3.61	3.25	2.18
二氧化硫去除量(万吨)	20.11	33.34	31.11	31.99	24.12
烟尘去除量(万吨)	527.31	783.16	962.34	858.86	598.76
一般工业固体废物产生量(万吨)	1475.36	1993.01	1976.65	2031.56	1887.99
♯危险废物产生量(万吨)	49.34	59.24	72.44	79.35	77.76
一般工业固体废物综合利用量(万吨)	1321.19	1798.58	1749.96	1855.71	1770.13
♯危险废物利用处置量(万吨)	30.61	34.47	30.79	39.50	80.94
一般工业固体废物综合利用率(%)	89.55	90.1	88.41	91.33	92.85
一般工业固体废物处置量(万吨)	135.2	78.14	117.50	84.10	69.63
重点污染治理项目数(个)	76	911	406	564	1056

数据来源:《南京统计年鉴 2021》

150 个长江干流岸线利用项目清理整治全面完成,沿江绿化造林 7200 亩、修复湿地 3000 多亩,完成矿山生态修复 170 万平方米。新建城市绿道 215 公里。实施造林面积 3.3 万亩,林木覆盖率 31.61%。完成 31 项水环境治理、50 公里污水管网新改建工程。22 个国省考断面和 7 条省控入江支流水质稳定达标,国省考断面和省控入江支流水质均达Ⅲ类以上。城镇污水日处理能力突破 300 万吨。PM2.5 平均浓度 31.3 微克/立方米,比上年下降 21.4%。环境空气优良率 83.1%,比上年提升 13.2 个百分点,超过年度目标 6.3 个百分点。大气、水环境质量均列全省第一。

全年共发生生产安全事故 150 起,死亡 77 人,比上年分别下降 74.58%、73.63%。未发生较大以上事故,安全生产形势持续稳定向好。

二、2021 年南京市经济与社会运行发展情况

2021 年,南京全市上下统筹疫情防控和经济社会发展,坚决贯彻落实党中央、国务院和省委、省政府决策部署,坚持稳中求进工作总基调,全年经济运行保持了"稳定恢复、质效提升、韧性增强"的态势。根据地区生产总值统一核算结果,2021 年全市地区生产总值 16355.32 亿元,按不变价格计算,同比增长 7.5%,两年平均增长 6.0%。

一是工业生产稳步增长。2021 年,全市规模以上工业增加值达 3543.96 亿元,同比增长 10.0%,两年平均增长 8.2%,两年平均增速比 2019 年同期增速提高 1.2 个百分点。从主要行业看,计算机通信和其他电子设备制造业、电气机械和器材制造业、医药制造业、通用设备制造业、专用设备制造业增加值,同比分别增长 15.5%、21.0%、12.7%、19.6%、15.9%。

二是服务业持续恢复。2021 年,全市服务业增加值达到 10148.73 亿元,同比增长 7.6%,两年平均增长 5.8%。分行业看,信息传输软件和信息技术服务业、金融业、批发零售业、房地产业增加值同比分别增长 11.0%、6.2%、7.0%、9.0%,两年平均增速分别为 11.9%、6.1%、4.8%、5.2%。

三是市场消费加快复苏。2021 年,全市社会消费品零售总额 7899.41 亿元,同比增长 9.7%,

两年平均增长 5.2%,其中,限上社零总额 4662.27 亿元,同比增长 14.8%。按消费类型分,限上商品零售额同比增长 14.8%,餐饮收入同比增长 15.6%。网络零售发展迅速。全年通过公共网络实现的商品零售额同比增长 25.0%,网络零售额占商品零售额的比重达到 22.4%,比上年提高 4.0 个百分点。

四是进出口总额快速增长,利用外资规模扩大。2021 年,全市进出口总额达 6366.83 亿元,同比增长 19.2%,两年平均增长 14.8%。其中,出口总额 3989.89 亿元,同比增长 17.4%;进口总额 2376.94 亿元,同比增长 22.3%。全年实际使用外资 50.14 亿美元,同比增长 11.1%。

五是高新技术产业保持快速发展,同比增长 16.6%,两年平均增速为 12.9%,高出全市规上工业企业总产值两年平均增速 2.1 个百分点。高新技术产业产值占全市规上工业企业总产值的比重达到 55.1%,比上年提升 1.7 个百分点。分行业看,电子及通讯设备制造业产值最大,达到 2691.26 亿元,排在第二、第三位的分别是新材料制造业 2044.58 亿元、智能装备制造业 1971.48 亿元。这三个行业占高新技术产业总产值的比重分别为 34.5%、26.2%、25.3%,同比分别增长 12.2%、26.5%、14.6%。分区域看,江北新区、江宁区和栖霞区聚集了全市 58.5% 的高新技术产业企业,这三个区域高新技术产业产值分别达到 2368.57 亿元、2279.98 亿元、1848.78 亿元,占高新技术产业总产值的比重分别为 30.4%、29.2%、23.7%,同比分别增长 25.5%、24.1%、10.7%。

表 19　2021 年南京经济运行主要指标

指标名称	单位	绝对量	增长%
规模以上工业增加值	亿元	3543.96	10.0
全社会用电量	亿千瓦时	683.57	8.0
♯工业用电量	亿千瓦时	350.33	3.4
固定资产投资	亿元	5675.24	6.2
♯工业投资	亿元	1056.97	13.5
♯服务业投资	亿元	4606.78	4.2
♯房地产投资	亿元	2719.80	3.4
社会消费品零售总额	亿元	7899.41	9.7
居民消费价格指数		101.50	1.5
工业生产者出厂价格指数	%	111.10	11.1
工业生产者购进价格指数	%	111.90	11.9
地区生产总值(季报)	亿元	16355.32	7.5
♯第一产业增加值	亿元	303.94	0.8
第二产业增加值	亿元	5902.65	7.6
第三产业增加值	亿元	10148.73	7.6
进出口总额	亿元	6366.83	19.2
进口额	亿元	2376.94	22.3
出口额	亿元	3989.89	17.4
实际利用外资	亿美元	50.14	11.1
一般公共预算收入	亿元	1729.52	5.6
♯税收	亿元	1473.31	5.6
金融机构本外币存款余额	亿元	44708.68	11.6
金融机构本外币贷款余额	亿元	43305.40	13.4
全体居民人均可支配收入(季报)	元	66140	9.1
城镇居民人均可支配收入	元	73593	8.9
农民居民人均可支配收入	元	32701	10.4

数据来源:南京市统计局

第六章 2020—2021年无锡市经济发展分析

一、2020年无锡市经济与社会运行发展情况

2020年,全市上下坚持以习近平新时代中国特色社会主义思想为指导,全面落实中央和省市各项决策部署,坚持新发展理念,坚持稳中求进工作总基调,统筹推进疫情防控和经济社会发展,扎实做好"六稳"工作,全面落实"六保"任务,坚定不移打好高质量发展组合拳,疫情防控成效显著,经济运行持续向好,"强富美高"新无锡建设取得重大阶段性成果。

1. 综合情况

综合实力持续增强,经济总量再上新台阶。初步核算,全年实现地区生产总值12370.48亿元,按可比价格计算,比上年增长3.7%。

表1 无锡市宏观经济发展情况 单位:亿元

	2015年	2016年	2017年	2018年	2019年	2020年
地区生产总值	8681.37	9340.16	10313.07	11202.98	11803.32	12370.48
第一产业	125.71	133.46	133.96	125.52	122.51	128.10
第二产业	4122.65	4425.88	4853.03	5309.86	5578.88	5751.19
第三产业	4433.01	4780.82	5326.08	5767.60	6101.93	6491.19

数据来源:《无锡统计年鉴2021》

分产业看,全市第一产业实现增加值128.10亿元,比上年增长1.6%;第二产业实现增加值5751.19亿元,比上年增长4.3%;第三产业实现增加值6491.19亿元,比上年增长3.2%。三次产业比例调整为1.0:46.5:52.5。

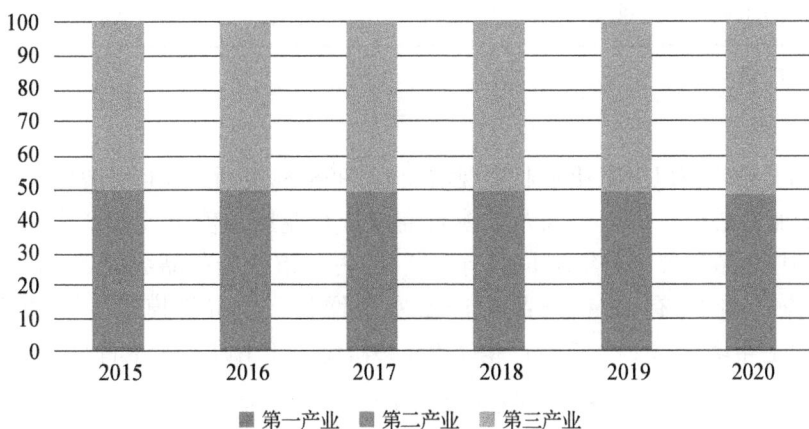

图1 无锡市三次产业结构情况(单位:%)

数据来源:《无锡统计年鉴2021》

全年城镇新增就业15.56万人,其中,各类城镇下岗失业人员实现就业再就业8.93万人,援助就业困难人员再就业3.88万人。全市城镇登记失业率为1.75%。

全年民营经济实现增加值8139.78亿元,比上年增长3.6%,占经济总量的比重为65.8%,比上年下降0.1个百分点。民营工业实现产值10253.82亿元,比上年增长5.4%。民间投资完成2385.03亿元,比上年增长7.9%。

年末全市登记的各类企业达36.96万户,其中,非私营内资企业3.16万户,外商投资企业0.70万户,私营企业33.10万户,当年新登记各类企业5.86万户。

全年市区居民消费价格指数(CPI)为102.3,比上年下降0.6个百分点,其中,服务项目价格指数为101.2,消费品价格指数为103.1。工业生产者价格有所走低。全年工业生产者出厂价格指数比上年下降2.4%,工业生产者购进价格指数比上年下降4.0%。

2. 农业

全年粮食总产量50.86万吨,比上年下降7.1%。预计油料总产量6991吨,比上年增长2.1%,其中,油菜籽6145吨,比上年增长3.8%;茶叶总产量4026吨,比上年下降41.0%;水果总产量18.53万吨,比上年下降9.9%。

全年粮食种植面积为70.37千公顷,比上年减少9.14千公顷;油料种植面积为2.87千公顷,比上年减少0.02千公顷;蔬菜种植面积42.96千公顷,比上年增长1.39千公顷;水果种植面积13.72千公顷,比上年减少0.38千公顷。

主要畜产品中,肉类总产量1.37万吨,比上年增长53.9%,其中,猪牛羊肉9409吨,比上年增长103.3%。禽蛋总产量1.47万吨,比上年增长25.2%。奶牛存栏930头,比上年增长8.1%。全年水产品产量11.87万吨,比上年减少0.9%。

表2　2020年无锡市农业生产情况　　　　　　　　　　　　　　　　　　　　　单位:万元

地区	合计	其中				
		农业	林业	牧业	渔业	农林牧渔服务业
全市	**2098538**	**1250497**	**125424**	**74958**	**359160**	**288499**
市区	630396	413204	43433	7962	63698	102099
锡山区	287154	167541	19988	6055	40674	52896
惠山区	275165	191275	17418	1907	19916	44649
滨湖区	57897	49276	3884		1803	2934
新吴区	10180	5112	2143		1305	1620
江阴市	624887	354005	53991	37967	84480	94444
宜兴市	843255	483288	28000	29029	210982	91956

数据来源:《无锡统计年鉴2021》

3. 工业

2020年,无锡全市规模以上工业企业实现增加值3968.80亿元,比上年增长6.6%。分经济类型看,内资企业增加值增长6.8%,外商及港澳台商投资企业增加值增长6.3%。全市统计的328种主要工业产品中,产品产量比上年增长的有139种,占全市统计产品数的42.4%。在全市跟踪统计的30种重点产品中,有13种产品的产量实现增长。全市规模以上工业实现营业收入18347.94亿元,比上年增长4.1%;工业产销率98.4%,比上年下降0.1个百分点。

表3　2020年无锡市工业发展情况　　　　　　　　　　　　　　　　　　　　　单位:亿元

指　标		全　市	其中		
			市区	江阴市	宜兴市
企业单位数	(个)	107	72	13	22
♯亏损企业	(个)	16	11	2	3

指　标		全　市	其中		
			市区	江阴市	宜兴市
工业总产值	（当年价）	14363639	7100855	5155750	2107035
资产合计		17390792	8766357	6572541	2051894
流动资产合计		7965459	4526578	2479836	959045
♯应收帐款		1627582	955375	482416	189791
产成品		974259	742916	185037	46306
固定资产原价		9422758	4370025	3350894	1701840
累计折旧		4556044	1972741	1742165	841137
负债合计		10123301	5086689	3802991	1233621
所有者权益合计		7267491	3679669	2769550	818273
实收资本		4714035	2512319	1569990	631726
♯国家资本		2413239	1811364	201025	400850
港澳台及外商资本		30389	4731	25658	
营业收入		15979928	8119952	5409715	2450261
♯营业成本		13386876	6723939	4470871	2192065
税金及附加		136452	85599	39379	11474
销售费用		529200	284673	210960	33568
管理费用		357585	224830	89115	43639
财务费用		81109	33335	23443	24332
♯利息收入		40772	17715	21259	1798
利息费用		82774	39654	21776	21344
利润总额		1325022	654192	537490	133340
♯亏损企业亏损额		66393	40441	24047	1904
本年应交增值税		286879	151585	94195	41099
从业人员平均人数	（人）	46410	28186	12294	5930

数据来源:《无锡统计年鉴2021》

　　近年来,无锡重点发展物联网、集成电路、高端纺织服装、高端装备、高端软件、节能环保、特钢、高分子材料、电子新材料、电子元器件、新能源、汽车及零部件(含新能源汽车)、云计算和大数据、"两机"产业(航空发动机及燃气轮机)、生物医药和医疗器械(材)、高技术船舶和海工装备等16个先进制造业重点产业集群。2020年,无锡数字经济核心产业规模达5500亿元;物联网产业营收增至3100亿元,规模全省第一;集成电路产业产值增至1350亿元,居全国前列;大数据和云计算产业销售收入增至280亿元;生物医药产业营收突破1000亿元。航空发动机和燃气轮机关键零部件产业成为具有全国影响力的新地标产业。

表4　2020年度无锡市重点产业集群龙头企业拟认定名单

序号	企业名称	产业集群名称
1	远景能源有限公司	物联网
2	感知集团有限公司	物联网
3	朗新科技集团股份有限公司	物联网
4	江苏俊知技术有限公司	物联网
5	江苏亨鑫科技有限公司	物联网
6	SK海力士半导体(中国)有限公司	集成电路
7	江苏长电科技股份有限公司	集成电路
8	无锡华润微电子有限公司	集成电路

序号	企业名称	产业集群名称
9	中科芯集成电路有限公司	集成电路
10	海澜集团有限公司	高端纺织服装
11	江苏阳光集团有限公司	高端纺织服装
12	三房巷集团有限公司	高端纺织服装
13	江苏红豆实业股份有限公司	高端纺织服装
14	无锡长江精密纺织有限公司	高端纺织服装
15	江苏华宏实业集团有限公司	高端装备
16	无锡先导智能装备股份有限公司	高端装备
17	天奇自动化工程股份有限公司	高端装备
18	上能电气股份有限公司	高端装备
19	中科微至智能制造科技江苏股份有限公司	高端装备
20	无锡华云数据技术服务有限公司	高端软件
21	江苏航天大为科技股份有限公司	高端软件/物联网
22	无锡中鼎集成技术有限公司	高端软件/物联网
23	无锡文思海辉信息技术有限公司	高端软件
24	无锡小天鹅电器有限公司	节能环保
25	无锡威孚力达催化净化器有限责任公司	节能环保
26	无锡华光环保能源集团股份有限公司	节能环保
27	双良节能系统股份有限公司	节能环保
28	凯龙高科技股份有限公司	节能环保
29	江苏一环集团有限公司	节能环保
30	江阴兴澄特种钢铁有限公司	特钢
31	法尔胜泓昇集团有限公司	特钢
32	江苏三木集团有限公司	高分子材料
33	无锡兴达泡塑新材料股份有限公司	高分子材料
34	江苏雅克科技股份有限公司	电子新材料
35	无锡帝科电子材料股份有限公司	电子新材料
36	健鼎(无锡)电子有限公司	电子元器件
37	无锡村田电子有限公司	电子元器件
38	无锡飞翎电子有限公司	电子元器件
39	无锡尚德太阳能电力有限公司	新能源
40	环晟光伏(江苏)有限公司	新能源
41	高佳太阳能股份有限公司	新能源
42	江苏振江新能源装备股份有限公司	新能源
43	博世汽车柴油系统有限公司	汽车及零部件(含新能源汽车)
44	一汽解放汽车有限公司无锡柴油机厂	汽车及零部件(含新能源汽车)
45	江阴模塑集团有限公司	汽车及零部件(含新能源汽车)
46	上汽大通汽车有限公司无锡分公司	汽车及零部件(含新能源汽车)
47	无锡威孚高科技集团股份有限公司	汽车及零部件(含新能源汽车)
48	江苏通用科技股份有限公司	汽车及零部件(含新能源汽车)
49	无锡透平叶片有限公司	"两机"产业(航空发动机及燃气轮机)
50	无锡派克新材料科技股份有限公司	"两机"产业(航空发动机及燃气轮机)
51	阿斯利康制药有限公司	生物医药和医疗器械(材)
52	江阴天江药业有限公司	生物医药和医疗器械(材)
53	费森尤斯卡比华瑞制药有限公司	生物医药和医疗器械(材)
54	无锡药明生物技术股份有限公司	生物医药和医疗器械(材)
55	江苏新扬子造船有限公司	高技术船舶和海工装备
56	中船澄西船舶修造有限公司	高技术船舶和海工装备

数据来源:《无锡统计年鉴 2021》

4. 建筑业

全年建筑业完成增加值 625.68 亿元,比上年增长 1.5%;实现建筑业总产值 1111.00 亿元,比上年增长 7.0%。房屋建筑施工面积 5314.50 万平方米,比上年增长 11.5%。1 个建设工程项目获得鲁班奖,36 个建设工程项目申报江苏省优质工程奖"扬子杯"(房屋建筑工程);2018—2020 年度共 179 个建设工程项目获无锡市"太湖杯"优质工程奖。

表 5　2020 年无锡市建筑业发展情况

指　标		全　市	其中		
			市区	江阴市	宜兴市
企业个数	(个)	657	351	125	181
建筑业总产值	(万元)	11110596	6662743	1110114	3337739
♯在外省完成的产值		3738172	2691889	117799	928484
装修装饰产值		350464	206546	51171	92748
1. 建筑工程		8907930	4984576	976579	2946776
2. 安装工程		2091127	1633553	108070	349504
3. 其他产值		111539	44614	25465	41460
竣工产值	(万元)	6078772	2570935	763418	2744419
房屋建筑施工面积	(万平方米)	5314.45	2000.12	753.19	2561.14
♯本年新开工		1703.37	580.02	329.87	793.48
房屋建筑竣工面积	(万平方米)	1669.41	582.65	228.26	858.49
直接从事生产经营活动平均人数	(人)	269860	135865	35689	98306
期末从业人数		258510	98749	30594	129167
♯工程技术人员		31866	15457	6427	9982
建筑业全员劳动生产率	(元/人)	411717	490394	311052	339525

数据来源:《无锡统计年鉴 2021》

5. 固定资产投资

全年固定资产投资完成 3815.36 亿元,比上年增长 6.1%。其中,第一产业投资完成 7.59 亿元,比上年下降 38.2%;第二产业投资完成 1735.80 亿元,比上年增长 13.3%;第三产业投资完成 2071.96 亿元,比上年增长 1.0%。2020 年,全市 300 个市级重大产业项目完成投资 1180 亿元,新引进 10 亿元以上产业项目 67 个,同比增加 18 个。

表 6　2020 年无锡市固定资产投资情况　　　　　　　　　单位:万元

指　标	投资额	按市(县)分			按报表种类分	
		市区	江阴市	宜兴市	项目投资	房地产开发
总　计	**38153559**	**24403981**	**8813731**	**4935847**	**24653327**	**13500232**
按构成分						
建筑安装工程	19982609	12614500	4669633	2698476	11991360	7991249
设备工器具购置	11572379	7446828	2561679	1563872	11433928	138451
其他费用	6598571	4342653	1582419	673499	1228039	5370532
按产业分						
第一产业	75945	19246	31426	25273	75945	
第二产业	17358043	10439538	4238775	2679730	17358043	
♯工　业	17358043	10439538	4238775	2679730	17358043	
第三产业	20719571	13945197	4543530	2230844	7219339	

数据来源:《无锡统计年鉴 2021》

全年房地产业实现增加值941.92亿元,比上年增长6.1%。房地产开发投资完成1350.02亿元,比上年下降0.6%。商品房施工面积为6363.12万平方米,比上年增长0.2%;竣工面积1517.30万平方米,比上年增长14.4%。全年商品房销售面积1550.56万平方米,比上年增长12.4%;商品房销售额2361.75亿元,比上年增长22.4%。

6. 服务业

2020年,无锡市实现服务业增加值6491.19亿元、同比增长3.2%,占GDP比重52.5%,比2019年提升1个百分点,创历史新高,全省排名第二,成为全市主要经济指标中最亮眼的数据之一。服务业作为优化产业结构的"先锋",正推动无锡市经济向高质量迈进。

受新冠肺炎疫情的影响,无锡市服务业经历了"大落大起",三季度基本恢复至常态化水平,呈现逐季回升、向稳向好态势。据统计,2020年,无锡市规上服务业营业收入1194.16亿元,同比增长6.6%。其中,房地产业增长20.6%,居民服务、修理和其他服务业增长19.0%,信息传输、软件和信息技术服务业增长11.7%,增长较快。2020年,社会消费品零售总额2994.36亿元,环比上升1.2个百分点,增幅全省排第四;限上批零业商品零售额1114.11亿元,同比增长5.7%。从分类零售情况来看,在有零售的23大类商品中,处于正增长的有17类;电子商务网上零售额突破868.4亿元,位列全省第三。服务业投资小幅增长,同比增长1%,高出上年0.7个百分点。

表7 2020年无锡市规模以上服务业法人单位主要指标

指 标	单位数(个)	固定资产原价	营业收入	税金及附加	销售费用	营业利润	利润总额
总 计	1908	17102206	13990107	102769	647194	1498500	1641011
一、按登记注册类型分							
内资企业	1803	15287433	12550218	86273	598622	1035877	1194226
国有企业	48	659360	493711	4604	27931	−49783	−18827
集体企业	6	156779	37183	543	355	−1147	1433
股份合作企业	3	52968	21138	109		318	211
有限责任公司	330	10519039	3540630	38626	163827	518980	551570
股份有限公司	43	1355923	1154744	4567	92762	209285	210491
私营企业	1365	2524672	7253087	37713	309451	360865	451315
其他企业	7	16080	36809	88	3496	−2866	−2285
港、澳、台商投资企业	51	1115697	928853	9607	29916	363007	345145
外商投资企业	54	699077	511037	6890	18656	99616	101640
二、按行业分							
交通运输、仓储和邮政业	395	6246398	3141864	16203	76088	215316	236807
信息传输、软件和信息技术服务业	221	3023129	3910449	12859	242942	675686	691191
房地产业	213	1960639	903740	25915	43120	21981	45031
租赁和商务服务业	487	1766491	3130454	26212	121307	433949	470029
科学研究和技术服务业	267	2009025	1642597	13053	43417	150006	162816
水利、环境和公共设施管理业	68	1763121	470631	6195	10706	33764	56961
居民服务和其他服务业	60	49832	154230	719	12676	8706	9528
教育	30	43392	92065	263	10028	−4167	−3122
卫生和社会工作	57	102990	275163	356	63304	−17010	−16403
文化、体育和娱乐业	110	137190	268914	994	23606	−19731	−11827

数据来源:《无锡统计年鉴2021》

2020年,无锡市科技服务业营业收入409.82亿元,同比增长13.2%。创新资源要素集聚取得新进展,无锡中科芯双创中心成为国内首家国家级集成电路专业化众创空间。规上信息技术服务业营业收入365.6亿元,同比增长11.7%。华云数据荣登工信部发布的《2019年中国软件业务收入前百家企业发展报告》榜单,实现了无锡市中国软件百强零的突破。无锡规模以上文化创意业营业收入462.58亿元,同比增长4.4%。清名桥历史文化街区、拈花湾禅意小镇、海澜飞马水城3家集聚区入选首批省级夜间文旅消费集聚区建设单位。国家数字电影产业园2020年引入企业213家,申报立项影视剧、网络视听节目分别为140部、193部;成功举办第四届中国·江苏太湖影视文化产业投资峰会暨太湖电影周峰会,与华为合作成立"华为(无锡)数字影视创新中心"。

7. 国内贸易

全年实现社会消费品零售总额2994.36亿元,比上年下降1.0%。限额以上批发和零售业通过公共网络实现的商品零售额101.47亿元,比上年增长25.0%;限额以上住宿和餐饮业通过公共网络实现的餐费收入15.11亿元,比上年增长112.8%。

在限额以上批发和零售业零售额中,汽车类增长2.4%,石油及制品类增长2.3%,粮油、食品类增长30.3%,中西药品类增长7.6%,通讯器材类增长4.0%,服装、鞋帽、针纺织品类增长7.6%,文化办公用品类增长66.2%,建筑及装潢材料类增长4.7%,化妆品类增长22.6%,日用品类增长13.0%,体育、娱乐用品类增长42.8%,书报杂志类增长2.7%。

8. 开放型经济

按美元计,全年实现对外贸易进出口总值877.85亿美元,比上年下降5.0%,其中,进口总值365.42亿美元,比上年下降1.2%;出口总值512.43亿美元,比上年下降7.6%。一般贸易实现出口总值285.39亿美元,占出口总值的比重为55.7%。按人民币计,全年实现对外贸易进出口总值6075.61亿元,比上年下降4.6%,其中,进口总值2528.54亿元,比上年下降0.7%;出口总值3547.07亿元,比上年下降7.2%。

表8 无锡市2020年对外经济情况 单位:万美元

指 标	2019年	2020年	指 标	2019年	2020年
进出口总值	**9243021**	**8778467**	**出口总值**	**5545986**	**5124286**
按地区分			**按地区分**		
市 区	6461923	6402719	市 区	3730462	3543917
江阴市	2336485	1914042	江阴市	1465543	1238928
宜兴市	444613	461706	宜兴市	349980	341441
按贸易方式分			**按贸易方式分**		
一般贸易	4413245	4481511	一般贸易	2886360	2853942
加工贸易	3831646	3430757	加工贸易	2231668	1905895
来料加工贸易	803740	796943	来料加工贸易	421070	421656
进料加工贸易	3027905	2633814	进料加工贸易	1810597	1484239

数据来源:《无锡统计年鉴2021》

全年批准外资项目410个,新增协议注册外资57.80亿美元,同比增长8.0%。实际使用外资36.21亿美元,同比增长0.04%。全年完成协议注册外资超3000万美元的重大外资项目69个。至2020年底,全球财富500强企业中有104家在无锡市投资兴办了209家外资企业。全年备案投资项目89个,中方协议投资额达到12.37亿美元,比上年下降14.5%,其中1000万美元以上项目20个。

表9 无锡2020年利用外资情况　　　　　　　　　　　　　　　　单位:万美元

指 标	全 市	其中		
		市区	江阴市	宜兴市
新签协议(合同)数(个)	**273**	**210**	**40**	**23**
外商直接投资	273	210	40	23
♯独资经营	180	138	25	17
合资经营	80	60	14	6
合作经营				
新签协议(合同)外资金额	**578015**	**387907**	**144627**	**45481**
外商直接投资	578015	387907	144627	45481
♯独资经营	447408	299591	116367	31450
合资经营	91510	49226	28253	14031
合作经营				
实际使用外资金额	**362107**	**232103**	**92016**	**45086**
外商直接投资	362107	232103	92016	45086
♯独资经营	254796	158709	72306	23781
合资经营	105823	54907	29611	21305
合作经营				

数据来源:《无锡统计年鉴2021》

2020年,全市服务外包产业接包合同总额为114.81亿美元,同比增长10.6%,执行总额为109.78亿美元,同比增长1.6%;离岸外包合同总额为102.25亿美元,同比增长14.1%;离岸外包执行额为77.70亿美元,同比增长3.9%。2019—2020年,无锡通过制定《关于推动无锡市文化产业高质量发展的若干政策》《无锡市文化产业高质量发展三年行动计划(2019—2021)》,在考核奖励、培育企业、创建园区、举办活动以及扩大出口等方面连推18条政策,加快促进文化贸易转型升级、提质增效。无锡国家数字电影产业园获批江苏省电影产业创新实验区和江苏省影视游戏版权贸易(无锡)基地;倍视文化、旭阳动画、九久动画、马良动画等4家企业被商务部认定为2019—2020年度国家文化出口重点企业。

9. 交通运输、邮政电信和旅游业

年末公路总里程7983.60公里,其中高速公路277.80公里。年末全社会拥有车辆235.20万辆,比上年增长4.9%,其中,汽车220.96万辆,比上年增长5.4%。私人汽车拥有量年末达到186.87万辆,比上年增长5.0%。城市轨道交通运营线路总长87.09公里,全年运营总里程553.08万列公里,线网客流总量8722.02万人次。市区新辟公交线路8条,年末营运公交线路298条,线路总长5772公里,全年公交运客总量1.91亿人次。年末市区营运巡游出租汽车4040辆。

全年完成客运量5925.09万人次,比上年下降31.4%;完成货物运输量21683.73万吨,比上年增长5.2%。完成港口吞吐量31599.49万吨,比上年增长9.9%;集装箱吞吐量55.72万标箱,比上年下降4.9%。完成航空旅客吞吐量599.42万人次,比上年下降24.8%;航空货邮吞吐量15.72万吨,比上年增长8.3%。

表10 2020年全社会客货运量

指 标	货运量(万吨)	货物周转量(万吨公里)	客运量(万人)	旅客周转量(万人公里)
合计	**21691**	**5142934**	**5925**	**386366**
航空	16		303	

续表

指 标	货运量 （万吨）	货物周转量 （万吨公里）	客运量 （万人）	旅客周转量 （万人公里）
铁路	139		1544	
公路	18472	1949576	3763	384531
水路	3064	3193358	315	1835

数据来源：《无锡统计年鉴 2021》

全年邮电业务总量 275.65 亿元，发送函件 1086.40 万件。全年快递服务企业业务量累计完成 7.58 亿件，比上年下降 7.3%，实现快递业务收入 83.24 亿元，比上年增长 2.2%。率先建成国内高标准全光网城市，覆盖用户 1114.6 万户，城域网出口带宽 9.2T。建设 5G 基站累计达到 8600 个。年末移动电话用户 985.74 万户，其中，4G 手机用户达到 707.25 万户，5G 手机用户达到 114.16 万户。固定互联网宽带接入用户 360.09 万户，移动互联网宽带接入用户 822.64 万户。

受新冠肺炎疫情影响，全年共接待国内旅游人数 6010.20 万人次，恢复到去年的 58.7%；接待旅游、参观、访问及从事各项活动的入境过夜旅游者 9.11 万人次，比上年下降 84.7%。旅游总收入 1057.89 亿元，恢复到去年的 51.3%。全市拥有等级旅游景区 50 个，其中，国家 5A 级景区 4 家，国家 4A 级景区 26 家，3A 级景区 14 家，2A 级景区 8 家。省级及以上乡村旅游重点村 7 个。年末全市星级宾馆 29 家，其中，五星级宾馆 11 家，四星级宾馆 8 家。全市拥有旅行社 251 家，其中出境游组团社 33 家。

表 11 旅游业发展情况

指 标		2019 年	2020 年
旅行社数	（个）	241	251
♯从事国际旅游业务		33	33
国内旅游接待人数	（万人次）	10236.93	6010.20
接待入境过夜旅游者人数	（人次）	609557	91116
旅游总收入	（亿元）	2062.90	1057.89
国内旅游收入	（亿元）	2015.70	1044.23
旅游外汇收入	（万美元）	51863	19813
拥有旅游 A 级景区	（个）	52	50
♯5A 级旅游景区		4	4
4A 级旅游景区		26	26
星级饭店、宾馆	（个）	34	29
星级饭店、宾馆床位数	（张）	11255	9702
旅游饭店固定资产净值	（亿元）	74.50	34.62

数据来源：《无锡统计年鉴 2021》

10. 财政和金融业

全市一般公共预算收入达到 1075.70 亿元，比上年增长 3.8%；加上上级补助收入等 598.4 亿元，总收入 1674.1 亿元。市本级一般公共预算收入 105.8 亿元，加上上级补助收入等 362.2 亿元，总收入 468 亿元。

财政支出结构进一步优化，一般公共预算支出 1214.92 亿元，比上年增长 8.7%。重点领域预算支出成效：（1）围绕夺取"双胜利"，支持打赢疫情防控阻击战。全力支持抗击新冠肺炎疫情，按照"急事急办、特事特办"原则，第一时间启动资金拨付快速通道、政府采购绿色通道、财政服务直通通道"三大通道"。全力保障防控防治工作，2020 年全市安排疫情防控资金 26.1 亿元，有力保障了疫情防控方面支出。立足常态化疫情防控,支持医院、社区卫生服务中心建设等项目。大力支持复工复产复商复学,兑现疫情政策性补贴超 20 亿元,引导金融机构投放优惠利率贷款超 200 亿元,帮助企业纾困解忧。

(2)强化基本公共服务供给,支持打好全面小康收官仗。加大基本公共服务补短板力度,全年一般公共预算支出中,民生领域支出占比达 80%。突出教育优先,教育投入 31.2 亿元,支持加快教育设施布局调整,加强中小学学校标准化建设,提高生均公用经费标准。加强就业保障,市级用于稳岗返还、就业创业扶持、职业技能提升等各类就业创业资金 21.7 亿元。卫生健康投入 27.8 亿元,支持医疗布局调整、医疗卫生应急能力建设。住房保障投入 15.3 亿元,其中,住房保障专项资金 3.5 亿元,用于保障公廉租房建设和发放租赁补贴。安排 4000 万元巩固全市 98 个重点帮扶经济薄弱村脱困转化成果,市本级发放困难群众补助资金 9000 万元。市区企业退休人员月养老金、城乡居民基础养老金月标准稳步提高,城乡居民最低生活保障金标准位列全省第二,孤儿养育标准位列全省第一,特困供养标准位列全省第二。

(3)纵深推进产业强市,支持经济高质量发展。市级全年兑现现代产业发展资金 30 亿元,全力支持人才引育、科技创新能力建设、优势产业集群打造,打好产业强市纵深仗。不折不扣落实减税减费减租减息政策,在去年大规模减税降费的基础上,预计全年为企业减负 340 亿元。支持创新驱动,市级财政科技专项资金投入 9.1 亿元,全力支持"卡脖子"技术研发和产业链集群发展。发挥财政资金杠杆带动效应,政府投资基金新增 13 支特色子基金,新增投资项目 73 个、金额 17 亿元;信保基金发放贷款 217 亿元,平均利率降至 4.4%。

(4)扩大政府有效投资,支持区域一体化发展。加大城市重点项目建设财力保障,宜马快速通道、地铁 4 号线、市域 S1 线、312 国道快速化改造顺利实施,江大附院顺利启用,地铁 3 号线开通运行,精卫二期、儿童医院等项目建设有序推进。积极开展对上争取,全市争取地方政府债券 246.3 亿元、抗疫特别国债 27.7 亿元、特殊转移支付 6.2 亿元,其中,省级下达新增债券额度增长 71%,争取一般公共预算上级专项转移支付资金 61.5 亿元。

(5)构筑安全底线,支持打好重大风险防控攻坚仗。支持提升安全管理水平,保持安全领域稳定投入,支持安全生产监管能力建设、重大安全隐患治理,提升应急管理和救援能力,加强桥梁安全监测加固资金保障。确保粮食安全,持续推进涉农资金整合增效,拨付资金 3.6 亿元。落实农产品稳产保供政策意见,农业融资担保业务在疫情防控期间实行零费率政策,年末在保余额居苏南第一位。

表 12 2020 年财政收支情况

单位:万元

指　　标	全市	其中		
		市区	江阴市	宜兴市
一般公共预算收入	10756994	6884503	2596600	1275891
♯税收收入	8891207	5656565	2159105	1075537
♯增值税	3887846	2360676	1023791	503379
企业所得税	1647812	1063077	418800	165935
个人所得税	516871	361005	105341	50525
城市维护建设税	579300	371941	136717	70642
房产税	427417	288233	86802	52382
土地增值税	546408	387365	97119	61924
耕地占用税	17744	5555	5483	6706
契税	846600	603084	155049	87951
非税收入	1865787	1227938	437495	200354

指　标	全市	其中		
		市区	江阴市	宜兴市
一般公共预算支出	12150337	8047282	2378609	1724446
♯一般公共服务	990494	701221	177387	111886
科学技术	489234	362051	88973	38210
教育	2032688	1280262	402161	350265
文化旅游体育与传媒	308695	205214	58035	45446
社会保障和就业	1330084	686557	363550	279977
住房保障	516327	305553	155772	55002
卫生健康	901551	638805	140385	122361
节能环保	418322	222858	92770	102694
城乡社区事务	3046434	2267133	494971	284330
交通运输	146910	76394	43824	26692
农林水事务	442133	196359	93770	152004
上划中央收入	7324840	4667191	1827435	830214
政府性基金收入	9879535	6794922	2042789	1041824

数据来源:《无锡统计年鉴 2021》

年末金融机构各项本外币存款余额达 19400.95 亿元,比上年增长 10.2%;各项本外币贷款余额 15303.43 亿元,比上年增长 12.9%。存款余额中,非金融企业存款余额 8223.06 亿元,比上年增长 8.7%;住户存款余额 7283.68 亿元,比上年增长 15.3%。贷款余额中,非金融企业及机关团体贷款 11094.04 亿元,比上年增长 8.8%;住户贷款 4200.60 亿元,比上年增长 25.1%。全年现金净投放 197.19 亿元,比上年增长 2.6%。

表 13　2020 年金融机构人民币存贷款年末余额

指　标	全市	其中		
		市区	江阴市	宜兴市
金融机构人民币存款余额	18867.71	12000.13	4286.59	2581.00
♯住户存款	7195.67	4224.98	1577.10	1393.59
非金融企业存款	7813.05	5022.30	1901.77	888.98
金融机构人民币贷款余额	15114.05	9820.36	3415.66	1878.02
♯住户贷款	4200.41	3143.35	621.55	435.51
♯短期贷款	732.69	528.15	114.06	90.48
♯消费贷款	393.92	335.64	35.62	22.65
经营贷款	338.77	192.51	78.44	67.83
中长期贷款	3467.72	2615.20	507.49	345.03
♯消费贷款	3151.51	2388.72	452.34	310.44
经营贷款	316.21	226.48	55.15	34.59
非金融企业及机关团体贷款	10909.10	6672.55	2794.08	1442.47
♯短期贷款	4428.64	2265.76	1401.02	761.86
中长期贷款	5422.02	3714.47	1153.66	553.90
票据融资	1042.01	680.54	235.26	126.20

数据来源:《无锡统计年鉴 2021》

全年实现保费收入 431.71 亿元,比上年增长 0.1%,其中,财产险收入 109.53 亿元,比上年增长 6.9%;人寿险收入 322.17 亿元,比上年下降 2.0%。保险赔款支出 77.66 亿元,比上年增长 12.8%。保险给付支出 34.25 亿元,比上年增长 7.6%。

全年证券市场完成交易额 71706.41 亿元,比上年增长 51.6%,其中,股票成交额 40902.23 亿元,比上年增长 56.1%;基金成交额 3375.12 亿元,比上年增长 104.8%;债券成交额 5588.37 亿元,比上年增长 40.3%;期权成交额 38.28 亿元,比上年增长 138.2%;回购成交额 21802.40 亿元,比上年增长 41.0%。本年新增上市公司 16 家,累计 162 家;新三板企业挂牌 2 家,累计挂牌 275 家。

11. 科学技术和教育

全市共有国家级工程技术研究中心 6 家,省级以上重点实验室 9 家,省级以上企业重点实验室 8 家,国家级国际合作基地 6 家。

全市高新技术产业产值占规模以上工业总产值比重达到 48.33%,高新技术产业产值同比增长 10.18%。发明专利授权量 4362 件,比上年增长 1.5%。万人有效发明专利拥有量达 49 件。全市获国家、省科技计划到位经费 5.40 亿元,其中获国家科技经费 2.07 亿元。

表 14　专利申请和批准数量情况　　　　　　　　　　　　　　　　　单位:件

	2017 年	2018 年	2019 年	2020 年
专利申请数总计	**52252**	**62681**	**67133**	**88052**
发明专利	20122	19702	15925	17767
实用新型专利	26865	35379	46702	64177
外观设计专利	5265	7600	4506	6108
专利批准数总计	**28926**	**35256**	**38335**	**60702**
发明专利	4825	4963	4298	4362
实用新型专利	19359	25586	29759	51011
外观设计专利	4742	4707	4278	5329

数据来源:《无锡统计年鉴 2021》

全市共有国家级产品质量监督检验中心 13 个,国家级型式评价实验室 1 个,国家级检测重点实验室 6 个,国家级产业计量测试中心 1 个。全年省级监督抽查无锡市产品 1622 批次,强制性产品认证获证企业 1399 家,法定计量技术机构 3 家,强制检定计量器具 60 万台(件)。全年新增主导和参与制修订国际、国家、行业标准 82 项。

全市共有普通高校 12 所。普通高等教育本专科招生 4.53 万人,在校生 12.35 万人,毕业生 3.21 万人;研究生教育招生 0.36 万人,在校生 0.97 万人,毕业生 0.23 万人。全市中等职业教育在校生达 6.97 万人(含技校)。九年义务教育巩固率 100%,高中阶段教育毛入学率 100%,普及高中阶段教育。特殊教育招生 225 人,在校生 1374 人。全市共有幼儿园 536 所,比上年增加 28 所;在园幼儿 20.82 万人,比上年增加 0.36 万人。

12. 文化、卫生、体育和民族宗教

年末共有艺术表演团体 89 个,文化馆 8 个,公共图书馆 8 个,文化站 82 个,博物(纪念)馆 62 个。全市人民广播电台节目 8 套,电视台节目 9 套,有线电视总用户已达 150.53 万户。电视人口总覆盖率和广播人口覆盖率均达 100%。全市档案馆 8 个,已向社会开放档案 14.88 万卷(件、册)。

年末全市预计拥有卫生医疗机构 2954 个,其中,综合医院 74 家,社区卫生服务中心(卫生院) 114 家,社区卫生服务站(村卫生室)700 家,护理院 57 家,疗养院 6 家。预计,全市共有卫生技术人员 6.28 万人,其中执业(助理)医师 2.51 万人;拥有医疗卫生机构床位 5.14 万张,其中医院、社区卫生服务中心(卫生院)5.03 万张。全市各级医疗机构全年完成诊疗 5078.93 万人次,比上年减少 14.2%。

表 15　历年医院(社区卫生服务中心、卫生院)床位数　　　　　　单位:张

年份	全市	其中		
		市区	江阴市	宜兴市
2015	36191	23152	7809	5230
2016	38474	25194	8060	5220
2017	41956	27982	8199	5775
2018	45803	30572	8930	6301
2019	49411	32633	9571	7207
2020	50486	33423	9769	7294

数据来源:《无锡统计年鉴2021》

年末全市人均体育场地面积 3.28 平方米,每万人拥有社会体育指导员 36 人,全市国民体质合格率达 95.7%。成功举办无锡马拉松、全国跆拳道锦标赛、全国跆拳道冠军总决赛等一批大型赛事。获得中国体育旅游十佳项目 2 个、精品项目 2 个、中国体育旅游精品赛事 1 个。全年无锡籍运动员在全国以上各级各类比赛中共取得 8 个冠军。全市体育彩票销售达到 26.73 亿元,总量排名全省第二。

13. 人口、人民生活和社会保障

年末全市户籍人口 508.96 万人,比上年增长 1.21%。全年出生人口 39216 人,出生率 7.75‰;死亡人口 40020 人,死亡率 7.91‰,当年人口自然增长率为 -0.16‰。户籍人口城镇化率 78.74%。

全体居民人均可支配收入 57589 元,比上年增长 5.0%。城镇常住居民人均可支配收入 64714 元,比上年增长 4.5%;农村常住居民人均可支配收入 35750 元,比上年增长 6.5%。全体居民人均生活消费支出 33443 元,比上年下降 1.2%。城镇常住居民人均生活消费支出 37195 元,比上年下降 0.6%;农村常住居民人均生活消费支出 21944 元,比上年下降 4.7%。

全市企业职工基本养老保险人数(含退休人员)达到 393.17 万人,净增缴费人数 11.78 万人。全市参加城镇职工基本医疗保险人数达到 393.03 万人,参加生育保险人数 249.31 万人,参加失业保险职工人数为 245.94 万人,参加工伤保险人数 248.58 万人。市区月低保标准提高至 1010 元。年末在领失业保险金人数为 2.71 万人。

城乡居民最低生活保障对象 13925 人,全年共发放低保金 1.30 亿元。实施城乡医疗救助 23.33 万人次,支付救助金 9765.73 万元;实施临时救助 11140 人次,发放救助金 1482.41 万元。全市享受国家抚恤补助的重点优抚对象 16516 人。保障性安居工程建设有序推进,全市新开工保障性住房 17841 套,基本建成 6638 套。

全年累计抽检监测各类食品 5.26 万批次,每千人抽检率达 7.98 批次,食品监测合格率为 98.69%。

14. 资源、环境和安全生产

全市全年建设用地供应总量 2547.71 公顷,比上年减少 11.3%。其中,工矿仓储用地 494.71 公顷,经营性用地 706.06 公顷,其他用地 1346.94 公顷。

全年全社会用电量 759.53 亿千瓦时,比上年增长 1.2%。其中,工业用电量 569.39 亿千瓦时,增长 1.1%;城乡居民生活用电 76.83 亿千瓦时,增长 4.1%。

年末全市水资源总量 41.50 亿立方米,比上年增长 96.4%。全年用水总量 26.07 亿立方米,比上年下降 4.1%,其中,生活用水增长 6.7%,工业用水(开式火电用水以耗水计)下降 1.7%,农业用水下降 14.4%,生态补水下降 0.5%。

全市 PM2.5 年均浓度较上年下降 15.4%。环境空气质量优良天数比例为 81.7%,比上年提

高 9.6 个百分点。集中式饮用水源地水质达标率 100%（不计总磷），全市功能区昼间和夜间噪声达标率分别为 96.1% 和 75.8%。

表 16　2020 年工业"三废"排放处理及综合利用情况

指　标		全　市	其中		
			市区	江阴市	宜兴市
工业废水排放总量	（万吨）	**17760.17**	**8109.92**	**7801.68**	**1848.56**
COD 产生量		13.74	4.16	3.17	6.41
COD 排放量		0.48	0.19	0.23	0.05
氨氮产生量	（吨）	4855	937	1810	2108
氨氮排放量		192	84	97	12
工业废气排放总量	（亿标立米）	**9474.89**	**4144.99**	**3923.49**	**1406.41**
二氧化硫产生量	（万吨）	41.10	4.84	32.30	3.96
二氧化硫排放量		1.33	0.15	1.03	0.15
氮氧化物产生量		8.50	1.09	5.24	2.17
氮氧化物排放量		2.26	0.51	1.40	0.36
工业烟(粉)尘产生量	（万吨）	**559.82**	**50.32**	**328.00**	**181.50**
工业烟(粉)尘排放量		1.61	0.19	1.05	0.37
工业固体废物产生量	（万吨）	**1024.98**	**209.30**	**698.41**	**117.27**
工业固体废物综合利用量		967.38	189.59	663.85	113.93
工业固体废物处置量		57.50	20.00	34.32	3.17
工业重金属产生量	（吨）	**92.59**	**63.58**	**12.17**	**16.84**
工业重金属排放量		2.00	0.65	0.60	0.75

数据来源:《无锡统计年鉴 2021》

年内市区新增绿地面积 300 公顷，人均公园绿地面积 14.95 平方米，建成区绿化覆盖率达到 43.43%。

全年发生各类事故 152 起，死亡 86 人。亿元 GDP 生产安全事故死亡率 0.007 人/亿元。

二、2021 年无锡市经济与社会运行发展情况

2021 年，无锡市委、市政府坚持以习近平新时代中国特色社会主义思想为指导，立足新发展阶段，践行新发展理念，构建新发展格局，以推动高质量发展为主题，以供给侧结构性改革为主线，以改革创新为根本动力，巩固拓展疫情防控和经济社会发展成果，努力保持经济健康发展和社会和谐稳定，在加快建设人民满意的共同富裕幸福美好城市上取得新成效，在打造践行新发展理念高质量发展示范区上迈出新步伐，奋力谱写"强富美高"新无锡现代化建设新篇章，"十四五"实现良好开局。

1. 综合情况

综合实力持续增强，经济总量再上新台阶。初步核算，全年实现地区生产总值 14003.24 亿元，按可比价格计算，比上年增长 8.8%。按常住人口计算，人均生产总值达到 18.74 万元。

分产业看，全市第一产业实现增加值 130.33 亿元，比上年增长 1.3%；第二产业实现增加值 6710.50 亿元，比上年增长 9.9%；第三产业实现增加值 7162.41 亿元，比上年增长 7.9%。三次产业比例调整为 0.9 : 47.9 : 51.2。

全年城镇新增就业 16.51 万人，其中，各类城镇下岗失业人员实现就业再就业 9.38 万人，援助就业困难人员再就业 2.40 万人。全市城镇登记失业率为 2.5%。

全年民营经济实现增加值9242.15亿元,比上年增长9.0%,占经济总量的比重为66.0%,比上年上升0.2个百分点。民营规上工业实现产值12520.67亿元,比上年增长25.4%。民间投资完成2493.40亿元,比上年增长4.6%。

年末全市各级登记机关登记的各类企业39.83万户,其中,国有及集体控股公司3.29万户,外商投资企业0.71万户,私营企业35.83万户,当年新登记各类企业5.90万户。年末个体户62.99万户,当年新登记12.3万户。

全年市区居民消费价格指数(CPI)上涨1.7%,比上年回落0.6个百分点,其中,服务项目价格上涨1.5%,消费品价格上涨1.8%。工业生产者价格持续走高,全年工业生产者出厂价格指数上涨9.6%,工业生产者购进价格指数上涨14.7%。

表17　2021年居民消费价格指数情况

指标	市区	指标	市区
居民消费价格总指数	101.7	交通通信	104.4
食品烟酒	101.1	教育文化娱乐	102.3
衣着	100.7	医疗保健	101.9
居住	101.4	其他用品及服务	99.4
生活用品及服务	100.9		

2. 农业

全年粮食总产量55.06万吨,比上年增长8.3%。油料总产量7576吨,比上年增长8.4%,其中,油菜籽6768吨,比上年增长10.1%;茶叶总产量4104吨,比上年增长1.9%;水果总产量16.88万吨,比上年下降7.8%。

全年粮食种植面积为80.05千公顷,比上年增加9.68千公顷;油料种植面积为3.19千公顷,比上年增加0.32千公顷;蔬菜种植面积40.01千公顷,比上年减少2.94千公顷;水果种植面积预计10.40千公顷,比上年减少0.50千公顷。

主要畜产品中,肉类总产量0.85万吨,比上年下降33.5%,其中,猪牛羊肉5420吨,比上年下降42.5%;禽蛋总产量1.33万吨,比上年下降9.7%。奶牛存栏699头,比上年下降24.8%。全年水产品产量10.21万吨,比上年下降14.0%。

表18　2021年主要农产品产量及其增长速度　　　　　　　　　　　　　单位:吨

产品名称	产量	增长(%)
粮食	550650	8.3
油料	7576	8.4
油菜籽	6768	10.1
茶叶	4104	1.9
水果	168848	−7.8
水产品	102136	−14.0

3. 工业和建筑业

全市规模以上工业企业实现增加值4926.42亿元,比上年增长12.9%。分经济类型看,内资企业增加值增长14.0%,外商及港澳台商投资企业增加值增长11.5%。全市统计的323种主要工业产品中,产品产量比上年增长的有216种,占全市统计产品数的66.9%。在全市跟踪统计的30种重点产品中,有20种产品的产量实现增长。全市规模以上工业企业实现营业收入22141.39亿元,比上年增长18.1%;工业产销率98.0%,比上年下降0.6个百分点。

全年建筑业完成增加值 672.70 亿元,比上年下降 0.1%;实现建筑业总产值 1213.06 亿元,比上年增长 9.2%。房屋建筑施工面积 4590.10 万平方米,比上年下降 13.6%。10 个建设工程项目获得鲁班奖,19 个建设工程项目获得江苏省优质工程奖"扬子杯"(房屋建筑工程),58 个建设工程项目获无锡市"太湖杯"优质工程奖。

4. 固定资产投资

全年固定资产投资完成 3985.20 亿元,比上年增长 4.5%,其中,第一产业投资完成 3.67 亿元,比上年下降 51.7%;第二产业投资完成 1563.03 亿元,比上年下降 9.9%;第三产业投资完成 2418.50 亿元,比上年增长 16.7%。

全年房地产业实现增加值 968.64 亿元,比上年增长 2.9%。房地产开发投资完成 1568.06 亿元,比上年增长 16.2%。商品房施工面积为 6076.26 万平方米,比上年下降 4.5%;竣工面积 1037.35 万平方米,比上年下降 31.6%。全年商品房销售面积 1550.86 万平方米,比上年增长 0.02%;商品房销售额 2658.96 亿元,比上年增长 12.6%。

5. 国内贸易

全年实现社会消费品零售总额 3306.09 亿元,比上年增长 10.4%。限额以上批发和零售业通过公共网络实现的商品零售额 163.74 亿元,比上年增长 25.9%;限额以上住宿和餐饮业通过公共网络实现的餐费收入 20.26 亿元,比上年增长 30.7%。

在限额以上批发和零售业零售额中,汽车类增长 9.3%,石油及制品类增长 25.1%,粮油、食品类增长 26.9%,通讯器材类增长 15.2%,五金、电料类增长 17.9%,服装、鞋帽、针纺织品类增长 30.2%,文化办公用品类增长 1.6%,建筑及装潢材料类增长 15.7%,化妆品类增长 37.7%,金银珠宝类增长 60.3%,日用品类增长 22.4%。

6. 开放型经济

对外贸易实现跨越。按美元计,进出口总值首次突破千亿美元大关,全年实现进出口总值 1057.01 亿美元,比上年增长 20.4%,其中,进口总值 403.51 亿美元,比上年增长 10.4%;出口总值 653.51 亿美元,比上年增长 27.6%。一般贸易实现出口总值 390.40 亿美元,占出口总值的比重为 59.7%。按人民币计,全年实现对外贸易进出口总值 6829.37 亿元,比上年增长 12.4%。其中,进口总值 2607.61 亿元,比上年增长 3.1%;出口总值 4221.75 亿元,比上年增长 19.0%。

利用外资稳步提升,全年批准外资项目 527 个,新增协议注册外资 114.56 亿美元,比上年增长 98.2%。实际使用外资 38.07 亿美元,比上年增长 5.1%。全年完成协议注册外资超 3000 万美元的重大外资项目 90 个。至 2021 年底,全球财富 500 强企业中有 108 家在无锡市投资兴办了 218 家外资企业。全年备案投资项目 97 个,中方协议投资额达到 12.60 亿美元,比上年增长 1.6%,其中 1000 万美元以上项目 21 个。

表 19　2021 年对主要国家和地区进口、出口总值及其增长速度　　　　单位:万美元

出口国家和地区	2021 年	增长(%)	进口国家和地区	2021 年	增长(%)
韩国	804077	18.3	日本	742942	10.0
美国	738736	31.2	韩国	731947	−2.1
中国香港	630424	12.4	中国台湾	405111	32.9
日本	394793	9.3	美国	285300	−10.5
中国台湾	241486	37.9	澳大利亚	69518	6.8

数据来源:《2021 年无锡市国民经济与社会发展统计公报》

7. 交通运输、邮政电信和旅游业

年末公路总里程 7805.95 公里,其中高速公路 325.70 公里。年末全社会拥有车辆 245.81 万辆,

比上年增长4.5%,其中,汽车231.37万辆,比上年增长5.2%。私人汽车拥有量年末达到189.62万辆,比上年增长4.8%。城市轨道交通运营线路总长110.77公里,全年运营总里程847.37万列公里,线网客流总量14614.45万人次。市区新辟公交线路14条,年末营运公交线路306条,线路总长5770.90公里,全年公交运客总量1.70亿人次。年末市区营运巡游出租汽车4040辆。

全年完成客运量8717.40万人,比上年下降25.6%;完成货物运输量23347.10万吨,比上年增长5.6%。完成港口吞吐量41065.67万吨,比上年增长30.0%;集装箱吞吐量65.67万标箱,比上年增长17.9%。完成航空旅客吞吐量712.70万人,比上年增长18.9%;航空货邮吞吐量16.30万吨,比上年增长3.9%。

全年邮电业务总量238.09亿元,发送函件759.02万件。全年快递服务企业业务量累计完成9.73亿件,比上年增长28.4%,实现快递业务收入101.70亿元,比上年增长22.2%。2021年获评全国首批"千兆城市",光纤宽带覆盖用户345万户,城域网出口带宽10T。累计建成5G基站超14500个。年末移动电话用户978.48万户,其中,4G手机用户达到620.87万户,5G手机用户达到244.32万户。固定互联网宽带接入用户450.10万户,移动互联网宽带接入用户854.78万户。

全年共接待国内旅游人数8800.09万人次,比上年增长46.4%;接待旅游、参观、访问及从事各项活动的入境过夜旅游者6.70万人次,比上年下降26.4%。旅游总收入1654.85亿元,比上年增长56.4%。全市拥有等级旅游景区50个,其中,国家5A级景区4家,国家4A级景区26家,3A级景区13家,2A级景区7家。省级及以上乡村旅游重点村14个。年末全市星级宾馆29家,其中五星级宾馆11家,四星级宾馆8家。全市拥有旅行社268家,其中出境游组团社34家。

8. 财政和金融业

财政收入稳步提高。全市一般公共预算收入达到1200.50亿元,比上年增长11.6%。财政支出力度进一步加大,一般公共预算支出1357.91亿元,比上年增长11.8%。

年末金融机构各项本外币存款余额达21345.48亿元,比上年增长10.0%;各项本外币贷款余额17459.50亿元,比上年增长14.1%。存款余额中,非金融企业存款余额8984.61亿元,比上年增长9.3%;住户存款余额8218.36亿元,比上年增长12.8%。贷款余额中,非金融企业及机关团体贷款12203.59亿元,比上年增长10.0%;住户贷款5229.72亿元,比上年增长24.5%。全年现金净投放156.19亿元,比上年下降20.8%。

全年实现保费收入458.12亿元,比上年增长6.1%。其中,财产险收入113.01亿元,比上年增长3.2%;人寿险收入345.10亿元,比上年增长7.1%。保险赔款支出81.91亿元,比上年增长5.5%。保险给付支出58.60亿元,比上年增长71.1%。

全年证券市场完成交易额9.11万亿元,比上年增长27.0%。本年新增上市公司14家,累计176家。全市共有证券公司2家,证券分支机构170家。

表20　2021年全市财政分项情况

单位:亿元

指标	2021年	增长(%)
一般公共预算收入	1200.50	11.6
税收收入	983.87	10.7
增值税	416.71	7.2
企业所得税(40%)	186.40	13.1
个人所得税(40%)	62.73	21.4
城市维护建设税	62.13	7.3
房产税	48.70	13.9
印花税	16.78	23.7
契税	100.29	18.5
上划中央四税收入	809.79	10.6

9. 科学技术和教育

全市共有国家级工程技术研究中心 6 家,省级以上重点实验室 8 家,省级以上企业重点实验室 9 家,国家级国际合作基地 6 家。

全市高新技术产业产值占规模以上工业总产值比重达到 49.19%,高新技术产业产值同比增长 20.97%。发明专利授权量 5764 件,比上年增长 32.1%。万人有效发明专利拥有量达 49 件。全市获国家、省科技计划到位经费 7.30 亿元,比上年增长 97.8%,其中获国家科技经费 2.83 亿元。

全市共有国家级产品质量监督检验中心 14 个,国家级型式评价实验室 1 个,国家级检测重点实验室 6 个,国家级产业计量测试中心 1 个。全年省级监督抽查无锡市产品 1439 批次,强制性产品认证获证企业 834 家,法定计量技术机构 3 家,强制检定计量器具 64.93 万台(件)。全年新增主导和参与制修订国际、国家、行业标准 124 项。

全市共有普通高校 13 所。普通高等教育本专科招生 4.63 万人,在校生 14.23 万人,毕业生 3.32 万人;研究生教育招生 0.38 万人,在校生 1.09 万人,毕业生 0.23 万人。全市中等职业教育在校生达 7.47 万人(含技校)。九年义务教育巩固率 100%,高中阶段教育毛入学率 100%,普及高中阶段教育。特殊教育招生 296 人,在校生 1453 人。全市共有幼儿园 580 所,比上年增加 44 所;在园幼儿 21.37 万人,比上年增加 0.55 万人。

10. 文化、卫生、体育和民族宗教

年末共有艺术表演团体 91 个,文化馆 8 个,公共图书馆 8 个,文化站 75 个,博物(纪念)馆 62 个。全市人民广播电台节目 13 套,电视台节目 24 套,有线电视总用户 148.94 万户。电视人口总覆盖率和广播人口覆盖率均达 100%。全市档案馆 8 个,已向社会开放档案 32.63 万卷(件、册)。

年末全市拥有卫生医疗机构 3107 个,其中,综合医院 68 家,社区卫生服务中心(卫生院)118 家,社区卫生服务站(村卫生室)702 家,护理院 64 家,疗养院 6 家。预计,全市共有卫生技术人员 6.47 万人,其中执业(助理)医师 2.53 万人;拥有医疗卫生机构床位 5.16 万张,其中医院、社区卫生服务中心(卫生院)4.96 万张。全市各级医疗机构全年完成诊疗 5455.12 万人次,比上年增长 7.7%。

推动"10 分钟体育健身圈"提档升级,新增公共体育场地面积 10.8 万平方米,年末全市人均体育场地面积预计为 3.32 平方米,每万人拥有社会体育指导员 42 人,全市国民体质合格率达 96.7%。成功举办无锡马拉松、"跃动锡城·阳光体育十大联赛"和第十三届市运会等赛事。新创国家体育旅游示范基地 1 家,中国体育旅游十佳项目 1 个、精品项目 3 个,省级体育服务综合体 1 家。全年无锡籍运动员参加东京奥运会获 1 银 1 铜,参加十四届全国运动会获 11 金 7 银 11 铜。全市体育彩票销售额 27.49 亿元,比上年增长 2.9%,总量排名全省第二。

年末有宗教活动场所 278 处,教职人员 528 名(不含散居道士)。

11. 人口、人民生活和社会保障

年末全市户籍人口 515.25 万人,比上年增长 1.23%。全年出生人口 30253 人,出生率 5.84‰;死亡人口 37470 人,死亡率 7.32‰,当年人口自然增长率为−1.48‰。户籍人口城镇化率 85.90%。年末全市常住人口 747.95 万人,比上年增长 0.21%,其中,城镇常住人口 619.98 万人,比上年增长 0.33%,常住人口城镇化率 82.89%。

全体居民人均可支配收入 63014 元,比上年增长 9.4%;城镇常住居民人均可支配收入 70483 元,比上年增长 8.9%;农村常住居民人均可支配收入 39623 元,比上年增长 10.8%。全体居民人均生活消费支出 39820 元,比上年增长 19.1%;城镇常住居民人均生活消费支出 43873 元,比上年增长 18.0%;农村常住居民人均生活消费支出 27127 元,比上年增长 23.6%。

全市企业职工基本养老保险人数(含离退休人员)394.54 万人,净增缴费人数 12.29 万人。全

市参加城镇职工基本医疗保险人数 408.81 万人,参加生育保险人数 262.84 万人,参加失业保险职工人数为 258.71 万人,扩面 12.76 万人;参加工伤保险人数 276.63 万人,扩面 28.05 万人。市区月低保标准提高至 1060 元。年末在领失业保险金人数为 2.26 万人。

城乡居民最低生活保障对象 12749 人,全年共发放低保金 1.35 亿元。实施城乡医疗救助 32.28 万人次,支付救助金 5479.56 万元;实施临时救助 5428 人次,发放救助金 774.48 万元。全市享受国家抚恤补助的重点优抚对象 16056 人。保障性安居工程建设有序推进,全市新开工保障性住房 30529 套(间),基本建成 11329 套(间)。

全年累计抽检监测各类食品 6.72 万批次,每千人抽检率达 9.00 批次,食品监测合格率为 98.62%。

12. 资源、环境和安全生产

全市全年国有建设用地供应总量 2631.11 公顷,比上年增长 1.1%,其中,工矿仓储用地 694.17 公顷,经营性用地 756.87 公顷,基础设施等其他用地 1180.07 公顷。

全年全社会用电量 838.64 亿千瓦时,比上年增长 10.4%。其中,工业用电量 620.25 亿千瓦时,增长 8.9%;城乡居民生活用电 84.97 亿千瓦时,增长 10.6%。

年末全市水资源总量 31.50 亿立方米,比上年下降 23.5%。全年初步统计总用水量 26.19 亿立方米,比上年增长 0.4%,其中,生活用水下降 1.8%,工业用水(开式火电用水以耗水计)增长 4.0%;农业用水下降 4.4%,生态补水增长 18.4%。

全市 PM2.5 年均浓度 29 微克/立方米,较上年下降 12.1%,首次降到 30 微克/立方米以下。全年空气优良天数首破 300 天大关,环境空气质量优良天数比率为 82.2%,比上年提高 0.5 个百分点。集中式饮用水源地水质达标率 100%,全市功能区昼间和夜间噪声达标率分别为 94.5% 和 72.7%。

年内市区新增绿地面积 350 公顷,人均公园绿地面积 15.02 平方米,建成区绿化覆盖率达到 43.5%。

全年发生各类安全生产事故 106 起,死亡 67 人,分别较上年下降 30.3%、22.1%。亿元 GDP 生产安全事故死亡率 0.005 人/亿元。

第七章　2020—2021年徐州市经济发展分析

一、2020年徐州市经济与社会运行发展情况

2020年,面对错综复杂的宏观经济形势和前所未有的疫情冲击,全市上下在市委、市政府的坚强领导下,坚持以习近平新时代中国特色社会主义思想为指导,全面贯彻党的十九大和十九届二中、三中、四中、五中全会精神,认真落实习近平总书记对江苏工作的重要指示要求。按照党中央、国务院和省委、省政府决策部署,坚持稳中求进工作总基调,坚持"三主"工作总要求,坚持高质量发展方向,统筹推进疫情防控和经济社会发展,扎实做好"六稳"工作,全面落实"六保"任务,全力打造贯彻新发展理念区域样板。全市经济稳定恢复、持续回暖,主要指标逐季向好、加快提升,产业结构持续调优,转型升级稳步推进,市场活力明显增强,生态环境不断优化,民生福祉显著改善,高水平全面建成小康社会取得决定性成就,"强富美高"新徐州建设取得新的显著成绩。

1. 综合情况

经济运行稳定恢复。初步核算,2020年,全市实现地区生产总值(GDP)7319.77亿元,按可比价计算,比上年增长3.4%,其中,第一产业增加值718.68亿元,较上年增长增长2.8%;第二产业增加值2931.61亿元,增长4.0%;第三产业增加值3669.48亿元,增长3.0%。预计全市人均地区生产总值达到8.28万元,全年平均每位从业人员创造的增加值达15.14万元。

图1　2016—2020年地区生产总值情况(单位:亿元)
数据来源:《徐州统计年鉴2021》

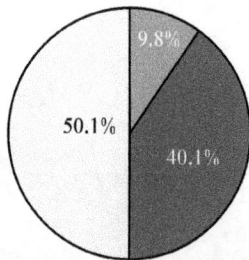

图2　2020年地区生产总值构成
数据来源:《徐州统计年鉴2021》

产业结构不断调优。全市三次产业结构调整为9.8:40.1:50.1。全市规模以上工业中,高新技术产业产值比上年增长15.4%,占规模以上工业总产值比重达到46.6%;战略性新兴产业产值增长17.4%,占规模以上工业总产值比重达到53.0%。规上服务业中,软件和信息技术服务业、互联网和相关服务业营业收入分别增长26.3%、24.8%,分别高于全部规上服务业25.1、23.6个百分点。

2020年全市人口908.38万人,其中,男性人口457.91万人,占

总人口比重 50.4％,女性人口 450.48 万人,占总人口比重 49.6％,男女人口基本保持平衡;城镇人口 596.18 万人,占全省人口的 65.63％,"十三五"期间城镇化水平进一步提高,但增速略有放缓。

表 1　2016—2020 年人口及构成情况

	2016 年	2017 年	2018 年	2019 年	2020 年
总人口(万人)	888.05	898.42	903.35	906.28	908.39
男性人口(万人)	447.58	452.8	454.39	455.86	457.91
男性人口占比	50.4	50.4	50.3	50.3	50.4
女性人口(万人)	440.47	445.62	448.96	450.42	450.48
女性人口占比	49.6	49.6	49.7	49.7	49.6
城镇人口(万人)	542.6	558.1	570.56	582.56	596.18
占人口比重％	61.1	62.12	63.16	64.28	65.63
农村人口(万人)	345.45	340.32	332.79	323.72	312.21
占人口比重％	38.9	37.88	36.84	35.72	34.37

数据来源:《徐州统计年鉴 2021》

2020 年全市新出生人口 106531 人,出生率 10.24‰;死亡人口 107236 人,死亡率 10.31‰,自然增长人口数呈现负增长,自然增长率－0.07‰,近三年人口自然增长率持续下滑。"十三五"期间人口自然变动情况如表 2。

表 2　2016—2020 年人口自然变动(户籍人口)(单位:人)

年份	出生人口	出生率	死亡人口	死亡率	自然增长	自然增长率
2016	184364	17.81	39293	3.8	145071	14.02
2017	161550	15.53	146280	14.06	15270	1.47
2018	139514	13.39	53436	5.13	86078	8.26
2019	106644	10.22	55763	5.35	50881	4.87
2020	106531	10.24	107236	10.31	－705	－0.07

数据来源:《徐州统计年鉴 2021》

市场主体规模持续扩大。年末全市工商新登记企业 5.68 万家,比上年增长 10.1％;注册资金 4270.94 亿元,增长 17.9％,其中,新增私营企业 4.97 万家、增长 7.3％,注册资金 2743.09 亿元、增长 7.3％;新增外资企业 227 家,注册资金 374.50 亿元,下降 17.3％。新增个体户 17.78 万户,增长 33.0％,注册资金 246.09 亿元,增长 15.5％。

就业情况总体稳定。全年城镇新增就业 8.80 万人;城镇失业人员再就业 7.48 万人,城乡就业困难人员就业 1.63 万人;新增农村劳动力转移 5.25 万人。年末城镇登记失业率为 1.76％,较 2019 年上升 0.01％。

表 3　城镇登记失业人数及失业率　　　　　　　　　　　单位:人、％

	2016 年	2017 年	2018 年	2019 年	2020 年
当年需要安置的人数	169543	170150	177054	168469	134591
当年已安置就业的人数	138586	139772	145947	135958	101921
年末城镇登记失业人数	30953	30375	31105	32413	32669
年末城镇登记失业率(％)	1.85	1.82	1.78	1.75	1.76

数据来源:《徐州统计年鉴 2021》

引领大学生创业 4470 人,增长 39.6％。全年城乡劳动者职业技能培训 10.73 万人,增长

134.6%;全年创业培训1.9万人、增长3.8%。新增高技能人才9182人。规模以上企业劳动合同签订率达99.9%,已建工会企业集体合同签订率达96.7%。

全市就业人数482.11万人,其中职工人数71.08万人。第一产业从业人员95.01万人,占总就业人数的19.7%;第二产业从业人数166.53万人,占总就业人数的34.5%;第三产业从业人员220.57万人,占总就业人数的45.8%。

表4　2016—2020年全市从业人数及构成　　　　　　　　　　　　单位:万人

	2016年	2017年	2018年	2019年	2020年
从业人数	475.02	479.94	481.93	483.44	482.11
职工人数	92.89	90.43	79.6	69.95	71.08
国有经济单位	31.76	31.3	30.06	30.68	51.2
城镇集体经济单位	3.21	3.04	2.85	2.18	5.19
其他经济类型单位	57.92	56.09	46.69	37.09	14.69
城镇私营企业从业人员和个体劳动者	134.7	157.5	167.96	173.76	
其他从业人员	27.2	6.73	11.22	8.5	8.98
从业人数	475.02	479.94	481.93	483.44	482.11
第一产业	138.89	127.74	114.81	100.34	95.01
比重	29.2	26.6	23.8	20.8	19.7
第二产业	152.34	155.27	162.65	168.15	166.53
比重	32.1	32.4	33.7	34.8	34.5
第三产业	183.79	196.93	204.47	214.95	220.57
比重	38.7	41	42.4	44.5	45.8

数据来源:《徐州统计年鉴2021》

2020年价格指数保持平稳。全年城市居民消费价格比上年上涨2.8%。分类别看,食品烟酒类上涨9.0%,衣着类与上年持平,居住类下降0.1%,生活用品及服务类上涨0.6%,交通和通信类下降3.2%,教育文化和娱乐类上涨2.2%,医疗保健类与上年持平,其他用品和服务类上涨4.5%。全市工业生产者出厂价格指数累计同比下降0.5%,工业生产者购进价格指数累计下降0.9%。

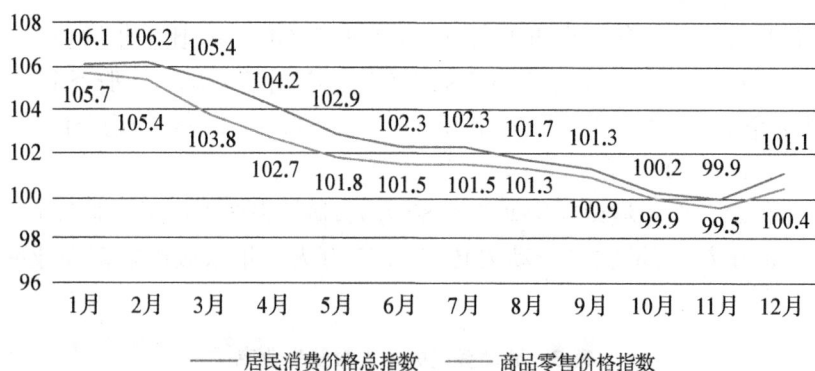

图3　城市(市区)居民消费价格指数和商品零售价格指数(以去年同月价格为100)
数据来源:《徐州统计年鉴2021》

经济社会发展各项事业取得积极成效的同时,疫情带来的发展缺口尚未完全弥补,全市经济稳定增长仍然面临较多困难和挑战。整体加快恢复的压力依然较大,新兴动能发展仍存在较多短板;内需发展动力略显不足,城乡区域发展不够平衡;生态环境保护仍有较多短板,民生质量有待进一步提升。

居民收入稳定增长。全年全市居民人均可支配收入31166元,比上年增长4.8%。其中,工资性收入17471元,增长3.5%;经营净收入6322元,增长2.3%;财产净收入1865元,增长8.6%;转移净收入 5508 元,增长 11.0%。按常住地分,城镇居民人均可支配收入 37523 元,增长 3.6%,农村居民人均可支配收入 21229 元,增长 6.8%。城乡收入比由上年的 1.82:1 调整为 1.77:1,收入差距进一步缩小。全市居民人均生活消费支出 17642 元,下降 2.2%。按常住地分,城镇居民人均生活消费支出 20418 元,下降 1.9%;农村居民人均生活消费支出 13303 元,下降 4.0%。全市居民恩格尔系数为 29.9%,其中,城镇为 29.5%,农村为 30.9%。

表 5　主要年份居民家庭收支情况　　　　　　　　　　　　　　　　　单位:元

		2016 年	2017 年	2018 年	2019 年	2020 年
人均可支配收入	全体居民	22348.06	25116.03	27385.39	29735.91	31166.41
	城镇居民	28421.33	30986.83	33585.88	36214.58	37522.93
	农村居民	15274.05	16696.53	18206.15	19872.64	21228.9
人均消费支出	全体居民	14321.45	15688.44	16817.56	18047.87	17642.24
	城镇居民	17254.95	18233.88	19462.8	20805.01	20418.11
	农村居民	11059.45	12037.96	12901.55	13850.33	13302.56

数据来源:《徐州统计年鉴 2021》

社会保障体系日益完善。年末职工养老保险(含离退休人员)、城乡居民养老保险参保人数分别达 213.89 万人、332.02 万人,比上年分别增长 3.8%、0.2%,城乡基本养老保险覆盖率预计达 98.0%;城乡居民医疗保险、职工医疗保险参保人数分别达 785.24 万人、173.92 万人,城乡基本医疗保险覆盖率达 99.0%。全市城乡低保月标准一体化提高到 650 元,年末在保人数 12.53 万人;全年实施直接医疗救助 57.68 万人次,支出救助金 6.28 亿元。年末各类养老机构达 214 家,养老床位 6.87 万张,千名老人拥有机构养老床位 40.84 张。

2. 固定资产投资

固定资产投资平稳回升。全年固定资产投资比上年增长 0.4%。全年在建项目 3753 个,其中本年新开工项目 2841 个。分所有制类型看,项目投资中国有经济控股投资下降 9.9%;外商及港澳台商投资下降 35.9%;民间投资增长 2.9%,占全部投资比重达 78.4%。基础设施投资增长 3.6%。

投资结构持续优化。第一产业投资比上年下降 28.9%;第二产业投资增长 14.1%;第三产业投资下降 10.2%。第二产业投资中,工业投资增长 13.4%,其中,工业技改投资增长 32.1%,占工业投资比重为 49.2%;制造业投资增长 12.3%。高新技术产业投资增长 13.5%,其中高技术投资增长 19.0%。第三产业投资中,互联网和相关服务业、专业技术服务业、生态保护和环境治理业投资分别增长 82.2%、26.7% 和 6.5%。

房地产市场平稳发展。全年房地产开发投资增长 1.7%,其中,商业营业用房投资增长 4.4%。全年商品房施工面积 7337.03 万平方米,增长 10.6%;新开工面积 1889.27 万平方米,下降 7.8%;竣工面积 1230.66 万平方米,增长 87.2%。全年商品房销售面积 1657.69 万平方米,增长 12.5%;其中,住宅 1577.03 万平方米,增长 15.0%;商品房销售额 1478.51 亿元,增长 25.6%,其中,住宅 1411.89 亿元,增长 28.0%。

表 6　主要年份房地产投资与销售情况

项　目	2016 年	2017 年	2018 年	2019 年	2020 年
企业个数(个)	432	384	530	571	508
投资完成额(万元)	5491309	5386244	7164325	8529360	8670725
按构成分					
建筑工程	4075039	3764131	4253666	5604569	5594775

续表

项 目	2016 年	2017 年	2018 年	2019 年	2020 年
安装工程	570022	609430	626793	508508	471900
设备工器具购置	206973	107861	68054	161514	116971
其他费用	639275	904822	2215812	2254769	2487079
按工程用途分					
住宅	4150360	4218147	5853139	7105562	7060922
办公楼	255195	220503	144153	128262	256941
商业营业用房	847687	740041	719706	799317	834495
其他	238067	207553	447327	496219	518367
按资金来源分					
♯国内贷款	763638	1084605	1097471	1914618	2633456
利用外资		31955	130942	4991	13482
自筹投资	2035800	1419793	2243680	1668134	3000884
其他投资	4323183	5332103	689446	605450	297076
房屋建筑面积(万平方米)					
施工面积	4290.41	4690.59	5842.17	6630.97	7337.03
♯住宅	3334.84	3698.34	4662.14	5285.54	5792.33
竣工面积	601.79	520.53	766.19	657.24	1230.66
♯住宅	488.73	442.07	628.8	521.85	920.62
商品房销售情况					
房屋实际销售面积	1071.43	1183.8	1253.45	1474.07	1657.69
♯住宅	917.89	1077.78	1160.67	1371.25	1577.03
商品房销售额(万元)	5878184	7420007	8630837	11773125	14785106

数据来源:《徐州统计年鉴 2021》

3. 对外经济贸易和国际旅游

外贸进出口发展向好。全年实现进出口总额 1067.16 亿元,比上年增长 14.2%,其中,出口总额 865.30 亿元,增长 10.9%;进口总额 201.86 亿元,增长 31.1%。按美元计价的进出口总额实现 154.33 亿美元,增长 13.9%,其中,出口总额 124.85 亿美元,增长 10.3%;进口总额 29.48 亿美元,增长 32.2%。从出口结构看,一般贸易出口额 750.87 亿元,增长 6.3%,占出口总额比重为 86.8%;加工贸易出口额 35.80 亿元,下降 40.5%。全市服务贸易进出口总额 19.50 亿美元,占对外贸易比重为 11.2%。从出口产品看,机电产品出口额 469.51 亿元,增长 26.6%;高新技术产品出口额 88.7 亿元,增长 117.1%。从出口市场看,对东南亚国家联盟出口 203.47 亿元,增长 12.8%;对欧盟(不含英国)出口 103.82 亿元,增长 0.3%;对拉丁美洲出口 52.98 亿元,增长 19.5%;对日本出口 28.32 亿元,增长 36.1%;对美国出口 124.02 亿元,增长 26.5%;对非洲出口 47.41 亿元,下降 0.3%;对"一带一路"沿线国家出口额 368.83 亿元,增长 0.5%,占全市出口总额的比重为 42.6%。

表7　2016—2020 年对外贸易主要指标　　　　　　　　　　　　　　单位:万美元

指 标	2016 年	2017 年	2018 年	2019 年	2020 年
自营进出口总额	624838	780061	1174419	1351908	1543267
自营出口	525438	633413	970842	1128831	1248495
自营进口	99400	146648	203577	223077	294773
新批外商投资项目个数(个)	166	188	263	212	187
新批协议注册外资额	351188	425776	571690	541586	726795

指 标	2016 年	2017 年	2018 年	2019 年	2020 年
实际使用外资	150574	165991	189848	208997	220059
新签对外承包工程劳务合同额	9784	34052	21682	18822	4422
对外承包工程劳务营业额	10028	10078	13586	19925	9739
期末在外人数(人)					
新批海外投资企业(家)	24	22	21	28	32
年末实有三资企业(家)	1516	1782	1957	2265	2087
♯投产开业企业	1516	1782	1957	2265	2087

数据来源:《徐州统计年鉴 2021》

对外经济合作发展良好。全年实际使用外资 22.01 亿美元,比上年增长 5.3%。新批协议外资 72.68 亿美元,增长 34.2%;新批及净增资 3000 万美元以上的项目 110 个,其中 1 亿美元以上的项目 19 个。新签对外承包工程合同额、新签对外承包工程完成营业额分别为 0.44 亿美元和 0.97 亿美元;新批境外投资项目 32 个,增加 4 个,境外投资中方协议投资额 4.6 亿美元,比上年增长 127.2%。

表 8 外商直接投资情况 单位:万美元

	2016 年	2017 年	2018 年	2019 年	2020 年
合同数(个)	166	188	263	212	187
合同外资额(万美元)	351188	425776	571690	541586	726795
实际利用外资(万美元)	150574	165991	189848	208997	220059

数据来源:《徐州统计年鉴 2021》

开发区经济稳定发展。全市共有省级以上开发园区 16 个,其中国家级开发区 2 个。全年开发区一般公共预算收入 302.14 亿元,增长 5.0%。实现进出口总额 128.19 亿美元,增长 19.1%,占全市总量的 83.1%,其中,出口总额 100.78 亿美元,增长 15.6%,占全市总量的 80.7%。实际到账注册外资 17.63 亿美元,增长 6.2%,占全市总量的 80.1%。

2020 年旅游业受疫情影响较大,各项指标均出现较大下滑,全年国际旅游收入 2054 万美元,相比 2019 年缩水近一半。过夜旅游者人数 12130 人,相比去年减少 34724 人,其中,外国过夜旅游者人数减少 28008 人,国际旅游业遭受较大冲击;港澳台过夜旅游者 3172 人,相比 2019 年减少 6716 人。

表 9 主要年份国际旅游人数和收入

指 标	2016 年	2017 年	2018 年	2019 年	2020 年
过夜旅游者人数	34105	39884	44472	46854	12130
外国人	25317	31276	33880	36966	8958
港澳台同胞	8788	8608	10592	9888	3172
过夜者人天数(人天)	130706	159607	181182	193210	100352
外国人	99115	128646	143584	156546	77684
港澳台同胞	31591	30961	37598	36664	22668
国际旅游收入(万美元)	3938	4963	5431	5712	2054

数据来源:《徐州统计年鉴 2021》

4. 财政、金融、保险

财税收支平稳增长。全年实现一般公共预算收入 481.82 亿元,比上年增长 2.9%,其中,税收收入 380.68 亿元,增长 1.8%,占一般公共预算收入比重达 79.01%。主体税种中,个人所得税、企业所得税和契税分别完成 17.84 亿元、43.78 亿元和 42.43 亿元,分别增长 10.3%、12.3% 和 46.9%;增值税和城市维护建设税分别完成 166.09 亿元和 34.07 亿元,分别下降 12.2% 和 1.2%。全年一般公共预算支出 958.07 亿元,比上年增长 8.6%,其中用于教育、文化旅游体育与传媒、卫生健康、交通运输、社会保障和就业等民生领域的支出分别增长 8.4%、64.2%、6.1%、12.7% 和 23.5%。

金融信贷规模扩大。年末全市金融机构人民币各项存款余额 9141.99 亿元,比年初增加 1105.43 亿元,比上年增长 13.8%,其中,住户存款 4513.38 亿元,增长 12.2%。金融机构人民币各项贷款余额 6952.08 亿元,比年初增加 1174.80 亿元,比上年增长 20.3%。按贷款期限分,短期贷款 1828.28 亿元,增长 7.1%;中长期贷款 4623.93 亿元,增长 28.5%。

表 10　主要年份金融机构(人民币)存贷款　　　　　　　　　　单位:万元

年份	金融机构各项存款余额	♯居民储蓄	金融机构各项贷款余额	人均储蓄(元/人)
2016	54953059	30902119	36202134	34979
2017	63963815	33494523	41731982	37498
2018	71073928	36048424	49124733	40014
2019	80365597	40236620	57772825	44469
2020	91419858	45133803	69520802	49743

资本市场平稳运行。年末全市共有证券公司(分公司)4 家,证券营业部 42 家,期货经纪公司 1 家,期货经纪公司营业部 6 家。年末全市共有上市公司 11 家,其中,境内 10 家、境外 1 家;上市公司总股本 155.76 亿股、比上年增长 1.4%,总市值 907.19 亿元、增长 8.9%。"新三板"挂牌企业 21 家,当年新增 2 家。区域股权交易市场挂牌企业 1124 家,当年新增 234 家。

保险业务稳定增长。新增保险保险公司 5 家,年末保险公司 77 家。全年保费总收入 254.50 亿元,比上年增长 4.2%,其中,寿险保费收入 176.08 亿元,增长 1.4%,财产险保费收入 78.42 亿元,增长 10.9%。全年累计赔款和给付支出 77.34 亿元,增长 14.2%,其中,赔款支出 53.09 亿元,增长 16.1%,赔款支出中财产险赔款 42.66 亿元,增长 12.0%。

表 11　2016—2020 年保险业务主要指标

指　标	2016 年	2017 年	2018 年	2019 年	2020 年
保险公司数(个)	60	61	69	72	77
保险收入	1664340	2093418	2204673	2444052	2545009
财产险	500902	581380	607849	711811	784220
人寿险	1163438	1512038	1596824	1732241	1760789
各项赔款和给付	526780	581688	612388	631504	773363
财产险	244448	277723	331932	367522	426635
人寿险	282332	303965	280456	263982	346728

数据来源:《徐州统计年鉴 2021》

5. 自然资源、城乡建设和环境保护

自然资源储备丰富。全年水资源总量 55 亿立方米,比上年增长 55.8%。总用水量 38.55 亿立方米,下降 1.1%。全年成片造林面积和森林抚育面积分别达 13.6 千公顷和 8.54 千公顷,分别增长 134.5% 和 6.8%。新建及更新农田林网面积 30.89 千公顷,增长 35.4%。

环境治理力度加大。全市林木覆盖率为 30.54%,比上年提高 0.34 个百分点。全市有自然公园 19 个,面积达 41.18 千公顷。空气质量明显改善,市区环境空气质量达到二级以上的天数为

261天(实况数据,下同),优良率71.3%,提高12.1个百分点;市区PM2.5浓度为$50\mu g/m^3$,下降12.3%;化学需氧量、二氧化硫、氨氮、氮氧化物四种主要污染物排放量全面完成国家下达任务。地表水国考断面优于Ⅲ类水质的比例为77.8%,省考以上断面达到或优于Ⅲ类水质比例为83.3%,无劣Ⅴ类水断面。

2020年重点调查工业企业520家。在调查企业中,全年废水治理设施运行费用32593.39万元,工业废水处理量4934万吨,工业废气治理设施处理能力13178.85万立方米/时。重点调查工业企业污染治理设施情况如表12。

表12　重点调查工业企业污染治理设施情况

指　标	2016年	2017年	2018年	2019年	2020年
工业企业数(个)	650	515	531	525	520
废水治理设施运行费用(万元)	32197.2	34755.73	19470.63	21321.2	32593.39
工业废水处理量(万吨)	98455.76	6884.53	5496.24	6191.29	4934
工业废水排放量	8693.94	3007.53	2659.32	3174.39	2543.66
工业废气排放量(亿立方米)	5782.57	3971.62	3206.51	3967.4	4574.97
废气治理设施处理能力(万立方米/时)	6668.39	898135.4	201176.18	201926.26	13178.85

数据来源:《徐州统计年鉴2021》

安全生产形势良好。全年各类生产安全事故253起,死亡128人,按可比口径计算,比上年分别下降56.5%和50.2%。亿元GDP生产安全事故死亡人数0.017人,下降52%。

城建重点工程进展顺利。全年六大类、90项城建重点工程开工率、投资完成量创历年新高。轨道交通2号线通车运营,3号线二期、6号线一期开工建设,三环南路快速化改造启动实施,大龙湖国际会议中心建成运营,淮海经济区金融服务中心、淮海国际博览中心建设全面提速,大郭庄机场完成迁建转场,园博会筹办高效推进,城市建设呈现组团开发、联动推进的良好态势。

村镇建设水平不断提升。全年新改善农房3.7万户,新建农村公路579公里、桥梁163座,新建改建户厕3.6万户。全市行政村生活垃圾保洁收运体系实现全覆盖,村庄污水治理覆盖率达到71%,农村无害化厕所普及率超过97%。累计建成省级特色田园乡村32个、市级特色田园乡村27个、美丽宜居村庄812个。

城市公用事业建设不断完善,2020年城市建设用地面积287.55平方公里,供水综合生产能力158.3万吨/日,供水总量38640万立方米;人均日生活用水量168升,供气总量15834吨,较2019年减少10074吨。全年公共汽车营运2786辆,较2019年增加130辆,客运总量18880万人次,出租汽车营运数4319辆,较2019年增加81辆。城市绿化覆盖面积18006公顷,较上年增加581公顷,其中,园林绿地面积17362公顷,人均绿地覆盖面积16.6平方米,建成区绿化覆盖面率43.1%。

表13　主要年份城市公共事业建设情况

指　标	2016年	2017年	2018年	2019年	2020年
城市建设用地面积(平方公里)	244.13	255.02	274.28	280.15	287.55
供水、供气及供热					
供水综合生产能力(万吨/日)	137	135.2	142.5	158.6	158.3
供水管道长度(公里)	2708	2795	3135	3245	3443
供水总量(万立方米)	26199	26708	31805	31073	38640
♯生产用水量	8995	12195	11217	10747	10522

续表

指 标	2016 年	2017 年	2018 年	2019 年	2020 年
生活用水量	6491	8156	9932	10349	10494
人均日生活用水量(升)	125	113	167	168	168
储气能力(吨)	4983	4508	1587	2683	772
供气总量(吨)	20925	21094	18474	25908	15834
♯家庭用量	13103	20572	17961	15539	11144
煤气和液化石油气普及率(%)	98	100	100	99.8	100
储气能力(万立方米)	85	87	87	135	140
供气管道长(公里)	2036	2164	2353	2758	2998
供气总量(万立方米)	31629	32055	32755	52716	66769
♯家庭用量	8375	10282	11808	12929	14438
城市市政设施情况					
实有道路长度(公里)	2550	2577	2607	2665	2680
道路面积(万平方米)	4463	4554	4644	4783	4863
人行道面积(万平方米)	673	690	717	759	736
排水管道长度(公里)	2196	2351	2073	2242	2336
桥梁数(座)	285	285	286	288	267
公共交通					
公共汽车营运车数(辆)	2359	2377	2613	2656	2786
客运总量(万人次)	35906	35068	35122	39237	18880
出租汽车营运车数(辆)	4319	4319	4317	4238	4319
城市园林绿化					
绿化覆盖面积(公顷)	16507	16689	16888	17425	18006
园林绿地面积(公顷)	15983	16165	16363	16793	17362
公园个数(个)	74	75	75	76	56
人均公园绿地面积(平方米)	15.7	14.7	14.3	15.4	16.6
建成区绿化覆盖率(%)	43.8	43.8	43.6	43.7	43.1

数据来源:《徐州统计年鉴 2021》

中心城市能级提升。徐连高铁通车,东部绕越高速启动建设,内畅外联的交通网络日趋完善。"无废城市"试点建设有序推进,高分通过全国文明城市复检。入选江苏省美丽宜居城市建设试点城市,连续两年荣获国务院真抓实干成效明显地方激励支持的地级市。淮海经济区十市协同发展,共同签署交通一体化、生态环境联防联控等合作协议,并启动淮海经济区投资基金,全力推进跨界共建合作园区建设,区域合作日益加强。

6. 农业

农业生产总体稳定。全年实现农林牧渔业(含农林牧渔服务业)总产值 1248.34 亿元,比上年增长 5.6%,其中,农业在"十三五"期间快速发展,由 2016 年总产值 650.95 亿元上升到 2020 年的749.25 亿元。农林牧渔业增加值 755.8 亿元,其中,农业增加值 528.8 亿元,林业增加值 10.4 亿元,牧业增加值 123.4 亿元,渔业增加值 56.1 亿元。

表 14　主要年份农业产值及增加值　　　　　　　　　　　　　　　　单位:万元

指 标	2016 年	2017 年	2018 年	2019 年	2020 年
农林牧渔业总产值	10467616	11500108	11143629	11817228	12483408
农业产值	6509526	7143373	6794243	7032918	7492590
林业产值	184734	201565	150894	161035	175795

续表

指 标	2016 年	2017 年	2018 年	2019 年	2020 年
牧业产值	3019045	3297707	2681729	2966063	3094812
渔业产值	43279	470085	962453	1021162	1044003
农林牧渔服务业	32232	387378	554310	636050	676208
农林牧渔业增加值	5632045	6250272	6804700	7178373	7558000
农业增加值	3859750	4284729	4788347	4975093	5288149
林业增加值	108945	119471	87697	95041	103825
牧业增加值	1193503	1307532	1101824	1199091	1233603
渔业增加值	266753	293777	517948	559091	561250

数据来源:《徐州统计年鉴 2021》

在农林牧渔业分项构成中,农业产值 749.26 亿元,占总产值的 60.02%;林业产值 17.58 亿元,占总产值的 1.41%;牧业产值 309.48 亿元,占总产值的 24.79%;渔业产值 104.4 亿元,占总产值的 8.36%;农林牧渔服务业产值 67.62 亿元,占总产值的 5.42%。

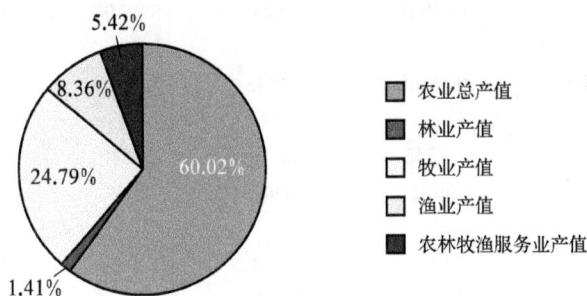

图 4 农林牧渔业分项构成(单位:%)

数据来源:《徐州统计年鉴 2021》

全年粮食播种面积 767.90 千公顷,增长 0.8%。粮食单产 6536.24 公斤每公顷;粮食总产量 501.92 万吨,增长 0.1%,其中,夏粮产量 211.82 万吨,增长 0.5%,秋粮产量 290.1 万吨,略低于上年同期。全年棉花种植面积 4.80 千公顷,下降 24.6%,产量 0.70 万吨,下降 41.6%;油料种植面积 26.26 千公顷,下降 11.1%,产量 11.55 万吨,下降 12.4%;蔬菜及食用菌种植面积 344.29 千公顷,增长 0.2%,产量 1294.93 万吨,增长 0.5%;蚕茧产量 0.41 万吨;水果产量 116.37 万吨,增长 1.29%。全年猪肉产量 26.80 万吨,增长 14.2%;牛、羊肉产量分别为 0.87 万吨和 1.46 万吨,分别下降 9.6% 和 5.3%;禽肉产量 27.04 万吨,下降 1.6%;禽蛋产量 35.83 万吨,增长 13.0%;牛奶产量 12.14 万吨,增长 7.3%;水产品产量 15.8 万吨(不含远洋捕捞),下降 1.7%。

表 15 2016—2020 年主要农产品产量

	2016 年	2017 年	2018 年	2019 年	2020 年
粮食(万吨)	484.7	500.3	484.48	501.54	501.92
棉花(万吨)	1.18	1.14	1.03	1.2	0.7
油料(万吨)	9.84	9.34	12.32	13.18	11.55
蚕茧(吨)	3674	4676	4536	4714	4122
水果(万吨)	110.07	115.33	83.62	114.89	116.37
大牲畜年末数(万头)	16.06	13.55	10.02	8.34	6.89
生猪存栏(万头)	275.05	243.46	233.46	125.85	263.28
猪牛羊肉(万吨)	44.91	42.12	38.77	25.96	29.12
水产品(万吨)	18.88	17.32	16.87	16.08	15.8

数据来源:《徐州统计年鉴 2021》

现代农业较快发展。全年新增设施农业面积 11.43 千公顷,累计达 146.17 千公顷,比上年增长 0.9%;设施渔业面积累计达 6.80 千公顷;新建高标准农田 40.93 千公顷,累计建成 441.03 千公顷,增长 10.2%。新增有效灌溉面积 2 千公顷,累计达 537.87 千公顷,增长 0.4%;新增节水灌溉面积 5.8 千公顷,累计达 368.67 千公顷,增长 1.6%。年末农业机械总动力 765.19 万千瓦,增长 2.1%。

表 16　2016—2020 年农业现代化指标

单位:千公顷

指　标	2016 年	2017 年	2018 年	2019 年	2020 年
农业机械化情况					
农业机械总动力(万千瓦)	712.33	733.48	736.85	749.26	765.19
机耕面积	801.44	812.6	860.91	853.94	1072.37
机播面积	664.35	673.2	695.62	685.7	885.88
机械开沟面积					
机械植保面积	794.86	750.12	730.2	713.6	980.93
机械收获面积	707.6	702.32	740.51	730.5	854.73
农村电气化情况					
农村用电量(万千瓦时)	661057	680290	699597	689882	696919
农业化学化情况					
农用化肥施用量(折纯量)(吨)	604558	587035	565919	556618	541729
每公顷耕地施用量(公斤)					
农用塑料薄膜使用量(吨)	13545	13541	13240	13127	12877
农药使用量(吨)	9983	9798	8829	8595	8341
农田水利情况					
有效灌溉面积	521.3	527.3	535.2	538.87	537.86
旱涝保收面积	469.53	468.3	489.13	490.6	492.53
农村基础设施情况(个)					
自来水受益村数	1975	1993	2006	2018	2000

数据来源:《徐州统计年鉴 2021》

农业产业化水平不断提升。全市国家级、省级、市级农业龙头企业分别达到 7 家、83 家和 265 家,当年新增省级农业龙头企业 8 家。市级以上农业龙头企业销售收入 748.86 亿元,带动农户 227.43 万户。全年稻麦秸秆还田面积达 629.29 万亩,比上年增长 4.4%,秸秆综合利用率达 96.1%,提高 1.1 个百分点;累计建设秸秆收储中心和临时堆放点 1300 处,年收储能力达 120 万吨,增长 9.1%。全市土地承包经营权流转面积达 432.63 万亩,增长 16.9%。农民合作社数量达到 1.41 万个。

7. 工业和建筑业

工业生产稳定增长。全年规模以上工业增加值比上年增长 6.3%,其中,轻工业增长 0.6%,重工业增长 10.0%。分经济类型看,股份制工业增长 7.6%,国有控股工业增长 6.0%,民营工业增长 3.3%。六大优势产业产值增长 7.7%,占规模以上工业总产值比重为 92.2%,其中,装备制造和建材产业产值分别增长 24.5% 和 8.3%,能源、食品加工、煤盐化工和冶金产业产值分别下降 5.2%、1.6%、15.3% 和 1.9%。

表 17　分类型规模以上工业企业主要指标

单位:万元

	企业个数	资产总计	负债合计	销售费用	管理费用	财务费用
总计	2024	54243991	30558060	1996205	1220164	391989
按登记注册类型分						
内资企业	1900	46215974	26641756	1884795	1032536	330504

续表

	企业个数	资产总计	负债合计	销售费用	管理费用	财务费用
港、澳、台商投资企业	58	5120495	2281027	25040	88532	44458
外商投资企业	66	2907523	1635277	86369	99096	17028
按轻重工业分						
轻工业	630	9660583	3801403	619272	283275	30227
重工业	1394	44583408	26756656	1376933	936889	361762
按企业规模分						
大型企业	42	27297123	14911019	1421763	485167	142080
中型企业	160	10420413	6335941	252955	249485	108334
小型企业	1618	15359664	8602121	309170	461887	125367
微型企业	204	1166792	708979	12316	23625	16208

数据来源:《徐州统计年鉴2021》

先进制造业发展较快。全市规模以上工业中,新兴产业、高端产业保持较快增长,成为拉动全市工业经济恢复的重要动力。全市战略性新兴产业占规模以上工业总产值比重比上年提高12.4个百分点;全市重点发展的四大战略性新兴主导产业产值增长21.0%,占全部规上工业产值比重为41.4%,比上年提高5.3个百分点,其中,装备与智能制造产业、生物医药与大健康产业、集成电路与ICT产业分别增长26.2%、18.7%和33.4%,新能源产业下降5.2%。太阳能电池、光电子器件等新产品产量分别增长18.7%和5.2%。

工业企业经营效益向好。全年规模以上工业企业实现营业收入比上年增长7.9%,利润总额增长16.9%;营业收入利润率为6.2%,资产负债率为56.3%。全年规上工业企业产销率为98.6%。

建筑业稳定发展。全年实现建筑业总产值1559.53亿元,比上年增长5.0%;竣工产值1076.97亿元,竣工率达69.1%。建筑业企业房屋建筑施工面积9993.25万平方米,下降0.4%,其中,新开工面积4027.45万平方米,增长0.5%。内资企业726家,建筑业总产值1559.21亿元,港澳台商投资企业总产值0.31亿元;施工总承包序列企业560家,总产值1439.82亿元,其中,特级工程总产值200.37亿元,一级工程537.17亿元,二级工程415.24亿元,三级工程287.04亿元。专业承包序列168家企业,总产值119.71亿元,一级工程45.87亿元,二级工程42.65亿元,三级工程30.18亿元,不分等级工程总产值1.01亿元。

表18 建筑业企业生产情况 单位:亿元

	企业个数	签订建筑合同额	竣工产值	建筑业总产值
总计	728	2352.16	1076.97	1559.53
按登记注册类型分				
内资企业	726	2351.61	1076.66	1559.21
港澳台商投资	2	0.55	0.31	0.31
按建筑业企业资质等级分组				
施工总承包序列	560	2223.76	997.05	1439.82
施工总承包序列特级工程	4	356.72	151.00	200.37
施工总承包序列一级工程	53	828.90	371.54	537.17
施工总承包序列二级工程	184	632.53	274.83	415.24
施工总承包序列三级工程	319	405.61	199.67	287.04
专业承包序列	168	128.40	79.93	119.71
专业承包序列一级工程	39	54.39	29.79	45.87

续表

	企业个数	签订建筑合同额	竣工产值	建筑业总产值
专业承包序列二级工程	75	49.95	29.56	42.65
专业承包序列三级工程	45	23.81	19.95	30.18
专业承包序列不分等级工程	9	0.25	0.62	1.01

数据来源:《徐州统计年鉴 2021》

8. 交通运输、邮电和服务业

服务业经济稳定恢复。全年批发和零售业增加值 1053.27 亿元,按可比价计算,比上年增长 1.2%;交通运输、仓储和邮政业增加值 326.96 亿元,增长 2.8%;住宿和餐饮业增加值 119.49 亿元,下降 10.5%;金融业增加值 412.09 亿元,增长 9.4%;房地产业增加值 538.53 亿元,增长 4.8%。全年规模以上服务业营业收入比上年增长 1.2%,营业利润下降 3.3%。

交通运输业总体平稳。全市年末公路总里程 15918.22 公里,其中,高速公路 463.96 公里;输油管道里程 6623 公里。全年公路货运量 29299 万吨,增长 6.2%;水运货运量 6972 万吨,下降 3.4%;港口货物吞吐量 4390.92 万吨,增长 9.5%,徐州港集装箱吞吐量 10.55 万吨,增长 73.9%;管道货物运输量 13530 万吨,下降 8.2%;航空货物运输量 1.13 万吨,下降 6.0%。完成公路货物周转量 985.22 亿吨公里,增长 9.3%,水运货物周转量 270.58 亿吨公里,下降 2.0%,管道货物周转量 652.2 亿吨公里。全年公路旅客运输量 6672 万人次,公路旅客周转量 35.43 亿人公里,分别下降 29.3% 和 41.7%;观音机场航空旅客运输量 220.11 万人次,下降 26.8%;徐州直属站铁路客运发送量 2055.85 万人次,下降 24.0%。年末全市机动车总计 190.46 万辆,比上年末增长 9.7%,其中,民用汽车保有量 167.54 万辆,增长 10.7%。年末私人汽车保有量 154.66 万辆,增长 10.9%,其中,私人轿车 94.63 万辆,增长 11.2%。

表 19 2016—2020 年客、货运情况

	2016 年	2017 年	2018 年	2019 年	2020 年
全社会客运量(万人)	15660	13662	12750	12440	8948
铁路	2295	2207	2535	2705	2056
公路	13217	11013	9960	9434	6672
全社会货运量(万吨)	37896	40152	46819	54108	55316
♯铁路	697	598	4796	5080	5495
公路	17586	19485	21164	27576	29299
水运	5801	6287	6456	6707	6972

数据来源:《徐州统计年鉴 2021》

邮政电信业快速发展。全年邮政行业业务总量和业务收入(不包括邮政储蓄银行直接营业收入)分别完成 106.11 亿元和 48.11 亿元,比上年分别增长 37.0% 和 32.1%。邮政寄递服务业务量累计完成 2.06 亿件,增长 15.6%,业务收入累计完成 3.64 亿元,增长 13.3%。全市快递服务企业业务量累计完成 3.98 亿件,增长 40.2%,业务收入累计完成 30.82 亿元,增长 53.8%。全年完成电信业务总量和电信业务收入 777.13 亿元和 74.46 亿元,分别增长 25.5% 和 7.9%。年末全市固定电话用户总数 81.85 万户,下降 5.7%;移动电话用户 963.96 万户,增长 0.3%。年末互联网宽带接入用户 358.15 万户,增长 6.2%。

表 20　主要年份邮政电信情况

	2016 年	2017 年	2018 年	2019 年	2020 年
邮电局总数(处)	235	235	232	233	233
邮路总长度(公里)	10923	14814	35464	30636	31944
农村投递线路长度(公里)	22319	23291	23185	22786	23176
农村投递线路长度(公里)	22319	23291	23185	22786	23176
互联网宽带接入用户数(万户)	223.61	268.59	313.81	337.2	358.15
邮电业务总量(亿元)	246.69	208.77	446.9	696.86	883.24
邮电业务收入(亿元)	84.55	92.3	101.58	105.43	122.57

数据来源:《徐州统计年鉴 2021》

9. 国内消费

消费品市场逐步回稳。全年实现社会消费品零售总额 3286.09 亿元,比上年下降 7.0%。按经营单位所在地分,城镇消费品零售额 2743.09 亿元,下降 6.8%;农村消费品零售额 543.00 亿元,下降 8.0%。按消费形态分,批发业和零售业分别实现零售额 535.00 亿元和 2491.45 亿元,分别下降 6.7% 和 6.8%;住宿业和餐饮业分别实现零售额 23.99 亿元和 235.65 亿元,分别下降 10.2% 和 9.3%。全年全市限额以上批零住餐单位通过公共网络实现的商品零售额占限额以上消费品零售额的比重为 7.1%,较上年同期提高 2.5 个百分点。

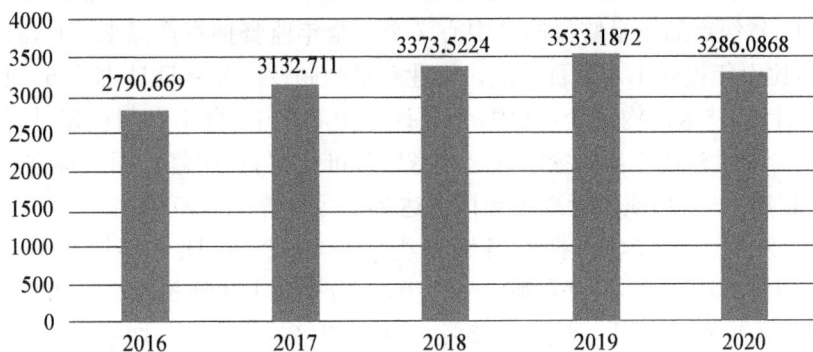

图 5　2016—2020 年社会消费品零售总额(亿元)

数据来源:《徐州统计年鉴 2021》

10. 科技、教育和卫生

科技创新能力不断增强。年末省级以上科技创新平台达到 209 个,当年新增 15 个;省级以上孵化器达到 57 个,新增 8 个;省级以上众创空间 73 个。新增国家高新技术企业 442 家,高新技术企业总数达到 1022 家。全市科技成果获国家科技进步奖 3 项,省级科学技术奖 33 项(公示)。

全市规模以上工业企业共设立科研机构 336 家,从事科技活动人员 25036 人,R&D 内部经费支出 106.22 亿元,专利申请数 6028 件,实现新产品销售收入 1486.29 亿元,高新技术企业减免税 8.11 亿元。内资企业申请专利 5524 件,实现新产品销售收入 1326.51 亿元;港澳台商投资企业专利申请数 133 件,实现新产品销售收入 54.97 亿元;外资企业申请专利 371 件,新产品销售收入 104.82 亿元。分行业来看,制造业企业设立科研机构 331 家,申请专利 5889 件,新产品销售收入 1439.06 亿元。

表 21　规模以上工业企业科研情况

	科研机构数	科技活动人员	R&D经费内部支出（亿元）	新产品销售收入（亿元）	专利申数（件）	高新技术企业减免税（亿元）
总计	336	25036	106.22	1486.29	6028	8.11
按企业规模分组						0.00
大型	20	9142	56.96	969.00	1527	5.59
中型	46	5784	22.24	302.94	1170	1.45
小型	257	9918	26.49	212.62	3190	1.06
微型	13	192	0.53	1.73	141	0.01
按登记注册类型分组						
内资企业	310	22660	99.36	1326.51	5524	6.50
港、澳、台商投资企业	15	1097	2.64	54.97	133	0.25
外商投资企业	11	1279	4.21	104.82	371	1.36
按国民经济行业大类分组						
采矿业	2	2125	5.12	47.16	82	
制造业	331	22498	99.22	1439.06	5889	8.11
电力、热力、燃气及水生产和供应业	3	413	1.88	0.07	57	

数据来源：《徐州统计年鉴2021》

质量强市扎实推进。年末全市共有质量检验机构 9 家、国家级产品质量监督检验中心 4 个、国家公证实验室 3 个、省级产品质量监督检验中心 7 个。全年监督抽查产品 22 种 431 批次，平均抽样合格率 94.7%，比上年提升 1.0 个百分点。企业获批强制性产品认证证书 2966 张，比上年增长62.2%。共有法定计量技术机构 7 个，其中，省级计量中心 1 个；全年强制检定计量器具 39 万台（件），增长 14.7%。获批建设 1 项国家级和 2 项省级标准化项目，制修订国家标准 36 项和行业标准 19 项、地方标准 4 项。全市质量管理体系证书达 2777 张，增长 12.7%。

教育事业全面发展。年末全市拥有各级各类学校 2419 所，比上年增加 80 所；在校学生214.87 万人，毕业生 52.75 万人，专任教师 12.77 万人，分别比上年增长 3.2%、7.9%和 4.3%。普通高等院校 10 所，招生 8.86 万人，增长 18.5%，在校学生 23.09 万人，增长 11.8%，毕业生 6.19万人，增长 10.3%。其中，成人高等学校在校学生 6.70 万人，毕业生 2.33 万人，研究生教育招生0.67 万人，在校生 1.81 万人，毕业生 0.45 万人；中等职业教育在校生 8.70 万人，毕业生 2.84 万人；普通高中在校生 14.28 万人，增长 19.9%，毕业生 3.61 万人，下降 2.9%。全市共有初中 270所，在校学生 45.10 万人，增长 11.7%；小学 917 所，在校学生 91.69 万人，下降 3.2%；特殊教育学校 13 所，在校学生 0.44 万人；幼儿园（含民办）1099 所，在园幼儿 31.56 万人，下降 0.7%。学前三年教育毛入学率和高中阶段教育毛入学率均保持在 99%以上，九年义务教育巩固率达到 100%。

表 22　2016—2020 年各类学校在校学生数

单位：人

年份	普通高等学校	中等专业学校	技工学校	职业高中	普通中学	小学
2016	140825	42515	20311	37623	361022	90.54
2017	142630	41370	21006	35239	399373	94.02
2018	145496	52458	22942	29336	455654	95.58
2019	150774	54545	21446	30706	522980	94.67
2020	160910	56313	21459	30736	593766	91.69

数据来源：《徐州统计年鉴2021》

卫生健康事业稳步发展。年末全市共有各类卫生机构 4552 个，其中，医院、卫生院 336 个，卫生防疫防治机构 12 个,妇幼保健机构 13 个。各类卫生机构拥有病床 5.94 万张,其中医院、卫生院床位 5.47 万张。预计每千人拥有医疗机构床位数 6.73 张。预计各类卫生技术人员 7.32 万人,增长 3.7%。其中,执业(助理)医师 2.98 万人,增长 6.4%,注册护士 3.31 万人,增长 2.8%;预计每千人拥有执业(助理)医师 3.38 人,每千人拥有注册护士数 3.75 人。卫生防疫防治机构卫生技术人员 566 人,妇幼卫生保健机构卫生技术人员 1384 人。全市三级医院数量达 24 家,其中三甲医院 11 家。全市家庭医生全人群签约率 39.6%,重点人群签约率 75.2%,其中建档立卡低收入人口签约率达到 99%。

二、2021 年徐州市经济与社会运行发展情况

2021 年,全市上下在市委、市政府的坚强领导下,坚持以习近平新时代中国特色社会主义思想为指导,认真贯彻落实党中央、国务院和省委、省政府决策部署,坚持稳中求进工作总基调,立足新发展阶段,完整准确全面贯彻新发展理念,积极服务和融入新发展格局,扎实做好"六稳"工作,全面落实"六保"任务,有效应对复杂多变的外部环境和各项风险挑战,巩固拓展疫情防控和经济社会发展成果,全市经济总量跃上新台阶,产业转型迈出新步伐,市场主体迸发新活力,民生保障展现新作为,高质量发展取得新成效,实现"十四五"现代化建设良好开局。

1. 综合情况

综合实力跃上新台阶。初步核算,2021 年,全市实现地区生产总值(GDP)8117.44 亿元,按可比价计算,比上年增长 8.7%,其中,第一产业增加值 743.34 亿元,增长 3.8%;第二产业增加值 3376.02 亿元,增长 8.7%;第三产业增加值 3998.08 亿元,增长 9.6%。三次产业结构为 9.2∶41.6∶49.3。全市人均地区生产总值 89634 元,增长 8.9%。

新兴动能持续壮大。全市六大战略性新兴产业产值比上年增长 19.7%,占规上工业总产值比重达 57.3%,比上年提高 4.3 个百分点;高新技术产业产值增长 18.2%,占规上工业总产值比重达 47.1%,提高 0.5 个百分点。规上高技术服务业营业收入增长 19.3%,对全市规上服务业增长贡献率达 18.0%;其中,软件和信息技术服务业、科技推广和应用服务业营业收入分别增长 50.0% 和 77.8%,分别高于全部规上服务业增速 24.6、52.4 个百分点。限上贸易业单位通过公共网络实现商品零售额增长 39.0%,占全部限上商品零售额比重达 12.1%,提高 5 个百分点。

市场主体不断增多。年末全市共登记市场主体 125.61 万户,其中,企业 31.19 万户、个体经营户 93.91 万户。全年工商新登记企业 7.02 万户,比上年增长 23.6%,注册资金 4127.86 亿元;其中新增私营企业 6.15 万户,增长 23.7%,注册资金 2717.79 亿元;新增外资企业 281 户,增长 23.8%,注册资金 469.95 亿元。新增个体户 12.86 万户,注册资金 202.19 亿元。

就业形势总体稳定。全年城镇新增就业 9.07 万人、比上年增长 3.1%;城镇失业人员再就业 5.92 万人,城乡就业困难人员就业再就业 1.78 万人;新增农村劳动力转移 2.69 万人。年末城镇登记失业率为 2.09%、维持在较低水平。外省来徐就业办理录用备案人数 5.30 万人,增长 73.6%。支持成功自主创业 4.75 万人,创业带动就业 18.91 万人,分别增长 4.0% 和 24.9%。全年城乡劳动者职业技能培训 7.89 万人,新生代农民工技能提升培训 3.77 万人。新增高技能人才 8756 人。规模以上企业劳动合同签订率达 99.5%,已建工会企业集体合同签订率达 96%。

居民消费价格温和上涨。全年城市居民消费价格比上年上涨 1.1%。分类别看,八大类商品价格同比"五升二降一平",食品烟酒、衣着、生活用品及服务、交通与通信、教育文化和娱乐价格分别上涨 1.2%、0.4%、0.9%、4.1% 和 1.7%,医疗保健、其他用品和服务类价格分别下降 0.2% 和 1.1%,居住价格与上年持平。全市工业生产者出厂价格比上年上涨 9.8%,购进价格上涨 36.9%。

2. 农林牧渔业

农业生产总体稳定。全年实现农林牧渔业(含农林牧渔服务业)总产值1297.36亿元,比上年增长5.0%。粮食生产再获丰收,全年粮食播种面积767.50千公顷,粮食单产6537.96公斤每公顷,粮食总产量501.79万吨,其中,夏粮产量212.35万吨,增长0.3%,秋粮产量289.44万吨,下降0.2%。全年棉花种植面积3.91千公顷,下降18.6%,产量0.59万吨,下降16.3%;油料种植面积26.14千公顷,下降0.4%,产量11.68万吨,增长1.1%;蔬菜及食用菌种植面积347.75千公顷,增长1.0%,产量1340.62万吨,增长3.5%;蚕茧产量0.41万吨,下降19.6%;水果(含瓜果类)产量247.14万吨,下降1.3%。全年猪肉产量33.46万吨,增长24.9%;牛肉、羊肉、禽肉产量分别为0.99万吨、1.56万吨和28.13万吨,分别增长14.7%、6.4%和4.1%;禽蛋产量35.81万吨,下降0.04%;牛奶产量15.33万吨,增长26.2%;水产品产量16.17万吨,增长2.3%。

现代农业加快发展。全年新建高标准农田43.53千公顷,累计建成484.47千公顷,比上年增长9.8%。新增有效灌溉面积4.2千公顷,累计达542.07千公顷,增长0.8%;新增节水灌溉面积23.6千公顷,累计达392.27千公顷,增长6.4%。全年稻麦秸秆还田面积达507.33万亩,秸秆综合利用率预计达96.2%,比上年提高0.1个百分点;累计建设秸秆收储中心和临时堆放点预计1300处,年收储能力达120万吨。年末农业机械总动力788.92万千瓦,增长3.1%。全市土地承包经营权流转面积达451.32万亩,增长11.2%。全市国家级、省级、市级农业龙头企业分别达到9家、83家和249家,当年新增国家级农业龙头企业2家。市级农业龙头企业销售收入809.85亿元,增长8.1%。

3. 工业和建筑业

工业生产持续发展。全年全部工业增加值2783.94亿元,比上年增长11.4%。规模以上工业增加值增长13.0%,其中,轻工业增长5.8%,重工业增长16.9%。分经济类型看,国有控股企业增加值增长10.0%;股份制企业、外商及港澳台商投资企业分别增长11.8%和17.8%;私营企业增长17.8%。分门类看,采矿业增加值增长3.6%,制造业增长13.2%,电力、热力、燃气及水生产和供应业增长17.0%。

"6+4"先进制造业增势良好。全年六大战略性新兴产业产值增长19.7%,其中,工程机械与智能装备、集成电路与ICT、节能环保、生物医药与大健康、新材料和新能源产业产值分别增长12.1%、25.6%、13.6%、9.0%、42.0%和46.2%。四大传统优势产业产值增长25.3%,其中,钢铁冶金、建筑建材、绿色化工、食品及农副产品加工产业产值分别增长48.3%、12.2%、33.5%和14.4%。

企业经营效益提升向好。全年规模以上工业企业营业收入比上年增长22.6%;利润总额增长13.6%,重点行业中专用设备制造业,石油、煤炭及其他燃料加工业,黑色金属冶炼和压延加工业利润分别增长41.9%、111.7%和372.9%。规上工业企业营业收入利润率为5.7%,资产负债率为58.6%。全年规上工业企业产销率为99.3%。

建筑业稳定较快发展。全年签订建筑合同额2525.07亿元,比上年增长7.4%;实现建筑业总产值1698.01亿元,增长8.9%,竣工产值1077.29亿元,竣工率达63.4%。建筑业企业房屋建筑施工面积10649.29万平方米,增长6.6%,其中新开工面积4400.85万平方米,增长9.3%。

4. 固定资产投资

固定资产投资稳步增长。全年固定资产投资比上年增长8.1%。全年在库项目3753个,其中本年新开工项目2095个。分所有制类型看,项目投资中国有经济控股投资增长13.4%;外商及港澳台商投资增长14.5%;民间投资增长9.7%,民间投资占全部投资比重达79.5%,比上年提高1.1个百分点。基础设施投资下降9.6%。

投资结构持续调优。全年工业投资比上年增长17.4%,其中,工业技改投资增长36.0%,占工业投资比重为 57.0%,提高 7.8 个百分点;制造业投资增长 19.5%。高技术产业投资增长 12.0%,其中,高技术制造业投资增长 10.3%,专用设备制造业、仪器仪表制造业、计算机通信和其他电子设备制造业投资分别增长 31.5%、21.9% 和 9.6%;高技术服务业投资增长 29.9%,研究和实验进展、专业技术服务业、科技推广和应用服务业投资分别增长 111.7%、38.0% 和 217.1%。

房地产市场稳中趋缓。全年房地产开发投资比上年下降 1.5%。全年商品房施工面积 7736.98 万平方米,增长 5.5%;新开工面积 1981.97 万平方米,增长 4.9%;竣工面积 838.68 万平方米。全年商品房销售面积 1658.59 万平方米,增长 0.1%,其中,住宅 1534.39 万平方米,下降 2.7%;商品房销售额 1461.65 亿元,下降 1.1%,其中,住宅 1367.92 亿元,下降 3.1%。

5. 国内贸易

消费品市场较快恢复。全年实现社会消费品零售总额 4038.02 亿元,比上年增长 22.9%。按经营单位所在地分,城镇消费品零售额 3341.08 亿元,增长 21.8%;农村消费品零售额 696.94 亿元、增长 28.3%。按消费形态分,批发业和零售业分别实现零售额 648.95 亿元和 3061.99 亿元,分别增长 21.3% 和 22.9%;住宿业和餐饮业分别实现零售额 29.65 亿元和 297.42 亿元,分别增长 23.6% 和 26.2%。全年限额以上单位商品零售额中,服装鞋帽、日用品等生活用品类消费分别增长 18.5% 和 16.8%;化妆品、金银珠宝、通讯器材等升级类消费分别增长 33%、23.9% 和 35.4%;石油及制品、汽车等出行类消费分别增长 21.4% 和 11.2%。

6. 开放型经济

对外贸易保持较快发展。全年实现进出口总额 1254.23 亿元,比上年增长 18.3%,其中,出口总额 1050.29 亿元,增长 21.5%,进口总额 203.94 亿元、增长 4.1%。按美元计价的进出口总额 194.17 亿美元、增长 26.7%,其中,出口总额 162.59 亿美元、增长 30.4%,进口总额 31.56 亿美元、增长 10.5%。从出口结构看,一般贸易出口额 874.54 亿元,增长 16.5%,占出口总额比重为 83.3%;加工贸易出口额 51.20 亿元、增长 43.0%。全市服务贸易进出口总额 8.07 亿美元,占对外贸易比重为 4.2%。从出口产品看,机电产品出口额 580.64 亿元、增长 23.6%;高新技术产品出口额 79.30 亿元、下降 10.6%;农产品出口额 21.95 亿元、下降 0.7%。从出口市场看,对东南亚国家联盟出口 180.43 亿元,下降 11.3%;对欧盟出口 165.2 亿元,增长 24.1%;对拉丁美洲出口 90.69 亿元,增长 71.2%;对美国出口 197.56 亿元,增长 59.3%;对"一带一路"沿线国家和地区进出口额 435.49 亿元、增长 6.1%,占全市进出口总额的比重为 34.7%。

对外经济合作步伐加快。全年实际使用外资 24.23 亿美元,比上年增长 10.1%。新批协议外资 88.49 亿美元,增长 21.8%;新批及净增资 3000 万美元以上的项目 134 个,其中,1 亿美元以上的项目 35 个、比上年增加 16 个。新签对外承包工程合同额、新签对外承包工程完成营业额分别为 86 万美元和 0.5 亿美元;新批境外投资项目 22 个,境外投资中方协议投资额 2.2 亿美元。

开发区经济稳定发展。全市共有省级以上开发园区 17 个、比上年增加 1 个,其中,国家级开发区 2 个。经济开发区(不含高新区)全年实现一般公共预算收入 279 亿元,增长 18.7%,占全市总量的 51.9%;实现进出口总额 837 亿元,增长 26.4%,占全市总量的 66.7%;实际使用外资 18 亿美元,增长 27%,占全市总量的 74.3%。

7. 服务业

服务业经济稳步复苏。全年批发和零售业增加值 1213.87 亿元,按可比价计算,比上年增长 14.7%;交通运输、仓储和邮政业增加值 336.85 亿元,增长 8.7%;住宿和餐饮业增加值 136.05 亿元,增长 12.7%;金融业增加值 449.65 亿元,增长 5.5%;租赁和商务服务业增加值 278.15 亿元,增长 9.8%。全年规模以上服务业营业收入增长 25.4%,营业利润增长 7.5%。

交通运输业总体平稳。年末全市公路总里程 15397 公里,其中,高速公路 464 公里;输油管道里程 7422 公里。全年铁路货运量 5465.09 万吨,比上年下降 0.5%;公路货运量 31424 万吨,增长

7.3%;水运货运量4317万吨,增长0.1%;港口货物吞吐量4673.92万吨,增长6.5%,徐州港集装箱吞吐量17.80万TEU,增长68.8%;管道货物运输量14025万吨,增长3.5%;航空货邮吞吐量0.82万吨,下降28.1%。完成公路货物周转量1041.88亿吨公里,增长5.8%,水运货物周转量178.25亿吨公里,增长6.5%,管道货物周转量663亿吨公里。全年公路旅客运输量3519万人次,公路旅客周转量20.75亿人公里,分别下降35.7%和27.7%;观音机场航空旅客吞吐量261.45万人次,增长18.8%;徐州直属站铁路客运发送量2265.76万人次,增长10.2%。年末全市机动车总计206.69万辆,比上年末增长8.5%,其中,民用汽车保有量183.14万辆,增长9.3%。年末私人汽车保有量168.80万辆,增长9.1%,其中,私人轿车103.69万辆,增长9.3%。

邮政电信业快速发展。全年邮政行业业务总量和业务收入(不包括邮政储蓄银行直接营业收入)分别完成63.95亿元和58.72亿元,比上年分别增长28.3%和22.0%。邮政寄递服务业务量累计完成2.09亿件,增长1.6%,业务收入累计完成3.61亿元,下降0.9%。全市快递服务企业业务量累计完成5.46亿件,增长37.1%,业务收入累计完成41.52亿元,增长34.7%。全年完成电信业务总量和电信业务收入98.59亿元和82.46亿元,分别增长33.1%和10.7%。年末全市固定电话用户总数76.15万户,下降4.0%;移动电话用户1003.78万户,增长4.1%。年末互联网宽带接入用户398.31万户,增长11.2%。

8. 财政、金融

财政收入稳定增长。全年实现一般公共预算收入537.31亿元,比上年增长11.5%;其中,税收收入429.20亿元,增长12.7%,税收收入占一般公共预算收入比重达79.9%,高于上年0.9个百分点。主体税种中,增值税、个人所得税、企业所得税、城市维护建设税和契税分别增长13.7%、20.5%、23.5%、11.6%和9.4%。全年一般公共预算支出1004.46亿元,比上年增长4.8%;其中用于教育、卫生健康、社会保障和就业等民生领域的支出分别增长8.6%、11.2%和8.6%。

金融存贷款规模扩大。年末全市金融机构人民币各项存款余额9914.81亿元,比年初增加772.83亿元,比上年增长8.5%,其中,住户存款余额4988.57亿元,增长10.5%。金融机构人民币各项贷款余额8128.51亿元,比年初增加1176.43亿元,比上年增长16.9%。按贷款期限分,短期贷款2022.17亿元,增长10.6%;中长期贷款5531.03亿元,增长19.6%。

资本市场稳定发展。年末全市共有证券公司(分公司)4家,证券营业部40家,期货经纪公司1家,期货经纪公司营业部6家。共有上市公司12家,其中,境内11家、境外1家;上市公司总股本161.47亿股,比上年增长3.7%,总市值1033.25亿元,增长13.9%。"新三板"挂牌企业24家,当年新增4家。区域股权交易市场挂牌企业1362家,当年新增238家。当年新发企业债券31亿元,累计发行企业债券规模达到521.5亿元;新发行银行间各类债务融资工具718.15亿元,增长72.5%。

保险行业较快增长。全年新增保险机构4家,年末保险机构达78家。全年保费总收入251.51亿元,比上年增长3.1%,其中,寿险保费收入125.72亿元,增长0.8%,财产险保费收入83.35亿元,增长8.1%。全年累计赔款和给付支出78.88亿元,增长3.9%,其中,赔款支出57.31亿元,增长9.8%,赔款支出中财产险赔款49.33亿元,增长17.4%。保险深度达到3.3%,保险密度达到2972元/人。

9. 科学技术和教育

科技创新能力不断增强。年末省级以上科技创新平台达到214个,当年新增5个;省级以上孵化器达到60个,新增6个;省级以上众创空间81个,新增10个。各类科学研究与技术开发机构中,拥有国有独立科研机构13家。全年入库科技型中小企业5699家。全市科技成果获省级科学技术奖18项(公示)。全市专利授权量41895件,其中,发明专利授权量4464件,分别增长53.1%和42.8%。企业专利授权量达到33195件,增长67.4%。万人发明专利拥有量达到22.81件,比上年增加 3.48 件。科技进步贡献率预计达到 59.0%，比上年提升 0.8 个百分点。全市获批省"双创团队"5 个，居全省第 3 位，省重大科技成果转化专项资金项目 3 项、省级以上外国专家项目 42 项。技术市场签订技术合同 4233 个，增长 60.2%，技术合同成交额 105.67 亿元，增长 63.9%。

质量强市建设扎实推进。年末全市共有质量检验机构 7 家、国家级产品质量监督检验中心 4 个、国家公证实验室 3 个、省级产品质量监督检验中心 7 个。全年监督抽查产品 28 种 540 批次，平均抽样合格率 95.6%，比上年提升 0.9 个百分点。企业获批强制性产品认证证书 2439 张。共有法定计量技术机构 7 个，其中，省级计量中心 1 个；全年强制检定计量器具 35.57 万台（件）。获批建设 3 项国家级和 7 项省级标准化项目，制修订国家标准 41 项和行业标准 26 项、地方标准 17 项。全市质量管理体系证书达 3351 张、增长 20.7%。

教育事业蓬勃发展。年末全市拥有各级各类学校 2458 所，比上年增加 39 所，在校学生 222.47 万人、毕业生 53.60 万人、专任教师 13.85 万人，分别比上年增长 3.5%、1.6% 和 8.4%。普通高等院校 10 所，招生 8.85 万人，下降 0.1%，在校学生 24.75 万人，增长 7.2%，毕业生 6.91 万人，增长 11.7%。其中，成人高等学校在校学生 7.21 万人、毕业生 2.80 万人，研究生教育招生 0.70 万人，在校生 1.99 万人、毕业生 0.49 万人。中等职业教育在校生 9.71 万人，毕业生 2.51 万人。普通高中在校生 17.45 万人，增长 22.2%，毕业生 3.73 万人，增长 3.4%。全市共有初中 273 所，在校学生 47.84 万人，增长 6.1%，毕业生 13.55 万人，增长 17.2%；小学 884 所，在校学生 87.81 万人，下降 4.2%，毕业生 14.89 万人，下降 9.8%。幼儿园（含民办）1160 所，在园幼儿 34.46 万人，增长 9.2%。特殊教育学校 13 所，在校学生 0.46 万人。学前三年教育毛入学率和高中阶段教育毛入学率分别达到 96.5% 和 97.3%，九年义务教育巩固率达到 100%。

10. 文化旅游、卫生健康和体育

公共文化服务水平不断提升。年末全市文化系统共有公办文化馆（站）177 个、博物馆 18 个、美术馆 3 个、公共图书馆 12 个，艺术表演团体（国有）8 个。公共图书馆总藏量 509.69 万册、比上年增长 16.0%。有线电视用户 65.10 万户。共有电影放映单位 69 家、广播电台 8 座、中短波广播发射台和转播台 4 座、电视台 8 座，广播和电视综合人口覆盖率均为 100%。全市现有市级以上文物保护单位 259 处，其中，全国重点文物保护单位 9 处、省级 33 处。拥有 10 个国家级、69 个省级非物质文化遗产名录项目和 6 位国家级、50 位省级非遗代表性传承人。

旅游业发展快速恢复。年末全市共有国家 A 级旅游景区 60 家，省级旅游度假区 4 家，星级酒店 14 家，旅行社 207 家，新增乡村旅游重点村 8 家。共接待境内外游客 5197.76 万人次，比上年增长 88.6%；旅游总收入 631.93 亿元，增长 95.3%。接待入境过夜旅游者 1.53 万人次、增长 26.3%，其中，外国人 1.18 万人次，增长 31.2%；旅游外汇收入 2860.87 万美元，增长 39.3%。接待国内游客 5196.23 万人次，增长 88.6%；国内旅游收入 629.96 亿元，增长 95.5%。

卫生健康事业稳步推进。年末全市共有各类卫生机构 4580 个，其中，医院、卫生院 341 个，卫生防疫防治机构 12 个，妇幼保健机构 13 个。全市三级医院数量达 24 家，其中三甲医院 12 家。各类卫生机构拥有病床 6.12 万张，比上年增长 3.0%；其中，医院、卫生院床位 5.62 万张。每千人拥有医疗机构床位数 6.78 张，比上年增加 0.05 张。各类卫生技术人员 7.48 万人，增长 2.1%；其中执业（助理）医师 2.91 万人，注册护士 3.44 万人，增长 3.9%；预计每千人拥有执业（助理）医师 3.23 人，每千人拥有注册护士数 3.81 人。卫生防疫防治机构卫生技术人员 598 人，妇幼卫生保健机构卫生技术人员 1564 人，分别增长 5.7% 和 13.0%。全市家庭医生全人群签约率 39.44%，重点人群签约率 72.07%，其中建档立卡低收入人口签约率达到 95%。

体育事业蓬勃发展。年末全市共有体育场馆 68 所、游泳馆 80 所，比上年分别增加 6 所和 28 所，市属体育社会组织 200 个，晨晚练健身站点达 6625 个。社会体育指导员 43106 人、增长 8.7%，其中，国家级 405 人，一级 1202 人。当年注册国际级裁判 13 人，国家级裁判员 58 人；当年注册一

级运动员 37 人,二级运动员 176 人,省级注册运动员 2478 人,向省优秀运动队输送 24 人。获得省级以上比赛奖牌 273 个,增长 114.1%,其中,金牌 93 枚、银牌 93 枚、铜牌 87 枚。徐州健儿在东京奥运会上获得 3 枚金牌、4 枚银牌,在第十四届全运会上获得 18 枚金牌、14 枚银牌、12 枚铜牌,均实现历史性突破。

11. 资源、环境和安全生产

自然资源储备丰富。全年水资源总量预计 57.85 亿立方米,比上年增长 5.2%。总用水量 38.45 亿立方米、下降 0.3%。全年成片造林面积和森林抚育面积分别达 7.39 千公顷和 6.79 千公顷。新建及更新农田林网面积 48 万亩,增长 3.7%。

生态建设成效显著。全市林木覆盖率为 31.23%,比上年提高 0.69 个百分点;森林覆盖率达到 27.15%。新建湿地保护小区 15 个,新增保护湿地面积 7.7 万亩。新建省级绿化示范村 84 个,比上年同期增加 4 个。空气质量明显改善,市区环境空气质量达到二级以上的天数为 289 天(实况数据,下同),优良率 79.2%,提高 8.2 个百分点;市区 PM2.5 浓度为 42 微克/立方米,下降 16%。地表水国考断面达到或优于Ⅲ类水质比例为 70.6%,国省考以上断面达到或优于Ⅲ类水质比例为 86.4%,无劣Ⅴ类水断面。

安全生产形势较好。全年各类生产安全事故 133 起,死亡 76 人,按可比口径计算,比上年分别下降 47.4% 和 40.6%。亿元 GDP 生产安全事故死亡人数 0.009 人,下降 44.7%。

12. 人口、民生和社会保障

人口总量保持稳定。年末全市常住人口 902.85 万人,其中,男性人口 455.12 万人,女性人口 447.73 万人;0～14 岁人口 193.30 万人、15～59 岁人口 529.13 万人、60 岁及以上人口 180.42 万人,65 岁及以上人口 140.6 万人。全年人口出生率 7.1‰、人口死亡率 6.8‰、人口自然增长率 0.3‰。新型城镇化建设步伐加快,年末常住人口城镇化率达 66.2%、比上年提高 0.6 个百分点。年末全市户籍人口 1035.29 万人,其中,男性人口 535.87 万人、女性人口 499.42 万人;户籍人口出生率为 7.6‰,死亡率为 6.3‰。

居民收入稳定增长。全年全市居民人均可支配收入 34217 元,比上年增长 9.8%。其中,工资性收入 19153 元,增长 9.6%,经营净收入 6916 元,增长 9.4%,财产净收入 2071 元,增长 11.1%,转移净收入 6077 元,增长 10.3%。按常住地分,城镇居民人均可支配收入 40842 元,增长 8.8%,农村居民人均可支配收入 23694 元,增长 11.6%;城乡收入比由上年的 1.77:1 调整为 1.72:1,收入差距进一步缩小。全市居民人均消费支出 21278 元,增长 20.6%。按常住地分,城镇居民人均生活消费支出 24146 元,增长 18.3%,农村居民人均消费支出 16723 元,增长 25.7%。全市居民恩格尔系数为 29.4%,比上年下降 0.5 个百分点,其中,城镇为 29.1%,农村为 30.1%。

社会保障体系更加健全。年末职工养老保险(含离退休人员)、城乡居民养老保险参保人数分别达 196.68 万人和 331.33 万人,城乡基本养老保险覆盖率达 98.1%;城乡居民医疗保险、职工医疗保险参保人数分别达 772.93 万人和 185.55 万人,城乡基本医疗保险覆盖率达 98.5%。全市城乡低保月标准一体化提高到 670 元;全年实施直接医疗救助 117.23 万人次。失业保险参保人数 91.8 万人,失业保险覆盖率预计达 98.2%。

社会服务日臻完善。年末全市共有各类注册登记的提供住宿的社会服务机构 208 个,其中,养老机构 207 个,儿童福利院 1 个。社会服务床位 43.54 万张,其中,养老服务床位 43.51 万张,儿童服务床位 300 张。全年新建成街道老年人日间照料中心 4 个,老年中央厨房 2 个,城乡社区标准化居家养老服务中心分别为 35 个和 15 个,新改扩建城乡社区综合服务中心 20 个。新增廉租补贴住户 606 户,累计发放廉租住房租赁补贴 6136 户,通过实物保障和租赁补贴累计保障住房困难家庭 75275 户,累计保障新市民(人才)17739 人次。

第八章　2020—2021年常州市经济发展分析

一、2020年常州市经济与社会运行发展情况

2020年,面对新冠肺炎疫情的冲击和严峻复杂的国内外环境,在市委、市政府的坚强领导下,常州市坚持以习近平新时代中国特色社会主义思想为指导,深入贯彻党的十九届五中全会精神,全面落实中央和省委、省政府各项决策部署,坚持稳中求进工作总基调,统筹推进疫情防控和经济社会发展,"六稳""六保"有力有效,经济运行持续向好,高质量发展取得新成效。

1. 综合情况

经济运行总体平稳。经初步核算,全年实现地区生产总值(GDP)7805.3亿元,按可比价计算增长4.5%,增幅位列全省第三。

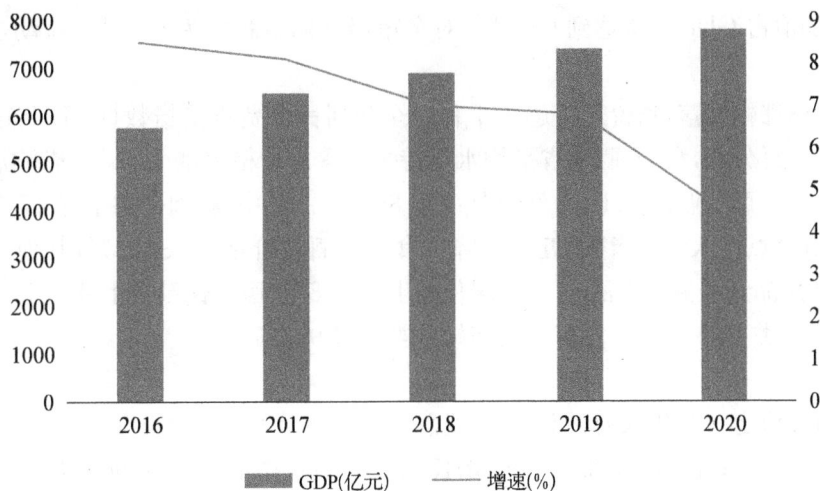

图1　2015—2020年常州市地区生产总值及其增速

数据来源:《常州统计年鉴2021》

分三次产业看,第一产业实现增加值164.3亿元,增长2.0%;第二产业实现增加值3616.2亿元,增长4.2%;第三产业实现增加值4024.9亿元,增长4.9%。三次产业增加值比例调整为2.1:46.3:51.6。

财政收入平稳增长。全年完成一般公共预算收入616.6亿元,增长4.5%,增幅高于全省平均1.6个百分点,位列全省第一。一般公共预算收入中,税收收入522.5亿元,增长4.2%,占一般公共预算收入的比重为84.7%,高于全省平均2.9个百分点。其中,增值税210.1亿元,下降4.9%;企业所得税92.0亿元,增长14.5%;个人所得税26.1亿元,增长11.5%;契税65.3亿元,增长14.0%。全年一般公共预算支出726.3亿元,增长11.0%,其中,用于住房保障、卫生健康、社会保障与就业和教育支出分别增长37.6%、22.8%、23.4%、20.8%。

就业创业形势良好。全年城镇新增就业11.7万人,失业人员实现再就业6.5万人,扶持创业2.4万人,创业带动就业9.1万人,年末城镇登记失业率为1.75%。

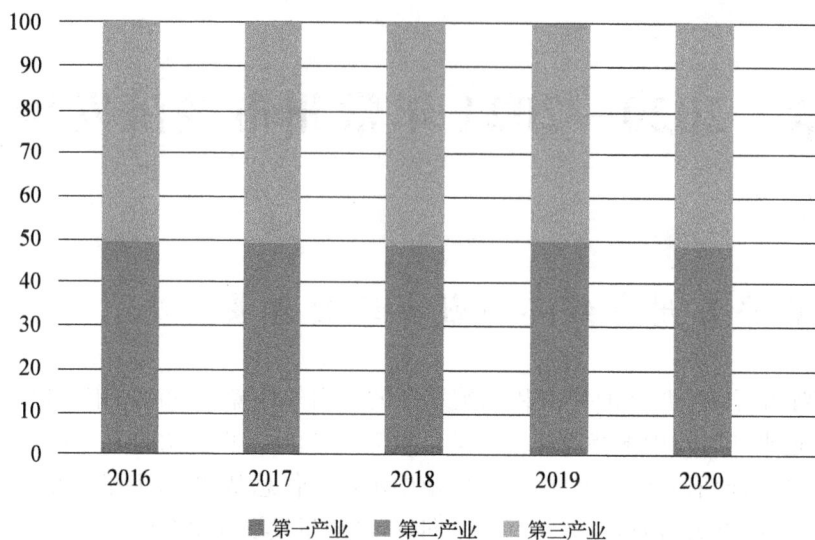

图 2　常州市三次产业结构情况(单位:%)

数据来源:《常州统计年鉴 2021》

民营经济实现增加值 5096.7 亿元,按可比价计算增长 4.7%,高于全市 GDP 增速 0.2 个百分点;民营经济增加值占 GDP 比重达到 65.3%,对全市经济的贡献率为 67.7%,拉动全市经济增长 3.0 个百分点。

居民消费价格涨幅回落,物价运行趋于平稳。全年居民消费价格指数(CPI)上涨 2.5%,涨幅较上年回落 0.5 个百分点,与全国、全省平均水平持平。食品价格上涨 12.1%,影响居民消费价格总水平上涨约 2.1 个百分点,对 CPI 上涨贡献率为 85.4%。其中,猪肉价格上涨 47.7%,影响 CPI 上涨约 1.19 个百分点。八大类指数"五升三降":食品烟酒类价格上涨 9.2%,其他用品和服务类上涨 4.4%,生活用品及服务类上涨 1.9%,居住类上涨 0.8%,医疗保健类上涨 0.7%;交通和通信类下降 3.8%,衣着类下降 0.4%,教育文化和娱乐类下降 0.2%。

2. 农业

农业经济增长稳定。全年农林牧渔业实现总产值 278.4 亿元,增长 4.8%。其中,农业产值 150.7 亿元,增长 4.0%;林业产值 2.0 亿元,增长 2.2%;牧业产值 19.4 亿元,增长 11.5%;渔业产值 81.4 亿元,增长 5.2%;农林牧渔服务业产值 25.0 亿元,增长 3.4%。全年粮食播种面积 140.9 万亩,下降 1.8%。粮食总产 69.0 万吨,下降 0.8%。粮食亩产 490.0 公斤,比上年增加 5.1 公斤/亩,亩产水平位列全省第四,其中,水稻亩产 622.2 公斤,比上年减少 5.4 公斤/亩。

现代农业高质发展。全市股份制农业企业 8 家,其中,农业创业板挂牌 1 家,新三板挂牌 3 家。农业企业在省股交中心挂牌总数达 30 家。县级以上农业龙头企业 400 余家,其中有 7 家入围 2020 年全国农业产业化龙头企业 500 强。年内入选江苏省特色农产品优势区 2 个,江苏农业品牌目录区域公用品牌 2 个,江苏农业品牌目录产品品牌 8 个。

全年粮食播种面积 140.9 万亩,比上年减少 2.6 万亩,下降 1.8%。粮食总产量 69.0 万吨,比上年减产 0.6 万吨,下降 0.8%,其中,夏粮产量 15.5 万吨,下降 12.8%;秋粮产量 53.5 万吨,增长 3.3%。粮食亩产 490.0 公斤,比上年增加 5.1 公斤,增长 1.0%。全年生猪出栏 19.9 万头,年末生猪存栏 14.8 万头,能繁殖母猪存栏 1.5 万头。

3. 工业

工业经济稳中向好。全年规模以上工业增加值按可比价计算增长 6.6%,增幅位列苏南第一、全省第三。规模以上工业总产值增长 7.5%,七大行业产值增速"五升二降":生物医药、冶金、机械、电子、建材行业产值分别增长 22.7%、11.7%、9.1%、2.7%、1.7%,纺织服装、化工行业分别下降4.3%和 2.0%。规模以上工业企业利润总额增长 7.8%,超半数行业实现盈利。全市规模以上工业战略性新兴产业产值增长 15.3%,拉动规模以上工业产值增长 5.9 个百分点;工业产品产量中,太阳能工业用超白玻璃、光纤、传感器、锂离子电池产量分别增长 46.2%、30.2%、26.0%和 14.8%。

表 1　2020 年常州市工业发展情况

单位:亿元

指　标		全　市	市区	溧阳市
企业单位数	(个)	5065	4570	495
♯亏损企业	(个)	683	587	96
工业总产值	(当年价)	108326247	92339328	15986920
资产合计		116746339	100791245	15955094
流动资产合计		7965459	4526578	2479836
♯应收帐款		23863990	20867483	2996570
固定资产合计		24206506	19797743	4408764
固定资产原价		45625544	38145703	7479841
累计折旧		20674733	17645793	3028940
负债合计		63257623	52759368	10498255
所有者权益合计		53488717	48031877	5456839
存货		14779743	12829013	1950730
主营营业收入		108950361	93694874	15255487
销售费用		2849622	2451279	398343
管理费用		3761088	3323767	437321
财务费用		988313	849674	138639
营业利润		7242197	5778090	1464108
利润总额		7195451	5872167	1323284
♯亏损企业亏损额		635390	563599	71791
应付职工薪酬		7773836	6901375	872462

数据来源:《常州统计年鉴 2021》

表 2　2020 年度常州市工业企业主营业务收入前 30 名

序号	企业名称	序号	企业名称
1	中天钢铁集团有限公司	16	常州星宇车灯股份有限公司
2	常州中发炼铁有限公司	17	常州卓睿通信设备有限公司
3	天合光能股份有限公司	18	光宝科技(常州)有限公司
4	江苏上上电缆集团有限公司	19	常州邦益钢铁有限公司
5	常州东方特钢有限公司	20	江苏金昇实业股份有限公司
6	江苏申特钢铁有限公司	21	江苏恒立液压股份有限公司
7	常州金源铜业有限公司	22	瑞声光电科技(常州)有限公司
8	江苏国强镀锌实业有限公司	23	森萨塔科技(常州)有限公司
9	常州同泰高导新材料有限公司	24	新阳科技集团有限公司
10	华润化学材料科技有限公司	25	江苏华鹏变压器有限公司
11	常州源美新材料科技有限公司	26	天合光能(常州)科技有限公司
12	重庆理想汽车有限公司常州分公司	27	常州亿晶光电科技有限公司
13	江苏时代新能源科技有限公司	28	常州儒祥金属材料科技有限公司
14	东方日升(常州)新能源有限公司	29	现代(江苏)工程机械有限公司
15	柳工常州机械有限公司	30	江苏省激素研究所股份有限公司

数据来源:《常州统计年鉴 2021》

4. 建筑业

建筑业产值稳步增长。全年资质以上建筑业企业完成总产值2021.9亿元,增长6.0%,其中,建筑工程产值1686.7亿元,增长6.3%。建筑业按施工产值计算的全员劳动生产率为32.9万元/人,下降0.6%。

2020年底全市共有建筑业企业数822个。房屋建筑施工面积13048.00万平方米,比上年增长4.7%;房屋建筑竣工面积4354.31万平方米,比上年增长16.0%;从事主营业务活动的从业人员平均人数61.43万人,比上年增长6.7%。

表3　2020年常州市建筑业发展情况

指　　标		全　　市	市区	溧阳市
企业个数	(个)	822	691	131
建筑业总产值	(万元)	20219605	10663757	9555849
♯在外省完成的产值		8992038	3286840	5705198
装修装饰产值		1146237	100544	145693
1. 建筑工程		16867012	9755757	7111256
2. 安装工程		3087253	721049	2366204
3. 其他产值		265340	186951	78389
竣工产值	(万元)	17401641	7935521	9466120
房屋建筑施工面积	(万平方米)	13048.00	8591.01	4456.99
♯本年新开工		4340.41	2695.27	1645.14
房屋建筑竣工面积	(万平方米)	4354.31	2205.11	2149.19
直接从事生产经营活动平均人数	(人)	269860	135865	272300
期末从业人数		614252	341952	223516

数据来源:《常州统计年鉴2021》

5. 固定资产投资

固定资产投资止跌回增。全年固定资产投资增长0.2%,其中,工业投资下降19.8%,服务业投资增长16.7%。民间投资回暖升温,增长8.4%,高于固定资产投资增速8.2个百分点,为全市投资企稳转正提供了有力支撑。

表4　2020年常州市固定资产投资情况　　　　　　　　　　　　　　单位:万元

指　标	投资额	按市(县)分	
		市区	溧阳市
总计	**10427300**	**9603511**	**823789**
按构成分			
建筑工程	4484846	4046339	438507
安装工程	194436	141943	52493
设备工器具购置	87861	71215	16646
其他费用	5660157	5344014	316143
按工程用途分			
住宅	8344900	7661305	683595
♯90平方米以下	418821	388103	30718
144平方米以上	1852617	1647697	204920
办公楼	274297	250799	23498

指 标	投资额	按市(县)分	
		市区	溧阳市
商业营业用房	465639	390555	75084
其他	1342464	1300852	41612
按登记注册类型分			
内资	7755583	7093251	662332
国有独资公司	98889	50534	48355
其他有限责任公司	2479425	2297588	181837
股份有限公司	19041	19041	0
私营有限责任公司	4897661	4465521	432140
私营股份有限公司	1200	1200	0
港澳台商投资	1884442	1830136	54306
外商投资	787275	680124	107151

数据来源:《常州统计年鉴 2021》

房地产开发投资快速增长。全年房地产开发投资 1042.7 亿元,增长 16.7%,其中住宅投资增长 15.1%。商品房新开工面积 1194.8 万平方米,增长 2.8%,其中,住宅新开工面积 883.8 万平方米,增长 2.0%。年末商品房待售面积 413.2 万平方米,增长 3.8%,其中住宅待售面积 111.8 万平方米,增长 43.6%。商品房屋施工面积 3926 万平方米,其中住宅 2814.1 万平方米;商品房屋竣工面积 805.9 万平方米,其中住宅 541.6 万平方米;商品住房销售面积 1037.8 万平方米,其中住宅 877.4 万平方米。

6. 服务业

(1)基本情况

2020 年,面对疫情带来的严峻考验,常州现代服务业迎难而上,带动全市经济持续回暖,全市服务业增加值达 4024.9 亿元,按可比价增长 4.9%,占地区生产总值的比重达 51.6%。服务业稳步复苏,为常州经济转型升级、行稳致远打下坚实基础。

2020 年规模以上科学研究和技术服务业、信息传输软件和信息技术服务业分别实现营业收入 263.5 亿元和 166.9 亿元,增长 13.1%和 15.0%,两大行业合计拉动规模以上服务业增长 6.0 个百分点。中以常州创新园、中德创新园等一批科创载体建设取得新进展,建成市级以上孵化器 62 个,新增孵化总面积达 106 万平方米,常州高铁新城正式挂牌成为江苏省科技服务业特色基地。常州已连续 15 年开展科技长征,以科学研究和技术服务业为代表的高端生产性服务业占比明显提升,科技创新成为现代服务业发展的第一动力。

近年来,常州全面探索产业创新,推动现代服务业与先进制造业深度融合发展,全市共有 20 家单位入选全省首批两业深度融合试点,其中,龙头骨干企业试点 14 家,试点数量全省第三;产业集群试点 5 家,试点数量并列全省第一;区域集聚发展试点 1 家。2020 年 7 月,全市 8 家单位被省发改委评为两业深度融合优秀试点,优秀试点总数全省第二,产业集群和区域集聚发展优秀试点数量并列全省第一。

(2)交通运输、邮政电信和旅游业

2020 年常州市客运量 4167.14 万人,比上年减少 31.6%;货运量 13755.8 万吨,比上年增长 5.0%;年底私家车拥有量 126.67 万辆,比上年增长 8.5%;邮电业务收入 141.48 亿元,比上年增长 10.8%;年底本地网电话用户数 84.14 万户,比上年减少 7.2%;年底移动电话用户 658.60 万户,比上年增长 1.5%;年底互联网用户 281.55 万户,比上年增长 3.3%。

交通运输总体稳定。年末全市公路总里程 8712 公里,其中,高速公路 336.4 公里。全年营业性客运量 4167 万人,下降 31.6%,货运量 13756 万吨,增长 5.0%。公路客运量 2873 万人,下降 29.3%,公路旅客周转量 17.4 亿人公里,下降 41.7%;公路货运量 10948 万吨,增长 6.7%,公路货物周转量 106.7 亿吨公里,增长 9.8%。铁路客运量 998 万人,下降 34.7%;铁路货运量 153 万吨,下降 1.7%。民用航空旅客吞吐量 102 万人次,下降 44.3%。

表5　2020年常州市分地区客、货运量

指　标	全市	按市(县)分	
		市区	溧阳市
客运量(万人)	**4167**	**3633**	**534**
铁路	998	998	0
公路	2873	2372	501
水路	194	161	33
民航	102	102	0
旅客周转量(万人公里)	**174742**	**143365**	**31377**
公路	173960	142760	31200
水路	782	605	177
货运量(万吨)	**13756**	**11113**	**2643**
铁路	153	153	0
公路	10948	8946	2002
水路	2653	2012	641
民航	2	2	0
货运周转量(万吨公里)	**2329971**	**1834105**	**495866**
公路	1066995	873650	193345
水路	1262976	960455	302521

数据来源:《常州统计年鉴 2021》

货邮吞吐量 1.9 万吨,下降 43.0%。港口货物吞吐量 10276 万吨,增长 35.8%,其中,常州港货物吞吐量 5441.5 万吨,增长 1.7%;集装箱吞吐量 35.1 万标箱,增长 9.6%。年末全市民用汽车拥有量 157.2 万辆,其中个人汽车 123.0 万辆。

表6　2020年常州市机动车辆数

指　标	合计	其中
		私人
民用汽车	**1515369**	**1266702**
客车	1416001	1231154
♯大型	6383	13
中型	2098	268
小型	1402586	1226847
微型	4934	4026
♯轿车	957327	855264
货车	93907	34091
♯重型	31716	2710
中型	9658	1371
轻型	52444	29927
微型	85	79
其他汽车	5461	1457

续表

指 标	合计	其中
		私人
摩托车	**49945**	**47342**
♯普通摩托车	49209	46739
轻便摩托车	736	603
挂车	**7079**	**374**
其他机动车		
附:机动车驾驶员人数(人)	**2129206**	
♯汽车驾驶员人数	2070373	

数据来源:《常州统计年鉴2021》

邮政通信低开高走。全年邮政业务总量88.4亿元,增长15.7%,邮政业务总收入66.3亿元,增长18.1%,其中,快递业务收入50.2亿元,增长23.6%。邮政业发送特快专递3.2亿件,增长20.6%。通信业务收入75.1亿元,下降0.4%。年末全市固定电话用户84.1万户,移动电话用户658.6万户,其中,4G以上用户630.8万户,互联网用户281.6万户。

表7 2020年常州市分地区邮政电信情况

指 标	全市	按市(县)分	
		市区	溧阳市
年末邮政机构数(个)	**150**	**111**	**39**
♯邮政局	1	1	0
邮政支局	143	107	36
自办所	5	3	2
年末邮路单程长度(公里)	17404	16997	407
农村投递路线(公里)	21606	18088	3518
邮电业务收入(万元)	1414757	1293851	119117
邮政行业业务收入	663400	629700	33700
♯快递业务收入	502300	487800	14500
通信业务收入	751357	664151	85417
主要业务量			
函件(万件)	285	272	13
快递(万件)	32299	30827	1472
包件(万件)	7751.40	7396.54	354.86
汇票(万件)	6.69	5.62	1.07
集邮业务(万枚)	453.69	377.85	75.84
年末本地网电话用户数(万户)	84.14	70.05	14.09
城市电话用户	47.87	39.73	8.15
♯住宅	22.30	18.50	3.79
农村电话用户	29.38	24.38	5.00
♯住宅	17.98	14.92	3.06
无线市话用户	0.04	0.04	0.00
年末移动电话用户数(万户)	658.60	565.69	92.91
♯4G用户	548.13	473.26	74.87
5G用户	82.69	70.29	12.40
年末互联网用户(万户)	281.55	246.99	34.57
♯宽带用户	281.55	246.99	34.57

数据来源:《常州统计年鉴2021》

旅游市场持续复苏。全年旅游总收入829.2亿元,旅游总人数5148.3万人次,均位列全省第四。其中,旅游总收入恢复69.2%,分别高于全国和全省30.3、11.6个百分点,位列全省第二;旅游总人数恢复64.6%,分别高于全国和全省16.7、10.9个百分点,位列全省第三。溧阳创建成为全市首家国家全域旅游示范区,金坛、武进和新北创建为省级全域旅游示范区,总量居全省前列。

(3)财政和金融业

2020年常州市一般公共预算收入616.60亿元,比上年增长4.5%;一般公共预算支出726.31亿元,比上年增长11.0%;年底金融机构本外币存款余额12544.59亿元,比上年增长12.2%;年底金融机构人民币存款余额12213.55亿元,比上年增长12.1%;年底金融机构本外币贷款余额10259.02亿元,比上年增长19.4%;年底金融机构人民币贷款余额10215.54亿元,比上年增长19.3%。

财政收入平稳增长。全年完成一般公共预算收入616.6亿元,增长4.5%,增幅高于全省平均1.6个百分点,位列全省第一。一般公共预算收入中,税收收入522.5亿元,增长4.2%,占一般公共预算收入的比重为84.7%,高于全省平均2.9个百分点。其中,增值税210.1亿元,下降4.9%;企业所得税92.0亿元,增长14.5%;个人所得税26.1亿元,增长11.5%;契税65.3亿元,增长14.0%。全年一般公共预算支出726.3亿元,增长11.0%,其中,用于住房保障、卫生健康、社会保障与就业和教育支出分别增长37.6%、22.8%、23.4%、20.8%。

表8   2020年财政收支情况   单位:万元

指　标	全市	其中	
		市区	溧阳市
一般公共预算收入	6166002	5427970	738032
♯税收收入	5225258	4591196	634062
♯增值税(50%)	2100694	1832251	268443
企业所得税(40%)	920375	815851	104524
个人所得税(40%)	261268	237416	23852
城市维护建设税	326445	288536	37909
房产税	239779	212350	27429
土地增值税	357888	331539	26349
耕地占用税	22964	15233	7731
契税	652577	561102	91475
非税收入	940744	836774	103970
一般公共预算支出	7263132	6101148	1161984
♯一般公共服务	688992	589942	99050
科学技术	218666	188328	30338
教育	1276041	1051834	224207
文化旅游体育与传媒	117044	97101	19943
社会保障和就业	991015	808897	182118
住房保障	439094	388457	50637
医疗卫生与计划生育	605518	482302	123216
节能环保	186695	168621	18074
城乡社区事务	1112469	973801	138668
交通运输	256443	229925	26518
农林水事务	370367	284774	85593
债务付息	133886	110820	23066

数据来源:《常州统计年鉴2021》

金融市场运行稳健。全年实现金融业增加值 647.8 亿元,增长 8.2%。年末金融机构本外币存款余额 12544.6 亿元,增长 12.2%,其中,住户存款 5073 亿元,非金融企业存款 4942.3 亿元,分别增长 16.1% 和 12.3%。金融机构本外币贷款余额 10259 亿元,增长 19.4%,其中,住户贷款 3402.8 亿元,非金融企业及机关团体贷款 6849.9 亿元,分别增长 24.0% 和 17.2%。

表 9　分地区金融机构外汇信贷收支情况

项目	全市	其中	
		市区	溧阳市
金融机构外币存款余额	**507343**	**460044**	**47299**
♯金融企业存款	410589	369369	41219
住户存款	70151	66277	3874
金融机构外币贷款余额	**66637**	**65823**	**815**
♯短期贷款	62070	61225	815
中长期贷款	3064	3064	0

数据来源:《常州统计年鉴 2021》

保险业务稳定提升。年末全市保险公司共 79 家,其中,产险公司 30 家,寿险公司 49 家。全年保费总收入 309.4 亿元,增长 6.2%,其中,人寿险 241.5 亿元,增长 6.2%,财产险 67.9 亿元,增长 5.9%。保险赔(结)款支出 78.4 亿元,增长 6.4%,其中,人寿险 38.7 亿元,增长 9.9%,财产险 39.7 亿元,增长 3.3%。

证券交易加速明显。年末全市证券营业部 85 个,资金账户总数 111.7 万户。全年证券市场各类证券交易总额 25542.8 亿元,增长 108.9%,其中,A 股交易额 20600.2 亿元,增长 94.2%;B 股交易额 5.8 亿元,增长 35.3%;基金成交额 1296.1 亿元,增长 47.6%;债券成交额 3640.6 亿元,增长 396.2%。新增上市企业 10 家,累计总数 71 家;新增新三板挂牌企业 20 家,累计总数 105 家。

（4）批发与零售业

全年实现社会消费品零售总额 2421.4 亿元,增长 0.8%,增幅高于全省平均 2.4 个百分点,位列全省第二。其中,批发和零售业实现零售额 2258.0 亿元,增长 2.0%;住宿和餐饮业实现零售额 163.3 亿元,下降 13.3%。刚需类生活需求增长稳定,限额以上粮油、食品类和日用品类商品零售额增长 12.1%、16.0%,部分消费升级类商品较快增长,化妆品类和通讯器材类商品零售额分别增长 15.8%、14.9%。

7. 开放型经济

外贸形势好于预期。按人民币计价,全年完成进出口总额 2417.3 亿元,增长 3.7%,其中,出口 1796.9 亿元,增长 3.3%;进口 620.3 亿元,增长 4.8%。一般贸易出口增长 6.4%,加工贸易出口下降 13.2%,高新技术产品出口增长 9.9%,民营企业进出口增长 16.1%。新增省级公共海外仓 1 家、市级进口交易中心 2 家。中国(常州)跨境电子商务综合试验区成功获批,跨境电商"9610""9810"模式顺利开通。

表 10　对外经济主要指标

指标	2020 年	指标	2020 年
进出口总值	**24172545**	**出口总值**	**17969329**
按企业分	24172545	按企业分	17969329
对外贸易公司		对外贸易公司	
自营生产公司		自营生产公司	
三资公司	10325937	三资公司	3207653

续表

指　标	2020 年	指　标	2020 年
按贸易方式分	24172545	**按贸易方式分**	17969329
一般贸易	19987459	一般贸易	15312252
加工贸易	3354038	加工贸易	2511430
		按产品类别分	
		♯高新技术产品	3309898
		♯化工产品	1318585
		纺织服装	2592300
		机电产品	10701120

数据来源:《常州统计年鉴 2021》

利用外资平稳运行。全市实际到账外资 27.2 亿美元,增长 8.6%,到账额位列全省第四,人均实际使用外资位列全省第一。新增协议外资超 3000 万美元项目 60 个,新增总投资超亿美元项目 21 个,新增省级地区总部和功能性机构 4 家。全市增资项目 118 个,新增协议外资额增长 16.3%。常州薛家"外资小镇"经验得到省委、省政府和商务部肯定。

表 11　2020 年利用外资情况

指　标	新设项目 个数(个)	协议外资金额 (万美元)	实际到账注册外资 (万美元)
总计	**228**	**558747**	**287838**
按企业登记注册类型分			
合资经营企业	68	100718	94847
合作经营企业		2	14151
独资经营企业	149	454831	176093
股份有限公司		1386	2015
合伙企业	11	1810	732

数据来源:《常州统计年鉴 2021》

外经合作质效提升。全市新增境外投资项目 69 个,中方协议投资额 3.6 亿美元,其中 1000 万美元以上项目 7 个。国际产能和装备制造合作项目 33 个,中方协议投资额 2.9 亿美元,项目主要集中于机械制造等优势产业。"一带一路"投资项目 27 个,中方投资额 2.3 亿美元。

开发区加快发展。全市开发区完成一般公共预算收入 364.0 亿元,增长 6.5%,完成规模以上工业产值 8226.3 亿元,增长 7.6%,实际到账外资 22.9 亿美元,下降 0.5%。中以、中德、中欧、中瑞 4 家国际合作园区被认定为省级国际合作园区,获评数位列全省第一;获批省级特色创新示范园区 8 家,覆盖率居全省前列。

8.科技和教育

创新能力不断提高。全年完成专利申请 58236 件,其中发明专利 13076 件。专利授权 41321件,其中发明专利授权 2856 件,万人有效发明专利拥有量 40.7 件。高企认定数 1141 家,通过率66.5%,位列全省第一。推荐高新技术企业申报 1716 家,增长 65.2%,省高新技术企业培育入库数 1156 家,增长 60.3%,增幅均位列全省第一。常州列全国创新型城市创新能力排行榜第 16 位(地级市第 3 位)。全市共有国家级工程技术研究中心 6 家,省级以上重点实验室 9 家,省级以上企业重点实验室 8 家,国家级国际合作基地 6 家。

创新平台加快建设。全市市级以上创新创业载体 288 家,其中,众创空间 116 家,科技企业孵化器 128 家,科技企业加速器 44 家。市级以上"三中心"(工程技术研究中心、企业技术中心、工程研究中心)1846家,其中,国家级15家,省级726家,设立海外创新研发机构的企业59家。

高新园区建设高质量推进。常州、武进两个国家高新区分别列全国高新区排名第23位和第38位。常州市国家农业科技园获批建设,江苏省金坛华罗庚高新区获批筹建。87家创新载体列入苏南自创区优秀创新载体并受表彰,其中,独角兽企业2家,数量位居苏南自创区第二位;潜在独角兽企业9家,数量较上年实现倍增;瞪羚企业76家,位列苏南自创区第二。

表12　2020年分地区专利申请及授权情况

	全市	市区	溧阳市
专利申请数总计	**58236**	**54681**	**3555**
发明专利	13076	12371	705
实用新型专利	40757	38050	2707
外观设计专利	4403	4260	143
专利批准数总计	**41321**	**38876**	**2445**
发明专利	2856	2736	120
实用新型专利	34253	32059	2194
外观设计专利	4212	4081	131

数据来源:《常州统计年鉴2021》

常州市有普通高等学校数10所,普通高等学校在校学生数14.5万人;普通中学数165所,普通中学在校学生数19.8万人;小学学校数227所,小学学校在校学生数32.1万人。

教育高质量加快推进。全市拥有各级各类学校803所,学前教育毛入学率、九年义务教育巩固率、高中阶段教育毛入学率均达100%。全年实施新建、改扩建学校105所,竣工投用学校45所,增加学位28470个,增加普通高中招生计划1774人。新增省政府特殊津贴和省有突出贡献中青年专家各1人,市特级、高级、骨干校长105名,市特级、高级、骨干班主任170名,市特级教师后备人才、学科带头人、骨干教师493名。新增市级优质幼儿园19所,省级优质幼儿园4所,新增义务教育"新优质学校"24所,学前教育、义务教育集团化办学覆盖率分别达到80%和93%以上,顺利通过四星级高中复审7所。高考本科达线率92.9%,超全省平均34个百分点。入选省首批产教融合型企业13家,数量位列全省第一;入围省中等职业学校领航计划5所,占比位列全省第一;在省"十三五"现代化示范校、优质特色校、现代化专业群、现代化实训基地等各项评比中,入选比例均位列全省第一。

9. 文化、卫生、体育和民族宗教

公共文化发展成绩亮眼。年末全市共有艺术表演团体11个,群众艺术馆、文化馆7个,博物馆28个;公共图书馆7个,图书总藏量673.4万册;自办广播节目7套,电视台节目7套,有线电视用户84.6万户。共完成重点文物修缮工程22处,梳理老城厢内外名人故居资源60多处,溧阳、金坛、武进、新北和天宁列入全国革命文物保护利用片区。公共文化新地标常州文化广场全面建成,开放"秋白书苑"10家,累计接待读者超100万人次。滑稽戏《陈奂生的吃饭问题》、二胡协奏曲《江南第一燕》分别入选文旅部"百年百部"创作计划和"百年百项"小型作品创作计划重点扶持作品(全省仅8部,位列全省第一);锡剧《烛光在前》入选2020年度江苏省舞台艺术精品创作扶持工程重点投入剧目。举办第七届"文化100"大型惠民行动,推出八大系列、235项优质文旅活动,"麦积山石窟艺术展""全国竹刻邀请展"等引发观展热潮。深入实施农村文化"三送"工程,深入开展农村文化"三送",送戏1050场、送电影10021场、送书50000册。

卫生健康事业有力推进。年末全市各级各类医疗卫生机构1564个,拥有总床位2.93万张,卫生技术人员3.87万人,其中,执业(助理)医师1.54万人、注册护士1.73万人,每千人拥有执业(助理)医师3.25人。面对新冠肺炎疫情,全市实现了全治愈、零重症、零死亡,共派出108名医务人员驰援湖北。具备核酸检测能力机构 26 家,建成城市应急检测基地 3 家,大力推进标准化发热门诊建设 36 家,二级以上医疗机构预约诊疗率超过 70%。新增省级临床重点专科 11 个,市三院创成传染病三级甲等医院,建成省级农村区域性医疗卫生中心 4 个。获国家自然科学基金项目立项 16 项,省科技项目立项 6 项。获医学新技术引进奖 22 项,首次获江苏省医学科技奖一等奖。

表 13 分地区卫生机构床位和人员数

	全市	市区	溧阳市
床位数(张)	29327	25153	4174
♯医院(含妇保院)	23860	20752	3108
卫生院	4123	3112	1011
人员数(人)	47510	40868	6642
卫生技术人员	38650	33403	5247
♯执业(助理)医师	16408	13203	2205
注册护士	17349	15125	2224
药师	1888	1655	233
技师	1915	1635	280
其他卫生技术人员	2090	1785	305
其他技术人员	2378	2185	193
管理人员	2216	1922	294
工勤技能人员	3427	2900	517

体育事业稳步发展。年内等级运动员发展 214 人,等级裁判员发展 637 人。年末全市拥有体育场地 22458 个,其中,体育场 28 个,体育馆 28 个,室内外游泳馆(池)233 个,乒乓球房(馆、场)2831 个,健身房(馆)1363 个,篮球场(含三人制篮球场)4165 个,城市健身步道 2378 个,全民健身路径 6774 个,其他体育场地 4658 个。年内新增体育设施面积 2034.2 万平方米,人均拥有体育设施面积 4.3 平方米,承办国际级比赛 1 项、国家级比赛 16 项、省级比赛 15 项,共有 26 名常州运动员获得全国比赛及全国以上大赛冠军。

10. 人口、人民生活和社会保障

人口规模保持稳定。全市户籍总人口 386.63 万人,增长 0.4%,其中,男性 189.26 万人,增长 0.2%;女性 197.37 万人,增长 0.6%。户籍人口出生率 7.6‰,死亡率 7.9‰,人口自然增长率-0.3‰。

就业创业形势良好。全年城镇新增就业 11.7 万人,失业人员实现再就业 6.5 万人,扶持创业 2.4 万人,创业带动就业 9.1 万人,年末城镇登记失业率为 1.75%。

居民收入稳步增长。全年居民人均可支配收入 52080 元,增长 4.5%。按常住地分,城镇常住居民人均可支配收入 60529 元,增长 3.7%;农村常住居民人均可支配收入 32364 元,增长 6.1%,城乡居民收入比为 1.87:1。全市居民人均生活消费支出 28291 元,下降 1.3%,其中,城镇居民人均生活消费支出 31987 元,下降 0.9%,农村居民人均生活消费支出 19667 元,下降 4.0%。城镇居民恩格尔系数 27.3%,农村居民恩格尔系数 31.7%。

物价水平总体平稳。全年居民消费价格总指数为 102.5,八大类消费品和服务项目价格"五涨三跌",其中,食品烟酒类上涨 9.2%,其他用品和服务类上涨 4.4%,生活用品及服务类上涨 1.9%,居住类上涨 0.8%,医疗保健类上涨 0.7%,交通和通信类下跌 3.8%,衣着类下跌 0.4%,教育文化和娱乐类下跌 0.2%。

住房市场保障供给。全年棚户区改造新开工 10092 套(户),基本建成 11736 套(户)。中心城区"大板房"治理工作全面推进,28.2 万平方米异地置换启动建设,治理工作取得阶段性成效,被央视和江苏卫视报道点赞。不断完善住房保障政策,城镇中低收入住房困难家庭应保尽保。全市完成老旧小区改造 16 个,改善总建筑面积 115.7 万平方米,惠及住户 10984 户。

社会保障体系更趋完善。年末全市企业职工基本养老保险参保人数 171.7 万人,增长 5.7%,城镇职工基本医疗保险参保人数 232.4 万人,增加 10.9 万人,城镇失业保险参保人数 136.7 万人,增长 1.6%。城乡低保标准提高到每人每月 900 元,全市 10110 户、1.4 万人纳入低保范围,其中,城镇低保对象 3819 户 0.5 万人,农村低保对象 6291 户 0.9 万人,累计发放保障金 1.2 亿元。年末全市拥有各类养老机构 120 个,养老机构床位数 29141 张,收养人数 14850 人。拥有法律援助中心 8 个,接受法律咨询 3.5 万人次,社会矛盾纠纷调处成功率 99.6%。全年发行福利彩票 6.4 亿元。

11. 资源、环境和安全生产

2020 年常州市城区人口密度 2309 人/平方公里,城区实有道路面 5599.29 万平方米,城区人均公园绿地面积 14.33 平方米,城区出租车运营数量 3319 辆,城区燃气普及率 100%。

全面打好污染防治攻坚战。全年完成治气工程 1237 项,燃气锅炉低氮改造 750 台,持续推进钢铁企业全流程超低排放改造,开展重点企业挥发性有机物高效治理工程和制造业重点集群挥发性有机物专项整治。完成治水工程 430 项,全面开展太湖流域城镇污水处理厂以及六大重点行业企业提标改造,扎实抓好太湖应急防控,累计打捞蓝藻 21.2 万吨。固废危废利用处置能力不断提升,危废焚烧处置能力达 19.1 万吨/年。立案查处环境违法行为 1296 件,关停、转型和提升沿江一公里内化工生产企业 31 家,建设沿岸五公里生态廊道。"十三五"期间化学需氧量、氨氮、二氧化硫和氮氧化物排放总量降幅超过 17%、21%、26%、22%。

生态环境质量持续改善。全市 PM2.5 浓度 40 微克/立方米,下降 14.9%,创有监测记录 (2013 年)以来最好水平。空气优良天数比率 80.3%,比上年提升 13.5 个百分点,改善幅度位列全省第一,PM10、二氧化氮两项指标首次达到环境空气质量二级标准。国省考断面水质优Ⅲ比例 84.4%,较 2015 年提高 42 个百分点,达到"十三五"以来最优水平。

表 14　2020 年常州市分地区环境保护情况

指　标	全市	其中	
		市区	溧阳市
工业主要污染物排放			
化学需氧量排放量(吨)	4073.16	3600.33	472.83
氨氮排放量(吨)	205.92	180.89	25.03
二氧化硫排放量(吨)	8863.67	4985.53	3878.14
氮氧化物排放量(吨)	16989.18	10276.46	6712.72
工业固体废物			
工业固体废物产生量(万吨)	677.75	540.42	137.32
工业固体废物综合利用量(万吨)	663.44	529.99	133.45
工业固体废物处置量(万吨)	23.47	19.60	3.87
工业固体废物综合利用率(%)	97.89	98.07	97.18

数据来源:《常州统计年鉴 2021》

二、2021 年常州市经济与社会运行发展情况

2021 年,面对复杂多变的外部环境和新冠肺炎疫情多点散发等严峻形势,全市上下坚持以习近平新时代中国特色社会主义思想为指导,全面落实中央和省委省政府决策部署,深入贯彻新发展理念,锚定高质量发展目标,奋力推进"532"发展战略,踔厉奋发、笃行不息,高水平全面建成小康社

会,谱写"强富美高"新常州现代化建设新篇章。

1. 综合经济

初步核算,全年实现地区生产总值(GDP)8807.6亿元,按不变价格计算增长9.1%,按常住人口计算人均生产总值达16.6万元,增长8.3%。分三次产业看,第一产业实现增加值166.9亿元,增长1.5%;第二产业实现增加值4198.9亿元,增长9.8%;第三产业实现增加值4441.8亿元,增长8.8%。三次产业增加值比例调整为1.9∶47.7∶50.4。民营经济实现增加值5826.2亿元,按不变价计算增长10.4%;民营经济增加值占GDP比重达66.1%,对全市经济的贡献率为74.1%。

全年完成一般公共预算收入688.1亿元,增长11.6%,其中,税收收入569.7亿元,增长9.0%,占一般公共预算收入的比重为82.8%。税收收入中,增值税234.3亿元,增长11.5%;企业所得税104.2亿元,增长13.3%;个人所得税32.6亿元,增长24.7%。全年一般公共预算支出771.9亿元,增长6.3%,其中,用于教育支出、卫生健康、住房保障、社会保障与就业分别增长5.6%、7.6%、9.8%、12.3%。

2. 农业与农村经济

全年农林牧渔业实现总产值283.7亿元,增长1.9%。其中,农业产值156.4亿元,增长3.8%;林业产值2.0亿元,增长4.5%;牧业产值18.6亿元,下降3.9%;渔业产值80.5亿元,下降1.1%;农林牧渔服务业产值26.1亿元,增长4.3%。

全年粮食播种面积142.6万亩,增长1.2%。粮食总产69.5万吨,增长0.7%。粮食亩产487.3公斤,比上年减少2.7公斤/亩,其中,水稻亩产624.0公斤,比上年增加1.8公斤/亩。油料总产量3.2万吨,增长83.3%;茶叶总产量2216.8吨,下降15.2%;水果总产量23.4万吨,下降1.5%。主要畜产品中,肉类总产量5.3万吨,下降14.8%,其中,猪牛羊肉1.7万吨,增长8.1%;禽肉3.6万吨,下降22.3%。禽蛋总产量1.6万吨,增长96.0%。水产品产量15.4万吨,增长7.5%。

全市累计建成美丽宜居乡村1410个,创成中国美丽休闲乡村4个、省级特色田园乡村28个、全国乡村旅游重点村镇6个。创成5个国家级产业强镇,拥有5镇10村共15个"一村一品"示范村镇。拥有县级以上农业龙头企业372家,其中,国家级5家、省级46家、市级70家、县区级251家;省以上农业龙头企业实现销售额(交易额)1003.3亿元,增长11.9%。拥有县级以上示范家庭农场832家,县级以上示范农民合作社562家。全市休闲旅游农业年接待游客人数1252万人次,实现营收41.8亿元,带动7.2万户农户实现增收。全市涉农区规模设施农业物联网技术应用占比达27.0%,全年农业电子商务交易额超过60亿元。

3. 工业和建筑业

全年规模以上工业增加值增长13.6%,规模以上工业总产值增长24.8%,其中,机械、冶金、电子、建材、化工、纺织服装、生物医药行业产值分别增长28.4%、27.9%、21.5%、18.4%、14.8%、14.4%和7.1%。规模以上工业企业实现营业收入14162.8亿元,增长24.0%;实现利润总额856.6亿元,增长22.6%。十大产业链规模以上企业产值增长25.7%,其中,新能源汽车及汽车核心零部件、智能电网、新材料、新能源产业链分别增长71.4%、28.8%、24.1%和20.0%。全市规模以上工业战略性新兴产业产值占规模以上工业总产值比重为41.9%。

全年建筑业完成增加值408.0亿元,下降3.9%。资质以上建筑业企业完成总产值2193.3亿元,增长8.5%,其中,建筑工程产值1732.8亿元,增长2.7%。房屋施工面积13030.2万平方米,下降0.1%;房屋竣工面积4190万平方米,下降3.8%。建筑业按施工产值计算的全员劳动生产率为34.3万元/人,增长4.2%。

4. 固定资产投资

全年固定资产投资增长4.1%,其中,工业投资增长21.1%,工业技改投入增长12.6%,服务业投资下降8.3%。按投资主体分,国有投资下降4.5%,民间投资下降0.1%,外商港澳台投资增长5.0%。高技术投资增长25.8%,占全部投资的比重由上年的17.8%提升至21.8%,其中,高技术制造业投资增长20.4%,高技术服务业投资增长53.5%。

全年房地产开发投资下降8.0%,其中住宅投资下降3.5%。商品房新开工面积1120.0万平方米,下降6.3%,其中住宅新开工面积842.6万平方米,下降4.7%。年末商品房待售面积397.4万平方米,下降3.8%,其中住宅待售面积122.6万平方米,增长9.7%。房地产开发投资占全市投资的比重由上年的40.4%降低至36.2%。

5. 国内贸易

全年实现社会消费品零售总额2911.4亿元,增长20.2%。基本生活类商品增长稳定,限额以上粮油、食品类商品零售额增长21.4%,服装、针纺织品类零售额增长23.5%,日用品类零售额增长27.4%,石油及制品类商品零售额增长21.3%。消费升级类商品增长迅速,全年限额以上金银珠宝类零售额增长36.2%,计算机及配套产品零售额增长56.0%,智能家用电器和音像器材、可穿戴智能设备两类商品累计零售额增长85.2%。

6. 开放型经济

全年完成进出口总额3017.8亿元,增长24.9%。其中,出口2196.4亿元,增长22.3%;进口821.5亿元,增长32.4%。一般贸易出口增长21.3%,加工贸易出口增长23.8%,高新技术产品出口增长8.0%,民营企业出口增长21.0%。累计创成6个国家外贸转型升级基地,新获评2家省级跨境电商产业园,认定国家文化出口重点企业3家,获评省级服务贸易基地2家。

全市实际到账外资30.7亿美元,增长13.0%。新增协议外资项目数450个,增长30.1%。其中,超3000万美元项目93个,增长55.0%;超亿美元项目32个,增长52.4%。新增省级地区总部和功能性机构3家,累计达26家。全市新增境外投资项目47个,下降31.9%,中方协议投资额5.4亿美元,增长51.4%。国际产能和装备制造合作项目17个,中方协议投资额4.3亿美元;在"一带一路"沿线国家投资项目14个,中方投资额9858.1万美元。

全市开发区完成一般公共预算收入393.7亿元,增长12.7%,占全市比重为57.2%;完成规模以上工业产值10320.2亿元,增长25.9%,占全市比重为77.6%;实际到账外资25.1亿美元,增长9.7%,占全市比重为88.4%。5家园区被认定为江苏自贸区联动创新发展区,常州高新区被认定为首批中日韩(江苏)产业合作示范园区。常州经开区、金坛开发区排名分别升至省级第4和第10,华罗庚高新区入围省级序列。省级国际合作园区5家,省级特色创新产业园区10家,覆盖率达90%。

7. 交通运输、邮政电信业和旅游业

年末全市公路总里程8504公里,其中高速公路361公里。年末全市民用汽车拥有量160.2万辆,增长5.7%,其中,个人汽车129.4万辆,增长5.2%。全年完成客运量3298.2万人,下降19.5%;客运周转量14.0亿人公里,下降26.6%。货运量16856.7万吨,增长4.4%;货物周转量319.0亿吨公里,增长12.7%。民用航空旅客吞吐量292.4万人,增长29.6%;货物吞吐量2.0万吨,增长6.4%。港口货物吞吐量1.4亿吨,增长38.7%,其中,常州港货物吞吐量5201.9万吨,下降4.4%;内河港口货物9052.6万吨,增长87.3%。"常西欧"国际货运班列全年开行10列。

全年邮电业务收入154.5亿元,增长9.8%。邮政业务收入71.4亿元,增长7.6%,其中,快递业务收入55.3亿元,增长10.1%;通信业务收入83.1亿元,增长11.7%。快递服务企业业务量3.8亿件,增长17.5%。年末全市固定电话用户78.0万户,移动电话用户673.7万户;5G手机用户达到169.9万户,增长70.7%。互联网用户295.4万户,增长4.9%。开通5G基站1.1万个,入选全国首批"千兆城市"。

全年旅游总收入1057.2亿元,增长27.5%;旅游总人数6999.4万人次,增长36.0%。4A级以上旅游总人数4700万人次,增长34.2%,其中,天目湖旅游度假区接待人数817.4万人次,增长18.4%;环球恐龙城休闲旅游区接待人数748万人次,增长23.5%。全市拥有等级旅游景区36个,其中,国家5A级景区3家,国家4A级景区11家,3A级景区14家,2A级景区8家。省级及以上乡村旅游重点村6个。年末全市星级宾馆31家,其中,五星级宾馆7家,四星级宾馆13家。全市拥有旅行社212家,其中,出境游组团社23家。

8. 金融业

全年实现金融业增加值715.0亿元,增长6.3%。年末金融机构本外币存款余额13929.6亿元,增长11.0%,其中,住户存款5652.4亿元,非金融企业存款5485.7亿元,分别增长11.4%、11.0%。金融机构本外币贷款余额11792.2亿元,增长14.9%。其中住户贷款3946.7亿元,非金融企业及机关团体贷款7844.0亿元,分别增长16.0%、14.5%。

年末全市保险公司共80家,其中,产险公司30家、寿险公司50家。全年保费总收入331.9亿元,增长10.3%,其中,人寿险262.8亿元,增长12.2%;财产险69.0亿元,增长3.8%。保险赔(结)款支出50.5亿元,增长1.0%,其中,人寿险6.4亿元,增长11.6%;财产险44.1亿元,增长12.9%。

年末全市证券营业部83个,资金账户总数158.9万户。证券市场全年各类证券交易总额32466.3亿元,增长27.1%。其中A股交易额27649.4亿元,增长34.2%;B股交易额6.5亿元,增长10.8%;基金成交额1759.9亿元,增长34.8%;债券成交额3050.6亿元,下降16.2%。全年新增上市企业10家,累计达81家;新增新三板挂牌企业6家,累计达95家。

9. 科技创新

全年完成专利授权55463件,其中,发明专利授权4793件,万人有效发明专利拥有量44.8件。拥有高新技术企业2915家,增长16.7%。推荐高新技术企业申报2081家,增长21.3%,高企认定数1048家,通过率50.4%。新增江苏独角兽企业3家,江苏潜在独角兽企业21家,江苏省高新区瞪羚企业74家。

全年市级以上"三中心"(工程技术研究中心、企业技术中心、工程研究中心)1988家,其中国家级16家、省级816家。市级以上创新创业载体295家,其中,众创空间114家、孵化器135家、加速器46家。全省科技企业孵化器绩效评价中,获评B类以上的孵化器共36家,其中获评A类的有7家。

全年人才总量达145.5万人,申报入选国家级人才重大工程13人,入选省"双创人才"35人,入选省"双创团队"2个。全市引进高校毕业生及各类人才10.6万人,其中,高层次人才4218人。新增专业技术人才3.7万人、高技能人才1.9万人,每万名劳动者中高技能人才数达1270人。引进领军人才创业项目411个,领军人才企业2967家。

10. 教育、文化、卫生和体育

全市拥有各级各类学校832所,其中,幼儿园398所、小学229所、普通中学168所、中等职业学校20所、普通高校10所。全年实施新建、改扩建学校120所,竣工投用61所,新增学位3.1万个。全市100%的义务教育学校基本达到省定办学标准,学前教育毛入学率、九年义务教育巩固率、高中阶段教育毛入学率均达100%。新增省市级优质幼儿园21所、义务教育"新优质学校"24所、省星级高中1所。6所高职院校成为省"双高"建设单位,10所中职校创成省现代化示范校或优质特色校。新增国家一流本科专业15个、一级学科博士点1个、硕士学位授予单位1家。创成全国首批、全省唯一国家产教融合试点城市。

年末全市共有艺术表演团体11个、群众艺术馆(文化馆)8个、博物馆29个、公共图书馆8个(图书总藏量644.2万册);自办广播节目7套,电视台节目7套,有线电视用户71.9万户。梳理老城厢内外名人故居资源65处,公共文化新地标常州文化广场建成开放,常州图书馆新馆开馆以来累计接待读者超 60 万人次。建成 32 家"秋白书苑",被《中国文化报》誉为"新型公共文化空间'常州模式'"。创作各类型抗疫题材文艺作品 150 多件,共有 10 部优质剧目上"云"展演。深入实施农村文化"三送"工程,深入开展农村文化"三送",送戏 1035 场、送电影 8610 场、送书 5 万册。

年末全市各级各类医疗卫生机构 1666 个,其中,医院、卫生院(含妇幼保健院)149 家。卫生技术人员 4.04 万人,其中,执业(助理)医师 1.59 万人、注册护士 1.82 万人,每千人拥有执业(助理)医师 2.98 人。拥有总床位 3.19 万张,其中,医院、卫生院(含妇幼保健院)3.0 万张。建成全市疫情防控管理服务平台,组建流调队伍 1089 人、核酸采样队伍 1.4 万人、环境消毒队伍 614 人,储备隔离房间 10556 个,核酸检测能力达 30 万单管/日。建成全国示范性老年友好型社区 5 个、省普惠托育机构 10 家,市老年病医院成为国家级老年友善医院。14 家医疗机构建成互联网医院,全省率先实现三级医院互联网医疗服务全覆盖。

年末全市拥有体育场地 2.3 万个,其中,体育场 30 个、体育馆 40 个、室内外游泳馆(池)231 个、乒乓球房(馆、场)2842 个、健身房(馆)1374 个、篮球场(含三人制篮球场)3961 个、城市健身步道 2491 个、全民健身路径 6964 个、其他体育场地 4790 个。全年新增公共体育设施面积 42.7 万平方米,人均拥有体育设施面积 3.9 平方米。发展等级运动员 178 人、等级裁判员 726 人。承办国家级比赛 10 项、省级比赛 32 项,共有 70 名常州籍运动员获得全国比赛冠军。

11. 人口、民生与社会保障

全市户籍总人口 388.16 万人,增长 0.4%,其中,男性 189.65 万人,增长 0.2%;女性 198.51 万人,增长 0.6%。户籍人口出生率 5.7‰,死亡率 7.4‰,人口自然增长率 -1.7‰。全市常住人口 534.96 万人,增长 1.3%,其中,城镇常住人口 415.02 万人,乡村常住人口 119.94 万人。城镇化率为 77.6%。

全年城镇新增就业 12.3 万人,失业人员实现再就业 8.0 万人,扶持创业 2.6 万人,创业带动就业 10.6 万人,年末城镇登记失业率为 1.6%。离校未就业高校毕业生年末就业率达 95% 以上。组织 3.1 万新生代农民工参加职业技能培训,5.9 万人参加城乡劳动者就业技能培训。

全年居民人均可支配收入 56897 元,增长 9.2%,其中,城镇常住居民人均可支配收入 65822 元,增长 8.7%;农村常住居民人均可支配收入 35822 元,增长 10.7%;城乡居民收入比为 1.84:1。全市居民人均生活消费支出 34079 元,增长 20.5%,其中,城镇居民人均生活消费支出 38021 元,增长 18.9%;农村居民人均生活消费支出 24768 元,增长 25.9%。城镇居民恩格尔系数为 26.4%,农村居民恩格尔系数为 31.4%。

全年居民消费价格指数上涨 1.5%,其中,食品烟酒类上涨 1%,衣着类上涨 1.2%,居住类上涨 0.1%,生活用品及服务类上涨 0.2%,交通和通信类上涨 4.3%,教育文化和娱乐类上涨 1.1%,医疗保健类上涨 5.8%,其他用品和服务类上涨 0.1%。全年工业生产者出厂价格同比上涨 9.4%,工业生产者购进价格上涨 13.5%。

全年新开工棚户区改造 1.9 万套,基本建成 1.4 万套,新建、改建保障性租赁住房 9559 套。28.2 万平方米异地置换房建设项目主体结构全部封顶,"大板房"住户选房工作全部完成。累计发放租房资助 36.2 万元,发放购房资助 986 万元。完成老旧小区改造 83 个,惠及居民 5.4 万户,完成率达 104%。"老旧小区+加装电梯"模式入选住建部老旧小区改造可复制政策机制清单,相关项目纳入住建部优选典型案例。

年末全市企业职工基本养老保险参保人数 177.3 万人,增长 3.3%;城镇职工基本医疗保险参保人数 244.1 万人,增长 5.0%;城乡居民基本医疗保险参保人数 188.0 万人,增长 1.0%。城镇失业保险参保人数 146.6 万人,增长 7.2%。城乡低保标准提高到每人每月 940 元,全市 9272 户 1.3 万人纳入低保范围,累计发放保障金 1.2 亿元。年末全市拥有各类养老机构 121 个,养老机构床位数 25822 张,收养人数 10752 人。拥有法律援助中心 8 个,接受法律咨询 4.9 万人次,社会矛盾纠纷调处成功率 99.7%。全年发行福利彩票 6.2 亿元。

12. 城乡建设和公用事业

全年交通基础设施累计完成投资 164.4 亿元。苏锡常南部高速公路、溧宁高速与溧高共线段建成通车。推进农村公路提档升级,完成农路提档升级 50 公里,农危桥改造 14 座,金坛入选"四好农村路"全国示范县。推进环太湖一体化"四好农村路"全国示范路建设,构建 60 公里的"一线一环一带"四好农村路体系。

年末全市公交线路 474 条,增长 34.7%;公交营运车辆 3152 辆,增长 17.7%;巡游出租汽车 3678 辆,增长 0.2%。全年完成公交客运量 1.5 亿人次,增长 8.3%。轨道交通 2 号线正式开通,新辟、优化调整公交线路 13 条,新增公共自行车站点 22 处,改造提升 16 个公交站台,轨道交通 2 号线各站点 300 米内公交线路、公共自行车衔接率达 100%。新增公共停车泊位 12818 个。

全年全社会用电量 588.4 亿千瓦时,增长 12.6%。其中,城乡居民生活用电 58.2 亿千瓦时,增长 9.8%。城区自来水供水 4.1 亿立方米,管道燃气供气量 17.4 亿立方米,污水处理 3.5 亿立方米。生活垃圾清运量 212.4 万吨,生活垃圾无害化处理率 100%。

13. 生态建设和环境保护

全年实施治污工程 2722 项,关停取缔"散乱污"企业 2357 家。持续深化生态绿城建设,扩绿 3623 亩,建成 6 个生态安全缓冲区。累计拆除沿江 1 公里范围内化工企业 26 家,新增沿江绿地 1000 亩。依法立案查处生态环境违法案件 1117 件,侦办环境污染犯罪案件 15 件。

全市 PM2.5 年均浓度 36 微克/立方米,下降 8.4%,空气质量优良天数比率 76.4%。国省考断面水质优Ⅲ比例达到 92.2%,比上年提高 9.2 个百分点,所有河流断面首次均达Ⅲ类,4 条入湖河道首次全部达到省定考核目标。恢复治理水土流失面积 16.2 平方公里,增长 170.0%。

第九章　2020—2021年苏州市经济发展分析

一、2020年苏州市经济与社会运行发展情况

2020年,苏州全市上下坚持以习近平新时代中国特色社会主义思想为指导,全面贯彻党的十九大和十九届二中、三中、四中、五中全会精神,认真落实国家和省决策部署,在市委、市政府的正确领导下,紧扣"强富美高"总目标,自觉践行新发展理念,统筹抓好经济社会发展和疫情防控,全面落实"六稳"任务、扎实做好"六保"工作,全市经济持续恢复,经济运行稳中有进、稳中提质,人民生活不断改善,社会大局和谐稳定,高质量发展取得明显成效。

1. 综合发展情况

经济总量迈上新台阶。初步核算,全市实现地区生产总值20170.5亿元,按可比价计算比上年增长3.4%。其中,第一产业增加值196.4亿元,下降2%;第二产业增加值9385.6亿元,增长3.4%;第三产业增加值10588.5亿元,增长3.5%。三次产业比为1.0∶46.5∶52.5。全年实现一般公共预算收入2303亿元,比上年增长3.7%,其中,税收收入2005.1亿元,增长0.7%,占一般公共预算收入的比重达87.1%。全年一般公共预算支出2263.6亿元,比上年增长5.7%,其中,城乡公共服务支出1766.8亿元,占一般公共预算支出的比重达78.1%。

表1　苏州历年地区生产总值

单位:亿元

	2015 年	2016 年	2017 年	2018 年	2019 年	2020 年
地区生产总值	14468.68	15445.26	16997.47	18263.48	19264.8	20170.45
第一产业	215.71	221.81	221.98	214.25	196.7	196.4
第二产业	7250.53	7434.61	8217.83	8918.33	9130.18	9385.58
第三产业	7002.44	7788.84	8557.66	9130.9	9937.92	10588.47
工业	6648.28	6818.92	7535.94	8167.59	8316.49	8514.39

数据来源:《苏州统计年鉴2021》

在全国首创"苏惠十条",实施惠外、惠农、惠服务业及人才关爱等组合政策,有力推动复工复产,力促经济企稳回升。全面落实"减税降费"等一系列政策举措,全年减轻企业成本负担810亿元。倾心打造"苏州最舒心"营商服务品牌,政务服务"网上办""掌上办""就近办"全面推进,"不见面审批(服务)"全面实施,"全方位"企业服务专窗开通建设。开发"政策计算器"创新做法获国务院通报表扬。全年新增市场主体67.7万户,年末达244.1万户,分别比上年增长56.8%和29.8%。小微企业数字征信实验区、金融科技创新监管、央行数字货币等重大金融试点工作积极推动。苏州综合金融服务平台注册企业13.65万家,为3.45万家企业解决了8368.2亿元融资。

2. 农业和农村建设

农业生产保持平稳。全年实现农林牧渔业总产值357.02亿元,按可比价计算比上年下降1.4%。全年粮食总产量88.81万吨,比上年增长1.9%,其中,夏粮产量21.56万吨,下降0.2%;秋粮产量67.25万吨,增长2.6%。粮食亩产比上年提高1.3%。建设投产10个现代化万头规模猪场新改扩建项目,完成生猪存栏、出栏目标任务。

现代农业加快建设。基本实现耕地高标准建设全覆盖。新增现代农业园区面积 6 万亩,年末现代农业园区总面积 140 万亩。新认定市级农业园区 4 家、省级农业产业示范园 1 家,吴江获批创建国家现代农业产业园。新增农产品地理标志登记产品 12 个。全面完成长江流域禁捕退捕工作。全年培育新型职业农民 3109 名,新增市级以上农业产业化龙头企业 20 家、组建农业产业化联合体 20 家、新增共享农庄 43 个。全年县级以上农业龙头企业实现销售收入 1530 亿元,比上年增长 4.1%。

3. 工业

工业经济展现强劲发展韧性和活力。全年实现规模以上工业总产值 34823.9 亿元,比上年增长 4.0%。主导行业支撑有力。前六大行业实现产值 22458 亿元,比上年增长 5.8%,占规模以上工业总产值比重达 64.5%,其中,计算机、通信和其他电子设备制造业产值增长 5.7%;电气机械和器材制造业产值增长 10.2%;黑色金属冶炼和压延加工业产值增长 7.0%;汽车制造业产值增长 7.4%。从经济类型看,民营工业企业实现产值 13404.5 亿元,比上年增长 5.1%,民营工业企业产值占规模以上工业总产值比重达 38.5%,比上年提高 1.8 个百分点。28 家企业入围"2020 中国制造民营企业 500 强"。外商及港澳台工业企业实现产值 20519.4 亿元,比上年增长 3.2%,占规模以上工业总产值比重达 58.9%。大中型工业企业实现产值 23539.7 亿元,比上年增长 3.7%。

先进制造业引领发展。新一代信息技术、生物医药、纳米技术、人工智能四大先导产业实现产值 8718.2 亿元,比上年增长 11.5%,占规模以上工业总产值比重达 25.0%,比上年提高 3.2 个百分点。制造业新兴产业产值占规模以上工业总产值比重达 55.7%,比上年提高 2.1 个百分点。生物医药产业集群成功入选首批国家级战略性新兴产业集群名单,生物医药产业产值比上年增长 17.9%。高技术产品生产不断扩大。工业机器人产量比上年增长 26.8%;集成电路产量增长 21.9%;光电子器件产量增长 11.4%。加快推进工业企业智能化改造。全年新增省级示范智能工厂 3 家、示范智能车间 59 家,新增省级工业互联网平台 16 家,累计分别达到 11 家、503 家、23 家。

4. 建筑业

建筑业保持平稳。全年完成建筑业总产值 2867.2 亿元,比上年增长 7%,其中,建筑安装工程产值 2850 亿元,增长 7%。竣工产值 1948.6 亿元,比上年增长 7%,竣工率达 68%。全年资质以上建筑业企业房屋施工面积 13689 万平方米,比上年增长 11.3%,其中,新开工面积 4664 万平方米,增长 9%。建筑业全员劳动生产率 43.2 万元/人,比上年提高 5.4%。建筑业企业在外省完成建筑业产值 851 亿元,比上年增长 9.1%。

积极参与"一带一路"和长江经济带建设。2020 年度全市建筑企业在市外共完成产值约 1046.39 亿元,同比上涨 16%,其中,6 家骨干建筑业企业承接海外工程项目 18 项,建筑面积约 89 万平方米,工程造价约 29.4 亿元。

企业实力持续增长。2020 年全市有 8 家企业被省住建厅、省统计局、省商务厅认定为江苏省百强建筑业企业,其中,综合实力类 2 家,建筑装饰类 4,建筑外经类 1 家,基础设施类 1 家。1 家建筑施工企业新增施工特级资质,8 家建筑施工企业新增施工总承包一级资质。2 家建筑施工企业被列入《江苏省首批建筑产业工人队伍培育试点企业名单》。

5. 固定资产投资和房地产开发

投资需求较快增长。全年完成固定资产投资 5224.4 亿元,比上年同口径增长 6.6%,其中,工业投资 1527.7 亿元,增长 27.4%;服务业投资 3690.9 亿元,下降 0.2%。全市亿元以上项目投资完成 2236.8 亿元,比上年增长 15.1%。新开工项目 2588 个,比上年增加 260 个,新开工项目完成投资 1356.1 亿元,比上年增长 7.2%。

投资结构优化调整。全年完成新兴产业投资 1330.3 亿元,比上年增长 35.0%,占固定资产投资的比重达 25.5%,比上年提高 5.5 个百分点。工业技术改造投资和高新技术产业投资分别完成

820.5亿元和692.6亿元,分别比上年增长2.2%和38.8%,占工业投资比重分别达53.7%和45.3%。完成民间投资3058.4亿元,比上年增长5.9%,占固定资产投资比重达58.5%。

房地产市场平稳发展。全年完成房地产开发投资2673.7亿元,比上年下降0.5%,其中,住宅投资下降1.7%。房屋新开工面积2398.6万平方米,下降13.1%;房屋施工面积12385.6万平方米,增长2.0%;房屋竣工面积1545.7万平方米,增长20.4%;商品房销售面积2192.2万平方米,增长0.6%,其中,住宅销售面积1993.9万平方米,增长0.5%。

6. 国内贸易

市场消费稳定回暖。全年实现社会消费品零售总额7702亿元,比上年下降1.4%。其中,批发和零售业零售额7093.3亿元,下降0.8%;住宿和餐饮业零售额608.7亿元,下降8.2%。按经营单位所在地分,城镇消费品零售额7157.7亿元,比上年下降1.6%;乡村消费品零售额544.3亿元,比上年增长0.9%。升级类商品消费较快增长。限额以上批零企业中,化妆品类、照相器材类、智能家用电器和音像器材类、计算机及其配套产品类、新能源汽车类商品零售额分别比上年增长26.8%、51.1%、68.3%、14.6%和105.3%。互联网零售成为消费回补强劲动力,"姑苏八点半""双十二苏州购物节"等促销费活动成效显著。全年实现网络零售额2983亿元,比上年增长13.6%。全年限额以上批零业通过公共网络实现零售额比上年增长26.4%。

7. 对外经济

积极应对国际经贸形势变化、新冠肺炎疫情等不利影响,全力稳定外贸基本盘。全年实现进出口总额3223.5亿美元,比上年增长1.0%,其中,出口1868.7亿美元,下降2.7%,进口1354.8亿美元,增长6.6%。分经济类型看,外商投资企业实现进出口2218.1亿美元,占进出口总额的比重达68.8%;民营企业实现进出口823.2亿美元,占进出口总额的比重达25.5%。从贸易市场看,对美国出口422.7亿美元,比上年下降10.8%;对欧盟出口377.2亿美元,下降4.9%;对东盟出口229.6亿美元,增长8.0%;对日本出口156.4亿美元,增长2.4%;对韩国出口113.1亿美元,增长3.7%。对"一带一路"沿线国家和地区进出口697.6亿美元,占比提升至21.6%,其中,出口432.2亿美元,增长0.4%。全年实现一般贸易出口664.5亿美元,比上年下降2.5%。一般贸易出口占全市出口比重达35.6%。全年机电产品出口1488.6亿美元,比上年下降1.3%,占出口总额的比重达79.7%;高新技术产品出口990.5亿美元,比上年增长0.4%,占出口总额的比重达53.0%,两项出口额占比分别比上年提高1.2和1.6个百分点。

服务贸易加快发展。全年服务贸易进出口231.12亿美元。跨境电商B2B出口额、市场采购贸易、外贸综合服务等新业态出口分别比上年增长13.3%、9.1%和1.2%。全市服务外包接包合同额133.7亿美元,比上年增长8.9%,服务外包离岸执行额51.5亿美元,增长2.6%。

开放创新深入推进。全年新设外资项目1256个,比上年增长26.4%;新增注册外资189.1亿美元,比上年增长66.8%。实际使用外资55.4亿美元,比上年增长20%。新引进和形成的具有地区总部特征或共享功能的外资企业35家,累计超过330家。4个案例入选国家服务贸易创新发展试点"最佳实践案例"。苏州自贸片区累计形成66项制度创新成果案例,14项在全国全省推广。设立19个自贸片区联动创新区。全年新批境外投资项目中方协议投资额16.04亿美元,保持全省第一。在"一带一路"沿线16个国家和地区投资74个项目,中方协议投资额6.33亿美元。

8. 金融、保险

金融运行健康稳定。全年新增各类金融机构7家,年末金融机构总数达882家。年末金融机构人民币存款余额35165.7亿元,比年初增加3513.6亿元,比年初增长11.1%;金融机构人民币贷款余额34195.8亿元,比年初增加4079.1亿元,比年初增长13.5%。其中,短期贷款余额9319.1亿元,比年初增长9.9%;中长期贷款余额23014.1亿元,比年初增长16.3%。全市金融业增加值1770.4亿元,占地区生产总值的比重达8.8%。

2020年,苏州加大金融服务实体经济力度,不断拓宽金融政策惠及面,为全市经济企稳向好提供了有力支撑。具体表现为:一是信贷资源不断向重点领域倾斜。2020年末,全市金融机构人民币贷款余额34195.8亿元,比年初增长13.5%,其中,制造业人民币贷款新增575.4亿元,同比多增419.9亿元,新增贷款占行业新增贷款的比重23.8%,比上年提高13.7个百分点。批发和零售业新增贷款197.7亿元,占行业新增贷款的比重8.2%,比上年提高1.2个百分点。二是普惠金融支持力度加大。2020年末,全市普惠金融领域贷款余额3708.2亿元,比年初增长48.4%,增速居全省首位。普惠金融领域贷款余额占各项贷款余额(不含票据融资)比重11.4%,比年初提高2.6个百分点。"科贷通"为1358家企业解决贷款52.68亿元。

保险业务增势良好。年末保险公司主体88家,保险公司分支机构826家。全年实现保费收入757.5亿元,比上年增长6.6%。其中,财产险保费收入216.7亿元,增长1.3%;人身险保费收入540.8亿元,增长8.9%。保险赔付支出194.5亿元,比上年增长4.3%。

资本市场保持领先。新增上市公司29家,累计达181家,其中,境内上市公司144家。新增科创板上市公司14家,累计达20家。新增"新三板"企业4家,累计挂牌企业553家。年末全市证券机构托管市值总额9372亿元,各类证券交易额7.23万亿元。

9. 交通物流

全年铁路客运量6333.1万人次,客运周转量129.5亿人公里,分别比上年下降35.1%和37.4%。铁路货运量189.3万吨,与上年持平;铁路货运周转量11.9亿吨公里,比上年下降0.5%。年末公路总里程1.17万公里,其中,高速公路615公里。公路、水路客运量2.1亿人次,客运周转量70.1亿人公里,分别比上年下降29.2%和41.7%。全年公路、水路货运量2.6亿吨,货运周转量342.3亿吨公里,分别比上年增长6.4%和15.7%。苏州港货物吞吐量和集装箱吞吐量分别为5.5亿吨、628.9万标箱,分别比上年增长6.0%和0.3%。年末市区轨道交通(含有轨电车)运营线路总长度210.1公里,其中,有轨电车44.2公里,全年运营总里程2283万列公里,线网客流总量30858.3万人次。市区公共汽车运营车辆6345辆,市区新辟、优化调整公交线路91条,公交线路总数达432条。

汽车保有量继续增加。年末全市汽车保有量突破440万辆,达443.03万辆,比上年增长6.1%,其中,私家客车366.2万辆,比上年增长5.2%。

邮政业务快速增长。全年实现邮政业务总量475亿元,比上年增长17.1%;邮政业务收入269.6亿元,比上年增长6.7%。发送快递21亿件,比上年增长21.4%;实现快递业务收入234.4亿元,增长8.1%。

10. 科技和教育

创新投入持续加大。全年研究与试验发展(R&D)经费支出预计达740亿元。财政性科技投入219.6亿元,比上年增长21.0%,占一般公共预算支出的9.7%,比上年提高1.2个百分点。全年实现高新技术产业产值17735.8亿元,占规模以上工业总产值比重达50.9%,比上年提高1.5个百分点。

科创载体加快建设。全年新增省级以上工程研究中心(工程中心、实验室)20家,累计达127家;新增省级以上企业技术中心130家,累计达771家;新增省级以上工程技术研究中心160家,累计达993家;年末省级以上科技公共技术服务平台31家,其中国家级2家。强化新型研发机构建设,突破一批"卡脖子"产业关键共性技术,2020年新型研发机构新建立项9个,新增苏州市自主品牌大企业和领军企业先进技术研究院13家。深时数字地球成为国家首批国际大科学计划立项项目。中科院上海硅酸盐研究所、中科院上海技术物理研究所苏州研究院等一批龙头型"大院大所"相继投用。材料科学姑苏实验室获批江苏省实验室,昆山超算中心、纳米真空互联装置等10个平台项目入选省重大科技创新平台项目库。

创新成果质量提升。全市专利授权量138861件,比上年增长71.1%。其中,发明专利授权9909件,增长18.8%。年末有效发明专利拥有量74008件,比上年增加10946件。PCT专利申请3905件,比上年增长53.3%。创新型企业加快培育。全年净增高新技术企业2720家,累计达9772家,全年遴选瞪羚企业391家。

创新人才加速聚集。年末各类人才总量310万人,其中,高层次人才28万人、高技能人才72.75万人。新增省"双创人才"129人,累计达1114人。启动顶尖人才引进政策,紧扣重点先导产业和核心关键技术,立项支持3个顶尖人才团队。

教育服务水平不断提升。全年建成投用中小学、幼儿园82所,新增学位7.17万个。年末拥有各级各类学校1749所(含幼儿园),其中,普通高等学校26所;在校学生206.3万人,其中,普通高等学校在校学生26.3万人;毕业生46.5万人,其中,普通高等学校毕业生6.5万人;拥有专任教师13万人。高等教育建设全面深化。南京大学苏州校区、西北工业大学太仓校区、苏州大学未来校区等加快建设。现代职业教育深入推进,入选国家职业教育高地建设城市。

11. 文化、卫生和体育

实施文化产业倍增计划。以文化旅游、文化创意、数字内容生产、设计服务、工艺美术为发展重点,引进、培育一批动漫游戏、影视制作、创意设计等领域顶级平台和制作团队,提升文化产业整体水平。年末国家级文化产业示范园区(基地)9家、省级21家,市级63家。公共文化服务体系进一步完善。新建24小时图书馆14个、"城市书房"7个,全市村(社区)综合性文化服务中心标准化建设实现全覆盖。苏州弹词《军嫂》获中国曲艺牡丹奖,苏剧《国鼎魂》和苏州评弹《接头》获文旅部创作扶持。苏式滑稽戏《苏州两公差》、民族管弦乐《丝竹里的江南》获2020紫金文化艺术节"优秀剧目奖"。入选国家首批文物保护利用示范区创建名单,获评首批国家文化和旅游消费示范城市。全年实现旅游总收入2067.4亿元,接待国内外游客9410.2万人次。年末全市共有5A级景区6家(11个点)、4A级景区34家。苏州博物馆以及拙政园、狮子林等高等级封闭式景区实施分时预约。苏州成为全国唯一的全部行政区均获得省级全域旅游示范区称号的城市。

医疗卫生服务能力持续增强。年末全市拥有各类医疗卫生机构3836家,其中,医院234家、卫生院91家、社区卫生服务中心(站)534家。新建、改扩建基层医疗卫生机构19家。拥有卫生机构床位数7.47万张,其中,医院病床6.36万张、卫生院0.83万张;拥有卫生技术人员9.53万人,其中,执业医师和执业助理医师3.72万人、注册护士4.2万人。市独墅湖医院正式启用,市太湖新城医院、市妇幼保健院、市立医院康复医疗中心等开工建设。全市新增三级甲等医院5家,三级医院2家。疫情防控工作取得重大阶段性成果。全市累计确诊本土病例87例,境外输入病例4例,全部治愈出院,实现了患者"全治愈"、医院"零感染"。

体育事业稳步发展。新建健身步道200公里,建成横山体育公园、江苏省苏州体育训练基地,苏州承办2020赛季中超联赛被国家体育总局授奖。

12. 人民生活和社会保障

居民收入稳定增长。根据抽样调查显示,全市常住居民人均可支配收入62582元,比上年增长4.1%,其中,城镇常住居民人均可支配收入70966元,增长3.4%;农村常住居民人均可支配收入37563元,增长6.9%。居民人均消费支出34770元,比上年下降1.8%,其中,城镇居民人均消费支出39005元,下降1.6%;农村居民人均消费支出22129元,下降3.8%。

物价水平整体平稳。市区居民消费价格总水平比上年上涨2.2%,其中,食品烟酒类价格上涨8.4%;衣着类价格上涨3.1%;居住类价格上涨0.5%;生活用品及服务类价格上涨2.0%;交通和通信类价格下降4.6%;教育文化和娱乐类价格下降0.4%;医疗保健类价格下降0.2%;其他用品和服务类价格上涨3.6%。

社会保障进一步提高。全市最低工资标准为2020元/月,市区城乡居民基础养老金标准分别提高至每人每月 550 元、410 元,城乡最低生活保障标准提高至每人每月 1045 元。全市有 1.13 万户共计 1.67 万人享受低保,全年发放低保金 1.67 亿元。年末全市基本养老保险缴费人数 569.1 万人,比上年增加 14.2 万人;城镇职工基本医疗保险参保人数 783.03 万人,比上年增加 22.1 万人;失业保险、工伤保险、生育保险参保人数分别为 537 万人、621.1 万人、545.7 万人。全年新增养老机构床位 1389 张、日间照料中心 286 家。年末全市共有各类社会服务机构 177 家,其中,养老服务机构 161 家、儿童服务机构 10 家。全年新增缴存公积金职工 76.06 万人,全年住房公积金实缴职工人数 399.3 万人,全年公积金归集额 556.4 亿元,全年职工提取公积金 409.7 亿元。

就业形势保持稳定。全年新增就业 20.08 万人,城镇登记失业率为 1.77%,开发公益性岗位 8781 个,城乡就业困难人员实现就业 3.13 万人。提供高校毕业生岗位 20.88 万个,苏州籍应届高校毕业生就业率 98.4%。

年末全市户籍人口 744.3 万人,比上年增加 21.7 万人,比上年增长 3.0%。全市户籍人口出生率 9.01‰,户籍人口自然增长率 1.65‰。

13. 城市建设和公用事业

全年完成基础设施投资 580.6 亿元,比上年增长 2.5%。沪苏通长江公铁大桥及沪苏通铁路开通运营,沪苏湖铁路江苏段、盐通铁路南通西至张家港段、江苏南沿江城际铁路、太仓港疏港铁路专用线等项目加快建设。轨道交通 5 号线实现试运行,6 号线、7 号线、8 号线和 S1 线建设稳步推进。

全社会用电量 1523.3 亿千瓦时,其中,工业用电量 1170.6 亿千瓦时、城乡居民生活用电量 142 亿千瓦时。全市拥有区域供水厂 21 座,总供水能力 732.5 万吨/日,其中市区自来水供水能力 345 万吨/日。全市生活污水处理能力达到 410 万吨/日,城镇生活污水处理率 98%。市区管道天然气供气总量 16.39 亿立方米,比上年增长 9.1%,全年家庭天然气用户 145.5 万户,比上年增长 4.4%;家庭液化气用户 17.2 万户,比上年下降 3.5%。

14. 环境保护、节能降耗和安全生产

生态环保得到加强。全年环保投入 670 亿元。市区 PM2.5 浓度为 33 微克/立方米,比上年下降 15.4%;市区优良天数比例为 84.4%,比上年上升 6.6 个百分点。全年省考以上断面水质优Ⅲ比例为 92%。全年新增森林抚育 6.06 万亩,建成市级以上湿地公园 21 个,年末陆地森林覆盖率达 30.2%,自然湿地保护率达 64.5%。建成全国首个"国家生态园林城市群"。城市生活垃圾无害化处理率 99.5%,实行垃圾分类"三定一督"小区 4652 个、垃圾分类行政村 938 个。建成危险废物集中焚烧处置项目 5 个,新增危险废物年焚烧处置能力 6.7 万吨。安全生产专项整治深入推进,安全生产事故起数、死亡人数分别比上年下降 71.5%、64.2%。

全年劝退不符合环保要求建设项目 37 个,涉及投资额 3 亿元。完成大气污染防治工程治理项目 2712 项。淘汰低端落后化工企业 110 家,散乱污企业(作坊)专项整治工作实施以来,已累计整治 53529 家,削减非电行业煤炭消费总量 461.98 万吨,完成省里下达的目标任务。

二、2021 年苏州市经济与社会运行发展情况

2021 年,全市上下坚持以习近平新时代中国特色社会主义思想为指导,全面贯彻党的十九大和十九届历次全会精神,立足新发展阶段,贯彻新发展理念,构建新发展格局,坚持稳中求进工作总基调,围绕高质量发展要求,统筹疫情防控与经济社会发展,扎实推进"六稳""六保"工作,经济运行稳中加固、稳定向好,发展韧性进一步增强,创新转型深入推进,改革开放激发活力,民生质量稳定提高,社会事业迈向更高水平,实现了"十四五"和现代化建设的良好开局。

1. 综合情况

初步核算,全年实现地区生产总值22718.3亿元,按可比价格计算比上年增长8.7%,其中,第一产业增加值189.7亿元,下降0.8%;第二产业增加值10872.8亿元,增长9.5%;第三产业增加值11655.8亿元,增长8.1%。三次产业结构比例为0.8:47.9:51.3。按常住人口计算,人均地区生产总值17.75万元,比上年增长8.1%。

产业质态优化提升。全市高技术制造业产值14062.2亿元,比上年增长11.9%,占规模以上工业总产值的比重达34.0%。高技术服务业营业收入比上年增长23.0%,占规模以上服务业营业收入的比重达35.3%,其中,信息服务、电子商务服务、研发与设计服务、科技成果转化服务营业收入分别比上年增长20.7%、59.3%、36.4%和39.1%。数字赋能产业发展。全市数字经济核心产业增加值突破3300亿元。完成"智改数转"项目1.06万个。国家工业互联网双跨平台有12家落户苏州。年末全市拥有国家级智能制造业示范工厂3家、省级智能工厂13家,示范智能车间576个。新增全球"灯塔工厂"3家,累计达5家,占全国的1/6。纳米新材料集群入选国家先进制造业集群,苏州工业园区生物医药产业综合竞争力首次跻身全国第一。全国首个区块链发展先导区获批建设。苏州企业首获"中国质量奖"。

出台全省首部营商环境地方性法规——《苏州市优化营商环境条例》。在全省率先启动全市域"政银合作企业开办一站式服务专窗"。全面推动"一网通办""跨省通办",全市"不见面"政务服务事项比率超过90%。全年新设市场主体60.47万户,其中,新设企业12.70万户,比上年增长17.8%。年末全市共有各类市场主体274.07万户,其中,企业82.97万户,比上年末增长7.8%。

全年城镇新增就业人数22.1万人,城镇登记失业率1.75%。苏州籍高校毕业生就业率达98.49%。发放稳岗返还资金6.41亿元,惠及企业16.5万户。荣获中国年度最佳促进就业城市。

全年市区居民消费价格总水平比上年上涨2.1%。其中,食品烟酒类上涨1.1%,衣着类上涨2.6%,居住类上涨1.9%,生活用品及服务类上涨1.1%,交通和通信类上涨4.9%,教育文化和娱乐类上涨3.7%,医疗保健类上涨0.4%,其他用品和服务类下降1.7%。

表2　2021年市区居民消费价格指数(以上年价格为100)

类别	指数	类别	指数
市区居民消费价格总指数	102.1	干鲜瓜果	104.4
食品烟酒	101.1	衣着	102.6
♯食品	101.2	居住	101.9
♯粮食	98.5	♯水、电、燃料	101.4
食用油	103.1	生活用品及服务	101.1
菜	108.0	交通和通信	104.9
畜肉类	86.6	教育文化和娱乐	103.7
水产品	113.7	医疗保健	100.4
蛋类	111.4	其他用品和服务	98.3

数据来源:《2021年苏州市国民经济和社会发展统计公报》

2. 农业

全市实现农林牧渔业总产值346.4亿元,按可比价格计算比上年下降0.8%。全市农作物播种面积208.0千公顷,其中,粮食播种面积124.0千公顷,蔬菜播种面积65.9千公顷。全年粮食总产量90.4万吨,比上年增长1.7%,其中,夏粮产量22.9万吨,增长6.3%;秋粮产量67.4万吨,增长0.3%。年末生猪存栏23.3万头,比上年增长102.9%,全年生猪出栏10.9万头,增长18.8%。主要农产品中,猪肉产量0.8万吨,增长13.8%;蔬菜产量199.6万吨,下降1.7%;水产品产量14.3万吨,下降12.5%。

高标准农田建设实现动态全覆盖,新增现代农业园区 6.67 千公顷,建成高标准蔬菜基地 10个,美丽生态牧场 10 家。积极发展绿色食品、有机农产品和农产品地理标志,绿色优质农产品比重达 69.4%,累计培育农产品区域公用品牌 28 个,年末拥有农产品地理标志 15 个。农村集体经济不断壮大,村均集体可支配收入达 1127 万元。昆山玉山镇入选全国乡村治理示范镇,5 个村庄入选全国乡村治理示范村。

3. 工业和建筑业

全市规模以上工业总产值突破 4 万亿元,达 41308.1 亿元,比上年增长 17.2%。分行业看,计算机、通信和其他电子设备制造业,通用设备制造业,电气机械和器材制造业,黑色金属冶炼和压延加工业,汽车制造业,化学原料和化学制品制造业六大行业产值分别比上年增长 10.8%、22.7%、19.2%、26.3%、19.9% 和 28.5%。分规模看,大型企业产值 17276.9 亿元,比上年增长 14.3%;中型企业产值 10007.9 亿元,增长 20.1%;小微型企业产值 14023.3 亿元,增长 18.8%。年产值规模超百亿元的企业数量达 38 家,比上年末增加 8 家。百强企业实现产值 14035.2 亿元,增长 19.4%。从经济类型看,国有及国有控股企业产值 1386.8 亿元,比上年增长 24.8%;民营企业产值 16461.1亿元,增长 19.0%;外商及港澳台企业产值 23651.9 亿元,增长 15.5%。

全市制造业新兴产业实现产值 22307.0 亿元,占规模以上工业总产值的比重达 54.0%。电子信息、装备制造、先进材料、生物医药四大创新产业集群产值比上年增长 17.1%,其中,集成电路、高端装备制造、前沿新材料、创新药物产值分别增长 24.6%、15.5%、34.3% 和 20.5%。集成电路、电子元件、3D 打印设备、传感器、工业机器人等高技术产品产量分别比上年增长 38.4%、28.3%、68.5%、30.2% 和 44.8%。

全市规模以上工业企业实现利税总额 3363.0 亿元,比上年增长 19.6%;利润总额 2716.6 亿元,增长 21.9%。规模以上工业全员劳动生产率 35.4 万元/人,比上年增长 18.1%。规模以上工业产销率 99.2%,比上年提高 0.2 个百分点。

表3 2021 年主要工业产品产量

产品名称	单位	产量	比上年增长%
化学纤维	万吨	698.8	6.4
生铁	万吨	3114.4	1.9
粗钢	万吨	3966.9	−0.5
钢材	万吨	5004.2	−3.5
电梯、自动扶梯及升降机	万台	23.8	11.4
滚动轴承	亿套	6.7	27.2
工业机器人	万套	1.7	44.8
汽车	万辆	6.4	−15.4
通信及电子网络用电缆	万对千米	374.4	7.0
电力电缆	万千米	293.6	6.6
光纤	万千米	6384.6	17.4
光缆	万芯千米	3798.1	−14.8
太阳能电池(光伏电池)	万千瓦	617.5	24.6
房间空气调节器	万台	387.3	17.4
电子计算机整机	万台	5397.7	10.2
移动通信手持机(手机)	万台	3388.1	−20.2
集成电路	亿块	364.4	38.4
光电子器件	亿只	277.5	19.2
电子元件	亿只	16105.3	28.3

资料来源:《2021 年苏州市国民经济和社会发展统计公报》

全市实现建筑业总产值 3119.6 亿元,比上年增长 8.8%,其中,建筑安装工程产值 3089.8 亿元,增长 8.4%;竣工产值 2215.6 亿元,比上年增长 13.8%,竣工率达 71.0%。全年资质以上建筑业企业房屋施工面积 16435.7 万平方米,比上年增长 20.1%,其中,新开工面积 4577.5 万平方米,下降 1.8%。建筑业全员劳动生产率 40.1 万元/人。建筑业企业在外省完成建筑业产值 878.2 亿元,比上年增长 3.2%。

4. 固定资产投资

全年完成固定资产投资 5660.6 亿元,比上年增长 8.3%,其中,第一产业投资 10.7 亿元,增长 117.2%;第二产业投资 1608.3 亿元,增长 5.2%,其中,工业投资 1604.8 亿元,增长 5.0%;第三产业投资 4041.6 亿元,增长 9.5%。分投资主体看,国有投资 1442.3 亿元,增长 2.8%;民间投资 3393.3 亿元,增长 11.0%,占固定资产投资的比重达 59.9%;外商及港澳台投资 824.9 亿元,增长 8.1%。全年完成基础设施投资 641.2 亿元,比上年增长 10.4%。

全年完成高技术产业投资 788.3 亿元,比上年增长 18.4%,其中,高技术制造业投资 632.6 亿元,增长 15.9%;高技术服务业投资 155.6 亿元,增长 29.5%。完成新兴产业投资 1521.7 亿元,比上年增长 14.4%,占固定资产投资比重达 26.9%,比上年提高 1.4 个百分点,其中,生物技术和新医药、软件和集成电路、新能源、智能电网和物联网等行业投资分别比上年增长 60.7%、46.2%、37.6% 和 37.0%。

全年完成房地产开发投资 2869.8 亿元,比上年增长 7.3%。房屋新开工面积 2728.3 万平方米,增长 13.7%;房屋施工面积 11921.3 万平方米,下降 3.7%;房屋竣工面积 1238.9 万平方米,下降 19.8%;全年商品房销售面积 2275.4 万平方米,比上年增长 3.8%,其中,住宅销售面积 2088.3 万平方米,增长 4.7%。

5. 国内贸易

打造"双 12 苏州购物节""五五购物节"等消费品牌,制定出台"首店经济""夜经济"等专项政策举措,在全国率先开展全域线下购物无理由退货。全年社会消费品零售总额 9031.3 亿元,比上年增长 17.3%,其中,批发和零售业零售额 8314.0 亿元,增长 17.2%;住宿和餐饮业零售额 717.3 亿元,增长 17.8%。按经营单位所在地分,城镇消费品零售额 8413.2 亿元,增长 17.5%;乡村消费品零售额 618.2 亿元,增长 13.6%。

在限额以上批发和零售单位商品零售额中,服装、鞋帽、针纺织品类,金银珠宝类,家用电器和音像器材类,通讯器材类,石油及制品类商品零售额分别比上年增长 16.1%、34.8%、34.1%、19.7% 和 29.5%。汽车类商品零售额 963.3 亿元,比上年增长 9.2%,其中,新能源汽车零售额 75.8 亿元,增长 126.9%,占汽车类商品零售额的比重由上年的 2.6% 提升至 7.9%。限额以上批发和零售业通过公共网络实现商品零售额比上年增长 19.6%。

6. 对外经济

全年货物进出口总额 25332.0 亿元,比上年增长 13.5%,其中,出口 14875.8 亿元,增长 15.0%;进口 10456.2 亿元,增长 11.5%。贸易方式持续优化,一般贸易进出口 10040.3 亿元,比上年增长 18.8%,快于加工贸易 15.4 个百分点,占进出口总额的比重达 39.6%,比上年提高 1.8 个百分点。从经济类型看,国有企业进出口 1462.2 亿元,增长 17.0%;外资企业进出口 16462.2 亿元,增长 7.2%;民营企业进出口 7406.5 亿元,增长 29.9%。从出口市场看,对美国、日本、欧盟(不含英国)和东盟出口分别为 3216.8 亿元、1126.6 亿元、2723.4 亿元和 1861.0 亿元,分别比上年增长 9.9%、4.2%、22.6% 和 16.9%。对"一带一路"沿线国家和地区实现进出口 3588.4 亿元,增长 19.8%。全年机电产品出口 11837.3 亿元,比上年增长 14.9%;高新技术产品出口 7475.1 亿元,比上年增长 9.0%。

全年服务贸易进出口额 256.1 亿美元,比上年增长 10.8%。外贸新业态蓬勃发展,市场采购贸易额 15.3 亿美元,比上年增长 50.6%,跨境电商贸易额增长 24%。全年完成服务外包接包合同额 138.5 亿美元,比上年增长 3.1%;服务外包离岸执行额 55.1 亿美元,增长 5.3%。

全年新设外资项目 1462 个,比上年增长 16.4%;实际使用外资 69.9 亿美元,增长 26.2%。年末 156 家世界 500 强跨国公司在苏州投资设立了 441 个项目。大力发展外资总部经济,新增省认定跨国公司地区总部和功能性机构 20 个,累计达 171 个。新增对外投资项目 349 个,中方境外协议投资额 32.54 亿美元,其中对"一带一路"沿线国家和地区的协议投资额占比达 24.6%。苏州自贸片区 2 项案例获评国务院深化服务贸易创新发展试点最佳实践案例。中欧班列长三角一体化示范区专列首发,全年开行中欧班列 500 列,比上年增长 38.1%,东南亚卡航累计发车 1054 车次。

7. 财政、金融、保险

全年实现一般公共预算收入 2510.0 亿元,比上年增长 9.0%,其中,税收收入 2166.7 亿元,增长 8.1%,占一般公共预算收入的比重为 86.3%。一般公共预算支出 2583.7 亿元,比上年增长 14.1%,其中,城乡公共服务支出 2046.8 亿元,占一般公共预算支出的比重达 79.2%,比上年提高 1.1 个百分点。

年末共有各类金融机构 922 家,比上年末增加 37 家。全年金融业增加值 1970.9 亿元,比上年增长 6.8%,占地区生产总值比重达 8.7%。年末金融机构人民币存款余额 38627.0 亿元,比年初增加 3461.3 亿元,比年初增长 9.8%,其中,住户存款余额 13555.8 亿元,比年初增加 1503.7 亿元,比年初增长 12.5%。年末金融机构人民币贷款余额 39502.8 亿元,比年初增加 5307.0 亿元,比年初增长 15.5%,其中,短期贷款余额 10233.8 亿元,比年初增长 9.9%;中长期贷款余额 26912.4 亿元,比年初增长 16.9%。小微企业数字征信实验区、金融科技创新监管试点和数字人民币试点等金融改革创新持续深化。

年末保险公司主体 89 家,保险公司分支机构 803 家。全年实现保费收入 779.9 亿元,比上年增长 7.6%,其中,人身险业务保费收入 567.6 亿元,增长 11.4%;财产险业务保费收入 212.3 亿元,下降 1.4%。保险赔付支出 238.9 亿元,比上年增长 25.0%。

全年新增境内外上市公司 42 家,其中境内 A 股上市公司 35 家。年末全市共有境内 A 股上市公司 175 家,数量位居全国第五。新增科创板上市公司 18 家,累计 38 家,居全国第三。北交所上市企业 4 家,位居全国第二。全国首批、江苏首个公募 REITs 成功上市。

年末全市证券机构托管市值总额 1.3 万亿元,各类证券交易额 8.46 万亿元。

8. 交通物流

年末公路总里程 11558 公里,其中高速公路里程 619.9 公里。全市公路、水路客运量 1.48 亿人次,旅客周转量 96.6 亿人公里,分别比上年下降 34.1% 和 26.6%;公路、水路货运量 2.8 亿吨,货物周转量 366.6 亿吨公里,分别增长 8.6% 和 11.6%。

全年铁路客运量 7875.3 万人次,旅客周转量 188.3 亿人公里,分别比上年增长 24.4% 和 45.4%。铁路货运量 217.4 万吨,货物周转量 13.7 亿吨公里,均比上年增长 14.9%。

苏州港货物吞吐量和集装箱吞吐量分别为 5.7 亿吨、811.5 万标箱,分别比上年增长 2.1% 和 29.0%。太仓港集装箱吞吐量突破 700 万标箱。

年末全市机动车保有量 478.96 万辆,比上年增长 6.2%,其中,私家车 396.2 万辆,增长 5.7%;新能源汽车 11.6 万辆,增长 101.4%。年末市区轨道交通(含有轨电车)线网运营线路里程 254.2 公里,其中有轨电车 44.2 公里。全年市区轨道交通(含有轨电车)运营里程 2786.9 万列公里,线网客运量 40906.1 万人次。市区公共汽车运营车辆 6348 辆,新开辟、优化调整公交线路 116 条,公交线路总数达 633 条,全年市区公交客运总量 3.6 亿人次。

全年实现邮政业务收入 276.9 亿元,比上年增长 2.7%。发送快递 24.7 亿件,增长 17.6%;实现快递业务收入 245.4 亿元,增长 4.7%。年末固定电话用户 197.9 万户,移动电话用户 1831.0 万户,固定互联网宽带接入用户684.8万户,移动互联网用户1675.6万户。

9. 科技、教育

科技创新综合实力连续十二年居全省首位。预计全年研究与试验发展(R&D)经费占地区生产总值比重达3.8%。全市财政性科技投入235.1亿元,占一般公共预算支出的比重为9.1%。高新技术产业实现产值21686.5亿元,占规模以上工业总产值的比重达52.5%,比上年提高1.6个百分点。年末各类人才总量335万人,其中,高层次人才32万人,高技能人才82.4万人。入选国家级重大人才工程创业类人才总量连续九年位居全国第一。新增省"双创人才"122人,累计1236人。年末有效发明专利拥有量85957件,比上年增长16.1%;万人有效发明专利拥有量66.90件,比上年末增加8.85件。PCT专利申请3121件。获中国专利奖金奖4件,占全国十分之一。

国家新一代人工智能创新发展试验区、国家生物药技术创新中心、国家第三代半导体技术创新中心获批建设,全国首个先进技术成果区域转化中心——长三角转化中心落户苏州市。全年新增省级以上企业技术中心172家,累计919家;新增省级以上工程技术研究中心222家,累计1193家;新增省级以上众创空间67家,累计340家;新增省级院士工作站6家,累计24家。全市拥有省级重点实验室10家,省级以上学科重点实验室7家。新增市级新型研发机构13家,累计78家。净增高新技术企业1393家,累计达11165家。认定"独角兽"培育企业157家、瞪羚企业528家。新增国家级专精特新"小巨人"企业24家,累计达49家。入库知识产权强企培育企业5000家。年末享受研发费加计扣除企业达1.77万家,比上年增长43.4%。"科贷通"全年为2092家企业解决贷款84.1亿元。

全年建成投用中小学幼儿园85所,新增学位9.71万个。年末拥有各级各类学校858所(不含幼儿园),其中普通高等学校26所;在校学生175.84万人,其中普通高等学校在校学生27.51万人;毕业生36.36万人,其中普通高等学校毕业生7.06万人;拥有专任教师11.34万人。年末全市共有幼儿园966所,比上年末增加50所,在园幼儿38.61万人,比上年末增加0.17万人。中国中医科学院大学、河海大学苏州研究院签约落户,南京大学苏州校区加快建设,苏州城市学院正式成立,苏州大学未来校区首期启用。

10. 文化旅游、卫生和体育

实施"苏州文化产业倍增计划",聚焦"动漫游戏、影视"等产业核心领域,拓展"创意设计、演艺、文化旅游、工艺美术、先进文化制造"等领域发展。全市规模以上文化企业营业收入比上年增长15.2%。苏州博物馆西馆、中国丝绸档案馆建成开放。年末全市共有文化馆11座,公共图书馆11座,文化站93个。苏剧《太湖人家》获江苏省文华大奖。举办第三届中国苏州江南文化艺术·国际旅游节、第三届大运河文化旅游博览会。建设数字化文旅平台"君到苏州",提供一站式文旅咨询服务。

全市拥有5A级景区6家,4A级景区34家。乡村旅游精品民宿80家。全年共接待国内外游客11273.5万人次,比上年增长19.8%,实现旅游总收入2294.4亿元,比上年增长11.0%。遗产保护形成示范,年末全国重点文物保护单位61处,省级文物保护单位128处。

年末全市拥有各类医疗卫生机构4027家,其中,医院243家、卫生院86家。卫生机构床位7.76万张,其中,医院6.66万张、卫生院0.80万张。卫生技术人员10.10万人,其中,执业医师和执业助理医师3.94万人、注册护士4.48万人。全市各级医疗机构全年完成诊疗量9308.8万人次,比上年增长8.8%。市中医院二期建成投用,市急救中心和市儿童健康发展中心开工建设,加快推进市太湖新城医院、市妇幼保健院、市转化医学中心、市疾控中心、苏大附一院总院二期、苏大附属独墅湖医院二期建设。

新建改建体育公园12个,人均体育场地面积达到3.81平方米。苏州市运动健康中心建成投入试运营。市民体质监测合格率96.9%,比上年提高0.9个百分点。举办省级及以上赛事51项次,其中,国际、洲际比赛2项次,承办东京奥运会女足亚洲区预选赛附加赛、2022卡塔尔世界杯亚洲区预选赛40强赛。苏州运动员参加东京奥运会,获得1银1铜,参加十四届全国运动会获17金14银11铜。全年体育彩票销售37.4亿元。

11. 人口、人民生活和社会保障

年末全市常住人口1284.78万人,比上年末增长0.8%,常住人口城镇化率81.93%。年末户籍总人口762.11万人,比上年末增长2.4%。户籍人口出生率7.08‰,比上年下降1.93个千分点;户籍人口死亡率6.8‰,比上年下降0.56个千分点;户籍人口自然增长率0.28‰,比上年下降1.37个千分点。

全市常住居民人均可支配收入68191元,比上年增长9.0%,其中城镇常住居民人均可支配收入76888元,增长8.3%;农村常住居民人均可支配,收入41487元,增长10.4%。全体常住居民人均消费支出41818元,比上年增长20.3%,其中,城镇常住居民人均消费支出46566元,增长19.4%;农村常住居民人均消费支出27240元,增长23.1%。

年末全市基本养老保险缴费人数592.41万人,比上年增加23.31万人;城镇职工基本医疗保险参保人数806.45万人,比上年增加23.42万人;失业保险、工伤保险、生育保险参保人数分别为555.31万人、652.77万人和566.63万人。城乡居民最低生活保障标准1095元/月,最低工资标准2280元/月。

全市发放尊老卡192.4万张。开工建设区域性养老服务中心10家,新增养老机构床位1418张,家庭夜间照护床位2796张,完成3985户老年人家庭适老化改造。年末全市共有各类社会服务机构181家,其中,养老服务机构165家、儿童服务机构10家。

12. 资源、环境和安全生产

生态环境持续改善。市区PM2.5年均浓度28微克/立方米,比上年下降15.2%;市区空气质量优良天数比例85.5%,比上年提高1.1个百分点。全市国考断面水质优Ⅲ比例86.7%,与上年持平;省考断面水质优Ⅲ比例92.5%,比上年提高0.5个百分点。在全省"263"专项行动暨打好污染防治攻坚战考核中,连续四年名列第一。全市新增及改造绿地面积300万平方米。年末人均公园绿地面积12.4平方米,建成区绿化覆盖率达43.7%,林木覆盖率达20.5%,自然湿地保护率达70.4%。全市生活垃圾分类"三定一督"小区实现全覆盖,城乡生活垃圾无害化处理率达100%。推动工业污染深度减排,全年累计排定实施VOCs治理项目1322家,关闭退出化工生产企业23家。

第十章　2020—2021年南通市经济发展分析

一、2021年南通市经济与社会运行发展情况

2020年,全市坚持以习近平新时代中国特色社会主义思想为指导,深入贯彻党的十九大和十九届二中、三中、四中、五中全会精神,全面落实党中央、国务院和省委、省政府以及市委、市政府各项决策部署,围绕争当龙头先锋、打造全省发展新增长极,自觉践行新发展理念,坚持稳中求进工作总基调,统筹推进疫情防控和经济社会发展,扎实做好"六稳"工作,认真落实"六保"任务,全方位融入苏南、全方位对接上海、全方位推进高质量发展,经济运行逐季改善、恢复常态,"强富美高"新南通建设取得显著成效。

1. 综合

初步核算,全年地区生产总值10036.3亿元,按可比价格计算,比上年增长4.7%,其中,第一产业增加值458.7亿元,增长2.6%;第二产业增加值4765.8亿元,增长4.5%;第三产业增加值4811.8亿元,增长5.1%。"十三五"期间经济发展迅速,南通市2020年地区生产总值较2019年增长48.29%,接近一倍,其中,第一产业产值增长25.30%,第二产业产值增长50.33%,第三产业产值增长48.59%。工业和服务业得到快速发展,社会经济建设成果显著。

表1　2016—2020年地区生产总值及构成

	2016年	2017年	2018年	2019年	2020年
地区生产总值(亿元)	6768.2	7734.64	8427	9383.39	10036.31
增长%	9.3	7.8	7.2	6.2	4.7
第一产业产值(亿元)	366.08	382.69	397.77	428.8	458.7
增长(%)	0.7	2.4	2.2	2.7	2.6
第二产业产值(亿元)	3170.3	3639.81	3947.88	4602.1	4765.85
增长%	9	6.8	6.5	6.9	4.5
第三产业产值(亿元)	3231.82	3712.14	4081.35	4352.49	4811.76
增减%	10.7	9.4	8.4	5.7	5.1

数据来源:《南通统计年鉴2021》

2020年三次产业结构4.6:47.5:47.9,服务业增加值占GDP比重比上年提高1.5个百分点,第二产业增加值占GDP比重比上年降低1.5个百分点,农业增加值占国民经济生产总值比重维持稳定。

全年新登记私营企业3.49万家,年末累计达24.61万家;新登记私营企业注册资本2332.19亿元,年末累计注册资本15982.76亿元。全年新登记个体户10.71万户,年末累计达76.338万户;新登记个体工商户资金数额123.48亿元,年末累计资金数额704.91亿元。

全年新增城镇就业人数11.52万人,新增转移农村劳动力0.72万人。全年采集发布就业岗位31.54万个。失业保持较低水平,年末全市城镇登记失业率1.75%,与上年持平。新型城镇化建设步伐加快,年末城镇化率达69.1%,比上年提高1个百分点。

全市工业领域战略性新兴产业拓展覆盖至27个行业大类,战略性新兴产业工业总产值比上年

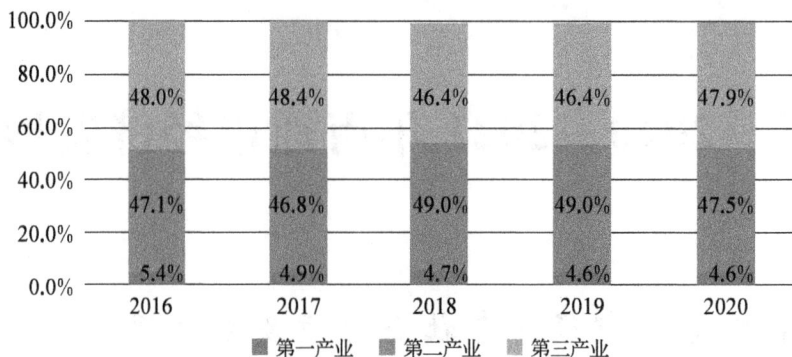

图1　2016—2020年三次产业构成

数据来源:《南通统计年鉴2021》

增长9.8%,高于规上工业平均水平3个百分点;战新产值占规上工业总产值比重达35.6%,其中,装备制造业、高技术制造业产值分别增长16.7%、13.7%,高于全部规模以上工业10.9和7.9个百分点。限额以上批发和零售业通过网络实现零售额58.1亿元,比上年增长61.7%,占零售额的比重为5.6%,比上年提升2.1个百分点。规模以上租赁和商务服务业、信息传输软件和信息技术服务业营业收入比上年分别增长17.1%和26.8%。

市区居民消费价格总指数102.4,物价总水平比上年上涨2.4%。市区商品零售价格指数102.3,较上年上涨2.3%,其中,服务项目价格下降0.5%,消费品价格上涨4.2%。分类别看,食品烟酒类上涨8.9%,衣着类上涨2.3%,生活用品及服务类上涨1.1%,教育文化和娱乐类上涨1.8%,医疗保健类上涨0.3%,其他用品和服务类上涨3.7%,居住类下降2.1%,交通和通信类下降2.0%。食品中,粮食上涨1.1%,食用油上涨0.9%,畜肉类上涨37.3%,蛋类下降5%,鲜菜价格上涨9.9%,水产品价格上涨6.5%。

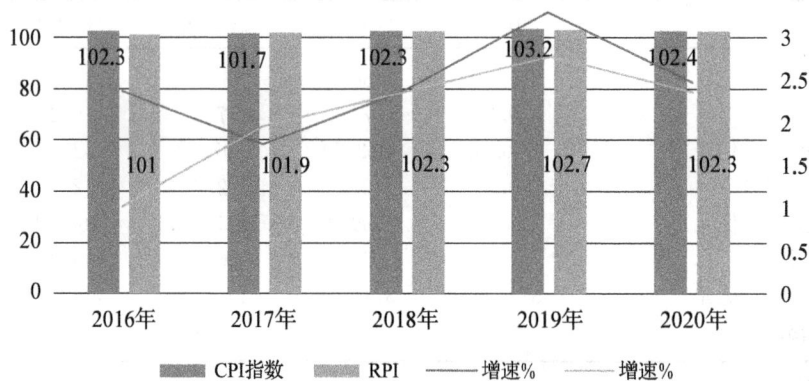

图2　2016—2020年物价水平情况

数据来源:《南通统计年鉴2021》

2020年年初,受疫情影响全市居民消费价格指数(CPI)、商品零售价格指数(RPI)较高。一季度商品零售价格指数月平均增速达到4.43%,居民消费价格指数月平均增速达到4.9%,处于历史高位,随着疫情逐渐控制,全市物价水平也有所回落,二季度居民消费价格指数月均增速为2.43%;商品零售价格指数月平均增速达到2.2%,逐渐恢复到正常增速水平。从4月份开始,物价水平基本处于波动下滑的态势,至12月份,居民消费价格指数为101.1,当月增速为0.5%;商品零售价格指数为100.5,当月增速1.1%,均处于历史较低水平。

2. 农林牧渔业

全年粮食播种面积803.3万亩,比上年增加2.3万亩;棉花种植面积3.3万亩,减少4.9万亩;

油料种植面积104.4万亩,减少1.3万亩;蔬菜种植面积210.5万亩,增加3.4万亩。全年粮食产量340.1万吨,比上年增加1.3万吨,增产0.4%,其中,夏粮产量121.3万吨,增产1.8%;秋粮产量218.8万吨,减产0.4%。粮食平均亩产423.3公斤,比上年增加0.4公斤,增产0.1%。

表2 2020年主要农副产品产量

产品名称	计量单位	产量	比上年增长(%)
粮食	万吨	340.1	0.4
棉花	万吨	0.2	−63.5
油料	万吨	22.9	0.4
♯油菜籽	万吨	15.8	1.4
花生	万吨	6.8	−2.5
蔬菜	万吨	476.4	2.7
蚕茧	万吨	1.4	25.2
生猪存栏	万头	135.1	90.6
生猪出栏	万头	194.1	−32.0
羊存栏	万只	136.7	0.6
羊出栏	万只	204.1	−3.1
家禽存栏	万羽	4194.9	−2.9
家禽出栏	万羽	8607.2	−7.8
禽蛋	万吨	35.1	1.3
猪牛羊禽肉	万吨	39.4	−16.6
水产品	万吨	78.4	2.9

数据来源:《南通统计年鉴2021》

2020年全年蔬菜产品476.4万吨,比上年增长2.7%,蚕茧产量1.4万吨,比上年增长25.2%,生猪存栏数135.1万头,比上年增长90.6%;生猪出栏数194.1万头,比上年减少32.0%;羊存栏数136.7万只,比上年增长0.6%;羊出栏数204.1万只,比上年减少3.1%;家禽存栏数4194.9万羽,比上年减少2.9%;家禽出栏数8607.2万羽,比上年减少7.8%;禽蛋产量35.1万吨,比上年增长1.3%;猪牛羊禽肉产量39.4万吨,比上年减少16.6%;水产品产量78.4%,比上年增加2.9%,其中,淡水产品20.3万吨、海水产品58.1万吨,分别增长10.3%、0.3%。

"十三五"期间,南通农业生产稳步发展,农业经济总量稳步提高,继续保持在全省第3位,位居徐州、盐城之后。2020年,全市实现农林牧渔业总产值845.0亿元,比2015年增长27.2%,年均增长4.9%。2020年农林牧渔业总产值占全省农林牧渔业总产值的比重为10.6%,比2015年提高了1.2个百分点。全市实现农林牧渔业增加值511.7亿元,比2015年增长32.7%,年均增长5.8%。

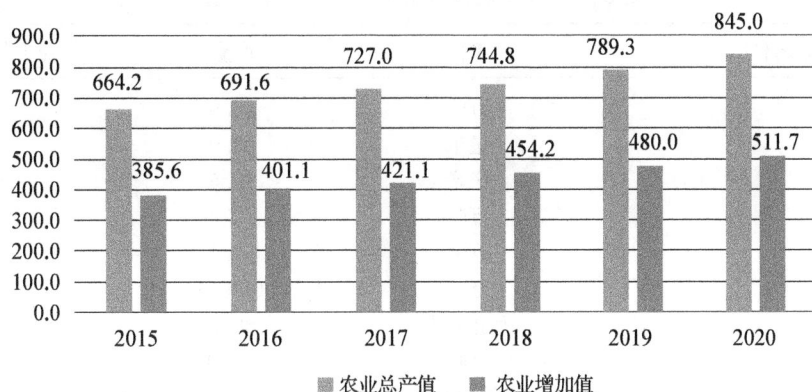

图3 2015—2020年农业总产值与增加值情况(单位:亿元)
数据来源:《南通统计年鉴2021》

2020年种植业产值360.1亿元,占农林牧渔业总产值的42.6%,比2015年下降1.1个百分点,种植业在农业生产中仍占主体地位。五年来,种植业、林业和牧业产值占比有所下降,下降最多的是牧业产值,下降4.3个百分点;渔业和农林牧渔专业及辅助性活动(农林牧渔服务业)产值占比呈上升趋势,渔业产值占比上升最多,提高了3.5个百分点。2020年全市农林牧渔服务业产值97.6亿元,比2015年增长56.8%,年均增长9.4%,年均增速比农林牧渔业总产值年均增速快4.5个百分点。2020年农林牧渔服务业产值占农林牧渔业总产值的11.6%,比2015年提高了2.2个百分点

全市新建高标准农田35万亩,农业机械化水平达82%。年末农业机械总动力426.4万千瓦,比上年增长2%。国家现代农业示范区建设整市推进。全市获批3个国家农业产业强镇、9个省级现代农业产业园区,1个省级农业产业技术创新战略联盟、3个省级星创天地、6个省级农业科技型企业,4家企业被评为2020年度全省数字农业农村基地。优质粮油、蔬菜园艺、生态畜禽、现代渔业等规模产业形成集群效应,"7+2"农业产业联盟正式授牌。南通国家农业科技园区在科技部国家农业科技园区综合评估中获得年度"优秀"等级。2020年,全市集中开工和新增开工建设农业农村重大项目252个,当年计划投资208亿元。新增全国"一村一品"示范村镇1个,累计达21个,列全省第一。围绕沿江、沿海、城郊"三核",累计创建全国休闲农业与乡村旅游示范县3个、示范点3个,国家星级休闲农业与乡村旅游示范企业(园区)25个。全年休闲旅游农业接待游客1924.3万人次,带动农户13.5万户,实现综合收入50.8亿元。开放型农业全省领先,"十三五"期间共实现农产品出口总值31.1亿美元,是"十二五"的1.4倍。

2020年,全市新建高标准农田35万亩,超额完成省下达的34.5万亩任务。"十三五"期间,全市累计新建高标准农田234万亩,"南通模式"得到部省高度肯定,被列为全省区域化整体推进示范区。在全省率先将农机安全监管融入基层网格化服务管理工作,有效打通了基层农机安全监管"最后一公里"。大力实施农业"机器换人"工程,打造全省首家无人农机示范基地,全市稻麦主产地全部跻身省级粮食生产全程机械化示范创建行列。2020年,全市举办新型职业农民线上培训40期,培育新型职业农民2.6万人次;线下培训170期,培训新型职业农民2.5万人。"十三五"期间,全市累计培育新型职业农民16.6万人。

3. 工业和建筑业

全年规模以上工业增加值比上年增长7.1%,其中,轻工业增长1.6%,重工业增长10.2%。分经济类型看,国有工业下降4.1%,集体工业增长0.5%,股份制工业增长8.2%,外商港澳台投资工业增长4.8%。规模以上民营工业增长7.0%。分门类看,规上制造业增加值增长7.5%,电力、热力、燃气及水生产和供应业增加值增长1.5%。

表3 2020年规模以上工业主要产品产量

产品名称	单位	产量	比上年增长(%)
纱	万吨	46.9	13.3
布	亿米	23.0	−18.4
印染布	亿米	19.5	−21.4
化学纤维	万吨	157.9	31.0
塑料制品	万吨	55.4	−8.8
水泥	万吨	1094.6	−2.3
商品混凝土	万立方米	2282.6	−14.4
钢材	万吨	104.1	14.1
金属集装箱	万立方米	198.3	39.3
电动手提式工具	万台	3251.6	13.2

产品名称	单位	产量	比上年增长(%)
民用钢质船舶	万载重吨	252.4	17.3
光纤	万千米	5880.9	15.0
光缆	万芯千米	544.8	39.4
太阳能电池(光伏电池)	万千瓦	405.6	10.8
半导体分立器件	亿只	103.5	4.0
集成电路	亿块	224.2	23.5

全年规模以上工业企业实现营业收入比上年增长 5.1%,利润比上年增长 21.3%。规模以上工业企业营业收入利润率、成本费用利润率分别为 6.6%、7.1%。规模以上工业企业资产负债率为 52.5%。全年规模以上工业企业产销率达 97.9%。

2020 年,全市规上工业企业 5262 家,比 2015 年增加 200 家;全市规上工业企业资产总计 9975亿元,比 2015 年增加 1813 亿元,"十三五"期间年均增长 8.8%;全市规上工业企业户均资产 1.9 亿元,比 2015 年增加 0.3 亿元。"十三五"期间,南通工业积极顶住经济下行的巨大压力,工业生产体现出较强的韧劲,全市工业总体处于平稳健康的合理运行区间。全市规模以上工业增加值累计增长 46.4%,年均增长 7.9%,年均增速比全国、全省平均水平分别高 2.4、1.4 个百分点。从增加值增速排名看,"十三五"期间,南通规模以上工业增加值增速在全省 13 个设区市中位列第 2。随着全市优势资源不断开发,工业项目有效挖掘,营商环境持续优化,全市规模以上工业企业数和企业规模快速增长。2016—2020 年,全市规模以上工业营业收入年均增长 8.1%,利润总额年均增长 10.3%,利润年均增长快于销售和生产。企业经营税负有所减轻,规模以上工业企业应交增值税占营业收入的比重为 2.1%,较 2015 年下降 2 个百分点;降成本成效有所显现,2020 年规模以上工业企业每百元营业收入中的成本为 83.9 元,较 2015 年下降 3.1 元。

2020 年,外商及港澳台商投资企业占规上工业企业的产值比重由 2015 年的 33.5% 降至24.9%。而民营工业得益于各项政策的推动,已成为推动南通工业高质量发展的主要动力。2020年,民营企业占规上工业企业的产值比重为 67.5%,较 2015 年提高 4.3 个百分点;民营企业对全市规上工业产值增长的贡献率达 71.9%,其中,私营企业表现突出,对全市规上工业产值增长的贡献率达 50.9%。2020 年,南通工业领域战略性新兴产业扩展覆盖至 27 个行业大类,有战略性新兴产品的工业企业数达 1446 家,占规上工业企业总数的 27.5%;战略性新兴产业工业总产值同比增长 9.8%,高于规上工业平均水平 3 个百分点;战新产值占规上工业的比重达 35.6%,较 2015 年提高 7.7 个百分点。高耗能行业产值下降明显,2020 年高耗能产值同比下降 1.2%,占全市规上工业产值比重为 23.2%,比 2019 年下降 2.2 个百分点。"十三五"以来,单位工业增加值能耗已累计下降 31.3%,超过单位 GDP 能耗累计降幅 11.3 个百分点。2020 年南通空气质量优良比率达到87.7%,位列省内第一,同比提升 6.9 个百分点。

全年建筑业总产值为 9741.9 亿元,比上年增长 7.5%;竣工产值 6957.9 亿元,增长 11.1%;竣工率达 71.4%。全市建筑业企业实现营业收入 8110.8 亿元,增长 7.2%。建筑业企业房屋建筑施工面积 99905.2 万平方米,增长 7.6%;竣工面积 24682.7 万平方米,增长 10.1%,其中,住宅竣工面积 19704.4 万平方米,增长 12.1%。全市建筑业企业年末从业人员 210 万人,增长 11.7%。

4. 固定资产投资

全年固定资产投资比上年增长 5.8%。其中,国有及国有经济控股投资下降 19.1%;港澳台及外商投资增长 26.6%;民间投资增长 11.6%,民间投资占全部投资比重达 80.7%。分类型看,项目投资比上年下降 4.3%;房地产开发投资增长 37.5%。全年商品房销售面积 1999.6 万平方米,增长 14.6%,其中,住宅销售面积 1714.9 万平方米,增长 9.1%。

随着投资环境的持续改善,投资管理工作重心逐步从事前审批转向过程服务和事中事后监管,企业投资自主权进一步落实,投资便利化程度明显提高,为市场"腾了位",为企业"松了绑",有效激发和带动了民间投资。2016—2020 年,在相关政策带动下,民间投资总量持续扩大,年均增长 9.6%,增速比全部投资高 1.6 个百分点。2020 年民间投资占全部投资的比重为 80.7%,比 2015 年提高 3.5 个百分点

分产业看,第一产业投资比上年增长 197.3%,第二产业投资增长 6.9%,第三产业投资增长 4.6%。第二产业投资中,工业投资增长 6.9%,其中,制造业投资增长 2.6%;制造业投资占项目投资比重为 66.1%,对全部投资增长的贡献率达 20.6%。高新技术产业投资增长 11.6%。航空航天、医药、电子及通讯设备、计算机及办公设备、仪器仪表制造业投资分别增长 87.7%、75.2%、31.6% 和 28.0%。第三产业投资中,信息传输软件和信息技术服务业增长 109.8%,教育业增长 15.6%。"十三五"期间,南通固定资产投资产业结构加速优化,比重日趋合理。第一产业投资年均下降 1.8%,2020 年第一产业投资占全部投资的比重为 0.1%,比 2015 年回落 0.1 个百分点,第二产业投资年均增长 6.9%,2020 年所占比重为 49.4%,比 2015 年回落 1.4 个百分点,在产能过剩的大背景下第二产业投资比重有所回落,但依然发挥了压舱石的重要作用,确保了投资平稳增长。第三产业投资年均增长 9.0%,增速位于三次产业之首,2020 年所占比重达 50.4%,比 2015 年提高 1.4 个百分点,第三产业投资比重持续上升,引领作用增强。

全年共有 39 个项目列入省级重大项目投资计划,已完成投资超 400 亿元。重大基础设施方面,如南通轨道交通工程、如东海上风电场项目、长江岸线整治修复工程项目等;先进制造业方面,如东金光高档纸品项目、如东桐昆项目、通富微电智能芯片封装测试、通州恒科功能性纤维新材料;先进服务业方面,如海门招商局豪华邮轮项目、启东药明康德研发中心、南通京东物流全球航空货运枢纽等,其中,南通中天精品钢项目、海门中航科技航空轻合金入选省领导挂钩联系省重大项目。

近年来,南通在统筹推进区域协调发展过程中,大力加强基础设施投入,一大批基础设施项目相继开工并投入使用,城乡面貌日新月异。2016—2020 年,全市基础设施投资年均增长 8.1%,增速比全部投资高 0.1 个百分点。城市交通方面,南通市地铁一号线、二号线的陆续开工,实现了城市轨道交通零突破,啬园路隧道等城市公共服务设施的建成,极大地改善了城市交通环境,提升了城市整体形象;铁路方面,沪通铁路长江大桥开工建设、北沿江高铁的规划实施,见证了南通高速铁路从无到有;公路方面,全市高速公路主框架基本形成,实现县县通高速;航空方面,新机场的选址落定,南通机场新候机楼、机场大道、空港酒店等基础配套的建成,南通航空运输线已经实现了与全国主要城市和地区的连接。随着基础设施的日益完善,城镇化进程整体推进,城市化水平不断提高。

省级重大项目方面:2020 年,南通市共有 39 个项目列入省级重大项目投资计划,已完成投资超 400 亿元。重大基础设施方面如南通轨道交通工程、如东海上风电场项目、长江岸线整治修复工程项目等;先进制造业方面如东金光高档纸品项目、如东桐昆项目、通富微电智能芯片封装测试、通州恒科功能性纤维新材料;先进服务业方面如海门招商局豪华邮轮项目、启东药明康德研发中心、南通京东物流全球航空货运枢纽等,其中,南通中天精品钢项目、海门中航科技航空轻合金入选省领导挂钩联系省重大项目。市级重大项目方面:2020 年,南通市安排市级重大项目 164 个,完成投资超 800 亿元。省、市级重大项目投资规模大、科技含量高,对南通市经济结构调整和转型具有引领作用。

5.国内贸易

全年社会消费品零售总额 3370.4 亿元,比上年增长 0.3%,高于全省平均水平 1.9 个百分点。四季度当季,全市社会消费品零售总额同比增长 11.5%,比三季度提高 4.5 个百分点。按经营地

分,城镇市场零售额增长0.3%;乡村市场零售额增长0.2%。限额以上单位消费品零售额1035.4亿元,比上年增长0.4%。按消费类型分,商品零售额下降0.1%,餐饮收入增长7.3%。从消费品分类看,服装鞋帽类、粮油食品类和日用品类分别增长15.8%、9.5%和6.3%;通讯器材类、体育娱乐用品类分别增长33.2%、6.8%;汽车类、石油及制品类分别下降4.9%、14.0%。

2020年开展多轮消费促进活动,充分发挥"消费券"拉动作用助力消费品市场发展。全市社会消费品零售总额于2018年突破3000亿元,2020年达3370.4亿元,比2015年增加950.8亿元,增长39.3%,五年平均增速为6.8%(名义增速),较"十二五"时期降低6个百分点,随着经济发展进入新常态,消费品市场由高速增长转向中高速增长。按经营地分,城镇市场实现社会消费品零售总额2967.6亿元,五年平均增速为6.8%;乡村市场实现社会消费品零售总额402.8亿元,五年平均增速为7.6%,城乡市场协同发展,农村市场发展增速较快。2020年批发零售业销售额为11353.7亿元,比2015年增加4273.3亿元,增长60.4%,五年平均增速为9.9%,较"十二五"时期降低6.3个百分点。分行业看,批发业和零售业分别实现销售额8615.4亿元、2738.3亿元,五年平均增速分别为10.5%、6.4%,批发业为商品流通市场发展提供重要支撑。2020年住宿餐饮业实现营业额379.2亿元,比2015年增加141.1亿元,增长59.3%,五年平均增速为9.7%,较"十二五"时期降低8.1个百分点。分行业看,住宿业和餐饮业分别实现营业额38.2亿元、341.0亿元,五年平均增速分别为7.1%、10.1%,百姓生活水平不断提高,带动餐饮业向品质化、规模化方向发展。

2020年,限额以上单位商品零售总体呈现基本生活类消费平稳扩大、交通出行类消费占比提升、居住改善类消费增长较快的特点。一是日常生活消费稳定,粮油、食品、饮料及烟酒类商品零售"十三五"期间平均增速为3.5%,服装、鞋帽、针纺织品类商品零售"十三五"期间平均增速为6.7%,吃穿类商品合计占比24.5%,比2015年提升1.8个百分点;二是出行类消费占比过半,汽车和石油制品类商品零售"十三五"期间平均增速为3.8%,合计占比51.2%,比2015年提升2.2个百分点;三是家庭居住类消费实现较快增长,家具、建筑装潢材料和五金、电料类商品零售"十三五"期间平均增速为6.2%,高于限额以上商品零售增速3.4个百分点。

表4　2020年限额以上主要商品零售变动情况

商品类别	年均增速(%)	占限额以上商品零售比重	
		2020年	较2015年变动
		(%)	(百分点)
总　计	2.8	—	—
粮油、食品、饮料、烟酒类	3.5	13.9	0.4
服装、鞋帽、针纺织品类	6.7	10.6	1.4
化妆品类	0.6	1.0	−0.1
金银珠宝类	−1.1	2.3	−0.5
家用电器和音像器材类	−2.9	4.9	−1.6
家具类	21.2	1.9	1.1
通讯器材类	9.6	1.3	0.4
石油及制品类	6.3	15.7	2.4
汽车类	2.7	35.5	−0.2

数据来源:南通市统计局

"十三五"时期,南通市限额以上批发零售业网络零售年均增速为69.5%,高于限额以上商品零售增速66.7个百分点。2020年,限额以上网络零售额占比为5.6%,较五年前提升5.3个百分点,"触网"发展的批发零售企业数占比为8.9%,较五年前提升5.7个百分点,传统商贸业向线上转型发展趋势明显。网络订餐、外卖配送改变了住宿餐饮业传统经营模式,特别是2020年为门店经营受限的住宿餐饮业带来转机,当年限额以上住宿餐饮业外卖送餐收入是上一年的10.8倍。

6. 开放型经济

全年进出口总额2627.1亿元,比上年增长4.3%,其中,出口总额1792.6亿元,增长4.5%;进口总额834.5亿元,增长3.7%。从贸易方式看,一般贸易进出口总额1897.8亿元,增长7.4%;加工贸易进出口总额561.7亿元,下降4.3%。从出口主体看,国有企业、外资企业、私营企业出口额分别下降40.0%、增长2.1%、增长10.4%。从出口产品看,高新技术产品、机电产品出口额分别增长30.4%和9.4%。年末与南通市建立进出口贸易关系的国家和地区205个,比上年增加2个。全市有进出口业绩的企业7159家,增长3.7%。

表5 2020年货物进出口总额及增速

指标	出口额(亿元)	比上年增长(%)	进口额(亿元)	比上年增长(%)
总额	1792.6	4.5	834.5	3.7
♯一般贸易	1308.6	9.6	589.2	2.9
加工贸易	387.5	−9.9	174.1	11.4
♯机电产品	774.5	9.4	192.4	15.3
♯高新技术产品	309.3	30.4	124.0	17.9
♯国有企业	53.1	−40	219.4	1.0
外商投资企业	694.3	2.1	338.3	4.9
私营企业	1045.2	10.4	276.8	4.4

数据来源:《南通统计年鉴2021》

从出口市场看,对美国、欧盟、日本三个传统主体市场的出口额分别增长12.4%、7.3%和0.7%。

表6 2020年对主要国家和地区货物进出口

国家和地区	出口额(亿元)	比上年增长(%)	进口额(亿元)	比上年增长(%)
亚洲	877.2	0.2	452.2	−3.9
日本	243.3	0.7	71.9	−9.3
韩国	79.1	11.9	59.6	14.0
香港	122.8	9.9	1.4	−81.0
东盟	230.3	−4.2	122.0	9.2
非洲	59.4	−1.6	27.0	55.5
欧洲	342.2	8.6	157.6	21.5
欧盟	259.2	7.3	105.7	5.8
拉丁美洲	142.2	0.7	53.4	−3.4
北美洲	311.5	13.8	71.4	7.9
美国	285.7	12.4	64.1	8.8
大洋洲	60.2	21.9	72.7	10.8

数据来源:《南通统计年鉴2021》

全年新批外商投资项目208个。其中,总投资超三千万以上项目105个;新批协议注册外资73.2亿美元,比上年下降1.5%;实际利用外资27.1亿美元,比上年增长1.8%。"十三五"期间,全市累计利用外资127.7亿美元,协议外资331.6美元,其中实际利用外资总量稳居全省第四位。2020年全市实际利用外资27.1亿美元,比2015年增加4.0亿美元,增长了17.1%,年均增长3.2%。虽然今年的疫情给招商引资带来了诸多不利因素,但全市仍能保持1.8%的增速,显示出多重国家战略叠加期下南通的投资吸引力日益增强。

大项目压舱石作用明显。"十三五"期间,全市累计新批项目 1446 个,其中,新批 3000 万美元以上项目 474 个,占比 32.8%;协议利用外资 212.4 亿美元,占全市的 64.1%。2020 年大项目协议外资额占比更是高达 89.5%。招商局邮轮、普米斯生物制药、嘉通能源(桐昆 PTA)、展华电子、弘凯光电等一大批重特大项目落地,体现了全市稳外资取得显著成效。

产业结构持续优化转型。随着全市产业的发展,外商投资的重点也发生了明显变化,由以第二产业为主转化为以第三产业为主,印证了全市产业结构升级的稳健步伐。五年间,全市第三产业实际使用外资 67.8 亿美元,占全市总额的 53.1%,高于第二产业 6.9 个百分点。2020 年受特殊因素影响,第二产业与第三产业占比基本持平。全年新批设立境外企业 83 家,中方协议投资额 4.64 亿美元。新签对外承包劳务合同额 13.57 亿美元,比上年下降 20.47%;完成对外承包劳务营业额 19.62 亿美元,增长 11.22%;新派劳务人员 0.25 万人次,下降 68.82%;年末在外劳务人员 1.63 万人,下降 15.79%。

图 4　2015—2020 年利用外资情况(单位:亿美元)
数据来源:《南通统计年鉴 2021》

7. 交通、邮电和旅游

全年货物运输量 20823.1 万吨,比上年增长 9.1%;旅客运输量 5460.5 万人次,下降 26.5%。

南通机场开飞首个洲际国际全货机航班,年末南通机场民航航线 47 条(客货),开通周航班量 330 班;全年民航货邮吞吐量(不含行李)5.4 万吨,增长 27.8%;旅客运输量 251.5 万人次,下降 27.8%。

沪苏通铁路、沪苏通长江公铁大桥建成通车营运,江苏第三、南通唯一的动车所同步投入使用;盐通铁路提前 16 个月开通运营。年末铁路总里程达 427.7 公里。南通站开行列车 50.5 对,南通西站开行列车 28.5 对;南通铁路完成客运 572.95 万人次,下降 9.44%,货运 176.68 万吨,增长 24.5%。

年末全市公路里程 17409 公里,其中高速公路 487.5 公里。全年公路货运量 10974.0 万吨,增长 6.7%;公路客运量 4636.0 万人次,下降 28.1%。

全年南通港货物吞吐量 31002.6 万吨,下降 7.8%;集装箱吞吐量 191.1 万标准箱,增长 24.0%。

年末全市机动车保有量 216.4 万辆,比上年新增 14.8 万辆。其中,载客汽车 182.0 万辆,增加 11.5 万辆;载货汽车 10.8 万辆,增加 1.8 万辆;摩托车 20.5 万辆,减少 1.5 万辆。个人汽车保有量达 173.8 万辆,比上年末增加 13.7 万辆。

邮电业务收入 168.71 亿元,比上年增长 13.8%。其中,邮政业务收入 83.09 亿元,增长 26.9%;电信业务收入 85.62 亿元,增长 3.4%。邮政寄递服务 25762.03 万件,增长 18.2%,快递业务74601.0万件,增长58.7%。

全年新建5G基站6540个,全市连接数达83万个。年末移动电话用户885.43万户,减少6.57万户。年末互联网用户1098.38万户,新增32.66万户,其中,固定宽带互联网用户354.82万户,新增26.14万户,无线宽带互联网用户743.55万户,增加6.5万户。

年末固定电话用户148.31万户,比上年减少4.57万户,其中,城市电话用户95.6万户,减少3.6万户;住宅电话用户84.7万户,减少1.5万户。

随着南通城市建设水平的日益提升和配套设施的逐步完善,江海城市的独特魅力也吸引着越来越多的国际人士公务旅游或者休闲度假。"十三五"以来,全市的旅游外汇收入、接待入境旅游人次等指标均保持平稳上升态势。截至2019年,全市累计实现旅游外汇收入5.3亿元,接待入境旅游76.0亿人次,平均每人次贡献的外汇从2015年的674.5美元提高到2019年的718.2美元。从入境来源地看,南通与港澳台往来更加频繁,港澳台同胞人次占比由2015年的12.1%提高到2019年的17.2%。

全市拥有星级饭店47家,旅行社211家。A级旅游景区(点)40处,其中3A级以上38处。省级旅游度假区4家,省级工业旅游示范区9家,国家乡村旅游重点村3家。全年入境旅游者11.31万人次,其中,外国人9.78万人次,港澳台同胞1.53万人次。旅游外汇收入2.2亿美元。

8. 财政、金融

全年完成一般公共预算收入639.3亿元,比上年增长3.2%;其中,税收收入523.2亿元,增长3.1%;税收占一般公共预算收入比重达81.8%,比上年下降0.2个百分点。

表7　2020年分项财政收入及增速

指标	绝对数(亿元)	比上年增长(%)
一般公共预算收入	639.3	3.2
地方税收收入	523.2	3.1
国内增值税	112.2	−8.3
改征增值税	86.5	−2.7
企业所得税	89.3	12.1
个人所得税	24.6	2.5
中央级税收收入	382.5	0.7
国内消费税	12.9	−2.2

数据来源:《南通统计年鉴2021》

全年一般公共预算支出1080.5亿元,比上年增长11.1%。一般公共预算支出中,教育支出191.7亿元,比上年增长11.4%;公共安全支出64.2亿元,增长5.0%;卫生健康支出100.6亿元,增长10.6%;社会保障和就业支出181.8亿元,增长42.3%。

表8　2016—2020年一般公共预算收支　　　　　　　　　　　　　　单位:亿元

年份	一般公共预算收入	增速%	一般公共预算支出	增速%
2016	590.2	−5.7	750.1	0.2
2017	590.6	0.1	811.1	8.1
2018	606.2	2.6	877.1	8.1
2019	619.3	2.2	972.8	10.9
2020	639.3	3.2	1080.5	11.1

数据来源:《南通统计年鉴2021》

年末全市境内上市公司35家。上市公司通过首发、配股、增发、可转债、公司债在上海、深圳证券交易所筹集资金 83.7 亿元。企业境内上市公司总股本 340.6 亿股,比上年下降 0.87%;总市值 3473.2 亿元,比上年增长 18.8%。年末全市共有证券营业部 68 家;期货营业部 15 家。全年证券市场完成交易额 5.56 万亿元。分类型看,证券经营机构股票交易额 2.32 万亿元,比上年增长 75.3%;期货经营机构代理交易额 1.25 万亿元,增长 47.9%。

年末全市金融机构本外币存款余额 15535.3 亿元,比上年增长 13.2%,较年初增加 1810.0 亿元,其中,住户存款余额较年初新增 922.2 亿元,非金融企业存款比年初增加 754.1 亿元。年末金融机构本外币贷款余额 12154.9 亿元,增长 19.0%,较年初新增 1943.0 亿元,其中,制造业贷款比年初增加 119.0 亿元,中长期贷款比年初增加 1697.9 亿元。全年发放住房公积金贷款 99.6 亿元,比上年下降 3.5%;本年提取公积金 129.2 亿元,增长 18.3%。

表 9 2020 年末金融机构本外币存贷款余额及增速

指标	绝对数(亿元)	比年初增加(亿元)	比上年末增长(%)
各项存款余额	15535.3	1810.0	13.2
住户存款	8057.8	922.2	12.9
非金融企业存款	5064.7	754.1	17.5
各项贷款余额	12154.9	1943.0	19.0
制造业贷款	1328.0	119.0	9.8
中长期贷款	7414.6	1697.9	31.0

数据来源:《南通统计年鉴 2021》

全年新增保险机构 1 家,年末保险机构总数达 82 家,保险行业从业人员 5.12 万人。全年保费收入 344.9 亿元,比上年增长 10.4%。分类型看,财产险收入 75.3 亿元,增长 6.5%;寿险收入 269.6 亿元,增长 11.5%;健康险收入 54.5 亿元,增长 27.5%;意外伤害险 7.4 亿元,增长 8.5%。全年赔付额 101.9 亿元,比上年增长 6.0%,其中,财产险赔付 43.6 亿元,下降 0.2%;寿险赔付 58.3 亿元,增长 11.2%;健康险赔付 18.8 亿元,增长 42.9%;意外伤害险赔付 2.1 亿元,下降 12.0%。

9. 科学技术和教育

全年专利申请量 46076 件,比上年增长 24.6%。专利授权量 30662 件,增长 54.6%,其中,发明专利申请量 10253 件,增长 10.6%;发明专利授权量 2437 件,增长 7.0%;PCT 专利申请量 451 件,增长 18.7%。万人发明专利拥有量 36.8 件,增长 23.5%。年末全市拥有高新技术企业 2179 家。全年有 19 项科技成果获江苏省科技进步奖,其中,一等奖 2 项,二等奖 6 项,三等奖 11 项。

全社会研发投入占 GDP 的比重预计达到 2.6%,比上年提高 0.12 个百分点。2020 年全社会研究与试验发展 R&D 经费支出达 261 亿元,是 2015 年的 1.7 倍,年均增长 10.7%。2020 年 R&D 经费支出占 GDP 比重预计为 2.6%,比 2015 年提高 0.1 个百分点,表明社会资源配置对于自主研发的倾斜逐年加大。横向看,南通市研发投入位居全省前列。2019 年南通的 R&D 经费总量和占比在全省 13 个设区市中分别居第 4 位和第 6 位,其中,大中型工业企业 R&D 经费内部支出达 93.8 亿元,比 2015 年增长 21.8%。按全市常住人口计算的人均 R&D 支出为 3177.1 元,是 2015 年的 1.5 倍。

全年建成科技孵化器 67 家。其中,国家级 15 家、省级 34 家;新建省级企业重点实验室 2 家,省级工程技术研究中心 22 家,省级企业院士工作站 1 家;新建市级工程技术研究中心 104 家,重点实验室 9 家,院士工作站 1 家。十三五"以来,南通大力加强科技人才队伍建设,努力营造吸引、使用、提拔人才的良好环境,通过引进和培养相结合的办法,不断充实科技人才队伍,全市科技人力资源保持稳步增长。2019 年,南通规模以上工业企业 R&D 人员 6.7 万人,比 2015 年增长 21.3%;

R&D人员折合全时当量4.9万人年,比2015年增长13.8%。从企业规模看,小微企业创新活力增强。2019年,全市规上工业企业中大中型企业R&D人员2.9万人,比2015年下降12%;小微型企业R&D人员3.9万人,比2015年增长68.6%;大中型企业R&D人员占规上工业企业R&D人员的比重由2015年的58.7%下降到2019年的42.6%,而小微型企业R&D人员占比较2015年提高16.1个百分点,年均提升4个百分点,说明小微型企业创新能力在不断加强。

企业创新活动机构是基础,人才是创新能力提高的关键。近几年来,南通企业研发机构建设取得了显著成果,企业办科技机构吸引了一大批高学历人才。2019年南通规模以上企业科技机构拥有硕士以上高学历人员4422人,比2015年增加了943人,增长27.1%,其中,博士833人,比2015年增长9.5%。企业科技机构高学历人员明显增加,进一步增强了南通企业的研发实力。

众创社区、科技企业孵化器、众创空间是推动大众创业、万众创新的重要载体,是实现创新成果孵化、转化和产业化的重要平台。多年来,南通市围绕构建"苗圃(众创空间)—孵化器—加速器"科技创业链条,积极打造科技人才创业"栖息地";通过"创新南通"线上平台整合创新资源,实现创新创业精准导航;通过线下特色众创空间建设,高效承载创新创业活动;通过"通创荟"系列活动,形成支持创新创业的全过程服务链,集聚了一批科技型企业和高端人才,取得了可喜的成效。截至2020年底,全市众创空间总数达70家,其中,国家级11家、省级42家;科技企业孵化器总数达64家,其中,国家级15家,省级34家;省级科技企业加速器4家;省级科技创业孵化链条3家;省众创社区备案试点9家。科技企业孵化面积232万平米,在孵企业2600多家(个),其中高企73家,解决就业4.1万人,总收入实现超95亿元。拥有有效知识产权6083件,其中发明专利1594件。在孵企业获得各类投融资28.8亿元,累计毕业企业2234家。"双创"载体已成为南通市经济社会发展不可或缺的"创富源"和"就业源"。

全市拥有普通高等学校8所,年末在校学生12.86万人;成人高校2所,在校学生3.84万人。中等职业教育学校28所,在校学生7.93万人;普通高中47所,在校学生8.93万人;普通初中166所,在校学生16.08万人;小学333所,在校学生37.14万人;特殊教育学校7所,在校学生0.17万人;幼儿园567所,在园儿童18.2万人。

10. 文化、卫生和体育

全市拥有公共图书馆11个,文化馆9个,博物馆(纪念馆)29个,公共美术馆2个,乡镇街道文化站101个。市级以上文物保护单位238处,其中,全国重点文物保护单位11处,江苏省文物保护单位28处。市级以上非物质文化遗产保护项目148个,其中,国家级10个,省级53个。全市拥有广播电视台7座,广播电视频道频率20个,年末数字电视用户178.5万户,其中高清电视用户62.94万户。

年末全市拥有卫生机构1897个(不含农村社区卫生服务站、村卫生室),其中,医院、卫生院310个,妇幼保健院(所、站)10个,专科疾病防治院(所、站)1个。全市卫生机构床位数4.95万张,卫生技术人员5.33万人,其中,执业医师和执业助理医师2.24万人,注册护士2.24万人。全市拥有疾病预防控制中心(站)9个,卫生技术人员927人;卫生监督所8个,卫生技术人员237人;乡镇卫生院83个,床位0.85万张,卫生技术人员0.88万人。

全年成功承办了1项次全国赛事、7项次省级赛事。全市新增晨晚练健身点67个,各级各类全民健身活动参与群众超过30万人次。体育彩票销售创历史新高,全年销售额16.2亿元,贡献率增幅0.7%,列全省第一。

11. 环境保护、节能降耗和安全生产

全年市区(含通州区)新增绿地357公顷,城市绿化覆盖率43.9%;日供水能力达到250万立方米,水质综合指标合格率100%;市区燃气普及率、用水普及率均达到100%。全年市区新增路灯、景观灯42807盏,城市道路亮灯率达到99.8%。

全市环境质量保持稳定,环境空气主要污染物年平均值为:二氧化硫 9 微克/立方米,二氧化氮 27 微克/立方米,可吸入颗粒物 46 微克/立方米,PM2.5 浓度为 34 微克/立方米,均达到国家空气质量二级标准;全年空气质量指数达到良好以上的天数达 321 天,占全年有效监测天数的 87.7%。长江南通段主流水质符合国家地面水质环境质量 II 类水质标准,饮用水源地水质达标率 100%。区域环境噪声平均值为 56.1 分贝,交通干线噪声平均平均值为 65.3 分贝,均符合国家环境噪声质量标准。

集中开展重点行业专项整治。全年关闭化工生产企业 133 家,其中,长江 1 公里园区外化工企业关闭退出 24 家,关停 4 家,另有 8 家签订关停协议进行尾料处置,超额完成省下达任务。取消启东滨江精细化工园、海门灵甸工业园化工定位。实施重点用能单位"百千万"行动,单位 GDP 能耗持续下降,2 家绿色工厂、2 个绿色产品列入工信部第五批绿色制造名单。规模以上工业企业新能源发电量为 54.1 亿千瓦时,同比增长 9.1%。

全年共发生各类安全生产事故 176 起,死亡 121 人,比上年分别下降 62.6% 和 57.8%,其中,工矿商贸企业(含建筑业)发生生产安全亡人事故 56 起,死亡 62 人。全年发生一次死亡 3 人(含 3 人)以上安全生产事故 1 起,死亡 3 人。全市共发生一般以上道路交通事故 1103 起,死亡 378 人、伤 833 人、直接经济损失 254.5 万元。

12. 居民收入消费和社会保障

居民收入稳定增长。全体居民人均可支配收入 42608 元,比上年增长 5.7%,其中,工资性收入 24574 元,增长 5.2%;经营净收入 7408 元,增长 2.2%;财产性收入 3631 元,增长 8.6%;转移净收入 6995 元,增长 9.7%。按常住地分,城镇居民人均可支配收入 52484 元,增长 4.5%;农村居民人均可支配收入 26141 元,增长 7.6%。城乡居民收入差距进一步缩小,城乡居民收入比由上年的 2.07:1 缩小为 2.01:1。

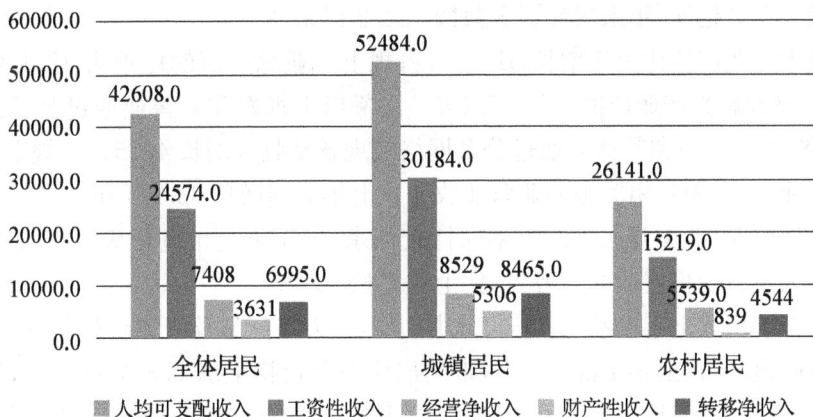

图 5 2020 年居民可支配收入及构成

数据来源:《南通统计年鉴 2021》

全市居民人均消费支出 24670 元,比上年下降 1.1%,按常住地分,城镇居民人均消费支出 29750 元,下降 0.7%;农村居民人均消费支出 16200 元,下降 3.9%。城镇居民恩格尔系数 28.9%,农村居民恩格尔系数 30.4%。城镇居民人均住房建筑面积 52.2 平方米,增长 3.4%;农村居民人均住房面积 68.4 平方米,增长 2.1%。

年末全市企业职工基本养老保险参保人数 173.7 万人,比上年末增加 6.8 万人;城乡居民养老保险参保人数 133.28 万人,比上年末减少 1.7 万人。企业退休人员基本养老金人均增长 148.95 元,增幅 6.24%。失业保险、工伤保险和生育保险参保人数分别为 132.46 万人、143.51 万人和 147.1 万人,分别比上年末增加 13.36 万人、6.72 万人和 13.74 万人。

全市参加基本医疗保险人数达 728.69 万人,比上年末增加 5.7 万人,其中,参加职工基本医疗保险人数 238.83 万人,比上年末增加 12.74 万人;参加城乡居民基本医疗保险人数 489.86 万人,比上年末增加 7.04 万人。失业保险、工伤保险和生育保险参保人数分别为 132.46 万人、143.51 万人和 147.1 万人,分别比上年末增加 13.36 万人、6.72 万人和 13.74 万人。

全市城乡最低生活保障人数为 47124 人,比上年减少 2724 人。城乡居民最低生活保障资金 30701 万元,比上年增加 51 万元,全市共有养老机构 302 个、养老机构床位数 57104 张,分别比上年增加 53 个、5595 张。

二、2021 年南通市经济与社会运行发展情况

2021 年,全市上下坚决贯彻落实中央和省、市委各项决策部署,坚持稳中求进工作总基调,扎实做好"六稳"工作,全面落实"六保"任务,有效应对复杂多变的外部环境和各项风险挑战,经济运行"稳中加固、稳中有进、稳中提质",构建新发展格局取得新成效,高质量发展迈出新步伐,顺利实现"十四五"和现代化建设良好开局。

1. 综合情况

初步核算,全年实现地区生产总值 11026.9 亿元,比上年增长 8.9%,第一产业增加值 485.0 亿元,增长 4.5%;第二产业增加值 5357.9 亿元,增长 9.8%;第三产业增加值 5184.0 亿元,增长 8.3%。三次产业增加值比例调整为 4.4∶48.6∶47.0。全市人均地区生产总值 142642 元,增长 8.8%。

全年新登记私营企业 5.0 万家,年末累计 27.4 万家;新登记私营企业注册资本 2234.3 亿元,年末累计注册资本 17748.2 亿元。全年新登记个体户 9.6 万户,年末累计 80.3 万户;新登记个体工商户资金数额 115.2 亿元,年末累计资金数额 782.2 亿元。

全年高新技术产业产值比上年增长 31.0%,占规上工业总产值的比重为 48.1%,比上年提高 2.6 个百分点;战略性新兴产业产值增长 37.1%。限额以上批发和零售业通过公共网络实现零售额比上年增长 28.2%;住宿和餐饮业通过公共网络实现餐费收入增长 40.5%。规上服务业中软件和信息技术服务业、互联网和相关服务业营业收入比上年分别增长 33.9%和 24.9%。

全年城镇新增就业 12.4 万人。失业率保持较低水平,年末全市登记失业率 2.19%。全年帮扶城乡就业困难人员就业再就业 3.5 万人,比上年增长 76%。

全年居民消费价格比上年上涨 1.8%。分类别看,八大类商品及服务价格呈现"七涨一降":交通通信类价格涨幅最高,比上年上涨 6.4%,带动居民消费价格上涨 0.8 个百分点;生活用品及服务类、居住类价格涨幅次之,比上年分别上涨 2.6%和 1.9%;食品烟酒类、衣着类、教育文化和娱乐类以及医疗保健类价格涨幅温和,比上年分别上涨 1.2%、0.4%、0.4%和 0.2%,其中,食品烟酒类价格涨幅较上年回落 7.7 个百分点。

表 10　居民消费价格指数及其构成情况(以上年为 100)

指标名称	2021 年	指标名称	2021 年
居民消费价格	101.8	交通和通信	106.4
食品烟酒	101.2	教育文化和娱乐	100.4
衣着	100.4	医疗保健	100.2
居住	101.9	其他用品和服务	−97.6
生活用品及服务	102.6		

数据来源:《2021 年南通市国民经济和社会发展统计公报》

2. 农林牧渔业

全年实现农林牧渔业增加值 541.6 亿元,比上年增长 4.6%,其中,种植业增加值 287.7 亿元,增长 4.1%;林业增加值 2.3 亿元,增长 15.8%;牧业增加值 64.0 亿元,增长 10.1%;渔业增加值 131.0 亿元,增长 1.7%;农林牧渔专业及辅助性活动增加值 56.6 亿元,增长 5.1%。

全年粮食播种面积 536.1 千公顷,比上年增长 0.1%;棉花种植面积 1.3 千公顷,减少 0.9 千公顷;油料种植面积 68.0 千公顷,减少 1.6 千公顷;蔬菜种植面积 144.8 千公顷,增加 4.4 千公顷。全年粮食总产量 340.1 万吨,与上年持平,其中,夏粮总产 119.0 万吨,下降 1.9%;秋粮总产量 221.1 万吨,增长 1.1%。全年粮食单位面积产量每公顷 6343.6 公斤,比上年下降 0.1%。

全年猪牛羊禽肉产量 38.1 万吨,比上年增长 21.6%。水产品总产量 79.4 万吨(不含远洋捕捞),增长 2.5%,其中,淡水产品 20.9 万吨、海水产品 58.5 万吨,分别增长 2.7%、2.5%。

表 11　2021 年主要农产品产量情况

产品名称	产量(万吨)	比上年增长(%)
粮食	340.1	持平
棉花	0.1	−41.4
油料	22.7	−0.7
♯油菜籽	15.8	−0.3
花生	6.7	−1.8
蔬菜	498.0	4.5
蚕茧	1.2	−11.6
水果(含瓜果类)	90.9	0.1
猪牛羊禽肉	38.1	21.6
水产品(不含远洋捕捞)	79.4	2.5

数据来源:《2021 年南通市国民经济和社会发展统计公报》

全市新建高标准农田 39.5 万亩。"7+2"农业产业联盟建设实现年营销总额近 230 亿元。新增国家农业产业强镇 1 个、全国"一村一品"示范村镇 1 个、省级一二三产业融合发展先导区 1 个、省级农业产业化联合体典型 4 个。培育省级以上农业龙头企业 83 家,数量列全省第三。获评全国乡村特色产业亿元村 5 个、中国美丽休闲乡村 4 个。

3. 工业和建筑业

全年规模以上工业增加值比上年增长 13.4%,其中,轻工业增长 4.9%,重工业增长 17.9%。分经济类型看,国有工业增长 19.3%,集体工业增长 1.3%,股份制工业增长 14.0%,外商港澳台投资工业增长 11.9%。在规模以上工业中,民营工业增长 13.8%。

全年装备制造业、高技术制造业产值比上年分别增长 31.1%、38.7%,分别高出全部规模以上工业总产值增幅 7.1 个、14.7 个百分点,其中,电子器件制造、信息化学品制造、电子元件及电子专用材料制造等行业产值年内保持高速增长态势,分别增长 123.3%、74.7%、63.4%。与此同时,顺应结构升级和消费需求的新兴产品产量快速增长,其中,新能源汽车、太阳能电池、集成电路等产品分别增长 74.4%、41.9%、35.5%。

表 12　2021 年主要工业产品产量情况

产品名称	单位	产量	比上年增长(%)
小麦粉	万吨	41.02	16.73
饲料	万吨	177.29	16.14
精制食用植物油	万吨	100.05	−7.22

产品名称	单位	产量	比上年增长(%)
饮料酒	万千升	19.08	−3.14
纱	万吨	56.33	19.04
布	亿米	20.00	−9.85
印染布	亿米	28.33	−2.37
蚕丝	万吨	0.41	6.43
口罩	亿个(只)	5.01	−40.72
♯医用口罩	亿个(只)	4.06	−8.94
服装	亿件	2.86	−6.87
鞋	亿双	0.36	−8.28
机制纸及纸板(外购原纸加工除外)	万吨	75.54	13.07
农用氮、磷、钾化学肥料(折纯)	万吨	0.12	−78.06
化学农药原药(折有效成分100%)	万吨	24.31	−3.13
合成橡胶	万吨	49.51	3.02
化学药品原药	万吨	2.26	44.39
化学纤维	万吨	176.01	25.96
塑料制品	万吨	57.95	0.33
水泥	万吨	1183.06	6.01
商品混凝土	万立方米	2697.84	16.79
钢材	万吨	124.96	19.02
金属集装箱	万立方米	341.04	72.33
钢丝	万吨	57.32	13.11
钢丝绳	万吨	92.82	−3.28
金属切削机床	万台	1.20	75.04
电动手提式工具	万台	3749.05	16.45
水泥专用设备	万吨	20.64	30.79
民用钢质船舶	万载重吨	216.73	−14.41
电力电缆	万千米	71.98	−5.56
光纤	万千米	5130.49	−10.18
光缆	万芯千米	681.81	25.12
太阳能电池(光伏电池)	万千瓦	594.12	41.88
半导体分立器件	亿只	123.07	18.92
集成电路	亿块	320.70	35.51
电子元件	亿只	54.79	16.99
电工仪器仪表	万台	112.47	124.79

数据来源:《2021年南通市国民经济和社会发展统计公报》

工业企业盈利能力提升。全年规模以上工业企业实现营业收入比上年增长23.5%,利润增长30.7%。规模以上工业企业营业收入利润率为6.9%,比上年提高0.4个百分点。规模以上工业企业产销率97.6%。按营业收入总量排名,前十行业营业收入占全部规上工业营业收入比重达74.5%,拉动全部规上营业收入增长18.6个百分点,其中,计算机、通信和其他电子设备制造业增长最快、拉动最强,增长65.3%、拉动4个百分点;十大行业利润总额占比为73.2%,拉动全部规上利润增长25.7个百分点,其中,化工、电子设备、通用设备等行业拉动作用较大,分别为7.6、5.4和4.2个百分点。

全年实现建筑业总产值10568.7亿元,比上年增长8.5%;竣工产值6917.9亿元,下降0.5%;建筑业劳动生产率47.2万元/人,比上年增长3.1%。建筑业企业房屋建筑施工面积99443万平方米,比上年下降 0.3%;竣工面积 23798 万平方米,下降 3.4%,其中,住宅竣工面积 19075.3 万平方米,下降 3.1%。全市拥有特级资质建筑业企业 24 家,居全国地级市之首。全年新获鲁班奖 6 项。

4. 固定资产投资

全年固定资产投资比上年增长 5%,其中,国有及国有经济控股投资增长 35.3%;港澳台及外商投资下降 9.1%。民间投资增长 2.6%,占全部投资比重 78.8%。分类型看,基础设施投资比上年增长 4.9%;房地产开发投资下降 6.8%。全年商品房销售面积 2186.8 万平方米,比上年增长 9.4%,其中,住宅销售面积 1793.5 万平方米,增长 4.6%。

分行业看,第一产业投资比上年增长 48.1%,第二产业投资增长 16.1%,第三产业投资下降 6.0%。第二产业投资中,制造业投资占项目投资比重为 71.9%。高技术制造业增势良好,全年高技术制造业投资增长 14.9%,其中,电子及通信设备制造业、航空、航天器及设备制造业、医疗仪器设备及仪器仪表制造业分别增长 23.1%、20.7% 和 6.1%。第三产业投资中,交通运输仓储和邮政业增长 20%,信息传输软件和信息技术服务业增长 13.4%,卫生和社会工作增长 23.8%。

全年共 30 个项目列入省重大项目清单,项目数量全省第三;完成省重大项目投资 458.5 亿元。全年新开工 10 亿元以上制造业项目 164 个,新开工亿元以上市级服务业重点项目 45 个。

5. 国内贸易

全年实现社会消费品零售总额 3935.5 亿元,比上年增长 16.8%,其中,限额以上单位消费品零售额 1218.7 亿元,增长 18.6%。分消费形态看,商品零售 1123.1 亿元,增长 17.1%;餐饮收入 95.6 亿元,增长 38.9%。从商品分类看,基本生活类消费增长平稳,粮油食品类、服装鞋帽针纺织品类和日用品类商品零售额分别增长 19.5%、13.4% 和 17.8%。部分升级类商品消费增长较快,金银珠宝类、化妆品类和体育娱乐用品类零售额分别增长 42.9%、48.8% 和 54.7%。

6. 开放型经济

全年完成进出口总额 3405.8 亿元,比上年增长 29.7%,其中,出口 2263.4 亿元,增长 26.3%;进口 1142.4 亿元,增长 37%。从贸易方式看,一般贸易进出口总额 2477.1 亿元,增长 30.5%;占进出口总额的比重为 72.7%,超过加工贸易 51.2 个百分点。从出口主体看,国有企业、外资企业、私营企业出口额分别增长 59.5%、28.6% 和 23.3%。从出口产品看,机电、高新技术产品出口额分别增长 37.3%、13.8%。从出口市场看,对美国、欧盟出口分别增长 19.7% 和 26.4%,对印度、俄罗斯、东盟出口分别增长 38.2%、178.8% 和 14.5%。对"一带一路"沿线国家出口出口总额 616.2 亿元,增长 31.7%,占全市出口总额的比重为 27.2%。

表 13 2021 年货物进出口贸易主要分类情况

指标	绝对量(亿元)	比上年增长(%)
出口总额	2263.4	26.3
♯一般贸易	1657.9	26.7
加工贸易	489.7	26.4
♯机电产品	1068.5	37.3
♯高新技术产品	357.6	13.8
♯国有企业	84.7	59.5
外商投资企业	892.5	28.6
私营企业	127	23.3
进口总额	1142.4	37.0
♯一般贸易	819.2	39.0
加工贸易	242.9	40.2
♯机电产品	308.5	60.4

续表

指标	绝对量(亿元)	比上年增长(%)
♯高新技术产品	208.0	66.5
♯国有企业	348.2	58.9
外商投资企业	414.3	22.7
私营企业	376.2	37.6

数据来源:《2021年南通市国民经济和社会发展统计公报》

表14 2021年对主要国家和地区货物进出口情况

国家和地区	出口额(亿元)	比上年增长(%)	进口额(亿元)	比上年增长(%)
美国	342.0	19.7	73.6	14.9
欧盟	327.5	26.4	134.0	26.8
东盟	263.8	14.5	171.0	40.2
中国香港	217.1	76.9	1.1	−21.6
日本	232.2	−4.5	91.8	29.1
拉丁美洲	161.8	13.8	52.2	2.2
韩国	106.9	35.2	68.9	15.3
中国台湾	59.5	33.7	96.3	54.5
印度	67.2	38.2	21.3	60.5
非洲	75.9	27.7	45.6	68.7
俄罗斯	78.6	178.8	30.8	−18.1

数据来源:《2021年南通市国民经济和社会发展统计公报》

全年实际使用外资31.2亿美元,比上年增长15.1%。新批及净增资3000万美元以上项目124个,增长18.1%。全年新增境外投资项目43个,中方协议投资额1.85亿美元。加快推进"一带一路"交汇点建设,全年新增"一带一路"沿线对外投资项目19个,中方协议投资额1.1亿美元。

7. 交通、邮电和旅游

全年完成货物运输量21266.5万吨,比上年增长12.4%;旅客运输量3154.9万人次,下降21.2%。

全年南通机场执行客运、货运航线共76条,其中国际国内全货机航线8条。全年民航货邮吞吐量5.3万吨,下降1.8%;旅客运输量252.5万人次,增长0.4%。

年末全市铁路总里程427.7公里,其中高速铁路66公里。南通站开行列车82对,南通西站开行列车84对;南通铁路完成客运858.8万人次,增长49.9%,货运195.4万吨,增长10.6%。

年末全市公路里程17526公里,比上年增加117公里,其中高速公路里程488公里。全年公路货运量12295.1万吨,增长12%;公路客运量2043.6万人次,下降35.7%。

全年南通港货物吞吐量30851.2万吨,下降0.5%;集装箱吞吐量202.7万标准箱,增长6.1%。

全年市区新增公共停车泊位近2万个,上线运行"智泊南通"。地铁1、2号线一期建设稳步推进。快速路网互联环通,江海大道东延实现全线通车。通京大道北段快速化改造、西站大道等工程加快前期工作。

年末全市机动车保有量225.3万辆,比上年新增15.8万辆,其中,载客汽车191.3万辆,载货汽车11.2万辆,摩托车19.4万辆。个人汽车保有量182.6万辆,比上年末增加18.0万辆。

表15 2021年各种运输方式完成运输量情况

运输方式	绝对数	比上年增长（%）
货物运输量（万吨）	21266.5	12.4
♯铁路	195.4	10.6
公路	12295.1	12.0
水路	8770.7	13.1
航空	5.3	−1.8
旅客运输量（万人）	3154.9	−21.2
♯铁路	858.8	49.9
公路	2043.6	−35.7
航空	252.5	0.4

数据来源：《2021年南通市国民经济和社会发展统计公报》

全年邮政业完成业务总量111.3亿元，增长28.7%，实现业务收入95.5亿元，增长14.9%，其中，快递完成业务量10.1亿件，增长35.8%。电信业完成业务总量96.9亿元，增长32%；实现业务收入87.3亿元，增长9.9%。

全年新建5G基站8310个，全市连接数83万个。年末移动电话用户878.1万户，增加3.7万户。年末互联网用户1155.2万户，新增78.1万户，其中，固定宽带互联网用户426.6万户，新增26.1万户；无线宽带互联网用户728.6万户，增加33.9万户。

全年接待境内外游客4319.1万人次，比上年增长76.4%；实现旅游业总收入618.8亿元，增长45.5%。接待入境过夜游客4.1万人次，下降63.9%，其中，外国人3.2万人次，下降67.1%；港澳台同胞0.87万人次，下降43.4%。旅游外汇收入5570.8万美元，下降74.4%。接待国内游客4315亿人次，增长76.5%，实现国内旅游收入615亿元，增长52.7%。

8. 财政、金融

全年完成一般公共预算收入710.2亿元，比上年增长11.1%；其中，税收收入572.9亿元，增长9.5%；税收占一般公共预算收入的比重为80.7%。

表16 2021年财政收入分项情况

指标	绝对数（亿元）	比上年增长（%）
一般公共预算收入	710.2	11.1
♯增值税	224.0	12.7
企业所得税	103.7	16.1
个人所得税	24.8	0.6
上划中央四税	431.5	12.8
♯国内消费税	14.1	9.8

数据来源：《2021年南通市国民经济和社会发展统计公报》

全年完成一般公共预算支出1122.2亿元，比上年增长3.9%，其中，科学技术支出50.3亿元，增长22.5%；卫生健康支出120.7亿元，增长19.2%；社会保障和就业支出184亿元，增长1.7%；住房保障支出58.4亿元，增长87.7%；农林水支出84.4亿元，增长6.1%。

年末全市金融机构本外币存款余额16374.9亿元，比上年末增长5.4%。年末金融机构本外币存款余额比年初增加839.6亿元，其中住户存款增加878.9亿元。年末金融机构本外币贷款余额14141.1亿元，比上年末增长16.3%。年末金融机构本外币贷款余额比年初增加1986.2亿元，其中中长期贷款增加1800.4亿元，短期贷款增加58.1亿元。

表17　年末金融机构本外币存贷款情况

指标	绝对数(亿元)	比年初增减(亿元)	比上年末增长(%)
各项存贷款余额	16374.9	839.6	5.4
住户存款	8936.7	878.9	10.9
非金融企业存款	4911.6	−153.1	−3.0
各项存贷款余额	14141.1	1986.2	16.3
住户贷款	4565.0	711.7	18.5
短期贷款	4227.0	58.1	1.4
中长期贷款	9215.0	1800.4	24.3

数据来源:《2021年南通市国民经济和社会发展统计公报》

全年新增境内外上市公司11家,创历史新高。年末全市境内外上市公司54家,上市公司通过首发、配股、增发、可转债在资本市场募集资金152.18亿元。全市境内上市公司总股本368.5亿股,比上年增长7.7%;总市值4900.3亿元,增长30.4%。年末全市共有证券营业部71家,期货营业部16家。全年证券交易额4.7万亿元,比上年增长9.3%。

全年保费收入355.8亿元,比上年增长6.2%。分类型看,财产险收入75.3亿元,增长2.5%;人寿险收入210.1亿元,增长4.7%;健康险收入62.6亿元,增长16.5%;意外伤害险收入7.8亿元,增长7.2%。全年赔付支出118.4亿元,比上年增长18.6%,其中,财产险赔付51亿元,增长19.5%;人寿险赔付25.2亿元,下降31.2%;健康险赔付39.6亿元,增长113.2%;意外伤害险赔付2.6亿元,增长32.4%。

9. 科学技术和教育

全年专利授权量40867件,比上年增长33.3%,其中,发明专利6506件,增长167%,占专利授权总量的15.9%。全市累计有效发明专利32395件,比上年末增加5434件,增长20.2%;全市万人发明专利拥有量41.9件,增长13.8%。

全年共认定高新技术企业778家,累计拥有高新技术企业2370家。科技进步贡献率为66.5%,比上年提高1个百分点。全年共签订各类技术合同5099项,技术合同成交额250.5亿元,比上年增长28.9%。新增入选省"双创人才"71人、"双创团队"7个。创成省级产业创新中心2家,实现零突破。新认定省级众创空间20家,省级以上中创空间累计72家。全年有19项科技成果获省级以上科技奖获(含技术发明奖),其中,一等奖2项,二等奖4项,三等奖13项。

社会研究与试验发展(R&D)活动经费占地区生产总值比重2.62%。大中型工业企业和规模以上高新技术企业研发机构建有率保持在94%左右,拥有国家级企业研发机构13家。拥有南通籍中国科学院和中国工程院院士52人。各类科学研究与技术开发机构中,政府部门属独立研究与开发机构30个。建成国家级高新技术特色产业基地18个。建设省级重点实验室10个,科技服务平台15个,工程技术研究中心411个,企业院士工作站11个,通富微电先进封测项目荣获国家科技进步一等奖。

全市共有普通高校8所。普通高等教育本专科招生4.47万人,在校生13.46万人,毕业生3.3万人。研究生教育招生0.17万人,在校生0.43万人,毕业生0.09万人。全市中等职业教育在校生5.35万人(不含技工学校)。特殊教育招生0.03万人,在校生0.17万人。全市共有幼儿园582所,比上年增加2.7%;在园幼儿17.84万人,减少2%。

表 18 各阶段教育学生情况

指标	招生数		在校生数		毕业生数	
	绝对数（万人）	比上年增长（%）	绝对数（万人）	比上年增长（%）	绝对数（万人）	比上年增长（%）
普通高等教育本专科	4.47	−0.67	13.46	7.62	3.30	9.04
研究生教育	0.17	11.30	0.43	21.96	0.09	7.71
普通高中教育	3.04	0.82	9.09	1.80	2.82	18.11
普通初中教育	5.77	9.94	16.49	2.54	5.27	−1.46
小学教育	6.56	2.57	38.09	2.57	5.75	10.34

数据来源：《2021 年南通市国民经济和社会发展统计公报》

10. 文化、卫生和体育

全市共有文化馆、群众艺术馆 9 个，公共图书馆 11 个，博物馆（纪念馆）29 个，公共美术馆 4 个。全市拥有广播电视台 7 座，中波和调频电视发射台 10 座，广播电视综合人口覆盖率 100%。年末数字电视用户 171.1 万户，其中高清电视用户 72.1 万户。

年末全市共有各类卫生机构 3492 个，其中，医院 236 个，疾病预防控制中心 8 个，妇幼卫生保健机构 11 个。各类卫生机构拥有病床 5.1 万张，其中医院拥有病床 4.1 万张。共有卫生技术人员 5.6 万人，其中执业医师、执业助理医师 2.3 万人，注册护士 2.4 万人，疾病预防控制中心卫生技术人员 0.08 万人，妇幼卫生保健机构卫生技术人员 0.16 万人。

群众体育和竞技体育、体育事业和体育产业协调发展。南通健儿孙炜、石宇奇、李彤、张馨、石高峰等 5 人参加东京奥运会，孙炜斩获奥运会男子体操团体铜牌。输送贡献列全省第二位。在第十四届全运会上，南通共有 91 名运动员参加了竞技体育项目比赛，石宇奇、孙玮等 11 人分别在羽毛球、体操等项目上夺得金牌，同时南通籍运动员还获得 4 枚银牌、9 枚铜牌，南通籍运动员获得的金牌数占江苏代表团在全运会上所获金牌数的六分之一。南通籍运动员石宇奇领衔的中国队在羽毛球苏迪曼杯决赛中夺得世界冠军，将南通世界冠军金牌数改写为 120 枚。

11. 环境保护、节能降耗和安全生产

全年新增造林绿化 6659 亩，省级绿美村庄 28 个，完成湿地修复 4239 亩。五山及滨江地区生态修复获评省首届"最美生态修复案例"。市区水质综合指标合格率 100%，燃气普及率、用水普及率均为 100%。全年主城区新增路灯 14771 盏，景观灯 41570 盏，城市道路亮灯率 99.75%。

全市环境质量保持稳定。全年 PM2.5 平均浓度 30 微克/立方米，符合国家空气质量二级标准；全年空气质量指数达到良好以上的天数 322 天，占全年有效监测天数的 88.2%。地表水国考以上断面优Ⅲ比例 87.5%，省考以上断面优Ⅲ比例 94.5%，主要入江支流和入海河流断面全面消除劣Ⅴ类。土壤保护和污染治理修复工作有力推进。化学需氧量、二氧化硫、氨氮、氮氧化物四项主要污染物减排和碳排放强度下降完成省下达任务。

全市累计建成国家"绿水青山就是金山银山"实践创新基地授牌命名 1 个，国家生态文明建设示范区 1 个，江苏省生态文明建设示范县（市、区）2 个，建成国家级生态工业示范园区 1 个，省级生态工业示范园区 5 个。

全年共发生各类安全生产事故 118 起，死亡 74 人，比上年分别下降 38.5%和 45.6%。其中，工矿商贸企业（含建筑业）发生生产安全亡人事故 37 起，死亡 41 人。全年发生一次死亡 3 人（含 3 人）以上安全生产事故 1 起，死亡 3 人。

12. 人口、人民生活和社会保障

年末全市常住人口 773.3 万人，比上年末增加 0.5 万人，其中，城镇人口 550.6 万人，增长

1.1‰,城镇化率71.2%,比上年提高0.76个百分点;年末户籍人口751.66万人,比上年减少4.4万人。全市人口出生率4.47‰,人口死亡率9.61‰,人口自然增长率－5.14‰。

全年居民人均可支配收入46882元,比上年增长10.0%,其中,工资性收入26874元,增长9.4%;经营净收入8138元,增长9.9%;财产净收入4041元,增长11.3%;转移净收入7829元,增长11.9%。按常住地分,城镇居民人均可支配收入57289元,增长9.2%;农村居民人均可支配收入29134元,增长11.4%。城乡居民人均收入比为1.97∶1,比上年缩小0.04。全年居民人均消费支出29705元,比上年增长20.4%。按常住地分,城镇居民人均消费支出35281元,增长18.6%;农村居民人均消费支出20197元,增长24.7%。

表19 居民收入增速及构成

指标名称	全体居民			城镇常住居民			农村常住居民		
	绝对数(元)	占比(%)	增长(%)	绝对数(元)	占比(%)	增长(%)	绝对数(元)	占比(%)	增长(%)
可支配收入	46882	100	10.0	57289	100	9.2	29134	100	11.4
工资性收入	26874	57.3	9.4	32741	57.2	8.5	16869	57.9	10.8
经营净收入	8138	17.4	9.9	9281	16.2	8.8	6187	21.2	11.7
财产净收入	4041	8.6	11.3	5872	10.2	10.7	921	3.2	9.8
转移净收入	7829	16.7	11.9	9395	16.4	11.0	5157	17.7	13.5

数据来源:《2021年南通市国民经济和社会发展统计公报》

年末全市企业职工基本养老保险参保人数177.8万人,比上年末增加4.1万人;城乡居民养老保险参保人数127万人,比上年末减少6.28万人。全市企业职工养老保险人均养老金增至2547元,增幅5.39%。

全年全市基本医保参保人数735.12万人,其中,职工医保252.4万人,比上年底增加13.57万人,占总参保人数的34.33%;居民医保482.71万人,占总参保人数的65.67%。创新推出"医保南通保",首年参保63.2万人。

全年全市城乡最低生活保障人数为42799人,比上年减少4325人。全年城乡居民最低生活保障资金为31249.2万元,比上年增加548.6万元。全市拥有养老机构298个,比上年减少4个。养老机构床位数57798张,比上年增加694张。

第十一章　2020—2021年连云港市经济发展分析

一、2020年连云港市经济与社会运行发展情况

2020年,面对新冠肺炎疫情冲击和严峻复杂的宏观环境,全市上下以习近平新时代中国特色社会主义思想为指导,全面贯彻党的十九大,十九届二中、三中、四中、五中全会精神,落实中央、省委、省政府决策部署,统筹疫情防控和经济社会发展,扎实做好"六稳"工作,全面落实"六保"任务,疫情防控取得阶段性成果,高水平全面建成小康社会取得决定性成就,"高质发展、后发先至"迈出关键步伐。全市经济运行平稳回升,经济社会发展取得新的突破,为"十三五"发展画上了圆满句号。

1. 综合发展情况

初步核算,2020年连云港实现地区生产总值2536.49亿元,比上年增长4.86%。从产业增长来看,第一产业增加值386.1亿元,比上年增长6.47%;第二产业增加值为1372.35亿元,增长1.72%;第三产业增加值1518.62亿元,增长7.44%。2016—2020年地区生产总值情况如表1。

表1　2016—2020年连云港地区生产总值及分产业增长情况　　　　　　单位:亿元

	2016年	2017年	2018年	2019年	2020年
地区生产总值(亿元)	2536.49	2784.48	2923.04	3125.29	3277.07
第一产业	301.56	313.42	335.6	362.64	386.1
第二产业	1135.4	1249.03	1269.82	1349.15	1372.35
第三产业	1099.53	1222.03	1317.62	1413.5	1518.62

数据来源:《连云港统计年鉴2021》

2020年连云港市第一产业产值占总产值比重为11.78%,第二产业产值占总产值比重为41.88%,第三产业产值占总产值比重为46.34%。从图1可见,2016—2020年第三产业占比在不断上升,主要是因为第二产业产值占地区生产总值比重的不断下降。

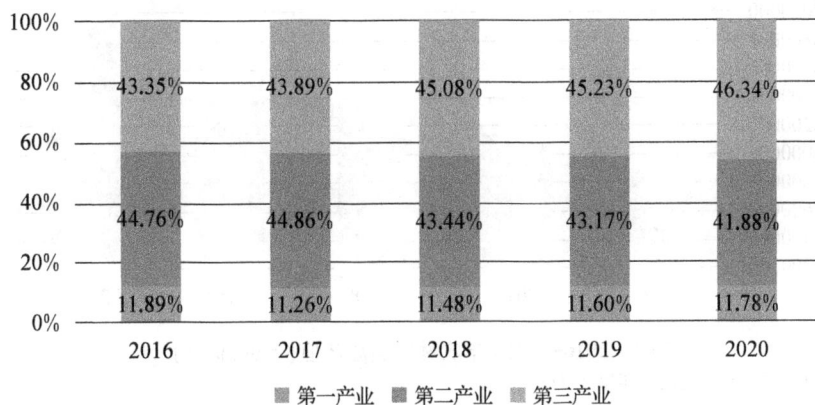

图1　2016—2020年三次产业结构变动

数据来源:《连云港统计年鉴2021》

社会保障稳步推进。全市城镇登记失业率1.82%,低于省控线。全年转移农村劳动力2.96万人,开发公益性岗位2729个,扶持创业1.89万人。新增城乡居民基本养老保险参保人数20.2万人。城乡居民医疗保险实现市级统筹,基本养老保险参保率达98%,低保标准提高至630元。获评全国居家和社区养老服务改革试点优秀城市。

就业创业形势稳定向好。强化稳就业措施,开展"百企万人护航"行动,实施万人返乡就业创业"凤还巢"计划。全年新增就业人数0.98万人,2020年实现就业人数252.97万人,增长0.39%,其中,第一产业就业人数69.95万人,相比上年减少2.91万人;第二产业就业人数77.43万人,相比上年减少0.72万人;第三产业就业人数105.59万人,相比上年增加4.61万人。城镇新增就业5万人以上,新引进高校毕业生2万人以上,开发公益性岗位2000个以上,支持自主创业1万人以上。以石化和"三新一高"产业为重点,推动校企合作、定向培养,共建特色班15个,开展职业技能培训21万人次。转移农村劳动力2.96万人,开发公益性岗位2729个,扶持创业1.89万人。新增城乡居民基本养老保险参保人数20.21万人。新增市场主体12.84万个,增长45.0%。

2020年全市新增人口0.07万人,2020年全市人口达到534.48万人,增长0.013%,总人口仅少量增长,其中,男性人口增长0.02万人,年底男性总人口278.75万人,占总人口的52.15%;女性人口增长0.03万人,年底女性总人口255.73万人,占总人口的47.85%。

人民生活持续改善。以政府的"紧日子"换百姓的"好日子",扎实补齐民生短板。全体居民年人均可支配收入29501元,增长5.0%,其中,农村居民人均可支配收入19237元,增长6.5%,城镇居民人均可支配收入36722元,增长3.8%,农村、城镇居民可支配收入增速均高于GDP增速。全年城镇居民人均生活消费支出21403元,下降1.7%;农村居民人均生活消费支出11885元,下降3.8%。全年居民消费价格上涨2.5%,低于上年3.0%的涨幅。分类别看,食品烟酒价格上涨8.7%,衣着价格下降1.4%,居住价格下降0.4%,生活用品及服务价格下降0.3%,交通和通信价格下降1.2%,教育文化和娱乐价格上涨1.1%,医疗保健价格上涨0.1%,其他用品和服务价格上涨5.1%。在食品烟酒价格中,粮食价格上涨2.5%,鲜菜价格上涨9.8%,畜肉价格上涨35.3%。

2. 农业

农业生产稳中有升。全年实现农林牧渔业总产值702.48亿元,按可比价计算增长2.2%。农林牧渔业增加值418.21亿元,增长2.2%,增速高于全省平均增速0.4个百分点,其中,农业增加值213.70亿元,增长2.4%;林业增加值6.41亿元,下降1.5%;畜牧业增加值49.31亿元,增长1.4%;渔业增加值116.7亿元,增长1.5%;农林牧渔服务业增加值32.11亿元,增长4.8%。2016—2020年全市农林渔牧业总产值如图2。

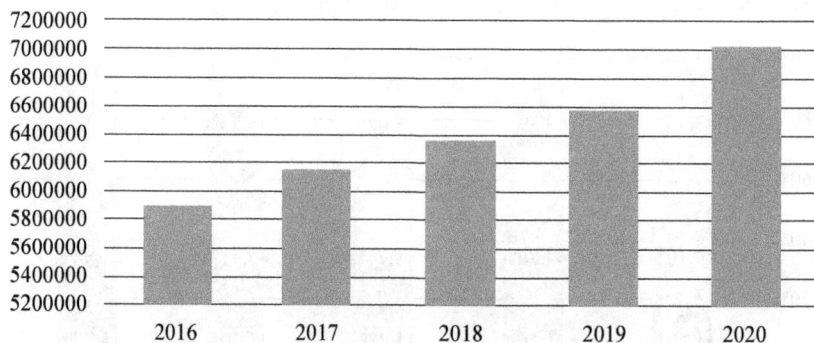

图2 2016—2020年农林牧渔总产值(单位:亿元)
数据来源:《连云港统计年鉴2021》

2020年农业总产值308.15亿元,增长5.57%;林业总产值12.20亿元,增长0.89%;牧业总产值117.64亿元,增长11.09%;渔业总产值210.03亿元,比上年增长7.22%。各行业总产值分别占全年农林牧渔业总产值的 43.87％、1.74％、16.75％、29.90％。

粮食产量稳中有增。全年粮食播种面积共 767 万亩,单产 7207 公斤/公顷,总产量 368.52 万吨。同去年相比,粮食播种面积增长 1.1％,总产量增长 0.53％,其中,小麦播种面积为 370.4 万亩,总产量 145.9 万吨,分别增长 2.1％、2.8％;水稻播种面积为 314.1 万亩,总产量 189.2 万吨,播面与去年持平,总产下降 0.8％;玉米播种面积为 65.9 万亩,总产量 28.1 万吨,分别下降 1.3％、3.1％;豆类播种面积 8.5 万亩,总产量 1.6 万吨,分别增长 10.3％、8.8％;薯类播种面积 4.7 万亩,总产量 2.4 万吨,分别增长 11.8％、10.4％。

表 2　2020 年主要农作物种植面积、产量及单位面积产量

	粮食作物	小麦	稻谷	玉米	豆类	薯类	油料作物
播种面积(千公顷)	511.3	246.9	209.4	43.9	5.7	3.1	21.6
产量(万吨)	368.52	145.96	189.2	28.12	1.63	2.36	10.19
单位面积产量(公斤/公顷)	7207	5910.6	9034.8	6401.3	2858.3	7541.9	4709

数据来源:《连云港统计年鉴 2021》

生猪生产较快恢复。2020 年全市生猪存栏量为 160.9 万头,增加 96.6 万头,增长 150.2％,已恢复至 2017 年水平的 95.0％,高于全省存栏恢复目标 15 个百分点;能繁母猪存栏为 16.2 万头,同比增加 8.5 万头,增长 110.4％;全年生猪出栏量为 197.5 万头,同比增加 58.9 万头,增长 42.5％。

3. 工业

工业生产实现增长。全市规模以上工业增加值增长 4.5％,增速较一季度(−2.7％)、上半年(−1.2％)、前三季度(1.5％)逐季提高。从三大门类看,采矿业增加值增速全年保持增长,同比增长 4.0％;制造业增加值由一季度下降 3.1％提高到增长 4.0％;电力热力燃气及水的生产和供应业增加值由一季度下降 4.8％提高到增长 7.3％。

表 3　2020 年规模以上工业生产情况

	内资企业	港澳台商投资	外商投资	总计
规模以上工业企业数	863	42	79	984
规模以上工业总产值(万元)	22011223	3228118	2873194	28112534

数据来源:《连云港统计年鉴 2021》

新兴产业增长较快。一是战略性新兴产业蓬勃发展。全市规模以上工业战略性新兴产业实现产值 1138.11 亿元,增长 5.2％,高于规模以上工业企业平均水平 2.1 个百分点,占全部规上工业产值比重为 40.2％,较去年同期提高了 2.6 个百分点。二是高新技术产业突破千亿。全市高新技术产业实现产值 1105.22 亿元,增长 4.8％,其中,医药制造业实现产值 607.12 亿元,增长 2.5％,实现正增长;新材料制造业实现产值 261.73 亿元,与上年基本持平;新能源制造业实现产值 109.01 亿元,增长 39.6％,增速居高新技术行业首位,行业发展全年保持高位增长;智能装备制造业实现产值 77.51 亿元,下降 0.6％。

重点企业贡献提高。一是三十强企业拉动作用明显。全市产值三十强工业企业实现产值 1899.81 亿元,增长 5.4％,高于全部规上工业产值增速 2.3 个百分点,拉动规上工业增长 3.5 个百分点。从绝对量看,产值过百亿企业 8 家,过 50 亿 11 家,过 20 亿 20 家;从增速看,8 家企业产值增速在 20％以上,11 家企业产值增速在 10％以上。二是新增企业不断注入活力。全市新增规上工业企业 140 家,其中,月度新增 44 家,年度新增 96 家,新增企业中恒鑫通矿业、鑫顺通新材料等企业贡献突出。

2020年全社会用电1941023万千瓦时,第一产业用电74425万千瓦时,占总用电量的3.83%;第二产业用电量1206407万千瓦时,占总用电量的62.15%;第三产业用电量303901万千瓦时,占总用电量的15.66%。城乡居民用电量合计356290万千瓦时,其中,城镇居民用电量157753万千瓦时,占比44.28%;乡村居民用电198537万千瓦时,占比55.72%。

2020年工业总产值2714.75亿元,能耗913.94吨标准煤,其中,原煤消耗658.73万吨、天燃气消耗16640万立方米,消耗原油412.98万吨。2020年主要能源消费量如表4。

表4 2020年主要能源品种消费量
单位:万吨

原煤	焦炭	天燃气 (万立方米)	原油	汽油	柴油	热力 (百万千焦)
658.73	289.88	16640	412.98	691	1.05	27655976

数据来源:《连云港统计年鉴2021》

4. 建筑业

建筑施工全面恢复。全市建筑业完成总产值547.19亿元,增长0.3%,增速实现由负转正,较三季度回升11.2个百分点,较上半年回升36.3个百分点,较一季度回升50.9个百分点,回升幅度位居全省首位。全年实现建筑业增加值264.75亿元,下降6.2%,降幅较三季度收窄8.8个百分点,其中,一级资质企业完成总产值188.29亿元,增长10.2%,增速高于全市9.9个百分点。

2020年全市建筑业企业共358家,其中内资企业357家。全年建筑业合同额779.67亿元,建筑业总产值547.20亿元。取得施工总承包序列一级以上工程企业20家,取得专业承包序列二级以上工程企业共42家。

表5 2020年建筑业企业生产情况

指标	企业个数	建筑业合同 情况(万元)	承包工程完成 情况(万元)	建筑业总产值 (万元)
总计	358	7796727	5246826	5471946
内资企业	357	7769135	5219235	5444354
港澳台商投资	1	27592	27592	27592
按建筑业企业资质等级分组				
施工总承包序列	264	72594688	4800435	4987771
施工总承包序列特级工程	1	566994	494436	5180533
施工总承包序列一级工程	19	2968906	1693258	1771939
施工总承包序列二级工程	64	1972106	1391188	1417999
施工总承包序列三级工程	180	1751463	1221552	1279780
专业承包序列	94	537258	446391	484175
专业承包序列一级工程	9	153974	110981	110981
专业承包序列二级工程	33	169167	144828	162750
专业承包序列三级工程	51	212664	189130	208992
专业承包序列不分等级工程	1	1452	1452	1452

数据来源:《连云港统计年鉴2021》

5. 固定资产投资

固定资产投资稳步回升。全市完成固定资产投资1997.82亿元,下降0.1%,其中,项目投资完成1619.56亿元,下降3.0%;房地产开发完成投资368.21亿元,增长16.0%。

工业投资较快增长。全市工业投资完成 1256.26 亿元,增长 3.0%,高于全部固定资产投资 3.1 个百分点,其中,工业技改投资完成 330.11 亿元,下降 23.3%。制造业完成投资 1108.82 亿元,增长 1.4%,对工业投资增长贡献率为 42.7%,拉动工业投资增长 1.3 个百分点,其中投资超百亿的有:化学原料和化学制品制造业 208.07 亿元、石油煤炭及其它燃料加工业 136.33 亿元、非金属矿物制品业 141.78 亿元、计算机通信和其他电子设备 123.76 亿元。

表 6　2020 年全社会固定资产投资完成情况　　　　　　　　　　　　　　单位:万元

	2020 年	2019 年	增减%
总计	19978188	19997196	−0.1
工业投资	12562615	12202199	3.0
规模以上投资	19877660	19863896	0.1
规模以下投资	100528	133300	−24.6

数据来源:《连云港统计年鉴 2021》

2020 年全市规模以上项目计划总投资 6092.06 亿元,比上年增加 12.9%,其中,本年新开通项目 1970.97 亿元,比上年增长 40.9%。2020 年自年初累计完成投资额 1619.56 亿元,比上年有所下降,其中,第一产业累计完成投资额 46.21 亿元,增长 15.9%;第二产业 1256.54 亿元,增长 3.40%;第三产业累计完成投资额 316.81 亿元,比上年减少 23.60%。具体如表 7 所示。

表 7　2020 年全市规模以上项目投资增减情况

	2020 年	2019 年	增减%
一、计划总投资—万元	60920623	53951220	12.90
其中:本年新开通项目	19709656	13987678	40.90
二、自年初累计完成投资(万元)	16195577	16689828	−3.00
其中:第一产业	462132	398816	15.90
第二产业	12565360	12146327	3.40
第三产业	3168085	4144685	−23.60

数据来源:《连云港统计年鉴 2021》

2020 年全市高新技术产业快速发展。在政府、民间和外资的支持下,2020 年实现计划总投资 1326.71 亿元,比 2019 增长 42.7%,其中,自年初累计完成投资额 468.29 亿元,增长 45%,在累计万昵称投资额中,国有经济控股 34.77 亿元,占总完成投资的 7.42%;民间投资额 422.29 亿元,占总投资额 90.18%,较上年增长 51.4%。具体如表 8 所示。

表 8　2020 年全市高新技术产业投资完成情况

	2020 年	3019 年	增减%
一、计划总投资(万)	13267086	9300380	42.7
二、自年初累计完成投资(万元)	4682874	3230193	45
其中:本年新开工	1751008	1763230	−0.7
其中:国有经济控股	347645	257933	34.8
其中:民间投资	4222873	2789327	51.4

数据来源:《连云港统计年鉴 2021》

2020 年连云港市继续加大基础设施建造力度。全年计划总投资 2088.03 亿元,较上年增长 21.2%,实现较大增长,其中,本年新开工项目 519.63 亿元。自年初累计完成投资额 293.61 亿元,2019 年累计完成投资额 345.79 亿元,较上年有所减少。2020 受疫情影响,投产项目数有所下降。

其中施工项目 379 个,较上年减少 109 个;本年投产 140 个项目,较上年减少 164 个。基础设施行业具体投资情况如表 9 所示。

表 9　2020 年基础设施行业投资完成情况

	2020 年	3019 年	增减%
一、计划总投资(万)	20880256	17228269	21.2
其中:本年新开工项目	5196293	2526308	105.7
二、自年初累计完成投资(万元)	2936102	3457910	−15.1
三、项目个数			
1.施工项目数	379	488	−22.3
2.本年投产项目数	140	304	−53.9

数据来源:《连云港统计年鉴 2021》

2020 年房地产行业蓬勃发展,全年房地产开发投资额 368.21 亿元,继 2019 年短暂下跌后实现增长,投资额较上年增加 50.80 亿元,增长 16.01%。2016—2020 年,全市房地产行业开发投资额总体上升,2020 年房地产投资额较 2016 年增长 56.41%,实现较大飞跃。

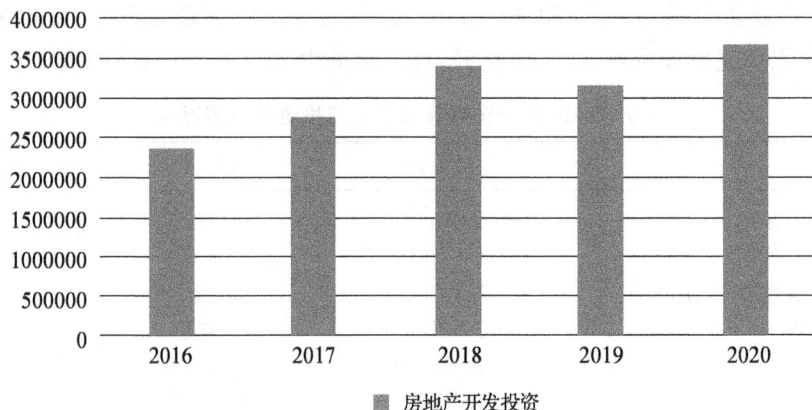

图 3　2016—2020 年房地产开发投资额(单位:万元)
数据来源:《连云港统计年鉴 2021》

6.国内外贸易

消费市场较快恢复。全年实现全社会消费品零售总额 1104.29 亿元,下降 5.0%,其中,限额以上社会消费品零售总额增长 3.6%,分别比 1—3 月、1—6 月、1—9 月提高 30.0、18.0、9.6 个百分点,增长恢复较快。消费升级类商品销售增速加快,金银珠宝类商品零售额同比增长 31.6%,化妆品类商品零售额同比增长 39.4%。全年城镇实现社会消费品零售额 319.61 亿元,增长 1.7%;农村实现社会消费品零售额 14.42 亿元,增长 78.7%。

对外贸易趋于稳定。面对新冠疫情及国际贸易保护主义等不利因素,全市持续推进"一带一路"建设,对外贸易基本稳定。全年实现进出口总额 92.99 亿美元,下降 0.7%,其中,进口总额 55.06 亿美元,增长 0.6%,出口总额 37.92 亿美元,下降 2.5%。实际利用外资 8.07 亿美元,增长 15.2%。2020 年市区进出口总额 838169 万美元,其中出口额 299537 万美元,相比上年都有所下降。在周边县城中,东海县 2020 年进出口贸易最为繁华,2020 年进出口额为 54145 万美元,出口额 46975.1 万美元,较上年有所增加;灌云县和灌南县 2020 年进出口贸易相比 2019 年无较大变化,进出口贸易额基本维持稳定。2019—2020 年地区进出口额如表 10 所示。

表 10　2019—2020 年进出口额　　　　　　　　　　　单位:万美元

指标	2019 年	2020 年	指标	2019 年	2020 年
进出口总额	932237	929867	出口额	388886	379241
按地区分			按地区分		
市区	850946	838169	市区	317891	299537
东海县	44712	54146	东海县	39016	46975.1
灌云县	19184	19800	灌云县	18335	19006
灌南县	17395	17751	灌南县	13644	13722.6

数据来源:《连云港统计年鉴 2021》

　　2020 年全市新签订外资协议 80 份,协议金额 162274 万美元,实际利用外资 67645 万美元。分地区来看,市区新签订协议 45 份,协议金额 128217 万美元,实际利用外资 48399 万美元,占全市实际利用外资额的 71.55%;东海县新签订协议 27 个,协议金额 30412 万美元,实际利用外资 10001 万美元,占全市实际利用外资额的 14.78%;灌云县和灌南县各签订协议 4 个,协议金额分别为 510 万美元、3135 万美元,实际利用外资分别为 1883 万美元,7362 万美元,分别占全市实际利用外资额的 2.78%、10.88%。2020 年全市各地区利用外资情况如表 11 所示。

表 11　2020 年分地区利用外资情况　　　　　　　　　　单位:万美元

指标	全市	市区	东海县	灌云县	灌南县
新签订协议个数	80	45	27	4	4
新签订协议金额	162274	128217	30412	510	3135
实际利用外资	67645	48399	10001	1883	7362
外商直接投资	67645	48399	10001	1883	7362
♯合资经营	19658	10123	3333	378	5824
独资经营	47987	38276	6668	1505	1538

数据来源:《连云港统计年鉴 2021》

　　构建双向开放格局。中国(江苏)自由贸易试验区连云港片区建立"新政 28 条""1＋8"产业发展等政策体系,形成创新实践案例 57 项,5 项案例为全国首创,国家、省改革试点任务实施率达 95%。30 万吨级原油码头主体完工。港口运量逆势增长,完成吞吐量 2.52 亿吨、集装箱 480 万标箱。中哈基地物流量、国际班列实现大幅增长,中亚回程运量全国首位。获批建设国家跨境电商零售进口试点城市和综合试验区,服务平台、体验中心投用,海外仓加快布局。实施"一带一路"境外投资项目 12 个。走进上合秘书处举办推介会,成功举办长三角城市协调会、农产品进出口对接会、粤港澳经贸合作交流会。

表 12　2016—2020 年利用外资情况　　　　　　　　　　单位:万美元

年份	签订合同数	合同利用外资	实际利用外资
		外商直接投资	外商直接投资
2016	112	132072	550044
2017	73	119376	70902
2018	72	106995	60345
2019	82	339257	61402
2020	80	162274	67645

数据来源:《连云港统计年鉴 2021》

7. 交通、邮电和服务业

综合立体交通逐步成型。机场互通及连接线基本建成,连霍高速新墟互通、云台山隧道实现通车。新辟优化市区公交线路 23 条,清洁能源公交实现全覆盖,新增智慧停车位 2000 个。"一体两翼"组合大港加速成型,连云港区 30 万吨级航道建成通航,通达 150 多个国家地区,成为全国主枢纽港。入选国家物流枢纽布局承载城市。3 条高铁建成通车,花果山机场基本建成。

表 13 为 2016—2020 年全社会客货运输量。2020 年受疫情影响,连云港市客运量出现较大下滑,全年客运量 3593 万人,相比上年减少 1389 万人,其中铁路客运量为 317 万人。2020 年全市货运量 18668,较上年相比减少 1257 万吨,其中铁路货运量 5001 万吨,较上年有所上升。

表 13 主要年份全社会客货运输量

年份	客运量(万人)	货运量(万吨)	铁路客运发送量(万人)	铁路货运发送量(万吨)
2016	5188	14569	204	3449
2017	5127	16202	197	3921
2018	4882	17462	201	4276
2019	4982	19925	326	4547
2020	3593	18668	317	5001

数据来源:《连云港统计年鉴 2021》

2020 年全市公路总里程 12105 公里,其中,高速公路 354 公里,一级公路 851 公里,二级公路 1894 公里。至 2020 年底全市拥有桥梁 3000 座,在原有基础上延长 21.72 万米。

表 14 全社会公路总里程及构成

单位:公里

指标	全市	市区	东海县	灌云县	灌南县
全社会公路总里程	12105	4865	2775	2588	1877
高速公路	354	218	43	66	27
一级公路	851	462	151	140	98
二级公路	1894	825	549	276	244
三级公路	829	364	215	150	100
四级公路	8177	2996	1817	1956	1408
桥梁情况					
数量(座)	3000	1313	479	519	689
延长(万米)	21.72	12.45	2.2	4.4	2.68

数据来源:《连云港统计年鉴 2021》

港口运输稳步增长。全年实施"一带一路"境外投资项目 12 个,中哈基地物流量、国际班列实现大幅增长,中亚回程运量居全国首位。完成港口货物吞吐量 2.52 亿吨,增长 3.0%;集装箱吞吐量 480 万标箱,增长 0.5%。

表 15 主要年份连云港港口吞吐量

年份	港口货物吞吐量(万吨)	其中		港口集装箱吞吐量(万标准箱)
		进口	出口	
2016	22135	13973	8162	470.33
2017	22841	15242	7598	471.07
2018	23560	14872	8688	474.56
2019	24432	15612	8820	478.11
2020	25169	16073	9096	480.43

数据来源:《连云港统计年鉴 2021》

邮政行业实现历史突破。全年邮政行业业务收入 28.11 亿元,创历史最高水平,增长 30.2%。全部邮政行业业务总量 67.21 亿元,增长 43.2%,比全省平均高 24.1 个百分点,居全省第二位。快递业务量 2.58 亿件,增长 46.4%,比全省平均高 24.9 个百分点,居全省第二位。

全市规模以上服务业 489 家,营业收入 645.48 亿元,实现利润总额 1.9 亿元。其中内资企业 475 家,营业收入 620.55 亿元,实现利润总额 1.93 亿元。港澳台商投资企业 7 家,年终利润总额 -454 万元;外商投资企业 7 家,营业收入 14.90 亿元。全市服务业结构上仍然以内资企业为主。从行业来看,全市服务业以交通运输、仓储和邮政业为主,共计 211 家企业,全年营业收入 261.40 亿元,实现利润总额 781.5 万元。

表 16　2020 年全市规模以上服务业主要经济指标　　　　　　　单位:千元

指标	单位数(个)	固定资产原价	营业收入	租金及附加	销售费用	利润总额
总计	489	63918903	64547954	1370782	5098099	188340
按登记注册分						
内资企业	475	54091913	62055437	1300995	4951989	192880
国有企业	29	2523069	6553551	69687	252243	145
集体企业	5	97599	331857	575	39646	
股份合伙企业	1	24119	13477			
联营企业	1	305515	28031		3177	
有限责任公司	128	29377361	33870842	188552	2991669	188903
股份有限公司	12	15313657	5107938	443405	479507	3881
私营企业	280	4902242	14997365	542417	1032079	-49
其他企业	19	1548351	1152376	28469	153668	
港澳台商投资企业	7	2553379	1002790	72779	50501	-4540
外商投资企业	7	7273611	1489727	2385	95609	
按行业分						
交通运输、仓储和邮政业	211	27670560	26139623	233023	1353206	7815
信息传输、软件和信息技术服务业	24	11541718	5431754	488411	278040	-2029
房地产业	21	40143	663174	7197	114228	
租赁和商务服务业	82	12149746	13191225	472877	1627426	2503
科学研究和技术服务业	56	7583384	6713353	55049	738473	210
水利、环境和公共设施管理业	21	2175964	8766778	44328	611298	179841
居民服务和其他服务业	12	155288	967084	15832	55281	
教育	21	921748	720067	3917	90678	
卫生和社会工作	12	1237899	1544627	3256	179171	
文化、体育和娱乐业	25	442453	410295	17892	50298	

数据来源:《连云港统计年鉴 2021》

8. 财政和金融

财政收支保持增长。全年一般公共预算收入 245.2 亿元,同比增长 1.1%,分别比 1—3 月、1—6 月、1—9 月回升 14.1、8.5、2.6 个百分点,其中,增值税 52.0 亿元,同比下降 16.7%%;企业所得税 30.6 亿元,同比增长 9.6%;个人所得税 9.2 亿元,同比增长 11.2%;城市维护建设税 10.6 亿元,同比下降 3.7%。一般公共预算支出 501.7 亿元,同比增长 7.7%,比一般公共预算收入增速高 6.6 个百分点。

2020 年全市一般公共预算收入 245.2 亿元,其中,税收收入 1890037 万元,占全市公共预算收入的 77.09%;非税收入 561678 万元,占一般公共预算收入的 22.91%。2020 年全市保费收入

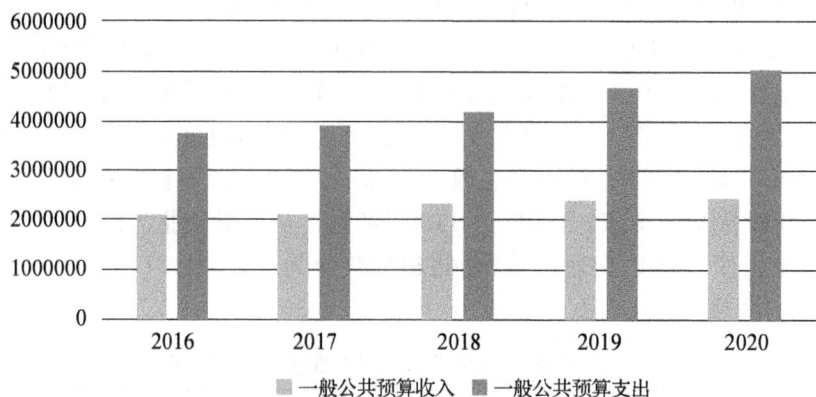

图 4　2016—2020 年一般公共预算情况（单位：万元）

数据来源：《连云港统计年鉴 2021》

114.13 亿元，较上年增加 3726 万元，保费赔付 32.52 亿元较上年增加 37281 万元。2016—2020 年保险费收支如表 17 所示。

表 17　2016—2020 年保险费收支情况

	2016 年	2017 年	2018 年	2019 年	2020 年
保费收入总额—万元	755197	918882	1034078	1137571	1141297
保费赔付总额—万元	255676	289274	291931	287875	325156

数据来源：《连云港统计年鉴 2021》

金融支持力度加大。央行稳健的货币政策体现了前瞻性、针对性和逆周期调节的要求，加大了对稳企业保就业的金融支持力度，银行存贷款快速增长。全市银行年末存款余额 4212.37 亿元，同比增长 17.5%，比全省平均高 4.6 个百分点，居全省第四位；贷款余额 4215.61 亿元，同比增长 22.6%，比全省高 6.7 个百分点，居全省第一位。

表 18　2016—2020 年存贷款余额情况　　　　　　　　　　　　　　　　单位：亿元

	2016 年	2017 年	2018 年	2019 年	2020 年
金融机构存款余额	2555.48	2976.98	3261.64	3621.56	4260.62
金融机构贷款余额	2093.9	2476.09	2945.04	3460.22	4258.73
居民储蓄存款余额	1179.91	1289.74	1420.02	1621.93	1848.99

数据来源：《连云港统计年鉴 2021》

9. 科技和教育

创新能力持续增强。技术合同成交额与地区生产总值之比 1.6%，较上年提高 0.68 个百分点；规模以上工业战略性新兴产业实现产值 1138.1 亿元，增长 5.2%，高于全市平均 2.1 个百分点，占全部规模以上工业总产值比重为 40.2%，比上年提高 2.6 个百分点。国家级高新技术企业净增 67 家，国家级企业技术中心总量苏北第一。

全市规模以上工业单位办研发机构累计达到 222 家，境外研发机构 3 家，科研人员数 9659 人，2020 年科研经费支出 90.15 亿元，申请专利 3517 件，实现新产品销售收入 738.62 亿元；大型企业和小型企业研发成果显著，其中，大型企业申请专利数 1637 件，实现新产品销售收入 507.58 亿元，小型企业申请专利 1484 件，实现新产品销售收入 138.45 亿元。

表 19　规模以上工业法人单位办研发机构情况

指标	机构数	境外研发机构数	研发人员数（人）	经费支出（万元）	专利申请数（件）	新产品销售收入（万元）
总计	222	3	9659	901478	3517	7386242
大型企业	19	1	5508	802044	1637	5075805
中型企业	33		1501	44881	344	899351
小型企业	162	1	2596	53942	1484	1384538
微型企业	8	1	54	611	52	26547

数据来源：《连云港统计年鉴2021》

"中华药港"日新月异。勇于创新，开拓进取，着力把科技创新优势转化为产业竞争优势，36 平方公里的"一区两园"全面铺开，一大批优质项目加速集聚，承载着港城医药腾飞梦想的"中华药港"日新月异。生物医药产业入围国家先进制造业集群，新增 16 个药品纳入国家医保目录，其中 1 类新药 5 个，居全国地级市首位。

教育服务能力稳步增强。普通高中资源供给比例达到 89.66%。全年新改扩建中小学校 24 所、幼儿园 21 所，全省首家教育大数据中心建成投用，新增教师 1900 余人，高考文化类考生本科达线率 59.7%，比全省平均高 2 个百分点。普通高等学校每一专任教师负担学生人数达到 21.65 人，中等专业学校每一专任教师负担学生 15.43 人，普通中学每一专任教师负担学生 11.59 人，小学每一专任教师负担学生数达到 15.9 人。

2020 年全市在校生人数达到 851266 人，比 2019 年增加 14793 人，其中，普通高等学校在校生人数 54005 人，较去年增加 6999 人；普通中学在校生人数 301471 人；中等专业在校生人数 43327 人；技工学校在校生人数 6454 人。全市特殊教育事业在"十三五"期间快速发展，2020 年特殊教育学校在校生人数 1347 人，相比 2016 年增加 417 人，增长 44.84%，特殊教育建设成果显著。

表 20　2016—2020 年各级学校在校生人数

	2016 年	2017 年	2018 年	2019 年	2020 年
普通中学	230091	239735	257535	278682	301471
中等专业学校	45426	44072	50488	49997	43327
普通高等学校	38647	39855	41610	47006	54005
技工学校	7751	6776	7647	7300	6454
小学	430024	444611	452190	452227	444662
特殊教育学校	930	1000	1153	1261	1347

数据来源：《连云港统计年鉴2021》

10. 文化旅游、卫生

文化旅游服务水平不断提升。全年文化产业增加值占地区生产总值比重 4.1%，人均接受文化场馆服务次数 9.33 次。成功获批省历史文化名城。搭建融合发展平台，线上线下同步举办连云港之夏旅游节、丝路音乐节、戏剧节、音乐舞蹈节和文化产品博览会等节庆活动。编印连云港文化旅游手绘地图，全省首部旅游演艺剧《乐见西游》登陆央视展播，推出研学游、近郊游、乡村游等 55 条特色文化旅游线路，认定首批 10 家市级非遗旅游体验基地。

卫生健康事业发展取得积极成效。每万常住人口疾控人员数 0.33 人，增长 43.5%，增速居全省第五位。长三角地区异地就医门诊实现直接结算，发放电子健康卡 100 余万张，基层医疗卫生机构省定标准达标率 90%，"健康宝贝工程"受益人群达 3.5 万户。新增城乡居民基本养老保险参保人数 20.2 万人。强化食品药品安全监管，食品检测合格率达到 99.7%。

表 21　2020 年全市卫生机构、床位、人员数

指标	机构数(个)	床位数(张)	卫生技术人员(人)	执业医师数(人)
总计	2772	28443	32439	13398
医院合计	90	18692	17154	5650
基层医疗卫生机构	2651	8332	13102	6820
专业公共卫生机构	27	1001	2085	888
其他卫生机构	4	418	98	40

数据来源:《连云港统计年鉴 2021》

11. 城乡建设和环境保护

城乡建设发展更加协调。蓝色海湾项目主体工程基本完成,岸线湿地生态有效恢复。云台山森林公园获评国家康养基地。新改建公园游园 18 个,新增绿地 350 公顷,市区绿化覆盖率达41.9%,海绵城市面积达 48 平方公里。新辟优化市区公交线路 23 条,清洁能源公交实现全覆盖,新增智慧停车位 2000 个。新建污水管网 289 公里,投产输变电工程 35 项。实施老旧小区改造 145个,560 个居民小区实行垃圾分类。改善农房 20985 户。扎实开展农村人居环境整治,建成农村公厕 832 座,无害化户厕普及率 99.6%,农村生活垃圾收运体系实现全覆盖。城乡区域供水实现一体化。城镇棚户区(危旧房)改造覆盖率 94.9%,较上年同期提高 12.1 个百分点,美丽宜居城市建设水平显著提高。

表 22　2015—2020 年城市园林绿化和环境卫生

	2015 年	2016 年	2017 年	2018 年	2019 年	2020 年
一、园林绿化						
建成区绿地面积(公顷)	10798	11144	11341	11514	11779	12032
建成区绿化覆盖面积(公顷)	11617	11979	12434	12680	12947	13212
人均公共绿地面积(M2)	13.16	13.44	13.41	13.81	14.36	14.6
城市公园数(个)	39	39	36	39	36	37
二、环境卫生						
生活垃圾清运量(万吨)	66.11	67.7	74.8	88.87	96.35	99.17
无害化处理能力(吨/日)	2100	2600	2625	4234	3270	4086
垃圾无害化处理量(万吨)	66.11	67.7	74.87	88.87	96.35	99.17

数据来源:《连云港统计年鉴 2021》

2020 年全市工业废水排放量 2871 万吨,工业颗粒物排放量 17894 吨,工业二氧化硫排放量11841 吨,工业氮氧化物排放量 6851 吨,相比工业废气产生量,工业废气排放量大幅度减少,工业环境治理效果显著,一般工业固体废物综合利用率达到 93.03%。

表 23　2020 年工业三废及处理情况

指标	单位	全市	市区	东海县	灌云县	灌南县
一、废水排放量						
工业废水排放总量	万吨	2871	2592	73	139	68
工业化学需氧量排放量	吨	1634	1116	297	100	63
二、废气排放量	吨					
工业颗粒物产生量	吨	1229967	1095838	27829	5710	100589
工业颗粒物排放量	吨	17894	1669	295	29	15901
工业二氧化硫产生量	吨	121491	108318	995	2550	9628

指标	单位	全市	市区	东海县	灌云县	灌南县
工业二氧化硫排放量	吨	11841	10986	112	175	568
工业氮氧化物排放量	吨	6851	4814	402	271	1363
三、工业固体废物	吨					
一般工业固体废物综合利用率	%	93.03	90.26	32.52	88.8	99.54

数据来源:《连云港统计年鉴2021》

生态环境明显改善。PM2.5年均浓度及空气质量优良天数比率均超额完成省定目标,地表水达到或好于Ⅲ类水体比例达到95.5%,全面消除劣Ⅴ类水体。扎实开展燃煤、扬尘等大气污染综合防治,空气环境质量持续向好。以创新思维在105个行政村推行"生态＋扶贫"秸秆综合利用。"河长＋流域长"制获国家河长办推广。完成949个行政村生活污水治理。石梁河水库拆除"两违"建筑1360处,建成环湖路55公里、生态涵养林1500亩,重现白沙碧水良好生态。新增受保护自然湿地7200亩,修复生态湿地面积5000亩。受污染耕地安全利用率达100%。开展国家环境健康风险管理试点。连云区荣获省级生态文明建设示范区。

强力推进化工园区整治。深入开展安全隐患大排查大整治,全年整治关闭低端落后企业45家,清理处置物料4.5万吨、固废6.7万吨、废水11.6万吨。灌云、灌南化工园区规划调整为连云港石化产业基地拓展区,企业转型、园区提升稳步推进。

二、2021年连云港市经济与社会运行发展情况

1. 综合

2021年,连云港坚持以新发展理念引领高质量发展,全力以赴抓项目、扩投入、稳增长,累计完成产业投资5100亿元,为推进"后发先至"提供有力支撑。经济发展稳中向好,地区生产总值由2536亿元跃升至3728亿元,人均从5.6万元提高到8.1万元;一般公共预算收入完成274.8亿元;社会消费品零售总额实现1203亿元;工业应税销售收入突破4000亿元,实现翻番;年销售过百亿元企业达到10家,苏北第一;连续6年获省长质量奖,位居全省前列。工业经济强劲增长,盛虹炼化一体化项目顺利建成,卫星化学、中化国际部分项目投产达效,世界一流石化产业基地强势崛起;生物医药产业入围国家先进制造业集群,"中华药港"逐渐成为中国医药行业新地标;高性能纤维及复合材料、硅材料、化工新材料等产业规模持续扩大,国内领先的新材料产业基地初具雏形;江苏核电5、6号机组并网发电,7、8号机组开工建设,新能源发电量占全省近半。现代服务业蓬勃发展,电商产业异军突起,快递业务量从7500万件激增至4亿件,网络零售额年均增长30%以上;跨境电商零售进口试点和综试区建设全面提速,国际互联网数据专用通道投入使用;全域旅游、文旅融合取得积极进展,创成国家文化和旅游消费试点城市,海上云台山成为国家森林康养基地,连岛景区达到5A标准,花果山旅游资源加速整合。农业现代化迈上新台阶,粮食生产连年丰收,"连天下"品牌影响力持续扩大,农产品出口保持全省前列。

2. 规上工业

营业收入保持增长态势。2021年,连云港市规模以上工业企业经营状况良好,实现营业收入3681.79亿元,同比增长28.9%。全市34个大类行业中,32个行业实现营业收入同比增长,行业增长面为94.1%,其中,8个行业实现营业收入超百亿,分别是黑色金属冶炼和压延加工业785.46亿元、化学原料和化学制品制造业602.28亿元、医药制造业561.25亿元、电力热力生产和供应业249.63亿元、农副食品加工业217.67亿元、非金属矿物制品业205.82亿元、石油煤炭及其他燃料

加工业182.55亿元、电气机械和器材制造业139.14亿元。从经济类型看,2021年连云港市规模以上工业股份制企业实现营业收入2879.34亿元,同比增长31.2%,比全市规模工业平均增速高2.3个百分点,对全市规模工业营业收入增长的贡献率达82.9%。

工业利润总额总体增长较快。2021年,连云港市规模以上工业企业实现利润总额348.30亿元,同比增长39.6%。从控股情况看,国有控股企业实现利润总额59.25亿元,同比增长107.8%;私营企业实现利润总额111.1亿元,同比增长64.6%。从经济类型看,股份制企业实现利润总额242.0亿元,同比增长51.8%;外商及港澳台商投资企业实现利润总额104.24亿元,同比增长16.8%。分行业看,在34个行业大类中,工业利润实现增长的行业有19个。化学原料和化学制品制造业、医药制造业、黑色金属冶炼和压延加工、电力热力生产和供应业等四大主要行业实现利润总额282.21亿元,同比增长41.8%,总量占全市规模工业利润总额的81.0%,增幅高于全市2.2个百分点。其中,实现利润最多的医药制造业影响最大,实现利润140.87亿元,同比下降6.2%。

亿元工业企业年营业收入超3千亿元。2021年,连云港市321家规模以上亿元企业营业收入达到3401.01亿元,同比增长32.7%,其中,246家企业营业收入在1—5亿元,25家企业营业收入在5—10亿元,21家企业营业收入在10—20亿元,14家企业营业收入在20—50亿元,6家企业营业收入在50—100亿元,7家企业营业收入在100—200亿元,2家企业营业收入超过200亿元。

企业成本费用继续增长。2021年,连云港市规上工业营业成本为2777.57亿元,比上年同期增加650.07亿元,同比增长30.6%。2021年规模工业企业销售费用为248.38亿元,同比增长12.0%;研发费用为138.36亿元,同比增长17.2%。

3. 服务业

2021年,连云港全力以赴组织生产经营,服务业经济全面向好,完成税收不断跨上新台阶,增长呈现明显加快势头,在一定程度上充分表明服务业已成长为拉动全市经济增长的主要力量。各级税务部门全部税收收入跨上400亿台阶累计完成422.57亿元,其中,第二产业税收实现214.99亿元,服务业税收收入达到206.98亿元,均为历史最高。

与上年比较,税务部门各项税收累计增长为18.3%,较同期全省平均增幅高出7.0个百分点,在全省各市排名第二位,仅次于宿迁;其中,服务业税收增长为14.0%,为近三年增长最好,较同期全省平均增幅高出5.2个百分点,在全省市排名第六,在苏北高于盐城。

第十二章 2020—2021年淮安市经济发展分析

一、2020年淮安市经济与社会运行发展情况

2020年,面对新冠肺炎疫情冲击和严峻复杂的宏观环境,全市上下坚持以习近平新时代中国特色社会主义思想为指导,全面贯彻落实党的十九大和十九届二中、三中、四中、五中全会精神,认真贯彻新发展理念,紧扣高质量发展主题,扎实推进"六稳"工作,全面落实"六保"任务,统筹推进疫情防控和经济社会发展,经济运行持续向好,经济增长好于预期,高分高位创成全国文明城市,高水平全面建成小康社会取得决定性成就。

1. 综合情况

经济总量突破4000亿元。初步核算,淮安市全年实现地区生产总值4025.37亿元,按可比价计算,比上年增长3.2%,其中,第一产业增加值409.70亿元,增长1.8%;第二产业增加值1630.98亿元,增长3.5%;第三产业增加值1984.69亿元,增长3.2%。三次产业结构比例为10.2:40.5:49.3,第三产业增加值占GDP比重较上年提升0.7个百分点。

全年城镇新增就业6.74万人,城镇失业人员再就业7.45万人,城乡就业困难人员就业2.49万人。年末城镇登记失业率1.76%,保持在较低水平。新增转移农村劳动力2.16万人,城乡劳动者就业技能培训4.24万人,创业培训1.69万人,扶持城乡创业1.67万人,创业带动就业5.71万人。

居民消费价格比上年上涨2.4%,涨幅低于全国、全省平均水平0.1个百分点。八大类商品及服务价格"五涨二跌一平":食品烟酒、衣着、生活用品及服务、医疗保健、其他用品和服务类价格分别上涨9.0%、0.1%、0.6%、0.9%和3.5%;交通和通信、教育文化和娱乐类价格分别下降3.5%和0.3%;居住类价格与上年持平。食品价格中,粮食上涨0.6%,食用油上涨2.6%,鲜菜上涨11.4%,畜肉类上涨38.0%,水产品上涨6.7%,蛋类下降12.5%。

2. 农林牧渔和水利业

全年粮食播种面积1023.84万亩,比上年增加6.12万亩,其中,夏粮面积476.49万亩,增加1.18万亩;秋粮面积547.35万亩,增加4.94万亩。全年粮食总产量490.36万吨,比上年增产1.11万吨,连续四年实现增产,其中,夏粮总产量184.90万吨,增产2.07万吨;秋粮总产量305.45万吨,减产0.98万吨。全年蔬菜产量413.08吨,比上年增长3.59%;水产品产量29.4万吨,增长2.6%;猪牛羊禽肉产量26.96万吨,增长23.2%;禽蛋产量9.86万吨,减少17.7%。

全市高标准农田面积531.4万亩,比上年增加43.7万亩;优良食味稻种植面积181.6万亩,增加54.6万亩;稻田综合种养面积108.5万亩,增加23.0万亩。全年休闲农业产值20.85亿元,665家休闲农业经营主体实现营业收入19亿元,创成国家"三星级"以上休闲企业14家、省级精品村和主题创意农园38个。"淮味千年"农产品区域公用品牌授权品类扩大到12个,授权企业扩大至50家。

全年累计完成水利投资30.35亿元,投资规模连续10年保持30亿元以上。提前实施"十四五"农村供水保障工程,完成年度投资6.46亿元。月牙湖、石塔湖水环境综合整治等城市水利工程通过完工验收。洪泽湖治理保护全面展开,完成全部餐饮船清理整治、全部住家船签约任务,处置

退捕渔船3092艘;洪泽湖大堤生态廊道等5个生态修复示范工程顺利实施。

3. 工业和建筑业

全年规模以上工业增加值比上年增长4.7%,其中,轻工业增长4.3%,重工业增长5.0%。分经济类型看,国有工业增长51.2%,集体工业下降20.5%,股份制工业增长5.0%,外商及港澳台工业增长4.4%。规模以上工业企业营业收入比上年增长4.4%,利润总额增长0.3%。

全市规模以上工业中,新一代信息技术、绿色食品、新能源汽车及零部件产业工业总产值合计增长14.7%,快于全部规上工业总产值增速8.4个百分点,对规模以上工业总产值增长的贡献率达65.9%。代表智能制造、高端电子信息产品的新产品产量增长较快,数控金属成形机床、光电子器件、印制电路板、液晶显示屏等产品产量比上年分别增长51.6%、61.8%、80.0%、18.4%。全市首家民营企业共创草坪主板上市。

全年实现建筑业总产值1457.02亿元,比上年增长5.4%;竣工产值1091.32亿元,比上年下降3.4%,竣工率达74.9%。全市建筑业企业实现利润总额62.27亿元,比上年增长3.4%。

4. 固定资产投资

全市220个重大项目完成投资950.61亿元,其中,工业项目、服务业项目、农业项目、基础设施和社会事业类项目分别完成投资491.41亿元、305.60亿元、61.16亿元、92.44亿元。庆鼎高密度印刷线路板等重大项目落地开工,富强新材料、比亚迪新能源专用车等项目竣工投产。全市房地产投资比上年增长28.5%,商品房销售面积增长12.2%,其中住宅销售面积增长14.7%。

5. 国内贸易

全市实现社会消费品零售总额1675.85亿元,比上年下降4.0%。批零住餐四个行业中,批发业销售额比上年增长2.5%,零售业销售额下降0.9%,住宿业营业额下降11.3%,餐饮业营业额下降6.8%。全市限额以上企业商品销售中,基本生活类消费保持平稳增长,粮油食品类、饮料类、烟酒类商品零售额分别上涨1.0%、2.9%、0.2%;因疫情防控需求增加,西药类、中草药中成药类零售额分别增长11.1%和8.5%。创新"线下+线上"模式,成功举办第三届中国(淮安)国际食品博览会。

6. 开放型经济

全市实现外贸进出口总额49.85亿美元,比上年增长5.9%。其中,进口15.54亿美元,增长17.2%;出口34.31亿美元,增长1.5%。对外贸易结构不断改善,高技术产品出口占比21.0%,较上年提高8.1个百分点。成功获批中国(淮安)跨境电商综合试验区,在第五批46个跨境电商综合试验区中率先开展B2B出口业务。全市进出口实绩企业首次突破1000家,理士电池、新源太阳能等8家企业获评省级国际知名出口品牌。新设境外投资企业8家,对外直接投资额3227万美元,增长53.6%,其中对"一带一路"沿线国家投资占比60%。

全年新设外资项目146个,协议注册外资38.42亿美元,比上年增长18.9%;实际到账注册外资10.58亿美元,增长1.0%,其中到账台资1.66亿美元。全市新设总投资3000万美元以上外资项目69个,其中1亿美元以上项目16个,分别较上年增加14个、1个,益海嘉里、百胜等一批世界500强企业相继落户。

年末全市共有1个国家级经济技术开发区,1个国家级高新技术产业开发区,7个省级经济开发区。全市开发园区规上工业开票销售收入1506亿元,比上年增长10.9%;利用外资、外贸进出口分别占全市总量的70%、90%。淮安经济技术开发区获评全国首批"绿色生态园区",创成省新一代信息技术特色创新(示范)园区;淮安工业园区与苏淮高新区完成整合优化;清河经济开发区实行"一区多园"融合发展。

7. 交通、邮电和旅游

全年完成货运量1.27亿吨,货运周转量467.84亿吨公里;客运量4598.02万人次,旅客周转量 57.73 亿人公里。淮安涟水机场获批国际机场,航空货运枢纽建设纳入国家重大战略规划,全年民用航空旅客吞吐量 132.68 万人次、货邮吞吐量 1.23 万吨。连淮扬镇铁路全线通车,宁淮城际铁路建设有序推进,全年铁路客运量 308.69 万人次,增长 33.6%,货运量 172.16 万吨,增长 91.8%;铁路营运里程 263.9 公里,其中,高速铁路 163.4 公里,比上年增加 16.4 公里。全市公路总里程达1.36 万公里,其中,高速公路里程 401.97 公里,一级公路里程 761.96 公里。

全年完成邮政业务总量 53.66 亿元,比上年增长 17.3%,其中,快递业务量 2.13 亿件,增长17.2%。实现邮政业务收入 27.69 亿元,增长 12.0%,其中,快递业务收入 18.50 亿元,增长14.6%。完成电信业务总量 381.40 亿元,比上年增长 23.8%;实现电信业务收入 37.40 亿元,增长 2.6%。年末移动电话用户 498.82 万户,比上年增长 1.8%;固定电话用户 30.72 万户,下降15.1%。年末互联网固定宽带用户 125.81 万户,增长 22.9%;5G 网络实现主城区和县城区全覆盖。

全年实现旅游业总收入 266.87 亿元,接待境内外游客 2205.21 万人次,分别恢复至上年水平的 56.8% 和 60.2%,其中,国内旅游收入 266.04 亿元,旅游外汇收入 1202.53 万美元;接待国内游客 2204.36 万人次,入境过夜游客 0.82 万人次。全市共有国家 A 级旅游景区 36 家,其中 5A 级 1家,4A 级 18 家;星级旅游饭店 21 家,其中五星级旅游饭店 1 家;旅行社 116 家,其中四星级旅行社2 家、出境社 5 家;持有电子导游证导游 1819 人。

8. 财政、金融

全市实现一般公共预算收入 264.21 亿元,比上年增长 2.7%,其中,税收收入 206.69 亿元,占一般公共预算收入比重 78.2%。一般公共预算支出 568.48 亿元,比上年增长 7.4%,其中,民生类支出 432.12 亿元,占一般公共预算支出比重 76.0%,比上年提升 1.7 个百分点。

年末全市金融机构本外币存款余额 4894.25 亿元,比上年增长 18.3%,其中,住户存款余额2087.82 亿元,增长 15.2%。本外币贷款余额 4643.50 亿元,比上年增长 20.2%,其中,个体工商户、小微企业经营性贷款余额分别增长 25.6%、40.1%,分别快于全部贷款余额增速 5.4 个、19.9个百分点。

全年保费收入 99.56 亿元,比上年增长 6.6%。分类型看,财产险收入 39.42 亿元,增长15.5%;人寿险收入 27.35 亿元,增长 5.1%;健康险收入 12.07 亿元,增长 4.2%;意外伤害险收入1.20 亿元,下降 15.2%。全年赔付支出 33.40 亿元,比上年增长 8.3%。分类型看,财产险赔付22.92 亿元,增长 11.8%;人寿险赔付 2.37 亿元,下降 13.9%;健康险赔付 4.02 亿元,增长 4.9%;意外伤害险赔付 0.31 亿元,下降 32.3%。

9. 科学技术与教育

全年新增专利申请量 15989 件,新增专利授权量 11768 件,有效发明专利量 3420 件,每万人有效发明专利拥有量 6.93 件。新获批国家级众创空间 1 个,省级众创空间 2 个、众创社区 1 个,新建市级众创空间 8 个;获批省级农业高新技术产业示范区 1 个。新获认定高新技术企业 216 家,有效期内高新技术企业 560 家。新增省级企业工程技术研究中心 6 家,新建市级企业工程技术研究中心 51 家。

全市人才总量 59.50 万人,其中,专业技术人才 38.42 万人,当年新增 5.04 万人;具有高级工、技师或高级技师职业资格的高技能人才 18.39 万人,当年新增 1.8 万人。共有省级以上技能大师工作室项目 8 个,高技能人才公共实训基地项目 6 个,省首席技师项目 53 个。共有海外留学回国人员 492 人,其中当年新增 48 人。享受国务院特殊津贴专家 117 名,省级突出贡献中青年专家 61名。国家级博士后科研工作站 10 家,省级博士后创新实践基地 32 家。

全市有各级各类学校 962 所、在校生 94.02 万人、专任教师 6.6 万人,分别比上年增加 10 所、0.99 万人和 0.3 万人。其中,成规模幼儿园 484 所,在园幼儿 15.16 万人,教师 1.11 万人;小学

244 所,小学生 35.35 万人,教师 2.37 万人;初中 169 所,初中生 17.81 万人,教师 1.56 万人;普通高中 36 所,高中生 8.74 万人,教师 0.78 万人;中等职业学校 14 所,学生 5.20 万人,教师 0.29 万人;高校 8 所,大学生 11.66 万人,教师 0.47 万人;特殊教育学校 7 所,学生 0.10 万人,教师 0.02 万人。

10. 文化、卫生和体育

全市共有市级、县(区)级文化馆 8 个,公共图书馆 9 个,美术馆 2 个,镇(街道)文化站 94 个,村(社区)基层综合性文化服务中心 1606 个,其中,国家一级文化馆 7 个、公共图书馆 7 个。经省文物局备案的博物馆(纪念馆)9 个。全年提档升级 80 个基层综合性文化中心,行政村(社区)综合性文化服务中心覆盖率 100%。广播电视综合人口覆盖率 100%;有线数字电视总户数 64.81 万户。

全市共有各类卫生机构(不含村卫生室)852 个,其中,疾病预防控制机构 8 个、卫生监督机构 8 个、综合医院 40 个、专科医院 17 个、中医院 7 个、妇幼保健机构 8 个、卫生院 122 个、社区卫生服务中心(站)83 个。各类卫生机构实有病床 30430 张,其中,医院 19815 张、卫生院 8184 张。卫生技术人员 3.7 万人,其中,执业(助理)医师 14632 人、注册护士 16697 人;疾病预防控制机构卫生技术人员 550 人,卫生监督机构卫生技术人员 176 人,妇幼卫生保健机构卫生技术人员 2012 人。

成功举办 2020 年中国·淮安大运河铁人三项赛、淮安市第九届运动会、淮安市"农商行"第一届大运河龙舟公开赛、2020 中国(淮安)淮河生态经济带体育产业博览会。培养各级各类社会体育指导员 1967 名,建成 11 个主题体育公园,新改扩建 27 片足球场,新建健身步道 105 公里,建成 11 个省级体质测定与运动健身指导站。

11. 环境保护

全市累计建成国家级生态文明建设示范县 1 个,省级生态文明建设示范县区 2 个、示范乡镇(街道)68 个、示范村(社区)40 个。PM2.5 年均浓度连续 5 年持续下降,优良天数比率提升至 80.3%;30 个水环境国省考断面全部达到或优于省定考核要求,优Ⅲ比例达到 90%,全面消除劣Ⅴ类;污染地块、受污染耕地安全利用率均达 100%。农村生活污水处理设施覆盖率 61.9%,危险废物处置能力提升至 8.8 万吨/年。化学需氧量、氨氮、二氧化硫、氮氧化物四项主要污染物减排完成省定任务。超额完成省定全年煤炭削减任务。

12. 居民生活和社会保障

全市城乡居民人均可支配收入 31619 元,比上年增长 4.7%,其中,城镇居民收入突破 4 万元、达 40318 元,增长 3.5%;农村居民收入 19730 元,增长 6.3%。城乡居民收入比值由上年的 2.10 缩小至 2.04,城乡收入差距进一步缩小。人均生活消费支出 16457 元,下降 1.8%。其中,城镇人均生活消费支出 20034 元,下降 1.4%;农村人均生活消费支出 11570 元,下降 3.7%。脱贫攻坚成果进一步巩固,全年共实施产业富民项目 31 个、扶贫资金项目 35 个。发放扶贫小额信贷 6.11 亿元、2.26 万户,分别比上年增长 68%、65%。

年末城乡居民基本养老保险参保人数 199.27 万人,比上年减少 1.47 万人;医疗参保 502.47 万人,比上年增加 0.82 万人;工伤保险参保人数 62.79 万人,增加 3.19 万人;生育保险参保 60.80 万人,增加 3.59 万人;失业保险参保人数 53.98 万人,增加 2.50 万人。无雇工的个体工商户、灵活就业人员企业职工基本养老保险参保人数 36.5 万人。全市企业离退休人员养老金按时足额 100%社会化发放,全年共发放 92.52 亿元。

二、2021 年淮安市经济与社会运行发展情况

2021 年,全市上下在市委、市政府的坚强领导下,坚持以习近平新时代中国特色社会主义思想为指导,深入贯彻落实党中央、国务院和省委、省政府各项决策部署,聚焦打造"绿色高地、枢纽新

城"，全面建设长三角北部现代化中心城市，牢固树立"项目为王、环境是金"工作导向，坚持对标找差、补短强特、创新实干，统筹疫情防控和经济社会发展，经济运行稳定恢复、稳中向好，实现了"十四五"良好开局。

1. 综合情况

综合实力持续增强。初步核算，淮安市全年实现地区生产总值4550.13亿元，按不变价格计算，比上年增长10.0%，两年平均增长6.5%，其中，第一产业增加值423.32亿元，增长3.4%；第二产业增加值1889.21亿元，增长9.8%；第三产业增加值2237.60亿元，增长11.6%。三次产业结构比例优化调整为9.3∶41.5∶49.2。人均地区生产总值99768元，按可比价格计算，增长11.0%，按当年平均汇率折算为15464美元。

就业形势总体稳定。全年城镇新增就业6.85万人，城镇失业人员再就业4.53万人，城乡就业困难人员就业1.78万人，年末城镇登记失业率3.94%。完成城乡劳动者就业技能培训11.45万人，创业培训1.49万人、扶持城乡创业2.32万人，创业带动就业8.08万人。

消费价格温和上涨。居民消费价格比上年上涨1.2%。分类别看，八大类商品及服务价格"六涨两跌"：食品烟酒价格、居住价格、生活用品及服务价格、交通通信价格、教育文化娱乐价格、医疗保健价格分别上涨1.2%、0.3%、1.1%、3.6%、3.0%、0.6%，衣着价格、其他用品及服务价格分别下降1.8%、2.4%。食品烟酒价格中，粮食价格下降0.5%、鲜菜价格上涨2.0%、猪肉价格下降22.3%。

2. 农林牧渔和水利业

粮食生产持续丰收。全年粮食播种面积1024.04万亩，比上年增加0.20万亩。粮食总产量491.72万吨，比上年增加1.37万吨，增长0.3%，连续五年实现增产，其中，夏粮产量183.72万吨，下降0.6%，秋粮产量308.01万吨，增长0.8%。

林牧渔业平稳增长。全年完成造林面积3.56万亩。年末生猪存栏159.23万头，比上年增长8.3%。生猪出栏243.74万头，增长21.5%；家禽出栏6991.52万只，增长2.8%。猪牛羊禽肉产量32.56万吨，比上年增长20.7%；水产品总产量30.25万吨，增长2.8%。

现代农业转型增效。实施投资超3000万元农业项目154个。新增优质食味稻78万亩、高效设施农业6.1万亩、高标准农田49.5万亩、千亩以上连片特色农业产业基地22个。盱眙现代农业产业园晋升国家级，红窑镇列入国家级农业产业强镇。

水利建设持续加强。全年累计完成水利投资31.2亿元。淮河流域重点平原洼地里下河洼地治理工程、南淮泗河治理工程、城根滩堤防除险加固工程全部完成。洪泽湖周边滞洪区近期建设、鲍集圩堤防除险加固、古盐河治理、汪木排河治理、淮涟灌区现代化改造、渠北灌区现代化改造等一批水利重点工程全面实施。

3. 工业和建筑业

工业生产加快恢复。全年规模以上工业总产值比上年增长27.8%，两年平均增长16.6%；工业增加值增长14.6%，两年平均增长9.5%。从三大门类看，采矿业总产值增长6.1%，制造业增长28.1%，电力、热力、燃气及水生产和供应业增长23.5%。绿色食品、新型装备制造、新一代信息技术三大主导产业总产值分别增长16.9%、28.4%、33.6%，对全市工业总产值增长贡献度54.3%。规模以上工业企业实现利润总额180.39亿元，比上年增长24.5%，两年平均增长11.7%；工业企业营业收入利润率为5.87%，比上年提升0.19个百分点。

建筑业稳步发展。全年签订建筑合同额1460.0亿元，比上年增长2.5%；实现建筑业总产值1578.3亿元，增长8.3%。建筑业企业房屋建筑施工面积12651.4万平方米，增长12.3%，其中，新开工面积3233.8万平方米，下降10.6%。建筑业企业实现利润总额74.4亿元，增长12.5%。

4. 固定资产投资

投资结构持续优化。全年规模以上固定资产投资比上年增长 5.2%，其中，民间投资增长 6.4%，占全部投资比重达 81.2%。分类型看，房地产开发投资增长 10.1%，项目投资增长 3.6%，工业投资增长 12.8%，其中，制造业投资增长 26.8%，电气机械和器材制造业，计算机、通信和其他电子设备制造业，仪器仪表制造业投资分别比上年增长 76.1%、31.8%、127.5%。新招引亿元以上项目 656 个，比上年增加 134 个，其中 50 亿元以上工业项目 9 个，总投资 202 亿元的中天钢铁钢帘线、总投资 120 亿元的台华新材料等项目成功落地实施。

5. 国内贸易

消费市场平稳增长。全年实现社会消费品零售总额 1828.25 亿元，比上年增长 9.1%，其中，限额以上单位商品零售额 514.30 亿元，增长 22.1%。限额以上单位商品销售中，粮油、食品类，服装、鞋帽、针纺织品类，日用品类等基本生活消费类商品零售额分别增长 1.7%、10.3%、21.9%；金银珠宝类、家用电器和音像器材类、汽车类等升级类消费类商品零售额分别增长 29.6%、16.2%、21.7%。

6. 开放型经济

对外贸易再创新高。全年实现外贸进出口总额 59.9 亿美元，比上年增长 20.6%，进出口规模创历史新高，其中，出口 43.6 亿美元，增长 27.0%；进口 16.3 亿美元，增长 6.2%。对外贸易结构不断改善，一般贸易进出口比上年增长 27.0%，占进出口总额比重 58.5%，较上年同期提升 3 个百分点。机电产品和高新技术产品出口保持较快增长，分别比上年增长 26.1%、17.3%。成功获批全国跨境电商零售进口试点城市，新培育跨境电商企业超 300 家。淮安电子商务现代物流园获评全市首家省级跨境电商产业园。

利用外资稳中提质。全年新设外资项目 165 个，比上年增加 19 个；协议外资 41.2 亿美元、增长 7.2%，实际到账注册外资 12.0 亿美元、增长 13.4%。外资重大项目取得突破，新设总投资 3000 万美元以上外资项目 89 个，较上年同期净增 20 个。台资项目加快集聚，新设及增资台资项目 41 个，实际到账台资 2.7 亿美元，比上年增长 49.2%。

园区平台优化提升。年末全市共有 1 个国家级经济技术开发、1 个国家级高新技术产业开发区、7 个省级经济开发区，全市开发园区利用外资、外贸进出口总额分别占全市总量的 65%、90%。淮安台资集聚示范区、淮安经济技术开发区、淮安高新区 3 个平台创成江苏自贸试验区联创区，金湖经济开发区、洪泽经济开发区创成江苏省智慧园区，金湖经济开发区创成江苏省低碳能源装备特色产业创新示范园区。

7. 交通、邮电和旅游

交通运输业总体平稳。全年完成公路货运量 0.59 亿吨、周转量 187.37 亿吨公里，分别比上年增长 16.0% 和 7.2%。水路货运量 0.58 亿吨、周转量 207.25 亿吨公里，分别下降 5.9% 和 11.8%。内河港口集装箱吞吐量 31.07 万标箱，增长 20.1%。铁路客运量 992.90 万人、增长 221.6%，铁路货运量 230.92 万吨、增长 34.1%。民用航空客运量 140.47 万人次，增长 5.9%，民用航空货邮运量 1.96 万吨、比上年增长 59.1%，开通淮安至越南河内首条国际全货机航线。

邮电通信业快速发展。全年完成邮政业务总量 39.42 亿元，比上年增长 30.2%。邮政业务收入 32.39 亿元，增长 17.0%，其中，快递业务收入 23.03 亿元，增长 24.5%。完成快递业务量 3.07 亿件，增长 44.4%，其中，同城业务量 0.44 亿件，增长 23.9%；异地业务量 2.63 亿件，增长 48.5%。完成电信业务收入 41.73 亿元，增长 11.6%。年末移动电话用户 481.85 万户，比上年下降 3.4%；固定电话用户 28.54 万户，下降 7.1%；固定互联网宽带接入用户 170.28 万户，增长 124.2%。

旅游业持续恢复。全年完成旅游业总收入 404.98 亿元，比上年增长 51.8%，其中，国内旅游收入 403.90 亿元，增长 51.8%；旅游外汇收入 1567.84 万美元，增长 30.4%。接待境内外游客

3293.95万人次，增长49.4%，其中，国内游客3293.04万人次，接待入境过夜游客0.91万人次。全市共有国家A级旅游景区36家，其中，5A级1家、4A级19家；星级旅游饭店21家，其中，五星级旅游饭店1家；旅行社123家，其中，四星级旅行社2家、出境社5家；持有电子导游证导游1823人。

8. 财政、金融和保险

财政收入稳定增长。全年完成一般公共预算收入297.02亿元，比上年增长12.4%，两年平均增长7.4%，其中，税收收入238.38亿元、增长15.3%；税收收入占一般公共预算收入比重80.3%，比上年提升2.0个百分点。一般公共预算支出613.01亿元，增长7.8%，其中，民生类支出462.24亿元，占一般公共预算支出比重75.4%。

金融市场稳健运行。年末金融机构本外币存款余额5404.92亿元，比上年增长10.4%。其中，住户存款余额2365.95亿元，增长13.3%；企业存款余额1963.28亿元，增长9.2%。年末金融机构本外币贷款余额5537.38亿元，增长19.3%，其中，小微企业贷款1035.81亿元，增长19.5%；个体工商户经营性贷款280.60亿元，增长29.7%。

保险行业平稳发展。全年实现保费收入99.96亿元，比上年增长4.4%，其中，财产险收入39.91亿元，增长2.75%；人身险收入60.06亿元，增长5.54%。累计赔付支出37.80亿元，增长15.1%，其中，财产险赔付支出26.94亿元，增长19.2%；人身险赔付支出10.86亿元，增长6.1%。

9. 科学技术与教育

创新能力不断增强。全年新增专利授权量14831件，比上年增长26.0%，年末有效发明专利量4374件，万人发明专利拥有量9.59件。新增国家高新企业160户、专精特新"小巨人"企业8户、两化融合贯标企业47户和省级企业工程技术研究中心12家、众创空间1个，市级以上"两站三中心"93个。成功获批开展国家创新型城市建设。

人才队伍发展壮大。全市拥有专业技术人才41.86万人，当年新增3.52万人；高技能人才20.02万人，当年新增1.63万人。共有省级以上技能大师工作室项目9个，高技能人才公共实训基地项目6个，省首席技师项目57个。海外留学回国人员540人，其中当年新增48人。享受国务院特殊津贴专家117名，省级突出贡献中青年专家61名。国家级博士后科研工作站10家，省级博士后创新实践基地27家。

教育事业全面发展。全市共有各级各类学校984所，比上年增加22所；在校生92.55万人，比上年减少1.47万人；专任教师6.66万人，比上年增加0.06万人。其中，成规模幼儿园495所，在园幼儿14万人，教师1.03万人；小学249所，小学生35.11万人，教师2.42万人；初中171所(含44所九年一贯制学校)，初中生17.35万人，教师1.55万人；普通高中40所，高中生9.83万人，教师0.88万人；中等职业学校14所，学生4.49万人，教师0.28万人；高校8所，大学生11.66万人，教师4758人；特殊教育学校7所，学生0.11万人，教师0.02万人。

10. 文化、卫生和体育

文化服务水平不断提升。全市共有市级、县(区)级文化馆8个，公共图书馆9个(含少儿图书馆)，美术馆2个，其中，国家一级文化馆7个、公共图书馆7个。乡镇街道文化站95个，村(社区)基层综合性文化服务中心1552个，行政村(社区)综合性文化服务中心覆盖率100%。经省文物局备案的博物馆(含纪念馆)11个。广播电视综合人口覆盖率100%，有线数字电视总户数42.42万户。

卫生事业稳步推进。全市共有各类卫生机构(不含村卫生室)884个，其中，疾病预防控制机构8个、卫生监督机构8个、综合医院37个、专科医院17个、中医院7个、妇幼保健机构8个、卫生院109个、社区卫生服务中心(站)79个。各类卫生机构实有病床30222张，其中医院18918张、卫生院8591张。卫生技术人员3.69万人，其中，执业(助理)医师14429人、注册护士16724人；疾病预防控制机构卫生技术人员 615 人,卫生监督机构卫生技术人员 196 人,妇幼保健机构卫生技术人员 2060 人。每千常住人口拥有执业(助理)医师数、注册护士数、床位数分别为 3.16 人、3.67 人、6.62 张。

体育事业蓬勃发展。成功举办 2021 淮安西游乐园马拉松、2021 年中国·淮安大运河铁人三项赛、全国第十四届运动会田径(场地)资格赛、2021 年全国蹦床冠军赛暨第 14 届全运会资格赛等国家高水平体育赛事。52 名运动员参加第十四届全运会,获得 4 枚金牌、5 枚银牌、5 枚铜牌。新建 20 个体育公园、125 公里健身步道。

11. 环境保护

生态环境持续改善。全市新创成省级生态文明建设示范区 1 个、示范乡镇(街道)9 个、示范村(社区)15 个。PM2.5 年均浓度 36 微克/立方米,比上年下降 14.3%,优良天数比率 81.6%,比上年提升 1.3 个百分点;全部消除劣 V 类水体,57 个水环境国省考断面优Ⅲ比例达到 87.7%;农村生活污水治理行政村覆盖率 71.9%。污染地块、受污染耕地安全利用率均达 100%,危险废物处置能力提升至 12.6 万吨/年。

12. 人口、居民生活和社会保障

常住人口小幅增加。年末常住人口 456.22 万人,比上年增加 0.07 万人,其中,城镇常住人口 302.06 万人,常住人口城镇化率 66.21%。常住人口出生率 5.37‰,死亡率 8.07‰。年末户籍人口 555.25 万人,其中,男性 284.07 万人、女性 271.19 万人。

居民收入稳步提高。全体居民人均可支配收入 34731 元,比上年增长 9.8%,其中,工资性收入 19466 元,增长 8.8%;经营净收入 7017 元,增长 10.3%。按常住地分,城镇居民人均可支配收入 43954 元,增长 9.0%;农村居民人均可支配收入 21884 元,增长 10.9%。城乡居民收入比值为 2.01,较去年同期缩小 0.03 个百分点。全体居民人均消费支出 19857 元,比上年增长 20.7%。分常住地看,城镇居民人均消费支出 23920 元,增长 19.4%;农村居民人均消费支出 14197 元,增长 22.7%。

社保体系不断完善。年末全市城乡居民基本养老保险参保人数 198.68 万人,比上年减少 0.59 万人。职工养老保险参保人数 129.76 万人(含离退休待遇领取人数),比上年减少 16.68 万人。工伤保险参保职工人数 71.92 万人,比上年增加 9.13 万人。失业保险参保人数 56.21 万人,比上年增加 2.23 万人。无雇工的个体工商户、灵活就业人员企业职工基本养老保险参保人数 21.64 万人。全年共支付企业离退休人员养老金 101.50 亿元,养老金按时足额 100%社会化发放。

第十三章　2020—2021 年盐城市经济发展分析

一、2020 年盐城市经济与社会运行发展情况

2020 年是新中国历史上极不平凡的一年,面对严峻复杂的国际形势、艰巨繁重的国内改革发展稳定任务特别是新冠肺炎疫情的严重冲击,以习近平同志为核心的党中央统揽全局,保持战略定力,准确判断形势,精心谋划部署,果断采取行动,付出艰苦努力,及时作出统筹疫情防控和经济社会发展的重大决策。各地区各部门坚持以习近平新时代中国特色社会主义思想为指导,全面贯彻党的十九大和十九届二中、三中、四中、五中全会精神,按照党中央、国务院决策部署,沉着冷静应对风险挑战,坚持高质量发展方向不动摇,统筹疫情防控和经济社会发展,扎实做好"六稳"工作,全面落实"六保"任务,我国经济运行逐季改善、逐步恢复常态,在全球主要经济体中唯一实现经济正增长,脱贫攻坚战取得全面胜利,决胜全面建成小康社会取得决定性成就,交出一份人民满意、世界瞩目、可以载入史册的答卷。

1. 综合情况

经济保持稳定增长。2020 年,盐城全市实现地区生产总值 5953.4 亿元,按可比价计算,比上年增长 3.5%,其中,第一产业实现增加值 661.2 亿元,比上年增长 2.7%;第二产业实现增加值 2379.4 亿元,比上年增长 2.8%;第三产业实现增加值 2912.8 亿元,比上年增长 4.3%。

表 1　2016—2020 年盐城市地区生产总值及各产业产值　　　　　　　单位:亿元

	2016 年	2017 年	2018 年	2019 年	2020 年
地区生产总值	4546.9	4990.12	5387.16	5656.26	5953.38
第一产业	533.91	551.71	592.53	619.9	661.2
第二产业	1974.81	2137.96	2309.92	2325.59	2379.38
第三产业	2038.17	2300.46	2484.71	2710.77	2912.79

数据来源:《盐城统计年鉴 2021》

产业结构持续优化,三次产业增加值比例调整为 11.1∶40.0∶48.9,第三产业比重比上年提高 1 个百分点。

物价水平温和上涨。2020 年,全市居民消费价格总水平(CPI)102.3,相比 2019 年下降 1.0%。八大类商品价格"七涨一跌",其中,食品烟酒类上涨 8.3%,衣着类上涨 2.9%,居住类上涨 0.8%,生活用品及服务类上涨 1.0%,教育文化和娱乐类上涨 3.3%,医疗保健和个人用品类上涨 0.4%,其他用品和服务类上涨 4.0%,交通和通信类下降 4.6%。全市工业生产者出厂价格指数(PPI)比上年下降 0.9%,工业生产者购进价格指数(IPI)比上年下降 0.5%。商品零售价格指数 101.7,比上年下降 1.2%。

人口总量保持稳定。2020 年末,全市户籍人口 814.49 万人,比上年末减少 6.86 万人,其中,城镇人口 506.38 万人,占总人口 62.17%;乡村人口 308.11 万人,占总人口 37.83%。2016—2020 年间,全市农业人口比重持续下降,由 2016 年的 41.67% 下降到 37.835,城镇人口由 58.33% 上升到 62.17%;男女人口比例基本保持平衡。

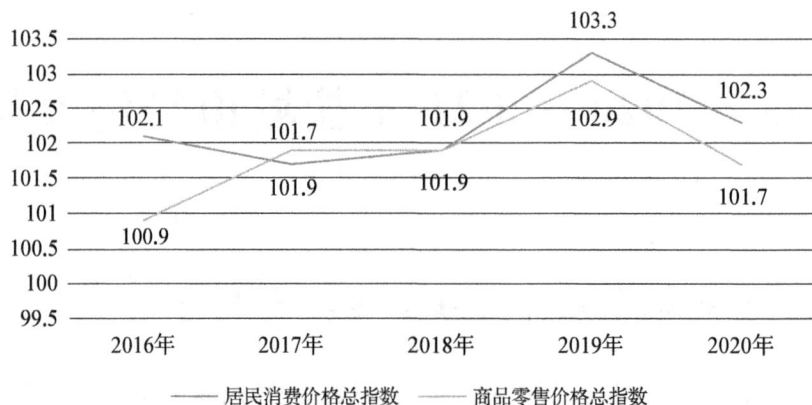

图1 2016—2020年价格指数情况(单位:%)

数据来源:《盐城统计年鉴2021》

表2 2016—2020年全市户籍人口及构成情况

	2016年	2017年	2018年	2019年	2020年
全市总人口(万人)	830.53	826.15	824.73	821.35	814.49
男(万人)	428.5	426.37	425.45	423.55	419.94
比重(%)	51.59	51.61	51.59	51.57	51.56
女(万人)	402.03	399.78	399.28	397.79	394.55
比重(%)	48.41	48.39	48.41	48.43	48.44
农业人口(万人)	346.11	336.96	328.22	318.76	308.11
比重(%)	41.67	40.79	39.8	38.81	37.83
非农业人口(万人)	484.42	489.19	496.51	502.59	506.38
比重(%)	58.33	59.21	60.2	61.19	62.17

数据来源:《盐城统计年鉴2021》

2020年全市男性人口419.94万人,相比上年减少3.61万人,占全市户籍人口的51.56%;女性人口394.55万人,相比上年减少3.24万人。占全市户籍人口48.44。男女人口比例基本保持平衡。

全年出生人口58888人,人口出生率为7.20‰,死亡率为9.39‰,自然增长率为−2.19‰。分地区来看,盐南高新区人口自然增长率最高,为8.565;东台市人口自然增长率最低,为−7.68‰;全市各地区中仅盐南高新区、响水县、滨海县人口自然增长率为正。

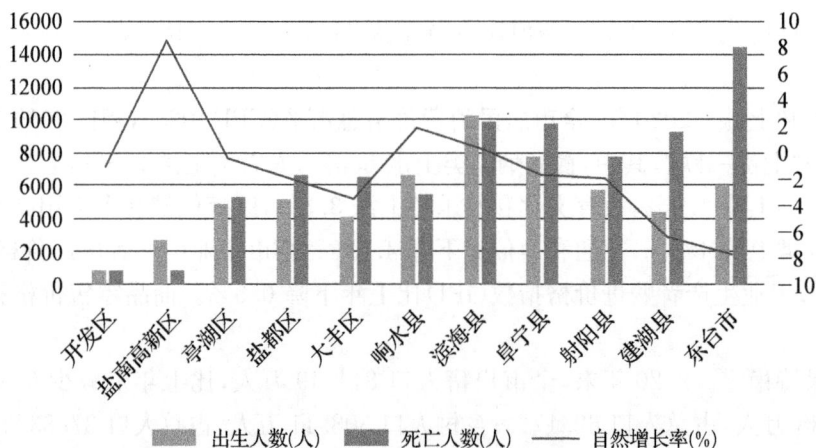

图2 分地区人口自然变动情况

数据来源:《盐城统计年鉴2021》

生活水平不断提高。2020年,全体居民人均可支配收入33707元,比上年增长5.0%。城镇常住居民人均可支配收入40403元,比上年增长4.1%;人均消费支出20794元,比上年下降0.7%。农村常住居民人均可支配收入23670元,比上年增长6.3%;人均消费支出14994元,比上年下降3.3%。

社会保障日臻完善。2020年,全市共保障城乡低保对象5.9万户10.1万人,发放最低生活保障金5.97亿元。因灾致贫生活救助保险、重病支出型困难救助保险、特困人员护理困难救助保险惠及全市1.18万户因病、因残、因灾、因祸、因学等导致支出型困难的家庭。全市建有公办养老机构131家,民办养老机构47家,城乡居家养老服务中心2466家。每千名老人拥有养老床位数41.48张,农村敬老院改造全部达到省定星级标准。

2. 固定资产投资

投资结构继续优化。2020年,全市固定资产投资比上年下降7.4%,其中,国有投资增长31.0%,基础设施投资增长27.3%。分产业看,第一产业投资增长58.6%;第二产业投资下降22.5%;第三产业投资增长15.1%。服务业投资占全部投资的比重48.1%,拉动全部投资增长5.8个百分点,其中,科学研究和技术服务业投资增长34.7%,教育投资增长34.5%,卫生和社会工作投资增长10.3%。

房地产销售稳步增长。2020年,全市房地产开发投资516.9亿元,比上年增长21.3%,其中,住宅投资完成401.4亿元,比上年增长16.5%。全市实现商品房销售面积1071.5万平方米,比上年增长26.0%,其中,住宅939.5万平方米,比上年增长27.3%;商品房销售额851.9亿元,比上年增长43.0%,其中,住宅销售额748.6亿元,比上年增长46.2%。

从构成来看,国有经济房地产计划总投资119.9亿元,累计完成投资额94.6亿元,其中本年完成额17.4亿元;其他有限责任公司本年完成投资额110.2亿元;股份制经济本年完成投资额21.1亿元;港澳台商本年完成投资45.4亿元;外商经济本年完成投资额3.6亿元;私营经济本年计划总投资2099.6亿元,累计完成投资额1434.8亿元,其中本年完成投资额319.1亿元。

本年购置土地面积126.8万平方米,其中私营经济购置土地面积59.3万平方米;本年土地成交价款61.4亿元,其中私营经济本年土地成交价款40.5亿元。

表3　分经济类型房地产开发　　　　　　　　　　　　　　单位:亿元,万平方米

指标	合计	国有经济	其他有限责任公司	股份制经济	港澳台经济	外商投资	私营经济
计划总投资	3274.6	119.9	709.5	104.5	218.2	22.9	2099.6
自开始建设累计完成投资	2245.8	94.6	503.5	70.0	127.4	15.5	1434.8
本年完成投资	516.9	17.4	110.2	21.1	45.4	3.6	319.1
按构成分:							
建筑工程	371.6	13.0	80.3	15.0	23.7	3.5	236.1
安装工程	44.8	0.5	9.8	1.9	6.3		26.3
购置工器具	14.7	0.1	2.5	0.8	1.5		9.7
其他费用	85.8	3.8	17.7	3.4	13.9	0.1	46.9
土地开发	0.0	0.0					
待开发土地面积	274.6	0.0	54.5		53.2	6.3	160.5
本年购置土地面积	126.8	7.2	48.8		11.4		59.3
本年土地成交价款	61.4	1.9	12.2		6.8		40.5
按开发资金来源							
上年末结余资金	227.2	6.6	50.5	8.0	16.5	1.0	144.7
本年资金来源小计	766.1	21.5	148.8	21.7	85.5	5.1	483.5
国内贷款	87.5	7.4	9.1		5.5		65.5
自筹资金	130.3	7.1	34.4	1.0	5.4	2.3	80.1

续表

指标	合计	国有经济	其他有限责任公司	股份制经济	港澳台经济	外商投资	私营经济
其他到位资金	26.3	0.5	6.6	0.2			19.0
定金及预收款	376.8	5.6	59.2	14.9	55.1	1.5	240.6
个人按揭贷款	143.8	0.9	39.5	5.6	18.2	1.3	78.4
本年各项应付款合计	246.1	1.4	44.3	7.6	22.8	1.4	168.6

数据来源:《盐城统计年鉴2021》

分地区房地产开发情况如图3所示,东台市、亭湖区和大丰区计划总投资位列全市前三,本年计划投资额分别为5506998万元、5160591万元、3997896万元;本年完成投资额分别为625402万元、932365万元、542431万元。

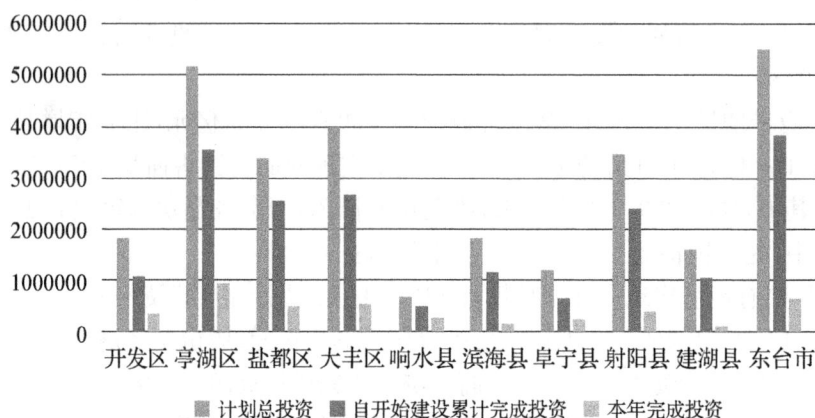

图3 2020年分地区房地产开发情况

数据来源:《盐城统计年鉴2021》

3. 财政、金融

财政收支总体平稳。2020年,全市实现一般公共预算收入400.1亿元,比上年增长4.5%,其中,税收收入300.4亿元,比上年增长1.8%,税收收入占一般公共预算收入比重75.1%。主体税种保持稳定,实现国内增值税74.9亿元、改征增值税53.4亿元、企业所得税35.0亿元、个人所得税14.4亿元。财政惠民力度不断加大。2020年,全市完成一般公共预算支出974.16亿元,增长11.0%,其中,民生支出完成789亿元,占全部支出的81%。2016—2020年全市一般公共预算情况如图4。

图4 2016—2020年一般公共预算情况(单位:万元)

数据来源:《盐城统计年鉴2021》

信贷规模持续扩大。2020年,全市共有银行业金融机构43家。金融机构年末人民币存款余额8426.78亿元,比上年增长19.7%,其中,境内存款8422.51亿元,比上年增长19.72%。金融机构年末人民币贷款余额6969.35亿元,比上年增长18.79%,其中,境内贷款6969.03亿元,比上年增长18.71%;中长期贷款1825.8亿元,比年初增长17.1%。2015—2020年金融机构年末存贷款余额及构成如表4。

表4　金融机构存贷款年末余额　　　　　　　　　　单位:万元

指标	2015年	2016年	2017年	2018年	2019年	2020年
一、各项存款	44148427	54710243	62141860	64214157	70381956	84267818
（一）境内存款	44095162	54683195	62086643	64186005	70352800	84225056
（二）境外存款	53265	27048	55217	28152	29156	42762
二、各项贷款	30774768	37183998	42875345	49987581	58710807	69693449
（一）境内贷款	30767810	37174261	42874106	49963829	58708435	69690303
（二）境外贷款	6958	9737	1239	23753	2372	3146

数据来源:《盐城统计年鉴2021》

2020年市区城乡居民储蓄存款年末余额9355484万元,城乡居民人均储蓄存款53966元。东台市、大丰区和建湖县城乡居民人均储蓄额位列全市前三,人均储蓄额分别为76380元、71675元、60640元。东台市城乡居民储蓄存款年末余额6785705元,领先全市其他地区。

保险业健康发展。2020年,全市拥有各类专业保险机构62家,其中,市级产险公司23家,寿险公司39家。保险分支机构及营销网点547个,保险从业人员4.4万人。全市实现保费收入209.74亿元,比上年增长8.9%,其中,财产险52.15亿元,比上年增长13.1%;人身险157.59亿元,比上年增长7.6%。全市各项赔偿和给付56.43亿元,比上年增长7.3%。图5为主要年份保险业发展情况。

图5　2016—2020年保险业发展情况(单位:万元)
数据来源:《盐城统计年鉴2021》

4. 对外贸易

对外经济逆势增长。2020年,全市实现进出口总额119.3亿美元,比上年增长24.2%,其中,出口80.2亿美元,比上年增长25.1%;进口39.1亿美元,比上年增长22.3%。新批外商投资企业数157个,增长12.1%,其中,总投资3000万美元以上项目49个,比上年增长10.0%。注册外资实际到账10.12亿美元,比上年增长10.0%。成功获批国家跨境电商综试区,11个品牌入选"2020—2022年度江苏省重点培育和发展的国际知名品牌"名单。

表5　2016—2020年对外经济贸易主要指标

指标	2016年	2017年	2018年	2019年	2020年
进出口总额(万美元)	795054	865276	954948	961240	1193233
出口总额(万美元)	473843	584055	603064	641236	801977
进口总额(万美元)	321211	281221	351884	320004	391256
合同外商直接投资项目(个)	150	157	144	140	157
合同外商直接投资金额(万美元)	177346	304307	204506	421938	361412
实际外商直接投资(万美元)	70669	78862	91314	92012	101218

数据来源:《盐城统计年鉴2021》

分地区来看,大丰区2020年进出口总额位列全市第一,比上年增长21.8%;亭湖区全年进出口额相比上年下降15.8%。

表6　分地区进出口总额及变动　　　　　　　　　　　　　　　　单位:万美元

地区	进出口总额	出口	进口	比上年±%		
				进出口	出口	进口
开发区	259000	145000	114000	33.9	33.9	33.9
盐南高新区	29000	23000	6000	31.2	39	7
亭湖区	57000	47000	10000	−15.8	−6.5	−42.5
盐都区	124000	63000	61000	44.4	47.9	41.1
大丰区	287000	143000	144000	21.8	26.7	17.3
响水县	89000	77000	12000	64.9	67.1	51.6
滨海县	54000	50000	4000	9.4	11.7	−11.8
阜宁县	52000	46000	6000	19.1	13.1	94.8
射阳县	75000	54000	21000	20.1	14.8	6.3
建湖县	43000	36000	7000	10.7	5.6	51.7
东台市	125000	118000	7000	21.7	21.7	21.4

数据来源:《盐城统计年鉴2021》

旅游市场持续复苏。2020年,全市游客接待量2400万人次,恢复到同期的64.9%,恢复水平全省第二。全市现有国家4A级以上景区18家、省级旅游度假区6家、省五星级乡村旅游区4家,省级旅游度假区、省五星级乡村旅游区数量位列全省第二。大洋湾景区创成国家4A级景区,荷兰花海《只有爱·戏剧幻城》项目成为长三角文旅融合标杆项目,《天仙缘》《印象大纵湖光影秀》《镜花缘》《船说海棠》等文旅融合项目相继推出,受到市场热捧。深度接轨上海,"乘着高铁游盐城"沪动盐城主题活动深入人心。

5. 农业

农业生产稳步发展。2020年,全市实现农林牧渔业总产值1207.2亿元,可比价增长2.7%,农林牧渔业增加值706亿元,可比价增长2.7%。农业总产值537.9亿元,占总产值比重44.56%;渔业产值300.2亿元,占总产值比重24.87%;畜牧业256.7亿元,占总产值比重21.26%;农林牧渔服务业产值87.7亿元,占总产值比重7.26%;林业产值24.7亿元,占总产值比重2.05%。

全市粮食总产量达714.31万吨,比上年增加2.01万吨,增长0.3%;粮食单位面积产量达到7206千克/公顷;粮食播种面积1486.84万亩,比上年增加12.5万亩,增长0.9%。粮食亩产480.4公斤,比上年减少2.73公斤,其中,夏粮播种面积44.51万公顷,夏粮总产量256.3万吨,单位面积产量5758千克/公顷;秋粮播种面积54.61万公顷,总产量458.04万吨,单位面积产量8387千克/公顷;蔬菜种植面积28.01万公顷,全年蔬菜总产量1284.22万吨,单位面积产量45750千克/公顷。棉

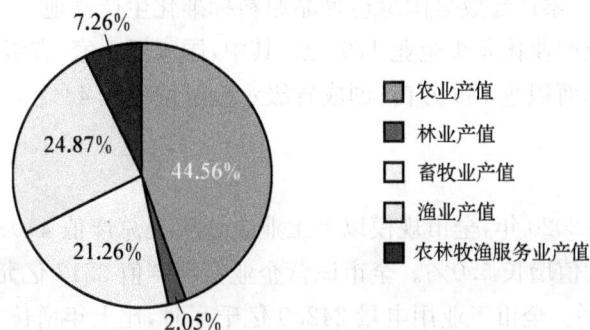

图 6　2020 年农林牧渔产业产值结构
数据来源:《盐城统计年鉴 2021》

花播种面积 0.42 万亩,比上年增加 0.05 万亩,总产 320 吨。全市油料作物播种面积 66.32 万亩,比上年增加 3.42 万亩,油料总产量 13.59 万吨。

表 7　主要农作物播种面积和产量

指标	播种面积(千公顷)	单位面积产量(千克/公顷)	总产量(吨)
粮食大豆总计	991.23	7206	7143058
夏粮	445.1	5758	2562708
小麦	410.2	5835	2393429
大麦	24.91	5572	138787
蚕豌豆	9.99	3052	30492
秋粮	546.13	8387	4580350
稻谷	408.47	9295	3796626
薯类	4.44	6945	30811
玉米	98.95	6717	664671
大豆	30.51	2608	79569
蔬菜	280.71	45750	12842210

数据来源:《盐城统计年鉴 2021》

农业机械化规模扩大。2020 年,全市农机总动力 744.22 万千瓦,比上年增长 2.4%。大中型拖拉机、联合收割机、水稻插秧机保有量分别达到 28148 台、26162 台和 19561 台;全市秸秆机械化还田面积 1036.15 万亩,全年农机化作业收入 46.77 亿元;获批全国整建制率先基本实现主要农作物生产全程机械化示范市。

表 8　2016—2020 年农业机械化指标变动

年份	2016 年	2017 年	2018 年	2019 年	2020 年
农业机械总动力(万千瓦)	679.12	689.12	703.79	727.15	744.22
农用大中型拖拉机(台)	27651	27201	26559	27402	28148
农用小型及手扶拖拉机(台)	39929	36472	35728	32906	31803
联合收割机(台)	25772	25830	24805	25654	26162
机动脱粒机(台)	3443	3501	2463	2445	2445
饲草料加工机械(台)	40307	38741	38722	38665	38055
粮食加工机械(台)	27054	26988	27375	27729	25413

数据来源:《盐城统计年鉴 2021》

农业现代化进程加快。2020 年,全市新建高标准农田 62.2 万亩,新增设施农(渔)业 20.0 万亩,总面积达 328.1 万亩。累计建成全国绿色食品原料标准化生产基地 5 个、省级绿色优质农产品基地 85 个;市级以上农业产业化龙头企业 1761 家,其中,国家级 7 家,省级 92 家;全市累计认定家庭农场共 5868 家,经营总面积达 135 万亩;创成省级示范家庭农场 44 个,累计 241 个,市级示范农场 150 个,累计 552 个。

6. 工业和建筑业

工业生产总体平稳。2020 年,全市规模以上工业企业实现总产值 4798.6.4 亿元,比上年增长 6.8%,规模以上工业增加值增长 5.0%。全市民营企业实现产值 3512 亿元,比上年增长 8.0%,占规模以上工业比重 74.2%。全市工业用电量 242.0 亿千瓦时,比上年增长 12.5%。

工业企业经营状况良好。2020 年,全市规模以上工业企业单位数 3139 家,工业总产值 4798.60 亿元,全年营业收入额 5256.31 亿元,营业收入增长 9.8%,全年营业利润 148.58 亿元,利润总额 170.80 亿元,利润增长 2.4%;规模以上工业企业营业收入利润率、成本费用利润率分别为 3.1%、3.5%;全年规模以上工业企业产销率为 99.0%。12 家国有企业实现利润总额 39973 万元,外商及港澳台企业 2020 年亏损 85339 万元,其他经济类型企业利润总额 66332 万元。

按企业规模分,全市共 34 家大型企业,全年工业总产值 1083.73 亿元,利润总额 2139.44 亿元;157 家中型企业,全年工业总产值 1309.32 亿元,实现利润总额 3786.72 亿元;小型企业 2562 家,工业总产值 2261.61 亿元,实现利润总额 99.41 亿元,微型企业 386 家,工业总产值 143.95 亿元,实现利润总额 12.12 亿元。

表 9 规模以上工业企业主要指标   单位:万元

	单位数	工业总产值	营业收入	营业成本	利润总额
总计	3139	47986026	52563050	46082189	1707974
按经济类型分					
国有企业	12	634670	805691	727770	39973
集体企业	1	1228	1470	1225	61
股份合作企业	6	25450	24429	20872	−533
股份制企业	2696	36283926	39992783	34864976	1685870
外商及港澳台企业	300	8904087	9182309	8038779	−85339
其他经济类型企业	116	2112746	2531596	2406417	66332
按企业规模分					
大型企业	34	10837260	12491578	10980368	213944
中型企业	157	13093224	15086767	13831793	378672
小型企业	2562	22616062	23432755	20019108	994121
微型企业	386	1439481	1551949	1250919	121238

数据来源:《盐城统计年鉴 2021》

高新技术产业加快发展。2020 年,全市规模以上高新技术产业企业 968 家,实现产值 1879.5 亿元,占全市规模以上工业产值的比重为 39.7%。高新技术产业产值增速高于全市规模以上工业增速 1.1 个百分点,拉动全市规模以上工业产值增长 45.3%。

建筑业稳步增长。2020 年,全市资质以上建筑业企业完成建筑业总产值 1904 亿元,比上年增长 5.5%,其中,建筑工程产值 1832.7 亿元,比上年增长 5.7%;安装工程产值 51 亿元,比上年下降 4.1%。签订合同额 2796.7 亿元,比上年增长 6.4%。全市建筑业企业在外省完成产值 873 亿元,比上年增长 2.1%。

7. 运输和邮电业

运输能力逐步增强。截至 2020 年底,全市共有公路总里程 25991 公里,其中,高速公路 396 公里、一级公路 1808 公里、二级公路 2842 公里、三级公路 1586 公里、四级公路 19359 公里,其中,国道 997 公里,省道 1176 公里。全市拥有等级公路 25991 公里,公路网密度达 153.8 公里/百平方公里。2020 年,全社会营运性客运量(不含铁路、民航)4585 万人,比上年下降 24.7%,客运周转量 39.98 亿人公里,比上年下降 38.2%;全社会货运量(不含铁路、民航)2.45 亿吨,比上年增长 0.2%,货运周转量 550.7 亿吨公里,比上年增长 2.2%。全年保障航班 1.88 万架次,年旅客吞吐量 169.16 万人次,分别比上年下降 1.6%、19.1%;货邮吞吐量 13630.7 吨,比上年增长 57.0%,全年铁路客运量 390.27 万人次,比上年增长 0.3%。

表 10 2016—2020 年公路、航运里程

	2016 年	2017 年	2018 年	2019 年	2020 年
按公路等级分					
合计	19303	23667	24622	24613	25991
高速	396	396	396	396	396
一级	1393	1394	1628	1661	1808
二级	2531	2553	2779	2924	2842
三级	1517	1468	1677	1577	1586
四级	13466	17597	17925	17863	19359
按行政等级分					
国道	994	994	997	997	997
省道	990	952	1063	1072	1176
县道	2934	2933	2943	2990	3000
乡道	6277	6278	6540	6517	7277
村道	8280	12417	13077	13036	13542
专用道	94	94	2	2	0

数据来源:《盐城统计年鉴 2021》

邮电业务平稳发展。2020 年,全市完成邮电业务总量 117.4 亿元,比上年增长 12.8%。邮政业务收入(不包括邮政储蓄银行直接营业收入)完成 27.96 亿元,比上年增长 12.8%,快递服务企业业务量完成 20428.82 万件,比上年增长 23.8%,实现业务收入 16.02 亿元,比上年增长 17.9%。电信业务收入 60.41 亿元,比上年增长 6.8%。室内住宅电话用户 334123 户,农村住宅电话用户 421726 户。

表 11 2016—2020 年邮电业务主要指标

指标	2016 年	2017 年	2018 年	2019 年	2020 年
邮电业务总量(万元)	704562	799168	923699	1040874	1174090
资产总计(万元)	785022	786741	723562	661375	42689
负债总计(万元)	287849	300586	586070	557555	632092
利润总额(万元)	57806	79554	86212	96885	104881
市内住宅电话用户数(户)	542268	98706	277530	230563	334123
农村住宅电话用户数(户)	301555	42298	145057	301179	421726
邮电局(所)总数(处)	227	227	226	227	227
农村投递路线单程长度(公里)	26506	25700	25958	26838	26515

数据来源:《盐城统计年鉴 2021》

8. 国内贸易

消费市场持续回暖。2020 年,全市实现社会消费品零售总额 2216.1 亿元,比上年下降 1.1%。

限上零售额573.7亿元,下降5.3%,其中城镇零售额546.4亿元,下降5.4%;乡村零售额27.3亿元,下降2.6%。分行业看,批发业、零售业实现销售额2276.3亿元、1541.2亿元,分别比上年增长7.8%和1.4%;住宿业、餐饮业实现营业额29.7亿元、202.5亿元,分别比上年下降10.4%和下降7.6%。

2020年全市消费品零售额2216.12亿元,其中,批发业销售额2276.26亿元,零售业销售额1541.17亿元,住宿业营业额29.68亿元,餐饮业营业额202.48亿元。2020年全市社会消费品零售总额及分地区零售额情况如表12。

表 12　2020 年社会消费品零售总额

单位:万元

地区	2020 年	批发业销售额	零售业销售额	住宿业营业额	餐饮业营业额
全市	22161198	22762628	15411654	296770	2024780
市区	9990298	9184124	7121841	127710	807538
开发区	1364851	942406	721760	7509	13875
盐南高新区	1899526	753464	1499506	26120	290524
亭湖区	2359245	2099881	1516171	31046	149212
盐都区	2308173	2622082	2035432	33007	115236
大丰区	2058502	2766290	1348973	30028	238691
响水县	1049898	1500017	694385	4500	185411
滨海县	2272129	1906126	1889096	39938	359183
阜宁县	2290579	1810499	1815908	26749	262028
射阳县	2222594	2180046	1355056	33156	162876
建湖县	1879368	1634417	1144803	37699	123696
东台市	2456332	4547401	1390564	27017	124049

数据来源:《盐城统计年鉴2021》

消费市场多样化发展。在限额以上批发和零售业主要经营类别中,基本生活类增长平稳,粮油类、肉禽蛋类、干鲜果品类销售额分别比上年增长22.7%、12.4%和34.5%;日用品类销售额比上年增长6.3%。部分消费升级类商品零售额增长较快,体育娱乐用品类、书报杂志类、家具类销售额比上年分别增长33.2%、25.6%和24.2%;节能商品和智能手机类销售额分别比上年增长49.5%和53.9%;新能源汽车销售额比上年增长88.7%。

分地区城镇常住居民家庭平均每人主要消费品消费量如表13,其中,粮食人均消费量前三的地区为滨海县、射阳县和东台市,粮食人均消费量分别为152.6公斤、138.9公斤和127.4公斤;蔬菜及菜制品消费量前三对的地区为建湖县、射阳县和滨海县,人均消费量为119.7公斤、106.8公斤、103.5公斤;肉类消费量前三的地区为滨海县、阜宁县、和射阳县,人均消费量分别为43.5公斤、42.2公斤、33.4公斤;禽、蛋、奶消费量前三的地区为射阳县、亭湖区、盐都区,人均消费量分别为54.8公斤、47.6公斤、40.1公斤。

表 13　2020 年分地区城镇常住居民家庭平均每人主要消费品消费量

单位:公斤

指标	粮食消费量	蔬菜及菜制品消费量	肉类	禽、蛋、奶消费量
亭湖区	120.2	96.5	26.8	47.6
盐都区	110.5	88.8	24.2	40.1
大丰区	99	62.6	23.3	37
响水县	107.2	79.5	25.9	33.7
滨海县	152.6	103.5	43.5	35.5
阜宁县	116	85.4	42.2	37

指标	粮食消费量	蔬菜及菜制品消费量	肉类	禽、蛋、奶消费量
射阳县	138.9	106.8	33.4	54.8
建湖县	94.7	119.7	28.5	40.4
东台市	127.4	97.7	15.6	33.8

数据来源:《盐城统计年鉴 2021》

9. 科技、教育、文化、卫生和体育

文化事业蓬勃发展。2020 年,文化服务体系不断完善。年末全市拥有文化馆 11 个、公共图书馆 11 个、博物馆(纪念馆)14 个,电视综合人口覆盖率 100%。全年新建或改建旅游厕所 71 座,便民阅读设施 30 个。艺术创作生产再获丰收。《马家荡里唱大戏》《首乌花开》2 部作品获省紫金文化艺术节优秀剧目奖,杂技剧《芦苇青青菜花黄》、锡剧《淑娘》等 6 个项目入选省艺术基金资助项目,《铁军忠魂》入选"核心价值观"主题展全国项目 20 强。群文工作蝉联省五星工程奖亚军。

卫生体系更加健全。2020 年,全市拥有卫生计生机构 3303 个,其中,医院、卫生院(社区卫生服务中心)330 个,疾病预防控制中心 10 个,妇幼卫生机构 11 个。各类卫生机构拥有床位 4.33 万张,卫生技术人员 4.93 万人,其中,执业(助理)医师 2.12 万人,注册护士 2.03 万人。

表 14　2016—2020 年卫生体系建设情况

年份	机构数(个)	床位数(张)	卫生技术人员数(人)	医生
2016	3233	38663	39472	18124
2017	3214	39985	40857	18192
2018	3211	39879	42822	18753
2019	3270	40301	44358	19583
2020	3303	43324	49332	21167

数据来源:《盐城统计年鉴 2021》

体育事业稳步发展。2020 年,盐城举办 2020 东风悦达起亚盐城马拉松、盐城市第三届龙舟赛等大赛。体育设施不断完善。2020 年,全市新建健身步道 85 公里;为 220 个老旧小区安装了新的室外体育健身器材;全市所有 125 个镇、街道均建成了高质量笼式多功能灯光球场;建成社会足球场地 157 片。体育产业质效明显提升。悦达健身广场获评国家级体育产业基地项目,全市拥有省级综合体(产业基地)3 个。举办首届盐城市体育消费节,配套发放市级体育消费券 200 万元,促进了市场消费。

创新能力不断增强。2020 年,全市新增高新技术企业 334 家,居苏北苏中第 3 位,国家高新技术企业数达 1511 家。全年专利申请数 34489 件,其中发明专利申请数 7819 件;全年专利授权数 21533 件,其中发明专利授权数 1621 件;有效发明专利量 10362 件,每万人发明专利拥有量 14.37 件。

表 15　专利申请构成和专利授权构成

单位:件

	专利申请		专利授权	
	合计	发明	合计	发明
全市	34489	7819	21533	1621
开发区	331	196	246	91
盐南高新区	1107	359	645	85
亭湖区	7346	2275	4071	430

	专利申请		专利授权	
	合计	发明	合计	发明
盐都区	7837	1891	5181	278
大丰区	2845	451	1621	113
响水区	969	101	587	26
滨海县	1660	139	1126	48
阜宁县	2718	151	1780	88
射阳县	2328	256	1693	63
建湖县	2848	486	1987	201
东台市	4500	1514	2596	198

数据来源:《盐城统计年鉴2021》

教育事业协调发展。2020年,全市共有普通高校6所,招生2.38万人,在校生7.21万人,毕业生1.88万人;普通中专3所,在校生3.10万人;职业高中9所,在校生2.39万人;普通中学286所,在校生34.72万人;小学312所,在校生44.11万人。全市初中毕业生升学率99.59%,在校生年巩固率100%;小学毕业生升学率100%,在校生年巩固率100%。学龄儿童入学率100%。幼儿园在园幼儿18.56万人。全市共有教职工数9.03万人,其中专任教师7.89万人。

表16 教育事业情况

指标	学校数(所)	在校学生数	教职工数	专任教师
普通高校	6	72051	4902	4019
普通中专	3	31047	784	683
成人中专	1	2254	33	21
普通中学	286	347217	34285	31095
特殊教育学校	10	2029	411	342

数据来源:《盐城统计年鉴2021》

10. 城市建设和环境保护

城乡建设成效显著。2020年,全市交通建设完成投资183.2亿元,盐通铁路建成通车,盐城高铁实现"县县全覆盖","1+8"铁路综合客运枢纽同步运营,盐城站日开行列车达66对。提档升级农村公路1121公里,新改建桥梁759座,建成美丽乡村旅游公路1036公里。建成沿海港口5万吨级码头2座,万吨级以上码头泊位累计24个。新建和改造BRT站台61座,新增新能源公交车150辆,优化新增线路50条。2020年,全市共有17座投入运营的城市水厂,总供水能力达189.5万吨/日,深度处理能力184.5万吨/日,自来水深度处理率达97.36%;新建、改造供水管网约280公里;全市完成老旧小区二次供水设施改造177个。

生态环境持续改善。2020年,全市始终坚持生态优先、绿色发展新理念,生态环境得到持续改善。全市新增成片林10.7万亩,改造既有林9.7万亩,造林面积全省第三。空气质量优良天数308天,PM2.5年均浓度下降至33微克/立方米。2020年,新能源发电量179亿千瓦时,占全社会用电量的50%,单位GDP能耗下降2.05%。大丰创成国家全域旅游示范区,盐都创成全国"两山"实践创新基地,长三角(东台)康养小镇签约落地。

二、2021年盐城市经济与社会运行发展情况

2021年,全市坚持以习近平新时代中国特色社会主义思想为指导,全面贯彻落实中央、省、市

各项决策部署,统筹推进疫情防控和经济社会发展,坚持稳中求进工作总基调,立足新发展阶段,牢固树立新发展理念,推动经济社会高质量发展,人民生活水平稳步提高,社会事业全面发展,奋力谱写"强富美高"新盐城现代化建设新篇章,实现了"十四五"良好开局。

1. 综合情况

综合实力稳步提升。初步核算,盐城市全年实现地区生产总值6617.4亿元,按不变价格计算,比上年增长7.7%,其中,第一产业实现增加值735.8亿元,比上年增长3.5%;第二产业实现增加值2686.1亿元,比上年增长8.1%;第三产业实现增加值3195.5亿元,比上年增长8.2%。三次产业增加值比例调整为11.1∶40.6∶48.3。人均地区生产总值达98593元(按2021年年平均汇率折算约15283美元),比上年增长7.6%。

就业形势基本稳定。全年城镇新增就业7.71万人,就业困难人员再就业2.27万人,城镇登记失业率为2.7%。

物价水平总体稳定。全年居民消费价格总水平(CPI)同比上涨1.6%。分类别看,交通通信类上涨3.5%,教育文化娱乐类上涨2.2%,居住类上涨2.0%,衣着类上涨1.8%,食品烟酒类上涨1.4%,医疗保健类上涨0.2%,生活用品及服务类上涨0.1%,其他用品和服务类下跌3.8%。全年工业生产者出厂价格指数上涨5.4%,工业生产者购进价格指数上涨12.2%。

2. 农林牧渔业

农业生产保持平稳。全年实现农林牧渔业总产值1311.6亿元,可比价增长4.5%;农林牧渔业增加值783.4亿元,可比价增长3.6%。粮食生产再获丰收。全年粮食播种面积991.8千公顷,比上年增加0.5千公顷;粮食总产量714.8万吨,比上年增加0.5万吨;粮食亩产480.5公斤。畜禽生产恢复良好。年末生猪存栏289.6万头,增长7.2%,出栏467.2万头,增长30.4%;年末家禽存栏9171.5万只,增长1.7%,出栏12086.8万只,增长0.4%。渔业生产平稳增长。全年水产品总产量123.0万吨,增长2.4%。

现代农业加快建设。全年新建国家高标准农田面积69.7万亩,其中高效节水灌溉面积4.35万亩。全市农机总动力756.8万千瓦,增长2.1%,农作物耕种收综合机械化率83.1%。累计建成全国绿色食品原料标准化生产基地5个、省级绿色优质农产品基地130个,种植业绿色优质农产品比重达71.8%。全年新增国家级农业龙头企业2家、农业产业强镇1个。

3. 工业和建筑业

工业生产稳定恢复。全年规模以上工业企业总产值比上年增长21.9%,规模以上工业增加值增长11.9%。其中轻工业增长8.4%,重工业增长12.9%。分经济类型看,国有工业增长75.5%,集体工业下降31.7%,股份制工业增长10.6%,外商港澳台投资工业增长11.6%。规模以上民营企业增长24.1%。全市规模以上工业企业实现营业收入6629.8亿元,比上年增长25.8%,利润比上年增长65.3%,工业产销率为98.4%。

建筑业稳步增长。全年完成建筑业总产值2059.0亿元,比上年增长8.1%,其中,建筑安装工程产值2037.8亿元,增长8.0%。竣工产值1516.5亿元,增长5.1%。房屋建筑施工面积16464.0万平方米,增长38.3%,其中,新开工面积9269.5万平方米,增长77.4%;竣工面积4760.9万平方米,增长2.0%,其中,住宅竣工面积3071.2万平方米,增长0.3%。

4. 固定资产投资

投资结构持续优化。全年固定资产投资比上年增长3.7%,其中,民间投资增长7.7%。分产业看,第一产业投资增长5.7%,第二产业投资增长5.1%,第三产业投资增长2.1%。第二产业投资中,工业投资增长5.1%,其中,制造业投资增长23.4%,占全部投资的比重为45.8%。高技术产业投资增长47.1%。第三产业投资中,教育业增长27.9%,文化体育和娱乐业增长26.0%,科学研究和技术服务业增长18.2%,卫生和社会工作增长10.7%。

房地产销售稳步增长。全年房地产开发投资 607.9 亿元,比上年增长 17.6%,其中,住宅投资完成 469.3 亿元,比上年增长 16.9%。全市实现商品房销售面积 1120.4 万平方米,比上年增长 4.6%,其中,住宅 963.3 万平方米,比上年增长 2.5%。

5. 国内贸易

消费市场持续回暖。全年实现社会消费品零售总额 2684.3 亿元,比上年增长 21.1%。限额以上社会消费品零售总额 753.9 亿元,增长 19.9%。分行业看,批发业实现销售额 2920.5 亿元,增长 28.3%;零售业实现销售额 1814.8 亿元,增长 17.8%;住宿业实现营业额 35.3 亿元,增长 18.9%;餐饮业实现营业额 259.4 亿元,增长 28.1%。

消费市场多样化发展。在限额以上批发和零售业主要经营类别中,基本生活类增长较好,粮油类、肉禽蛋类、干鲜果品类销售额比上年分别增长 37.7%、18.6% 和 64.6%,日用品类销售额比上年增长 99.4%。部分消费升级类商品零售额增长较快,体育娱乐用品类、家具类、书报杂志类、金银珠宝类零售额比上年分别增长 103.8%、106.9%、23.4% 和 20.7%,通讯器材类零售额比上年增长 68.5%,中西药品类零售额比上年增长 19.4%,新能源汽车零售额比上年增长 87.5%。

6. 开放型经济

对外贸易增势强劲。全年实现进出口总额 174.2 亿美元,比上年增长 45.9%,其中,出口总额 108.5 亿美元,比上年增长 35.3%;进口总额 65.6 亿美元,比上年增长 67.4%。从贸易方式看,一般贸易进出口总额 139.8 亿美元,增长 46.9%;加工贸易进出口总额 19.4 亿美元,增长 25.5%。从出口主体看,国有企业、外资企业、民营企业出口额分别增长 27.4%、61.1% 和 26.8%。从出口市场看,对美国、欧盟、日本出口比上年分别增长 26.1%、26.4% 和 33.1%。从出口产品看,高新技术产品、机电产品出口额分别增长 64.0% 和 53.1%。

利用外资较快增长。全年新设外商投资企业数 155 个。其中,新增总投资 3000 万美元以上项目 52 个,比上年增长 6.1%。合同外资 40.5 亿美元,比上年增长 12.0%,实际使用外资 12.6 亿美元,比上年增长 24.5%。

7. 交通、邮电和旅游

交通运输总体稳定。年末全市共有公路总里程 26155 公里,其中,高速公路 396 公里、一级公路 1830 公里、二级公路 2834 公里、三级公路 1580 公里、四级公路 19515 公里,其中国道 996 公里、省道 1184 公里。全市拥有等级公路 26155 公里,公路网密度达 154.5 公里/百平方公里。全社会营运性客运量(不含铁路、民航)2949.3 万人,客运周转量 28.4 亿人公里;全社会货运量(不含铁路、民航)1.26 亿吨,比上年增长 4.6%,货运周转量 232.2 亿吨公里,比上年增长 3.0%。全年保障航班 1.91 万架次,年旅客吞吐量 175.4 万人次,分别比上年增长 1.4%、3.7%;货邮吞吐量 1.01 万吨,比上年下降 26%;全年铁路客运量 1348 万人次,比上年增长 147.5%。

邮电业务快速发展。全年完成邮政电信业务总量 109.3 亿元,比上年增长 25.0%。其中,邮政业务总量 36.2 亿元,增长 14.2%;电信业务总量 73.1 亿元,增长 31.1%。实现邮政电信业务收入 98.3 亿元,比上年增长 11.2%,其中,邮政业务收入 32.1 亿元,增长 14.8%;电信业务收入 66.2 亿元,增长 9.5%。全年完成快递服务企业业务量 2.29 亿件,增长 12.1%;实现快递业务收入 20.11 亿元,增长 25.5%。年末拥有移动电话用户 701.5 万户,其中,5G 手机用户 163.3 万户。固定互联网宽带接入用户 322.8 万户,移动互联网宽带接入用户 573.6 万户。

旅游市场持续复苏。全年共接待海内外游客 3763 万人次,比上年增长 56.4%,实现旅游总收入 453 亿元,比上年增长 160.0%,旅游外汇收入 2866 万美元,比上年下降 4.0%。全市拥有等级旅游景区 59 个,其中,国家 5A 级景区 1 家,国家 4A 级景区 20 家,3A 级景区 32 家,2A 级景区 6 家。全年 4A 以上景区接待游客 2500 余万人次,比上年增长 43.3%。荷兰花海创 5A 通过省级验收,草房子乐园、东台条子泥、安徒生童话乐园 3 家创成国家 4A 级景区。

8. 财政、金融和保险

财政收支较快增长。全年完成一般公共预算收入451.0亿元，比上年增长12.7%，其中，税收收入339.2亿元，比上年增长12.9%，税收收入占一般公共预算收入比重75.2%。主体税种保持稳定，实现国内增值税137.3亿元，增长6.9%；企业所得税45.2亿元，增长29.1%；个人所得税14.1亿元，下降1.9%。财政惠民力度不断加大。全年一般公共预算支出1053.5亿元，增长8.1%，其中，财政用于民生支出843.9亿元，增长7.0%，占一般公共预算支出比重80.1%，用于住房保障、交通运输、卫生健康支出分别增长26.0%、21.2%和12.6%。

金融市场运行稳健。年末全市金融机构人民币存款余额9092.4亿元，比上年增长8.6%，其中，住户存款4743.2亿元，比上年增长12.3%。金融机构人民币贷款余额8038.6亿元，比上年增长15.7%，其中，中长期贷款4683.8亿元，比上年增长21.5%。

保险业务稳定提升。年末全市拥有各类专业保险机构77家，其中，市级产险公司23家，寿险公司41家。保险分支机构及营销网点652个，保险从业人员2.8万人。全年实现保费收入215.2亿元，比上年增长2.8%，其中，财产险56.5亿元，比上年增长8.4%；人身险158.7亿元，比上年增长0.9%。全市各项赔偿和给付63.3亿元，比上年增长14.1%。

9. 科学技术和教育事业

创新能力不断提高。全年专利授权数27365件，比上年增长27.1%，其中，发明专利授权数2309件，比上年增长42.4%；有效发明专利量11993件，比上年增长15.7%，每万人发明专利拥有量17.87件，比上年增长24.4%。全年新增高新技术企业122家，居苏北第2位，总数达1633家，高新技术产业产值占规上工业产值比重达41.5%。全市3842家企业通过科技型中小企业评价，净增2266家。

教育事业协调发展。全市共有普通高校6所，招生2.23万人，在校生7.45万人，毕业生1.96万人；普通中专3所，在校生1.55万人；职业高中9所，在校生3.05万人；普通中学282所，在校生35.42万人；小学280所，在校生43.34万人。全市初中毕业生升学率99.81%，在校生年巩固率99.4%；小学毕业生升学率100%，在校生年巩固率99.77%。学龄儿童入学率100%，幼儿园在园幼儿17.21万人。全市共有教职工数9.43万人，其中专任教师7.99万人。

10. 文化、卫生和体育事业

文化事业不断提升。年末全市拥有文化馆11个，其中国家一级馆9家；图书馆11家，其中国家一级馆8家；博物馆14家，其中国家二级馆2家。全市现有全国文化先进县4个，省级文化先进县6个。艺术创作生产再获丰收。杂技《热心人》斩获中国杂技最高"金菊奖"，2部戏入列国家艺术基金创作和推广项目，2部戏获省文华奖，2部戏获省紫金文化艺术奖。

卫生事业稳步推进。年末全市拥有卫生计生机构3343个，其中，医院、卫生院（社区卫生服务中心）332个，疾病预防控制中心10个，妇幼卫生机构11个。各类卫生机构拥有床位4.36万张，卫生技术人员5.1万人，其中，执业（助理）医师2.14万人，注册护士2.14万人。

体育事业协调发展。成功举办2021东风悦达起亚·SK新能源盐城马拉松、首届长三角龙舟赛暨盐城市第四届龙舟赛等大赛。体育设施不断完善。全年新建健身步道85公里，为170个老旧小区安装了新的室外体育健身器材，新建或改建11个规模公园成体育公园。体育产业质效明显提升。全市拥有国家体育产业示范项目2个、省级体育产业基地2个、省级体育服务综合体2个。竞技体育水平稳步提高。全市28名运动员参加第十四届全国运动会，获得5金2银1铜。

11. 人口、人民生活和社会保障

人口规模保持稳定。年末全市常住人口671.3万人，比上年增长0.04%，其中，城镇常住人口434.67万人，比上年增长1.03%，常住人口城镇化率64.75%，比上年提高0.64个百分点。全年出生人口2.75万人，出生率4.1‰；死亡人口6.14万人，死亡率9.15‰。

居民收入稳步增长。全年全体居民人均可支配收入 36764 元,比上年增长 9.1%,其中,工资性收入 18994 元,增长 8.7%;经营净收入 8060 元,增长 7.1%;财产净收入 2432 元,增长 7.0%;转移净收入 7278 元,增长 13.1%。按常住地分,城镇居民人均可支配收入 43787 元,增长 8.4%;农村居民人均可支配收入 26049 元,增长 10.0%。城乡居民人均收入比为 1.68:1,比上年缩小 0.03。全体居民人均消费支出 21982 元,比上年增长 19.0%。按常住地分,城镇居民人均消费支出 24303 元,增长 16.9%;农村居民人均消费支出 18443 元,增长 23.0%。

社会保障更趋完善。全市参加企业职工基本养老保险在职职工 116.12 万人,参加城乡居民基本养老保险 228.53 万人,全市职工基本医疗保险参保人数 157.14 万人,失业保险、工伤保险、生育保险参保人数分别为 86.26 万人、104.44 万人、91.17 万人。全市共保障城乡低保对象 5.8 万户、9.7 万人,发放最低生活保障金 6.49 亿元。全市建有公办养老机构 125 家,民办养老机构 49 家,城乡居家养老服务中心 1808 家。

12. 城市建设和环境保护

城乡建设成效显著。全年交通建设完成投资 201.6 亿元。主攻高速势头强劲,以"盐城速度"全力推进前期,先后开工建设建兴高速、滨淮高速、东兴高速 3 条高速公路。着力乡村打响品牌,新改建农村公路 640 公里、桥梁 380 座,建成 482 公里美丽乡村旅游公路。公交优先深入推进,全面建成畅达市县镇村全域公交网,开通 15 条市域、32 条市郊、98 条县镇、305 条镇村公交线路,国内首条超级虚拟轨道交通(SRT)投入运营,市区新辟、优化调整 37 条公交线路,新建、改造 45 座 BRT 站台,形成 326 公里"六主四环八支"BRT 快速公交体系。

公用事业不断发展。全年全社会用电量 410.1 亿千瓦时,比上年增长 14.5%,其中,城乡居民生活用电 61.6 亿千瓦时,增长 6.5%。全年共有 17 座投入运营的城市水厂,总供水能力达 189.5 万吨/日,全部具备深度处理能力,新建供水管网约 151.8 公里,改造供水管网约 205.3 公里,全市完成老旧小区二次供水设施改造 117 个。

生态环境持续改善。全市始终坚持生态优先、绿色发展新理念,生态环境得到持续改善。全市空气质量优良天数比例 87.4%,PM2.5 年均浓度 28 微克/立方米,空气质量全省最优,位于全国前列。全市新增成片林 1.65 万亩,林木覆盖率 25.1%。全年新能源累计发电量 243.1 亿千瓦时,比上年增长 36.0%,占全社会用电量六成。

第十四章 2020—2021年扬州市经济发展分析

2020年,全市深入贯彻落实习近平总书记重要指示精神和党中央决策部署,坚持疫情防控和经济社会发展"两手抓、两手硬","六稳""六保"任务全面落实,综合实力迈上了新台阶,高水平全面建成小康社会取得历史性成就。

一、2020年扬州市经济与社会运行发展情况

1. 综合情况

经初步核算,扬州市全年实现地区生产总值6048.33亿元,按可比价计算,增长3.5%,其中,第一产业实现增加值307.1亿元,增长2.9%;第二产业实现增加值2786.35亿元,增长3.6%;第三产业实现增加值2954.88亿元,增长3.5%。三次产业结构调整为5:46.1:48.9。第三产业增加值占地区生产总值的比重比上年提高0.9个百分点。

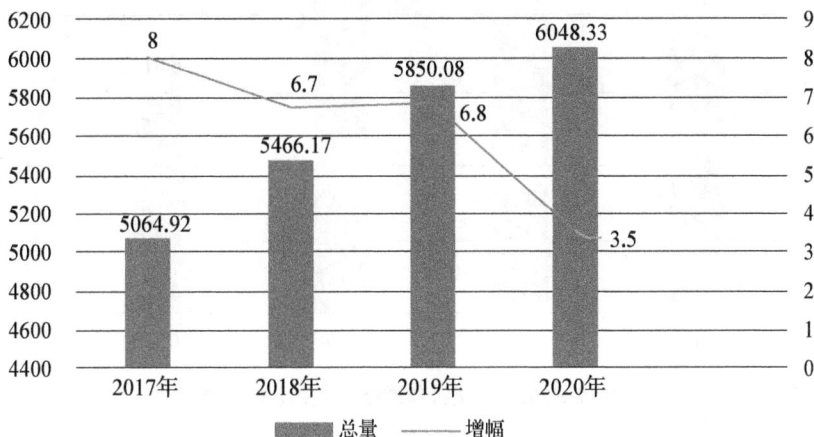

图1 2017—2020年地区生产总值及其增速

数据来源:《扬州统计年鉴2021》

全市一般公共预算收入337.27亿元,增长2.6%。税收收入264.46亿元,增长0.2%,税收占一般公共预算收入比重为78.4%。主体税种中,增值税121.95亿元,下降4.7%;企业所得税35.31亿元,增长4.5%;个人所得税9.32亿元,增长2.3%。全市一般公共预算支出668.33亿元,增长9.2%,其中,一般公共服务支出73.97亿元,增长0.4%;公共安全支出40.52亿元,增长2.5%;教育支出107.03亿元,增长10.0%;科学技术支出12.47亿元,下降27.4%;社会保障和就业支出84.92亿元,增长22.4%;卫生健康支出43.0亿元,增长1.9%;节能环保支出15.00亿元,下降44.9%;农林水支出55.62亿元,增长5.2%;交通运输支出36.18亿元,增长0.5%;住房保障支出25.11亿元,增长4.4%。

全年城镇新增就业6.01万人,新增转移农村劳动力1.24万人,完成就业技能培训7.2万人次,创业带动就业9.45万人。年末城镇登记失业人数2.57万人,城镇登记失业率1.77%,年末领取失业保险金人数1.1万人。

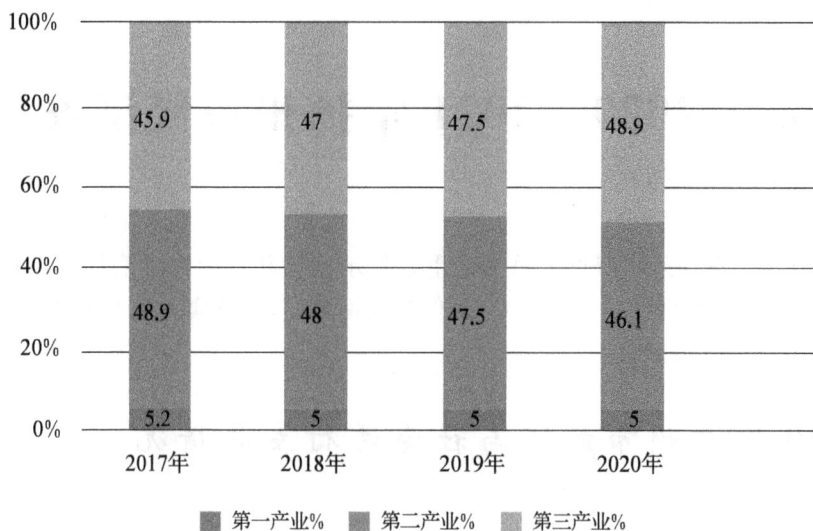

图 2　2017—2020 年三产业占比情况
数据来源:《扬州统计年鉴 2021》

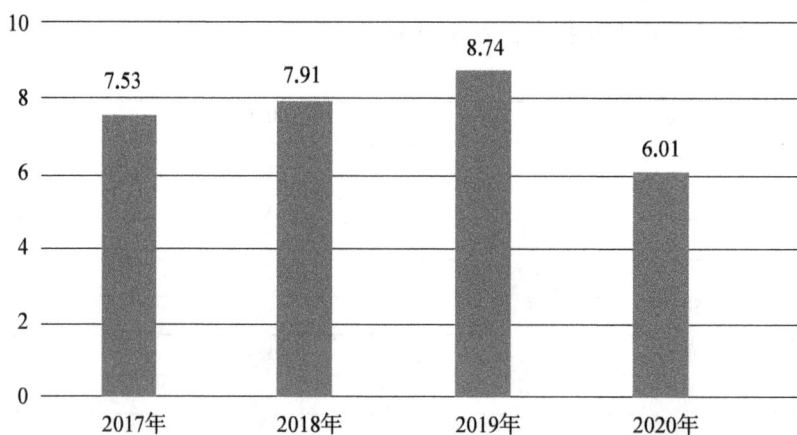

图 3　2017—2020 年城镇新增就业人数(单位:万人)
数据来源:《扬州统计年鉴 2021》

全年居民消费价格比上年上涨 2.5%,其中,食品烟酒价格上涨 8.0%,非食品烟酒价格上涨 0.3%。八大类消费品及服务项目价格同比"六升二降",其中,食品烟酒类上涨 8.0%,其他用品和服务类上涨 4.3%,生活用品及服务类上涨 1.8%,教育文化和娱乐类上涨 1.4%,居住类上涨 0.5%,医疗保健类上涨 0.5%,衣着类、交通和通信类分别下降 0.6%、2.4%。

全年新登记市场主体 10.06 万户,年末实有 59.66 万户,分别增长 45.1%、12.6%。全年新登记私营企业 2.69 万户,年末实有 16.77 万户。全年新登记个体工商户 6.95 万户,年末实有 40.49 万户。

2. 农业

2020 年,全市农林牧渔业(含农林牧渔服务业)现价总产值为 541.93 亿元,实现农林牧渔业(含农林牧渔服务业)现价增加值为 325.90 亿元,可比增长 2.8%。全年粮食播种面积 582 万亩,同比增长 0.5%,其中,夏粮播种面积 266.3 万亩,增长 0.7%;秋粮播种面积 315.7 万亩,增长 0.3%。全年粮食亩产 492.6 公斤,其中夏粮亩产 381.7 公斤,增长 1.1%,创 2016 年以来新高;秋粮亩产 586.1 公斤,下降 0.7%。全年粮食总产 286.65 万吨,同比增长 0.4%,其中,夏粮总产

101.65万吨,增长1.8%;秋粮总产185万吨,下降0.4%。蔬菜生产平稳增长。今年,扬州市"菜篮子"基地水平不断提升,蔬菜供应数量不断增加。全市蔬菜播种面积90.98万亩,同比增长1.9%;蔬菜总产228.99万吨,同比增长2.3%。

生猪存出栏完成全年目标任务。全市年末生猪存栏72.85万头,完成65万头目标任务的112.1%,其中,能繁母猪存栏7.19万头。累计出栏生猪113.15万头,完成113万头目标任务。全年猪牛羊禽肉产量15.9万吨,增长8.9%。禽蛋产量5.7万吨,下降57.8%。牛奶总产量2.1万吨,增长16.7%。水产品总产量39.9万吨,同比增长0.83%,其中,养殖产量37.6万吨,增长1.99%;捕捞产量受长江流域禁捕、退捕等因素影响有所减少,实现捕捞产量2.3万吨,下降14.87%。

全市新增设施农业面积1.93千公顷,年末设施农业面积58.26千公顷。年末农业机械总动力287.31万千瓦,有效灌溉面积276.73千公顷。新增节水灌溉面积4.26千公顷,年末节水灌溉面积210.53千公顷。

3. 工业

(1)基本情况

全市2815家规上工业企业增加值增长6.3%,其中,轻工业增长5.3%,重工业增长6.6%。按门类分,制造业增加值增长6.8%,电力、热力、燃气及水生产和供应业增加值增长1.8%,采矿业增加值下降4%。按经济类型分,国有工业增长9.7%,集体工业下降29%,股份制工业增长7.4%,外商港澳台投资工业增长3.7%。工业企业盈利能力提升,规模以上工业企业营业收入增长2.9%,利润增长15.7%。规模以上工业企业营业收入利润率、成本费用利润率分别为4.6%、5.0%。规模以上工业企业资产负债率为55.4%,总资产贡献率为7.1%。全年规模以上工业企业产销率为96.2%。

先进制造业产值增长6.8%,对全部规上工业总产值的贡献率63.1%,拉动全市产值增幅4.6个百分点。分产业看,汽车及零部件(含新能源汽车)产业增长13.3%,海工装备和高技术船舶产业增长9.8%,生物医药和新型医疗器械产业增长9.4%,高端装备产业增长7.9%,电子信息产业增长7.6%,食品产业增长5.2%,新型电力装备增长4.2%,高端纺织服装产业和航空产业分别下降6.9%和4.1%。

规模以上工业企业营业收入增长2.9%,利润增长15.7%。规模以上工业企业营业收入利润率、成本费用利润率分别为4.6%、5.0%。规模以上工业企业资产负债率为55.4%,总资产贡献率为7.1%。全年规模以上工业企业产销率为96.2%。

全社会用电量264.66亿千瓦时,增长2.0%,其中,第一产业用电量3.44亿千瓦时,增长9.3%;第二产业177.96亿千瓦时,增长1.7%,其中,工业用电174.54亿千瓦时,增长1.5%;第三产业40.24亿千瓦时,增长0.1%;城乡居民生活用电43.02亿千瓦时,增长4.8%。

(2)2020年扬州工业经济发展状况

工业经济稳定恢复,两项指数稳步提升。2020年全市规上工业增加值同比增长6.3%,较前三季度提高2.3个百分点,高于省均增幅0.2个百分点,其中,制造业增加值增长6.8%,较前三季度提高2.7个百分点。从产值完成情况来看,全市2815家规上工业企业产值同比增长7.3%,较前三季度提高4.3个百分点。全市33个行业中,24个行业实现增长,比前三季度增加4个,增长面达72.7%。与居民生产生活密切相关的燃气生产和供应业、食品制造业同比增长较快,分别为22.7%和15.8%。

四季度,全市667家规模以上工业企业列入景气调查。调查结果显示,全市规上工业企业景气指数126.72,企业家信心指数128.71,分别比三季度提高1.83和3.33个百分点,两项指数均保持在"较为景气"区间。全市战新产业景气指数132.23,企业家信心指数133.99,分别高于规上工业整体水平5.51和5.28个百分点。

先进制造发展良好,企业效益有所改善。全市1736家先进制造业企业产值同比增长6.8%,较前三季度提高3.9个百分点。分产业来看,汽车及零部件、海工装备和高技术船舶、生物医药和新型医疗器械、高端装备、电子信息产业产值同比增长13.3%、9.8%、9.4%、7.9%、7.6%,分别高于全市产值增幅6.5、3.0、2.6、1.1、0.8个百分点。扬州扬杰电子科技股份有限公司今年以来持续加大研发投入,优化产品结构,重点发展及推广高附加值产品,今年由于疫情加速生产体温枪零件;受国产替代趋势影响,今年大客户持续放单,企业战新产品订单饱满,累计增幅达48.1%。

1—11月全市规上工业利润总额同比增速11%,较前三季度提高5.3个百分点。在33个大类行业中,22个行业利润总额实现增长,增长面达66.7%,其中,计算机、通信和其他电子设备制造业利润总额同比增长46.2%,化学原料和化学制品制造业增长15.1%,电气机械和器材制造业增长9%;规上工业营业收入同比增长1.6%,较前三季度提高2.7个百分点,销售利润率为4.6%,同比增长0.4%。

新增企业拉动有力,出口降幅有所趋缓。全市新增入库企业产值合计增长52.5%,继续保持高位运行,对全市规上工业增长的贡献率达19.2%,拉动规上工业增速1.4个百分点。从行业分布来看,新增企业主要集中于电气机械和器材制造业,专用设备制造业,通用设备制造业,非金属矿物制品业,新增企业数分别为53、39、33和26家,四个行业合计拉动全部规上工业增速0.6个百分点。

2020年出口交货值同比下降1.6%,较三季度降幅收窄1.3个百分点。分行业看,全市有10个行业大类出口实现增长,同前三季度相比,14个行业出口增速上升或降幅收窄,占比达42.4%。部分行业出口增速较高,医药制造业出口同比增长43%,金属制品业增长16.6%,电气机械和器材制造业增长10.9%。

产能利用稳步提高,六成产品实现增长。四季度,全市工业产能利用率为83.8%,较三季度上升1.4个百分点。调查企业中,产能利用率与上季度相比提高的占31.9%,较三季度提高2.2个百分点;不变的占60.7%,提高2.9个百分点;下降的占7.4%,下降5.1个百分点。产能利用率提升的最主要原因是市场需求大、订单增加,受此影响的企业占83%。此外,因技术改造生产效率提升、产品竞争优势增强、劳动力供应改善、资金状况改善、产能减少而提高产能利用率的企业分别占25%、10.4%、7.1%、6.1%、2.8%。

全市225种列入统计的工业产品中,133种产品产量实现增长,增长面为59.1%,较前三季度提高2.8个百分点;其中12月份当月有147种产品产量实现增长,增长面为65.3%。同前三季度相比,147种产品产量增幅上升或降幅收窄,占比近七成。部分新兴产品继续保持较快增长,医疗仪器设备及器械68.2%,数控金属切削机床59.4%,单晶硅18.5%。

4. 建筑业

(1)基本情况

全年建筑业实现总产值4516.04亿元,增长6.8%。房屋建筑施工面积30821万平方米,增长9.4%,其中,新开工面积13949.3万平方米,增长32.6%。竣工产值3686.3亿元,增长2.1%。竣工面积10523.2万平方米,下降10.5%。

(2)工程质量

2020年,扬州市共有20家企业荣获"2020年江苏建筑业百强企业",仅次于有22家企业上榜的南通市。根据2020年度江苏省建筑业百强企业名单,在榜单的"综合实力类"50家上榜企业中,扬州有11家企业上榜;在"基础设施类"16家上榜企业中,扬州有7家企业上榜;此外,扬州的江苏华发装饰有限公司、江苏江安集团有限公司分别登上"建筑装饰类"和"建筑安装类"企业榜单。

图4　2016—2020年建筑业总产值以及增幅

数据来源:《扬州统计年鉴2021》

表1　建筑业企业类型

类型	企业名称
综合实力类	江苏省华建建设股份有限公司 江苏邗建集团有限公司 江苏扬建集团有限公司 江苏江都建设集团有限公司 江苏弘盛建设工程集团有限公司 安宜建设集团有限公司 江苏华江建设集团有限公司 江苏省江建集团有限公司 江苏兴厦建设工程集团有限公司 江苏润扬建设工程集团有限公司

5.服务业

(1)基本情况

2020年,全市规上服务业实现营业收入482.77亿元,同比增长4.9%,增幅较前三季度提高4.3个百分点,已回升至2019年的水平,总体呈回升的复苏态势。2020年,全市规上服务业企业实现营业利润21.99亿元,同比下降2.6%,降幅较1—11月收窄10.1个百分点。自7月份以后,全市规上服务业营业利润降幅连续5个月收窄。重点企业支撑作用明显。2020年,88家亿元以上规上服务业企业共实现营业收入309.1亿元,占全市规上服务业企业比重达64%,同比增长12.3%,增幅高于全市平均水平7.4个百分点。规上服务业经营效益逐步改善。

2020年,扬州市服务业增加值由2015年的1808.2亿元增加到2954.9亿元,服务业增加值占GDP比重达48.9%,五年累计提高4.8个百分点,服务业已成该市"第一支柱产业"。全市生产性服务业增加值1630亿元,占比达55.2%,5年提升5个百分点,成为支撑先进制造业发展的重要力量,其中,规上高技术服务业营收占全部规上营收比重上升了7个百分点,成为服务业提质增效发展的核心"引擎"。2020年全市新增规上服务业企业181家,同比增长69.2%;持续推进集聚区建设,省市级服务业集聚区达到57家,公共服务平台达到131个,对各类资源和要素的吸附力、对服务业企业的综合服务能力进一步增强。

(2)交通物流服务业

1—12月扬州全市交通建设投资共完成140.85亿元,其中,公路建设113.92亿元,水运建设18.47亿元,铁路建设8.46亿元。

营业性公路客车共完成公路客运量 2073 万人次,周转量 15.5 亿人公里,同比分别下降
29.3%和 41.7%;全市营业性公路货车完成公路货运量 5228 万吨,周转量 87.65 亿吨公里,同比
分别增长 6.7%和 9.8%;营业性运输船舶完成水路客运量 6.72 万人次,周转量 40.35 万人公里,
同比均下降 38.9%;完成水路货运量 7520 万吨,周转量 329.95 亿吨公里,同比分别增长 8.5%和
11.9%(2019 年交通部运输量专项调查后,基数有所调整)。

沿江港口共完成货物吞吐量 12174.7 万吨,同比增长 5.76%;外贸货物吞吐量 1107.3 万吨,
同比下降 2.2%;集装箱 52.73 万标箱,同比增长 0.74%;内河港 2202.5 万吨,同比下降 8.4%。

全市货运总量和货物周转量分别完成 1.28 亿吨和 417.6 亿吨公里,分别增长 7.8%、11.5%;
客运量和旅客周转量完成 2817.85 万人和 15.53 亿人公里,分别下降 27.7%、41.7%;港口货物吞
吐量 14377.2 万吨,增长 3.3%。

扬泰机场完成旅客吞吐量 237.2 万人次,同比下降 20.4%;完成货邮吞吐量 1.26 万吨,同比
增长 70.96%。扬州泰州国际机场新开辟国内航线 6 条,累计开通 49 个通航点,其中,国内 41 个,
国际/地区 8 个;机场累计完成旅客吞吐量 237.2 万人次,同比下降 20.4%;完成货邮吞吐量 1.26
万吨,同比增长 71%。年末全市公路里程 9632.03 公里,其中高速公路里程 293.68 公里。

截至 2020 年底,全市新增汽车 7.74 万辆,全市机动车保有量 101.63 万辆,同比增长 3.6%,全
市机动车驾驶人总数 159.70 万人,其中汽车驾驶人 137.40 万人。

全市邮政通讯业务收入 83.81 亿元,增长 7.7%,其中,通讯业务收入 48.19 亿元,增长 4.9%;
邮政业务收入 35.62 亿元,增长 11.6%。年末电话用户 604.33 万户,下降 1.8%,其中,移动电话
用户 519.14 万户,下降 1.2%。互联网宽带接入用户 200.37 万户,增长 7.8%。

(3)财政、金融

全市一般公共预算收入 337.27 亿元,增长 2.6%。税收收入 264.46 亿元,增长 0.2%,税收占
一般公共预算收入比重为 78.4%。主体税种中,增值税 121.95 亿元,下降 4.7%;企业所得税
35.31 亿元,增长 4.5%;个人所得税 9.32 亿元,增长 2.3%。

表 2　2020 年财政收入情况

指标名称	2020 年	同比(%)
一般公共预算收入(亿元)	337.27	2.6
税收收入(亿元)	264.46	0.2
#增值税	121.95	−4.7
企业所得税	35.31	4.5
个人所得税	9.32	2.3
城市维护建设税	17.60	−0.5
房产税	10.95	−7.8
印花税	3.94	5.4
城镇土地使用税	6.63	−14.1
契税	32.23	32.0
非税收入	72.81	12.1
行政事业性收费	14.96	−16.4

数据来源:《扬州统计年鉴 2021》

年末金融机构人民币存款余额 7586.35 亿元,增长 13.2%,其中,住户存款 3698.46 亿元,增
长 14.9%;贷款余额 6279.75 亿元,增长 16.8%。个人消费贷款 1757.24 亿元,增长 12.9%。住房
消费贷款 1578.42 亿元,增长 12.9%。

表3　2020年末金融机构人民币存贷款情况

指标名称	2020年	比上年(%)
金融机构各项存款余额(亿元)	7586.35	13.2
♯住户存款	3698.46	14.9
非金融企业存款	2624.64	17.0
广义政府存款	1186.13	0.0
金融机构各项贷款余额(亿元)	6279.75	16.8
♯住户贷款	2261.22	15.3
非金融企业及机关团体贷款	4018.09	17.7
票据融资	393.18	16.9
个人消费贷款(亿元)	1957.24	12.9
♯住房消费	1578.42	12.9

数据来源:《扬州统计年鉴2021》

年末全市累计实现境内上市企业15家,境内上市公司募集资金总额228.2亿元,总股本83.26亿股,总市值1221亿元。全市证券资金账户数84.60万户,比上年增加11.81万户,增长16.2%。证券交易额16287.66亿元,比上年增加4344.30亿元,增长36.4%,其中,股票交易额11954.51亿元,比上年增加3325.29亿元,增长38.5%,占交易额的73.4%;基金交易额976.85亿元,比上年增加514.23亿元,增长111.15%,占交易额的6.0%。

全市各类保险机构实现保费收入178.27亿元,增长1.7%,其中,财产险保费收入38.37亿元,增长3.2%;寿险保费收入110.53亿元,下降1.0%;健康险保费收入24.72亿元,增长10.6%;意外伤害险保费收入4.65亿元,增长13.8%。累计赔付支出46.71亿元,增长1.7%,其中,财产险赔付支出23.5亿元,增长4.7%;寿险赔付支出15.97亿元,下降2.1%;健康险赔付支出5.72亿元,下降0.1%;意外伤害险赔付支出1.52亿元,增长5.2%。

(4)批发与零售服务业

全市社会消费品零售总额1379.29亿元,同比下降3.1%,位列全省第9位,降幅较一季度、上半年、前三季度分别收窄15.1、6.7、2.6个百分点。按经营单位所在地分,城镇消费品零售额1233.09亿元,下降3.1%;乡村消费品零售额146.20亿元,下降2.8%。按行业分,批发业224.82亿元,下降4.6%;零售业1048.26亿元,增长0.7%;住宿业9.66亿元,下降32.4%;餐饮业96.55亿元,下降26.9%。

全市批零住餐四个行业共实现销售额(营业额)3393.78亿元,其中,批发业实现销售额2048.49亿元,比上年增长5.3%,增幅列全省第8位;零售业实现销售额1163.67亿元,比上年增长2.8%,增幅列全省第3位;住宿业实现营业额21.37亿元,比上年下降12.9%,增幅列全省第8位;餐饮业实现营业额160.25亿元,比上年下降4.6%,增幅列全省第3位。

2020年,全市限上批发和零售业共实现零售额412.35亿元,比上年增长2.4%,其中,批发业实现零售额37.46亿元,比上年增长16.8%;零售业实现零售额374.89亿元,比上年增长1.1%,这两个行业零售额总量占全部社会消费品零售总额的比重达到93.3%,主体地位依然稳固。而由于新冠疫情的影响仍在,住宿和餐饮业共实现零售额29.59亿元,比上年下降10.4%,其中,住宿业实现零售额4.55亿元,比上年下降8.7%;餐饮业实现零售额25.04亿元,比上年下降21%。

全市城镇市场实现限上零售额431.32亿元,占限上零售额比重为97.6%,比上年下降1.6%;农村市场实现限上零售额10.62亿元,占全市限上零售额比重为2.4%,比上年增长0.5%。虽然城镇市场所占社会消费品市场的权重仍居高位,但乡村市场的增长速度已经超过城镇,发展潜力日渐显现。

从限上批发和零售业商品分类零售情况来看,在23个大类商品的零售额统计中,家具类、书报杂志类、建筑及装潢材料类、粮油、食品类、烟酒类等 10 个类别比上年实现正增长,比三季度、上半年、一季度分别增加 4 个、6 个、5 个类别。住房相关消费增势喜人。受下游工业企业用量增多,房地产建筑行业复工后施工进程加快,年底是装修旺季,建材市场进入传统旺季,对建材需求量增多等因素影响,建筑及装潢材料类零售额实现两位数增长,比上年增幅达 13.3%;家具类零售额增长势头更实现翻倍增长。汽车销售拉动明显。随着疫情防控形势的持续稳定,加之疫情期间公共交通等防疫措施刺激消费者购车需求、厂家为完成销售任务纷纷出台各项优惠措施,汽车销售市场活力回升趋势明显。9 月起汽车类零售额累计增幅由负转正,全年累计零售额比上年增长 4.3%,较 1—9 月提升了 3.8 个百分点。汽车类零售额占全部限上零售额比重高达 34%,其增幅的提升对整体消费品市场回暖拉动作用显著。

(5) 文化与旅游业

全年接待境内外游客 3840.95 万人次,实现旅游业总收入 610.33 亿元。接待国内旅游人数 3839.61 万人次,下降 50.4%。实现国内旅游收入 608.41 亿元,下降 38.9%。接待入境过夜旅游者 1.34 万人次,下降 83.1%,其中,外国人 1.07 万人次,下降 46.9%;港澳台同胞 0.26 万人次,同比下降 87.7%。旅游外汇收入 2787 万美元,下降 67.4%。全市拥有国家 A 级景区 57 家,旅行社 168 个。

6. 固定资产投资和房地产

全年固定资产投资同比下降 1.5%,较一季度、上半年、三季度降幅分别收窄 35.9、12.9、5.3 个百分点,其中,第一产业投资增长 125.8%,第二产业投资下降 31.4%,第三产业投资增长 28.4%。房地产开发投资完成 833.97 亿元,增长 19.8%。商品房施工面积为 3748.15 万平方米,增长 13.6%;竣工面积 856.74 万平方米,增长 128.1%。全年商品房销售面积 817.64 万平方米,增长 12.4%;商品房销售额 910.75 亿元,增长 19.3%。

工业投资同比下降 31.4%,较 2020 年 1—2 月收窄 44.3 个百分点。服务业投资同比增长 28.4%,较 2020 年 1—2 月提升 55.5 个百分点,其中,房地产开发投资同比增长 19.8%,较 2020 年 1—2 月提升 37.1 个百分点。重大项目投资建设加快,全市 5000 万以上项目数增长明显,全年列统项目数 1254 个,较上年同期增加 538 个。5000 万以上项目投资同比增长 77.4%,增幅从 4 月份开始,一直维持在 50% 以上。基础设施类投资增长迅猛,全市基础设施投资同比增长 58.9%,远高于全部投资增幅,增幅较上年同期提高 66.6 个百分点。

房地产开发投资完成 833.97 亿元,增长 19.8%。商品房施工面积为 3748.15 万平方米,增长 13.6%;竣工面积 856.74 万平方米,增长 128.1%。全年商品房销售面积 817.64 万平方米,增长 12.4%;商品房销售额 910.75 亿元,增长 19.3%。

7. 对外贸易

全市实现进出口总额 770.2 亿元,下降 1.1%。其中,出口 580.03 亿元,增长 0.7%;进口 190.17 亿元,下降 6.1%。从进出口主体看,民营企业实现进出口 359 亿元,增长 7.2%,占全市进出口的 46.6%,其中,出口 318 亿元,增长 9.5%;国有企业进出口 137.6 亿元,增长 13.2%,其中,出口 76.4 亿元,增长 21.1%;外资企业进出口 269.4 亿元,下降 15.3%,其中,出口 181.5 亿元,下降 16.9%。从贸易方式看,一般贸易进出口 588.3 亿元,同比下降 1.3%;加工贸易进出口 144.3 亿元,同比下降 18.2%;其他贸易方式中,保税区进出境仓储或转口货物进出口 31.7 亿元,同比增长 7632.9%。从出口市场看,前十出口国(地区)累计出口 485 亿元,占全市出口 83.6%。

表4　2020 年扬州全市主要出口国别/地区情况

出口国别或地区	累计出口额(亿元)	同比(%)
欧盟	112.87	6.9
美国	104.97	−7.5

续表

出口国别或地区	累计出口额(亿元)	同比(%)
拉丁美洲	51.07	2.3
东盟	50.59	0.3
香港	40.74	22.3
大洋洲	37.56	67.5
非洲	31.64	−26.4
日本	25.14	−7.5
台湾	16.83	19.3
印度	14.43	−20.9

数据来源:《扬州统计年鉴2021》

全市实际到账外资14.7亿美元,增长6.0%。从来源地看,亚洲(地区)投资12.7亿美元,增长11.5%;欧洲投资6783万美元,增长68.5%;南美洲主要国家投资7654万美元,增长66.2%;美国投资558万美元,增长91.8%。新批外商投资企业145个,下降6.5%;新增协议外资57.9亿美元,增长65.1%;新招引世界500强及跨国公司项目6个。

全市对外投资总额5.81亿美元,增长7.4%,其中,对外直接投资额1.67亿美元,对外承包工程完成营业额3.55亿美元,对外输出劳务人员实际收入5974万美元。新批境外投资项目20个,中方协议投资额9783万美元。

表5　2020年扬州市境外投资情况

单位	新批项目数	中方协议投资额(万美元)
全市	39	13642.9
开发区	3	2051.8
广陵	4	111.8
邗江	11	3063.5
江都	11	7361.4
宝应	6	328.4
仪征	2	524
高邮	2	202

数据来源:《扬州统计年鉴2021》

8. 人民生活

全体居民人均可支配收入38843元,同比增长4.8%,其中,工资性收入23063元,增长4.1%;经营净收入6389元,增长3.7%;财产净收入3171元,增长7.0%;转移净收入6220元,增长7.4%。城镇居民人均可支配收入47202元,增长3.6%,其中,工资性收入为28137元,增长2.7%;经营净收入6651元,增长2.9%;财产净收入4696元,增长5.8%;转移净收入7718元,增长6.6%。农村居民人均可支配收入24813元,同比增长6.3%,其中,工资性收入14532元,增长6.6%;经营净收入5958元,增长4.9%;财产净收入618元,增长7.3%;转移净收入3705元,增长7.5%。全体居民人均消费支出22060元,下降1.8%。城镇居民人均消费支出25342元,下降1.4%。农村居民人均消费支出16550元,下降3.9%。

表6　2020年城镇居民全年人均可支配收入和消费支出

	2020年(元/人)	同比增长(%)
人均可支配收入	47202	3.6
（一）工资性收入	28137	2.7

续表

	2020 年(元/人)	同比增长(%)
(二) 经营净收入	6651	2.9
(三) 财产性收入	4696	5.8
(四) 转移性收入	7718	6.6
生活消费支出	25342	−1.4
(一) 食品	7382	−2.9
(二) 衣着	2135	2.5
(三) 居住	6025	6.2
(四) 生活用品及服务	1471	4.4
(五) 交通通信	2716	−3.4
(六) 教育文化娱乐	3721	−7.9
(七) 医疗保健	1239	−9.9
(八) 其他用品和服务	653	−7.4

数据来源:《扬州统计年鉴 2021》

年末全市城乡基本养老、基本医疗、失业、工伤和生育保险参保人数分别为 327.08 万人、435.36 万人、74.34 万人、95.03 万人和 96.27 万人。城乡居民基本养老保险基础养老金最低标准由每人每月 148 元提高到 175 元。城乡居民医保人均财政补助最低标准提高到每人每年 580 元。试点实施长期护理保险制度,新增颐养示范社区 29 个,建成区域性养老服务中心 6 个。扬州城乡低保标准实现一体化,月人均标准由 2015 年末的 390—575 元统一提高至 2020 年的 710 元,累计发放低保资金 19.51 万人次 8.18 亿元。

2020 年末,全市卫生机构总数 1964 所(含诊所、医务室、卫生所、社区卫生服务站、村卫生室),其中,医院 91 所,社区卫生服务中心(站)230 个,卫生院 53 所,村卫生室 764 个,门诊部 196 个,诊所、卫生所、医务室 582 个,计划生育技术服务机构 1 个,疾病预防控制机构 7 个,专科疾病防治院(所、站)5 所,妇幼保健院(所、站)8 所,急救中心(站)2 个,采供血机构 1 个,卫生监督所(中心)7 个,其他卫生机构 16 个。

2020 年末,全市医疗机构床位 26316 张,其中,医院床位 18906 张(占 71.84%),社区卫生服务中心(站)床位 1802 张(占 6.85%),卫生院床位 4333 张(占 16.47%)。医疗机构床位比上年增加 1322 张,其中,医院床位增加 1118 张,社区卫生服务中心(站)床位增加 79 张,卫生院床位减少 171 张,每千人口床位数达到 5.77 张。

全市卫生人员 3.8 万人,其中乡村医生、卫生员 1538 人。卫生人员中,卫生技术人员 3.10 万人,执业(助理)医师 1.32 万人(其中执业医师 10980 人),注册护士 1.28 万人。每千人口卫生技术人员 6.8 人,每千人口执业(助理)医师 2.90 人,比上年增加 0.14 人,每千人口注册护士 2.81 人。2020 年末,全市各级各类卫生机构万元以上医疗设备 2.74 万台,总价值 44.90 亿元。

2020 年末,全市医疗机构总诊疗人次数 2301.49 万人次,其中,医院 886.94 万人次,占 38.54%;社区卫生服务中心(站)345.77 万人次,占 15.02%;卫生院 405.87 万人次,占 17.64%;村卫生室 300.10 万人次,占 13.04%;门诊部 66.49 万人次,占 2.89%;诊所、卫生所、医务室 162.34 万人次,占 7.05%;专科疾病防治院(所、站)23.31 万人次,占 1.01%;妇幼保健院(所)105.39 万人次,占 4.58%。全市医疗机构居民平均年诊疗次数 5.05 次,其中门急诊次数 4.88 次。

全市医疗机构入院人数 72.11 万人,其中,医院 56.11 万人,占 77.81%;社区卫生服务中心(站)2.93 万人,占 4.06%;卫生院 9.65 万人,占 13.38%;其他医疗机构 3.42 万人,占 4.74%,平均每千人口入院人数 158.14 人次。全市医疗机构病床使用率 75.34%,其中,医院 82.1%,社区卫生服务中心 46.41%,卫生院 52.35%。医疗机构出院者平均住院日 9.2 日。

2020年,全市医疗卫生机构收入152.40亿元,比上年增收10.21亿元,增长7.18%,其中,财政拨款收入27.86亿元,比上年增加52.66%;上级补助收入2.23亿元;事业收入117.59亿元,比上年减少0.08亿元,减少0.07%。全市医疗机构支出146.56亿元,比上年增支8.08亿元,增长5.83%,其中,业务支出124.04亿元,比上年增加4.57亿元,增长3.83%。全市医疗卫生机构平均每诊疗人次费用213.8元,其中,药费83.5元,占39.06%;检查治疗费44.9元,占21%。平均每一出院者住院费用9963.10元,其中,药费3013.3元,占30.24%;手术费601.7元,占6.04%;床位费436.6元,占4.38%。出院者平均每床日住院医疗费用1084元。

年末全市参加基本养老保险的单位37384家,企业职工基本养老保险参保人数160.63万人,比上年末增加3.65万人。其中,在职职工110.1万人,离退休人员50.53万人,分别比上年末增加0.91万人,增加2.74万人。年末全市累计纳入社区管理的退休人员50.53万人,社区管理率为100%;累计接收档案人数50.53万人,档案接收率100%。年末全市机关事业单位基本养老保险参保人数14.66万人,比上年末增加9625人,其中在职职工8.79万人,退休人员5.87万人,分别比上年末增加6243人和3382人。年末全市城乡居民社会养老保险参保人数77.14万人,比上年末减少6.98万人,领取基础养老金人数74.65万人,比上年末减少1.4万人。城乡居民社会养老保险基础养老金标准调整为每人每月175元,比上年增加27元。年末全市失业保险参保人数74.34万人,比上年末增加1.79万人;年末领取失业保险金人数10999人,比上年末减少1154人。年末全市参加工伤保险人数95.03万人,比上年末增加9.6万人。认定(视同)工伤5369件,比上年增加110件。劳动能力鉴定3562件,达到伤残等级3224人,分别比上年增加126件和128人。全年享受工伤保险待遇人数10212人,比上年增加602人。

9. 科技和教育

全市完成专利申请量39039件,专利授权量28486件,其中发明专利申请7585件;发明专利授权1490件。每万人发明专利拥有量18.55件。PCT国际专利申请105件。商标申请量20439件,注册量13096件。新增地理标志2件。

全年认定国家高新技术企业567家,有效高企累计数达1627家。新增省高企入库培育企业629家,1287家企业通过国家科技型中小企业认定。全年高新技术产业产值同比增长9.8%,占规上工业产值比重达48.1%,较2019年提升0.9个百分点。

全市共有普通高校8所。普通高等教育招生3.99万人,在校生11.07万人,毕业生2.45万人,其中,研究生教育招生0.42万人,在校生1.16万人,毕业生0.25万人。高等教育毛入学率达65.8%,比上年提高1.3个百分点。高中阶段教育毛入学率达100%。中等职业教育在校生3.32万人(不含技工学校)。特殊教育招生0.02万人,在校生0.1万人。全市小学在校生22.26万人,普通中学在校生17.67万人。全市共有幼儿园368所,比上年减少1所;在园幼儿11.51万人,比上年增加0.38万人。学前三年教育毛入园率达99.5%。

表7 扬州各类教育事业基本情况(2019年)

项 目	学校数(所)	毕业生数	招生数	在校学生数	专任教师
普通高等学校	8	22034	35729	99193	6183
中等职业教育学校	6	6987	5167	17243	1576
普通中学学校	163	57295	58770	176749	16732
♯高中	31	20346	24378	71458	6299
初中	132	36949	34392	105291	10433
职业高中	3	5292	5198	15911	710
技工学校	12	4503	9650	22994	1564

项　目	学校数(所)	毕业生数	招生数	在校学生数	专任教师
普通小学	201	34624	38302	222582	14589
特殊教育学校	7	222	165	984	229
幼儿园	368			115055	7610

数据来源:《扬州统计年鉴2021》

10. 资源和环境

2020年,全市2815家规模以上工业企业综合能源消费量968.6万吨标准煤,较2019年减少24.7万吨标准煤,同比下降1.7%,降速较2018年和2019年分别收窄了2.0和0.1个百分点。

2020年,全市六大高耗能行业综合能源消费量为719.0万吨标煤,同比下降1.3%,占规上工业能耗的比重为74.2%,所占比重同比上升0.3个百分点。从具体行业看,六大高耗能行业综合能耗增速"四升二降"。上升的四个行业是非金属矿物制品业(增长9.5%)、石油加工、炼焦和核燃料加工业(增长7.1%)、有色金属冶炼和压延加工业(增长7.1%)和黑色金属冶炼和压延加工业(增长6.7%);下降的两个行业为电力热力生产和供应业(下降6.8%)、化学原料及化学制品制造业(下降4.4%)。

2020年,全市规上工业发电量236.4亿千瓦时,同比下降4.5%,日均发电6460.1万千瓦时,同比下降4.7%,降速较上半年收窄了3.2个百分点。分发电类型来看,燃煤发电157.6亿千瓦时,同比下降2.4%,占规上工业发电量的66.6%;风力、太阳能、生物质、垃圾焚烧等可再生能源合计发电19.6亿千瓦时,同比增长4.6%,占比8.3%,所占比重同比上升0.7个百分点。其中,风力发电3.2亿千瓦时,同比增长81.6%,占比1.8%;太阳能发电5.2亿千瓦时,同比增长6.0%,占比3.7%;生物质发电2.3亿千瓦时,同比增长35.0%,占比1.0%;垃圾焚烧发电2.3亿千瓦时,同比增长5.1%,占比1.8%。

2020年,全市规模以上工业煤炭消费量899.8万吨,较2016年煤炭消费量减少160.2万吨,同比下降15.1%,完成省定年度目标任务的113.9%,超额完成年度目标任务。分用途看,电煤消费量648.1万吨,较2016年减少68.1万吨,同比下降9.5%,非电煤消费量251.7万吨,较2016年减少92.1万吨,同比下降26.9%。

表8　2020年全市高耗能行业综合能耗情况表

指标名称	综合能耗 (万吨标准煤)	同比增幅 (%)
规上工业合计	968.6	−1.7
♯高耗能行业合计	719.0	−1.3
电力热力生产和供应业	336.3	−6.8
化学原料和化学制品制造业	90.0	−4.4
石油加工炼焦和核燃料加工业	8.4	7.1
有色金属冶炼和压延加工业	19.4	7.1
黑色金属冶炼和压延加工业	252.9	6.7
非金属矿物制品业	12.3	9.5

数据来源:《扬州统计年鉴2021》

新改建市区污水管网60公里。改造城镇老旧小区32个、棚户区(危旧房)7587套(户),翻建背街小巷30条,新改建农贸市场6个。建成区生活垃圾分类投放设施覆盖率达85%。完成77个被撤并乡镇集镇环境整治,疏浚县乡河道85条。创成省级生态文明建设示范乡镇12个、特色田园乡村 19 个,菱塘回族乡清真村入选中国美丽休闲乡村。

城市 PM2.5 年均浓度 36 微克/立方米,下降 16.3%;空气优良率达 80.1%,提高 10.5 个百分点。完成横沟河、宝带河、小秦淮河、邗沟河等整治工程,建成区黑臭水体整治基本完成,省考以上断面水质优Ⅲ类比例达 87.5%。新增城市绿地 112 万平方米,人均公园绿地面积达到 19.57 平方米,成片造林 5.2 万亩,修复湿地 4735 亩。森林覆盖率 15.04%,林木覆盖率 23.67%。单位 GDP 能耗完成省定目标。

二、2021 年扬州市经济与社会运行发展情况

2021 年,扬州全市坚持以习近平新时代中国特色社会主义思想为指导,全面贯彻党的十九大和十九届历次全会精神,深入学习贯彻习近平总书记对江苏工作重要指示精神和视察扬州重要讲话指示精神,全面落实中央、省委决策部署,积极应对疫情冲击、经济下行和要素制约等多重挑战,统筹疫情防控和经济社会发展,"十四五"发展实现良好开局,"强富美高"新扬州现代化建设迈出坚实步伐。

1. 综合情况

经初步核算,全市实现地区生产总值 6696.43 亿元,按可比价计算,增长 7.4%,其中,第一产业实现增加值 317.18 亿元,增长 3%;第二产业实现增加值 3207.37 亿元,增长 9.2%;第三产业实现增加值 3171.87 亿元,增长 6.2%。三次产业结构调整为 4.7∶47.9∶47.4。

全市新登记市场主体 7.78 万户,其中,新登记企业(含分支机构)3.51 万户,新登记个体工商户 4.27 万户,新登记农民专业合作社 92 户。年末实有市场主体 62.07 万户,同比增长 4.7%,其中,各类企业 20.55 万户,增长 11.5%;个体工商户 41.29 万户,增长 2.0%;农民专业合作社 0.23 万户,下降 32.3%。

全年城镇新增就业 5.97 万人,新增转移农村劳动力 0.73 万人,完成就业技能培训 4.15 万人次,创业带动就业 9.45 万人。期末城镇登记失业人数 3.48 万人,城镇登记失业率 3.03%,年末领取失业保险金人数 2.26 万人。

全年居民消费价格比上年上涨 1.5%,其中,食品烟酒价格上涨 0.8%,非食品烟酒价格上涨 1.8%。八大类消费品及服务项目价格同比"七升一降",其中,交通和通信类 4.1%,衣着类 2.2%,居住类上涨 1.4%,教育文化和娱乐类上涨 1.3%,食品烟酒类上涨 0.8%,医疗保健类上涨 0.7%,生活用品及服务类上涨 0.5%,其他用品和服务类下降 0.4%。

2. 农林牧渔业

全年粮食播种面积 583.05 万亩,同比增长 0.2%,其中,夏粮播种面积 266.55 万亩,增长 0.1%;秋粮播种面积 316.5 万亩,增长 0.3%。全年粮食亩产 492.2 公斤,下降 0.1%,其中,夏粮亩产 379.4 公斤,下降 0.6%;秋粮亩产 587.2 公斤,增长 0.2%。全年粮食总产 286.97 万吨,增长 0.1%,其中,夏粮总产 101.13 万吨,下降 0.5%;秋粮总产 185.84 万吨,增长 0.5%。全年猪牛羊禽肉产量 16.29 万吨,增长 2.7%。禽蛋产量 7.5 万吨,增长 31.5%。牛奶总产量 2.39 万吨,增长 13.6%。水产品总产量 40.3 万吨,增长 1.1%,其中,养殖产量 38.1 万吨,增长 1.3%;捕捞产量 2.2 万吨,下降 0.9%。

全市新建高标准农田 19.3 万亩,农作物耕种收综合机械化率达 84%,农业机械总动力 295 万千瓦,有效灌溉面积 276.73 千公顷。创建农业产业化国家重点龙头企业 5 家,全国"一村一品"示范村镇 12 家,广陵、高邮现代农业产业园入选首批省级示范园,宝应现代农业产业园获国家级认定。

3. 工业和建筑业

全市3043家规上工业企业增加值增长13%,其中,轻工业增长15%,重工业增长12.4%。按门类分,制造业增加值增长13.3%,电力、热力、燃气及水生产和供应业增加值增长12.6%,采矿业增加值下降4.4%。按经济类型分,国有工业下降3.4%,集体工业下降5.9%,股份制工业增长16.6%,外商港澳台投资工业增长3.3%。

先进制造业产值增长17.8%,对全部规上工业总产值的贡献率56.3%,拉动全市产值增幅11.8个百分点。分产业看,汽车及零部件(含新能源汽车)产业增长2.7%,食品产业增长5.7%,海工装备和高技术船舶产业增长11.5%,新型电力装备产业增长12.7%,生物医药和新型医疗器械产业增长19.7%,高端装备产业增长24.7%,高端纺织服装产业增长25.6%,电子信息产业增长36.3%,航空产业增长49.7%。

规模以上工业企业营业收入增长19%,利润增长53.1%。规模以上工业企业营业收入利润率、成本费用利润率分别为6%、6.5%。规模以上工业企业资产负债率为53.8%,总资产贡献率为9.2%。全年规模以上工业企业产销率为95.9%。

全社会用电量289.77亿千瓦时,增长9.5%,其中,第一产业用电量3.95亿千瓦时,增长15.0%;第二产业193.39亿千瓦时,增长8.7%,其中,工业用电189.62亿千瓦时,增长8.6%;第三产业46.76亿千瓦时,增长16.2%;城乡居民生活用电45.67亿千瓦时,增长6.2%。

全年建筑业实现总产值4881.3亿元,同比增长8.1%。房屋建筑施工面积32531.7万平方米,增长5.6%,其中,新开工面积12339万平方米,下降11.5%。竣工产值4008.4亿元,增长8.7%。竣工面积11383.8万平方米,增长8.2%。

4. 固定资产投资

全年固定资产投资同比增长1.2%,其中,第一产业投资下降26.5%,第二产业投资增长16.4%,第三产业投资下降6.8%。

房地产开发投资完成841.68亿元,增长0.9%。商品房施工面积为3360.09万平方米,下降10.4%;竣工面积411.74万平方米,下降51.9%。全年商品房销售面积829.03万平方米,增长1.4%;商品房销售额923.33亿元,增长1.4%。

5. 国内贸易

全市社会消费品零售总额1480.92亿元,同比增长7.4%。按经营单位所在地分,城镇消费品零售额1323.11亿元,增长7.3%;乡村消费品零售额157.81亿元,增长7.9%。按行业分,批发业234.71亿元,增长4.4%;零售业1135.27亿元,增长8.3%;住宿业10.43亿元,增长8%;餐饮业100.51亿元,增长4.1%。

6. 开放型经济

全市实现进出口总额969.1亿元,同比增长25.5%。其中,出口712.2亿元,增长22.8%;进口256.9亿元,增长33.7%。从进出口主体看,民营企业进出口476.5亿元,增长31.2%;外商投资企业进出口311.8亿元,增长15.7%;国有企业进出口180.7亿元,增长29.5%。从贸易方式看,一般贸易进出口766.4亿元,增长29.8%;加工贸易进出口155.3亿元,增长7.6%。从出口市场看,欧盟(不含英国)、美国、澳大利亚、东盟和中国台湾依次实现贸易额163.6亿元、151.8亿元、92.1亿元、84.9亿元和56.1亿元,分别增长26.9%、33.4%、36.7%、12.2%和16.1%。全年对"一带一路"沿线国家进出口增长14.6%,对RCEP国家进出口275.6亿元,增长24%。

全市实际到账外资17.3亿美元,增长17.7%。从来源地看,亚洲国家(地区)外资15.8亿美元,增长24.9%,其中,实际利用港资15.3亿美元,增长32.3%;实际利用南美洲外资4988万美元,下降34.8%;实际利用欧洲外资1477万美元,下降78.2%。新批外商投资企业173个,增长19.3%;新增协议外资57.4亿美元,下降0.5%。

全市对外投资总额 3.06 亿美元,下降 47.4%,其中,对外直接投资额 0.92 亿美元,对外承包工程完成营业额 1.74 亿美元,对外输出劳务人员实际收入 3902 万美元。新批境外投资项目 16 个,中方协议投资额 4961.4 万美元。

7. 交通、邮电和旅游

全市货运总量和货物周转量分别完成 1.66 亿吨和 614.66 亿吨公里,分别增长 9.6%、21.1%;客运量和旅客周转量完成 678.53 万人和 4.32 亿人公里,分别下降 35.9%、28.6%;港口货物吞吐量 1.06 亿吨,增长 4.3%;集装箱吞吐量 63.13 万标箱,增长 20.4%。扬州泰州国际机场新开辟国内航线 3 条,累计开通 63 个通航点,其中,国内 49 个,国际/地区 14 个;机场累计完成旅客吞吐量 222.38 万人次,同比下降 6.2%;完成货邮吞吐量 1.07 万吨,同比下降 15.0%。年末全市公路里程 9687.70 公里,高速公路里程 307.77 公里。截至 2021 年底,全市新增汽车 7.90 万辆,全市机动车保有量 103.4 万辆,同比增长 1.3%,全市机动车驾驶人总数 163.84 万人,其中汽车驾驶人 153.63 万人。

全市邮政通讯业务收入 92.93 亿元,增长 9.8%,其中,通讯业务收入 54.64 亿元,增长 11.5%;邮政业务收入 38.29 亿元,增长 7.5%。年末电话用户 604.47 万户,其中,移动电话用户 522.92 万户,增长 0.7%。互联网宽带接入用户 217.44 万户,增长 8.5%。

全年接待境内外游客 6061.97 万人次,实现旅游业总收入 812.49 亿元。接待国内旅游人数 6060.37 万人次,增长 57.8%。实现国内旅游收入 810.41 亿元,增长 33.2%。接待入境过夜旅游者 1.61 万人次,增长 19.8%,其中,外国人 1.25 万人次,增长 15.7%;港澳台同胞 0.36 万人次,增长 36.7%。旅游外汇收入 3020.69 万美元,增长 8.4%。全市拥有国家 A 级景区 57 家,旅行社 163 个。

8. 财政、金融

全市一般公共预算收入 344.07 亿元,增长 2.0%。税收收入 274.57 亿元,增长 3.8%,税收占一般公共预算收入比重为 79.8%。主体税种中,增值税 117.70 亿元,下降 3.5%;企业所得税 43.99 亿元,增长 24.6%;个人所得税 10.84 亿元,增长 16.3%。

表 9　2021 年财政收入情况

指标名称	2021 年	同比%
一般公共预算收入(亿元)	344.07	2.0
♯税收收入(亿元)	274.57	3.8
♯增值税	117.70	−3.5
企业所得税	43.99	24.6
个人所得税	10.84	16.3
城市维护建设税	17.87	1.5
房产税	11.98	9.4
印花税	4.67	18.5
城镇土地使用税	6.68	0.8
契税	20.82	10.9
♯非税收入	32.57	1.0
♯行政事业性收费	69.50	−4.6

数据来源:《2021 年扬州市国民经济和社会发展统计公报》

全市一般公共预算支出 684.87 亿元,增长 2.5%,其中,一般公共服务支出 78.54 亿元,增长 6.2%;公共安全支出 43.87 亿元,增长 8.3%;教育支出 116.22 亿元,增长 8.6%;科学技术支出 14.69 亿元,增长 17.7%;社会保障和就业支出 88.59 亿元,增长 4.3%;卫生健康支出 56.39 亿元,增长 31.1%;节能环保支出 17.07 亿元,增长 13.8%;农林水支出 59.08 亿元,增长 6.2%;交通运输支出 32.42 亿元,下降 10.4%;住房保障支出 31.49 亿元,增长 25.4%。

年末金融机构人民币存款余额 8198.32 亿元,增长 8.1%,其中,住户存款 4150.69 亿元,增长 12.2%。贷款余额 7124.63 亿元,增长 13.5%。个人消费贷款 1923.70 亿元,增长 9.5%。住房消费贷款 1718.33 亿元,增长 8.9%。

表 10   年末金融机构人民币存贷款情况

指标名称	2021 年	比上年±%
金融机构各项存款余额(亿元)	8198.32	8.1
♯住户存款	4150.69	12.2
非金融企业存款	2854.28	8.7
广义政府存款	1105.12	−6.8
金融机构各项贷款余额(亿元)	7124.63	13.5
♯住户贷款	2518.51	11.4
非金融企业及机关团体贷款	4605.66	14.6
票据融资	434.53	10.5
个人消费贷款(亿元)	1923.70	9.5
♯住房消费	1718.33	8.9

数据来源:《2021 年扬州市国民经济和社会发展统计公报》

年末全市累计实现境内外上市企业 23 家,其中境内 16 家。全市证券资金账户数 97.04 万户,比上年增加 11.13 万户,增长 13.0%。证券交易额 18761.21 亿元,比上年增加 2473.54 亿元,增长 15.2%,其中,A 股交易额 12646.35 亿元,比上年增加 693.42 亿元,增长 5.8%,占交易额的 67.4%;基金交易额 1966.52 亿元,比上年增加 989.67 亿元,增长 101.3%,占交易额的 10.5%。

全市各类保险机构实现保费收入 174 亿元,增长 1.39%,其中,财产险保费收入 39.27 亿元,增长 3.81%;寿险保费收入 104.44 亿元,下降 1.04%;健康险保费收入 25.33 亿元,增长 6.57%;意外伤害险保费收入 4.95 亿元,增长 10.59%。累计赔付支出 54.91 亿元,增长 19.53%,其中,财产险赔付支出 27.01 亿元,增长 16.37%;寿险赔付支出 13.86 亿元,下降 12.38%;健康险赔付支出 12.44 亿元,增长 124.93%;意外伤害险赔付支出 1.61 亿元,增长 15.41%。

9. 科学技术和教育

全市完成专利授权量 28942 件,发明专利授权 1948 件。每万人发明专利拥有量 22 件。PCT 国际专利申请 79 件。商标申请量 20340 件,注册量 18364 件。新增地理标志 7 件。

全年认定国家高新技术企业 499 家,有效高企累计数达 1587 家。2471 家企业通过国家科技型中小企业认定。全年高新技术产业产值占规上工业产值比重达 51.1%,较上年提升 3 个百分点。

全市共有普通高校 8 所。普通高等教育招生 3.82 万人,在校生 12.04 万人,毕业生 2.6 万人,其中,研究生教育招生 0.45 万人,在校生 1.3 万人,毕业生 0.25 万人。高等教育毛入学率达 66.5%,比上年提高 0.7 个百分点。高中阶段教育毛入学率达 100%。中等职业教育在校生 2.94 万人(不含技工学校)。特殊教育招生 0.02 万人,在校生 0.1 万人。全市小学在校生 22.78 万人,普通中学在校生 17.61 万人。全市共有幼儿园 378 所,比上年增加 10 所;在园幼儿 10.96 万人,比上年减少 0.55 万人。学前三年教育毛入园率达 99.5%。

10. 文化、体育和卫生

全市共有艺术表演团体 8 个,文化馆 7 个,公共图书馆 8 个,博物馆 17 个,美术馆 3 个,电影院 68 家。共有综合档案馆 7 个,向社会开放档案 13.47 万卷、2.19 万件。共有广播电台电视台 4 座,广播综合人口覆盖率和电视综合人口覆盖率均达 100%。建成开放城市书房 60 家、村(社区)综合文化服务中心 1333 个,创成省书香城市示范市。舞剧《朱自清》荣获"荷花奖",实现江苏零的突破。扬州籍运动员参加 2021 年第十四届全国运动会获得 7 项冠军。

年末全市拥有各类卫生机构 1899 个,其中,医院 96 个,疾病预防控制中心 7 个,妇幼卫生保健机构 8 个。各类卫生机构拥有病床 26950 张,其中,医院拥有病床 19576 张。全市共有卫生技术人员 31898 人,其中,医院卫生技术人员 17836 人,疾病预防控制中心卫生技术人员 658 人,妇幼卫生保健机构卫生技术人员 1313 人。全市共有乡镇卫生院 53 个,床位数 4395 张,乡镇卫生技术人员 4936 人,乡村医生 1415 人。

11. 城乡建设和生态环境

328 国道快速化改造仪征段建成通车,京沪高速改扩建、龙潭过江通道等加快实施,宁扬城际开工建设,北沿江高铁工可获批。新增城市道路 109 公里。江平快速路、运河快速路、江广快速路、润扬快速路全线贯通,城市快速内环全面形成。新建(提升)各类公园 306 个。改造老旧小区 214 个、棚户区改造新开工 6598 套、基本建成 8290 套。提档升级农贸市场 38 个。建成省级特色田园乡村 28 个、绿美村庄 214 个。新(改)建农村公路 1325 公里、农桥 423 座,县(市、区)实现省级"四好农村路"示范(达标)全覆盖。

全市 PM2.5 年均浓度 33 微克/立方米,下降 10.8%;空气优良天数 286 天,空气优良率达 78.4%,首次进入空气质量二级标准城市行列。地表水总体水质持续改善,长江扬州段、京杭运河扬州段、新通扬运河总体水质为优,北澄子河、仪扬河、三阳河总体水质为良好。15 个国考断面水质达标率为 100%,优Ⅲ类断面比例为 86.7%。47 个省考断面水质达标率为 97.9%,优Ⅲ类断面比例为 93.6%,全市县级以上集中式饮用水源地水质达到或优于Ⅲ类标准比例为 100%,水质达到Ⅱ类标准比例为 70.0%。新增城市绿地 112 万平方米,人均公园绿地面积达到 19.57 平方米,成片造林 1.24 万亩,修复湿地 3580 亩。林木覆盖率 24.02%。单位 GDP 能耗下降 3.7%。

12. 人口、人民生活和社会保障

年末全市户籍人口 451.56 万人,比上年下降 0.69%。全年户籍出生人口 19888 人,出生率 4.39‰;户籍死亡人口 37769 人,死亡率 8.34‰,当年人口自然增长率为 −3.95‰。年末全市常住人口 457.7 万人,比上年增长 0.35%,常住人口城镇化率 71.42%。

全体居民人均可支配收入 42287 元,同比增长 8.9%,其中,工资性收入 25429 元,增长 10.3%;经营净收入 6757 元,增长 5.8%;财产净收入 3369 元,增长 6.2%;转移净收入 6732 元,增长 8.2%。城镇居民人均可支配收入 50947 元,增长 7.9%,其中,工资性收入为 30721 元,增长 9.2%;经营净收入 6980 元,增长 4.9%;财产净收入 4942 元,增长 5.2%;转移净收入 8304 元,增长 7.6%。农村居民人均可支配收入 27354 元,同比增长 10.2%,其中,工资性收入 16303 元,增长 12.2%;经营净收入 6373 元,增长 7.0%;财产净收入 657 元,增长 6.3%;转移净收入 4021 元,增长 8.5%。全体居民人均消费支出 26083 元,增长 18.2%。城镇居民人均消费支出 29586 元,增长 16.7%。农村居民人均消费支出 20042 元,增长 21.1%。

年末全市城乡基本养老、基本医疗、失业、工伤和生育保险参保人数分别为 327.39 万人、428.99 万人、77.07 万人、95.02 万人和 93.26 万人。城乡居民基本养老保险基础养老金最低标准由每人每月 175 元提高到 205 元。城乡居民医保人均财政补助最低标准提高到每人每年 620 元。试点实施长期护理保险制度,新增颐养示范社区 29 个,建成区域性养老服务中心 6 个。扬州城乡低保月人均标准提高到 740 元,累计发放低保资金 1.93 万人次 1.16 亿元。

第十五章　2020—2021年镇江市经济发展分析

一、2020年镇江市经济与社会运行发展情况

2020年是"十三五"收官之年,全市上下认真贯彻国家和省市各项决策部署,统筹推进疫情防控和经济社会发展,扎实做好"六稳"工作,全面落实"六保"任务,推动经济社会高质量发展,人民生活水平稳步提高,各项社会事业繁荣进步,生态环境质量持续改善,社会治理体系和治理能力实现新提升,高水平全面建成小康社会取得决定性成就。

1. 综合情况

综合实力持续增强,经济总量再上新台阶,初步核算,全年实现地区生产总值4220.09亿元,按可比价格计算,比上年增长3.5%。

表1　镇江市宏观经济发展情况　　　　　　　　　　　　　　　　　　单位:亿元

	2016年	2017年	2018年	2019年	2020年
地区生产总值	3933.84	4105.36	4050	4127.32	4220.09
第一产业	137.78	142.42	138.40	140.2	149.50
第二产业	1870.40	2031.10	1976.60	2004.79	1988.63
第三产业	1825.66	1931.84	1935.00	1982.33	2081.96

数据来源:《镇江统计年鉴2021》

分产业看,第一产业增加值149.50亿元,增长2.8%;第二产业增加值1988.63亿元,增长3.6%;第三产业增加值2081.96亿元,增长3.5%。三次产业比例调整为3.5：47.2：49.3,服务业增加值占GDP比重比上年提高0.7个百分点。

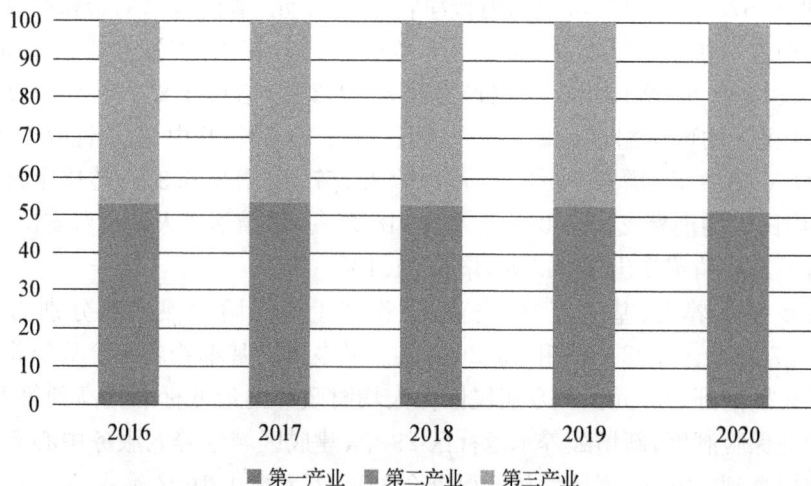

图1　镇江市三次产业结构情况(单位:%)

数据来源:《镇江统计年鉴2021》

全年新增城镇就业人数 5.84 万人,新增城镇失业人员再就业人数 4.84 万人,新增就业困难人员再就业人数 6217 人。城镇登记失业率 1.7%。全年扶持成功创业 1.43 万人,其中,引领大学生创业 2169 人,扶持农村劳动力自主创业 4068 人。城乡劳动者职业技能培训 4.03 万人。全年新增登记注册私营企业从业人员 3.98 万人,个体工商户从业人员 13.47 万人。

全年实现一般公共预算收入 311.74 亿元,比上年增长 1.6%,其中,税收收入 237.18 亿元,下降 0.8%;非税收入 74.56 亿元,增长 9.9%。从主要税种看,受增值税率调整影响,增值税下降 4.2%;企业所得税增长 0.1%,个人所得税增长 10.5%。全年实现一般公共预算支出 498.91 亿元,增长 7.0%,其中,教育支出 81.06 亿元,社会保障和就业支出 62.33 亿元,医疗卫生支出 31.32 亿元,环境保护支出 15.33 亿元。

全全年居民消费价格指数(CPI)102.4,比上年上涨 2.4%,其中,消费品价格指数 103.1,上涨 3.1%;服务项目价格指数 101.3,上涨 1.3%。分类别看,食品烟酒类上涨 7.5%,居住类上涨 1.0%,生活用品及服务类上涨 0.3%,教育文化和娱乐类上涨 2.7%,医疗保健类上涨 0.8%,其他用品和服务类上涨 4.8%;衣着类下跌 0.1%,交通和通信类下跌 4.6%。食品中,粮食上涨 0.9%,食用油上涨 2.7%,鲜菜上涨 9.1%,畜肉类上涨 35.0%,蛋类下跌 14.0%,鲜瓜果下跌 10.0%;水产品上涨 4.6%。

表 2　居民消费价格指数(以上年为 100)

项目	价格指数	比上年 ± %
居民消费价格总指数	102.4	2.4
♯食品烟酒	107.5	7.5
衣着	99.9	−0.1
居住	101.0	1.0
生活用品及服务	100.3	0.3
交通和通信	95.4	−4.6
教育文化和娱乐	102.7	2.7
医疗保健	100.8	0.8
其他用品和服务	104.8	4.8

数据来源:《镇江统计年鉴 2021》

2. 农业

全年粮食播种面积 198.52 万亩,比上年减少 0.91 万亩,下降 0.5%。全年粮食总产量 95.60 万吨,比上年增加 0.17 万吨,增长 0.2%,其中,夏粮总产量 23.68 万吨,减少 1.51 万吨,下降 6.0%;秋粮总产量 71.92 万吨,增加 1.68 万吨,增长 2.4%。全年油料总产量 3.39 万吨,下降 16.5%。蔬菜总产量 96.92 万吨,增长 2.2%;瓜果类产量 11.83 万吨,增长 1.0%。

主要畜产品中,肉类总产量 7.39 万吨,比上年增长 15.7%,其中,猪肉产量 2.41 万吨,下降 9.0%;禽肉产量 4.89 万吨,增长 34.4%。全年生猪出栏量 30.80 万头,下降 11.6%;家禽出栏量 2980.51 万只,增长 34.9%。水产品产量 9.61 万吨,增长 1.1%。

表 3　主要农产品产量情况

产品名称	产量(万吨)	比上年 ± %
粮食	95.60	0.2
棉花	0.04	−7.2
油料	3.39	−16.5
♯油菜籽	3.08	−18.2

产品名称	产量(万吨)	比上年±%
花生	0.16	2.4
肉类总产量	7.39	15.7
水产品	9.61	1.1

数据来源:《镇江统计年鉴2021》

全市拥有高标准农田158.8万亩,比上年增加4.3万亩。农业机械化水平96%,农业科技进步贡献率70.3%。全市拥有高效设施种植业面积54.40万亩,比上年增加2.9万亩。年末农机总动力达152.89万千瓦,增长0.3%。年末拥有省级以上农业产业化龙头企业46家、省级家庭农场140家、农民专业合作社3570家。全市共有农产品地理标志品牌3个、"两品一标"产品206个、有机农产品43个。长江禁捕退捕、长江干流岸线清理整治、两岸造林绿化等任务全面完成。

3. 工业

2020年全年规模以上工业增加值比上年增长6.3%,其中大中型企业增长6.0%。分轻重工业看,轻工业增长9.3%;重工业增长5.4%。分经济类型看,国有及国有控股企业增长24.5%,集体企业下降22.2%,股份制企业增长8.3%,外商及港澳台商投资企业增长2.5%;民营企业增长7.0%,其中私营企业增长6.7%。全年规模以上工业利税总额增长11.3%;利润总额增长16.0%。年末成本费用利润率6.5%,比上年提高0.9个百分点。工业产品销售率97.5%,比上年下降2.2个百分点。

全年规模以上工业高技术制造业增加值比上年增长10.2%,其中医药制造、计算机办公设备分别增长15.7%、18.9%。全年战略性新兴产业产值占比34.8%,比上年提高3.5个百分点。新兴产品增长动力强劲,手机、服务器、工业机器人等新兴智能产品比上年分别增长12.3%、16.4%和22.3%。年末拥有省级智能工厂3家,省级智能车间65个。

表4　2020年镇江市工业发展情况　　　　　　　　　　　　　　单位:亿元

指　标		全　市	其中			
			市区	丹阳市	扬中市	句容市
企业单位数	(个)	2008	729	721	337	211
♯亏损企业	(个)	401	150	135	55	61
工业总产值	(当年价)	39424940	17625292	12443900	5237632	4118117
资产合计		52607662	21483401	15222904	7374210	8527147
流动资产合计		30999822	11756911	9950263	5244360	4048287
♯应收帐款		9273341	3241442	3069390	2118303	844206
产成品		2220047	769474	1028281	231590	190701
固定资产原价		22264697	11926700	5402418	1872165	3063415
累计折旧		10900694	6417680	2502717	880661	1099637
负债合计		28555931	10395128	8469404	4764703	4926696
所有者权益合计		24051732	11088273	6753500	2609507	3600451
实收资本		28013035	7731654	3494272	14927036	1860073
♯国家资本		1906235	1205640	233283	26575	440737
港澳台及外商资本		1938395	736577	469333	153998	578488
营业收入		38980057	2830986	12360219	5229887	3960848
♯营业成本		32530234	17429103	10344156	4375076	3316064
税金及附加		199431	101736	51345	24288	22061

指　标	全　市	其中			
		市区	丹阳市	扬中市	句容市
销售费用	1200951	547202	358978	225852	68919
管理费用	1373420	588196	446856	205576	132792
财务费用	479372	186830	143454	82010	67078
利润总额	2492836	1221321	752510	151865	367151
♯亏损企业亏损额	420994	170942	132070	77329	40654
从业人员平均人数　（人）	31.39	10.33	13.23	4.17	3.66

数据来源:《镇江统计年鉴2021》

4. 建筑业

全年实现建筑业总产值597.62亿元,比上年增长6.4%,其中,建筑安装工程产值62.50亿元,增长33.6%;竣工产值426.50亿元,增长12.9%,竣工率为71.5%。房屋建筑施工面积1988.83万平方米,下降0.9%,其中,新开工面积600.84万平方米,下降0.9%;竣工面积553.41万平方米,下降15.4%,其中,住宅竣工面积263.43万平方米,下降30.9%。年末拥有资质以上建筑业企业444家,建筑业全员劳动生产率为39.87万元/人,增长8.8%。

表5　2020年镇江市建筑业发展情况

指　标		全　市	其中			
			市区	丹阳市	扬中市	句容市
企业个数	（个）	444	237	73	33	101
签订的合同额		12741623	9688181	924413	346811	1782218
建筑业总产值	（万元）	5976203	3996415	594250	282126	1103413
♯装饰装修产值		266269	115941	94304	8480	47545
♯在外省完成的产值		2003965	1673634	73590	33998	222743
♯建筑工程		5231048	3333166	573877	273725	1050280
安装工程		624992	595367	7857	7450	14319
其他产值		120163	67882	12516	951	38814
竣工产值	（万元）	4264982	2777510	369891	248009	869572
房屋建筑竣工面积	（万平方米）	5534081	1908972	1370265	492940	1761904
房屋建筑施工面积	（万平方米）	19888286	10002587	4413728	949319	4522652
♯本年新开工		6008406	2440387	1596326	463243	1508450
从业期末人数（人）		117901	49626	20040	10114	38121
♯工程技术人员		22015	11699	3413	2082	4821

数据来源:《镇江统计年鉴2021》

5. 固定资产投资

全年固定资产投资比上年增长3.0%,其中,国有及国有控股投资下降18.7%,港澳台及外商投资增长6.0%,民间投资增长11.1%。分三次产业看,第一产业投资增长9.1倍;第二产业投资增长10.9%,其中制造业投资增长14.2%;第三产业投资下降3.4%。全年分别完成工业技术改造投资和高技术产业投资132.98亿元、157.36亿元,分别占工业投资比重32.0%、37.9%。完成产业类投资525.08亿元,占固定资产投资比重51.3%。

表6 2020年镇江市固定资产投资情况 单位:万元

指 标	投资额	按市(县)分			
		市区	丹阳市	扬中市	句容市
总 计	6228340	327388	1051364	610879	1286709
按构成分					
建筑安装工程	3559256	1841813	627838	254685	834920
设备工器具购置	1984344	1201050	262326	282851	238117
其他费用	684740	236525	161200	73343	213672
按产业分					
第一产业	111963	44691	16575	4245	46452
第二产业	4149130	2073314	920716	563491	591609
第三产业	1967247	116138	114073	43143	648648

数据来源:《镇江统计年鉴2021》

全年完成房地产开发投资400.92亿元,比上年下降0.6%,其中,住宅投资338.89亿元,下降0.2%。商品房施工面积2873.77万平方米,比上年下降7.8%,其中,住宅施工面积2369.19万平方米,下降2.6%。商品房竣工面积402.91万平方米,比上年下降37.6%,其中,住宅竣工面积325.79万平方米,下降37.0%。商品房销售面积632.23万平方米,比上年增长8.2%,其中,住宅销售面积608.36万平方米,增长10.0%。商品房销售额573.44亿元,比上年下降0.3%,其中,住宅销售额552.51亿元,增长2.4%。

6. 国内贸易

全年实现社会消费品零售总额1141.94亿元,比上年下降1.4%。按经营单位所在地分,城镇市场零售额1030.34亿元,下降0.7%,乡村市场零售额111.60亿元,下降7.6%。按单位规模分,限上单位零售额349.45亿元,增长2.1%,限下单位零售额792.48亿元,下降2.9%。限额以上批发零售业通过网络实现的商品零售额比上年增长31.2%。

在限额以上批发和零售业零售额中,食品饮料烟酒类40.51亿元,增长14.0%;汽车类119.51亿元,增长8.7%;石油及制品类56.36亿元,下降15.2%;通讯器材类1.64亿元,下降19.2%;日用品类15.26亿元,下降27.9%;家用电器音像器材类16.17亿元,下降14.4%;化妆品类4.51亿元,增长8.7%;金银珠宝类11.53亿元,下降5.1%;体育、娱乐用品类2.83亿元,下降23.5%;服装、鞋帽、针织品类27.67亿元,下降4.9%。

表7 镇江市社会消费品零售总额 单位:万元

香米	全市	按市(县)分			
		市区	丹阳市	扬中市	句容市
总 计	11419350	5537508	3022488	1333012	1526342
按所在地分					
城镇	10303387	5383284	2621198	1124612	1174293
乡村	1115963	154224	401290	208400	352050
按行业分					
批发业	1855126	971581	495103	84977	303466
零售业	8400390	4052918	2198256	1088840	1060375
住宿业	82648	44335	5980	21436	10897
餐饮业	1081186	468673	323149	137759	151605
按规模分					
限额以上	3494521	1945016	636681	412739	500085
批发业	300718	141642	124306	31812	2957

香米	全市	按市(县)分			
		市区	丹阳市	扬中市	句容市
零售业	2928433	1672399	459633	334659	461741
住宿业	33356	12267	5390	12565	3135
餐饮业	232015	118708	47353	33702	32252
限额以下	7924828	3592491	2385807	920273	1026257
批发业	1554409	829939	370797	53165	300508
零售业	5471957	2380519	1738623	754181	598634
住宿业	49292	32068	590	8871	7762
餐饮业	849171	349965	275797	104057	119353

数据来源:《镇江统计年鉴2021》

7. 开放型经济

全年实现对外贸易进出口总额 104.23 亿美元,比上年下降 7.0%,其中进口总额 30.32 亿美元,下降 9.1%;出口总额 73.91 亿美元,下降 6.1%。从贸易方式看,一般贸易实现出口总额 63.31 亿美元,增长 1.3%;加工贸易实现出口总额 9.39 亿美元,下降 36.7%。从贸易市场看,直接与镇江市开展贸易往来的国家和地区达 213 个,其中,出口欧盟增长 9.6%、美国增长 6.9%、大洋洲增长 10.2%、日本下降 28.7%、东盟国家下降 8.6%。

表8　分地区进出口总额　　　　　　　　　　　　　　　　单位:亿元

项目	进出口总额	进口	出口
全市	**722.44**	**512.21**	**210.23**
京口区	88.48	50.48	38.00
润州区	19.10	17.46	1.64
丹徒区	49.02	44.57	4.44
高新区	29.74	26.83	2.91
新区	246.74	115.70	131.04
丹阳市	215.20	194.70	20.50
扬中市	31.99	29.34	2.65
句容市	42.17	33.11	9.05
总计中:国有企业	53.18	18.96	34.22
民营企业	382.87	313.12	69.75
外商及港澳台商企业	286.39	180.13	106.26
总计中:一般贸易	579.9	438.7	141.2
加工贸易	88.13	65.28	22.85

数据来源:《镇江统计年鉴2021》

全年新批外商投资企业 80 个,新增协议注册外资 21.87 亿美元,比上年增长 59.3%,其中超 3000 万美元的外资项目 28 个。实际利用外资 7.88 亿美元,增长 19.4%。

表9　2020年利用外资情况

项目	新设企业数(个)	实际使用外资金额(万美元)	历年累计批准企业数(个)
按投资方式分	**80**	**78764**	**4895**
♯独资经营	48	44901	2982
合资经营	28	33618	1823
合作经营			85

项目	新设企业数 (个)	实际使用外资金额 (万美元)	历年累计批准 企业数(个)
合作伙伴	4		4
按投资国别(地区)分	**80**	**78764**	**4895**
亚洲	56	62419	3573
非洲	1		25
欧洲	3	8129	347
拉丁美洲			38
北美洲	5	1730	617

数据来源:《镇江统计年鉴 2021》

全年服务外包产业接包合同总额 32.98 亿美元,比上年增长 14.9%,执行总额 28.48 亿美元,增长 18.2%;离岸外包合同总额 11.13 亿美元,增长 21.3%;离岸外包执行额 10.29 亿美元,增长 24.1%。年末全市拥有服务外包企业 1031 家,从业人员 10.5 万人。

8. 交通运输、邮政电信和旅游业

连淮扬镇铁路镇江段、五峰山大桥建成通车,大港南站投入运营,丹徒站综合枢纽建成;双井路、宗泽路等扩容贯通。年末拥有公路总里程 6890 公里,其中高速公路 193 公里。年末全市机动车保有量 76.28 万辆,比上年增长 3.3%,其中私人汽车保有量 59.57 万辆,增长 4.6%。年末市区拥有公交线路 149 条,当年新辟优化 18 条;拥有公共交通车 1572 辆,当年新购 165 辆。

全年公路客运量 2045 万人,比上年下降 29.3%。公路旅客周转量 11.38 亿人公里,下降 41.7%。公路货运量 5882 万吨,增长 4.8%;水路货运量 1581 万吨,下降 5.1%。公路货物周转量 93.55 亿吨公里,增长 7.8%;水路货物周转量 50.41 亿吨公里,下降 9.8%。全年完成港口货物吞吐量 3.60 亿吨,比上年增长 5.9%,其中,长江港口吞吐量 3.51 亿吨,增长 6.5%;港口集装箱吞吐量 37.26 万标箱,下降 10.3%。

表10　2020年全社会客货运量

指　标	全市	市区	丹阳市	扬中市	句容市
一、客运量(万人)	**2763**	**1547**	**646**	**206**	**364**
铁路	718	507	211		
公路	2045	1040	435	206	364
二、旅客周转量(万人公里)	**113821**	**64182**	**24244**	**10779**	**14616**
铁路					
公路	113821	64182	24244	10779	14616
三、货运量(万吨)	**7463**	**4410**	**1447**	**358**	**1248**
公路	5882	3303	1339	358	882
水路	1581	1107	108		366
四、货物周转量(万吨公里)	**1439598**	**877808**	**247989**	**56876**	**256925**
公路	935474	525269	213008	56876	140321
水路	504124	352539	34981		116604
五、港口货物吞吐量(万吨)	**36028**	**22620**	**498**	**11438**	**1473**
＃长江港	35064	22154		11438	1473
＃集装箱运量(TEU)	372586	372586			
＃外贸	4355	3825		481	50

数据来源:《镇江统计年鉴 2021》

全年完成邮政电信业务总量351.30亿元,比上年增长21.6%,其中,邮政业务总量51.15亿元,增长26.2%;电信业务总量300.15亿元,增长21.6%。实现邮政电信业务收入63.47亿元,比上年增长11.9%,其中,邮政业务收入28.42亿元,增长19.9%;电信业务收入35.05亿元,增长5.5%。全年完成快递服务企业业务量1.92亿件,增长35.9%;实现快递业务收入21.14亿元,增长28.6%。年末拥有移动电话用户369.78万户,其中5G手机用户77.8万户。固定互联网宽带接入用户169.61万户,移动互联网宽带接入用户307.24万户。

年末拥有A级景区31个,其中,5A级景区2家,4A级景区7家,3A级景区12家。拥有省级旅游度假区3家,省星级乡村旅游区72家。拥有星级旅游饭店23家,其中五星级宾馆3家;拥有旅行社123家,其中星级旅行社36家。全年接待境内外游客3774.61万人次,实现旅游业总收入494.46亿元,其中,接待国内游客3772.93万人次,实现国内旅游收入492.2亿元;接待入境过夜游客1.68万人次,实现旅游外汇收入3270万美元。

9. 财政和金融业

全年实现一般公共预算收入311.74亿元,比上年增长1.6%,其中,税收收入237.18亿元,下降0.8%;非税收入74.56亿元,增长9.9%。从主要税种看,受增值税率调整影响,增值税下降4.2%,企业所得税增长0.1%,个人所得税增长10.5%。全年实现一般公共预算支出498.91亿元,增长7.0%,其中,教育支出81.06亿元,科技支出16.63亿元,社会保障和就业支出62.33亿元,医疗卫生支出31.32亿元,环境保护支出15.33亿元。

表11 2020年镇江市一般公共预算收入和支出分项情况

指标	绝对值(亿元)	比上年±%
一般公共预算收入(亿元)	311.74	1.6
♯税收收入	237.18	−0.8
♯增值税(50%)	108.05	−4.2
企业所得税(40%)	32.25	0.1
个人所得税(40%)	10.50	10.5
房产税	11.60	7.5
印花税	3.49	4.2
契税	19.31	−8.7
一般公共预算支出(亿元)	498.91	7.0
♯一般公共服务	44.72	10.0
教育	81.06	7.1
科技	16.63	−6.4
社会保障和就业	62.33	20.5
医疗卫生	31.32	6.5
环境保护	15.33	−7.5

年末全市拥有银行业金融机构34家,其中,政策性银行1家,大型银行6家,股份制商业银行9家,城市商业银行2家,外资银行1家,农村合作金融机构10家,新型农村金融机构5家。年末金融机构人民币存款余额6292.05亿元,比年初增加745.40亿元,其中,住户存款2764.35亿元,比年初增加342.67亿元;非金融企业存款2505.30亿元,比年初增加473.88亿元。年末金融机构人民币贷款余额6105.42亿元,比年初增加849.41亿元,其中,短期贷款265.42亿元,比年初增加42.18亿元;中长期贷款1577.76亿元,比年初增加155.92亿元。

表 12　2020 年镇江市年末金融机构人民币贷款情况

指标	绝对值(亿元)	比年初增减额(亿元)
金融机构人民币存款余额	6292.05	745.40
♯住户存款	2764.35	342.67
非金融企业存款	2505.30	473.88
金融机构人民币贷款余额	6105.42	849.41
♯住户贷款	1843.18	198.10
企(事)业单位贷款	4261.64	651.34

数据来源:《镇江统计年鉴 2021》

年末上市挂牌企业总数 390 家,其中当年新增 44 家。主板上市 20 家(境内 15 家,境外 5 家),新三板挂牌 32 家,区域股权交易中心挂牌 338 家。

年末拥有保险机构 63 家。全年实现保费收入 142.70 亿元,比上年增长 2.2%,其中,财产险 32.24 亿元,增长 5.6%;人身险 110.46 亿元,增长 1.2%。全年赔付额 36.76 亿元,比上年增长 2.1%,其中,财产保险赔付 18.47 亿元,增长 1.6%;人身保险赔付 18.29 亿元,增长 2.6%。

表 13　2020 年镇江市财政收支情况　　　　　　　　　　　　　　　　单位:万元

指　标	全市	其中			
		市区	丹阳市	扬中市	句容市
一般公共预算收入	**3117410**	**1578605**	**640210**	**350115**	**548480**
♯税收收入	2371798	1086659	522057	280063	483019
♯增值税(50%)	1080517	486944	273876	144843	174854
企业所得税(40%)	322475	161333	51205	19857	90080
个人所得税(40%)	104954	52121	13436	28559	10838
地方财政支出					
一般公共预算支出	4988952	2664450	949998	584505	789999
♯一般公共服务	441354	259255	78574	52133	51392
公共安全	280600	163122	46715	27810	42953
教育	770008	301385	237600	94013	137010
科学技术	165258	81924	17494	36068	29772
文化旅游体育与传媒	83315	46547	11046	7022	18700
社会保障和就业	612362	304797	144898	71123	91544
卫生健康	326616	125663	89431	40043	71479
节能环保	151791	48907	27763	44949	30172
城乡社区事务	1015043	758331	62355	100534	93823
农林水事务	346318	91497	101305	50955	102561
交通运输	133487	95139	14040	11755	12553
住房保障	290654	179997	33582	17293	59782

数据来源:《镇江统计年鉴 2021》

10. 科学技术和教育

全年研究与试验发展(R&D)经费支出占地区生产总值的比重达 2.3%。财政性科技投入 16.63 亿元,占一般公共预算支出的 3.3%。全年实现高新技术产业产值占规模以上工业总产值的比重达 46.2%,比上年提高 0.6 个百分点。新增省级以上工程技术研究中心 23 家,累计 178 家;年末拥有省级以上科技公共技术服务平台 21 家、省级以上科技企业孵化器 34 家;新增省级众创空间 6 家,累计 35 家。

全年专利申请量 2.81 万件,其中发明专利申请量 0.73 万件;专利授权量 1.98 万件,其中发明专利授权量 0.23 万件。年末全市有效发明专利拥有量 1.34 万件,比上年增加 0.05 万件;万人有效发明专利拥有量达 41.7 件,比上年增加 1.48 件。全市拥有国家知识产权示范企业 11 家。

表 14　2020 年镇江市专利申请数与授权数　　　　　　　　　　　　单位:件

	全市	市区	丹阳市	扬中市	句容市
专利申请数总计	28110	12740	7486	4890	2994
发明专利	7304	4803	1022	844	635
实用新型专利	18750	7180	5344	3971	2255
外观设计专利	2056	757	1120	75	104
专利授权数总计	19814	9378	5805	3912	1719
发明专利	2266	1698	200	172	196
实用新型专利	15841	6215	4524	3665	1437
外观设计专利	1707	465	1081	75	86

数据来源:《镇江统计年鉴 2021》

年末共有普通高校 8 所,本专科招生 2.98 万人,在校学生 9.33 万人,毕业生 2.23 万人;研究生教育招生 0.55 万人,在校生 1.39 万人,毕业生 0.36 万人。中等职业学校 6 所,在校学生 2.05 万人。普通中学 110 所,在校学生 11.04 万人,毕业生 3.31 万人。小学 111 所,在校学生 16.35 万人,毕业生 2.37 万人。九年义务教育巩固率 100%,高中阶段教育毛入学率 100%。全市共有幼儿园 273 所,比上年增加 8 所;在园幼儿 8.62 万人,比上年增加 0.28 万人。

表 15　2020 年镇江市各类教育学校、招生和在校生情况

指标	学校数(所)	毕业生数(人)	招生数(人)	在校生数(人)
高等教育学校(机构)	8	39446	51639	143115
♯普通高校	8	22295	29892	93327
中等职业学校	6	5355	6872	20522
普通中学	110	33083	37482	110417
高中阶段	19	10486	13724	39100
初中阶段	91	22597	23758	71317
普通小学	111	23734	28635	163492

数据来源:《镇江统计年鉴 2021》

11. 文化、卫生、体育和民族宗教

年末共有艺术表演团体 5 个,文化馆 8 个,公共图书馆 9 个,文化站 59 个,博物(纪念)馆 14 个,美术馆 2 个。年末有线电视用户 77.72 万户,其中数字电视用户 75.58 万户。年末拥有省级以上重点保护文物单位 67 处,其中全国重点保护文物单位 13 处。开展"全民艺术普及城乡播种行动",全年共开展艺术辅导 3000 余场。国家公共文化服务体系示范区创建通过验收,成功举办第十四届中国镇江金山文化旅游节;打造"镇江夜·美好"文旅夜间消费品牌。

年末拥有各类卫生机构(医疗卫生机构)1052 个,其中,医院 53 个、卫生院 37 个,社区卫生服务中心 30 个,卫生防疫防治机构(疾病预防控制中心)7 个,妇幼保健机构 7 个,村卫生室 315 个。年末拥有卫生机构床位 1.73 万张,其中,医院 1.24 万张、卫生院 0.19 万张,社区卫生服务中心 0.16 万张。年末拥有卫生技术人员 2.23 万人,其中,执业医师及执业助理医师 8965 人,注册护士 9678 人。疫情期间,全市共派出 4 批共 77 名医务人员驰援湖北,为全国抗疫大局做出了镇江贡献。基本医疗保险实现市级统筹,医保目录新增药品平均降价 60% 以上,市级医疗保障四级服务

体系做法在全国推广,省级卫生村实现全覆盖,蝉联全国卫生城市。

表16　主要年份镇江市卫生机构(社区卫生服务中心、卫生院)床位数 单位:张

年份	其中				
	全　市	市　区	丹阳市	扬中市	句容市
2015	14637	8296	3412	1060	1869
2016	14585	8494	3232	1100	1759
2017	15169	8717	3324	1224	1904
2018	15623	8765	3548	1426	1884
2019	15844	8807	3662	1421	1954
2020	17300	9578	3789	1733	2200

数据来源:《镇江统计年鉴2021》

全年新增健身步道122公里,新建多功能运动场10片,社会足球场地21片,已建成各类体育公园181个。成功承办全国U系列田径通讯赛(江苏赛区)系列赛、江苏省拳击锦标赛等体育赛事;举办第二届镇江城市业余联赛、第三届南山越野赛、长江(世业洲)户外休闲徒步大会、国民体质免费测试等全民健身赛事活动,市体育会展中心创成"江苏省第三批体育服务综合体"。全年完成体育彩票销售7.55亿元,比上年下降19.9%。

12. 人口、人民生活和社会保障

年末全市户籍人口269.25万人,比上年减少0.91万人;出生人口1.83万人,死亡人口2.37万人,户籍人口出生率6.79‰,死亡率8.79‰,户籍人口自然增长率-2.00‰。户籍人口中男性132.82万人,减少0.52人;女性136.43万人,减少0.39万人。

全年常住居民人均可支配收入46180元,增长4.3%,其中,工资性收入28908元,增长2.5%;经营净收入6181元,增长0.3%;财产净收入4309元,增长8.5%;转移净收入6782元,增长14.2%。常住居民人均消费支出25337元,下降2.2%。按常住地分,城镇常住居民人均可支配收入54572元,增长3.5%,城镇常住居民人均消费支出28374元,下降1.9%。农村常住居民人均可支配收入28402元,增长6.0%,农村常住居民人均消费支出18904元,下降4.1%。年末城镇居民现住房人均建筑面积51.3平方米,百户家庭拥有汽车62.4辆、电脑81.5台、手机267部。年末农村居民现住房人均建筑面积61.3平方米,百户家庭拥有汽车51.7辆、电脑49.2台、手机255.6部。

全年完成一般公共预算民生类支出372.46亿元,占比重74.7%。全市职工最低工资标准为2020元/月,城乡居民基础养老金标准提高至每人每月170元,城乡最低生活保障标准提高至每人每月790元,失业保险金最低标准提高至每人每月1185元。全市有1.18万户共计1.76万人享受低保,全年发放低保金1.59亿元。年末全市基本养老保险参保人数86.45万人,比上年增加1.01万人;城镇职工基本医疗保险参保人数106.38万人,比上年增加5.33万人;失业保险、工伤保险、生育保险参保人数分别为55.26、65.51、64.01万人。年末全市共有养老机构114家,养老机构床位数18750张,共建成街道老年人日间照料中心30家,实现街道老年人日间照料中心全覆盖,城乡标准化社区居家养老服务中心覆盖率分别达80.2%和52.2%。福利彩票2020全年销售2.55亿元,同比下降37.0%。

13. 资源、环境和安全生产

市区实施城建项目122个,完成投资87亿元。完成谷阳路跨铁路桥改建、双井路北段、东吴路改造等道路工程,金西水厂深度处理工程基本完成,餐厨废弃物及生活污泥协同处理二期土建主体设施完成,新(改)建供水管网26.86公里,新建供气管网4公里,改造老旧供气管道28公里。全面

完成老旧小区改造三年任务,对61万平方米老旧小区进行改造,2.1万居民受益。实施张家湾、龚家湾等7个棚户区改造项目,新开工建设安置6219套,建筑面积84.21万平方米。有序实施城镇污水处理提质增效精准攻坚"333"行动,推进污水管网全覆盖。全市创成19个省级特色田园乡村,培育10个市级特色田园乡村,美丽宜居村庄累计达739个,27个村庄被评为省级传统村落。扎实开展脱贫攻坚农村危房改造,改造危房77户。

全年全社会用电量267.05亿千瓦时,比上年增长1.0%,其中城乡居民生活用电量32.36亿千瓦时,增长3.2%。全市建成区面积228.08平方公里,比上年增加4.5平方公里。全市拥有区域供水厂15座,总供水能力126万吨/日,其中市区自来水供水能力70万吨/日。市区管道天然气供气总量5.42亿立方米,家庭天然气用户26.90万户,家庭液化气用户5.98万户。

全年新增各类城市绿地面积544.93公顷,人均公园绿地面积14.73平方米。林木覆盖率、建成区绿化覆盖率分别达25.4%、42.4%。全年国控站点PM2.5年均浓度为38微克/立方米,比上年下降13.9%;空气优良天数比率81.4%,比上年提高11.8个百分点。全年地表水国考断面、省考断面、主要入江支流断面、集中式饮用水水源地的水质达标率、优Ⅲ比例均为100%,国、省考断面优Ⅲ比例分别比上年提高12.5和5.3个百分点。集中式饮用水源地水质达标率100%。全市累计建成国家级绿色工厂18家、市级绿色工厂62家。

二、2021年镇江市经济与社会运行发展情况

2021年是"十四五"开局之年,全市上下坚持以习近平新时代中国特色社会主义思想为指导,坚决落实党中央、国务院和省委、省政府的各项决策部署,坚持稳中求进工作总基调,激情奔跑、奋力登攀,经济发展稳中提质,民生福祉显著改善,生态环境不断优化,市场活力明显增强,转型升级稳步推进,经济社会发展全面繁荣,"强富美高"新镇江建设站上新高度,社会主义现代化事业开启新局面。

1. 综合情况

经济总量迈上新台阶。初步核算,2021年,全市实现地区生产总值4763.42亿元,按可比价格计算,比上年增长9.4%,其中,第一产业增加值157.02亿元,增长3.4%;第二产业增加值2319.73亿元,增长10.7%;第三产业增加值2286.67亿元,增长8.6%。三次产业比例调整为3.3:48.7:48.0。全市人均地区生产总值达14.82万元,增长9.2%。

居民消费价格温和上涨。全年居民消费价格指数(CPI)101.2,比上年上涨1.2%,其中消费品价格指数101.6,上涨1.6%;服务项目价格指数100.6,上涨0.6%。分类别看,食品烟酒类上涨0.3%,衣着类上涨2.8%,居住类上涨0.2%,生活用品及服务类上涨1.2%,交通和通信类上涨4.6%,教育文化和娱乐类上涨1.5%,医疗保健类上涨1.5%;其他用品和服务类下跌3.0%。食品中,粮食上涨0.7%,食用油上涨5.9%,鲜菜上涨12.6%,蛋类上涨13.2%,干鲜瓜果类上涨1.2%,水产品上涨14.3%,畜肉类下跌16.5%。

表17　2021年居民消费价格指数(以上年为100)

项目	价格指数	比上年±%
居民消费价格总指数	101.2	1.2
♯食品烟酒	100.3	0.3
衣着	102.8	2.8
居住	100.2	0.2
生活用品及服务	101.2	1.2
交通和通信	104.6	4.6

项目	价格指数	比上年±%
教育文化和娱乐	101.5	1.5
医疗保健	101.5	1.5
其他用品和服务	97.0	−3.0

数据来源:《2021年镇江市国民经济和社会发展统计公报》

2. 农林牧渔业

粮食总产量再创新高。全年粮食播种面积201.78万亩,比上年增加3.26万亩,增长1.6%。全年粮食总产量96.02万吨,比上年增加0.41万吨,增长0.4%,其中,夏粮总产量24.32万吨,增加0.64万吨,增长2.7%;秋粮总产量71.69万吨,减少0.23万吨,下降0.3%。全年油料总产量4.30万吨,增长27.0%。蔬菜总产量96.79万吨,下降0.1%;瓜果类产量11.82万吨,与上年持平。

牧渔业生产总体平稳。主要畜产品中,肉类总产量8.01万吨,比上年增长8.3%,其中猪肉产量2.16万吨,下降10.5%;禽肉产量5.79万吨,增长18.3%。禽蛋产量4.32万吨,增长141.6%;牛奶总产量0.95万吨,增长10.0%。全年生猪出栏量27.35万头,下降11.2%;家禽出栏量3533.87万只,增长18.6%。水产品产量9.68万吨,增长0.7%。

现代农业发展较快。全市拥有高效设施种植业面积55.60万亩,比上年增加1.2万亩。目前全市上图入库高标准农田160.49万亩。全市农作物耕种收综合机械化率达88.5%,年末拥有省级以上农业产业化龙头企业47家、省级示范家庭农场165家、农民专业合作社2819家。拥有省级数字农业农村基地42家,其中包括"一村一品一店"示范村20家。全市共有农产品地理标志产品5个,绿色食品222个,有机农产品41个。1家农机合作社创成国家级"全程机械化+综合农事"服务中心。

表18　2021年主要农产品产量情况

产品名称	产量(万吨)	比上年±%
粮食	96.02	0.4
油料	4.30	27.0
♯油菜籽	3.99	29.7
花生	0.18	14.2
肉类总产量	8.01	8.3
水产品	9.68	0.7

数据来源:《2021年镇江市国民经济和社会发展统计公报》

3. 工业和建筑业

工业生产稳定恢复。全年规模以上工业增加值比上年增长15.1%,其中大中型企业增长18.8%。分轻重工业看,轻工业增长11.7%;重工业增长16.3%。分经济类型看,国有及国有控股企业增长15.7%,集体企业下降13.9%,股份制企业增长18.6%,外商及港澳台商投资企业增长6.4%;民营企业增长19.6%,其中私营企业增长16.2%。工业企业经营效益提升。全年规模以上工业企业营业收入比上年增长26.2%;利税总额增长21.8%;利润总额增长23.1%。年末成本费用利润率6.3%,比上年下降0.3个百分点。工业产品销售率97.8%,比上年提高0.3个百分点。

表19　2021年重点工业产品产量情况

产品名称	单位	产量	比上年±％
食醋	万吨	30.33	−5.4
复合木地板	万立方米	4274.20	−9.0
机制纸及纸板	万吨	257.82	0.4
冰乙酸	万吨	106.41	4.3
单晶硅片	万片	85512	79.7
水泥	万吨	1530.10	−1.3
钢材	万吨	565.17	12.6
铝材	万吨	87.31	22.3
金属切削工具	亿件	9.52	18.5
汽车	辆	6489	255.6
汽车仪器仪表	万台	172.46	18.3
电子元件	亿只	20.12	11.9
眼镜成镜	万副	1382.65	22.3
发电量	亿千瓦时	496.36	19.4
母线	万米	190.10	29.5

数据来源：《2021年镇江市国民经济和社会发展统计公报》

先进制造业增势良好。全年规模以上工业高技术制造业增加值比上年增长10.7％，其中，医疗仪器设备及仪器仪表制造业、计算机及办公设备制造业增加值分别增长13.2％、20.6％。高新技术产品产量增长较快，其中，新能源汽车产量增长255.6％，单晶硅片增长79.7％，碳纤维增长126.2％。新增国家级"专精特新"小巨人企业6家，省级服务型制造示范企业5家。年末拥有省级智能工厂4家，省级智能车间87个。

建筑业稳定发展。年末拥有资质以上建筑业企业517家。全年实现建筑业总产值645.61亿元，比上年增长8.0％，其中，建筑安装工程产值72.09亿元，增长14.5％；竣工产值389.18亿元，下降8.9％。全市建筑业从业人员期末人数11.5万人，较上年同期减少0.3万人，下降2.5％。

4. 固定资产投资

投资增速稳步提升。全年固定资产投资比上年增长8.7％，其中，国有及国有控股投资下降13.3％，港澳台及外商投资增长18.9％，民间投资增长8.3％。分三次产业看，第一产业投资增长10.9％，第二产业投资增长22.0％，其中，制造业投资增长24.3％；第三产业投资下降0.7％。全年分别完成高技术产业投资和工业技术改造投资192.50亿元、138.39亿元，分别占工业投资比重38.0％、27.3％，分别增长22.3％、4.1％。

房地产市场稳定发展。全年完成房地产开发投资413.97亿元，比上年增长3.3％，其中，住宅投资342.58亿元，增长1.1％。商品房施工面积2913.79万平方米，比上年增长1.4％，其中，住宅施工面积2395.58万平方米，增长1.1％。商品房竣工面积377.55万平方米，比上年下降6.3％，其中，住宅竣工面积325.40万平方米，下降0.1％。商品房销售面积695.05万平方米，比上年增长9.9％，其中住宅销售面积661.36万平方米，增长8.7％。商品房销售额611.22亿元，比上年增长6.6％，其中住宅销售额581.30亿元，增长5.2％。

5. 国内贸易

消费品市场稳健复苏。全年实现社会消费品零售总额1346.83亿元，比上年增长17.9％。按经营单位所在地分，城镇市场零售额1217.66亿元，增长18.2％，乡村市场零售额129.17亿元，增长15.7％。按消费形态分，批发业零售额228.39亿元，增长23.1％；零售业零售额987.44亿元，增长17.2％；餐饮业零售额124.48亿元，增长15.1％；住宿业零售额6.51亿元，增长9.2％。限额以上批发零售业通过网络实现的商品零售额比上年增长11.0%。

在限额以上批发和零售业零售额中,粮油食品、饮料烟酒类增长11.0%;化妆品类增长5.4%;金银珠宝类增长23.7%;日用品类增长100.4%;家用电器和音像器材类下降18.6%;文化办公用品类下降11.0%;通讯器材类增长13.1%;石油及制品类增长63.7%;汽车类下降6.1%;建筑及装潢材料类增长35.9%。

6. 对外经济

对外贸易恢复性增长。全年实现对外贸易进出口总额129.13亿美元,比上年增长23.9%,其中,进口总额36.89亿美元,增长21.6%;出口总额92.25亿美元,增长24.8%。一般贸易出口额82.63亿美元,增长30.5%,占出口总额比重为89.6%;加工贸易出口额7.93亿美元,下降15.6%。从出口市场看,对东盟出口13.09亿美元,增长28.3%;对欧盟出口15.18亿美元,增长25.3%;对美国出口19.71亿美元,增长15.0%;对韩国出口3.66亿美元,增长22.2%。对"一带一路"沿线国家出口额31.63亿元、增长32.0%,占全市出口总额的比重为34.3%。

利用外资规模保持稳定。全年工商新注册外资企业100家,新批千万美元以上项目34项。实际利用外资8.09亿美元,增长2.8%;协议利用外资21.40亿美元,下降2.2%。全年服务外包合同总额37.73亿美元,比上年增长14.4%,其中,离岸外包合同总额13.16亿美元,增长18.2%;执行总额31.88亿美元,增长12.0%,其中,离岸外包执行额11.68亿美元,增长13.5%。

7. 交通、邮电

交通运输增长持续加快。年末拥有公路总里程6873.82公里,其中高速公路210.45公里。年末全市机动车保有量80.88万辆,比上年增长6.0%,其中,私人汽车保有量62.37万辆,增长4.7%。年末市区拥有公交线路163条,当年新辟优化37条;拥有公共交通车1583辆,当年新购13辆。在全省率先实现市、县、乡公交一卡通、乘车移动支付全覆盖,公交社会满意率90%。年内五峰山过江通道、宁句城际建成通车,312国道宁镇段快速化改造、346国道城区段城市化改造工程开工建设,扬中市创成全国城乡交通运输一体化示范县。

全年公路客运量1661.3万人,下降35.7%。公路旅客周转量7.2亿人公里,下降27.7%。公路货运量6283万吨,增长6.8%;水路货运量1094万吨,增长14.3%。公路货物周转量96.97亿吨公里,增长3.7%;水路货物周转量48.78亿吨公里,增长41.7%。全年完成港口货物吞吐量2.47亿吨,下降31.5%,其中,长江港口吞吐量2.37亿吨,下降32.4%;港口集装箱吞吐量43.55万标箱,增长16.9%。

邮政电信业较快发展。全年完成邮政电信业务总量73.28亿元,增长21.6%,其中,邮政业务总量31.72亿元,增长29.7%;电信业务总量41.56亿元,增长27.4%。实现邮政电信业务收入72.66亿元,增长14.5%,其中,邮政业务收入34.31亿元,增长20.7%;电信业务收入38.35亿元,增长9.4%。全年完成快递业务量2.75亿件,增长43.3%;实现快递业务收入27.59亿元,增长30.5%。年末拥有移动电话用户378.59万户,其中5G手机用户89.50万户。年末互联网宽带接入用户185.51万户,增长9.4%。

8. 财政、金融

财政收支状况调整改善。全年实现一般公共预算收入327.59亿元,比上年增长5.1%,其中,税收收入256.05亿元,增长8.0%;非税收入71.54亿元,下降4.1%。从主要税种看,增值税增长5.4%,企业所得税增长21.6%,个人所得税增长16.1%。全年实现一般公共预算支出543.40亿元,增长8.9%,其中,一般公共服务49.14亿元,增长9.9%;教育支出84.47亿元,增长4.2%;社会保障和就业支出65.77亿元,增长5.5%;医疗卫生支出37.82亿元,增长20.8%。

表 20　2021 年一般公共预算收入和支出分项情况

指　标	绝对值(亿元)	比上年±%
一般公共预算收入(亿元)	327.59	5.1
♯税收收入	256.05	8.0
♯增值税(50%)	113.92	5.4
企业所得税(40%)	39.21	21.6
个人所得税(40%)	12.18	16.1
房产税	12.55	8.2
印花税	3.88	11.2
契税	27.24	41.1
一般公共预算支出(亿元)	543.40	8.9
♯一般公共服务	49.14	9.9
教育	84.47	4.2
科技	14.32	−13.8
社会保障和就业	65.77	5.5
医疗卫生	37.82	20.8
环境保护	13.98	−8.8

数据来源:《2021 年镇江市国民经济和社会发展统计公报》

金融存贷规模稳步扩大。年末金融机构人民币存款余额 6692.67 亿元,比年初增加 400.62 亿元,其中,住户存款 3093.96 亿元,比年初增加 329.61 亿元。年末金融机构人民币贷款余额 6958.27 亿元,比年初增加 852.85 亿元,其中,短期贷款 301.49 亿元,比年初增加 36.07 亿元;中长期贷款 1749.45 亿元,比年初增加 171.69 亿元。年末全市拥有银行业金融机构 35 家,其中,政策性银行 1 家,大型银行 6 家,股份制商业银行 10 家,城市商业银行 2 家,外资银行 1 家,农村合作金融机构 10 家,新型农村金融机构 5 家。

表 21　2021 年末金融机构人民币存贷款情况

指标	绝对值(亿元)	比年初增减额(亿元)
金融机构人民币存款余额	6692.67	400.62
♯住户存款	3093.96	329.61
非金融企业存款	2608.18	102.88
金融机构人民币贷款余额	6958.27	852.85
♯住户贷款	2050.94	207.76
企(事)业单位贷款	4904.74	643.10

数据来源:《2021 年镇江市国民经济和社会发展统计公报》

证券市场较快发展。年末上市挂牌企业总数 512 家,其中当年新增 129 家。A 股上市 4 家,新三板挂牌 32 家,江苏股权交易中心挂牌企业 125 家。

保险业稳定增长。年末拥有保险机构 63 家。全年实现保费收入 147.52 亿元,比上年增长 3.4%,其中,寿险公司 114.81 亿元,增长 3.9%;财产险公司 32.71 亿元,增长 1.5%。全年赔付额 40.56 亿元,比上年增长 10.4%,其中,财产险公司赔付 21.10 亿元,增长 14.4%;寿险公司赔付 19.47 亿元,增长 6.4%。

9. 科学技术和教育

科研投入力度加大。全年研究与试验发展(R&D)经费支出占地区生产总值的比重达 2.4%。财政性科技投入 14.32 亿元,占一般公共预算支出的 2.6%。全年争取省以上科技计划项目超 340 项,资金 2.4 亿元。认定高新技术企业 376 家,新增 381 家企业进入高新技术企业培育库。新增省级科技企业加速器 2 家,省级众创空间 3 家;新建市级孵化器 9 家、众创空间 8 家;新建省级院士工作站 1 家、省级工程技术研究中心 24 家,市级新型研发机构 2 家、企业重点实验室 2 家。与中国技术交易所联合建设中技所(镇江)绿色技术交易服务中心。

科技创新能力增强。全年专利授权量 22695 件,其中发明专利授权量 2808 件。年末全市有效发明专利拥有量 15561 件,比上年增加 16.5%;万人有效发明专利拥有量达 48.46 件,比上年增加 16.2%。全市拥有国家知识产权示范企业 11 家。

教育事业全面发展。年末共有普通高校 9 所,本专科招生 5.34 万人,在校学生 16.14 万人,毕业生 4.43 万人;研究生教育招生 0.59 万人,在校生 1.72 万人,毕业生 0.38 万人。中等职业学校 6 所,在校学生 2.00 万人。普通中学 110 所,在校学生 11.44 万人,毕业生 3.46 万人。小学 111 所,在校学生 16.85 万人,毕业生 2.47 万人。九年义务教育巩固率 100%,高中阶段教育毛入学率 100%。全市共有幼儿园 284 所,比上年增加 11 所,在园幼儿 8.43 万人。

表 22　2021 年各类教育学校、招生和在校生情况

指标	学校数(所)	毕业生数(人)	招生数(人)	在校生数(人)
高等教育学校(机构)	9	44288	53441	161413
♯普通高校(不含成人教育)	9	29648	38465	127199
中等职业学校	6	5543	6493	20020
普通中学	110	34584	38954	114356
高中阶段	19	11826	14101	41518
初中阶段	91	22758	24853	72838
普通小学	111	24744	29705	168539
特殊教育学校	5	110	117	634
幼儿园	284	29017	25322	84315

数据来源:《2021 年镇江市国民经济和社会发展统计公报》

10. 文化和旅游

文化服务体系提升完善。年末共有艺术表演团体 5 个,文化馆 8 个,公共图书馆 9 个,文化站 59 个,博物(纪念)馆 14 个,美术馆 2 个。年末有线电视用户 59.82 万户,其中数字电视用户 59.34 万户。年末拥有省级以上重点保护文物单位 67 处,其中全国重点保护文物单位 13 处。全年开展"四百"系列红色演出 1163 场、红色展览 2098 场、唱革命歌曲艺术辅导 2192 场、红色惠民旅游活动 943 场。高质量举办第十五届中国镇江金山文化艺术·国际旅游节,精心策划"幸会舞台""全民派对""寻魅镇江""焕彩之城"四大板块 61 项子活动。镇江市入选 2023 年"东亚文化之都"候选城市,成为江苏省唯一入选城市。

旅游业加快发展。年末拥有 A 级景区 30 个,其中,5A 级景区 2 家,4A 级景区 7 家,3A 级景区 11 家。拥有省级旅游度假区 3 家,省星级乡村旅游区 72 家。拥有星级旅游饭店 22 家,其中五星级宾馆 3 家;拥有旅行社 121 家,其中星级旅行社 35 家。全年实现旅游业总收入 776.39 亿元,接待国内游客 5563.56 万人次,实现国内旅游收入 774.51 亿元;接待入境过夜游客 1.37 万人次,实现旅游外汇收入 2725.71 万美元。

11. 卫生和体育

卫生事业稳步推进。年末拥有各类卫生机构(医疗卫生机构)1094 个,其中,医院 57 个、卫生院 37 个,社区卫生服务中心 31 个,疾病预防控制中心 7 个,妇幼保健机构 8 个,村卫生室 306 个,社区卫生服务站 101 个。年末拥有卫生机构床位 1.77 万张,其中,医院 1.30 万张、卫生院 0.18 万张,社区卫生服务中心 0.16 万张。年末拥有卫生技术人员 2.29 万人,其中,执业医师及执业助理医师 9082 人,注册护士 9980 人。全年共投入 7269 万元完成市传染病医院改造,全市累计接种新冠疫苗 626.33 万剂次,全市人群覆盖率达 88.6%。全市 731 个村(居)民委员会全部设置公共卫生委员会。全年共引进 6 个医学领军人才团队、22 名医学博士。新建 2 家农村区域性医疗卫生中心、4 家省社区医院,新增国家服务能力推荐标准达标基层机构 6 家。

体育事业稳定发展。新建镇(街道)及以上规模体育公园 5 个、健身步道 30 公里;成功举办镇江市第十六届运动会;体育会展中心被确定为省公共体育场馆开放使用第一批综合试点单位;在陕西全运会上,镇江市运动员取得"4 金 2 银 1 铜"的历史佳绩。镇江籍学生连续两年在全省大一新生身体素质测试中位列第一。

12. 城建、环保

城乡基础设施持续完善。市区实施城建项目 87 个,完成投资 70 亿元。新增 9 个省级美丽宜居城市试点项目,目前累计省级试点项目达 13 个。累计新建绿色建筑 780 万平方米,城镇绿色建筑占新建建筑比重 100%,沿金山湖 CSO 溢流污染综合治理项目大口径管道全线贯通,完成 9 条劣 V 类水体治理工作。拆除违建 1999 起,面积 17.79 万平方米。新增停车泊位 4603 个,新增共享单车、共享助力车 7700 辆。开展安全生产"百日攻坚"行动,累计开展安全检查 187 次,发现安全隐患 60 个,整改率 100%。丹徒区上党镇上会村东宝庄、毛家榨作和丹阳市延陵镇西庄湖等 4 个村庄已被命名为江苏省特色田园乡村。推动农村房屋安全隐患排查整治,排查农村房屋共 414945 户,鉴定为 C、D 级危房 1898 户,其中 245 户已完成整治。

城乡环境进一步优化。全年新增各类城市绿地面积 315.6 公顷,人均公园绿地面积 15.43 平方米。林木覆盖率、建成区绿化覆盖率分别达 25.6%、42.2%。全年全社会用电量 295.06 亿千瓦时,比上年增长 10.5%,其中,城乡居民生活用电量 34.92 亿千瓦时,增长 7.9%。全市建成区面积 236.23 平方公里,比上年增加 8.15 平方公里。全市拥有区域供水厂 8 座,总供水能力 126 万吨/日,其中市区自来水供水能力 70 万吨/日。市区管道天然气供气总量 5.55 亿立方米,家庭天然气用户 29 万户,家庭液化气用户 6.09 万户。

生态环境整治取得成效。全年国控站点 PM2.5 年均浓度为 36 微克/立方米,比上年下降 5.3%;空气优良天数比率 79.2%,比上年下降 2.2 个百分点。全年地表水国考断面、省考断面优 Ⅲ 比例分别为 100% 和 95.6%,主要入江支流断面优 Ⅲ 比例为 93.8%,集中式饮用水水源地的水质达标率为 100%。国考断面优 Ⅲ 比例与上年持平。

13. 人口、就业

人口总量结构总体稳定。年末全市常住人口 321.72 万人,比上年增加 0.62 万人,其中,城镇人口 256.99 万人,常住人口城镇化率 79.88%,常住人口中 60 岁及以上人口占比为 23.92%,比上年上升 0.36 个百分点。常住人口出生率 4.29‰,死亡率 7.53‰,自然增长率 -3.24‰。年末全市户籍人口 268.10 万人,比上年减少 1.16 万人;出生人口 1.22 万人,死亡人口 2.18 万人,户籍人口出生率 4.6‰,死亡率 8.1‰,自然增长率 -3.6‰。户籍人口中男性 132.16 万人,减少 0.66 万人;女性 135.93 万人,减少 0.50 万人。

就业形势总体稳定向好。全年新增城镇就业人数 5.97 万人,新增城镇失业人员再就业人数 4.29 万人,新增就业困难人员再就业人数 2.97 万人。城镇登记失业率 2.5%。全年扶持成功创业 1.8 万人,其中,引领大学生创业 3062 人,扶持农村劳动力自主创业 5979 人。城乡劳动者职业技能培训 4.42 万人。全年新增登记注册私营企业从业人员 5.08 万人,个体工商户从业人员 9.42 万人。

14. 人民生活、社会保障

居民生活不断改善。全年常住居民人均可支配收入 50360 元,增长 9.1%,其中,工资性收入 31403 元,增长 8.6%;经营净收入 6734 元,增长 8.9%;财产净收入 4754 元,增长 10.3%;转移净收入 7469 元,增长 10.1%。常住居民人均消费支出 30780 元,增长 21.5%。按常住地分,城镇常住居民人均可支配收入 59204 元,增长 8.5%,城镇常住居民人均消费支出 33992 元,增长 19.8%。农村常住居民人均可支配收入 31354 元,增长 10.4%,农村常住居民人均消费支出 23876 元,增长 26.3%。

民生保障水平持续提高。全年完成一般公共预算民生类支出 404.53 亿元,占比重 74.4%。全市职工最低工资标准为 2280 元/月,城乡居民基础养老金标准提高至每人每月 210 元,城乡最低生活保障标准提高至每人每月 820 元,失业保险金最低标准提高至每人每月 1230 元。全市有 1.12 万户、共计 1.64 万人享受低保,全年发放低保金 1.28 亿元。年末全市基本养老保险参保人数 73.5 万人;城镇职工基本医疗保险参保人数 110.70 万人,比上年增加 4.32 万人;失业保险、工伤保险、生育保险参保人数分别为 57.3、70.2、66.71 万人。年末全市共有养老机构 150 家,养老机构床位数 18622 张,共建成街道老年人日间照料中心 30 家,实现街道老年人日间照料中心全覆盖,城乡标准化社区居家养老服务中心覆盖率分别达 81% 和 53%。福利彩票 2021 全年销售 2.27 亿元,同比下降 10.8%。

第十六章 2020—2021年泰州市经济发展分析

一、2020年泰州市经济与社会运行发展情况

2020年,全市上下以习近平新时代中国特色社会主义思想为指导,坚持新发展理念,统筹推进疫情防控和经济社会发展,扎实做好"六稳"工作,全面落实"六保"任务,紧紧围绕"一高两强三突出"的部署,强富美高新泰州建设取得重大阶段性成果。

1. 综合发展情况

综合实力稳步提升。经初步核算,2020年泰州全市实现地区生产总值5312.77亿元,按可比价计算,比上年增长3.6%,其中,第一产业增加值307.10亿元,增长3.0%;第二产业增加值2541.10亿元,增长3.3%;第三产业增加值2464.57亿元,增长4.1%。

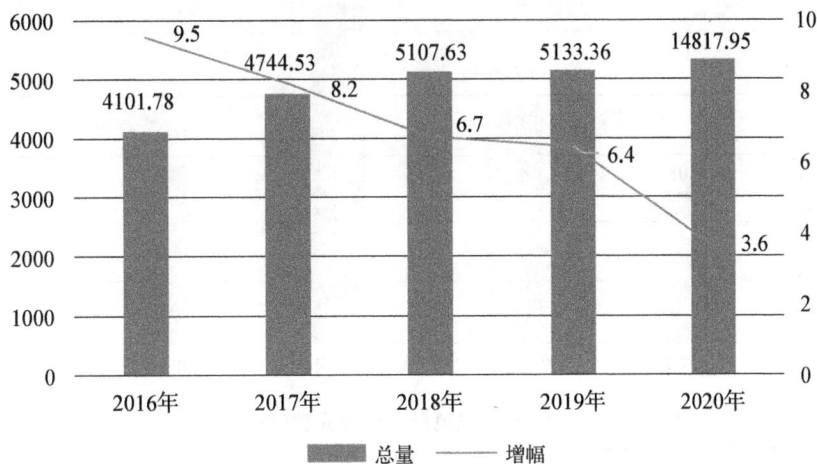

图1 2016—2020年地区生产总值及其增速

数据来源:《泰州统计年鉴2021》

三次产业增加值比重调整为5.8∶47.8∶46.4,服务业增加值占GDP比重比上年提高1.3个百分点。市场活力不断增强。

全年完成一般公共预算收入375.20亿元,比上年增长2.6%,其中,税收收入282.06亿元,增长1.0%。税收收入占一般公共预算收入比重为75.2%,比上年下降1.2个百分点。支出结构不断优化。全年一般公共预算支出627.54亿元,比上年增长5.6%。十三类民生支出比上年增长9.6%,占一般公共预算支出的比重为80.1%,比上年提高2.9个百分点。

市场活力不断增强。年末全市共有私营企业14.46万户,全年新增2.51万户;个体经营户45.03万户,全年新增13.79万户。就业水平基本稳定。全年城镇新增就业10.17万人,年末城镇登记失业率为1.76%。

价格水平总体稳定。全年居民消费价格比上年上涨2.9%。分类别看,食品烟酒类上涨9.9%,衣着类下降2.1%,居住类上涨0.1%,生活用品及服务类上涨0.8%,交通和通信类下降4.2%,教育文化和娱乐类上涨2.7%,医疗保健类上涨2.1%,其他用品和服务类上涨4.4%。食

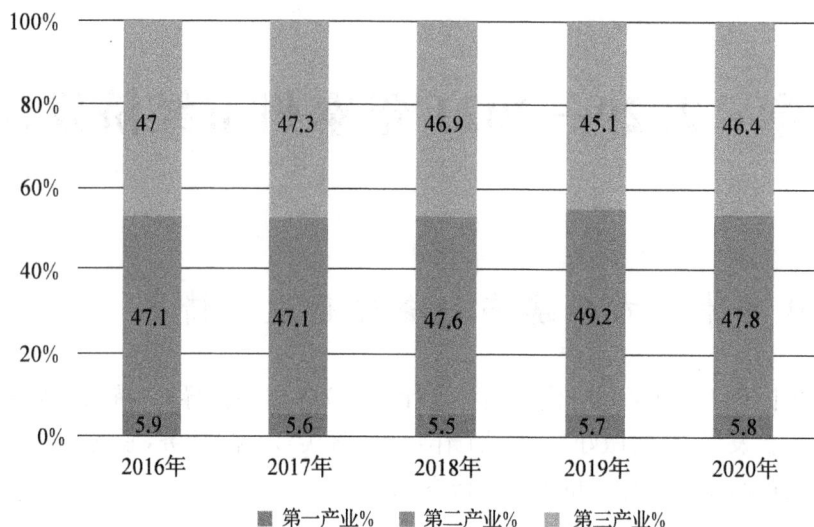

图 2　2016—2017 年三产业占比情况

数据来源:《泰州统计年鉴 2021》

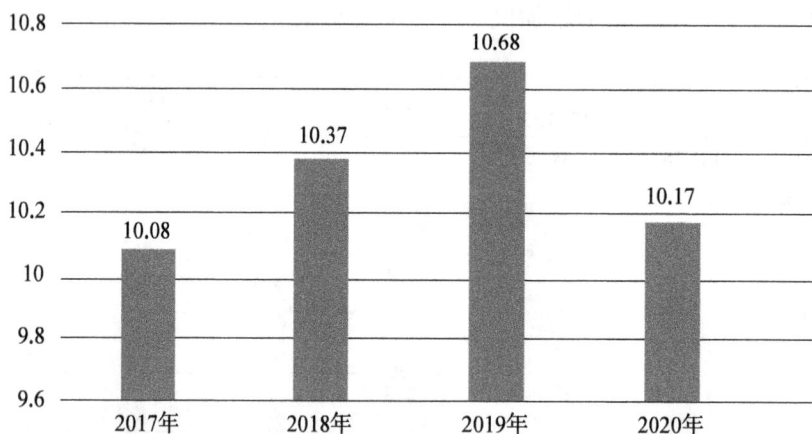

图 3　2017—2020 年城镇新增就业人数(单位:万人)

数据来源:《泰州统计年鉴 2021》

品中,粮食下降 0.7%,鲜菜上涨 10.9%,畜肉上涨 42.5%,水产品上涨 7.6%,蛋下降 8.8%,鲜果下降 10.2%。工业价格指数涨跌互见。工业生产者出厂价格涨幅逐渐回落,全年上涨 0.4%;工业生产者购进价格跌幅呈现"V"字形走势,全年下降 2.7%。

年末全市共有私营企业 14.46 万户,全年新增 2.51 万户;个体经营户 45.03 万户,全年新增 13.79 万户。

2.农业

全年实现农林牧渔业总产值 506.37 亿元,比上年增长 3.0%;实现农林牧渔业增加值 320 亿元,增长 2.8%。

粮食生产稳中有增。全年粮食播种面积 374.75 千公顷,比上年增长 0.2%;粮食总产量 280.8 万吨,比上年增长 0.1%,其中,夏粮产量 104 万吨,比上年下降 0.6%;秋粮产量 176.8 万吨,比上年增长 0.5%。粮食亩产 499.51 公斤,比上年下降 0.1%,亩产列全省第一。

生猪恢复生产势头良好。年末生猪存栏 83.19 万头,增长 3.7 倍;全年生猪出栏 120.52 万头,下降 14.3%。全年水产品产量 37.48 万吨,比上年增长 1.4%。

现代农业加速推进。高标准农田建设顺利完成。全年新增高标准农田建设 23.7 万亩,年末高标准农田比重达到 88%,比上年提高 11.9 个百分点。设施农业提档升级。年末设施农业面积 91.5 万亩,设施渔业面积 30.12 万亩,分别比上年增长 7.0%、4.2%;年末有效灌溉面积 414.11 万亩,比上年增长 0.3%。农业机械化水平提升。年末全市农业机械总动力达 288.65 万千瓦,比上年增长 0.6%,农业综合机械化水平达到 88%。

3. 工业

(1) 基本情况

2020 年初,新冠疫情对泰州市工业经济造成了巨大影响,一季度各主要指标同比下降,二季度随着国内疫情减弱、企业复工进程加快,规模以上工业企业主要指标有所回升。下半年,工业经济基本面不断改善,呈现出加快复苏的态势,主要工业指标逐步回归合理区间。与上半年相比,工业经济主要指标全省排位明显提升。

工业经济实力明显增强。全年规模以上工业增加值 1357.51 亿元,增长 6.4%,其中轻工业增长 9.0%,重工业增长 4.9%。分经济类型看,国有工业增长 12.3%,股份制工业增长 6.7%,外商和港澳台投资工业增长 5.9%。在规模以上工业中,民营工业增加值增长 7.5%,大中型工业增长 7.3%。支柱产业中,全年医药、电气产业产值分别增长 13.9%、18.6%,化工产业产值增长 1.1%,船舶产业产值下降 5.4%。

先进制造业加快发展。全年高新技术产业产值增长 9.3%,快于规模以上工业产值增速 1.5 个百分点,高新技术产业产值占规模以上工业产值比重为 45.9%,比上年提高 0.9 个百分点。战略性新兴产业产值占规模以上工业产值比重为 37.6%,比上年提高 5.4 个百分点。规模以上工业中,化学药品原药、锂离子电池、太阳能电池、工业自动调节仪表与控制系统等产品产量分别比上年增长 47.4%、70.4%、66.2%、29.3%。

工业企业经营状况良好。全年规模以上工业企业利润总额 361.48 亿元,比上年增长 8.5%,利润增幅分别高于产值增幅、营业收入增幅 0.7 个、4.2 个百分点。年末企业资产负债率为 51.7%。规模以上工业企业每百元营业收入中营业成本为 77.5 元,比上年减少 2.0 元。

(2) 工业经济运行情况

工业经济低开高走,主要指标增幅逐步回升。2020 年,全市规模以上工业企业实现产值 5823.87 亿元,同比增长 7.75%,其中,12 月份当月实现产值 646.67 亿元,同比增长 20.27%。2 月份—11 月份,当月分别实现产值 227.58 亿元、487.85 亿元、444.95 亿元、455.95 亿元、521.01 亿元、457.03 亿元、491.33 亿元、537.74 亿元、555.01 亿元、600.48 亿元、646.67 亿元。同比分别增长 -32.03%、1.38%、5.30%、3.48%、13.47%、5.17%、10.48%、14.77%、16.89%、18.29%、20.27%。月度产值总量、产值增幅呈逐步提升态势。四季度累计产值增幅比上半年提高 9.59 个百分点。

2020 年,全市规模以上工业企业实现营业收入 5721.31 亿元,同比增长 4.3%,增幅比上半年提高 10.62 个百分点。实现利润总额 361.48 亿元,同比增长 8.48%,实现利税 532.64 亿元,同比增长 6.62%。

全省排位大幅前移。上半年受疫情和国际原油价格等多重因素影响,泰州市造船、汽配、石油、化工等支柱产业受到较大冲击,工业生产复苏进度相对迟滞,一季度全市规上工业增加值同比下降 9%,位列全省第十;上半年规上工业增加值同比增长 0.1%,位列全省第十。下半年以来,随着工业经济基本面持续向好,叠加江苏隆基乐叶光伏科技、众拓新材料科技等一批重大项目竣工达产,工业生产增速加快回升。前三季度规上工业增加值增长 3.6%,位列全省第十;全年规上工业增加值增长 6.4%,位列全省第六,比三季度前移 4 个位次。

支撑指标趋势向好,指标匹配性不断增强。今年以来,全市工业用电一直保持相对较高的增长态势。一季度全市工业用电同比下降 12.5%,位列全省第六;上半年工业用电量同比下降 1.7%,

位列全省第六；前三季度工业用电量同比增长 2.3％，位列全省第六；全年工业用电量同比增长 2.3％，位列全省第五，比三季度前移 1 个位次。

2020 年全市工业开票销售增速低开高走，前三季度增速相对较低，四季度逆势赶超，呈现出较强的反弹后劲。一季度全市工业开票销售同比下降 9.7％；上半年全市工业开票销售同比下降 6.0％，位列全省第十；三季度全市工业开票销售同比增长 0.02％，位列全省第八，前移两个位次；全年工业开票销售同比增长 4.4％，位列全省第八。

2020 年全市规上工业增加值、工业用电量、工业开票销售增长 6.4％、4.1％、4.4％，分别比一季度提升了 15.4、16.7 和 14.1 个百分点，三项指标全年回升幅度基本保持一致，工业用电量和工业开票销售增长不断趋好，指标匹配性不断增强，为工业产值和工业增加值增幅的逐步提升发挥了较强支撑作用。

大部分行业复苏较好，行业增长面提升。2020 年下半年，全市大部分行业复苏较好，行业累计产值同比增长，其中，总量较大、增幅较高的行业分别是食品制造业 88.92 亿元，同比增长 44.71％；农副食品加工业 446.00 亿元，同比增长 22.67％；计算机通信和其他电子设备制造业 270.54 亿元，同比增长 21.29％；电气机械和器材制造业 521.86 亿元，同比增长 18.58％；专用设备制造业 207.95 亿元，同比增长 15.67％；医药制造业 1081.03 亿元，同比增长 13.85％；汽车制造业 183.70 亿元，同比增长 13.47％；金属制品业 425.30 亿元，同比增长 13.07％。经济总量较大、出口占比高的纺织服装业、船舶业受国外疫情影响，外需不足，产值同比下降。

2020 年全年，全市 33 个行业大类中，20 个行业全年累计产值同比增长，13 个行业全年累计产值同比下降，行业增长面 60.61％。上半年，33 个行业大类中 9 个行业累计产值同比增长，累计行业增长面 27.28％，24 个行业累计产值同比下降。与上半年相比，累计行业增长面提搞 33.33 个百分点。与一季度相比，累计行业增长面提升 45.41 百分点。

从分行业增长贡献率看，医药制造业、农副食品加工业、电气机械和器材制造业、金属制品业、计算机通信和其他电子设备制造业等 5 个行业对全市工业产值的增长贡献率超过 10％，特别是医药制造业贡献了全市产值增长份额的 31.35％，其他 4 个行业分别贡献了 19.66％、19.50％、11.73％、11.32％。33 个行业中，皮革毛皮羽毛及其制品和制鞋业、铁路船舶航空航天和其他运输设备制造业、纺织业、石油煤炭及其他燃料加工业负增长份额在 3％以上，其中，石油煤炭及其他燃料加工业负增长份额达 11.50％。

三大制造业整体增长强劲。三大制造业产业集群 708 家企业全年实现产值 3769.83 亿元，同比增长 15.62％，实现利润 277.12 亿元，同比增长 11.80％，实现利税 392.12 亿元，同比增长 11.39％，产值增幅比规模以上工业平均水平高 7.87 个百分点，利润、利税增幅比规模以上工业平均水平高 3.31、4.77 个百分点。三大产业中，生物医药和新型医疗器械运行质态更为优秀，生产、效益指标均呈现高增长态势，产值同比增长 17.37％，利润同比增长 35.80％。高端装备和高技术船舶、化工及新材料二个产业产值分别增长 19.97％、9.05％，利润分别下降 2.91％、0.72％。

小型企业整体增幅较高。全市 2366 家小型企业累计实现产值 2479.15 亿元，同比增长 8.4％；206 家大中型企业累计实现产值 3353.72 亿元，同比下降 7.27％。虽然大中型企业扭转了上半年产值负增长状态，但增长幅度仍低于小型企业，小型企业全年产值增幅比大中型企业高 1.13 个百分点。小型企业累计全年利润同比增长 20.33％，比大中型企业利润增幅高 15.64 个百分点，利税增幅比大中型企业高 7.84 个百分点。

大中型企业中的"十佳百强"企业，生产、效益增长不高，"十佳百强"企业实现产值 3285.54 亿元，同比增长 6.00％，实现利润总额 215.52 亿元，同比下降 2.40％，增长幅度分别比规模以上工业平均水平低 1.75、10.88 个百分点。

下半年各地区增长普遍较快，地区增长较为平衡。上半年，四区三市工业生产增幅较低，二个地区产值小幅增长,五个地区产值负增长。下半年四区三市工业生产增幅普遍较高,并且地区间增幅差异很小,增长较为平衡。各市区全年累计产值增幅均在5%以上,兴化市、高港区、姜堰市、靖江市、泰兴市、海陵区、高新区全年累计工业产值分别增长10.84%、8.88%、8.84%、7.89%、7.52%、7.20%、6.42%。增幅最高地区与最低地区仅差异4.42个百分点,地区增长差异小于前几年。

4. 建筑业

(1)基本情况

建筑业平稳增长。全年完成建筑业总产值3680.84亿元,同比增长6.4%,增幅比前三季度提高3.5个百分点,位居全省第六。建筑业总产值占全省的比重达10.4%,产值总量列全省第4。建筑业总体呈现逐季向好发展态势。年末全市具有资质等级的总承包和专业承包建筑企业969家,比上年增加215家,其中具有特级、一级和二级资质企业388家,比上年增加70家。年末建筑业从业人员达123.64万人,增长7.6%。

2020年,泰州建筑业完成外埠市场产值2897亿元,占全市总量的68.1%,同比增长8.7%;省高质量考核指标新增建筑业资质企业258家,位列全省第四;全年完成新建装配式建筑248万平方米,同比增长90%,占新建建筑比重达34%。

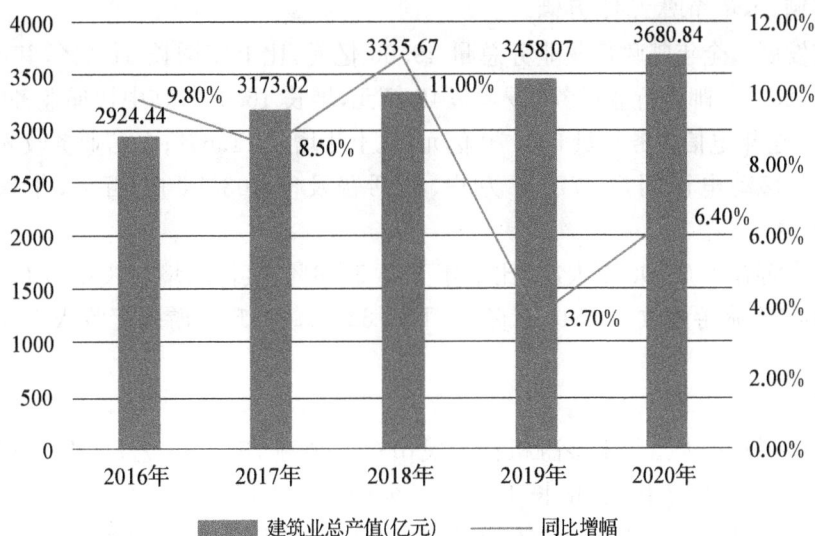

图4 2016—2020年建筑业总产值以及增幅

数据来源:《泰州统计年鉴2021》

(2)建筑业生产的主要特点

建筑业企业个数大幅增加。2020年,泰州市列统资质以上总承包和专业承包建筑企业共968家,较去年同期增加220家,增长29.4%,有工作量的建筑企业915家,较上年同期增加178家,增长24.2%。建筑业企业个数快速增长,为泰州市建筑业平稳快速发展提供了有力的支撑。其中,新入库建筑企业258家,占全部企业的26.7%,完成建筑业总产值118.54亿元,占全部总产值的3.2%,拉动泰州市资质以上建筑业总产值增长3.4个百分点,是推动泰州市建筑业总产值的新增长点。

建筑工程产值仍居主导地位。2020年,泰州市建筑业总产值中建筑工程产值3563.34亿元,同比增长6.2%,比前三季度提升3.3个百分点,占泰州市建筑业总产值的比重为96.8%;安装工程产值98.08亿元,同比增长24.7%,占比为2.7%;其他产值19.42亿元,同比下降21.3%,占比为0.5%。

建筑业企业新签订合同额快速增长。2020年,泰州市建筑业企业积极承揽业务,订单充足。

泰州市建筑业企业签订合同总额 5533.41 亿元,同比增长 10.2%,增速比前三季度提升 6.0 个百分点。其中,本年新签合同额 3647.63 亿元,同比增长 14.2%,增速比前三季度提升 12.5 个百分点。本年新签合同额占签订合同总额比例为 65.9%,比前三季度提高 13.7 个百分点。

从建筑企业看,新签合同额超过 10 亿元以上的企业共有 60 家,合同额达到 2606.98 亿元,占全部新签合同额的 71.5%。5 亿元—10 亿元的企业共有 58 家,合同额达到 406.02 亿元,占全部新签合同额的 11.1%。

积极拓展省外建筑业市场。2020 年,泰州市建筑施工企业充分挖掘自身潜力,积极参与市场竞争,稳步拓展省外竞争市场,泰州市在外省完成产值 1922.93 亿元,同比增长 8.2%,占泰州市建筑业总产值的 52.2%,占比较去年同期提高 0.8 个百分点,拉动泰州市建筑业产值增长 1.9 个百分点。

5. 交通运输、邮政电信和旅游业

交通运输受疫情影响回落。全年旅客运输量比上年下降 25.0%,旅客周转量下降 40.7%,货物运输量下降 5.7%,货物周转量增长 2.2%。全年港口货物吞吐量 3.23 亿吨,增长 5.3%,其中外贸吞吐量 2655.07 万吨,下降 4.5%。年末全市公路里程 9981.27 公里,其中高速公路里程 320.64 公里。

居民汽车保有量稳步增加。年末民用汽车拥有量 95.95 万辆,本年净增 4.55 万辆;私人轿车拥有量 53.47 万辆,本年净增 2.47 万辆。

邮电业快速发展。全年邮政行业业务总量 49.66 亿元,比上年增长 31.2%,其中快递业务量 1.73 亿件,增长 42.7%;邮政行业业务收入 29.45 亿元,增长 16.9%,其中快递业务收入 18.33 亿元,增长 22.6%。全年电信业务总量 301.70 亿元,比上年增长 11.6%;电信业务收入 45.54 亿元,增长 6.6%。年末移动电话用户 477.96 万户,电话普及率 103.14 户/百人;年末互联网用户 207.88 万户,增长 5.3%。

全年接待国内游客 1266.96 万人次,比上年下降 59.9%;接待入境过夜游客 0.91 万人次,下降 80.6%。全年实现旅游总收入 154.11 亿元,下降 62.8%;实现旅游外汇收入 1604.03 万美元,下降 66.6%。

6. 金融与保险

金融信贷规模不断扩大。年末金融机构人民币存款余额 7889.89 亿元,比上年增长 14.7%,其中,住户存款余额 3722.47 亿元,增长 14.0%。金融机构人民币贷款余额 6385.10 亿元,增长 16.2%,其中,短期贷款余额 2312.29 亿元,增长 6.1%;中长期贷款余额 3708.53 亿元,增长 23.0%。年末制造业贷款余额 784.97 亿元,增长 8.1%。

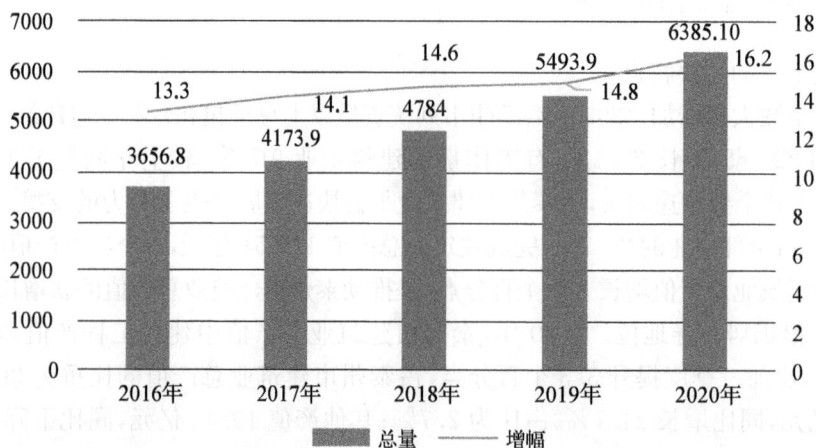

图 5　2016—2020 年金融机构人民币贷款余额总量及增幅

数据来源:《泰州统计年鉴 2021》

证券交易有所下降。全年证券交易额 9018.2 亿元,比上年下降 9.0%,其中,股票交易额 7697.5 亿元,增长 44.6%;基金交易额 289.8 亿元,增长 65.2%。

7. 批发与零售服务业

2020 年全年实现社会消费品零售总额 1333.26 亿元,比上年下降 1.3%。从限额以上单位看,全年限额以上社会消费品零售额 471.31 亿元,增长 4.7%。从消费品类别看,基本生活类商品消费呈上升态势,限额以上粮油食品类、饮料类和日用品类消费分别增长 15.9%、14.3%和 13.2%。发展享受型消费出现分化,通讯器材、中西药品、建筑及装潢材料、汽车消费分别增长 33.5%、15.4%、53.4%、2.8%,而家用电器及音像器材、书报杂志、石油及制品类消费分别下降 8.2%、10.2%、0.4%。

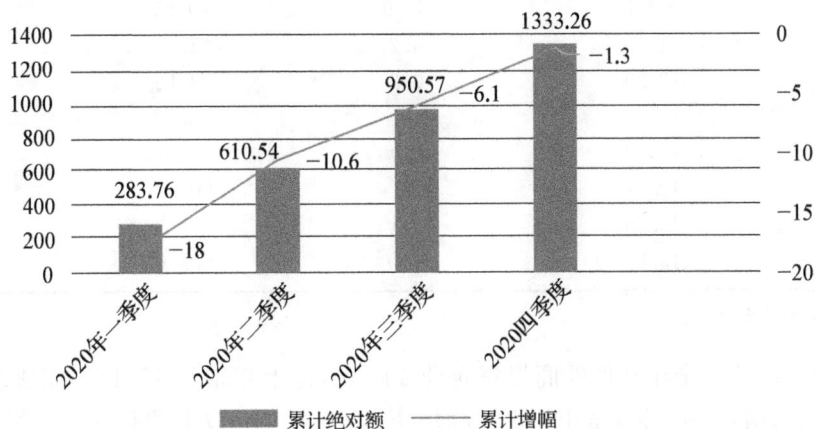

图 6 2020 年泰州市四季度社会消费品零售总额及增幅
数据来源:《泰州统计年鉴 2021》

8. 固定资产投资和房地产

固定资产投资实现增长。全年固定资产投资增长 0.2%,其中,第一产业投资增长 5607.6%,第二产业投资下降 5.6%,第三产业投资增长 7.6%。在二产投资中,工业投资下降 5.5%,其中,医药制造业增长 13.0%,汽车制造业增长 104.9%,通信设备、计算机及其他电子设备制造业增长 6.7%。在服务业投资中,水利、环境和公共设施管理业增长 64.1%,教育投资增长 20.7%,科学研究和技术服务业增长 13.3%。基础设施投资对固定资产投资的支撑强劲,全年增长 44.6%。

投资结构小幅调整。全年民间投资下降 2.4%,民间投资占全部投资比重为 83.8%。在工业投资中,高新技术产业投资下降 3.4%,占工业投资比重为 37.3%;工业技改投资下降 57.0%,占工业投资比重为 29.1%。

房地产市场持续发展。全年房地产开发投资 498.47 亿元,比上年增长 41.4%,其中,住宅投资 409.67 亿元,增长 43.8%。商品房施工面积 2385.79 万平方米,下降 8.2%。商品房新开工面积 643.22 万平方米,增长 3.6%。商品房竣工面积 449.38 万平方米,下降 17.5%。商品房销售面积 751.47 万平方米,增长 13.9%。商品房待售面积 234.25 万平方米,下降 2.0%。

9. 对外贸易

全年完成进出口总额 146.43 亿美元,比上年增长 1.2%,其中,出口 96.05 亿美元,增长 0.8%;进口 50.38 亿美元,增长 2.1%。按贸易方式分,一般贸易出口 55.40 亿美元,下降 2.1%;加工贸易出口 37.20 亿美元,增长 0.9%;一般贸易进口 34.60 亿美元,增长 4.3%;加工贸易进口 11.37 亿美元,与上年持平。按企业性质分,外商投资企业出口 47.51 亿美元,下降 5.9%;民营企业出口 47.59 亿美元,增长 7.8%;外商投资企业进口 29.52 亿美元,下降 7.0%;民营企业进口 20.75 亿美元,增长 18.3%。按商品类别分,机电产品出口 53.60 亿美元,增长 2.1%;农产品出口 4.31 亿美元,增长 9.8%;机电产品进口 9.63 亿美元,增长 14.4%;农产品进口 10.68 亿美元,增长

6.6%。按出口地区分,对亚洲出口 43.43 亿美元,下降 3.7%;对欧洲出口 17.45 亿美元,增长 7.7%;对美国出口 14.01 亿美元,下降 4.8%。服务贸易出口增长较快。全年完成服务贸易出口 52.94 亿元,比上年增长 18.3%。

表 1 2020 年泰州市分月份进出口总额

时间	本月绝对额(亿美元)	本月增幅(%)	累计绝对额(亿美元)	累计增幅(%)
2020 年 2 月	—	—	19.62	−16.8
2020 年 3 月	9.99	−20.0	29.61	−17.8
2020 年 4 月	11.36	7.0	40.97	−12.1
2020 年 5 月	8.88	−30.9	49.85	−16.1
2020 年 6 月	11.76	−6.2	61.61	−14.4
2020 年 7 月	13.29	−0.3	74.89	−12.2
2020 年 8 月	13.73	15.7	88.62	−8.8
2020 年 9 月	15.43	42.3	104.06	−3.7
2020 年 10 月	12.77	9.2	116.83	−2.5
2020 年 11 月	13.78	4.4	130.60	−1.8
2020 年 12 月	15.80	35.3	146.43	1.2

数据来源:《泰州统计年鉴 2021》

外资利用较快增长。全年新批外商投资企业 145 家,比上年增长 15.1%;完成新批协议注册外资 47.28 亿美元,增长 44.3%;全年新批及净增资 3000 万美元以上项目 87 个,增长 55.4%;实际到账注册外资 14.94 亿美元,增长 4.7%。全年新签对外承包工程合同额 6.43 亿美元,增长 100.9%;新签对外承包工程完成营业额 6.60 亿美元,下降 1.7%。

表 2 2016—2020 年实际到账注册外资

年份	累计绝对额(亿美元)	累计增幅
2016	13.44	26.2
2017	16.18	20.3
2018	15.07	−6.8
2019	14.86	−1.4
2020	14.94	4.7

数据来源:《泰州统计年鉴 2021》

10. 人民生活

全年居民人均可支配收入 39701 元,比上年增长 5.1%。从构成看,工资性收入 24327 元,增长 4.2%;经营净收入 5920 元,增长 3.0%;财产净收入 3891 元,增长 9.5%;转移净收入 5563 元,增长 8.6%。按常住地分,城镇常住居民人均可支配收入 49103 元,增长 4.0%;农村常住居民人均可支配收入 24615 元,增长 6.5%。城乡居民收入比由上年的 2.04∶1 缩小至 1.99∶1。

表 3 2016—2020 年城镇居民人均可支配收入

年份	累计绝对值(元)	累计增幅(%)
2016	36828	8.0
2017	40059	8.8
2018	43452	8.5
2019	47216	8.7
2020	49103	4.0

数据来源:《泰州统计年鉴 2021》

社会保障水平不断提升。大力实施全民参保计划,参加城乡居民养老保险、企业职工养老保险人数分别达 100.61 万、96.23 万。民生保障取得新进展。全市城乡低保标准统一提高到每人每月710 元,比上年增加 30 元,全年 4.19 万人得到最低生活保障救济。

11. 科技和教育

科技创新能力不断增强。年末全市发明专利拥有量 9801 件,比上年增长 32.8%。全年专利申请 32789 件,其中发明专利申请 6784 件;专利授权 20265 件,其中发明专利授权 1413 件。全年新增省级以上企业研发机构 48 家,年末高新技术企业达 1252 家。

优质教育均衡发展。全年新创省优质园 3 所,市优质园 12 所,完成 32 所省优质园复审。全市共有省优质园 273 所,省优质园覆盖率达 89.12%,位列全省第一。年末省、市优质园覆盖率达93.7%,普惠性幼儿园覆盖率达 89.1%,位列全省前列,其中,公办园覆盖率 72.1%,位列全省第二。年末全市义务教育学校达省定建设标准比例 100%,位居全省第 1,高中阶段优质学校比例达88.6%。高等教育实现突破,拥有第一所本一高校南中医泰州校区。年末拥有幼儿园 347 所,在校幼儿 11.31 万人,学前三年教育毛入学率 98% 以上;高中 34 所,在校学生 7.12 万人,高中阶段教育毛入学率 99% 以上;普通高等学校 7 所,在校学生 6.88 万人。年末拥有专任教师 4.58 万人。

市政府印发《关于进一步深化推进全市集团化办学的意见》,确定了泰州市集团化办学的任务书和路线图。推进义务教育优质均衡创建工作,义务教育优质均衡达标比例较 2018 年提高了10.87 个百分点,高港区成功创建为省义务教育优质均衡发展区(全省仅 3 家),正积极创建国家义务教育优质均衡发展县(市、区)。加强义务教育学校标准化建设,全市义务教育学校达省定建设标准的有 367 所,占比 97.61%,较上年提升 5.53 个百分点,位列全省第四。

全市共创成省级内涵建设项目 139 个,其中基础教育前瞻性教学改革实验项目 13 个、中小学生品格提升工程项目 10 个、幼儿园课程游戏化建设项目 14 个、小学特色文化建设工程项目 17 个、薄弱初中质量提升工程项目 25 个、普通高中课程基地 26 个(其中高峰项目 1 个)、特殊教育发展工程项目 34 个。新申报省级基础教育内涵建设项目 18 个。

12. 资源、环境和应急管理

生态环境建设成效显著。PM2.5 平均浓度为 35.0 微克/立方米,下降 14.6%,空气优良天数比率 80.9%。省考及以上断面优于Ⅲ类水质比例 100%,长江干流水质常年保持Ⅱ类水质。节能降耗取得进展。全年规上工业累计综合能耗 905.70 万吨标准煤,比上年下降 0.6%;规上工业万元产值能耗 0.1599 吨标准煤,下降 8.2%。全年单位 GDP 能耗下降 3.5%。安全生产形势稳定向好。全年各类安全生产事故 97 起,比上年下降 65.5%;死亡人数 68 人,下降 64.4%。亿元 GDP生产安全事故死亡 0.013 人。

二、2021 年泰州市经济与社会运行发展情况

2021 年,面对严峻复杂的国内外形势,泰州全市上下高举习近平新时代中国特色社会主义思想伟大旗帜,全面贯彻落实中央和省委、省政府决策部署,巩固拓展疫情防控和经济社会发展成果,全面做好"六稳""六保"工作,经济社会发展呈现持续稳定恢复态势,较好地完成了年初制定的主要目标任务。

1. 综合情况

完成地区生产总值 6025.26 亿元,可比增长 10.1%,增速列全省首位,高于预期目标 3.1 个百分点。一般公共预算收入 428.77 亿元(含江阴靖江园区),增长 11.9%,增速列全省第 5 位,高于预期目标 6.9 个百分点。制定实施产业强链三年行动计划,推进产业基础高级化和产业链现代化,规模以上工业增加值增长 13.4%。全力促进消费市场回暖,社会消费品零售总额增长 18.3%,增

速列全省第4位,高于预期目标11.3个百分点。全面落实稳外贸稳外资各项政策,进出口总额增长29.2%,实现稳中提质。实际利用外资18.28亿美元,超额完成全年目标任务。全力做好保供稳价工作,居民消费价格涨幅1.3%,保持在调控目标以内。

表1　2021年全市主要指标计划完成情况

序号	指标名称	预期目标	全年完成
1	地区生产总值	7%左右	10.1%
2	一般公共预算收入	5%左右	11.9%
3	社会消费品零售总额	7%左右	18.3%
4	进出口总额	稳中提质	29.2%
5	实际利用外资	16亿美元	18.28亿美元
6	城乡居民收入	稳步增长	10.3%
7	城镇新增就业人数	8万人以上	10.2万人
8	城镇登记失业率	3%以内	2%以下
9	居民消费价格涨幅	3%左右	1.3%

数据来源:泰州统计局

价格水平总体稳定。全年居民消费价格比上年上涨2.9%。分类别看,食品烟酒类上涨9.9%,衣着类下降2.1%,居住类上涨0.1%,生活用品及服务类上涨0.8%,交通和通信类下降4.2%,教育文化和娱乐类上涨2.7%,医疗保健类上涨2.1%,其他用品和服务类上涨4.4%。食品中,粮食下降0.7%,鲜菜上涨10.9%,畜肉上涨42.5%,水产品上涨7.6%,蛋下降8.8%,鲜果下降10.2%。工业价格指数涨跌互见。工业生产者出厂价格涨幅逐渐回落,全年上涨0.4%;工业生产者购进价格跌幅呈现"V"字型走势,全年下降2.7%。

2. 农林牧渔业

农业生产稳定增长。全年实现农林牧渔业总产值506.37亿元,比上年增长3.0%;实现农林牧渔业增加值320亿元,增长2.8%。粮食生产稳中有增。全年粮食播种面积374.75千公顷,比上年增长0.2%;粮食总产量280.8万吨,比上年增长0.1%,其中夏粮产量104万吨,比上年下降0.6%;秋粮产量176.8万吨,比上年增长0.5%。粮食亩产499.51公斤,比上年下降0.1%,亩产列全省第1。生猪恢复生产势头良好。年末生猪存栏83.19万头,增长3.7倍;全年生猪出栏120.52万头,下降14.3%。全年水产品产量37.48万吨,比上年增长1.4%。

现代农业加速推进。高标准农田建设顺利完成。全年新增高标准农田建设23.7万亩,年末高标准农田比重达到88%,比上年提高11.9个百分点。设施农业提档升级。年末设施农业面积91.5万亩,设施渔业面积30.12万亩,分别比上年增长7.0%、4.2%;年末有效灌溉面积414.11万亩,比上年增长0.3%。农业机械化水平提升。年末全市农业机械总动力达288.65万千瓦,比上年增长0.6%,农业综合机械化水平达到88%。

3. 工业和建筑业

工业经济实力明显增强。全年规模以上工业增加值1357.51亿元,增长6.4%,其中轻工业增长9.0%,重工业增长4.9%。分经济类型看,国有工业增长12.3%,股份制工业增长6.7%,外商和港澳台投资工业增长5.9%。在规模以上工业中,民营工业增加值增长7.5%,大中型工业增长7.3%。支柱产业中,全年医药、电气产业产值分别增长13.9%、18.6%,化工产业产值增长1.1%,船舶产业产值下降5.4%。

先进制造业加快发展。全年高新技术产业产值增长9.3%,快于规模以上工业产值增速1.5个百分点,高新技术产业产值占规模以上工业产值比重为45.9%,比上年提高0.9个百分点。战略性新兴产业产值占规模以上工业产值比重为37.6%,比上年提高5.4个百分点。规模以上工业中,化学药品原药、锂离子电池、太阳能电池、工业自动调节仪表与控制系统等产品产量分别比上年增长47.4％、70.4％、66.2％、29.3％。

工业企业经营状况良好。全年规模以上工业企业利润总额361.48亿元,比上年增长8.5％,利润增幅分别高于产值增幅、营业收入增幅0.7个、4.2个百分点。年末企业资产负债率为51.7％。规模以上工业企业每百元营业收入中营业成本为77.5元,比上年减少2.0元。

建筑业平稳增长。全年完成建筑业总产值3680.84亿元,比上年增长6.4％。年末全市具有资质等级的总承包和专业承包建筑企业969家,比上年增加215家,其中具有特级、一级和二级资质企业388家,比上年增加70家。年末建筑业从业人员达123.64万人,增长7.6％。

4. 固定资产投资

固定资产投资实现增长。全年固定资产投资增长0.2％,其中第一产业投资增长5607.6％,第二产业投资下降5.6％,第三产业投资增长7.6％。在二产投资中,工业投资下降5.5％,其中医药制造业增长13.0％,汽车制造业增长104.9％,通信设备、计算机及其他电子设备制造业增长6.7％。在服务业投资中,水利、环境和公共设施管理业增长64.1％,教育投资增长20.7％,科学研究和技术服务业增长13.3％。基础设施投资对固定资产投资的支撑强劲,全年增长44.6％。

投资结构小幅调整。全年民间投资下降2.4％,民间投资占全部投资比重为83.8％。在工业投资中,高新技术产业投资下降3.4％,占工业投资比重为37.3％;工业技改投资下降57.0％,占工业投资比重为29.1％。

房地产市场持续发展。全年房地产开发投资498.47亿元,比上年增长41.4％,其中住宅投资409.67亿元,增长43.8％。商品房施工面积2385.79万平方米,下降8.2％。商品房新开工面积643.22万平方米,增长3.6％。商品房竣工面积449.38万平方米,下降17.5％。商品房销售面积751.47万平方米,增长13.9％。商品房待售面积234.25万平方米,下降2.0％。

5. 国内贸易和旅游

消费品市场受疫情影响略有下降。全年实现社会消费品零售总额1333.26亿元,比上年下降1.3％。从限额以上单位看,全年限额以上社会消费品零售额471.31亿元,增长4.7％。从消费品类别看,基本生活类商品消费呈上升态势,限额以上粮油食品类、饮料类和日用品类消费分别增长15.9％、14.3％和13.2％。发展享受型消费出现分化,通讯器材、中西药品、建筑及装潢材料、汽车消费分别增长33.5％、15.4％、53.4％、2.8％,而家用电器及音像器材、书报杂志、石油及制品类消费分别下降8.2％、10.2％、0.4％。

旅游市场受疫情冲击明显。全年接待国内游客1266.96万人次,比上年下降59.9％;接待入境过夜游客0.91万人次,下降80.6％。全年实现旅游总收入154.11亿元,下降62.8％;实现旅游外汇收入1604.03万美元,下降66.6％。

6. 外向型经济

对外贸易基本稳定。全年完成进出口总额146.43亿美元,比上年增长1.2％,其中出口96.05亿美元,增长0.8％;进口50.38亿美元,增长2.1％。按贸易方式分,一般贸易出口55.40亿美元,下降2.1％;加工贸易出口37.20亿美元,增长0.9％;一般贸易进口34.60亿美元,增长4.3％;加工贸易进口11.37亿美元,与上年持平。按企业性质分,外商投资企业出口47.51亿美元,下降5.9％;民营企业出口47.59亿美元,增长7.8％;外商投资企业进口29.52亿美元,下降7.0％;民营企业进口20.75亿美元,增长18.3％。按商品类别分,机电产品出口53.60亿美元,增长2.1％;农产品出口4.31亿美元,增长9.8％;机电产品进口9.63亿美元,增长14.4％;农产品进口10.68亿美元,增长6.6％。按出口地区分,对亚洲出口43.43亿美元,下降3.7％;对欧洲出口17.45亿美元,增长7.7％;对美国出口14.01亿美元,下降4.8％。

服务贸易出口增长较快。全年完成服务贸易出口52.94亿元,比上年增长18.3％。外资利用较快增长。全年新批外商投资企业 145 家,比上年增长 15.1%;完成新批协议注册外资 47.28 亿美元,增长 44.3%;全年新批及净增资 3000 万美元以上项目 87 个,增长 55.4%;实际到账注册外资 14.94 亿美元,增长 4.7%。全年新签对外承包工程合同额 6.43 亿美元,增长 100.9%;新签对外承包工程完成营业额 6.60 亿美元,下降 1.7%。

7. 交通运输、邮电

交通运输受疫情影响回落。全年旅客运输量比上年下降 25.0%,旅客周转量下降 40.7%,货物运输量下降 5.7%,货物周转量增长 2.2%。全年港口货物吞吐量 3.23 亿吨,增长 5.3%,其中外贸吞吐量 2655.07 万吨,下降 4.5%。年末全市公路里程 9981.27 公里,其中高速公路里程 320.64 公里。

居民汽车保有量稳步增加。年末民用汽车拥有量 95.95 万辆,本年净增 4.55 万辆;私人轿车拥有量 53.47 万辆,本年净增 2.47 万辆。

邮电业快速发展。全年邮政行业业务总量 49.66 亿元,比上年增长 31.2%,其中快递业务量 1.73 亿件,增长 42.7%;邮政行业业务收入 29.45 亿元,增长 16.9%,其中快递业务收入 18.33 亿元,增长 22.6%。全年电信业务总量 301.70 亿元,比上年增长 11.6%;电信业务收入 45.54 亿元,增长 6.6%。年末移动电话用户 477.96 万户,电话普及率 103.14 户/百人;年末互联网用户 207.88 万户,增长 5.3%。

8. 财政、金融、保险和证券

财政收支平稳增长。全年完成一般公共预算收入 375.20 亿元,比上年增长 2.6%,其中税收收入 282.06 亿元,增长 1.0%。税收收入占一般公共预算收入比重为 75.2%,比上年下降 1.2 个百分点。支出结构不断优化。全年一般公共预算支出 627.54 亿元,比上年增长 5.6%。十三类民生支出比上年增长 9.6%,占一般公共预算支出的比重为 80.1%,比上年提高 2.9 个百分点。

金融信贷规模不断扩大。年末金融机构人民币存款余额 7889.89 亿元,比上年增长 14.7%,其中住户存款余额 3722.47 亿元,增长 14.0%。金融机构人民币贷款余额 6385.10 亿元,增长 16.2%,其中短期贷款余额 2312.29 亿元,增长 6.1%;中长期贷款余额 3708.53 亿元,增长 23.0%。年末制造业贷款余额 784.97 亿元,增长 8.1%。

保险业发展略有下降。全年保费收入 189.77 亿元,比上年下降 1.1%,其中人身险 145.35 亿元,下降 2.6%;财产险 44.42 亿元,增长 4.1%。全年赔付金额 50.81 亿元,增长 2.9%,其中人身险 22.66 亿元,下降 1.1%;财产险 28.14 亿元,增长 6.4%。

证券交易有所下降。全年证券交易额 9018.2 亿元,比上年下降 9.0%,其中股票交易额 7697.5 亿元,增长 44.6%;基金交易额 289.8 亿元,增长 65.2%。

9. 科学技术和教育

科技创新能力不断增强。年末全市发明专利拥有量 9801 件,比上年增长 32.8%。全年专利申请 32789 件,其中发明专利申请 6784 件;专利授权 20265 件,其中发明专利授权 1413 件。全年新增省级以上企业研发机构 48 家,年末高新技术企业达 1252 家。

优质教育均衡发展。全年新创优质园 12 所,年末省、市优质园覆盖率达 93.7%。年末全市义务教育学校达省定建设标准比例 100%,位居全省第1,高中阶段优质学校比例达 88.6%。高等教育实现突破,拥有第一所本一高校南中医泰州校区。年末拥有幼儿园 347 所,在校幼儿 11.31 万人,学前三年教育毛入学率 98%以上;高中 34 所,在校学生 7.12 万人,高中阶段教育毛入学率 99%以上;普通高等学校 7 所,在校学生 6.88 万人。年末拥有专任教师 4.58 万人。

10. 文化、卫生和体育

文化事业稳步发展。文化服务体系不断完善。年末拥有文化馆 7 个、公共图书馆 7 个、博物馆 19 个、美术馆 3 个,公共图书馆总藏量 387 万册、电子图书藏量 343.2 万册;广播、电视综合人口覆盖率100%。

卫生事业加快发展。年末全市拥有各类卫生机构2134家,其中医院91家,卫生院114家,卫生防疫防治机构10家,妇幼保健机构7家。各类卫生机构拥有床位30384张,其中医院、卫生院拥有床位28962张。拥有卫生技术人员33080人,其中执业医师、执业助理医师14029人,注册护士13737人。

体育事业蓬勃发展。在国内外各级各类赛事中,由我市培养输送的优秀运动员共计获得金牌32枚、银牌36枚、铜牌32枚。加强竞赛队伍建设,全面组建省运会59支参赛运动队。

11. 资源环境、节能降耗和安全生产

生态环境建设成效显著。PM2.5平均浓度为35.0微克/立方米,下降14.6%,空气优良天数比率80.9%。省考及以上断面优于Ⅲ类水质比例100%,长江干流水质常年保持Ⅱ类水质。

节能降耗取得进展。全年规上工业累计综合能耗905.70万吨标准煤,比上年下降0.6%;规上工业万元产值能耗0.1599吨标准煤,下降8.2%。全年单位GDP能耗下降3.5%。

安全生产形势稳定向好。全年各类安全生产事故97起,比上年下降65.5%;死亡人数68人,下降64.4%。亿元GDP生产安全事故死亡0.013人。

12. 人口、人民生活和社会保障

人口基本稳定。年末户籍总人口497.15万人,当年出生人口3.54万人,人口出生率为7.10‰,比上年上升0.08个千分点;死亡人口4.82万人,人口死亡率9.66‰,比上年上升1.02个千分点;人口自然增长率为-2.56‰。年末户籍人口城镇化率为64.4%。

居民收入稳定增长。全年居民人均可支配收入39701元,比上年增长5.1%。从构成看,工资性收入24327元,增长4.2%;经营净收入5920元,增长3.0%;财产净收入3891元,增长9.5%;转移净收入5563元,增长8.6%。按常住地分,城镇常住居民人均可支配收入49103元,增长4.0%;农村常住居民人均可支配收入24615元,增长6.5%。城乡居民收入比由上年的2.04∶1缩小至1.99∶1。

社会保障水平不断提升。大力实施全民参保计划,参加城乡居民养老保险、企业职工养老保险人数分别达100.61万、96.23万。民生保障取得新进展。全市城乡低保标准统一提高到每人每月710元,比上年增加30元,全年4.19万人得到最低生活保障救济。

第十七章　2020—2021年宿迁市经济发展分析

一、2020年宿迁市经济与社会运行发展情况

2020年,面对突如其来的新冠肺炎疫情的冲击,全市上下坚持以习近平新时代中国特色社会主义思想为指导,围绕全面建成小康社会的奋斗目标,深入贯彻新发展理念,把握高质量发展要求,统筹推进疫情防控和经济社会发展,扎实做好"六稳"工作,全面落实"六保"任务。全市经济经受住了疫情考验,呈现"迅速企稳、逐步回升"的良好态势,"十三五"实现圆满收官。

1. 综合情况

经济总量进一步壮大。初步核算,2020年,全市实现地区生产总值3262.37亿元,比上年增长4.5%,比全省增速快0.8个百分点,其中,第一产业增加值341.40亿元,增长1.7%;第二产业增加值1367.35亿元,增长4.7%;第三产业增加值1553.62亿元,增长4.9%。

产业结构持续优化。全市三次产业结构调整为10.5:41.9:47.6,其中,第一产业比重与上年持平,第二产业比重下降0.8个百分点,第三产业比重提升0.8个百分点。

新动能保持较快发展。全市服务业增加值增速快于GDP增速0.4个百分点,服务业对全市GDP增长的贡献率为48.1%,拉动全市经济增长2.2个百分点。工业转型升级步伐加快,全市规模以上工业中高新技术产业实现产值863.19亿元,比上年增长17.8%,快于上年17.5个百分点;占规上工业总产值比重为31.6%,比上年提升6.7个百分点。高技术产业投资比上年增长9.3%,快于全部投资9.2个百分点;占固定资产投资比重为10.1%,比上年提升0.9个百分点。限上批发和零售业通过公共网络实现零售额74.39亿元,占限上零售额的比重为28.6%,比上年提高2.2个百分点。

就业形势总体平稳。全市城镇新增就业5.50万人,比上年减少0.76万人,其中,各类城镇下岗失业人员实现再就业2.63万人,援助就业困难人员再就业1.65万人。全市城镇登记失业率为1.74%。

消费价格温和上涨。全年居民消费价格总水平(CPI)上涨2.4%,比上年涨幅下降0.7个百分点。八大类消费价格呈"五升三降"态势,"五升"即食品烟酒上涨8.5%、衣着上涨0.3%、教育文化和娱乐上涨1.4%、医疗保健上涨0.4%、其他用品和服务上涨4.7%;"三降"即居住下降0.4%、生活用品及服务下降0.3%、交通和通信下降4.7%。

2. 农林牧渔业

农业经济稳步发展。2020年,全市实现农林牧渔总产值588.34亿元,现价增长6.0%,可比价增长2.0%,其中,农业产值336.18亿元、林业产值15.65亿元、牧业产值102.9亿元、渔业产值108.7亿元、农林牧渔服务业产值24.91亿元,分别占57.1%、2.7%、17.5%、18.5%和4.2%。

粮食产量持续丰收。全市粮食作物播种面积904.89万亩,比上年增长1.0%。亩均产量452.5公斤,比上年下降0.7%。总产量409.46万吨,比上年增长0.3%,连续五年保持在400万吨以上,其中,夏粮面积444.42万亩,增长1.8%,总产170.3万吨,增长2.0%;秋粮面积460.47万亩,增长0.3%,总产239.16万吨,下降1.2%。

蔬菜瓜果供应平稳。全市蔬菜播种面积138.72万亩,比上年增长1.0%;蔬菜及食用菌产量506.49万吨,比上年增长3.6%。瓜果播种面积19.24万亩,与上年基本持平;总产48.66万吨,比上

年下降1.2%,其中,西瓜种植面积14.93万亩,下降2.8%;草莓种植面积1.83万亩,增长5.4%。

畜牧业实现稳产保供。严格落实生猪稳产保供责任,强化非洲猪瘟防控,加快推动生猪产能恢复。全年生猪出栏量201.15万头,接近常年水平,比上年增长18.2%;年末生猪存栏量164.89万头,比上年增长1.8倍,为近五年最高水平。全年家禽出栏8492.21万只,比上年增长23.4%。

渔业生产提质增效。重点开展生态健康渔业示范区建设、生态百亿级河蟹产业打造、高效设施渔业增量建设、养殖结构调整、湖河围网养殖整治等工作,成效显著。全市水产品养殖面积52.16万亩,比上年增长0.9%;稻田养殖面积49.01万亩,比上年增长15.8%。全年水产品产量27.95万吨,比上年增长3.0%,其中,鱼类产量15.75万吨,占56.4%,比上年下降2.7个百分点;虾蟹等甲壳类产量11.72万吨,占41.9%,比上年提升3.8个百分点。

现代农业质态稳步提高。六大主导产业建设不断提质,稻米、果蔬、花木三大产业产值突破百亿级,花木种植面积、河蟹养殖面积、工厂化食用菌生产规模进入全国前三强。全面推进现代农业园区建设,全市共有8个省以上现代农业产业园区,实现三县两区全覆盖。深入推进绿色优质农产品创建,全市绿色食品总数达439个,居全省第二位;地标农产品26个,居全省首位;绿色优质农产品比重超70%,居全省第三位。"宿有千香"品牌影响力进一步提升。

3. 工业和建筑业

工业生产稳步提速。2020年,全市规模以上工业实现产值2729.87亿元,比上年增长10.3%;实现增加值846.21亿元,比上年增长7.8%。

企业效益增长平稳。全市规模以上工业实现营业收入2740.07亿元,比上年增长7.3%;实现利润总额275.39亿元,增长21.7%;营业收入利润率为10.1%,高出全省平均水平4.1个百分点。

主导产业加速集聚。全市五大主导产业实现规模以上工业产值2537.81亿元,增长10.1%,占全市产值的93.0%,提升7.1个百分点,其中,机电装备业增长最快,实现产值796.65亿元,增长20.8%,快于全市增速10.5个百分点;纺织服装业实现产值462.43亿元,增长0.3%;食品饮料业实现产值497.38亿元,增长5.9%;绿色家居业实现产值442.16亿元,增长9.7%;新材料业实现产值339.19亿元,增长8.5%。

主要产品产量有增有降。列入全市统计范围的工业产品共161个,其中,55.9%的产品产量增长,增幅在30%以上的有33个,占20.5%。

建筑业平稳发展。全年列统总承包和专业承包建筑业企业498家,实现建筑业总产值715.2亿元,比上年增长5.5%;竣工产值457.53亿元,下降6.2%。房屋建筑施工面积5944.14万平方米,增长5.8%;房屋建筑竣工面积1823.3万平方米,增长0.4%。

4. 固定资产投资和房地产业

投资全年实现转正。2020年,全市在建项目1592个,其中新开工项目823个。年初受疫情影响,固定资产投资增速开局呈大幅下降态势,但随着二季度复工以后,全市投资增速稳步回升。全年固定资产投资比上年增长0.1%,增速比上半年和前三季度分别提升3.6和0.7个百分点。分产业看,三次产业结构呈现"两降一增",其中,第一产业投资下降11.9%,第二产业投资下降7.4%,第三产业投资增长10.8%。

亿元以上项目贡献突出。2020年,全市列统的计划总投资超亿元项目701个,比上年增加280个;项目计划总投资4104.57亿元,增长83.5%;本年完成投资增长65.6%,拉动全部投资增长24.4个百分点。

房地产开发投资快速增长。全年完成房地产开发投资367.70亿元,比上年增长12.9%,其中,实现住宅投资315.93亿元,增长12.1%。全市商品房施工面积3298.85万平方米,比上年下降6.2%。网签数据显示,全市实现商品房销售面积1006.08万平方米,比上年增长17.2%,其中住宅销售面积849.01万平方米,增长15.0%。

5. 国内贸易和对外经济

市场消费逐步回暖。2020年,受新冠肺炎疫情影响,全年社会消费品零售总额呈下降态势,但降幅逐步收窄。全市实现社会消费品零售总额1258.08亿元,比上年下降4.7%,比一季度、上半年和前三季度降幅分别收窄12.3个、5.9个和2.5个百分点。按消费形态分,批发和零售业实现1182.22亿元,下降4.6%;住宿和餐饮业实现75.86亿元,下降5.9%。

限额以上消费降幅不断收窄。限额以上单位实现社会消费品零售总额260.55亿元,比上年下降7.1%,比一季度、上半年和前三季度降幅分别收窄7.8个、5.6个和2.9个百分点,其中,粮油、食品类增长12.5%,日用品类增长8.3%,中西药品类增长20.3%,机电产品及设备类增长15.9%。

对外贸易增长较快。2020年,全市实现进出口总额47.83亿美元,比上年增长39.6%,其中,出口41.61亿美元,增长44.1%;进口6.22亿美元,增长15.7%。全年新批外商投资企业项目76个,比上年增长8.6%;完成协议注册外资27.79亿美元,增长87.7%。全市实际使用外资5.56亿美元,增长24.7%。

6. 园区经济

工业经济规模继续扩大。2020年,全市开发区完成规模以上工业产值1837.35亿元,比上年增长11.9%,占全市的67.3%,比上年提高2.3个百分点,拉动全市增长7.9个百分点。实现主营业务收入1901.48亿元,比上年增长5.9%,占全市69.4%,拉动全市增长6.9个百分点。

投资保持较快增长。全市开发区完成固定资产投资增长10.8%,比全市投资增速高10.7个百分点;占全市投资总量的46.7%,比上年提升4.0个百分点。全市开发区亿元及以上施工项目382个,比上年增加154个,其中,新开项目198个,增加89个。

财税收入稳步增长。全市开发区实现公共财政预算收入95.37亿元,增长9.6%;开发区公共财政预算收入占全市总量的43.1%。

7. 交通运输、邮政电信和旅游业

货运客运涨跌互现。2020年,全市完成货运量12432万吨,比上年增长3.3%,其中,公路货运10151万吨,增长4.8%;水路货运2281万吨,下降3.6%。实现货物运输周转量426.14亿吨公里,比上年增长6.4%,其中,公路货物周转量356.47亿吨公里,增长7.8%;水路货物周转量69.67亿吨公里,增长0.1%。完成港口货物运输吞吐量2050万吨,比上年增长34.3%。受疫情影响,全市完成客运量3340万人,比上年下降28.1%;实现旅客运输周转量21.08亿人公里,下降40.7%。

邮政电信业发展较好。全年完成邮政业务总量112.02亿元,比上年增长36.9%;实现邮政业务收入35.66亿元,比上年增长31.3%。快递业务量完成4.46亿件,增长36.6%;快递业务收入完成24.77亿元,增长37.9%。完成电信业务总量431.78亿元,增长27.0%;实现电信业务收入42.04亿元,增长7.6%。年末全市各类电话用户515.49万户,其中,移动电话用户488.14万户,固定电话用户27.35万户。年末全市互联网宽带接入用户164万户,比上年末净增7万户。

旅游业下降较大。受疫情影响,全市接待国内外游客1251万人次,比上年下降55.1%;实现旅游总收入146.76亿元,下降56.3%,其中,旅游外汇收入309.03万美元,下降76.8%。年末全市共有等级旅游景区48个,其中,4A级以上景区9个,泗洪洪泽湖湿地景区创建成为国家5A级旅游景区,实现了全市5A级旅游景区"零"的突破。全市4A级以上景区接待游客396.93万人次,下降59.6%。年末旅行社数量达到92家,比上年末增加3家。

8. 财政和金融

财政收入稳步增长。2020年,全市实现一般公共预算收入221.17亿元,比上年增长4.0%,其中,税收收入189.20亿元,增长5.9%。税收占一般公共预算收入比重为85.5%,其中,增值税77.68亿元,下降3.3%;企业所得税33.46亿元,下降6.2%;个人所得税7.94亿元,增长21.3%。

民生支出持续增加。全年一般公共预算支出 589.45 亿元,比上年增长 16.6%,其中,一般公共服务支出 46.95 亿元,增长 8.8%;教育支出 96.91 亿元,增长 14.9%;社会保障和就业支出 76.54 亿元,增长 27.8%;卫生健康支出 53.04 亿元,增长 15.3%;农林水支出 96.86 亿元,增长 11.9%;住房保障支出 19.48 亿元,增长 15.9%。

金融业发展较快。全年金融业实现增加值 231.90 亿元,比上年增长 10.6%。金融机构人民币各项存款余额 3631.89 亿元,比年初增加 547.44 亿元,增长 17.7%,其中,住户存款余额 1734.12 亿元,比年初增加 208.78 亿元,增长 13.7%。金融机构人民币各项贷款余额 3773.95 亿元,比年初增加 691.76 亿元,增长 22.4%,其中,制造业贷款余额 291.50 亿元,比年初增长 10.7%。全市新增企业直接融资 400.24 亿元,比上年增长 36.2%。

保险体系日趋完善。全市共有法人保险机构 41 家。其中,人寿保险 17 家,财产保险 24 家。全年实现保费收入 91.53 亿元,比上年增长 5.8%,其中,财险保费收入 34.23 亿元,增长 10.1%;人身险保费收入 57.30 亿元,增长 3.4%。保险赔款总支出 31.68 亿元,增长 14.0%。

9. 科技创新和社会事业

科技创新稳步推进。2020 年,全市专利申请量 20680 件,专利授权量 13960 件。年末有效发明专利量 2200 件,比上年增长 40.4%,全市万人有效发明专利量 4.46 件。全市拥有国家高新技术企业达 472 家,增长 40.5%。国家科技型中小企业入库企业达 1024 家,增长 48.0%;落实科技政策减免税 7 亿元,增长 28.8%。

教育事业加快发展。全市普通高等教育招生 0.98 万人,在校生 2.84 万人,毕业生 0.61 万人。普通高中教育招生 3.31 万人,在校生 9.55 万人,毕业生 2.82 万人。普通初中教育招生 8.23 万人,在校生 23.25 万人,毕业生 5.66 万人。小学教育招生 9.01 万人,在校生 56.91 万人,毕业生 8.10 万人。全市中等职业教育在校生 5.66 万人(不含技工学校)。特殊教育学校招生 152 人,在校生 1120 人。全市共有幼儿园 506 所,比上年增加 28 所;在园幼儿 19.84 万人,比上年增加 0.1 万人。高等教育毛入学率达 61.0%,高中阶段教育毛入学率达 99% 以上,学前三年教育毛入园率达 98.9%。

文化事业日趋繁荣。全市乡镇(街道)文化馆有效覆盖率 85%,图书馆分馆有效覆盖率达 100%;全年组织开展各类文化惠民活动 2000 余次。广播电台 5 座,电视台 5 座,发射台 6 座,广播综合人口覆盖率和电视综合人口覆盖率均达 100%。

医疗保障继续提升。年末全市共有各类卫生机构 2460 个,其中,医院 235 个,疾病预防控制中心 6 个,妇幼卫生保健机构 6 个。各类卫生机构拥有病床 3.14 万张,其中,医院拥有病床 3.08 万张。卫生技术人员 3.76 万人,其中,执业医师、执业助理医师 1.47 万人,注册护士 1.78 万人,疾病预防控制中心卫生技术人员 339 人,妇幼卫生保健机构卫生技术人员 461 人。

10. 环境保护和城市建设

生态环境持续向好。牢固树立"两山"理念,打好"蓝天保卫战""碧水保卫战""净土保卫战"。全年 PM2.5 为 45 微克/立方米,较上年改善 4.3%;空气质量优良天数比率为 73.2%,较上年改善 10.2 个百分点。26 个国省考断面水质达标率 100%,优Ⅲ水体比例 92.3%,超出省约束性考核目标 19.2 个百分点。完成 902 个涉农行政村污水治理设施建设,设施覆盖率 70.1%,超过省定考核目标;深入开展全市土壤污染防治规范化治理,2020 年度各设区市实施土壤污染防治行动计划评估中,宿迁市得分位列全省第 7 位。

城市功能得以加强。基础设施日趋完善,185 项中心城市建设重点工程进展顺利,运河湾公园等项目建成并投入使用;城镇村污水收处能力进一步提升,全年累计新建城区污水管网 152 公里、乡镇污水管网 85.2 公里、村庄生活污水处理设施 97 个。人居环境持续提升,42 项年度园林绿化建设任务有效落实,迎宾大道西侧游园等 9 个精品公园完成绿地建设,建成区公园绿地服务半径覆盖率达 94.5%，"缤纷城市"建设成效显著。住房条件明显改善，中心城区启动棚户区改造征收项目 27 个、263 万平方米；保障性安居工程新开工 10726 套、基本建成 6368 套、发放租赁补贴 185 户；全面完成 21 个老旧小区改造项目，更新水电路气、消防技防等配套设施。"厕所革命"深化巩固，市区 26 座新改建公厕全面完成，380 座农村公厕全面建成。

11. 人口、人民生活和社会保障

户籍人口总体稳定。2020 年末，全市户籍人口 591.21 万人，比上年下降 0.04%。全年出生人口 62794 人，出生率 10.61‰；死亡人口 41257 人，死亡率 6.97‰，当年人口自然增长率为 3.64‰。

居民生活水平持续改善。全市全体居民人均可支配收入 26421 元，比上年增长 5.9%。按收入来源分，工资性收入 13988 元，增长 6.0%；经营净收入 7053 元，增长 5.8%；财产净收入 1177 元，增长 7.1%；转移净收入 4202 元，增长 5.8%。按常住地分，城镇居民人均可支配收入 32015 元，增长 4.6%；农村居民人均可支配收入 19466 元，增长 7.4%。全市居民人均消费支出 15204 元，比上年下降 1.4%，恩格尔系数为 33.2%。

社会保障体系更加完善。深入实施社保扩面和医保惠民行动。年末全市城乡基本养老、失业、工伤保险参保人数分别为 356.61 万人、37.85 万人、56.13 万人，比上年末同口径分别增加 16.72 万人、1.76 万人、4.30 万人。基本养老、医疗保险覆盖率均达 98% 以上。城乡低保标准提高到每人每月 610 元，特困人员集中供养、优待抚恤等保障标准稳步增长。

二、2021 年宿迁市经济与社会运行发展情况

2021 年，宿迁全市上下坚持以习近平新时代中国特色社会主义思想为指导，以推动高质量发展为主题，以改革创新为根本动力，深入推进"四化"同步集成改革示范区建设，积极有效应对经济社会发展出现的新情况、新变化、新问题，巩固拓展疫情防控和经济社会发展成果，全市经济平稳健康发展基础进一步夯实，总体呈"高开稳走、稳中有进、进中提质"的运行态势，"十四五"实现良好开局，为现代化建设奠定了坚实基础。

1. 综合情况

经济实力显著提升。初步核算，全年实现地区生产总值 3719.01 亿元，比上年增长 9.1%，快于全省 0.5 个百分点，其中，第一产业增加值 353.03 亿元，增长 3.1%；第二产业增加值 1613.47 亿元，增长 9.9%；第三产业增加值 1752.51 亿元，增长 9.5%。全市人均地区生产总值 74476 元，比上年增长 8.8%。

图1　2016—2021 年国民经济生产总值(单位:亿元)

数据来源:宿迁统计局

产业结构持续优化。全市三次产业结构调整为 9.5∶43.4∶47.1,其中,第一产业比重下降 0.9 个百分点,第二产业比重提升 1.6 个百分点,第三产业比重下降 0.7 个百分点。

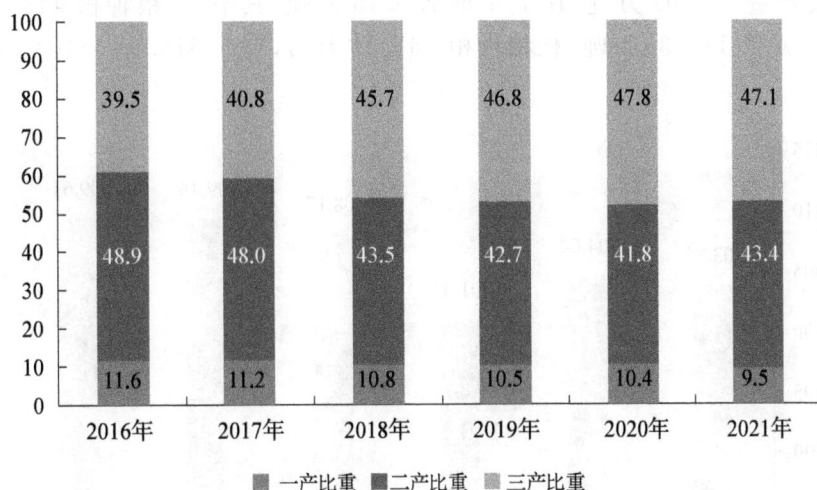

图 2　2016—2021 年宿迁三次产业结构变化情况(单位:%)
数据来源:《宿迁市 2021 年国民经济和社会发展统计公报》

新动能加速集聚。全市高新技术产业快速增长,规模以上工业中高新技术产业实现产值 1234.78 亿元,比上年增长 35.7%,快于上年 17.9 个百分点;占规上工业总产值比重为 33.0%,较上年提升 1.4 个百分点。全市限上贸易库在库列统互联网批发、零售企业共实现销售额 273.28 亿元,比上年增长 63.5%。全市高技术产业投资比上年增长 30.6%,快于上年 21.3 个百分点;占全部投资的比重为 12.3%,高于上年 2.2 个百分点。

就业形势总体平稳。全市城镇新增就业 5.62 万人,比上年增加 0.12 万人。实现返乡就业创业 6.68 万人。开展职业技能培训行动,累计培训 10.67 万人次,群众就业技能和质量不断提高。

消费价格温和上涨。全年居民消费价格总水平(CPI)上涨 1.3%,比上年涨幅回落 1.1 个百分点。八大类商品和服务消费价格呈"七涨一降"态势,其中,"七涨"即交通通信类上涨 3.6%,衣着类上涨 2.4%,教育文化娱乐类上涨 2.3%,医疗保健类上涨 1.2%,生活用品及服务类上涨 1.1%,居住类上涨 0.9%,食品烟酒类上涨 0.1%;"一降"即其他用品及服务类下降 0.5%。

表 1　2021 年全市居民消费价格比上年涨跌幅度表　　　　　　　　单位:%

指标名称	实绩	指标名称	实绩
居民消费价格总指数	1.3	交通与通信	3.6
其中:食品烟酒	0.1	教育文化和娱乐	2.3
衣着	2.4	医疗保健	1.2
居住	0.9	其他用品和服务	−0.5
生活用品及服务	1.1		

数据来源:《宿迁市 2021 年国民经济和社会发展统计公报》

2. 农林牧渔业

农林牧渔业稳步发展。全市实现农林牧渔业总产值 610.92 亿元,可比价增长 4.0%,增速与全省持平,其中,农业 361.43 亿元、林业 16.03 亿元、牧业 99.79 亿元、渔业 106.63 亿元、农林牧渔服务业 27.05 亿元,分别占 59.2%、2.6%、16.3%、17.5%和 4.4%。全市实现农林牧渔业增加值 368.05 亿元,可比价增长 3.2%,比上年提高 1.2 个百分点。

粮食作物稳产丰收。全市粮食总产量连续六年保持在 400 万吨以上,居全省第四位。粮食播种面积 904.72 万亩,比上年减少 0.18 万亩;粮食平均单产 452.75 公斤/亩,比上年增加 0.25 公斤/亩;粮食总产量 409.61 万吨,比上年增加 0.15 万吨,其中,夏粮种植 443.51 万亩,单产 384.16 公斤/亩,总产 170.38 万吨;秋粮种植 461.21 万亩,单产 518.71 公斤/亩,总产 239.23 万吨。

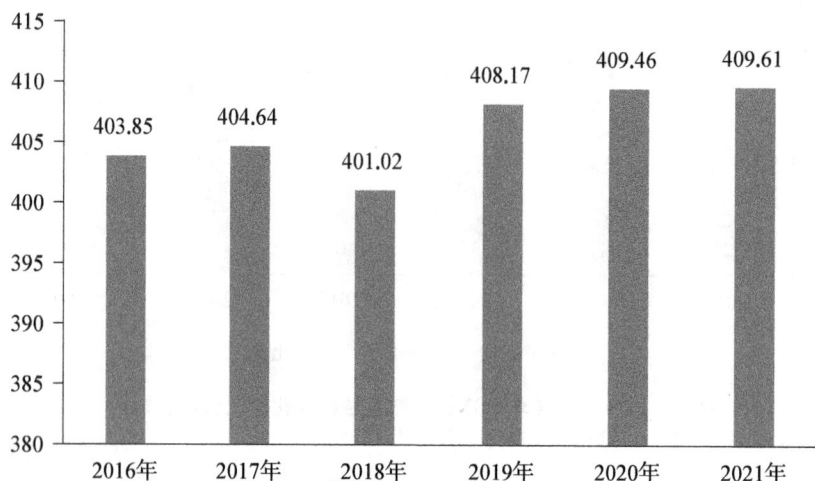

图 3 2016—2012 年全市粮食总产量情况(单位:吨)
数据来源:《宿迁市 2021 年国民经济和社会发展统计公报》

经济作物面积小幅增长。全年经济作物播种面积 217.13 万亩,比上年增长 1.2%,其中,油料 16.09 万亩,增长 4.8%;棉花 475 亩,改变上年零种植局面;蔬菜 138.91 万亩,增长 0.1%;花卉、青饲料等其他农作物 41.64 万亩,增长 7.4%。瓜果 18.38 万亩,下降 4.5%;中草药材 2.06 万亩,下降 16.6%。

畜牧产品规模不断提升。全市生猪养殖恢复常年规模,新投产年出栏万头以上规模养殖场 10 个,全年出栏 239.07 万头,比上年增长 18.9%;年末存栏 159.93 万头,下降 3.0%。全年家禽出栏 8409.04 万只,比上年下降 1.0%;年末家禽存栏 1999.28 万只,增长 10.1%;禽蛋产量 8.62 万吨,增长 25.8%。

渔业生产稳步发展。全市水产品产量 28.81 万吨,比上年增长 3.1%。渔业放养面积 66.34 万亩,其中,特色水产养殖面积 44.65 万亩,新增稻渔综合种养 11.6 万亩。养殖河蟹 37.01 万亩,完成鱼改蟹养殖面积 2.2 万亩、蟹池生态化改造面积 3.84 万亩,建设标准化健康养殖示范基地 20 个,河蟹生态化健康养殖占比已达 70%。

现代农业增量提效。深化"三群四链"建设,全市新增国家级农业龙头企业 2 家,国家农业科技园区以第一名成绩通过验收。全年新竣工现代种养项目 78 个、农业现代服务业项目 10 个。开展品牌强农行动,绿色优质农产品占比超过 65%,"宿有千香"品牌营销额实现翻番。

3. 工业和建筑业

工业生产高位增长。全市规模以上工业总产值比上年增长 31.9%,较上年提升 21.6 个百分点。分经济类型看,国有控股企业产值增长 29.9%,集体企业增长 8.3%,股份制企业增长 35.5%,外商及港澳台商企业增长 0.3%,私营企业增长 35.0%。分门类看,制造业增长 32.0%,电力、热力、燃气及水生产和供应业增长 30.4%。全市规模以上工业增加值比上年增长 16.7%,较上年提升 8.9 个百分点。

表 2　2021 年主要工业产品产量情况表

主要工业品	单位	产量	增长
太阳能锂电池	万千瓦	1402	556.3
人造板	万立方米	1148	29.6
气体压缩机	万台	1131	22.6
铅酸蓄电池	万千伏安	1037	15.7
人造板表面装饰板	万平方米	708	42.3
复合木地板	万平方米	259	83.1
半导体分立器件	亿只	258.10	44.8
家用电冰箱	万台	232	9.7
电工仪器仪表	万台	206	14.9
电子元件	亿只	164.13	15.2
化学纤维	万吨	66	1.7
机制纸及纸板	万吨	66	6.7
家用洗衣机	万台	65	63.5
锂电子电池	万只	54.63	66.1
饮料酒	亿升	5.21	29.9
纺织专用设备	台	4883	43.5
智能电视	台	116849	5.8

数据来源：《宿迁市 2021 年国民经济和社会发展统计公报》

企业效益增长平稳。全市规模以上工业实现营业收入 3568.09 亿元,比上年增长 22.5%;实现利润总额 297.65 亿元,增长 6.3%。分经济类型看,国有控股企业利润 127.83 亿元,增长 3.0%;集体企业 0.05 亿元,增长 14.5%;股份制企业 253.79 亿元,增长 14.3%;外商及港澳台商企业 35.44 亿元,下降 34.4%;私营企业 101.39 亿元,增长 23.2%。分门类看,制造业企业利润 288.20 亿元,增长 8.8%;电力、热力、燃气及水生产和供应业 9.45 亿元,下降 9.0%。

主导产业加速集聚。全市六大主导产业产值比上年增长 34.0%,快于规上工业增速 2.1 个百分点;占全市规上工业总产值的 80.0%,对全市增速贡献率达 83.9%,拉动规上工业增长 26.8 个百分点,支撑作用明显,其中,光伏新能源增长较快,增长 1.9 倍;机电装备增长 17.7%;绿色食品增长 25.3%;高端纺织增长 20.8%;绿色家居增长 31.9%;新材料实现产值增长 31.6%。

主要产品产量有增有降。列入全市统计范围的工业产品共 162 个,其中,42.0% 的产品产量实现增长,增幅在 30% 以上的有 28 个,占 17.3%。

建筑业平稳发展。全年列统总承包和专业承包建筑业企业 513 家,实现建筑业总产值 767.52 亿元,比上年增长 7.5%,快于上年 2 个百分点;竣工产值 503.37 亿元,增长 10.1%。房屋建筑施工面积 6495.22 万平方米,比上年增长 9.3%;房屋建筑竣工面积 1995.02 万平方米,增长 9.4%。其中,住宅竣工面积 1254.75 万平方米,增长 3.3%。

4. 固定资产投资和房地产

固定资产投资稳定恢复。全市固定资产投资比上年增长 6.5%,呈前高后低、平稳回落、稳中提质的态势,其中,工业投资增长 20.7%,房地产开发投资增长 3.0%。分产业看,受工业投资拉动,第二产业投资增速较快,增长 20.7%,高于全部投资增速 14.2 个百分点;第一产业投资下降 18.0%,第三产业投资下降 8.8%。在建投资项目 1733 个,其中新开工 920 个。

重大项目支撑作用增强。全市重大投资项目质态显著提升,计划总投资十亿元以上列统项目 175 个,比上年增加 72 个;十亿元以上项目完成投资比上年增长 56.8%,拉动全部投资增长 11.5 个百分点,其中,制造业完成投资 366.47 亿元,增长 84.9%。

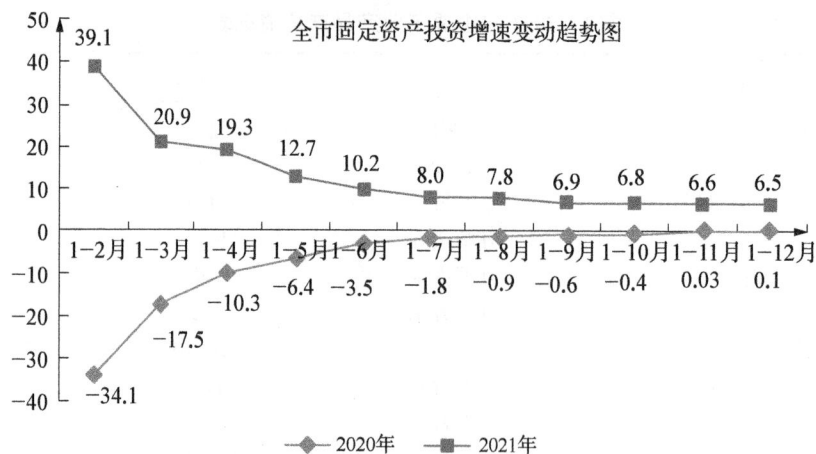

图4 2020—2021年固定资产投资增速变化情况(单位:%)
数据来源:宿迁市2021年国民经济和社会发展统计公报

房地产开发投资增速趋缓。全市房地产开发投资完成378.59亿元,比上年增长3.0%,较上年增速回落9.9个百分点,其中,住宅投资323.36亿元,增长2.4%,占全市房地产开发投资的85.4%。全市商品房施工面积3530.35万平方米,增长7.0%,其中,商品住宅施工面积2872.60万平方米,增长7.5%。网签数据显示,全市实现商品房销售面积905.42万平方米,比上年下降10.0%,其中,住宅销售面积达778.59万平方米,下降8.3%。

5. 国内贸易和对外经济

市场消费持续恢复。全市实现社会消费品零售总额1460.36亿元,比上年增长16.1%,快于上年20.8个百分点,其中,限额以上单位实现社会消费品零售总额391.35亿元,增长14.7%,同比提升21.8个百分点。从商品类别看,粮油、食品类增长84.2%,日用品类增长61.9%,化妆品类增长262.7%,石油及制品类增长34.4%。

图5 2016—2021年社会消费品零售总额情况(单位:亿元)
数据来源:《宿迁市2021年国民经济和社会发展统计公报》

表3 2021年全市限额以上社会消费品零售额情况表

指标名称	总量(亿元)	增长(%)
限额以上单位社会消费品零售总额	391.35	14.7
＃批发零售业	379.64	14.6

指标名称	总量（亿元）	增长（%）
粮油、食品类	25.24	84.2
饮料类	7.59	114.9
烟酒类	12.00	88.0
服装、鞋帽、针纺织品类	13.85	8.1
化妆品类	18.05	262.7
金银珠宝类	2.96	45.7
日用品类	20.31	61.9
家用电器和音像器材类	65.13	29.9
中西药品类	7.46	51.9
石油及制品类	54.15	34.4
建筑及装潢材料类	3.88	43.7
机电产品及设备类	1.81	82.0
汽车类	102.80	10.8
住宿餐饮业	11.71	18.5

数据来源：《宿迁市 2021 年国民经济和社会发展统计公报》

对外贸易快速增长。全市实现进出口总额 69.67 亿美元，比上年增长 45.7%。其中，出口 60.73 亿美元，增长 45.9%；进口 8.95 亿美元，增长 43.9%。全年完成协议注册外资 33.77 亿美元，增长 20.6%。实际使用外资 8.52 亿美元，增长 53.4%。

6. 园区经济

工业经济较快增长。全市省级及以上开发区规模以上工业企业实现产值 2406.04 亿元，比上年增长 31.2%，拉动全市规上工业增长 20.2 个百分点，占全市规上工业产值的 64.4%。实现营业收入 2363.29 亿元，比上年增长 21.7%，拉动全市规上工业增长 14.4 个百分点，占全市规上工业 66.2%。

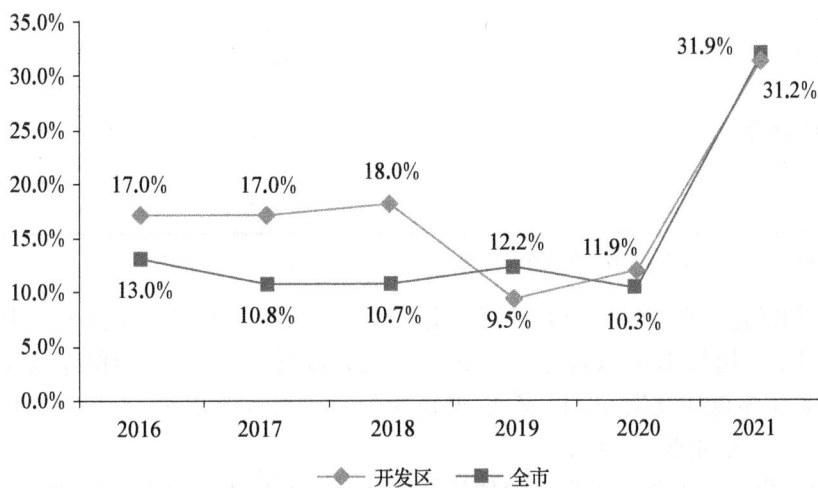

图 6　开发区规上工业总产值增速情况（单位：%）
数据来源：《宿迁市 2021 年国民经济和社会发展统计公报》

固定资产投资平稳增长。全市开发区完成固定资产投资比上年增长 16.6%，比全市投资增速高 10.1 个百分点；占全市投资总量的 51.1%，较上年提升 4.4 个百分点。全市开发区亿元及以上施工项目 559 个，比上年增加 175 个；其中新开项目 250 个，增加 52 个。

财税收入稳步增长。全市开发区实现一般公共财政预算收入 107.32 亿元，占全市公共财政预算收入的 40.1％,比上年增长 12.8％。

7. 交通运输、邮政电信和旅游业

铁路客运量高速增长。全年完成铁路旅客发送量 599 万人,比上年增长 73.0％;完成铁路货运量 39 万吨,下降 8.7％。全年完成公路客运量 303 万人,下降 36.6％;公路旅客周转量 5.11 亿人公里,下降 28.7％;完成公路货运量 10547 万吨,增长 3.9％;公路货物周转量 361.33 亿吨公里,增长 1.4％。全年完成水路货运量 1535 万吨,下降 0.6％;水路货物周转量 47.98 亿吨公里,增长 2.4％。全年完成港口货物运输吞吐量 1860 万吨,下降 9.3％。

邮政电信业发展较快。全年实现邮政行业业务总量 53.71 亿元,比上年增长 27.3％;实现邮政行业业务收入 41.24 亿元,增长 15.7％。快递业务量完成 5.66 亿件,增长 26.9％;快递业务收入完成 29.88 亿元,增长 20.6％。完成电信业务总量 54.29 亿元,增长 34.8％;实现电信业务收入 46.61 亿元,增长 12.3％。年末全市各类电话用户 526.29 万户,其中,移动电话用户 500.79 万户,固定电话用户 25.51 万户。年末全市互联网宽带接入用户 180 万户,比上年末净增 16 万户。

旅游业恢复性增长。全市接待国内外游客 1801 万人次,比上年增长 44.0％;实现旅游总收入 210.17 亿元,增长 43.2％。年末全市共有等级旅游景区 49 个,比上年增加 1 个,其中 5A 级 1 个,4A 级 9 个。全市 4A 级以上景区接待游客 500 万人次,增长 26.2％。年末旅行社数量达到 93 家,比上年增加 1 家。

8. 财政和金融

财政收入稳步增长。全市实现一般公共预算收入 267.82 亿元,比上年增长 21.1％,其中,税收收入 232.36 亿元,增长 22.8％,税收占比 86.8％,较上年提高 1.3 个百分点,其中,增值税 95.92 亿元,增长 23.5％;企业所得税 43.18 亿元,增长 29.1％;契税 30.55 亿元,增长 29.4％。

表 4 2021 年全市主要税种税收情况

指标	总量(亿元)	增长(%)
一般公共预算收入	267.82	21.1
税收收入	232.36	22.8
♯增值税	95.92	23.5
企业所得税	43.18	29.1
个人所得税	8.94	12.7
城市维护建设费	15.18	28.5
土地增值税	17.75	4.0
契税	30.55	29.4

数据来源:《宿迁市 2021 年国民经济和社会发展统计公报》

支出结构更加优化。全年一般公共预算支出 584.70 亿元,比上年下降 0.8％,其中,一般公共服务支出 47.80 亿元,增长 1.8％;教育支出 103.86 亿元,增长 7.2％;社会保障和就业支出 73.96 亿元,下降 3.4％;卫生健康支出 56.43 亿元,增长 6.4％;农林水支出 75.45 亿元,下降 22.1％;科学技术支出 17.57 亿元,增长 11.1％。

金融业发展较快。全年金融业实现增加值 269.28 亿元,比上年增长 11.5％。金融机构人民币各项存款余额 4395.01 亿元,比年初增加 763.12 亿元,比年初增长 21.0％,其中,住户存款余额 1982.12 亿元,比年初增加 248.01 亿元,比年初增长 14.3％。金融机构人民币各项贷款余额 4445.13 亿元,比年初增加 671.17 亿元,比年初增长 17.8％,其中,制造业贷款余额 354.02 亿元,比年初增长 21.4％。

9. 科技创新和社会事业

科技创新不断增强。全市专利授权量 17078 件,比上年增长 22.3％;年末有效发明专利量

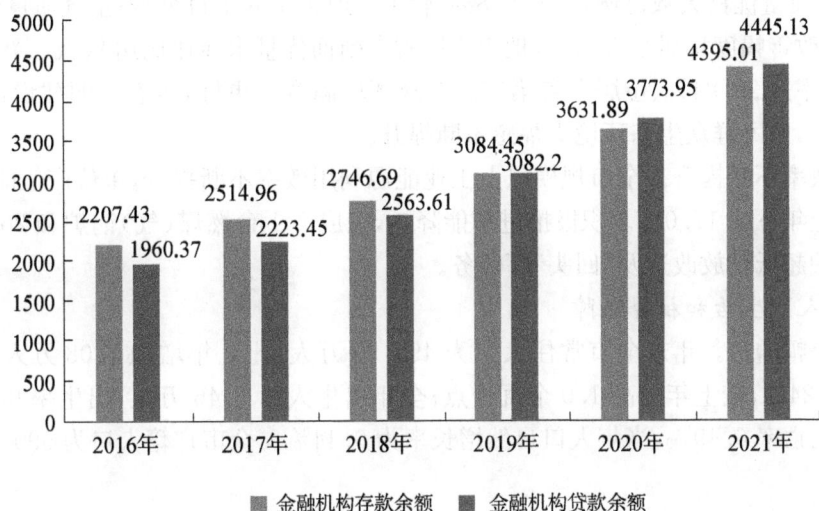

图7 2016—2021年全市金融机构存贷款余额情况(单位:亿元)
数据来源:《宿迁市2021年国民经济和社会发展统计公报》

2577件,增长17.1%;万人发明专利拥有量5.17件,增长15.9%。全市高新技术企业558家,增长15.0%。国家科技型中小企业入库1684家,增长64.4%。新增科技企业孵化器2家、众创空间2家,省级以上科创载体30家。

教育事业稳步发展。全市普通高等教育招生0.90万人,在校生3.00万人,毕业生0.78万人。普通高中教育招生4.01万人,在校生10.48万人,毕业生3.09万人。普通初中教育招生8.97万人,在校生25.12万人,毕业生7.03万人。小学教育招生8.43万人,在校生56.33万人,毕业生8.85万人。全市中等职业教育在校生6.38万人(不含技工学校)。特殊教育学校招生192人,在校生1150人。全市共有幼儿园529所,在园幼儿19.45万人。

表5 2021年全市各阶段教育学生情况表

指标	招生数		在校生数		毕业生数	
	总数(万人)	增长(%)	总数(万人)	增长(%)	总数(万人)	增长(%)
普通高等教育	0.90	−8.2	3.00	5.6	0.78	27.9
普通高中教育	4.01	21.1	10.48	9.7	3.09	9.6
普通初中教育	8.97	9.0	25.12	8.0	7.03	24.2
小学教育	8.43	−6.4	56.33	−1.0	8.85	9.3

数据来源:《宿迁市2021年国民经济和社会发展统计公报》

文化事业更加繁荣。全市实现市有"四馆",县(区)有"三馆",乡镇村居综合文化服务中心全覆盖。10个公共文化场馆被列入江苏省"最美公共文化空间"打造对象,文化阵地进一步巩固。全年组织开展各类文化惠民活动4000余场。广播电台5座,电视台5座,发射台6座,广播综合人口覆盖率和电视综合人口覆盖率均达100%。

卫生事业持续提升。年末全市共有各类卫生机构2600个,比上年增加140个,其中,医院234个,疾病预防控制中心6个,妇幼卫生保健机构6个。各类卫生机构拥有病床33470张,比上年增加2074张,其中医院拥有病床32406张。拥有疾病预防控制中心卫生技术人员445人,妇幼卫生保健机构卫生技术人员434人。

10.环境保护和节能降耗

生态环境持续提升。打好蓝天、碧水、净土保卫战,全市PM2.5浓度降至$38\mu g/m^3$,较上年改善 15.6%;空气质量优良天数比例达到 80.8%,较上年改善 7.6 个百分点;空气质量优良天数比率和 PM2.5 浓度改善幅度均居全省第二,地表水国省考断面优Ⅲ水体比例达 90%。新造成片林 1.9 万亩,林木覆盖率达 29.84%,位居全省第三。群众环境满意率更好,生态文明建设满意率连续四年位居全省第一,人民群众生态环境幸福感不断提升。

能源利用效率不断提升。全市规模以上工业能源利用效率不断提升,单位产值能耗 0.14 吨标准煤/万元,比上年下降 17.0%。积极推进节能降耗,完成 241 台燃煤(气)锅炉和 20 蒸吨/小时及以上生物质锅炉超低排放改造及"回头看"任务。

11. 人口、人民生活和社会保障

人口总量小幅增长。年末全市常住人口为 499.90 万人,比上年增加 1.08 万人,增长 0.2%;城镇化率为 63.24%,较上年提高 1.0 个百分点;全年出生人口 3.46 万人,出生率 6.93‰;死亡人口 3.24 万人,死亡率 6.49‰,当年人口自然增长率为 0.44‰。全市户籍人口为 590.86 万人,比上年下降 0.2%。

居民生活持续改善。全市居民人均可支配收入 29122 元,比上年增长 10.2%。按收入来源分,工资性收入 15500 元,增长 10.8%;经营净收入 7586 元,增长 7.6%;财产净收入 1312 元,增长 11.5%;转移净收入 4724 元,增长 12.4%。按常住地分,城镇居民人均可支配收入 35056 元,增长 9.5%;农村居民人均可支配收入 21577 元,增长 10.8%。全市居民人均消费支出 18041 元,比上年增长 18.7%,其中,食品烟酒支出 5514 元,占比 30.6%,较上年回落 2.6 个百分点。

社会保障体系更加完善。深入实施全民参保计划和医保惠民行动。年末全市城乡基本养老、失业、工伤保险参保人数分别达 355.60 万人、42.59 万人、57.43 万人。基本养老、医疗保险覆盖率均达 98%以上。城乡低保标准实现 15 年连涨、提高到每人每月 620 元,特困人员、残疾人和困境儿童福利保障进一步加强。脱贫攻坚与乡村振兴有序衔接,低收入人口和省定经济薄弱村脱贫巩固率保持 100%。